Große Revolutionen der Geschichte

Große Revolutionen der Geschichte

Von der Frühzeit bis zur Gegenwart

Herausgegeben von
Peter Wende

Verlag C. H. Beck München

Die Deutsche Bibliothek – CIP-Einheitsaufnahme

Große Revolutionen der Geschichte :
von der Frühzeit bis zur Gegenwart /
hrsg. von Peter Wende. – München : Beck, 2000

ISBN 3-406-46703-2

ISBN 3 406 46703 2

Satz: Fotosatz Janß, Pfungstadt
Druck und Bindung: Ebner, Ulm
Gedruckt auf säurefreiem, alterungsbeständigem Papier
(hergestellt aus chlorfrei gebleichtem Zellstoff)
Printed in Germany

www.beck.de

Inhalt

Vorbemerkung 7

Einleitung 9

Altorientalische Revolution oder «primitive Demokratie» versus «primitive Monarchie»? *(Jörg Klinger)* 19

Die Revolution der Gracchen *(Klaus Bringmann)* 35

Der Bauernkrieg *(Peter Blickle)* 49

Die Englische Revolution 1640–1660 *(Peter Wende)* 65

Die Glorreiche Revolution 1688/89 *(Eckhart Hellmuth)* 82

Die Amerikanische Revolution *(Hermann Wellenreuther)* 101

Die Französische Revolution *(Michael Wagner)* 121

Die Julirevolution von 1830: Frankreich und Europa *(Axel Körner)* 138

Die deutsche Revolution 1848/49 *(Dieter Hein)* 158

Die Pariser Kommune *(Beatrix Bouvier)* 176

Die bolschewistische Revolution 1917–1921 *(Dietrich Beyrau)* . . 190

Die Revolution von 1918/19 in Deutschland *(Klaus Schonhoven)* 208

Die mexikanische Revolution *(Horst Pietschmann)* 225

Die chinesische Revolution *(Jürgen Osterhammel)* 244

Die ägyptische Revolution *(Michael Thornhill)* 259

Die kubanische Revolution 1958/59 *(Nikolaus Werz)* 276

Wenhua da Geming: Die «Große Proletarische Kulturrevolution» – modernes Trauma Chinas *(Thomas Heberer)* 289

Die 68er Revolution *(Arthur Marwick)* 312

Die islamische Revolution 1979 *(J. Paul Luft)* 333

Die 89er Revolution in der DDR *(Hartmut Zwahr)* 357

Anhang

Literatur 375

Zu den Autoren 387

Vorbemerkung

Anfänglich folgte ich der Anregung des Verlages, einen Band über die Revolutionen der Weltgeschichte zu edieren, nur zögerlich und mit einer gewissen Skepsis. Doch schon bald belehrten mich Zustimmung und die Bereitschaft zur Mitarbeit zahlreicher Fachkollegen eines Besseren. Und deswegen gilt mein Dank zuallererst den Autoren der folgenden Beiträge; dieses Buch ist ihr Buch. Die unausbleiblichen Mängel einer jeden Auswahl, vor allem wenn deren Kriterium ein so vieldeutiger Begriff wie der der Revolution ist, gehen ausnahmslos zu Lasten des Herausgebers.

Danken möchte ich an dieser Stelle auch meiner Frau für ihre Hilfe bei der Übersetzung der Artikel von Michael Thornhill und Arthur Marwick aus dem Englischen, Dr. Michael Schaich für die Überarbeitung der Chroniken sowie Josefine Moorman, die mit beträchtlichem Einsatz die Endfassung des Manuskripts redigierte.

London, Ostern 2000 — Peter Wende

Einleitung

Revolution ist heutzutage als Modewort immer wieder in aller Munde. Wir sprechen von Revolution nicht nur im Hinblick auf vergangene und gegenwärtige politische Ereignisse besonderer Art – nämlich aus blutigen Umsturzbewegungen hervorgegangene einschneidende Neuerungen im Bereich eines Staates bzw. einer Gesellschaft –, sondern ebenso von Revolutionen im Bereich der Herrenmode, der Eßgewohnheiten, der Kommunikationstechnologie und was dergleichen mehr ist. Durch solch ubiquitäre Verwendung ist der Begriff, der seinen modernen Bedeutungsgehalt im Umfeld der politisch-sozialen Sprache angenommen hat, mehr und mehr verschlissen worden. Und somit stellt sich gerade auch für den Historiker immer wieder die Aufgabe, genau zu wissen und zu sagen, was er meint, wenn er von Revolution spricht. Eben weil er Selbstverständliches zu suggerieren scheint und zugleich zum Standardvokabular der historischen Analysen zählt, muß der Begriff ‹Revolution› immer wieder genau und überprüfbar definiert werden. Die Frage nach Revolutionen in der Weltgeschichte muß von einem Begriff bzw. einer Theorie der Revolution ausgehen.

Doch hier beginnen die Schwierigkeiten. Die Literatur über das historische Phänomen der Revolution ist unübersehbar. Sicherlich gibt es mindestens genauso viel wenn nicht mehr Theorien der Revolution wie es Revolutionen gibt. Dabei leitet der Historiker in der Regel die Kategorien für die Klassifizierung eines historischen Ereignisses als Revolution aus der historischen Anschauung ab. Er unternimmt mithin den Versuch, das Wesen der Revolution zu bestimmen, indem er daran geht, entweder gemeinsame Merkmale mehrerer als Revolution klassifizierbarer Geschehnisse herauszuarbeiten oder aber eine bestimmte Revolution zum Modell zu erklären und davon seine Maßstäbe abzuleiten. Den so gewonnenen Begriff muß er alsdann zu dem jeweiligen historischen Ereignis in Beziehung setzen und ihn gegebenenfalls ergänzen oder gar umdefinieren. Je mehr Revolutionen er dabei aufspürt und untersucht, umso zahlreichere Varianten der Revolution mit unterschiedlichen Ursachenkomplexen, Verlaufsformen und Reichweiten werden ihm begegnen, und dementsprechend wird er sich vor die Notwendigkeit gestellt sehen, seinen Revolutionsbegriff möglichst weit und flexibel zu fassen. Und es wird sich diesem Revolutionshistoriker letztlich die Frage stellen, ob es überhaupt möglich ist, eine bindende Theorie der Revolution zu gewinnen, oder ob sich statt dessen die Revolutionen nur als jeweils besondere historische Ereignisse verstehen lassen, die stets nur aus ihren ganz spezifischen, d. h. einmaligen Bedingungen zu erklären sind.

Vorsicht ist daher geboten gegenüber allen monokausalen Erklärungsversuchen etwa in der Form philosophisch fundierter Revolutionstheorien. Das bekannteste Beispiel hierfür liefert die marxistische Lehre, derzufolge Revolutionen stets das Ergebnis bestimmter Gesetzmäßigkeiten des historischen Prozesses sind. Dieser wird vorangetrieben durch die ökonomische Entwicklung, wobei die Veränderung der ‹Produktivkräfte›, etwa durch technische Innovationen, zu einem Wandel der Produktionsverhältnisse führt. Neue ökonomische Verhältnisse führen zu gesellschaftlichem Wandel – etwa zur Ausbildung eines selbstbewußten Bürgertums oder eines klassenbewußten Proletariats –, der schließlich in den gewaltsamen Umsturz der politischen Strukuren mündet, wenn gegen den Widerstand der bisher Herrschenden die neuen Klassen die politische und soziale Verfassung den neuen Produktionsverhältnissen entsprechend gestalten. Dabei sind Revolutionen wie die bürgerliche und die proletarische Revolution Etappen eines zielgerichteten historischen Prozesses, an dessen Ende die klassenlose Gesellschaft steht. Ein solches System fasziniert durch seine Geschlossenheit und logische Stringenz, seine Grenzen werden jedoch vor allem dann deutlich, wenn man daraus gar Prognosen ableiten will wie Engels 1845, als er schrieb: «Das Prophezeien ist nirgends so leicht als gerade in England, weil hier alles so klar und scharf in der Gesellschaft entwickelt ist. Die Revolution muß kommen, es ist jetzt schon zu spät, um eine friedliche Lösung der Sache herbeizuführen.» Doch auch wenn solche Theorie nicht als universelles Erklärungsmuster dienen kann, so liefert sie immerhin Thesen, die zu sinnvollen und weiterführenden Fragen nach Ursachen und Auswirkungen von Revolutionen überleiten können.

Berechtigte Vorbehalte des Historikers gegenüber abstrakter Theoriebildung dürfen jedoch nicht dazu führen, auf allgemeine, die Vielfalt des historischen Geschehens ordnende Begriffe zu verzichten. Statt dessen lohnt es, den Blick auf die Geschichte des Begriffes zu richten und zu fragen, welche Bedeutungen die Vokabel ‹Revolution› im Laufe der Zeiten besaß bzw. welchem Bedeutungswandel sie unterworfen war.

Das Wort ‹revolutio› kommt in der Spätantike auf und bedeutet ‹Zurückwälzung› oder ‹Umwälzung› und diente so z. B. zur Bezeichnung des Wegwälzens des Steines vom Grabe Christi. Daneben verwies es auf den geordneten Umlauf der Gestirne. Als astronomisch-astrologischer Fachausdruck wird es auch im Mittelalter und der frühen Neuzeit verwendet, so u. a. von Kepler, wenn er auf den Kreislauf und damit die regelmäßige Wiederkehr der Planeten Bezug nimmt. Schließlich wurde in Westeuropa schon im 14. Jahrhundert die astronomische Bedeutung des Begriffs auf die Politik übertragen, vor allem dann, wenn Aufstände und Bürgerkriege in die Wiederherstellung der alten Zustände münden. So ist z. B. für Thomas Hobbes die englische Revolution der Jahre 1642–1660 vor allem deswegen Revolution, weil sie als Kreisbewegung mit einer Restauration der Monarchie endete. Dasselbe gilt in gewissem Sinne für die Glorreiche Revolution in England im Jahr 1688, wo der Verfassungswechsel auch als die Rückkehr zu rechtmäßigen Zuständen verstanden werden konnte. Zugleich aber war es das erste Mal, daß von den Zeitgenossen ein Ereignis als Revolution etikettiert wurde. Und dies auch, um es als singulären Vorgang deutlich vom Bürgerkrieg abzusetzen. Darüber hinaus lieferte das Ergebnis dieser Revolution für das aufgeklärte Europa ein vorbildliches Verfassungsmodell: Revolution meint hier jetzt gleichzeitig grundlegenden zukunftsträchtigen Wandel. Deswegen wurde auch sofort der amerikanische Unabhängigkeitskrieg als Revolution begrüßt, als notwendige Durchgangsphase auf dem Wege zur Freiheit. Nun war der Begriff eindeutig positiv besetzt und zugleich seiner ursprünglichen engen astronomischen Bedeutung entkleidet. Statt dessen signalisierte er jetzt den Aufbruch in eine neue, bessere Zukunft. Dies galt schließlich vollends für die Französische Revolution. Für die Etablierung des Revolutionsbegriffs als einer Grundkategorie der Geschichtswissenschaft besaß sie überragende musterbildende Wirkung, denn sie lieferte den Legitimationstitel für grundlegende historische Veränderungen. Schließlich verdichtete sich der Begriff seit 1789 immer mehr zum Kollektivsingular, d. h. die Revolution wird als das große allumfassende Ereignis in der Geschichte der Menschheit verstanden. «Wenn die Erklärungen der amerikanischen, der französischen oder der russischen Revolution beim Wort genommen bleiben, dann besteht kein Zweifel daran, daß ihre Errungenschaften allen Menschen zugute kommen sollen» (R. Koselleck). Alle neuzeitlichen Revolutionen intendieren somit die Weltrevolution und markieren Etappen auf dem Wege zu ihrer Verwirklichung.

Vor diesem Hintergrund läßt sich für den Zweck des vorliegenden Bandes in Anlehnung an Theodor Schieder Revolution als «besondere Form des historischen Wandels» definieren. Auf den ersten Blick mag ein solcher Begriff zu umfassend und allgemein gehalten sein, – andererseits hat Jacob Burckhardt zu Recht festgestellt: «Scharfe Begriffsbestimmungen gehören in die Logik, aber nicht in die Geschichte, wo Alles schwebend und in beständigen Übergängen und Mischungen existiert». Und es gilt bei dieser Definition natürlich, die Kriterien für die ‹besondere Form› der Veränderung zu fixieren, d. h. zu fragen, was mit welchen Mitteln wie rasch und wie gründlich verändert werden muß, damit von einer Revolution die Rede sein kann:

1. *Das Objekt des revolutionären Wandels* ist die politisch organisierte und in bestimmter Form verfaßte Gesellschaft: Die Revolution setzt den Staat als politische Einheit, als Konzentration politischer Macht und Legitimität voraus, andernfalls bedarf sie einschränkender Qualifikation und muß beispielsweise als soziale, ökonomische oder kulturelle Revolution näher bezeichnet werden. Dabei lassen sich in dem Bereich von Staat und Gesellschaft vier mögliche Ebenen revolutionären Wandels unterscheiden.

Dieser wird in der Regel die personelle Zusammensetzung der Regierung betreffen; die Revolution stürzt die alten und legitimiert neue Machthaber. Allerdings darf sie sich nicht auf den bloßen Austausch von politischen Eliten bzw. Führungspersonen beschränken. Denn wenn lediglich die Ausschaltung bzw. der Wechsel der bestehenden Regierungsführung zu registrieren ist, sollte eher von Palastrevolution, von Staatsstreich bzw. Putsch die Rede sein. Auch wenn, besonders im 20. Jahrhundert, das Wort ‹Revolution› als Legitimationstitel für gewaltsame politische Veränderungen positiv besetzt ist und daher immer wieder das Auswechseln herrschender Oligarchien, die Machtergreifung von Militärjuntas gerade auch von den involvierten Akteuren als Revolution bezeichnet wird, sollte der Historiker hier nicht dem Sprachgebrauch der Herrschenden folgen. Denn dann müßte man allein für Süd-Amerika im 19. Jahrhundert 115 Revolutionen aufführen.

Anders jedoch, wenn der erzwungene Wandel nicht nur die Regierung, sondern zugleich auch die politische Organisationsform der Gesellschaft betrifft. Wo ein radikaler Umbruch im Bereich der staatlichen Institutionen stattfindet, eine neue Verfassung entworfen, verkündet und durchgesetzt wird, läßt sich eher schon von Revolution, zumindest von politischer Revolution sprechen. Und dies gilt erst recht, wenn radikale Veränderung nicht vor bestehenden Eigentumsverhältnissen haltmacht, sondern auch die sozialen Strukturen erfaßt, sodaß die Revolution als Totalumwälzung einer bestehenden Gesellschaft definiert werden kann. Sie schließt dann auch schließlich als vierte Ebene der Veränderung die der sozialen und politischen Legitimationsideologie ein, auf der ein neues Denken sich durchsetzt und neue Normen und Ideale als die geistigen Grundlagen einer neuen gesellschaftlichen und politischen Ordnung verkündet werden.

2. Die Revolution ist gleichermaßen definiert durch die *Art und Weise*, in der sie Veränderung durchsetzt. Denn Revolution impliziert Gewalt, genauer: als unrechtmäßig verstandene Gewaltanwendung zwischen rechtlich nicht gleichgestellten Parteien. Dies meint in der Regel Gewalt ‹von unten›, Gewalt des Volkes gegen die Herrschenden. So betrachtet impliziert Revolution auch stets Elemente von Aufstand und Rebellion,

die für sich genommen allerdings andere, nämlich begrenztere Zielsetzungen verfolgen. Solche Revolten sind gemeinhin Ausdruck verletzten Rechtsempfindens und, indem sie die Wiederherstellung einer gestörten Rechtsordnung verfolgen, Akte der sozialen Chirurgie, Operationen der Renovation. Das klassische Beispiel sind etwa Unruhen aus Anlaß überhöhter Brotpreise; aber auch die Rebellion des englischen Parlaments gegen den König 1640 diente zunächst dem Ziel, die alte Verfassung wiederherzustellen. Solcher Aufruhr kann durchaus am Beginn einer Revolution stehen, wenn aus dem Widerstand schließlich das Programm für eine neue, eine andere politische Verfassung erwächst. Dabei kann an die Stelle von spontanen Gewaltakten schließlich der Bürgerkrieg als die höchste Stufe innerstaatlicher gewaltsamer Auseinandersetzung treten, als der bewaffnete Konflikt zwischen den Repräsentanten der alten und den Vorkämpfern einer neuen Ordnung. In dem Maße, wie Revolution Gewalt, besonders Gewalt ‹von unten› impliziert, unterscheidet sie sich von der Reform, die ebenfalls Wandel, nicht selten radikalen Wandel bewirken kann, jedoch im Rahmen der bestehenden Ordnung stattfindet bzw. zumindest initiiert wird. Das Subjekt der Aktion ist dabei in der Regel die bestehende Regierung, d. h. reformiert wird ‹von oben› in einem gesteuerten, an den Normen der bestehenden Verfassung orientierten Prozeß.

Die Art und Weise der Veränderung definiert Revolution auch insofern, als dieser Wandel rasch vollzogen werden muß. Zwar hat es sich durchaus eingebürgert, auch langfristige historische Prozesse, besonders im Bereich der ökonomischen Entwicklung, mit dem Begriff der Revolution zu belegen, und so spricht man nicht nur von der Industriellen Revolution, sondern auch von der neolithischen Revolution, um den Übergang von der Kultur nomadisierender Jäger und Sammler zu der seßhafter Ackerbauern zu bezeichnen. Doch diese Variante des modernen Revolutionsbegriffes, welche lediglich die Radikalität wirtschaftlichen und gesellschaftlichen Wandels berücksichtigt und dies vor allem vor dem Hintergrund langfristiger historischer Prozesse, soll uns hier nicht beschäftigen.

3. In dem Maße wie Revolution als besondere Form des historischen Wandels definiert ist, muß sie *Folgen* zeitigen. Wohl gibt es kaum eine Revolution, an deren Ende nicht in der einen oder anderen Form eine Restauration, eine zumindest partielle Rückkehr zu vorrevolutionären Zuständen zu verzeichnen ist. Dennoch, wo keinerlei Veränderung registriert werden kann, läßt sich, auch angesichts des ungeheuren Ausmaßes innerstaatlicher Gewalt, nicht von Revolution sprechen. Vielmehr schließt die Frage nach der Revolution auch immer die Frage nach dem Umfang und der Dauer des Neuen ein.

Doch es genügt nicht, die Revolution als Phänomen durch die Besonderheiten ihrer Erscheinungsformen zu definieren, etwa als «in kurzer Zeit gewaltsam und illegal bewirkter radikaler Umbruch im Bereich der Institutionen, der Sozialstruktur, der Ideologie, Eigentumsverhältnisse und der Elitenzusammensetzung einer gegebenen Gesellschaft» (H. Wassmund, 25). Um von Revolution zu sprechen, bedarf es des subjektiven Willens der Handelnden zur Veränderung. Die Zielsetzungen der Revolutionäre sind konstitutives Element von Revolution und diese müssen auf die Realisierung von Freiheit ausgerichtet sein. Seit der amerikanischen und besonders seit der Französischen Revolution, die hier musterbildend gewirkt hat, schließt die Revolution den Entschluß zur Gestaltung der Zukunft ein. «Nur wo dieses Pathos des Neubeginns vorherrscht und mit Freiheitsvorstellungen verknüpft ist, haben wir das Recht, von Revolution zu sprechen ... Die Kategorie der Gewalt wie die Kategorie des bloßen Wechsels oder Umsturzes ist für eine Beschreibung des Phänomens der Revolution ganz unzulänglich; nur wo durch Wechsel ein Neuanfang sichtbar wird, nur wo Gewalt gebraucht wird, um eine neue Staatsform zu konstituieren, einen neuen politischen Körper zu gründen, nur wo der Befreiungskampf gegen Unterdrücker die Begründung der Freiheit wenigstens mitintendiert, können wir von einer Revolution im eigentlichen Sinne sprechen.» (H. Arendt, 41 f.). Nirgends wird dies deutlicher, wenn wie etwa in Frankreich 1793 die Einführung einer neuen Zeitrechnung den Beginn eines neuen Zeitalters signalisieren soll.

Wenn man somit eine auf die Realisierung von Freiheit hin orientierte Sinngebung revolutionären Handelns als konstitutives Element des Revolutionsbegriffs begreift, erhält dadurch das Zeitalter der sogenannten ‹Atlantischen Revolution› (Palmer), d. h. jene Phase allgemeiner Modernisierung, welche mit der amerikanischen Revolution einsetzte und mit der großen Französischen Revolution ihren Höhepunkt erreichte, eine Schlüsselstellung. So gesehen markieren von nun an Revolutionen Wendepunkte der Geschichte des 19. und 20. Jahrhunderts; und zwar in erster Linie der europäischen Geschichte bzw. der Geschichte einer Welt, die im Zeichen der Ausbreitung Europas steht, bis sie sich schließlich von dessen Hegemonie befreit, nicht zuletzt auf dem Wege der Revolution.

Gerade auch in Ansehung der klassischen europäischen Revolutionen ist nicht nur mit Erfolg und nachhaltiger Wirkung versucht worden, aus ihren historischen Erscheinungsformen die Elemente eines möglichst umfassenden Revolutionsbegriffs herauszufiltern, sondern darüber hinaus auch eine Typologie des revolutionären Ablaufs. So legte als erster Jacob Burckhardt in seinen *Weltgeschichtlichen Betrachtungen* ein ausführliches Verlaufsmodell von Revolutionen vor, das deren Weg vom Freiheitsenthusiasmus der heroischen Anfänge über Schreckensherrschaft und Diktatur in die Restauration als kreisförmige Bewegung nachzeichnet. Zahlreiche Autoren sind Burckhardt bei ähnlichen Versuchen gefolgt. Und so hat z. B. 1938 der amerikanische Soziologe Crane Brinton in einer ungemein materialreichen Studie aus dem Vergleich der Englischen, Amerikanischen, Französischen und Russischen Revolution sein ebenso generelles wie differenziertes Revolutionsmodell entwickelt, mit dem er 5 Phasen des revolutionären Prozesses unterscheidet. Am Anfang steht da *die Herrschaft der Gemäßigten*, der Reformer, welche die revolutionäre Krise auf gesetzlichem Wege zu meistern suchen. Sie werden verdrängt durch *die Machtergreifung der Radikalen*, mit der der politische Umsturz vollendet wird. Dieser mündet in die *Phase der Schreckensherrschaft*, welche ihrerseits den *Gegenschlag der Reaktion* provoziert, bis schließlich durch die Errichtung einer zentralistischen *Militärherrschaft* zumindest in begrenztem Umfang die Errungenschaften der Revolution in dauerhafte Formen überführt werden. So reizvoll und anregend ein solches Modell sein mag, so läßt es sich letztlich ohne Abstriche oder Modifikationen nur auf die Französische Revolution anwenden, auf jenes historische Ereignis also, aus dessen Anschauung heraus es entwickelt wurde.

Vielversprechender als den gesamten Ablauf von Revolutionen in ein Schema zu pressen, scheinen Versuche, zumindest deren Ursachen gesetzmäßig zu erfassen, d. h. ein Modell für die revolutionäre Situation zu entwickeln. Dabei ist heute weitestgehende Übereinstimmung darin erzielt, daß Revolutionen in der Regel zwar das Ergebnis sozialer Dysfunktion sind, d. h. einer Entwicklung, bei der bestimmte durchschlagende Veränderungen in bestimmten Bereichen der Gesellschaft stattfinden und so deren Ordnung aus dem Gleichgewicht bringen, nicht aber als die notwendige Reaktion auf extreme wirtschaftliche Not und bzw. oder umfassende politische Repression verstanden werden können. Bereits 1856 hatte Alexis de Tocqueville festgestellt: «Man gelangt nicht immer dann zur Revolution, wenn eine schlimme Lage zur schlimmsten wird.» Dem folgend haben vielmehr Brinton und andere darauf hingewiesen, daß gerade wenn auf die ökonomische Krise der Aufschwung erfolgt und erste Reformen eine Zwangsherrschaft lockern, Voraussetzungen für den Ausbruch einer Revolution gegeben sind. Nämlich dann, wenn eine wirtschaftlich und gesellschaftlich aufsteigende Klasse sich in ihren weiteren Entfaltungsmöglichkeiten wie z. B. verstärkter politischer Partizipation eingeschränkt sieht, wenn sich eine plötzliche Diskrepanz ergibt zwischen der erwarteten und tatsächlichen Bedürfnisbefriedigung einer Bevölkerung bzw. einer Bevölkerungsgruppe. Wo enttäuschte Hoffnungen eine Rolle spielen, sind nicht ökonomische und soziale Umbrüche ausschlaggebend, sondern der Umstand, daß diese in ihren Auswirkungen subjektiv empfunden bzw. erfahren werden und damit etwa die neuen Reichen oder die neuen Armen als Element der Unruhe und mögliche Träger einer Revolution zu Akteuren der Geschichte werden.

Doch dazu bedarf es weiterer Voraussetzungen: der Organisation der revolutionären Kräfte sowie der Desorganisation der herrschenden Elite. Keine Revolution ohne ein revolutionäres Programm, für dessen Verwirklichung revolutionäre Führer die Massen zu mobilisieren suchen. Keine Revolution aber auch ohne offenkundige Schwäche der Herrschenden, ohne Autoritätsverlust der Regierenden, wobei hier besonders auf die Auswirkungen verlorener Kriege hinzuweisen ist. Kurzum: auch die revolutionäre Ausgangssituation läßt sich nicht in ein simples Modell fassen; zu vielfältig sind die Faktoren, die unter bestimmten Voraussetzungen in bestimmten Kombinationen den Ausbruch einer Revolution bewirken bzw. begünstigen: wirtschaftliche und soziale, psychologische und ideologische sowie allgemeinpolitische Momente.

Auch die differenzierteste Revolutionstheorie kann daher das gründliche Studium der jeweiligen konkreten Revolution nicht ersetzen. Sie kann allenfalls den Blick für bestimmte Momente und Aspekte schärfen, indem sie den Historiker mit dem analytischen Instrumentarium weiterführender Problemstellungen versorgt. Und dementsprechend soll die vorliegende Auswahl eine Sammlung von Fallbeispielen zum Studium des Phänomens der Revolution liefern. Sie orientiert sich dabei an dem hier vorgestellten relativ allgemein gehaltenen konventionellen Revolutionsbegriff und berücksichtigt so vor allem die europäischen Revolutionen des 19. und 20. Jahrhunderts. Das heißt zugleich, daß die Revolution die Gestaltung der Zukunft im Sinne der Realisierung von individueller Freiheit zum Ziel hat, und damit sind bestimmte, gelegentlich ebenfalls mit dem Etikett der Revolution versehene Ereignisse ausgeschlossen. So z. B. die nationalsozialistische Machtergreifung, die von den Akteuren gelegentlich als ‹Revolution› gefeiert wurde, sowie überhaupt jede Form der ‹konservativen Revolution›. Und desgleichen bleibt das europäische Mittelalter ausgespart, obwohl der Historiker Ferdinand Seibt in seinem Buch *Revolution in Europa* sich bemüht hat nachzuweisen, daß im Spätmittelalter «die Revolution nicht nur in ihren Strukturen vorgebildet ..., sondern auch in ihren Elementen praktiziert (wurde)». Doch da ganz im Banne der christlichen Heilslehre stehend, konnte im Mittelalter kein Äquivalent zum modernen Revolutionsbegriff entwickelt werden. Es erwartete allenfalls den revolutionären Rückschritt als Wiederkehr des Paradieses und kannte dementsprechend keine die religiösen Bindungen sprengenden zukunftsorientierten neuartigen Zielsetzungen. Selbstverständlich liefert auch das Mittelalter zahlreiche Beispiele des Widerstands gegen Unterdrückung, aber stets ging es dabei um ‹Freiheiten›, die Wiederherstellung von Privilegien und nicht um Freiheit als generelles Attribut menschlicher Existenz. Daß dies allerdings auch vor der Französischen Revolution zum Leitmotiv politischen Handelns werden konnte

– im Bauernkrieg ebenso wie in altorientalischen Mythen vom Aufstand der kleinen gegen die großen Götter – dies soll zumindest an einigen Beispielen belegt werden.

Auf die Darstellung der portugiesischen ‹Nelkenrevolution› haben wir ebenso verzichtet wie auf die chilenische Revolution Allendes, die algerische und die vietnamesische Revolution. Die zahlreichen nationalen Revolutionen des Kampfes der Völker der sogenannten Dritten Welt gegen den europäischen und amerikanischen Kolonialismus und Imperialismus sind gleichwohl mit wenigen ausgewählten Beispielen hier vertreten. Denn die zentrale Absicht dieses Buches ist, dem Leser genügend Material an die Hand geben, um selbst das Allgemeine im Besonderen zu entdecken, die Revolution in den Revolutionen aufspüren zu können.

Altorientalische Revolution oder «primitive Demokratie» versus «primitive Monarchie»?

von Jörg Klinger

Chronik

ab ca. 2700 v. Chr.	archaische Keilschrifttafeln
um 2765	Gilgameš, von Uruk
um 2350	Lugalzagesi von Umma und Uruk
2340–2198	*Akkade-Dynastie*
2340–2284	Šarru-kīn von Akkade, Begründer des ersten «Weltreiches»
2259–2223	Narāmsîn von Akkade
2112–2004	*III. Dynastie von Ur*
2111–2094	Urnammu von Ur
2093–2046	Šulgi von Ur
2017–1794	*Dynastie von Isin*
2017–1985	Išbierra von Isin
1894–1595	*I. Dynastie von Babylon*
1792–1750	Ḫammurabi I. macht Babylon zur beherrschenden Macht Mesopotamiens
1782–1759	Zimrilim, unter seiner Regierung war Mari, am mittleren Euphrat gelegen, der größte Widersacher im Norden gegen Babylon und das altassyrische Reich des Šamšī-Adad von Assur
1365–1330	Aššur-uballiṭ I. von Assyrien, begründet das mittelassyrische Reich
1126–1105	Nebukadnezar I. von Babylon, ihm gelingt es zeitweilig, das babylonische Reich zu restaurieren, bevor es für Jahrhunderte unter assyrische Herrschaft gerät und in Personalunion von dessen Königen regiert wird
912–609	*Zeit des neuassyrischen Reiches*
912–891	Adad-nirāri II., Festigung des assyrischen Anspruchs auf die früher beherrschten Territorien, erzwingt die Anerkennung der assyrischen Oberherrschaft durch die Aramäer

890–884	Tukulti-Ninurta II., erneuert den assyrischen Herrschaftsanspruch über Nordbabylonien
745–727	Tiglatpilesar III., dehnt das assyrische Herrschaftsgebiet gewaltig aus, festigt vor allem die Macht im Westen und besiegt Urartu
722–705	Sargon II., begründet eine neue Dynastie und leitet die letzte und bedeutendste Phase der assyrischen Geschichte ein
669–627	Assurbanipal, ihm gelang u. a. die neuerliche Eroberung Ägyptens

Mit dem Begriff «Alter Orient» wird konventionell eine Epoche der Geschichte bezeichnet, die geographisch wie zeitlich relativ eindeutig umrissen scheint, im Prinzip aber, wie viele andere Periodisierungen in der Historiographie, nicht zwingend inhaltlich begründbar ist. Auch Klima und Beschaffenheit des Siedlungsraumes, von den Gebirgen im nördlichen Vorderasien über die Niederungen der Flüsse Euphrat und Tigris bis zu den Küsten des Roten Meeres und des Mittelmeeres sind alles andere als einheitlich. Über das traditionelle Zweistromland hinaus, das heute größtenteils den Raum des modernen Irak bildet, gehörten in bestimmten Phasen ebenso die Gebirgsregionen nördlich davon oder wesentliche Teile Kleinasiens, historisch gesprochen Elam oder der Staat Urartu, mit seinem Kernland zwischen den beiden Seen Van und Urmia, der zeitweise der große Gegner des neuassyrischen Reiches war, sowie der Hethiterstaat, der im 14. und 13. Jahrhundert (alle Datierungsangaben sind als «vor Chr.» zu verstehen) seine Einflußzone von Syrien bis zur kleinasiatischen Westküste ausdehnen konnte, dazu; ebenso könnte man aber die zahlreichen kleineren Staaten im Raum des heutigen Syrien und Palästina nennen, die die Verbindung bis Ägypten bildeten, sowie wichtige Handelsstädte am Mittelmeer wie Ugarit. Alle zählten sie zur großen «Keilschriftkoine».

Die Besiedlungsgeschichte im Alten Orient reicht noch viel weiter zurück als die inschriftlichen Quellen mitteilen, so daß manches, was die Ursprünge des Alten Orient betrifft, noch im dunkeln liegt. Mit dem Beginn der geschichtlichen Zeit treten uns zwei Träger der mesopotamischen Kultur entgegen: die Sprecher des semitischen Akkadisch, das mit jüngeren Sprachen wie dem Aramäischen oder Arabischen verwandt ist, und die Sprecher des Sumerischen, die wohl ebenfalls nicht autochthon in Mesopotamien gewesen sein dürften, wobei ihre Herkunft unbekannt und die genetische Zugehörigkeit ihrer Sprache immer noch offen ist. Die ethnische und besonders die sprachliche Heterogenität ist für die altorientalischen Kulturen bzw. politischen Einheiten nahezu typisch, auch wenn die Intensität der kulturellen Verbindung von Sumerern und Akkadern so später nicht mehr erreicht wurde. Sehr früh, d. h. schon ab dem 3. Jahrtausend, kommen die hurritischsprachigen Bevölkerungsgruppen hinzu, später amurritische, aramäische und arabische Einwanderungen, um nur die wichtigsten zu nennen: Folge einer ständigen Bevölkerungsfluktuation durch Zuwanderung neuer Gruppen, die angezogen werden von der ökonomischen, technischen und kulturellen Prosperität der urbanen vorderasiatischen Kulturen. Nahezu jedes staatliche Gebilde, mag es sich um die eng begrenzten Stadtstaaten des 3. Jahrtausends oder die großräumigen Territorialstaaten Assyriens und Babyloniens im 1. Jahrtausend handeln, ist durch das Nebeneinander verschiedener ethnischer Gruppen und die Verwendung unterschiedlicher, oft typologisch sehr differenter Sprachen geprägt. Am komplexesten war die Situation wahrscheinlich im hethitischen Anatolien, wo neben den verschiedenen altanatolisch-indoeuropäischen Sprachen Hethitisch, Palaisch und Luwisch noch das Hattische, eine autochthon anatolische Sprache (ebenfalls genetisch isoliert), das Hurritische sowie die internationale Verkehrssprache, das Akkadische, und das Sumerische als Gelehrtensprache schriftlich überliefert sind.

Das verbindende Element, das es überhaupt erst erlaubt, alle diese verschiedenen Kulturen und ‹Staaten› unter einem Begriff zu subsumieren, ist, weit stärker noch als der geographische Raum, das Medium der Schrift, genauer der Keilschrift, die bis ins 1. Jahrtausend das am weitesten verbreitete, wenn auch nicht das einzige Schriftsystem darstellte. Ihr Ursprung reicht zurück bis ins ausgehende 4. Jahrtausend; es handelt sich dabei, auch wenn einige der Zeichen der frühen Schriftform noch deutlich erkennbaren Bildcharakter haben, von Anfang an um eine «Lautschrift», deren einzelnen Zeichen Silbenwert zukommt. Sie wurde ausschließlich zur Informationsspeicherung verwendet und war das Ergebnis einer Reihe von Versuchen in diese Richtung, die im wesentlichen durch die Erfordernisse der Wirtschaft und der damit verbundenen Zwänge zu Speicherung und Kontrolle der verschiedensten damit in Verbindung stehenden Prozesse veranlaßt wurde. Bei der Ausgestaltung der Zeichen griff man, wo es sich anbot, auf konkrete Vorbilder zurück, ansonsten – und das gilt für die überwiegende Mehrzahl der Zeichen – erscheinen sie völlig abstrakt. Mit der Weiterentwicklung der Schreibtechnik, nicht zuletzt durch die Verwendung von Griffeln, die durch das Eindrucken in weichen Ton nur gerade Keile produzieren, verlor das Erscheinungsbild immer mehr an Bildhaftigkeit. Vom Ursprung der Schrift her gesehen ist das Fehlen von Texten mit nicht-ökonomischen Inhalten kaum weiter verwunderlich, vielmehr unterstreicht das nochmals, daß gelegentlich vertretene Auffassungen, der Ursprung der Schrift sei vielmehr im Kontext religiös-kultureller Zusammenhänge zu suchen, nicht haltbar sind. Das Anwachsen des Zeicheninventars erlaubte allerdings mit der Zeit die Lösung vom strengen Formularcharakter der Wirtschaftstexte. Einen weiteren wichtigen Schritt stellte der Einsatz der flexibler gewordenen Keilschrift für die Aufzeichnung von Texten in akkadischer Sprache mittels eines syllabischen «Orthographie»systems dar, das es ermöglichte, die zum genetisch und typologisch gänzlich verschiedenen Sumerischen bestehenden Unterschiede zu überbrücken. Ein Fortschritt, der noch im 3. Jahrtausend gelang und in der Folgezeit auch einer ganzen Reihe weiterer Sprachen zugute kam.

Als kulturelle Konstante fungiert die Keilschrift besonders deshalb, weil sie für die nach-sumerischen Kulturen nicht nur Mittel zur Speicherung von Information war, sondern auch Vermittlerin einer jahrtausendealten Tradition, die in Verbindung mit der Schrift rezipiert und verbreitet wurde. So kannten Schriftkundige, gleichgültig ob sie ihr Handwerk im anatolischen Hochland oder im Süden Mesopotamiens erlernt hatten, zumindest einen gewissen einheitlichen Bestand an Formularen und Texten, häufig noch im seit dem 2. Jahrtausend nur noch als Kultursprache gepflegten Sumerisch oder in Akkadisch, das in gewisser Weise als lingua franca zwischen den verschiedenen sprachlichen Gruppen diente, entfernt vergleichbar der Funktion des mittelalterlichen Lateins.

Der ganz eigene Charakter der schriftlichen Überlieferung, insbesondere der historiographischen Tradition im weiteren Sinne, muß immer mitbedacht werden, wenn wir die Frage nach «Revolutionen» im Alten Orient stellen. Die weitverbreitete Ansicht, daß Geschichtsschreibung überhaupt ihren Ursprung und ihren Ausgang erst bei den Griechen gehabt habe, ist so heute kaum mehr aufrecht zu erhalten. Sie verkennt die spezifische Funktion der Keilschrift-Historiographie, die sie im Rahmen der altorientalischen Kulturen und vor allem bei denen, die in diesem Bereich am produktivsten und fortschrittlichsten waren – die Assyrer und die Hethiter –, hatte, und sie verkennt vor allem ihre spezifische Leistung. Für die im folgenden darzustellende einschneidende Entwicklung nicht nur in der Geschichte des Alten Orients, nämlich die Schaffung eines neuen politischen Modells in Form eines zentral organisierten Territorialstaates mit dynastischer Herrschaftsfolge, können wir aber auf einschlägige Quellen kaum zurückgreifen, da Historiographie zu dieser Zeit erst marginal entwickelt war. Wir sind deshalb darauf angewiesen, anderes Material im Hinblick auf unsere Fragestellung zum Sprechen zu bringen. Dabei soll uns aber nicht eine allgemeine Theorie der Staatsentstehung oder der Entwurf eines ethnologischen oder sozio-ökonomischen Modells interessieren, sondern vielmehr die «ideologische» Konfrontation zweier grundsätzlich verschiedener Ordnungs- und Organisationsvorstellungen anhand ihrer Reflexion in literarischen Texten.

Die mögliche Lesbarkeit der mesopotamischen Dichtung oder Mythologie als Reaktion auf bestehende oder sich verändernde geschichtlich-politische Verhältnisse ist ein ihr immanenter und typischer Aspekt. Es eröffnet sich damit ein Quellenmaterial, das in der «offiziellen» Historiographie nicht zu erwarten ist, da für ‹oppositionelle› Stimmen, für eine Art ‹Gegenöffentlichkeit› im Rahmen der institutionalisierten, letztlich dem Einfluß der Herrscher unterliegenden Schreiber- und Schultraditionen in unverhüllter Form kein Raum ist.

Nichts weniger als die Existenz der Menschheit überhaupt verdankt sich einer Revolution – so zumindest begründet einer der wichtigsten mesopotamischen Mythen die Erschaffung des Menschen. Allerdings handelt es sich dabei nicht um die einzige oder die einzig legitime Kosmogonie der altorientalischen Vorstellungswelt, es existiert vielmehr eine ganze Reihe sehr verschiedener, die in manchmal recht verblüffenden Zusammenhängen erzählt werden. Etwa wenn eine knappe Erzählung der Weltschöpfung nur als Einleitung für die Erklärung der Ursache von Zahnschmerzen dient, die auf einen Wurm zurückzuführen sind, dem es nicht genügte, sich von reifen Früchten wie Äpfeln und Feigen zu ernähren, weshalb er den Schöpfergott Anu darum bittet, ihm Zahn und Zahnfleisch als Nahrung zu gewähren. Immerhin scheint sich dieser kleine Text einer gewissen Beliebtheit erfreut zu haben, da er in mehreren Fassungen überliefert ist.

Zweifellos die bedeutendste und bekannteste Version einer Kosmogonie liefert jedoch der nach seinen Anfangsworten *Enūma eliš* «als oben ...» benannte mythologische Text, dessen über 1000 Verse vor Ende der 2. Hälfte des 2. Jahrtausends in Babylonien entstanden sein dürften. Der beim urweltlichen Chaos, noch vor Beginn aller Geschichte einsetzende Bericht liefert eine sehr ausgeprägte Darstellung der Weltentstehung in Verbindung mit einer Theogonie. Neben der eindringlichen Schilderung gewaltiger Kämpfe, in deren Verlauf eine ältere Göttergeneration von einer jüngeren, dynamischeren abgelöst wird, nimmt die Erschaffung des Menschen selbst nur wenige Verszeilen ein.

Kingu ist es, der zum Krieg anstiftete,
der Tiamāt zum Aufstand veranlaßte und den Kampf in Gang brachte.
Sie banden ihn und hielten ihn vor Ea fest,
Sie legten ihm die Strafe auf und schnitten seine Blut(gefäße) durch.
Aus seinem Blut erschuf er die Menschheit,
legte ihr die Arbeit der Götter auf, stellte die Götter frei.
(*Enūma eliš*, Tafel VI, Vers 29–34; Übersetzung nach W. G. Lambert)

Tiamāt ist der Name des Meeres, der Gattin des Urweltozeans Apsû, die beide zusammen das Urelternpaar aller Göttergenerationen sind. Erzürnt vom Lärm, den ihre Nachkommen verursachen, plant Apsû diese zu vertilgen, doch wird er zuvor von Ea, der vom Vorhaben seines Erzeugers erfahren hatte, getötet. Beim Versuch, sich dafür an Ea zu rächen, kommt es zum Kampf mit Marduk, der schließlich seinerseits Tiamāt erschlägt. Kingu wiederum war einer ihrer Helfer. Wichtige, auch in anderen Versionen wiederkehrende Elemente sind in dieser sehr verkürzten Form erhalten: das Blut eines Gottes, das unabdingbar für neues Leben und ‹Geist› war, wobei der Lehm, mit dem das Blut vermischt wurde, in dieser Fassung ausgespart wird; und wichtig noch die Erwähnung der Lebensaufgabe der Menschen, die in der Arbeit für und in Stellvertretung für die Götter bestand. Die Knappheit der Darstellung erklärt sich daraus, daß im Gesamtkontext des Mythos diese Episode nur einen marginalen Nebenaspekt ausmacht. Eigentliche Kernaussage und Funktion der gesamten Dichtung ist es, eine Begründung für den Aufstieg Marduks, des Stadtgottes von Babylon, zur beherrschenden Göttergestalt des gesamten mesopotamischen Pantheons zu liefern. Marduk spielt ansonsten in der Mythologie kaum eine Rolle, lediglich in der ebenfalls sehr späten Dichtung des Erra-Epos tritt er noch auf. Aber als «Vertreter» Babylons gewinnt auch er zunehmend an Bedeutung, der Mythos folgt also der geschichtlichen Entwicklung erst nach und rundet sie ab. Unter Nebukadnezar I. (ca. 1126–1105) trägt Marduk dann förmlich den Titel «König der Götter», womit sein Aufstieg parallel zu der gewachsenen politischen Bedeutung Babylons verläuft, die mit Ḫammurabi I. (1792–1750) und der 1. babylonischen Dynastie einsetzte. Die Frage der Entstehungszeit der Dichtung *Enūma eliš* ist allerdings noch nicht eindeutig geklärt; die älteste sicher datierbare Überlieferung des Textes stammt aus der Zeit nach 1000.

Deutlich älter ist der sogenannte Atramḫasīs-Mythos, der bereits um die Mitte der 1. Hälfte des 2. Jahrtausends entstanden sein dürfte; darin wird die Erschaffung des Menschen weit ausführlicher geschildert und hat auch einen größeren Stellenwert, darüber hinaus wird die auch in anderen Texten und dem *Enūma eliš* angedeutete Bestimmung des Menschen detaillierter begründet. Bekannt wurde die Dichtung jedoch aus einem anderen Grund: in ihr nimmt nämlich die Sintfluterzählung einen breiten Raum ein, die im Rahmen des sogenannten «Babel-Bibel-Streites» zu Beginn des 20. Jahrhunderts eine entscheidende Rolle spielte. Die Erzählung von einer gewaltigen Flut, die die Menschheit vom Antlitz der Erde vertilgen soll, hat in Mesopotamien bereits sumerische Vorläufer und fand auch als eine von vielen Episoden Eingang in das große Gilgameš-Epos, das aus verschiedenen Vorläufern wohl im 13. Jahrhundert in eine kanonische, akkadischsprachige Fassung gebracht wurde und wo der Held Atramḫasīs, was man ungefähr mit «der an Weisheit überragende» übersetzen könnte, den Namen Utnapištim trägt, in der sumerischen Fassung aber noch Zi-u-sud-rá hieß. Die Dichtung um Atramḫasīs setzt ein mit dem markanten Vers «Als die Götter (noch) Mensch waren ...» oder im Original *inūma ilū au̯īlum*, einem vieldiskutierten, grammatisch nicht eindeutigen Satz, bei dessen Übersetzung ich mich aber W. von Sodens Behandlung der altbabylonischen Fassung anschließe. Die Welt und mit ihr eine Reihe von Göttern existiert bereits, über ihre Herkunft schweigt sich der Text aus. Die göttliche Gesellschaft ähnelt dabei sehr einer menschlichen insofern, als es auch dort eine Gruppe mächtigerer Götter unter der Führung Enlils gibt, die andere Götter beherrschen und für sich arbeiten lassen:

> Als die Götter (noch) Mensch waren,
> trugen sie die Mühsal, schleppten den Tragkorb.
> Der Götter Tragkorb war groß,
> die Mühsal schwer, viel Beschwerden gab es.
> Die großen Annunaku wollten die nur sieben
> Igigu die Mühsal tragen lassen.
> (Atramḫasīs Tafel I, Vers. 1–6; Übersetzung nach W. von Soden)

Doch nach langen Jahren der mühevollen Plackerei, vor allem des Grabens der Kanäle und der Flußbette von Euphrat und Tigris, hatte sich zuviel Zorn aufgestaut:

> Die Igigu, 2500 Jahre lang die übergroße
> schwere Arbeit trugen sie Nächte und Tage.
> Sie führen Klage und äußern Beschimpfungen;
> sie beklagen sich in den Erdgruben.
> (Atramḫasīs Tafel I, Vers. 37–40)

Im Gott Enki, der sich vor allem durch seine trickreichen Schliche auszeichnet, fanden sie einen Fürsprecher, der sie aber gleichzeitig weiter aufwiegelt und schließlich zum offenen Widerstand reizt:

> Enlil, den Berater der Götter, den Kämpfer,
> wohlan, wir wollen ihn fortholen von seinem Sitz!
> Nunmehr ruft aus den Streit,
> die Schlacht; wir wollen im Kampf handgemein werden!
> (Atramḫasīs Tafel I, Vers. 59–62)

Groß ist daraufhin die Aufregung unter den herrschenden Göttern, Furcht kommt auf, Enlil selbst beginnt zu weinen; und die Götter suchen nach Rat, wie der Aufstand beschwichtigt, wie der offene Kampf der Götter untereinander verhindert werden könnte. Schließlich einigt man sich, alle Götter von Fronarbeit zu entlasten – allerdings muß damit auch ein Ersatz gefunden werden. Wiederum ist es Enki, der letztlich den entscheidenden Vorschlag macht:

> Einen Gott soll man schlachten,
> dann mögen sich die Götter durch Eintauchen reinigen!
> Mit seinem Fleisch und seinem Blut
> möge Nintu den Lehm überschütten;
> der Gott und der Mensch mögen beschmiert werden
> gemeinsam mit Lehm!
> (...)
> Als beide diesen Lehm überschüttet hatten,
> rief er die Anunna, die großen Götter.
> Die Igigu, die großen Götter,
> spieen Speichel auf den Lehm.
> Mami tat ihren Mund auf
> und sprach zu den großen Göttern:
> «Das Werk hattet ihr mir befohlen, daher vollendete ich (es),
> den Gott habt ihr geschlachtet mit seinem Verstand.
> Eure schwere Mühsal schaffte ich damit ab;
> euren Tragkorb legte ich den Menschen auf!»
> (Atramḫasīs Tafel I, Vers. 208–13 u. 232–41)

Die Menschen sind erschaffen und haben in der Welt ihre Aufgabe, die darin besteht, Frondienst für die Götter zu leisten. Doch damit ist der Text längst nicht zu Ende. Was nun folgt, ist eine Art Wiederholung auf anderer Ebene. Denn auch die Menschen sind über ihr Schicksal nicht glücklich, noch schlimmer aber ist, daß ihre Zahl ständig anwächst und der Lärm und das Geschrei, das sie verursachen, schließlich die Götter so sehr stört, daß Enlil beschließt, sie zu dezimieren oder gar ganz auszulöschen. Was dann mit vielen Details – Beratungen, Plänen und Gegenplänen – ausführlich geschildert wird, leitet in die Sintflutgeschichte über, in den Versuch der Götter bzw. Enlils, die Menschheit endgültig zu vernichten. Dagegen findet jedoch Atramḫasīs, unterstützt von den klugen Hinweisen Enkis, immer wieder ein Gegenmittel – so letztlich auch gegen die große Flut, die er überleben kann, weil die rechtzeitige Warnung Enkis es ihm ermöglicht, ein Schiff zu besteigen. Was uns hier aber mehr interessiert als der Fortgang der Erzählung, ist der Hintergrund der Motivation der Menschenschöpfung. Deutlich erkennbar ist das Bild einer Gesellschaft, in der Pflichten und Rechte ungleich verteilt sind, in der die einen auf Kosten der anderen leben, ohne Einsicht in die Notwendigkeit eines gemeinsamen Interessenausgleichs; eine Konfliktsituation, die nahezu zwangsläufig in eine direkte Auseinandersetzung mündet. Kann man vermuten, daß sich dahinter ein realer Bezug verbirgt, läßt sich die Menschenschöpfung im Atramḫasīs-Mythos als eine Spiegelung realer sozialer Konflikte in der Frühzeit Mesopotamiens lesen? Wieweit hinter dieser «Revolution» ein konkretes Ereignis stand, läßt sich schwerlich eindeutig nachweisen, nicht zuletzt durch die verschiedenen Redaktionsstufen, die auch dieser Text durchlaufen hat.

Mit aller gebotenen Vorsicht könnte man aber vielleicht in diesem Bild von der menschlichen Existenz, beschränkt auf Fronarbeit und in der völligen Abhängigkeit vom Willen und den Launen der Götter, eine Parallele zu frühen Ökonomieformen der südmesopotamischen Städte sehen. Nachweislich hat die Entwicklung urbaner Strukturen im Verlaufe des 4. Jahrtausends zum Verlust der Eigenständigkeit kleinräumiger, dörflicher Siedlungsstrukturen geführt, in denen ursprünglich die künstliche Flußrandbewässerung entstanden war. Die Stadt war das Zentrum, auf das hin das Wirtschaften der umliegenden Region orientiert war und von dem die Kontrolle der Anbauflächen ausging, und das Zentrum der Stadt wiederum war der Tempel der Stadtgottheit. Damit war der Tempel nicht nur geistig-ideologischer Mittelpunkt, in dessen Kultverrichtung die Solidarität der Gemeinschaft ihrer Bewohner und des zugehörigen Umlandes vollzogen wurde, sondern ihm flossen auch im Rahmen der täglichen Kultlieferungen große Mengen der landwirtschaftlichen Erträge zu. Allerdings hat die jüngere Forschung z. T. versucht, das allzu rigide gedachte Paradigma der zentralen Wirtschaftsorganisation, das Modell vom sogenannten vorderasiatischen «Tempelstaat», wonach aller Besitz und alles Land ausschließlich der Kontrolle des Tempels und seiner Bürokratie unterlag, etwas zu relativieren. Dennoch bleibt festzuhalten, daß bei allen noch offenen Fragen im Detail für die längste Zeit des 3. Jahrtausends die Tempel als wichtiger ökonomischer Faktor mit einer durchorganisierten hierarchischen Bürokratie als eigentliches Machtzentrum fungierten, das große landwirtschaftliche Einheiten kontrollierte und wo es schwerfällt, eine eindeutige Unterscheidung zwischen «säkularem» und «religiös-kultischem» Bereich zu treffen, zumal alle Macht ihrer religiösen Legitimation bedurfte. In der Typisierung und literarischen Zuspitzung mag im oben angeführten Mythos von der «Revolution» gegen die großen Götter und ihre Allmacht durchaus eine Spiegelung realer ökonomisch-sozialer Verhältnisse zu erkennen sein.

Während sich diese im Rahmen der mythologischen Dichtung so eindeutig formulierte gleichsam «soziale» Revolution einer unterdrückten Gruppe, erst der sogenannten kleinen Götter, der Igigu, dann gar der Menschen gegen die großen Götter, die sie erst geschaffen haben, in der historischen Realität nur sehr vage greifen läßt, gibt es aus der Frühgeschichte des Alten Orients ein gut dokumentiertes, einschneidendes Ereignis, das das historische Denken des Alten Orients gravierend verändert hat und das darüber hinaus noch eine große Folgewirkung hatte. Seine ideologische Verarbeitung jedoch läßt sich wiederum nur indirekt aus literarischen Texten nachvollziehen. Dabei könnte man durchaus von einer «Revolution» im Sinne des gewaltsamen Umsturzes der bestehenden Machtverhältnisse sprechen, wobei jedoch der Druck nicht ‹von unten› ausgeht, sondern vielmehr zwei Herrschaftsformen miteinander konkurrieren. Es geht also gewissermaßen um eine Revolutionierung politischer Denkmöglichkeiten.

In der Frühzeit der sumerischen Geschichte war die politische Struktur Mesopotamiens durch eine Reihe mehr oder weniger gleichberechtigter nebeneinander bestehender Stadtstaaten geprägt; die bekanntesten sind Uruk, Ur, Umma, Lagaš, Nippur, Isin, Kiš u. a. m., alle im Süden Mesopotamiens gelegen. Diese Städte wurden von einer Bürokratie geleitet, an ihrer Spitze stand eine Herrscherperson, die von Stadt zu Stadt mit unterschiedlichen Titeln bezeichnet wurde. Sie lassen sich nur ungefähr oder konventionell übersetzen: in Isin etwa hieß das Stadtoberhaupt *sanga*, eigentlich ursprünglich die Bezeichnung eines Priesters, in Uruk «Fürst» oder einfach «Herr» (*en*), in anderen Städten, darunter Lagaš, «Stadtfürst» (*ensi*) oder auch «König» (*lugal*); eine kontinuierliche patrilineare Vererbbarkeit des Amtes scheint dabei nicht die Regel gewesen zu sein. Eine feste Organisation dieser Städte, also z. B. die Vorherrschaft einer bestimmten Stadt im Besitz eines die anderen lokalen «Herrscher» dominierenden Amtes, hat es nicht gegeben, und dies obwohl eine Eigenbezeichnung des Landes «Sumer» als auch seines Volkes mit dem Wort *kiengi* existierte; dafür gab es aber bemerkenswerterweise keinen Titel eines «Königs von Sumer».

Diverse literarisch-mythische Texte lassen sich dahingehend deuten, daß in ihnen eine grundsätzliche politische Konstellation in Variationen dargestellt wird: die Konfrontation einer mit politischer Macht ausgestatteten, gleichsam souveränen Ratsversammlung und dem einem Einzelnen übertragenen Amt des Stadtfürsten oder Königs, der dabei idealiter nur als primus inter pares fungieren sollte. Die in den Mythen immer wieder erwähnte Götterversammlung, die in Nippur unter der Leitung Enlils tagte, der eben dort sein wichtigstes Kultzentrum hatte, repräsentiert dabei diese ideale Ratsversammlung, die wiederum über die Vergabe des Königtums entscheiden konnte. Man hat diese politischen Verhältnisse, wie sie sich auf der Grundlage primär literarischer sumerischer Texte aus der Zeit bis zur 3. Dynastie von Ur (2112–2004) skizzieren lassen, mit dem Begriff «primitive democracy» (Th. Jacobsen) charakterisiert. Die Ratsversammlung der Götter spiegelt die Gemeinschaft der Städte Südmesopotamiens, jede durch ihre lokale Gottheit repräsentiert, während das Prinzip der Übertragung der Königsherrschaft in der Fiktion der «Sumerischen Königsliste» mit ihrer linearen Abfolge der Königsherrschaft von einer Stadt auf die nächste zum Ausdruck kommt.

Das System der «primitive democracy» bedeutete nicht, daß es nicht auch zwischen den einzelnen Stadtstaaten Rivalitäten gab, die bis zu militärischen Konflikten führen konnten und Anlaß zu verschiedenen Koalitionen gaben oder gar, allerdings seltener, mit der Eroberung einer Stadt durch eine benachbarte enden konnten; trotz allem blieb das traditionelle Kräftegefüge mehr oder weniger gewahrt, zumindest konnte kein einzelner Stadtstaat eine absolute Dominanz erringen. Und als die Stadt Lagaš/Girsu im Verlaufe des 24. Jahrhunderts auf dem Wege war, sich zur Herrschaft über den gesamten südlichen Teil Babyloniens aufzuwerfen, erschien mit den Königen von Akkade ein neuer Faktor in der politischen Geschichte Mesopotamiens. Die genaue Lage der Stadt Akkade ist noch immer nicht bekannt; man vermutet sie nördlich von Kiš und Babylon gelegen. Die «Sumerische Königsliste» nennt fünf Könige von Akkade und schreibt dem Begründer der Dynastie allein 56 Regierungsjahre zu, insgesamt sollen sie 142 Jahre regiert haben (2340–2198). Am bekanntesten und zweifellos auch am bedeutendsten war der Begründer der Dynastie Šarru-kīn (2340–2284). Geläufiger ist freilich die biblische Namensform Sargon, womit ursprünglich nicht er selbst, sondern sein fast 1500 Jahre jüngerer neuassyrischer Namensvetter gemeint war, jedoch ist diese Form inzwischen für beide gebräuchlich geworden. Außerdem wäre noch zu nennen der Enkel Sargons und sein späterer Nachfolger Narāmsîn (2259–2223). Was diese Könige so deutlich von den anderen der mesopotamischen Frühgeschichte unterscheidet, ist, daß sie als erste ein politisches Gebilde geschaffen haben, das man mit einiger Berechtigung als «Reich von Akkade» bezeichnen kann. Wobei freilich hier wie im folgenden der Terminus «Reich» nur unter Vorbehalt zutreffend ist und sich mehr einer traditionellen Verwendungsweise verdankt, ohne daß damit für spätere historische Epochen geltende Vorstellungen zu assoziieren wären.

War bis dato die Entwicklung von Stadtstaaten geprägt gewesen, so wurden diese nun im ersten Territorialstaat der Weltgeschichte zusammengefaßt, wobei mit den herkömmlichen Machtstrukturen gebrochen wurde; zumindest wird man die Aussage, daß die Statthalterschaft in den beherrschten Städten «Söhnen von Akkade», also keinen Sumerern, übertragen wurde, so interpretieren wollen. Hinzu kommt ein offenbar dynastisches Prinzip in der Herrschaftsfolge: die direkten Nachfolger Sargons waren Söhne, Narāmsîn ein Enkel; gleichzeitig setzte er seine Tochter, die den Namen Enheduanna annahm, als oberste Priesterin in Ur ein. Nicht nur die Entmachtung der lokalen Herrscher läßt sich belegen, sondern vor allem auch eine direkte militärische Kontrolle des «Reiches» scheint angestrebt gewesen zu sein; so wurden Stadtmauern geschleift, Garnisonen eingerichtet und vor allem Grundbesitz eingezogen und an Akkade-Truppen verteilt. Der logische Endpunkt dieser neuen Herrschaftsideologie scheint schließlich erreicht gewesen zu sein, als Narāmsîn den Schritt vollzieht, sich als erster mesopotamischer Herrscher selbst zum Gott zu erklären. Er läßt sich als Stadtgott von Akkade verehren, ein Tempel wird für ihn gebaut und sein Name mit dem sonst nur Götternamen vorbehaltenen Keilschriftzeichen als vorangestelltes Gottesdeterminativ versehen – eine Schreibung, die in den fast 1000 Jahren jüngeren Texten aus dem hethitischen Anatolien wieder auftaucht.

Zu Zeiten seiner größten Ausdehnung reichte das von Sargon beherrschte Gebiet von Syrien bis zur Mündung von Euphrat und Tigris; die Stadt Mari am mittleren Euphrat wurde erobert und das erst vor ca. 25 Jahren entdeckte Ebla in Nordsyrien, ein bedeutendes Handelszentrum und seit der Mitte des 3. Jahrtausends einer der frühesten Ableger der Keilschriftkultur, zerstört. Fernhandel ist mit einiger Wahrscheinlichkeit bis Oman und weiter bis in den Bereich der Induskultur belegt, eine eher legendenhafte Literatur läßt Sargon bis nach Anatolien ziehen und ein Text aus dem 1. Jahrtausend erwähnt, sicherlich gänzlich fiktiv, sogar Kreta.

Mit der Entstehung des Reiches von Akkade und dem Versuch, ein dynastisches Herrschaftsprinzip zu etablieren, wird der «primitive democracy» der südmesopotamischen Städte die Konzeption einer «primitive monarchy» entgegengesetzt, die Machtvergabe auf Zeit durch eine souveräne Gruppe wird zugunsten des Versuches einer Perpetuierung der Macht aufgehoben. Es ist klar, daß dieser Versuch gravierende Folgen für die weitere historisch-politische Entwicklung haben mußte. Das neuartige politisch-administrative Gebilde stellte einen Bruch mit jahrhundertealten Traditionen dar, so daß es nicht weiter verwunderlich ist, daß seine Urheber die Phantasie der Nachgeborenen beschäftigten und besonders um Sargon und Narāmsîn eine reiche, oft ins Sagenhafte abgleitende Literatur entstanden ist. So soll Sargon in seiner Jugend Mundschenk beim König von Kiš gewesen sein, und um seine Geburt rankt sich eine Aussetzungsgeschichte ähnlich der von Moses. Aber der Tenor der Dichtungen über die Akkadekönige ist keineswegs einhellig positiv.

In der sumerischen Literatur der unmittelbar nachfolgenden Zeit fällt auf, daß eine positive Darstellung oder gar eine idealtypische Verklärung der Akkadekönige ausgeblendet bleibt – zu unterschiedlich sind die oben geschilderten politischen Konzeptionen. Vielmehr wird in der gut bezeugten Dichtung «Fluch über Akkade» die Bestrafung und Vernichtung Akkades durch die Götter, die zunächst noch dessen Aufstieg wohlwollend begleitet hatten, als Reaktion auf die Hybris seiner Herrscher, an erster Stelle der Narāmsîns, geschildert. Höhepunkt ist der Bericht seines Angriffes auf Nippur und die Plünderung des Ekur, des zentralen Enlil-Heiligtums, ist doch Nippur der gedachte Sitz der Ratsversammlung des Pantheons, dem Enlil vorsteht, diese also eigentliches Ziel des Angriffs. Ein archäologischer Nachweis für eine Zerstörung in der fraglichen Epoche läßt sich freilich nicht beibringen, womit sich dieses Detail, das auch an anderer Stelle erwähnt wird, als literarische Fiktion erweist: Die gegen Nippur und das Ekur gerichtete Aggression wird zum Sinnbild der Revolution gegen die von den Göttern etablierte Ordnung, gegen das Prinzip des Königs als primus inter pares und der «primitive democracy». Nur so kann und soll sie von den nachfolgenden Generationen interpretiert werden, und sie mußte notwendigerweise den Untergang des Reiches von Akkade nach sich ziehen; der Einbruch der feindlichen Gutäer-Stämme, über die sonst aber so gut wie kaum etwas bekannt ist, der schließlich zum Zusammenbruch des Akkadereiches führte, gewinnt so seine aitiologische Begründung.

Das von den Akkadekönigen gleichsam von außen Sumer übergestülpte politische System widersprach grundsätzlich den eigenen Traditionen und fand dementsprechend, unabhängig von dem immer wieder bemühten sumerisch-akkadischen Gegensatz auf ethnischer Ebene, dort keine Akzeptanz. Neben den bereits angesprochenen Dichtungen ließen sich noch die verschiedensten literarischen Reflexe der Zeit des Reiches von Akkade anführen; von Interesse wären in diesem Zusammenhang besonders der Mythenkreis um die Göttin Inanna (Ištar), ursprünglich zwei Göttinnengestalten, aber seit der Akkadezeit zu einer vereint, der sich in Pro- und Anti-Akkade-Mythen unterteilen läßt.

Es gibt aber auch Überlieferungen, die einer Historiographie im herkömmlichen Sinne näher stehen. Nur eine unter den zahlreichen Rebellionen, von denen die Quellen berichten, ist die des Ipḫur-Kiši von Kiš gegen Narāmsîn, die beispielhaft erwähnt werden soll, weil sie mit ihrem Niederschlag in der historischen wie der literarischen Überlieferung typisch ist. Eines der besterhaltenen Textzeugnisse, eine altbabylonische Tafel unbekannter Herkunft, ist insofern besonders aufschlußreich, als sie nicht nur das Faktum der Rebellion an sich erwähnt, sondern auch den dahinter verborgenen Grundkonflikt beider politischer Konzeptionen thematisiert und dies darüber hinaus Narāmsîn selbst, aus dessen Perspektive der Text formuliert ist, in den Mund legt. Dabei lehnt er sich eng an die Form der altakkadischen Königsinschriften an. Naramsîn beteuert, daß sein Großvater Sargon den Bewohnern von Kiš die Freiheit gebracht habe, doch sie haben es ihm nicht gedankt. Der Text fährt fort: «(die Einwohnerschaft von) Kiš versammelte sich und Ipḫur-Kiši, den Sohn der Klagepriesterin

Ṣummirat-Ištar, beriefen sie zur Königsherrschaft». Narāmsîn sieht sich also einem von einer Versammlung designierten König gegenüber, der dieses Amt ganz offensichtlich nicht aufgrund seiner Herkunft beanspruchen kann, und nun die Aufgabe hat, Kiš von der Oberherrschaft Akkades zu befreien. Das Unternehmen freilich schlägt fehl, wie sich einer authentischen Inschrift Narāmsîns entnehmen läßt.

Trotz mancher Bedrohung und Instabilität hat das System der «primitive democracy» in der Zeit nach dem Akkade-Reich noch Jahrhunderte überdauern können, bevor mit der 3. Dynastie von Ur dann dieses System endgültig, auch als politische Modellvorstellung, sein Ende gefunden zu haben scheint. Noch einmal kommt es für ein knappes Jahrhundert zur Bildung eines neusumerischen Reiches, das weite Teile Mesopotamiens unter einer Führung vereinigt und dessen König Urnammu nun erstmals den Titel «König von Sumer und Akkad» führt. Noch einmal wird ein umfassendes System zur Kontrolle und Verwaltung eines Territorialstaates eingerichtet, der alle vorher eigenständigen Einheiten umfaßte und so weit entwickelt war, daß eine arbeitsteilige Organisation zwischen verschiedenen «Haushaltseinheiten» möglich war. Eine klar strukturierte, hierarchisch aufgebaute Bürokratie und Verwaltung sorgte für einen möglichst reibungslosen Ablauf der Produktions- und Redistributionsprozesse. Trotz des stabilen Bildes der inneren Verhältnisse, also der ökonomischen und administrativen Situation, das die bisher ca. 25 000 publizierten Verwaltungs- und Wirtschaftstexte zeichnen, war der rasante Zusammenbruch, für den die amurritischen Einwanderungen in erheblichem Maße verantwortlich gewesen sein dürften, offensichtlich nicht abzuwenden. Gleichzeitig bedeutete dies das endgültige Ende der lebenden sumerischen Kultur und die sumerische Sprache wurde fortan nur noch von Gelehrten und von den immer traditionsbewußten Schreiberschulen gepflegt.

Wenn auch eine konkrete Realisierung dieser «Idee» eines Reiches auf territorialer Grundlage auf Dauer nicht umzusetzen war, so scheint sie doch im Bewußtsein nachfolgender Generationen verhaftet geblieben zu sein und mit dem gewachsenen zeitlichen Abstand und unter anderen als den für die urbane Kultur Südmesopotamiens typischen Bedingungen zunehmend an Attraktivität gewonnen zu haben. Die Idee der «primitive monarchy» hatte letztlich gegenüber der «primitive democracy» doch gesiegt. Geprägt wurde die konkrete Geschichte des 2. Jahrtausends von einer Reihe größerer Staaten, die miteinander um Vorherrschaft und Einfluß rangen, ohne daß sich auf Dauer die eine oder andere Macht klar durchsetzen konnte. Dem Reich Ḫammurabis von Babylon war ebenso wenig Dauer beschieden, wie die Hethiter von ihrer überraschenden Eroberung Babylons (1595) wirklich profitieren konnten.

Als im 9. und 8. Jahrhundert ein allmählicher Aufschwung des assyrischen Reiches einsetzte, deutete zunächst nichts daraufhin, wohin der Weg letztlich führen sollte. Die Konsolidierung Assyriens im 1. Jahrtausend ist vor allem mit den Königen Adad-nirāri II. (912–891) und Tukulti-Ninurta II. (890–84) verbunden, denen es gelang, das an die Aramäer verloren gegangene Territorium in Nordmesopotamien zurückzugewinnen, womit die Voraussetzung geschaffen war, die dominierende Macht Vorderasiens zu werden. Trotz verschiedener Rückschläge und Krisen aufgrund interner Konflikte, die bis zur Mitte des 8. Jahrhunderts existenzbedrohendes Ausmaß annahmen, schaffte es Tiglatpilesar III. (745–27), seine Vorgänger zu übertrumpfen und über Syrien und Palästina hinaus bis an die Grenze Ägyptens vorzustoßen. Mit Sargon II. (722–05), der sicher nicht zufällig diesen geradezu programmatischen Namen angenommen hatte, setzte sich die Expansion weiter fort, bis es schließlich Assurbanipal (669–27) war, der ein Reich von Ägypten bis zum Persischen Golf beherrschte und das wiedererstarkte Elam und die Araber abwehren konnte.

Das riesige Gebilde des neuassyrischen Reiches konnte nicht allein auf militärischem Geschick oder dem Ingenium seiner Könige basieren; dafür waren handfestere Grundlagen unabdinglich. Auf den Voraussetzungen, die bereits das mittelassyrische Königtum geschaffen hatte, ließ sich aufbauen: Die Elite des Staates rekrutierte sich aus den führenden Familien der Hauptstadt Assur und sah sich festen Verhaltensregeln und hohen Ehrbegriffen verpflichtet. Das Territorium des Reiches war in ein System von Provinzen unterteilt, die von Angehörigen der städtischen Aristokratie verwaltet wurden, denen dafür ein Beamtenapparat zur Verfügung stand. König, Hofbeamte und Regenten der wichtigsten Provinzen (*bēl pīḫati*) bildeten die streng hierarchische Führungsspitze, darunter kamen die Militärs und Verwaltungsbeamten der Haushalte der Großen und der Provinzen bis zu den «Bürgermeistern» (*ḫazannu*), Steuereintreibern (*mākisu*) usw. Unterworfene Staaten hielt man in einem Vasallitätsverhältnis, das vertraglich geregelt war und meist hohe Tributzahlungen vorsah. Blieb die lokale Machtstruktur in Takt, so kontrollierte man sie von Fall zu Fall durch eigens dafür abgeordnete assyrische Beamte. Tribute und Abgaben der Provinzen sowie Steuern waren die Basis des Reichtums des neuassyrischen Reiches, der es wiederum ermöglichte, eine Militärmacht aufzubieten, die weniger auf Quantität der Heeresstärke als vielmehr auf Qualität der Ausbildung und Ausrüstung beruhte.

Gerade vor diesem Hintergrund fällt es schwer zu erklären, wie dieses vermeintlich so übermächtige politische Gebilde scheinbar innerhalb weniger Jahre auseinanderbrach. Die Diskussion darüber ist noch nicht abgeschlossen, zumal neue Texte und die Aufarbeitung des bekannten

Materials Anlaß geben, die Ergebnisse der älteren Forschung in Hinblick auf einen doch nicht so schnellen und so allumfassenden Zusammenbruch zu modifizieren. Wie meist scheidet eine monokausale Erklärung aus; Rückschläge an den Außengrenzen und wirtschaftliche Probleme im Inneren scheinen sich potenziert zu haben, hinzu kam eine Unfähigkeit der Eliten, auf die Gefährdungen angemessen zu reagieren – aus welchen Gründen auch immer. Manches muß hier noch offen bleiben.

Dies ändert aber nichts daran, daß das neuassyrische Reich bald Nachahmer finden sollte. Es ist selbst ein später Erbe der politischen «Revolution» des Akkade-Reiches, durchaus als Vorbild in einer langen Reihe zu sehen, die über das neubabylonische und persische Reich zu dem Großreich von Alexander von Makedonien und letztlich bis zu den Römern führte.

Die Revolution der Gracchen

von Klaus Bringmann

Chronik

218–202	2. Punischer Krieg gegen Hannibal
ca. 200–170	Ausgedehnte römische Kolonisation in Nord- und Süditalien
ca. 175	Freigabe von überschüssigem Staatsland zur privaten Nutzung
154–133	Spanische Kriege Roms
140	Der Konsul C. Laelius plant eine Agrarreform unter Rückgriff auf privat genutztes Staatsland
137	Tiberius Gracchus vermittelt den sog. Mancinusvertrag mit den spanischen Numantinern, der 136 vom Senat kassiert wird
133	Volkstribunat des Tiberius Gracchus: Durchsetzung des Agrargesetzes unter Bruch der politischen Spielregeln, Konfrontation mit dem Senat und gewaltsamer Tod
131	Volkstribunat des C. Papirius Carbo: Versuch einer Fortsetzung der gracchischen Politik
125	Konsulat des M. Fulvius Flaccus: Versuch der Ausweitung des römischen Bürgerrechts auf die italischen Bundesgenossen
123/122	1. und 2. Volkstribunat des Gaius Gracchus: Fortführung und Ausweitung des Reformprogramms, Konfrontation mit dem Senat
121	Kampf um den Bestand der gracchischen Kolonisationspläne für Nordafrika: Gewaltsamer Tod des Gaius Gracchus

Das Jahrzehnt, an dessen Anfang und Ende die Brüder Tiberius und Gaius Gracchus das Volkstribunat innehatten, 133 bis 123/22 v. Chr., bildete eine tiefe Zäsur in der inneren Geschichte der römischen Republik. Damals zerbrach zum ersten Mal die Funktionsfähigkeit des aristokratischen Regierungssystems, und nur durch den Einsatz exzessiver Gewalt, dem das Brüderpaar und viele ihrer Anhänger zum Opfer fielen, gelang seine, freilich prekäre, Wiederherstellung. Von Dauer war sie nicht. Die gracchischen Wirren waren der Auftakt einer Serie von Erschütterungen und Bürgerkriegen, an deren Ende der Senat, das kollektive Regierungsorgan der Aristokratie, die politische Macht nicht mehr festhalten konnte, sondern an Alleinherrscher, erst an den Diktator Caesar, dann an Augustus und die ihm nachfolgenden Kaiser, abgeben mußte.

Aber hatten die Gracchen den Senat in der Absicht herausgefordert, seinem Regiment ein Ende zu setzen? Und waren sie gar Revolutionäre in dem modernen Sinne, daß sie beabsichtigten, «durch den gewaltsamen Sturz der herrschenden Elite die Herrschaftspositionen einer Gesellschaft zu erobern, um eine neue Gesellschaftsordnung herbeizuführen» (A. Heuß)? Beide Fragen wird man getrost verneinen dürfen. Ihrer Intention nach waren die Gracchen keine Revolutionäre, sondern Reformer. Sie selbst gehörten der regierenden Klasse an, und sie waren Exponenten und Führer einer aristokratischen Reformpartei, die freilich nur eine Minderheit im Senat repräsentierte. Sie standen vor der Alternative, dafür zu werben, daß ihre Reformvorstellungen langfristig die Chance erhielten, mehrheitsfähig zu werden, oder den gewagten Versuch zu unternehmen, ihr Programm auf Gedeih und Verderb gegen die Mehrheit des Senats durchzusetzen.

Sie entschieden sich für das Letztere, für die Möglichkeit also, alles auf eine Karte zu setzen, zu siegen oder zu scheitern. Mehrere Fragen drängen sich auf: Warum steuerten die Gracchen den risikoreichen Kurs, der sie, wie sich zeigen sollte, zu Revolutionären wider Willen machte? Wie war es überhaupt möglich, daß sie der regierenden Mehrheit die Machtfrage stellen konnten? Und schließlich: Um welche Sachprobleme ging es den Reformern und wie ist das Verhältnis von Sach- und Machtfragen zu beurteilen, um die sich die Auseinandersetzung zwischen den Gracchen und der Senatsmehrheit entspann?

Ausgangspunkt des sich wandelnden und erweiternden Sachprogramms war das Projekt einer Agrarreform. Tiberius Gracchus und seine aristokratischen Hintermänner hatten es nicht erfunden, sondern vorgefunden. Schon im Jahre 140 v. Chr. hatte der Konsul Gaius Laelius einen Vorstoß zur Agrarreform unternommen, aber von dem Plan abgelassen, als die Schwierigkeiten und Widerstände, die sich seiner Realisierung entgegenstellten, offenkundig geworden waren. Das Projekt sah eine Verteilung von Staatsland vor, das von privater Seite in Besitz genommen, aber dadurch nicht Privateigentum geworden war, und es verfolgte den Zweck, die Landverteilungen wiederaufzunehmen, die bis in das erste Drittel des zweiten Jahrhunderts für die bäuerlichen Milizsoldaten Roms der Siegespreis der Kriege und der römischen Expansion in Italien gewesen waren. Die langwierigen Kriege gegen Hannibal und gegen die

Kelten Norditaliens hatten viel Land in die Verfügungsgewalt des römischen Staates gebracht und ihm die Mittel für eine großzügige Kolonisation und Landverteilung an die Hand gegeben. Es war mehr Land vorhanden, als für diesen Zweck gebraucht wurde, und so wurde um 180 v. Chr. wohlhabenden Interessenten und verdienten Bundesgenossen (ungefähr drei Fünftel der italischen Halbinsel bestand aus bundesgenössischen Gemeinden) erlaubt, Staatsland im Rahmen großzügig bemessener Obergrenzen zu okkupieren, d. h. in erbliche private Nutzung zu nehmen. Obwohl das betreffende Land weiterhin im Eigentum des Staates stand, hatten sich jedoch innerhalb von zwei Generationen auf ihm feste private Besitzstrukturen gebildet, und okkupiertes Land war wie Privateigentum vererbt, verschenkt, verkauft und beliehen worden. Jeder staatliche Rückgriff auf die betreffende Bodenkategorie warf somit schwierige Probleme auf. Zu allem Überfluß waren die Grenzen zwischen Privat- und Staatsland keineswegs zweifelsfrei fixiert. Im Krieg erobertes Land zu verteilen mochte leicht sein, auf Privatbesitz zurückzugreifen war es nicht, auch dann nicht, wenn dieser Rückgriff nur Ländereien betreffen sollte, die eine bestimmte Größenordnung überschritten.

Gaius Laelius zog also angesichts der voraussehbaren Widerstände den Plan einer Agrarreform zurück. Er betraf Areale, die vor allem in Süditalien gelegen waren, wo als Ergebnis des Hannibalkrieges mehr Land zur Disposition stand, als seinerzeit für Kolonisationszwecke benötigt wurde. Der Plan, durch Rückgriff auf ein regional begrenztes, umstrittenes Verteilungsobjekt Land zu verteilen, war wohl nicht durch die Absicht motiviert, auf diese Weise das Kleinbauerntum vor dem Vordringen des Großgrundbesitzes zu schützen, eher ging es darum, den aktuellen Schwierigkeiten zu begegnen, in die das römische Milizsystem durch die seit 154 v. Chr. andauernden Kriege in Spanien geraten war. Diese Kriege waren verlustreich und brachten, wenn überhaupt, nur geringfügige Beute. Angesichts der in Italien verfestigten Besitzstrukturen waren auch dort die Landverteilungen, die noch im ersten Drittel des Jahrhunderts geübte Kompensation für den Kriegsdienst, zum Erliegen gekommen. Die Folge war eine Demoralisierung der aus dem Bauernstand rekrutierten Milizsoldaten. Rekrutierungsschwierigkeiten und Wehrdienstverweigerungen zeigten der regierenden Aristokratie die Brisanz des Problems. Bloße Repression genügte als Antwort nicht. So wurde der Plan einer Landverteilung unter Rückgriff aus das in privater Hand befindliche Staatsland, den sogenannten *ager occupatorius*, gefaßt.

Wenige Jahre nachdem Gaius Laelius und die hinter ihm stehende Gruppe um den einflußreichen Publius Cornelius Scipio Aemilianus, den Zerstörer Karthagos, den Plan einer Landverteilung aufgegeben hatten, wurde er von einer anderen, mit der scipionischen verfeindeten Gruppierung aufgegriffen. Ihr gehörte Tiberius Gracchus an, und er war dazu ausersehen, als Volkstribun des Jahres 133 für die Realisierung des Reformplanes zu sorgen. Damit war das ganze Projekt noch in einem spezielleren Sinne mit der Problematik des spanischen Krieges verknüpft. Scipio befand sich damals in Spanien (wo ihm im Jahre 133 die Beendigung des Krieges mit der Einnahme und Zerstörung der Stadt Numantia gelang). Seine Abwesenheit von Rom wollte die Gruppe um Tiberius Gracchus dazu nutzen, die begreiflicherweise bei den Soldaten und der gesamten bäuerlichen Bevölkerung populäre Reform doch noch durchzusetzen. Für Gracchus bedeutete das Gelingen dieses Planes nichts weniger, als die schwere Einbuße seines Ansehens wettzumachen, die er im Jahre 137 auf dem spanischen Kriegsschauplatz erlitten hatte. Er war damals als Quaestor dem römischen Befehlshaber Gaius Hostilius Mancinus zugeordnet und hatte einen Vertrag über die Kapitulation der römischen Armee mit den Numantinern ausgehandelt, den der römische Senat nicht anerkannte. Mancinus wurde den Numantinern zur Auslieferung angeboten, Tiberius Gracchus entging diesem Schicksal – angeblich aufgrund einer Intervention seines Schwagers Scipio. Diese Vorgänge hatten Tiberius gezeichnet. Eine nochmalige Niederlage konnte er sich bei Strafe des politischen Untergangs nicht leisten. Er mußte um jeden Preis siegreich bleiben, und er war entschlossen, die Möglichkeiten des Volkstribunats zu nutzen. Von diesen muß also zunächst die Rede sein.

Das Volkstribunat war in der Zeit der Ständekämpfe entstanden und hatte im vierten Jahrhundert den führenden Familien der nicht dem Geburtsadel der Patrizier angehörende Schichten den Zugang zu den politisch-militärischen und religiösen Ämtern erkämpft, die bis dahin dem Geburtsadel vorbehalten waren. Auf die Ständekämpfe ging auch zurück, daß der Einspruch der Volkstribune, das sprichwörtlich gewordene *Veto*, gegen magistratische Akte und Senatsbeschlüsse unmittelbar wirksam war. Seinen Abschluß fand der Ständekampf durch das nach seinem Urheber so genannte Hortensische Gesetz des Jahres 286, das bestimmte, daß jeder von den Volkstribunen herbeigeführte Beschluß der Sonderversammlung der Plebejer eine den Gesamtstaat bindende Kraft besitzen solle. Damit war den Volkstribunen das Recht zur Gesetzesinitiative gegeben, aber entgegen naheliegender Annahme bedeutete das nicht die Kapitulation der Aristokratie vor den Volksmassen. Im Gegenteil: Als Ergebnis des Ständekampfes hatte sich eine neue Aristokratie gebildet, die aus patrizischen und plebejischen Familien bestand, und das Hortensische Gesetz zog auf der Ebene der politischen Verfassung den Schlußstrich unter diesen Ausgleich der Stände. Die Volkstribune blieben wie zuvor die Vorsteher der Sonderversammlung der Plebejer, aber sie waren nun auch Mitglieder der regierenden Aristokratie, die sich mittels der Volkstribune der in den Gesamtstaat integrierten Sonderversammlung als einem leicht zu handhabenden Organ der Gesetzgebung bediente. Das Volkstribunat wurde für Angehörige des plebejischen Zweigs der Aristokratie eine der unteren Stufen der mit dem Konsulat endenden Ämterlaufbahn, und dieser Umstand trug erheblich dazu bei, daß die an ihrer weiteren Karriere interessierten Volkstribune im allgemeinen und, soweit es um politische Fragen von Gewicht ging, ihre Amtsführung eher an der aristokratischen Standessolidarität als an Interessen der unteren Volksschichten ausrichteten. Das setzte allerdings voraus, daß die Aristokratie sich in den Grundfragen der Politik einig war. Denn nur so bestand die Chance, daß das prekäre Gleichgewicht zwischen aristokratischer Standessolidarität und individuellem Profilierungsstreben gewahrt blieb.

Mit der Einigkeit und dem Gleichgewicht innerhalb der Aristokratie stand es aber in vorgracchischer Zeit nicht mehr zum besten. Nicht zuletzt die Krise der römischen Kriegsführung in Spanien brachte das an den Tag, und dies läßt sich auch an der Geschichte des Volkstribunats ablesen. Mehrere Amtsträger entwickelten wieder wie zu Zeiten der Ständekämpfe eigenständige Initiativen, die sich gegen Maßnahmen der Staatsspitze richteten. Im Jahre 151 griffen Volkstribune zugunsten von ausgehobenen Rekruten ein, die den Kriegsdienst in Spanien verweigerten, und verhafteten die Konsuln. 144 v. Chr. brach ein offener Aufruhr gegen die Aushebungen aus, und vier Jahre später versuchte ein Volkstribun, den Konsul daran zu hindern, mit den ausgehobenen Verstärkungen nach dem spanischen Kriegsschauplatz aufzubrechen. Im Jahre 138 nahmen zwei Volkstribune die Konsuln in Beugehaft, als sie sich weigerten, Ausnahmen bei den Aushebungen zuzulassen. So ließ die Konstellation des Jahres 134/133 nichts Gutes erwarten. Eine aristokratische Minderheit war angetreten, eine umstrittene Reform durchzusetzen, die schon einmal gescheitert war und gegen die mächtige Interessen und auch gewichtige Rechtsgründe standen. Diese Minderheit plante, mit Hilfe des Volkstribunats zum Ziel zu kommen, und sie brachte als Amtsinhaber einen jungen Standesgenossen, eben Tiberius Gracchus, ins Spiel, den sachliche Überzeugung und die Notwendigkeit des persönlichen Erfolgs zu kompromißloser Entschlossenheit trieben.

Das Gesetz, das Tiberius Gracchus einbrachte, sah vor, daß alles okkupierte Staatsland, soweit es 500 beziehungsweise – soweit der Okkupant mindestens zwei Kinder hatte – 1000 Morgen überstieg, eingezogen und in unveräußerlichen Landlosen verteilt werden sollte. Es war üblich, daß der Antragsteller sich vor dem eigentlichen Gesetzgebungsverfahren der Zustimmung des Senats versicherte. Als sie ihm verweigert wurde, eröffnete Tiberius eine leidenschaftliche Agitation, die tiefe gesellschaftspolitische Gräben aufriß und die Fronten weiter verhärtete. Aus einer seiner Reden hat sich das folgende Zitat erhalten: «Die wilden Tiere, die Italien beweiden, haben Ruhestatt und Unterschlupf, aber die für Italien kämpfen und sterben, haben teil an Luft und Licht und sonst an nichts, ohne Haus und Wohnsitz irren sie mit ihren Kindern und Frauen umher, die Feldherren lügen, wenn sie vor den Schlachten die Soldaten aufrufen, zum Schutz ihrer Gräber und Heiligtümer die Feinde abzuwehren; denn keiner von ihnen hat einen väterlichen Altar, keiner einen Grabhügel der Vorfahren, nein: für Wohlleben und Reichtum von anderen kämpfen und sterben sie, Herren der Erde heißen sie und haben nicht eine Scholle zu eigen» (Plutarch, Tib. Gracch. 9,5). Zu Recht ist geurteilt worden, daß in diesen Worten das Ethos des Urhebers der römischen Revolution so deutlich anklingt wie die nach beiden Seiten aufreizende Demagogie seiner Mittel. Es blieb nicht bei Worten. Tiberius verschärfte sein Gesetz, indem er den Altbesitzern die in Aussicht gestellte Entschädigung für Investitionen strich, die sie auf den abzutretenden Ländereien getätigt hatten, und er stellte das Gesetz gegen den Willen des Senats zur Abstimmung. Sie zu blockieren verfügte dieser jedoch über ein probates Gegenmittel. Es war ein eherner Grundsatz des römischen Amtsrechts, daß das Veto eines Kollegen jede Amtshandlung und jeden Gesetzesantrag eines anderen zunichte machte. Das Kollegium der Volkstribunen bestand aus zehn Mitgliedern, und unter ihnen gab es, wie bei einem so umstrittenen Gegenstand wie der Agrarreform nicht anders zu erwarten war, auch Gegner des Projekts. Tatsächlich erhob der Volkstribun Gaius Octavius Einspruch gegen den Gesetzesantrag, und damit war er eigentlich schon gescheitert. Aber Tiberius gab sich nicht geschlagen. Als erneute Verhandlungen im Senat nichts fruchteten, brachte er den Antrag wieder zur Abstimmung vor die Volksversammlung, doch Octavius legte von neuem sein Veto ein. Tiberius beschwor seinen Kollegen kniefällig zum Nachgeben. Dieser weigerte sich, und Tiberius, der sein Scheitern nicht hinnehmen konnte und wollte, entschloß sich zu einem systemsprengenden Schritt. Er appellierte in aufgewühlter Atmosphäre an das Prinzip der Volkssouveränität und argumentierte, daß ein Volkstribun, der sich gegen die Interessen des Volkes stelle, sein Amt verwirkt habe. Daraufhin ließ er Octavius von der empörten Volksversammlung absetzen.

Damit war das Regierungssystem der aristokratischen Republik an einer entscheidenden Stelle außer Kraft gesetzt. Es beruhte auf dem Prinzip, daß jeder Amtsträger weder absetzbar war noch während seines Amtsjahres zur Rechenschaft gezogen werden konnte und die Kontrolle des einzelnen Magistrats mittels eines differenzierten binnenmagistratischen Vetorechts ausgeübt wurde. Nicht zu Unrecht hat Theodor Mommsen in der Absetzung des Octavius einen revolutionären Akt gesehen, durch den dem Senat die Machtfrage gestellt wurde: «Wer gegen die Majorität des Senats eine Verwaltungsmaßregel durchsetzte, der machte Revolution. Es war Revolution gegen den Geist der Verfassung, als Gracchus die Domänenfrage vor das Volk brachte; Revolution auch gegen den Buchstaben, als er das Correctiv der Staatsmaschine, durch welches der Senat die Eingriffe in sein Regiment verfassungsmäßig beseitigte, die tribunizische Intercession durch die mit unwürdiger Sophistik gerechtfertigte Absetzung seines Collegen nicht bloß für jetzt, sondern für alle Folgezeit zerstörte» (Mommsen, Röm. II, 93).

Es war eine improvisierte Revolution, und ihr Urheber wußte sicherlich nicht, wie es nach der Durchsetzung der Agrarreform weitergehen sollte. Sie stellte ihn ohnehin vor schwere Probleme. Zwar wurde das Agrargesetz nach der Absetzung des Octavius ohne Widerstände verabschiedet, doch mit der Verabschiedung begann die Schwierigkeit der Realisierung. Angesichts der unklaren Rechtslage großer Teile des Privatbesitzes und der kontroversen Interessenlage drohte eine Prozeßlawine, die die Realisierung der Reform endlos zu verschleppen drohte. Es war also notwendig festzustellen, was Privat- und was Staatseigentum war, dann mußte alles in Privatbesitz befindliche Staatseigentum, soweit es die festgesetzten Obergrenzen überstieg, eingezogen, aufgeteilt und an Kleinsiedler verteilt werden. Da Kataster fehlten, waren umfangreiche Landvermessungen notwendig, und schließlich mußten die Neusiedler mit den notwendigen Betriebsmitteln ausgestattet werden. Die Umsetzung des Reformgesetzes bedeutete also eine wahre Sisyphusarbeit, und dazu gehörte unter anderem auch die Beschaffung großer Geldmittel. Mit der Unterstützung durch den Senat durften die Reformer nach Lage der Dinge nicht rechnen. Tiberius Gracchus war gezwungen, die Regierungsgewalt in dem Umfang zu okkupieren, wie es zur Realisierung des Agrargesetzes unumgänglich erschien.

Mit der Ausführung des Gesetzes war eine Dreierkommission beauftragt. Besetzt werden mußte sie mit Reformanhängern, und was bei der Wahl herauskam, war eine Familienkommission: Sie bestand aus dem Urheber des Gesetzes, seinem Bruder Gaius und seinem Schwiegervater Appius Claudius Pulcher. Das erregte naturgemäß Anstoß. Darauf folgte ein stärkerer Affront, als die Kommission sich durch Volksbeschluß die richterliche Gewalt übertragen ließ, in strittigen Fragen zu entscheiden, was als Privat- und was als Staatsland zu gelten hatte. Die Hauptinteressenten an einer erfolgreichen Umverteilung waren damit zu Richtern in eigener Sache bestellt. Da der für das Finanzwesen zuständige Senat sich weigerte, die Kommission mit Geldmitteln angemessen auszustatten, nahm Tiberius Gracchus die Gelegenheit wahr, daß der im Jahre 133 verstorbene König Attalos III. von Pergamon gerade seinen Königsschatz und das Königsland im westlichen Kleinasien den Römern testamentarisch vermacht hatte. Unter Umgehung des für Außen- und Finanzpolitik zuständigen Senats führte Tiberius Gracchus einen Volksbeschluß über die Annahme der Erbschaft und ihre Verwendung zugunsten der Agrarreform herbei. Was Tiberius Gracchus tat, war nichts Geringeres als eine Machtverlagerung vom Senat auf den mit Hilfe der Volksversammlung regierenden Volkstribun. Um der Sache der Agrarreform willen, die gerade auf den Weg gebracht war, und um seiner persönlichen Sicherheit willen mußte er alles daran setzen, Volkstribun zu bleiben. Das Amt war wie alle römischen Ämter auf ein Jahr befristet, und eine Wiederwahl war in diesem Fall nicht vorgesehen. So mußte er erneut einen Bruch der Verfassungsregeln riskieren, und um gewählt zu werden, mußte er neue Wohltaten in Aussicht stellen. Angeblich soll er sogar ein Gesetz in Aussicht gestellt haben, das die Verteilung von Geld aus dem attalidischen Königsschatz als Surrogat für die nur mühsam anlaufende Landverteilung anordnete. Als er sich zur Wiederwahl stellte, wurde dies von seinen Gegnern als der Versuch zur Gewinnung der Alleinherrschaft interpretiert. Es kam zu heftigen Wahlunruhen, und am Ende griff die Mehrheit des Senats unter Führung eines damals amtlosen Mitglieds der Familie der Scipionen zur nackten Gewalt. Tiberius Gracchus und viele seiner Anhänger wurden erschlagen, andere mußten sich vor einem vom Senat eingesetzten Sondergericht verantworten.

Tiberius Gracchus hatte beabsichtigt, sein Reformprojekt auf Biegen und Brechen durchzusetzen, und obwohl er ursprünglich gewiß nicht beabsichtigte, das bestehende Regierungssystem umzustürzen, ließ er sich durch den Widerstand, den er fand, in die Richtung einer Revolution drängen, die ihn im Scheitern verschlang. Das klassische Urteil über ihn fällte Theodor Mommsen: Tiberius Gracchus war «ein leidlich fähiger durchaus conservativer patriotischer Mann, der eben nicht wußte was er begann, der im besten Glauben das Volk zu rufen den Pöbel beschwor und nach der Krone griff ohne selbst es zu wissen, bis die unerbittliche Consequenz der Dinge ihn unaufhaltsam drängte in die demagogisch-tyrannische Bahn, bis mit der Familiencommission, den Eingriffen in das öffentliche Kassenwesen, den durch Noth und Verzweiflung erpreßten weiteren ‹Reformen›, der Leibwache von der Gasse und den Straßengefechten der bedauernswerthe Usurpator Schritt für Schritt sich und Andern klarer hervortrat, bis endlich die entfesselten Geister der Revolution den unfähigen Beschwörer packten und verschlangen» (Mommsen, Röm. II, 96). Dieses Urteil mag hart erscheinen, ungerecht ist es nicht.

Das Agrargesetz, um dessentwillen es zu dem gescheiterten Revolutionsversuch gekommen war, wurde nicht aufgehoben, aber die segensreichen Wirkungen, die sich seine Urheber und die an der Landverteilung Interessierten versprochen hatten, zeitigte es nicht. Die Rechtsstreitigkeiten nahmen kein Ende, und im Jahre 129 wurde auf Verlangen der von der Einziehung des ihnen überlassenen römischen Staatslandes bedrohten Bundesgenossen der gracchischen Dreierkommission die Judikationsbefugnis entzogen. Damit war die Arbeit der Kommission praktisch beendet. Nach einer neueren Untersuchung hatte sie nicht mehr als 3000 neue Bauernstellen schaffen können (Molthagen, 423–458, speziell 446 mit Anm. 152), und diese Zahl ist wahrscheinlich noch nach unten zu korrigieren. Dieses Scheitern nahm dem Plan der Landverteilung begreiflichweise nichts von seiner Popularität. Die prominenten Anhänger des Reformprojekts hatten überlebt, sie waren der Katastrophe des Jahres 133 mit dem leidenschaftlichen Wunsch entkommen, es ihren Feinden heimzuzahlen, und sie hatten aus dem Scheitern des Tiberius gelernt, daß eine gegen die Senatsmehrheit gerichtete Reformpolitik politisch viel breiter und besser abgesichert sein mußte, wenn sie Aussicht auf Erfolg haben sollte.

Schon im Jahre 131 begannen die ersten Versuche, der Reformpartei eine bessere Ausgangsstellung zu verschaffen. Der Volkstribun Gaius Papirius Carbo hatte mit dem Gesetzesantrag Erfolg, die geheime Abstimmung für das Gesetzgebungsverfahren einzuführen. Auf diese Weise unterlag das Abstimmungsverhalten des kleinen Mannes nicht mehr der sozialen Kontrolle der mächtigen aristokratischen Familien. Aber er scheiterte mit dem Versuch, der Wiederwahl zum Amt des Volkstribunen eine gesetzliche Grundlage zu verschaffen. Im Jahre 125 unternahm ein anderer prominenter Anhänger der gracchischen Reformpartei, der Konsul Marcus Fulvius Flaccus, einen Vorstoß, um die Agrarreform wieder in Gang zu bringen: Die italischen Bundesgenossen sollten das römische Bürgerrecht erhalten. Damit sollte der Widerstand gegen die Reform überwunden werden, der wenige Jahre zuvor dazu geführt hatte, daß der Dreierkommission im Interesse der Bundesgenossen die Judikationsbefugnis entzogen worden war. Vor allem aber: Der massive Zuwachs von Neubürgern, die der Reformpartei ihr Bürgerrecht verdankten, hätte die Mehrheitsverhältnisse in der Volksversammlung zugunsten der Reformer in massiver Weise stabilisiert. So war es kein Wunder, daß dieser erste Vorstoß zur Lösung des politischen Strukturproblems Italiens – die Beseitigung des Dualismus zwischen Rom und seinen Bundesgenossen – am Veto des anderen Konsuls scheiterte.

Immerhin sammelte die Reformpartei ein Kapital an politischer Erfahrung, und in der Person des Gaius Gracchus, des jüngeren Bruders des Tiberius, fand sie den Vorkämpfer, der mit einem politischen Konzept in den Kampf ging und es mit taktischem Geschick und demagogischer Leidenschaftlichkeit umzusetzen verstand. Im Jahre 123 bekleidete er das

Volkstribunat. Von dem Motiv, Rache für die Ermordung des Bruders zu nehmen, war er verständlicherweise nicht frei. Aber den gegen Gaius Octavius, den prominenten Gegner seines Bruders, gerichteten Gesetzesantrag, daß ein abgesetzter Magistrat sich nicht mehr um ein weiteres Amt bewerben dürfe, zog er selbst zurück – angeblich auf Bitten seiner Mutter. Wo es jedoch um die Absicherung der Reformer ging, scheute er sich nicht, ein Exempel zu statuieren. Eines seiner Gesetze stellte die kapitale Verurteilung eines Bürgers durch ein nicht vom Volk eingesetztes Gericht unter Strafe. Gaius Popilius Laenas, der das vom Senats eingesetzte Sondergericht gegen die Anhänger des Tiberius geleitet hatte, entzog sich daraufhin einer Verurteilung durch Selbstverbannung. Der wichtigere Aspekt des Gesetzes aber war zweifellos der Schutz der Reformer vor einer künftigen Senatsjustiz. Ebenso wurde dafür Sorge getragen, daß eine Wiederwahl zum Volkstribun rechtlich unangreifbar gemacht wurde.

Aber damit war das eigentliche politische Problem noch nicht gelöst. Es hatte sich gezeigt, daß es nicht genügte, eine Mehrheit für ein Gesetzesvorhaben in der Volksversammlung zustande zu bringen, das einer Agrarreform galt und im wesentlichen nur die Interessenten vom Lande, und dies auch nicht auf Dauer, mobilisieren konnte. Alles kam darauf an, daß die politische Basis der Reformbewegung verbreitert wurde, und das war nur möglich durch Ausweitung der Reformthemen. Hier hatte Gaius Gracchus durchaus ein schlüssiges Konzept. Er band die städtische Bevölkerung der wachsenden Großstadt Rom an seine Person und seine Sache, indem er die Versorgung mit Getreide, dem Grundnahrungsmittel der antiken Welt, zu einem festen, subventionierten Preis gesetzlich garantierte. Das belastete die Staatskasse, und Geld wurde auch zusätzlich für den Ausbau der notwendigen Infrastruktur, den Straßenbau und die Errichtung von Lagerkapazitäten, gebraucht. Wiederum war der Reformer genötigt, in die traditionellen Kompetenzen des Senats einzugreifen, in die Außen- und Finanzpolitik. Rom hatte soeben eine große Aufstandsbewegung im westlichen Kleinasien, dem ehemaligen Attalidenreich, niedergeschlagen. Gaius Gracchus nahm die Gelegenheit der anstehenden Organisation der Provinz Asia zum Anlaß, den Ertrag des dort zu erhebenden Zehnten für die Finanzierung seiner Projekte zu bestimmen, und er überließ, um schnell an Geld zu kommen, die Einziehung des Zehnten Steuerpachtgesellschaften kapitalkräftiger Interessenten aus dem römischen Ritterstand gegen Höchstgebot. Die betreffende Summe war sofort fällig, und es blieb den Gesellschaften überlassen, bei der Einziehung des Zehnten ihre Aufwendungen mit einem angemessenen Gewinn zurückzuerhalten. Mit dieser Regelung erweiterte Gaius zugleich das Spektrum seiner Anhängerschaft bis in die Elite des sogenannten Ritterstandes hinein.

Dem Ritterstand widmete Gaius Gracchus seine besondere Aufmerksamkeit, und insbesondere kam es ihm darauf an, ihn vom Senatorenstand zu trennen und ihn in einen zumindest partiellen Gegensatz zu diesem zu bringen. Bis zum Jahr 123 waren die 300 Senatoren Teil der Stimmkörperschaft der Ritter. Nun wurden sie ausgegliedert, und bei der von Gaius Gracchus mit Hilfe der Volksversammlung vorgenommen Neuaufstellung der Richterliste fiel den Rittern die überwältigende Mehrheit der Richterstellen zu. Für diese Regelung gab es sachliche Gründe. Das personelle Reservoir der Senatoren reichte nicht aus, um den steigenden Anforderungen an die Gerichte zu genügen. Aber die Beseitigung des senatorischen Richterprivilegs fügte doch auch der gesellschaftlichen Macht des Senatorenstandes einen schweren Schlag zu. Es sollte noch schlimmer kommen. Im Jahre 122 brachte ein Anhänger des Gaius Gracchus, der Volkstribun Manius Acilius Glabrio, ein Gesetz ein, das den privatrechtlichen Prozeß zur Rückerstattung von Geldern, die von senatorischen Amtsträgern widerrechtlich in den Provinzen erpreßt worden waren, zu einem öffentlichen Strafverfahren machte und Senatoren ausdrücklich von der Geschworenenbank ausschloß. Für diese Maßnahme gab es gute sachliche Gründe. Ein Strafverfahren und eine Richterbank, die aus Rittern bestand, erhöhten das Prozeßrisiko und mochten eher abschreckend wirken als ein Zivilprozeß vor Standesgenossen. Aber es bedeutete auch eine offene Provokation des ersten Standes, denn zum ersten Mal wurden seine Angehörigen einer Fremdkontrolle unterworfen.

Über den Maßnahmen zur Gewinnung des Ritterstandes und der Stadtbevölkerung von Rom wurden die Interessen der die Last des Militärdienstes tragenden ländlichen Bevölkerung nicht vernachlässigt. Gaius Gracchus hatte zu berücksichtigen, daß die Agrarreform nicht nur am politischen Widerstand der Reformgegner, sondern auch an den immanenten Schwierigkeiten der Reform gescheitert war. Und er war weiterhin mit der Tatsache konfrontiert, daß der Mindestzensus der Wehrpflichtigen wenige Jahre vor seinem Tribunat erheblich herabgesetzt worden war und dementsprechend auch Männer einberufen wurden, die an der Grenze der Besitzlosigkeit standen. Ihrem Interesse diente das Militärgesetz, das unter anderem mit dem Prinzip der Selbstausrüstung endgültig brach, indem es bestimmte, daß die Kosten der Bekleidung vom Staat übernommen wurden. Was die Agrarreform anbelangt, so beschritt Gaius Gracchus neue Wege. Sein Agrargesetz schützte besonders umstrittene Teile des Staatslandes vor der Verteilung, und er versuchte, durch Landtausch Areale zusammenzubekommen, die für Koloniegründungen mit städtischem Zentrum ausreichten. Aber über die Anlage von zwei Kolonien, Neptunia in Tarent und Minervia in Skylletion an der Ostküste von Bruttium, kam er nicht hinaus. Schnelle Erfolge waren in Italien wohl nicht zu erwarten, und so faßte er den sachlich zukunftsweisenden, aber politisch-taktisch verhängnisvollen Entschluß, neue Kolonien außerhalb Italiens zu gründen und die Bundesgenossenfrage erneut auf die Tagesordnung zu setzen, indem er vorschlug, den latinischen Gemeinden das römische Bürgerrecht, den übrigen Italikern das Stimmrecht in der römischen Volksversammlung zu geben.

Mit diesen beiden Vorhaben überforderte er selbst seine Anhänger und bot seinen Gegnern die Möglichkeit, ihn zu Fall zu bringen. Daß sie darauf gewartet hatten, unterliegt keinem Zweifel und ist von ihrem Standpunkt aus nur zu verständlich. Denn die Bündnispolitik, mit der Gaius Gracchus die ländliche und die städtische Bevölkerung hinter sich gebracht und einen gewichtigen Gegensatz zwischen Senatoren- und Ritterstand geschaffen hatte, verlieh der damit aufgeworfenen Machtfrage einen weitaus schärferen und grundsätzlicheren Charakter als zur Zeit des Tiberius Gracchus. Als Gaius während seines zweiten Tribunats mit der Gründung der Kolonie Iunonia/Karthago beschäftigt war, begannen seine Gegner mit der Gegenoffensive. Der zur Senatsmehrheit gehörende Volkstribun Marcus Livius Drusus versprach die Gründung von zwölf Kolonien in Italien, und mit diesem demagogischen Versprechen untergrub er Gaius' Stellung bei denen, die sich für ein Landlos interessierten. Denn wer wollte schon nach Nordafrika, wenn er in Italien sein Auskommen finden konnte? Als Gracchus nach Italien zurückkam, war die politische Stimmung umgeschlagen. In der Frage der Ausweitung des Bürgerrechts wechselte ein prominenter Anhänger, der Konsul Gaius Fannius, die Fronten. Er wies die Italiker aus Rom aus, die zur Unterstützung des Antrags in die Stadt geströmt waren, und danach hatte es der Volkstribun Livius Drusus leicht, Gracchus' Antrag durch sein Veto zu Fall zu bringen. Fannius rechtfertigte sein Verhalten in seinem später verfaßten Geschichtswerk, und vielleicht ist das aus der Vorrede stammende Fragment im Lichte dieses Zusammenhangs zu verstehen. Es lautet: «In unserem Leben haben wir vieles kennengelernt, was uns zunächst gut vorkam, später jedoch sich als schlecht erwies, und vieles war anders, als es zunächst den Anschein hatte» (C. Fannii Annales fr. 1, in: H. Peter, Historicorum Romanorum/Fragmenta I, 132).

Um sein Reformwerk doch noch zu retten und um politisch zu überleben, stellte sich Gaius Gracchus zum dritten Mal der Wahl zum Volkstribunen und unterlag. Seine Amtszeit war kaum abgelaufen, da begann der Senat mit der Annullierung des Teils der Reform, dessen negative Popularität offen zutage lag. Gemeint ist das Projekt der Kolonisation in Nordafrika. Gaius Gracchus nahm den Kampf gegen den Gesetzesvorschlag zur Aufhebung der Kolonie Iunonia auf. Es kam zu einer gewalttätigen Konfrontation. Der Konsul Lucius Opimius führte einen Senatsbeschluß herbei, der ihm die Vollmacht zur gewaltsamen Einnahme des von den Anhängern des Gaius Gracchus besetzten Aventin gab, und er machte von seiner Vollmacht unbedenklich Gebrauch. Gracchus selbst und eine große Zahl seiner Anhänger kamen bei der Erstürmung des Aventin ums Leben. Dies war das Ende der gracchischen Revolution. Die Sieger feierten die Wiedergewinnung der Eintracht, indem sie den Tempel der Concordia neu einweihten, aber sie sollten sich täuschen: Die gracchische Revolution war der Auftakt eines Jahrhunderts gewaltsamer Auseinandersetzungen, an deren Ende die Ablösung der Senatsherrschaft durch die Monarchie stand.

Verfolgte Gaius Gracchus dieses Ziel, und war er insofern der Vorläufer Caesars? Theodor Mommsen glaubte das, und er hat seine Auffassung in suggestiven Formulierungen zum Ausdruck gebracht: «Daß nun Gaius Gracchus keineswegs, wie viele gutmüthige Leute in alter und neuer Zeit gemeint haben, die römische Republik auf neue demokratische Basen stellen, sondern sie vielmehr abschaffen und in der Form eines durch stehende Wiederwahl lebenslänglich und durch unbedingte Beherrschung der formell souveränen Comitien absolut gemachten Amtes, eines unumschränkten Volkstribunats auf Lebenszeit, anstatt der Republik die Tyrannis, das heißt nach heutigem Sprachgebrauch die nicht feudalistische und nicht theokratische, die napoleonisch absolute Monarchie einführen wollte, das offenbart die sempronische Verfassung selbst mit voller Deutlichkeit einem jeden, der Augen hat und haben will» (Mommsen, Röm. II, 115). Und auch daran, daß ein klarer Zusammenhang zwischen dem bestand, was Gaius Gracchus wollte, und dem, was Iulius Caesar gelang, ließ Mommsen keinen Zweifel: «Denn diese Monarchie (gemeint ist die Alleinherrschaft Caesars) war nicht die orientalische Despotie von Gottes Gnaden, sondern die Monarchie, wie Gaius Gracchus sie gründen wollte, wie Perikles und Cromwell sie gründeten: die Vertretung der Nation durch ihren höchsten und unumschränkten Vertrauensmann» (Mommsen, Röm. III, 476)

An dieser Geschichtsdeutung, und mag sie so suggestiv wie von Mommsen vorgetragen sein, wird heute niemand mehr festhalten. Gaius Gracchus war seinem Bruder taktisch gewiß weit überlegen, er besaß ein Konzept, um mittels seiner Reformgesetze zugleich die Basis seiner Anhängerschaft zu verbreitern, und es gelang ihm besser und langer als Tiberius, das Senatsregiment zeitweise außer Kraft zu setzen. Das aber hieß: Er forderte den Senat stärker und in umfassenderer Weise heraus, und da er nicht über ein strategisches Konzept zur dauerhaften Entmachtung des Senats und zur Errichtung eines anderen Regierungssystems verfügte, war auch sein Scheitern nur eine Frage der Zeit. Das Volkstribunat taugte nicht zur Etablierung einer Alleinherrschaft. Gaius Gracchus' Stellung blieb prekär; denn er war stets auf zugkräftige Reformprojekte und die Gewinnung unterschiedlicher Gruppen von Bündnispartnern angewiesen. Der Senat befand sich letztlich in der stärkeren Position, und er zeigte sich zum Schluß auch überlegen in der souveränen Handhabung der Mittel der Demagogie. Die Gracchen hatten eine unvollkommene und gescheiterte Revolution ins Werk gesetzt. Doch der Sieg der Reaktion sollte sich nicht als die definitive Antwort auf die Sach- und Machtfragen erweisen, die die Gracchen aufgeworfen hatten.

Der Bauernkrieg

von Peter Blickle

Chronik

1524 Sommer	Beginn der Unruhen zwischen Bodensee und Schwarzwald
1525 Januar	Zusammenrottungen in Oberschwaben, paramilitärische Organisation der Bauern
1525 März	Die «Zwölf Artikel» erscheinen im Druck, Reformatoren werden von den Bauern auf einem Bundestag in Memmingen als Schiedsrichter in Vorschlag gebracht, Stiftung eines durch Eid gesicherten Bundes («Christliche Vereinigung»)
1525 April	Ausweitung des Aufstandes nach Franken, Württemberg, in die Pfalz und ins Elsaß
16. April	Weingartner Vertrag zwischen dem Schwäbischen Bund und den oberschwäbischen Bauern, Auflösung der Bauernbünde Unruhen in der Schweiz (Solothurn, Bern)
Mai	Einberufung eines «Bauernparlaments» nach Heilbronn Siege fürstlicher Heere über die Bauem bei Zabern (Elsaß), Böblingen (Württemberg) und Frankenhausen (Thüringen) Ausweitung des Aufstands nach Tirol und Salzburg
Juni	Kapitulation der Allgäuer Bauern Kapitulation der Bauern in Franken Eröffnung des Tiroler Landtags
Juli	Sieg der Salzburger Bauern bei Schladming Unruhen in der Ostschweiz
1526 Frühjahr	Gaismair arbeitet seine Landesordnung für Tirol aus Unruhen in Graubünden Zweiter Salzburger Aufstand

Wegen der großen Zahl der Beteiligten, der Gewaltsamkeit der Auseinandersetzungen und der politischen Programmatik gilt der Bauernkrieg als einer der bedeutendsten Aufstände, die in Europa vor der Französischen Revolution stattgefunden haben. Schon Zeitgenossen haben das so gesehen. Kaiser Karl V. informierte aus dem spanischen Toledo den englischen König Heinrich VIII., die Untertanen aller Fürsten im Reich rebellierten und zerstörten Burgen, Klöster und Kirchen. «Liberté» sei das Ziel dieser aufsässigen «lutherischen Bauern». Seit dem «Anfang der Christenheit», bilanzierte ein Beobachter aus Zürich, sei «uff ein Jar nie sovil Christenblut vergoßen [worden] durch den Henker». Ganz «Germanien» sei in Aufruhr gewesen, schrieben zeitgenössische Chronisten.

Wahrgenommen wurde und ausgestrahlt hat der Aufstand weit über das Reich hinaus. Auf die Kernforderung der deutschen Bauern, *frei sein* zu wollen, und ihre Begründung mit der Erlösung der Menschen durch den Kreuzestod Christi, beriefen sich die Engländer in der Ketts Rebellion von 1549 wörtlich: «we pray that all bonde men may be made ffre for god made all ffre wt his precious blode sheddyng». In Frankreich beschrieb Pierre de Saint Julie de Balleurre 1581 in seiner Chronik von Burgund die Unruhen im Maconais um 1430 als solche, die sich wegen ihrer mit «egalité» legitimierten Gewaltsamkeit gegen Priester und Adelige nur mit dem deutschen Bauernkrieg vergleichen ließen.

Erinnert wurde der Bauernkrieg in Zentenarfeiern, in warnender Absicht, schon 1625 und 1725, bis er schließlich im Zuge der Revolution von 1848 zu einem Bezugspunkt für revolutionäre, freiheitliche, demokratische Traditionen in der deutschen Geschichte gemacht wurde, freilich nur von Außenseitern und deswegen mit mäßigem Erfolg – von dem Liberalen Wilhelm Zimmermann, einem Abgeordneten der Frankfurter Paulskirchen-Versammlung 1848, und von Friedrich Engels.

Raum, Zeit und Begriff

Im Sommer 1524 rotteten sich Bauern zwischen Basel und dem Bodensee wegen schikanöser Forderungen der Herrschaften, wie mehrere Chronisten übereinstimmend berichten, paramilitärisch zusammen, in sogenannten *Haufen*, wie der aus der Sprache der Landsknechte geborgte Begriff hieß. Gewalt wurde nicht angewandt, die Zusammenrottung hatte den Charakter einer Drohgebärde. Die Unruhe breitete sich um Weihnachten ins benachbarte Oberschwaben aus und wurde durch die dort im März 1525 verfaßten *Zwölf Artikel* nicht nur deutlich beschleunigt und räumlich ausgeweitet, sondern auch programmatisch zugespitzt. In der erstaunlich kurzen Zeit von zwei Monaten erschienen davon 28 Drucke in vielen namhaften Städten des Reiches, die landauf, landab *die Freiheit* und die *Autonomie der Gemeinde* als Ziel des Aufstandes propagierten. Es dauerte nur Wochen, bis die ersten adeligen Burgen gebrochen und die ersten Klöster besetzt und in Brand gesteckt waren. 24 Schlösser und 23 Klöster seien in Süddeutschland teils «geplündert», teils «verprennt» worden, heißt es in einem zeitgenössischen Flugblatt.

Im Mai 1525 schließlich hatte der Aufstand einen großen Teil des Reiches erfaßt, von Thüringen bis nach Tirol und vom Elsaß bis nach Salzburg, selbst über den Bodensee griff er hinaus und erfaßte die nördlichen und östlichen Teile der Schweiz, von Basel über den Thurgau und die Zürcher Landschaft bis nach Graubünden. Die Bewegung wurde in vier entscheidenden Schlachten im Mai und Juni durch die Fürsten des Reiches und den Schwäbischen Bund (eine Vereinigung der Reichsstädte, Reichsklöster, Reichsritter und Fürsten Süddeutschlands) niedergeworfen. Am 16., 17. und 20. Mai zog der Herzog von Lothringen eine Blutspur durch das Elsaß, 18 000 Tote lagen nach drei Schlachten im Hinterland von Straßburg. Die Stadt selbst war überfüllt mit geflüchteten Frauen und Kindern, draußen bei Lupfstein trieb man die letzten 300 Bewaffneten in die Kirche, umlegte sie mit Holz und verbrannte beide, Kirche und Bauern. Eine Woche zuvor hatten der Schwäbische Bund und sein Feldherr, Georg Truchseß von Waldburg, der Bauernjörg, wie er bald genannt wurde, bei Böblingen ein bäuerliches Heer von 12 000 Mann aus Württemberg aufgebracht. In der Schlacht von Frankenhausen in Thüringen kamen gegen die vereinigten Heere Landgraf Philipps von Hessen und Herzog Georgs von Sachsen von 6000 Bauern kaum 1000 lebend davon. Von solchen Schlachten bezieht der *Bauernkrieg* seinen Namen, auch wenn er noch, weniger blutig, in Tirol, Graubünden und im Salzburgischen weitergeführt wurde.

Soweit der Bauernkrieg ein Krieg war, wurde er mit ungleichen Mitteln und Strategien geführt, weil die Aufständischen, von den Landsknechten in den Bauernheeren abgesehen, kaum über kriegerische Erfahrung und über wenig moderne Waffen (Kanonen) verfügten und die militärische Konfrontation, trotz ihrer oft deutlichen numerischen Überlegenheit, offenbar auch gar nicht suchten. Die Fürsten und Herren auf der anderen Seite machten, den Gepflogenheiten der Zeit folgend, keine Gefangenen. Eher sie als die Bauern haben die Rebellion in einen Krieg transformiert. Es gehörte zur bäuerlichen Praxis des Widerspruchs im Spätmittelalter, mit militärischen Drohgebärden Beschwerden zu unterstützen, wenn weder Verhandlungen noch die Verweigerung der Abgaben etwas bewirkten. In einer solchen Konstellation erklärte Truchseß Georg von Waldburg im Februar 1525 den Bauern am Bodensee, er werde sie als Landfriedensbrecher behandeln, falls sie sich nicht bedingungslos unterwürfen – und Landfriedensbruch war ein Kriegsgrund.

Was wollten die Bauern? Das «Kommunalistische Manifest», wie man die *Zwölf Artikel* nennen könnte, verlangte die Pfarrerwahl durch die

Gemeinde, eine Erweiterung der Kompetenzen der Gemeinde in der Selbstverwaltung von Wald und Allmenden und die Freiheit als Aufhebung der Leibeigenschaft. Die enge Verknüpfung mit der reformatorischen Bewegung zeigt sich in der Legitimation dieser Forderungen mit dem *Wort Gottes* oder dem *reinen Evangelium*. Darauf vertrauend, ihre Forderungen entsprächen dem Geist der Heiligen Schrift (deswegen die Rede vom reinen Evangelium), gewannen sie aus dieser Überzeugung einen gänzlich neuen Rechtsrahmen zur Formung der gesellschaftlichen und politischen Ordnung, das *göttliche Recht*. Das göttliche Recht der Bauern siedelte sich gewissermaßen neben der göttlichen Gerechtigkeit *(iustitia Dei)* an, die von den Reformatoren als die erlösende Zuwendung Gottes zu den Menschen entwickelt worden war. Nicht zufällig baten die Bauern in einem öffentlichen, gedruckten Aufruf Martin Luther, Huldrich Zwingli und andere, namentlich oberdeutsche Reformatoren um Gutachten zu ihren Zwölf Artikeln. Das taten sie mit großer Zuversicht. Wenn Gott «die Kinder Israhel zu ihm schreiend erhöret und aus der Hand Pharaonis erlediget, mag er nit noch heute die Seinen erretten?», heißt es, rhetorisch das Volk Israel mit dem Bauernvolk vergleichend, in der Präambel der Zwölf Artikel.

Dennoch war der Bauernkrieg zuallererst eine politische Bewegung. Das göttliche Recht wurde nicht nur spiritualistisch verstanden, sondern auch als durchzusetzender göttlicher Schöpfungswille. Den politischen Charakter bezeugt, neben den kommunalen Forderungen in den Zwölf Artikeln, die gleichfalls in Oberschwaben verabschiedete *Bundesordnung*, auch sie gedruckt und in mehreren Auflagen verbreitet. Man könnte sie den rohen Entwurf einer politischen Verfassung dieser Region nennen. Sie sah vor, mehrere Gemeinden regional in *Haufen* zu vereinigen und diese wiederum in einer *Christlichen Vereinigung* zusammenzufassen. Der Beitritt erfolgte individuell, freiwillig und willentlich durch einen Eid. Aus den Bauernhaufen wurde eine *Eidgenossenschaft*. Möglicherweise war dieses Verfassungsmodell der nahen Schweizer Eidgenossenschaft als Vorbild geschuldet, belegen indessen läßt sich das nicht. Eidgenossenschaften hatten auch in der Region selbst ihre Tradition, die Urgroßväter der Rebellen hatten eine solche im Allgäuer Bund von 1406 geschaffen.

Einer angemessenen modernen staatsrechtlichen Definition entzieht sich diese Christliche Vereinigung. Sie nannte sich auch *Landschaft*, bediente sich damit eines bereits besetzten Begriffs und tat dies folglich in usurpatorischer Absicht – als Landschaft galt die Gesamtheit der korporierten Landstände. In England hätte man dazu Parlament gesagt. Hilfsweise kann man die Christliche Vereinigung kommunal-bündisch nennen, aber ebenso auch republikanisch – ersteres, weil sich die Gemeinden föderativ über Haufen zur Landschaft zusammengeschlossen hatten, letzteres weil politische Macht sich nicht mehr auf adelig-fürstliche Herrschaft stützte, sondern auf ein Regiment, das auf Gesetzen fußte, die mittels des göttlichen Rechts geschaffen werden sollten. *Regimen politicum* würden Theoretiker der Politik das genannt haben, etwa Ptolomaeus von Lucca, der in diesem Sinne die Republik als Freistaat definiert hatte. Republikanischen Geist atmet eine der theoretisch anspruchsvollsten anonym erschienenen Flugschriften des Bauernkriegs «An die Versammlung gemeiner Bauerschaft», von der seit kurzem als gesichert gelten kann, daß sie aus der Feder des Memminger Prädikanten Christoph Schappeler stammt. Er zählt unter den Predigern in den Reichsstädten, die überwiegend der Reformation nahestanden, zu jenen, die sich am nachdrücklichsten auf die Sache der Bauern eingelassen haben, jedenfalls wird ihm ein bemerkenswerter Anteil an der redaktionellen Arbeit der Zwölf Artikel zugeschrieben.

Christliche Vereinigungen entstanden nicht nur in Oberschwaben, sondern auch in Franken und im Elsaß. In Territorien hingegen, die Landschaften kannten, also frühe Formen des Parlamentarismus wie das Erzstift Salzburg, die Grafschaft Tirol, das Hochstift Chur, das Herzogtum Württemberg und die westlichen Teile des Habsburgerreiches (Vorderösterreich) sollte die Grundforderung einer festeren institutionellen Verankerung der Gemeinden in der Art verwirklicht werden, daß die Mitglieder des Landtags von den Gemeinden (Land-, Stadt-, Markt- und Bergbaugemeinden) gewählt und die Regimente von diesen jetzt dominant bürgerlich-bäuerlichen Landtagen ernannt wurden. In Württemberg – um Abstraktes an einem Territorium zu konkretisieren – wollten die aufständischen Städte und Dörfer (Ämter) den Herzog dann wieder in seine Rechte einsetzen, wenn er sich auf folgenden Verfassungsvorschlag verpflichten ließ: Er sollte mit einem aus 12 Personen bestehenden Regiment regieren, das paritätisch mit vier Bürgern, vier Bauern und vier Adeligen besetzt worden wäre. «Ohne deren Radt und Willen» sollte er nichts entscheiden können, denn auch er hatte sich den kollegialen Beschlüssen zu unterwerfen. Ein Rest von Präeminenz wurde ihm durch zwei Stimmen gegenüber nur einer der übrigen Räte eingeräumt. Dörfer sollten in ihrer Autonomie so gestärkt werden, daß jedes auf dem Weg der Wahl durch die Gemeinde sein eigenes Gericht und seinen eigenen Rat erhielt, also jene Grundausstattung an politischen Kompetenzen, die üblicherweise die herausgehobene Stellung von Reichsstädten ausmachte. Die Gemeinden, so darf man vermuten, schickten ihre Vertreter in den Landtag, der Landtag machte die Gesetze und Landesordnungen und wählte aus den drei Ständen das zwölfköpfige Regiment.

Schon dieser eher grobe Überblick zeigt, daß «Bauernkrieg» als Begriff zur Bezeichnung des Ereigniskomplexes ganz unzureichend ist, doch durch einen langen, nun schon mehrhundertjährigen Gebrauch scheint er geradezu versteinert.

In einer geradezu unbekümmerten Art und von einer expliziten Begriffsbildung weit entfernt, wurden die Ereignisse immer wieder auch mit Revolution abgebildet. Das war umgangssprachlich gesprochen, mit der einen Ausnahme von Friedrich Engels, der 1850 am Bauernkrieg die historische Tragweite des marxistischen Revolutionsbegriffs erprobt hatte. Die marxistische Forschung in der Deutschen Demokratischen Republik hat, sowjetmarxistische Interpretationen von Moisej Mendeljewitch Smirin aus den 1940er Jahren aufgreifend und weiterführend, mit der Figur der *Frühbürgerlichen Revolution* einen reflektierten Revolutionsbegriff angewendet. Sein innovatorisches Potential lag darin, daß in ihm Bauernkrieg und Reformation – die *großen* Ereignisse des 16. Jahrhunderts im Reich – begrifflich zusammengefaßt waren: die Reformation konnte mithin als ideologischer Ausdruck der Klassengegensätze in der Gesellschaft erscheinen. Wenn das eine Stärke war, lag darin aber nicht minder eine Schwäche: Die Theologie der Reformatoren konnte nicht plausibel, geschweige denn stringent als Ideologie aufständischer Bauern und Handwerker, die ihr *Klassenbewußtsein* in den Beschwerden von 1525 ja deutlich genug ausgedrückt hatten, gedeutet werden. Selbst Thomas Müntzer, der auf der Folter als sein politisches Programm den für Kommunisten schönen Satz gesagt hatte, «omnia sunt communia», hat als Revolutionstheoretiker auch in den Interpretationen der Marxisten (Günter Vogler) wieder hinter den genuinen Theologen zurücktreten müssen. Die Annahme, das Ereignis Bauernkrieg markiere eine Bruchstelle zwischen den Gesellschaftsformationen Feudalismus und Kapitalismus und könne aufgrund seiner objektiven Ziele als *bürgerlich* bzw. *frühbürgerlich* gekennzeichnet werden, war nie unangefochten. Hans Rosenberg hat vom «nominalistischen Glasperlenspiel» gesprochen. Innovatorisch war diese Interpretation dennoch, weil sie den bisherigen positivistischen und deskriptiven Umgang mit dem Ereigniskomplex als unbegriffene Geschichte denunzierte. Heute freilich hat – nach dem Zusammenbruch des Staatssozialismus – das Konzept der frühbürgerlichen Revolution jede Attraktivität verloren.

Politisch verfügte die Bewegung von 1525 über ein mächtiges emanzipatorisches Potential. Das erlaubte es auch der westlichen Forschung, ihren analytischen Scharfsinn und ihre synthetische Kraft am Revolutionsbegriff zu erproben. *Freiheit* ist in Deutschland zuvor nicht und danach erst wieder in der Aufklärung und der Revolution von 1848 mit solcher Leidenschaftlichkeit und Gründlichkeit diskutiert worden. Nicht nur Bauern haben sich daran beteiligt – sie natürlich an vorderster Stelle –, sondern auch Theologen wie Martin Luther und Philipp Melanchthon, Juristen wie Ulrich Zasius und Ulrich Tengler, Humanisten wie Erasmus von Rotterdam und Urbanus Rhegius. Würde man sich an Hannah Arendts Revolutionsbegriff orientieren, bestünden keinerlei Schwierigkeiten, den Ereignissen von 1525 den Begriff Revolution zuzuschreiben. Wo – heißt es in ihrem klassisch gewordenen Werk «Über die Revolution» – das «Pathos des Neubeginns vorherrscht und mit Freiheitsvorstellungen verknüpft ist, haben wir das Recht, von Revolution zu sprechen». Das Pathos des Neubeginns bestand darin, mit dem neuen Rechtsprinzip des göttlichen Rechts korporativ-bündische oder republikanische Verhältnisse schaffen zu wollen. Die Begriffe hinken, weil an der Stellung des Kaisers nicht und an jener der Fürsten nicht immer gerüttelt wurde. Unbestreitbar ist, daß eine Entfeudalisierung und Entkirchlichung der Gesellschaft und Politik erfolgt wäre, wie sie in Europa bislang allein in Mittel- und Norditalien und selbstverständlich auch in der Schweiz stattgefunden hatten. Aber weder das Modell der italienischen Stadtstaaten, noch die Verfassung der Eidgenossenschaft wurden von den deutschen Bauern kopiert, gerade darin liegt die Originalität und damit auch die Radikalität des politischen Entwurfs von 1525.

Nachdem die Geschichtswissenschaft einmal solche Zusammenhänge freigelegt hatte, fand man seit der Mitte der 1970er Jahre den Bestandteil *Krieg* im Begriff Bauernkrieg als eher irreführend und den Bestandteil *Bauern* angesichts der Breite der Trägerschicht als zu eng. Denn es ließ sich nicht übersehen, daß in Württemberg und im Elsaß, in Franken und in Tirol nicht nur die Bauern diesen Krieg trugen, sondern ebenso die Bürger, in den Montanrevieren des Reiches wie Tirol und Salzburg darüber hinaus auch noch die Bergknappen. Folglich wurde der Krieg durch die *Revolution* und der Bauer durch den *Gemeinen Mann* als zeitgenössische Bezeichnung für die an Herrschaft nicht beteiligten Bevölkerungsgruppen ersetzt.

Von den Ursachen zu den Folgen

Ansteigende Wellen von Bauernunruhen und Stadtrevolten spülte schon das Spätmittelalter an das Ufer der Frühneuzeit. Mühelos lassen sich an die 60 Bauernunruhen im Reich summieren, die Revolten in den Städten sind wohl nur in dreistelligen Zahlen zu messen. Die Erregung unter dem Gemeinen Mann war zweifellos groß, wie aber läßt sie sich erklären? Dafür können wachsende Belastungen wirtschaftlicher, sozialer und politischer Art namhaft gemacht werden. Neben dieser Interpretation, welche die Mentalität der Bauern als *reaktiv* einstuft, gibt es auch eine solche, die ihr kreative Fähigkeiten zubilligt.

Die Steuern, im Mittelalter eher ungebräuchliche Anforderungen an die Bauern, stiegen an der Wende zum 16. Jahrhundert deutlich, namentlich in geistlichen Herrschaften, wo Bischöfe und Prälaten größere und kleinere Koffer mit Gulden in Rom abzuliefern hatten, wollten sie in ihr Amt vom Papst investiert werden. Mit einer zehnprozentigen Vermögenssteuer wurde jedes Bauerngut im Hochstift Bamberg belastet, damit die 1501, 1503, 1505 und 1522 gewählten Bischöfe ihr Amt antreten konnten. Zusammen mit den indirekten Steuern auf Wein und Bier, teils auch auf Fleisch und Mehl, sowie Steuern für das Reich ist jedenfalls für Franken eine Abgabenquote von 50% des jährlichen Ertrags errechnet worden. Ökonomisch eng wurde es für Bauern dann, wenn Mißernten hinzutraten und die schon hochspezialisierte, marktorientierte Landwirtschaft (auf Weinbau im Elsaß, der Pfalz, in Franken und Tirol, auf Getreidebau in Oberschwaben) in die Krise trieben. Das war nachweislich nach 1470 sehr viel häufiger der Fall als zuvor. Einkommenseinbußen der Bauern korrelierten mit hohen Preisen für die wenigen landwirtschaftlichen Erzeugnisse für die Handwerker in der Stadt. Immerhin, trotz des oft akkerbürgerlichen Charakters der Städte hatten die Bauern die Bürger von 4000 Städten zu ernähren.

Selten werden in den bäuerlichen Beschwerdeschriften die Grundherren angegriffen. Offenbar sind die Abgaben von den Gütern nicht erhöht worden, dennoch wird über zu hohe Belastungen geklagt. Das dürfte dem demographischen Faktor geschuldet sein, einer vor allem für die Region südlich des Bodensees, aber auch im Oberschwäbischen vereinzelt belegbaren Bevölkerungsvermehrung. Folglich mußten mehr Menschen vom selben Hof leben als noch ein, zwei Generation zuvor und die Tagelöhnerhäuschen auf der dörflichen Allmende nahmen zu, den Rest der überschüssigen Bevölkerung trieb es als Söldner und Landsknechte häufig in den Krieg und nicht selten in den Tod.

Schließlich wuchs politisch der Druck der Herren auf die Bauern. Verstärkt machte sich eine obrigkeitliche Normierung in Form von Gesetzen breit, die bislang nicht üblich gewesen war. Der Alltag wurde zunehmend reguliert, bald sollte in Deutschland dafür das Wort *gute Policey* heimisch werden. Das war ein massiver Eingriff in die herkömmliche Rechtspraxis, derzufolge einerseits strafrechtliche Vergehen und gleichermaßen zivilrechtliche Streitigkeiten durch Gerichte nach regionalem und lokalem Recht und Herkommen, und andererseits nach Lage des individuellen Falles und dem Gewissen der Richter, die auf eine faire

Rechtsprechung vereidigt waren, entschieden wurden. Richter waren keine Juristen, sondern Laien, auf dem Land Bauern, in der Stadt Handwerker. Menschen würden, so klagten die Stühlinger beim renommierten, erst kürzlich eingerichteten Reichskammergericht, wegen Schuldforderungen ins Gefängnis geworfen und dies, obschon sie «heuslich oder heblich unter inen sitzen», im Dorf also hinreichend bekannt waren. Das Strafrecht wurde verschärft angewandt und die auf die Übertretung der neu geschaffenen Gebote und Verbote erhobenen Geldbußen stiegen ständig, oft auf das Dreifache des bisher Üblichen, wo sie nicht ganz im Belieben der Amtleute standen. Die den Gerichten vorsitzenden Amtleute sollten an den Strafgebühren «kain Interesse oder Genieß haben», verlangten die Bauern und Bürger in Tirol von ihrem Landesherrn, sondern auf feste Besoldung gesetzt werden. Allerorten läßt sich aus den Artikeln der Aufständischen herauslesen, daß die Obrigkeiten in Rechtsfragen jetzt überall eine *Superiorität* verlangten. Appellationsinstanzen wurden ausgebaut, die Prozesse von den dörflichen Gerichten abgezogen, deren Urteile aufgehoben, ja selbst die an den Dorfgerichten tätigen Urteiler verklagt, «sie haben nit recht geurteilt» und dafür bestraft. Die herkömmliche Urteilsfindung nach Gewissen und Vernunft werde absichtlich und systematisch untergraben, war das weitgehend übereinstimmende Urteil der rebellierenden deutschen Bauernschaften. Die Dörfer des Klosters Maulbronn sprachen aus, was alle meinten, «das kain armer Man mer beliben mag bi eines yetlichen Flecken Gewonheiten, Gebrauch und Gerechtigkeit».

Reaktiv allein indessen war das Verhalten der Bauern nicht. Mißmut schaffen nicht nur Verschlechterungen von Lebensbedingungen, sondern auch neue, nicht erfüllbare Erwartungshaltungen und Ansprüche. Die *Freiheit* als Proprium des Bauernkriegs erklärt sich nicht nur aus einer Verschärfung der Leibeigenschaft, sondern auch aus einem neuen Begriff der Würde des Menschen. Sie entfaltete sich vor dem Erwartungshorizont wachsender politischer Rechte der Bauern und Bürger in den letzten Jahrzehnten vor 1525. In den Städten gewannen die Zünfte politisch an Bedeutung und damit die Handwerker eine stärkere Stellung im Rat, in den adeligen und geistlichen Herrschaften konstituierten sich die Nachbarschaften und Dorfschaften zu Gemeinden mit weitgehenden Rechten in der Regulierung der Landwirtschaft, der Nutzung von Wald und Allmende und der Einrichtung infrastruktureller Maßnahmen (Schmiede, Badstube, Taverne). Jetzt waren offenbar durch die geschaffene Korporationsverfassung auch die rechtlichen Voraussetzungen günstig, in die Landtage als eigener Stand einzuziehen (Tirol, Salzburg, Baden, Chur, die habsburgischen Gebiete im Westen des Reiches) oder sich im Rahmen des Territoriums als Landschaft zu positionieren. Damit verbunden war das Recht, Steuern zu bewilligen und dem Fürsten Beschwerden (Gravamina) vorzulegen, die abzustellen waren, am besten durch Gesetze. So sollte das Recht durch Gesetze weiterentwickelt werden, nicht durch einseitige herrschaftliche Verfügung.

Daß die Ursachen, die ja von Region zu Region von sehr unterschiedlichem Gewicht waren, aktionistisch in eine große, ein Drittel des Reiches affizierende *Empörung* umgesetzt wurden, ist nicht zuletzt dem katalytischen Potential der reformatorischen Bewegung geschuldet. Ohne sie hätte sich aus dem gekränkten Rechtsempfinden der Bauern nicht die naturrechtsähnliche rhetorische Figur des *göttlichen Rechts* hervortreiben lassen. Das göttliche Recht konnte überhaupt nur als ein universales Rechtsprinzip gedacht und konzipiert werden. Wenn das Recht göttlich war, mußte es überall gelten. Das erst ermöglichte es den Aufständischen, sich über die bislang schier unüberschreitbaren Grenzen der einzelnen Herrschaft hinaus zu solidarisieren. Mit dem göttlichen Recht verknüpfte sich die Erwartung und Hoffnung, mittels der Bibel ließen sich die Figurationen von Gesellschaft und Herrschaft in eine rechtlich festgelegte und durch die Dignität des göttlichen Willens verbindliche, ja sakrosankte Form bringen. Abstrus muß man solche Vorstellungen nicht unbedingt nennen, auch wenn die Fürsten die Bauern mit der kaustisch gemeinten Frage verspotteten, ob Gott wohl vom Himmel herabsteigen werde, um einen Rechtstag zwischen Herren und Bauern anzusetzen? Denn an einer buchstäblichen Umsetzung der Heiligen Schriften in Rechtssätze haben die Protestanten lutherischer und reformierter Provenienz, Fürsten, Theologen und Juristen gleichermaßen, sich abgearbeitet, zumindest im 16. Jahrhundert. Die Polizeimandate und Polizeiordnungen verdanken ihre geradezu tropisch wuchernde Ausdehnung auch der Überzeugung, die Gesellschaft müsse verchristlicht werden, und zwar nach Maßgabe der aus dem *reinen Evangelium* zu gewinnenden Normen. Das nennt sich dann «Biblische Policey». «Ist es nun also», liest sich diese Überzeugung noch bei dem prominenten Polizeitheoretiker des 17. Jahrhunderts Dietrich Reinkingk, «daß das Gesetz-Buch oder die Hl. Göttliche Schrifft und deren fleißige Betrachtung und Observantz die einige gewisse und unfehlbare Richtschnur oder Instruction aller gottseligen frommen Regenten ist und bleiben muß, so folget, daß darinn die rechte Gott wohlgefällige heylsame Policey zu finden und darauß die rechte Regiments-Reguln oder Regierkunst zu lernen, und kann nicht unrecht seyn, daß man darauß eine Policey oder Axioma Politicum formiere und in eine Ordnung bringe». Offenbar haben die Bauern die Reformatoren doch nicht so sehr mißverstanden, wie Martin Luther, Philipp Melanchthon und Urbanus Rhegius 1525 öffentlich durch Flugschriften zu Protokoll gaben.

Jetzt kann man nochmals neu die Frage stellen, weshalb der Krieg gegen die Bauern schließlich von den Herren doch vergleichsweise leicht gewonnen werden konnte, und damit die Diskussion der Folgen eröffnen.

Der Aufstand bewahrte, trotz der programmatischen Klammer der Zwölf Artikel und der in ihnen eingeschlossenen Universalien (Freiheit, republikanische Verfassung, göttliches Recht), eine starke regionale Prägung. Das war Folge der unterschiedlichen herrschaftlichen Voraussetzungen, in denen er wurzelte. Die Aufständischen rotteten sich regional zusammen, reichten in der Regel ihre Beschwerden bei ihren Herrschaften oder deren Vertretern ein (Schwäbischer Bund), gelegentlich auch bei Reichsinstitutionen, dem Reichskammergericht oder Erzherzog Ferdinand als Stellvertreter des Kaisers. Die Wut entlud sich lokal und regional, die nahegelegenen Klöster wurden eingenommen, um die Haufen zu verpflegen, natürlich auch des symbolischen Wertes wegen. Ein ausgefischter Klosterteich war ein revolutionäres Symbol, wenn der Fisch als Herrenspeise galt. Die Burgen wurden gestürmt, um militärische Gegenmaßnahmen des Adels zu verhindern.

Koordinierte Aktionen unter den Aufständischen, die größere Räume strategisch erfaßt hätten, gab es indessen nur vereinzelt. Der Zusammenschluß der oberschwäbischen Bauern aus mehreren Dutzend Herrschaften zur Christlichen Vereinigung in Memmingen gehört zu den wenigen Ausnahmen. Die herausragenden Führerpersönlichkeiten waren nicht sehr zahlreich und angesichts der strukturellen Rahmenbedingungen zu überfordert, um die regionalen Organisationen zu einer reichsweiten Organisation der Rebellen zu steigern. Michael Gaismair hat am ehesten solche Fähigkeiten erkennen lassen. Aus einer Südtiroler Familie stammend, fasziniert von den dortigen neuen Techniken des Bergbaus und der kapitalistischen Industriefinanzierung, modern eben, hat er den Aufstand in Tirol organisiert, sich durch Flucht aus Innsbruck der Hinrichtung entzogen, in der Emigration eine Verfassung geschrieben, die exponierten Köpfe der Rebellion aus Süddeutschland an sich gezogen und mit ihnen 1526 nochmals einen Einfall im Salzburgischen gewagt. Erasmus Gerber aus Molsheim im Elsaß läßt sich ihm noch am ehesten zur Seite stellen. Er hatte in wenigen Tagen eine funktionierende Organisation der Bauern von Basel bis zum Pfälzer Wald aufgebaut und immerhin diesen großen Raum über vier Wochen in einem funktionsfähigen Zustand halten können. Die Äbte und Mönche, die Grafen und Ritter hatten sich in das sichere Basel und Straßburg verzogen.

Das Erfordernis des koordinierten Handelns haben die Bauern zwar gesehen, aber zu spät politisch umgesetzt. Ein nach Heilbronn einberufenes *Parlament*, beauftragt, eine *Reformation des Reiches* auszuarbeiten und politische Strategien zu entwickeln, wie mit den noch nicht eroberten Fürstentümern zu verfahren sei – immerhin konnten sogar Kurfürstentümer wie das Erzstift Mainz und die Pfalz für die Bauern als gewonnen gelten –, hat seine Arbeit nicht mehr aufgenommen. Die Einladungsschreiben gingen noch an alle Bauernhaufen hinaus, soweit man von ihnen in Heilbronn Kenntnis hatte, doch die jetzt einsetzenden kriegerischen Handlungen trieben die Führer zu ihren heimatlichen Haufen zurück oder verhinderten überhaupt, daß sie noch nach Heilbronn reisten. Das war die Situation Mitte Mai 1525. Danach wurde der Bauernkrieg wieder regional weitergeführt und militärisch entschieden, im Allgäu im Sommer 1525 in der Schlacht bei Leubas nahe Kempten, zuletzt im Sommer 1526 im Erzstift Salzburg.

Die Zeitgenossen sprachen von etwa 100 000 Toten des Bauernkriegs, fast ausschließlich Aufständische. Auch diese Figur hebt den Bauernkrieg deutlich von allen ähnlichen Erhebungen in Frankreich, England, Spanien oder Ungarn ab. Die Strafaktionen dienten der adeligen und fürstlichen Repräsentation und hatten einen Zug manieristisch überdehnter Theatralik. Die habsburgische Regierung im elsässischen Ensisheim stellte für ihren Herrn, Erzherzog Ferdinand, einen Rechenschaftsbericht zusammen, wie sie unter jenen Priestern aufgeräumt habe, die das «göttlich Wort» gepredigt hatten. Ist «mit dem Wasser zum Todt gericht», ist «mit dem Schwerdt gericht, in 4 Theil vertheilt und auf die vier Straßen gehenckt worden», ist «mit gebunden Henden in das Wasser geworfen worden» und so fort – 70 vollzogene Todesurteile an Priestern werden nach Innsbruck gemeldet. Darüber hinaus wurden Reparationszahlungen verlangt, deren Härte schwer zu schätzen und schon gar nicht zu generalisieren ist, weil es sich oft um standardisierte Beträge handelt, die von Hof zu Hof entsprechend seiner Größe und Ertragsfähigkeit unterschiedlich belastend waren. Grob geschätzt dürfte vielleicht der geldäquivalente Wert von einem Drittel des mobilen Vermögens eingezogen worden sein. Das war in der Regel wohl weniger, als üblicherweise und durchschnittlich aufzuwenden war, um einen Bauernhof verliehen zu bekommen.

Kontrastierend zum Regionalismus der Bauern reagierten die Fürsten und der Adel geschlossener, begünstigt durch einen organisatorischen Rahmen, der rasche und koordinierte Aktionen erlaubte – Reichstag und Schwäbischer Bund. Geschlossen und unmißverständlich distanzierten sich auch die Reformatoren von den bäuerlichen Forderungen, weil deren Legitimierung mit der Bibel nichts anderes sei, als das Evangelium «fleischlich machen», wie Martin Luther in seiner als Flugschrift gedruckten Antwort auf die Zwölf Artikel sagte. Das war von ihm ausdrücklich auf die bäuerliche Forderung nach Freiheit hin gesprochen, mit der die Bauern ihren Herren die «gewallt» nähmen, ihnen also die Herrschaft entzögen. Diese Interpretation läßt sich jedoch den Zwölf Artikeln nicht zuschreiben, denn unmittelbar im Anschluß an die Freiheitsforderung war zu lesen, «nit das wir gar frei wöllen sein, kain Oberkait haben wellen, lernet und Gott nit». Luther hat den Ton, wie gegen die Bauern zu argumentieren sei, vorgegeben, die übrigen Reformatoren sind ihm darin gefolgt. Hätte sich die intellektuelle Avantgarde des 16. Jahrhunderts, zu der die Reformatoren und Humanisten gehörten, auf die Seite der Bewegung von 1525 geschlagen, die Geschichte hätte zweifellos einen gänzlich anderen Verlauf genommen. Mit ihrer rhetorischen Gewalt waren sie bewaffnet mit Predigt, Buch, Flugschrift und Flugblatt gegen die bestehenden Verhältnisse zu Felde gezogen, nachdem die Schlacht entschieden war, entlarvte sich die Rhetorik nicht selten als großmaulig und feige.

Allein Thomas Müntzer in Thüringen hat seine mystisch-apokalyptisch geprägte Theologie und ihre vergesellschaftete Form des *Bundes der Auserwählten* mit der Aufstandsbewegung theoretisch und praktisch verbinden können. Monumentalisiert als *Panorama von Frankenhausen* mit unterschiedlichen Attributen (von der Frühbürgerlichen Revolution bis zum Bauernkrieg) steht diese einzige Schnittstelle von Bauern und Reformatoren heute auf dem sogenannten Schlachtberg, eine kleine Wanderung von einer zweiten Monumentalisierung der deutschen Geschichte entfernt, dem Kyffhäuser. Werner Tübke, der es geschaffen hat, memoriert damit eine deutsche revolutionäre Tradition, wie sie kaum ein zweites Kunstwerk ausdrückt. Der gleichermaßen bedrohlich und mächtig in die Goldene Aue hinaus winkende Bau, der es beherbergt, schafft jene Patina, mit der die Deutsche Demokratische Republik den Staatssozialismus mit dem «historischen Erbe» legitimatorisch verklammert hat.

Traditionsgeschichte

Den Bauernkrieg als eine scharfe Zäsur in der deutschen Geschichte zu sehen, der das genossenschaftlich geprägte Mittelalter von der absolutistischen Neuzeit trenne, ist eine auf Otto Gierke zurückgehende Interpretation. Die Einschätzung ist geblieben, moduliert wurden lediglich Varianten der Interpretation. Würde man den Bauernkrieg nach seinem Verlauf bewerten, müßte man sagen, er habe nichts bewirkt, jedenfalls nichts zugunsten der aufständischen Bauern. Diese Interpretation kann auf eine Erfolgsgeschichte von weit über 100 Jahren zurückblicken, noch in den 1960er Jahren galt sie als gesichertes Handbuchwissen. Verfehlt war sie dennoch.

Revolutionen, auch gescheiterte, sind nie folgenlos. Die Folgen von 1525 bestanden zunächst darin, daß die Fürsten und Herren – unbeschadet ihres den Gepflogenheiten der Zeit entsprechenden brutalen militärischen Zuschlagens – doch aufs Höchste irritiert waren. Nicht nur der alternde Kurfürst Friedrich von Sachsen hatte das zum Ausdruck gebracht mit seiner resignierten Äußerung, «will es Gott also haben, so wird es also hinausgehen, daß der gemeine Mann regieren soll». Auch der Kaiser im fernen Spanien war nach den schon erfolgten Schlachten zugunsten des Adels keineswegs von einer Beilegung des Konflikts überzeugt, wie Depeschen an Heinrich VIII. in England zeigen. Der Königsweg zum vernünftigen Ausgleich war der von König Ferdinand selbst beschrittene – der Vergleich, entweder in Form einer Landesordnung, ausgehandelt auf der Basis der bäuerlichen und bürgerlichen Beschwerden auf einem Landtag, wie sie für Tirol in Kraft getreten ist, oder in Form eines Herrschaftsvertrags, wie er für viele kleinere Territorien, namentlich in Süddeutschland nachgewiesen ist. Spektakuläre Vorgänge wie die Transformation des reichsunmittelbaren Hochstifts Chur in die Republik der Drei Bünde (Graubünden), die ohne den Bauernkrieg kaum erfolgt wäre, blieben indessen die Ausnahme. Allgemein – um die Vereinbarungen auf den kleinsten gemeinsamen Nenner zu bringen – wurden die Erbrechte der Bauern an den Gütern und ihrem mobilen Vermögen verbessert und die Leibeigenschaft, wo sie gebräuchlich war, erheblich gemildert oder genauer gesagt, auf einen festen personenrechtlichen Status festgelegt. Bislang fehlten den Bauern solche rechtlich eindeutigen Zuschreibungen – über die Art der Nutzung der Güter und die Arbeitskraft und den Arbeitsertrag der Bauern verfügte, grob gesagt, der Herr. Jetzt hingegen fand man für die Höfe eine feste Rechtsform, häufig das Erbrecht, das bei gleichen Abgaben den Verbleib über Generationen in einer Familie theoretisch ermöglichte, und den Untertanen wurde ein klarer Status zugeschrieben, der, freilich mit territorialen Varianten, die bislang eingeschränkte Ehefreiheit und Freizügigkeit ermöglichte. Noch verhangen vom Schleier mittelalterlicher Feudalverhältnisse zeigt sich in vagen Konturen die Moderne mit Freiheit und Eigentum. Den Vereinbarungen die Qualität von *Herrschaftsverträgen* zuzuschreiben, erlaubt die Verhandlungsart zwischen Obrigkeit und Untertanen, sowie die zweifache urkundliche Ausfertigung und deren Beweiskraft für Prozesse bei den höchsten Reichsgerichten bis 1806. Der Herrschaft wurden durch die Sicherung von Rechten – von rudimentären Bürgerrechten, um modern zu sprechen – Grenzen gezogen.

Die reformatorische Bewegung büßte viel von der euphorischen Zustimmung des Volkes ein, die sie bislang getragen hatte. Nach 1525 fehlen im oberdeutschen Raum Äußerungen der ländlichen Gesellschaft zu Religionsfragen weitgehend. Überall, auch in den rasch rekatholisierten Aufstandsgebieten, kamen kirchliche Bautätigkeit und die Ausgestaltung der Kirchen mit Altären und Heiligenfiguren zum Erliegen. Stiftungen wurden nicht mehr gemacht. Dieser Befund paßt zu der Beobachtung, daß seit 1525 die Reformation von den Obrigkeiten an die Hand genommen wurde, die Flugschriftenproduktion stark zurückging, die theologischen Kontroversen unter den Reformatoren mit dem einsetzenden Abendmahlstreit wuchsen und das Charisma Luthers verfiel.

Im geschichtlichen Bewußtsein der Deutschen hat der Bauernkrieg lange keine erkennbare Spur hinterlassen. Das liegt an Leopold Ranke, in entpersonalisierter Form gesprochen am Historismus und seinem geschichtstheoretischen Referenzsystem. Ranke hatte 1839 in seiner Reformationsgeschichte den Bauernkrieg zwar zum nationalen Ereignis gemacht, es aber nicht interpretieren können. Folglich sprach er metaphorisch vom «größten Naturereignis des deutschen Staates». Würde «die Menge» mit den selbsternannten Führern wie dem religiösen Schwärmer Thomas Müntzer sich durchgesetzt haben, «so würde alle ruhige Entwicklung nach den dem Geschlecht der Menschen nun einmal vorgeschriebenen Gesetzen am Ende gewesen sein». «Glücklicherweise», sagt Ranke, ist der Bauernkrieg gescheitert. Das ist die verbindliche Interpretation des deutschen protestantisch sozialisierten und akademisch ausgebildeten Bürgertums, anders hätte sie nicht über nahezu 150 Jahre repetiert werden können. Gegenläufige Auffassungen von Karl Marx und Friedrich Engels, die nur unwesentlich jünger waren als die von Ranke, wurden traditionstiftend nur im Milieu einer theoretisierten Arbeiterbewegung und blieben damit sehr begrenzt. Der deutsche Liberalismus konnte mit Revolutionen nie viel anfangen, der politische Katholizismus erst recht nicht. Und schließlich hat auch der abwehrende Gestus der Nachkriegszeit dem Historismus gegenüber und die Soziologisierung der Geschichtwissenschaft verbunden mit ihrem Relevanzanspruch dem Bauernkrieg eher geschadet als genützt. Ein Gegenstand der positiven Identitätsbildung auf nationaler Ebene, vergleichbar der Revolution von 1848, ist der Bauernkrieg unter diesen Umständen nicht geworden, unberechtigterweise, wohl aber verständlicherweise.

Die zunehmende Internationalität und wachsende Interdisziplinarität der Geschichtswissenschaft hat den Bauernkrieg in jenen Rang gehoben, in dem er auch für die Revolutionsforschung zu einem interessanten Einzelfall wurde, verwertbar für komparatistische Vorhaben. Aufgeholfen haben dieser unerwarteten Prominenz die scharfen Kontroversen über seine angemessene Interpretation, die während der Zeit des Kalten Krieges in der internationalen Geschichtswissenschaft ausgetragen wurden.

An der Mauer standen sich nicht nur zwei Militärsysteme gegenüber, sondern auch zwei Weltdeutungssysteme. Und nachdem man sich in Berlin-Ost historisch auch des Bauernkriegs und der Reformation zur Festigung der Staatsideologie bediente, mußte der Widerspruch gegen den Sozialismus akademisch und publizistisch auch im Bereich der Frühbürgerlichen Revolution geführt werden. Daß sich an dieser Debatte seit Jahrzehnten Italiener, Engländer, Franzosen, Kanadier, Japaner und Chinesen beteiligen, und zwar nicht irgendwie, sondern in Form großer Monographien, hat dem Bauernkrieg von 1525 in der Gelehrtenrepublik einen deutlich höheren Stellenwert gesichert als in der Bundesrepublik.

Soweit Geschichtswissenschaft Vergangenheit überhaupt objektivieren kann, läßt sich heute nicht in Abrede stellen, daß der Bauernkrieg eine außerordentlich dynamische und erfindungsreiche Bewegung war, zum Teil von Erfolg gekrönt, wie der Grundriß von Bürgerrechten zeigt, teils antizipatorisch, nicht anders als die Revolution von 1848 auch. Selbst jüngere Historiker, die sich emphatisch zur Historischen Anthropologie bekennen und damit an vielem interessiert sind, sicher aber nicht am herkömmlichen methodologischen Credo des Ursachen-Folgen-Rasters, beschließen ihre Bücher über den Bauernkrieg mit dem Satz, in ihm stecke «eine Keimzelle für gesellschaftliche Veränderungen» (Peter Burgard). Hat man sich von den Zwängen, Geschichte unter modernisierungstheoretisch korrekten Prämissen zu schreiben, verabschiedet, dann wird auch jene Geschichte anschlußfähig an die Gegenwart, die durch dazwischenliegende Höhenzüge und Wälder selbst vom höchsten Kirchturm der Gegenwart nicht zu sehen ist. Ob es der Bauernkrieg noch zu nationalem Ansehen bringen wird, ist angesichts seines regionalen Ansehens, das er vielerorts genießt, vielleicht auch gleichgültig. Der bodenständige Allgäuer, vom Fernsehreporter nach seiner historischen Identität befragt, verweist auf die Zwölf Artikel und auf das Schlachtfeld von Leubas bei Kempten, mit dem hinter ihm eingeblendeten Schloß Neuschwanstein hat er nichts zu schaffen.

Die Englische Revolution 1640–1660

von Peter Wende

Chronik

1625–1649	Karl I. König von England
1628	Petition of Right
1629–1640	Karl I. regiert ohne Parlament
1638	Aufstand der Schotten gegen Karls Kirchenpolitik
1640	Militärische Niederlage gegen die Schotten, Einberufung des Parlaments
1641	Reformgesetzgebung, Aufstand der Iren, Hinrichtung Straffords, des ersten Ratgebers des Königs, «Grand Remonstrance» als politischer Forderungskatalog des Parlaments
1642–1646	Bürgerkrieg
1643	Militärische Allianz des Parlaments mit den Schotten
1645	Sieg des Parlamentsheeres unter Cromwell bei Naseby
1646	Kapitulation und Gefangennahme des Königs
1647	Armee besetzt London, um Gegenrevolution zu verhindern «Agreement of the People» der Levellers
1648	Zweiter Bürgerkrieg; November: Säuberung des Parlaments durch die Armee («Pride's Purge»)
1649	Hinrichtung Karls I., Einrichtung der Republik, Cromwell unterwirft Irland
1650/51	Cromwell unterwirft Schottland und stellt so erstmals die politische Einheit Großbritanniens her
1651	Navigationsakte zur Sicherung englischen Seehandels
1652–54	Seekrieg gegen Holland
1653	Auflösung des Rumpfparlaments und Errichtung der Protektoratsherrschaft Cromwells
1655	Krieg gegen Spanien
1657	Cromwell lehnt die Königswürde ab
1658	Tod Cromwells
1660	Restauration des Stuart-Monarchie

‹Rebellion› oder ‹Revolution› oder ‹Bürgerkrieg›? – bis heute konnte unter den Historikern keine Einigung darüber erzielt werden, auf welchen Begriff das Geschehen der Jahre 1640 bis 1660 in England gebracht werden kann und inwiefern es sich dabei um ein Schlüsselereignis der britischen Geschichte handelt. Manche sprechen von der ersten großen politischen Umwälzung der modernen europäischen Geschichte, andere vom letzten europäischen Religionskrieg einer ausklingenden Epoche; die einen markieren die Niederlage der Monarchie und die ihr folgende Hinrichtung des Monarchen als jenen Wendepunkt der englischen Entwicklung, von dem an England im Vergleich und im Verhältnis zum übrigen Europa einen Sonderweg einschlug, wiederum andere werten die Ereignisse der Jahre 1640 bis 1660 als nahezu folgenlose Unterbrechung einer vom 16. bis ins 19. Jahrhundert reichenden Kontinuität.

Tatsächlich schien England im Jahre 1625, als König Karl I. aus dem Hause Stuart seinem Vater Jakob I. nachfolgte, keineswegs am Rande einer Revolution zu stehen. Gerade die unproblematische Thronfolge signalisierte politische Stabilität, besonders im Vergleich mit dem vorangegangenen Jahrhundert, als nahezu jeder Thronwechsel eine Krisensituation heraufbeschworen hatte. Und als der Dreißigjährige Krieg Deutschland verwüstete, stand England abseits, gründete seine ersten kolonialen Niederlassungen in Nordamerika und knüpfte erste Handelsbeziehungen mit dem fernen Indien. Doch was hier als Ausdruck einer selbstbewußten weitsichtigen Außenpolitik erscheinen mag, war tatsächlich ein Indiz für politische Schwäche. Denn obwohl zahlreiche Stimmen ein Eingreifen Englands auf Seiten der Protestanten zur Abwehr der Gegenreformation forderten und obwohl der König gern seinem Schwager Friedrich von der Pfalz zu Hilfe geeilt wäre bzw. einen allgemeinen Frieden vermittelt hätte, fehlte es an den erforderlich Machtmitteln, um solche Pläne zu realisieren. Die ebenso sporadischen wie hektischen kriegerischen Unternehmungen gegen Spanien 1625 und Frankreich 1628 bewiesen lediglich, daß England nicht in der Lage war, eine kraftvolle Außenpolitik zu führen. Und diese offenkundige politische Schwäche war wiederum Indiz für eine tiefgreifende Verfassungskrise, die schließlich in eine allumfassende Krise des englischen Staates münden sollte.

Von alters her basierte die Stärke wie auch die Schwäche der englischen Monarchie darauf, daß der Herrscher auf den Konsens und die Kooperation der sozialen Elite des Landes angewiesen war, des hohen und niederen Adels sowie des finanzstarken Stadtbürgertums. Gegen die Interessen dieser Führungsschichten ließ sich auf die Dauer keine Politik durchsetzen, denn die Krone verfügte weder über ein stehendes Heer noch über eine landesweite Bürokratie. Handfesten Ausdruck fand diese Kooperation zum einen in der Selbstverwaltung der Grafschaften und Gemeinden, deren Organe – in der Regel Vertreter des niederen Adels und der städtischen Eliten – im Namen des Königs für Recht und Ordnung sorgten, sowie zum andern im Parlament als der Vertretungskörperschaft eben jener sogenannten *politischen Nation.* Hier waren im Oberhaus die Mitglieder des hohen Adels durch das jeweilige Familienoberhaupt direkt vertreten, während im Unterhaus Angehörige des niederen Adels und bisweilen auch des städtischen Bürgertums als gewählte Repräsentanten der Grafschaften und städtischen Gemeinden Sitz und Stimme hatten. Damit war in diesem Gremium der Rechtsüberzeugung der Zeit zufolge die gesamte Nation vertreten und von daher leitete sich das Recht des Parlaments ab, aktiv durch seine Zustimmung an der Gesetzgebung mitzuwirken sowie außerordentliche Unternehmungen des Königs – z. B. vor allem Kriege – zu finanzieren, indem das Unterhaus entsprechende Steuern bewilligte.

Unter Heinrich VIII. hatte sich diese Kooperation eindrucksvoll bewährt, als die gesetzlichen Grundlagen zur Etablierung der englischen Staatskirche mit der nahezu einhelligen Zustimmung des Parlaments geschaffen wurden. Juristen definierten daraufhin *King in Parliament,* d. h. das Zusammenwirken von Krone und nationaler Vertretungskörperschaft als den Ort der staatlichen Souveränität. Seit dem Ende der Regierungszeit Elisabeths und besonders seit der Thronbesteigung Karls I. war jedoch das Verhältnis zwischen Parlament und Krone durch wachsende Spannungen gekennzeichnet, die schließlich 1629 in einen offenen Konflikt mündeten. Im Vordergrund stand dabei die mißliche Finanzlage des Staates, gekennzeichnet durch ein ständig wachsendes Defizit der königlichen Kasse. Dies war in erster Linie die Folge steigender Staatsausgaben, die sich aus wachsenden Aufgaben und Leistungen des sich ausbildenden frühmodernen Staates ergaben, besonders im militärischen Bereich, wo Aufbau und Unterhaltung eines effizienten Heeres und einer schlagkräftigen Flotte – beides Voraussetzungen glaubwürdiger Außenpolitik – mittlerweile Unsummen verschlangen. Da das Parlament sich andererseits weigerte, über das übliche Maß hinausgehende Steuern zu bewilligen, sah sich die Krone wiederum gezwungen, neue Finanzquellen zu erschließen mit dem Ziel, sich aus der finanziellen Abhängigkeit vom Parlament zumindest partiell zu befreien. Dieses beobachtete mit wachsendem Mißtrauen die Politik des Königs, die zugleich offenkundig von der Idee eines erhabenen und unumschränkten Königtums geleitet war. Die Kooperation von Parlament und Krone funktionierte nicht mehr, schien vielmehr grundsätzlich in Frage gestellt, und beide Seiten warfen sich gegenseitig vor, die überlieferte Verfassung außer Kraft setzen zu wollen. Der König beschuldigte die Vertreter der politischen Nation, ihrer Pflicht, ihn in seiner Politik angemessen zu unterstützen, nicht mehr nachzukommen, während diese fürchteten, der Herrscher wolle, dem kontinentaleuropäischen Beispiel folgend, nun auch in England das System des monarchischen Absolutismus einrichten. Das Parlament, das sich nach den Worten eines seiner Mitglieder als die letzte Bastion der Freiheit in Europa betrachtete, sah sich in seiner Existenz bedroht.

Die Geschichte der *Petition of Right*, des ersten großen Dokuments der modernen englischen Verfassungsgeschichte, erhellt schlaglichtartig diesen Grundsatzkonflikt. Hier wurde Karl I. aufgefordert, künftig Steuererhebungen ohne Zustimmung des Parlaments, Verhaftungen, die sich lediglich auf den Willen des Königs gründeten sowie die Anwendung des Kriegsrechts in England als ungesetzlich und unrechtmäßig anzuerkennen. Überhaupt war der Herrscher in der vorangegangenen Debatte nachdrücklich ermahnt worden, die Macht der Krone in die Herrschaft des Rechts einzubinden. Der König unterzeichnete, erachtete sich dennoch in seiner praktischen Politik nicht an diese Grundsätze gebunden mit dem Ergebnis, daß bereits im folgenden Jahr der Konflikt erneut aufflammte und Karl I. diesmal sein Parlament auflöste mit dem ausdrücklich formulierten Willen, es erst wieder einzuberufen, wenn es bereit sei, vorbehaltlos seine Politik zu unterstützen. Wenn der Monarch damit das Parlament als unnütze und dem Wohl des Landes abträgliche Institution bezeichnete, so sollte lediglich 20 Jahre später, am 17. März 1649 ein Parlament erklären, «daß das Amt des Königs in diesem Lande ... überflüssig, lästig und der Freiheit und Sicherheit und dem allgemeinen Wohle abträglich» sei. Mit diesen beiden Positionen ist zugleich die Spannweite des Verfassungskonflikts und damit dessen revolutionäre Dimension gekennzeichnet. Doch diese Revolution war mehr als ein Kampf zwischen Krone und Parlament um den Besitz und die Ausübung staatlicher Souveränität. Entscheidend sowohl für ihren Ausbruch wie dafür, daß weite Kreise des Volkes von ihr erfaßt wurden, war die Rolle, welche die Religion in diesem Zusammenhang spielte.

Dabei war England im 16. Jahrhundert von den großen Religionskriegen verschont geblieben. Die Trennung von Rom und die Einrichtung einer protestantischen Staatskirche, an deren Spitze die Krone stand, war zwar nicht ohne Widerstände und Unterbrechungen, wohl aber ohne bürgerkriegsähnliche Auseinandersetzungen erfolgt. Dies auch, weil die englische Reformation eher das Ergebnis maßvoller staatlicher Politik als das Resultat einer machtvollen Volksbewegung war. Obwohl offiziell dem Calvinismus verpflichtet, kennzeichneten Liturgie wie Organisation der anglikanischen Kirche das politische Ziel der elisabethanischen Kirchenpolitik, sowohl Anhänger des alten Glaubens als auch radikale Protestanten in einer nationalen Kirche zu vereinen. Zwar waren die Katholiken offiziell als Staatsfeinde angeprangert, man ließ sie aber in der Praxis weitgehend unbehelligt. Zugleich widersetzte sich die Krone erfolgreich den Forderungen der radikalen calvinistischen innerkirchlichen Reformbewegung der Puritaner, die Bischofsverfassung abzuschaffen und generell den Gottesdienst von allen Überresten des traditionellen katholischen Rituals zu reinigen. Wie im Bereich der Verfassung existierten auch in der Kirche latente Spannungen, die unter Karl I. zum offenen Bruch führen sollten. Denn dessen Religionspolitik rückte die Anglikanische Staatskirche für die gläubigen Calvinisten in verdächtige Nähe zum Katholizismus, in einer Zeit, in der auf dem Kontinent die Gegenreformation ihren scheinbar unaufhaltsamen Siegeszug angetreten hatte. Gleichzeitig wuchs unter der Protektion der aus Frankreich stammenden Königin Henrietta Maria der Einfluß katholischer Kreise bei Hofe. Vielen Zeitgenossen erschien daher ihr König wenn auch nicht als Urheber so doch als Werkzeug einer groß angelegten papistisch-absolutistischen Verschwörung mit dem Ziel, England nicht nur als den letzten Hort der politischen Freiheit, sondern auch als die einzig verbleibende Bastion des Protestantismus auszuschalten.

Aufs Ganze gesehen war somit die den Staat tragende Kooperation von politischer Führungsschicht und Krone seit der Thronbesteigung Karls I. zunehmend gestört, vor allem in Folge der starrsinnigen und oftmals demonstrativ kompromißfeindlichen Politik eines Königs, dem offenkundig der Sinn für die fundamentale Bedeutung dieses Grundkonsenses fehlte und der gleichzeitig seine reale Machtbasis in verhängnisvoller Weise überschätzte. Damit war zwar nicht unabweisbar der Weg in die Revolution eingeschlagen, dennoch lieferte dieser spannungsreiche Dualismus die wesentliche Voraussetzung für den gewaltsamen Konflikt, dessen Ausbruch allerdings erst durch weitere besondere Umstände ausgelöst wurde.

Seit Heinrich VIII. beanspruchte die englische Krone in aller Form die Herrschaft über Irland, und mit der Thronbesteigung Jakobs I. 1603 war nun auch Schottland mit England in Personalunion vereinigt. Irland war von der Reformation weitgehend unberührt und seine Bevölkerung dementsprechend katholisch geblieben. In Schottland hingegen hatte eine breite Volksbewegung einem radikalen Calvinismus in der Lehre und der Organisation der Kirche zum Durchbruch verholfen. Im Herrschaftsbereich der Stuarts existierten somit tiefgreifende religiöse Gegensätze, die schließlich den Anlaß für den Bürgerkrieg und die daraus folgende Revolution liefern sollten. Als Karl I. nämlich 1637 im Sinne der Einheit politischer Herrschaft und konfessioneller Konformität daran ging, die schottische Kirche der anglikanischen anzugleichen, d. h. die Liturgie nach dem englischen ‹Prayer Book› auszurichten und die inzwischen weitverbreitete Synodalverfassung wieder durch die Hierarchie der Bischofskirche zu ersetzen, erachteten die Schotten dies als Angriff auf ihre nationale Identität. Im Schwurbund des sogenannten ‹Covenant› formierten schottischer Adel und puritanischer Klerus den offenen Widerstand, der nur mehr mit Waffengewalt zu brechen war.

Am Anfang stand somit der schottische Aufstand, der für den König mit einer doppelten Niederlage endete. Militärisch sah er sich zweimal zur schmachvollen, da kampflosen Kapitulation und weitgehenden Zugeständnissen den Schotten gegenüber gezwungen; politisch blieb ihm keine andere Wahl, als das 1629 trotzig verabschiedete Parlament wieder einzuberufen, um zunächst einmal zu versuchen, seine militärischen Unternehmungen zu finanzieren, und dann, als er damit gescheitert war, um jene Zahlungen zu leisten, welche der Sieger ihm auferlegt hatte. Zugleich war hierbei deutlich geworden, in welchem Maße der König isoliert war. Nicht nur hatte ihm die im Parlament vertretene Führungsschicht des Landes die geforderte Unterstützung versagt, auch die mühsam ausgehobenen Truppen weigerten sich, gegen den schottischen Erzfeind zu ziehen, rebellierten statt dessen gegen ihre z. T. katholischen Offiziere und verwüsteten anglikanische Gotteshäuser. Und in dem Maße, wie Karl I. offenkundig ohne nennenswerten Anhang war, wurde er politisch erpreßbar, und das Parlament nutzte diese Situation, um alte und teilweise auch neue Forderungen durchzusetzen. Auf die Overture des schottischen Aufstandes folgte als erster Akt des Dramas der englischen Revolution die Phase der einseitig erzwungenen Reformen der Jahre 1640–42.

Allerdings stand so etwas wie eine Revolution zunächst nirgendwo auf dem Programm. Das Ziel der politischen Führer der sich nun im Parlament formierenden Opposition blieb die Eindämmung des drohenden Machtzuwachses der Krone. Man verfolgte eine Politik des Widerstandes, um Eingriffe in die überlieferte Verfassungsordnung abzuwehren und zugleich den ungeschmälerten Fortbestand des Parlaments zu sichern. So wurden die Hauptinstanzen der königlichen Sondergerichtsbarkeit abgeschafft und die Rechtsgrundlagen der königlichen Finanzpolitik neu definiert, mit dem Ergebnis, daß künftig die Krone voll und ganz in die Abhängigkeit vom Steuerbewilligungsrecht des Parlaments geriet. Gleichzeitig erging ein Gesetz, demzufolge alle drei Jahre ein Parlament einzuberufen sei, und darüber hinaus war dem König untersagt, das gegenwärtige Parlament, das unter dem Namen ‹das Lange Parlament› in die Geschichte einging, ohne dessen eigene Zustimmung weder aufzulösen noch zu vertagen. Daß Karl I. schließlich auch noch gezwungen werden konnte, seinen Namenszug unter das Todesurteil gegen seinen engsten und tatkräftigsten Ratgeber, den Earl of Strafford, zu setzen, bezeugt vollends die politische Ohnmacht des Herrschers.

Demgegenüber beruhten die Erfolge des Parlaments auf dessen anfänglicher politischer Homogenität. Es war 1640 aus Wahlen hervorgegangen, die ausnahmsweise im Zeichen politischer Grundsatzdebatten gestanden hatten und bei denen die Anhänger des Königs in den meisten Wahlkreisen unterlegen waren. Infolgedessen konnte die relativ kleine Gruppe der politisch aktiven oppositionellen Abgeordneten unter der Führung John Pyms sich zunächst auf eine zuverlässige, oft an Einstimmigkeit grenzende Mehrheit im Unterhaus stützen. Gleichzeitig war man im Stande, in kritischen Abstimmungssituationen über das Netz radikaler puritanischer Gemeinden in London eine außerparlamentarische Unterstützung zu mobilisieren, die durch Petitionen oder auch handfeste Demonstrationen vor den Toren des Parlaments für zusätzlichen Druck gegenüber dem Oberhaus wie auch dem König sorgen konnte. Das ‹Volk›, d. h. ein Teil der hauptstädtischen Bevölkerung wirkte hier, wie noch später in vielen Revolutionen, als wichtiger Faktor des politischen Geschehens. Erste Anzeichen deuteten darauf hin, daß politische Aktion nicht mehr auf die sogenannte *politische Nation*, d. h. die soziale Elite des Landes beschränkt blieb.

Die Politik des Parlaments war somit schon frühzeitig nicht frei von Widerspruch. Mit der Wiederherstellung der überlieferten ungeschriebenen Verfassungsordnung als oberster Zielsetzung verfolgte man offiziell eine Politik des konservativen Widerstands. Doch deren Methoden und Instrumente waren nicht frei von revolutionären Implikationen. In dem Maße nämlich, wie die neuen Gesetze den politischen Spielraum des Monarchen einschränkten und die Position des Parlaments festigten, veränderten sie die bestehende politische Ordnung. Um revolutionäre Neuerungen wie die Einrichtung eines monarchischen Absolutismus abzuwehren und der drohenden Gegenreformation zu begegnen, erwuchs aus einer Politik des Widerstands schließlich die Politik einer Revolution. Dies gilt besonders für den Bereich von Religion und Kirche. Schon im Dezember 1640 hatten Londoner Puritaner an das Parlament eine Petition gerichtet mit der Aufforderung, die Bischofsverfassung mit «Stumpf und Stiel» zu beseitigen (sog. *Root and Branch Petition)* und stattdessen eine Synodalverfassung nach schottischem Muster einzurichten. Als dementprechend im Februar 1642 Karl I. gezwungen wurde, einem Gesetz zuzustimmen, das die Bischöfe aus dem Oberhaus ausschloß, war die geltende Staats- und Kirchenverfassung tatsächlich in einem weiteren entscheidenden Punkt revolutioniert.

Vor allem aber eskalierte die Reformpolitik des konservativen Widerstands zur Revolution, weil es deren Erfolge zu sichern galt. In dem Maße nämlich, wie diese auf politischen Pressionen und revolutionären Praktiken beruhten, war der König entschlossen, bereits gewährte Zugeständnisse so bald wie möglich rückgängig zu machen. Auch er betrachtete es als seine legitime Aufgabe, die überlieferte Verfassung – und das hieß für ihn die unstreitige Vorrangstellung der Krone – in ihrer Substanz zu bewahren, und betrachtete deswegen seine Zustimmung zu den Verfassungsgesetzen als taktische Konzessionen, an die er sich inhaltlich nicht gebunden fühlte. Dauerhafte Lösungen ließen sich in einem solchen politischen Umfeld tiefsten gegenseitigen Mißtrauens nicht erreichen, statt politischer Kompromisse verschärfte sich die Konfrontation zwischen Opposition und König, bis die Gegensätze unüberbrückbar waren. Dabei spielte der irische Aufstand des Jahres 1641 eine entscheidende Rolle.

Als im Herbst die Iren die Situation zu nutzen suchten und sich in einem blutigen Aufstand, dem wahrscheinlich mehrere tausend Protestanten zum Opfer fielen, gegen die englische Herrschaft erhoben, sah sich das englische Parlament vor eine schwierige Entscheidung gestellt. Auf der einen Seite besaß man nun den offenkundigen Beweis für die große katholische Verschwörung gegen das protestantische England, andererseits bedurfte es eines schlagkräftigen Heeres, um die lautstark geforderte Rache und Wiedereroberung durchzusetzen. Doch damit setzte man sich zugleich der Gefahr aus, dem Monarchen in seiner Eigenschaft als Oberbefehlshaber der staatlichen militärischen Gewalt ein Machtmittel an die Hand zu geben, das er auch gegen das Parlament einsetzen konnte, um die politischen Niederlagen der vergangenen Monate rückgängig zu machen. Als daher Pym und seine Gefolgschaft jetzt die Forderung nach parlamentarischer Kontrolle der Heeresführung erhoben, war der Kampf um den Besitz der Staatsmacht in aller Offenheit und Schärfe entbrannt. An die Stelle des staatstragenden Konsenses, mit dem die Souveränität in der Kooperation von Krone und Parlament verankert war, trat nun die Konfrontation dieser beiden Institutionen, von denen jede für sich in Anspruch nahm, allein die Interessen der gesamten Nation zu vertreten.

Die erneute verfassungspolitische Offensive des Parlaments fand ihren Niederschlag in zwei Dokumenten. Im November 1641 zählte die umfangreiche *Grand Remonstrance* zunächst ausführlich sämtliche durch das königliche Regiment verursachten Mißstände der letzten 15 Jahre auf, um daraus den Anspruch des Parlaments auf Kontrolle der Regierung zu formulieren; und im Juni 1642 wurden diese Forderungen, die sich in der Formel: *Übergang zum parlamentarisch geprägten Regierungssystem* zusammenfassen lassen, nochmals in aller Schärfe gestellt. Schon vorher hatte der König darauf mit einem Akt der politischen Verzweiflung reagiert, als er am 4. Januar 1642 mit bewaffnetem Anhang ins Unterhaus eindrang, um dort eigenhändig die Führer der politischen Opposition zu verhaften, die sich jedoch rechtzeitig in der Londoner City in Sicherheit gebracht hatten. Auch dies war ein eklatanter Verfassungsbruch. Tatsächlich bereiteten sich nun beide Seiten auf eine bewaffnete Auseinandersetzung vor und als am 22. August 1642 Karl I. seine königliche Standarte in Nottingham aufpflanzte, um seinen Anhang um sich zu scharen, begann der Bürgerkrieg.

Der Bürgerkrieg als die zweite Phase der englischen Revolution wurde möglich, weil sich die politische Konstellation im Vergleich zu der des Jahres 1640 spürbar gewandelt hatte. Mittlerweile konnte der König auf Unterstützung rechnen und sah sich nicht mehr hilflos den politischen Pressionen seiner Gegner im Parlament ausgesetzt. Selbst im Unterhaus, wo er anfangs ohne Anhang war, nahm die Zahl derer zu, welche die Radikalisierung der Politik der Opposition nicht mehr mittrugen. Nur noch eine knappe Mehrheit von elf Stimmen verabschiedete die *Great Remonstrance* und schließlich waren 236 der ursprünglich 552 Unterhausabgeordneten im Krieg auf seiten des Königs zu finden. Wenn dabei eine wachsende Zahl auf künftige Zusammenarbeit mit dem Monarchen setzte, so nicht nur, weil dieser gelegentlich Konzessionsbereitschaft zu signalisieren schien, sondern vor allem, weil die revolutionären Implikationen der Politik des Parlaments den König zunehmend als Garanten der überlieferten Verfassung erscheinen ließen. Vor allem widersetzten sich viele der drohenden Abschaffung der anglikanischen Staatskirche als zuverlässigem Garanten sozialer Ordnung und dementsprechend reagierte man mit zunehmender Skepsis auf die wachsenden Politisierung größerer Teile des Volkes, vor allem der Londoner Einwohnerschaft. Wenn die radikale Opposition offen die Allianz mit einer außerparlamentarischen Öffentlichkeit suchte, wie die beispiellose Veröffentlichung der *Great Remonstrance* zeigte, so meinten viele, damit sei ein Weg eingeschlagen, der in die Anarchie einer Volksherrschaft führen werde. Gegen die drohende Gefahr einer absolutistisch-katholischen Revolution hatte sich die Opposition im Parlament formiert, gegen die drohende Gefahr einer Zerstörung der überlieferten monarchisch geprägten Ordnung hatte sich aus dieser Opposition heraus die Partei des Königs gebildet und damit diesen in den Stand gesetzt, die bewaffnete Auseinandersetzung zu wagen.

In der Sprache der Zeit wurden die Anhänger des Königs als ‹Cavaliers› und die Parteigänger des Parlaments als ‹Roundheads› bezeichnet. Dies suggeriert, es hätten sich im Bürgerkrieg nach höfischer Mode gekleidete Adlige und kurzgeschorene Puritaner bürgerlicher Provenienz gegenüberstanden und damit soziale Gegensätze die Parteien getrennt. In der Tat verteidigte der überwiegende Teil der Aristokratie sowie der Gentry die Sache des Königs, während der gewerbliche Mittelstand, vorwiegend in den Städten im Süden und Osten des Landes, sich auf Seiten des Parlaments engagierte; dennoch läßt sich der Bürgerkrieg nicht als

Klassenkampf definieren. Zu unübersichtlich verliefen bei genauerem Zusehen die Frontlinien, zu zahlreich sind die Ausnahmen, um irgendeine griffige Regel für die Parteinahme der Einzelnen zu definieren. Diese erfolgte oft nur zwangsweise unter dem Eindruck regionaler Gegebenheiten, etwa unter dem Einfluß lokaler Eliten oder in Fortsetzungen alter Rivalitäten zwischen bestimmten Familien. Vor allem war es jeweils nur eine kleine aktive Minorität, die entschieden Partei nahm. Die Mehrheit nicht nur der Bevölkerung, sondern auch derjenigen, die als Mitglieder der sog. politischen Nation gemeinhin über ein gewisses Maß von Einfluß verfügen konnten, war bestrebt, nach Möglichkeit den bewaffneten Konflikt zu vermeiden bzw. wenigstens im eigenen Umfeld zu neutralisieren. Somit blieb, wenn auch von den Zeitgenossen als große nationale Katastrophe beklagt, der Bürgerkrieg begrenztes Ereignis, das sich in seinen Auswirkungen keineswegs mit dem gleichzeitig Deutschland verheerenden Dreißigjährigen Krieg vergleichen läßt.

Nach drei Jahren wechselvoller Kämpfe war der Krieg militärisch zugunsten des Parlaments entschieden. Dessen Heer errang am 14. Juni 1645 bei Naseby den entscheidenen Sieg. Im Jahr darauf begab sich der König in die Gefangenschaft. Obwohl er zu Anfang über spürbare militärische Vorteile verfügt hatte, hatte er es nicht verstanden, diese rasch und entschieden zu nutzen, und auf die Dauer wirkte es sich entscheidend aus, daß das Parlament den reichen Osten und Süden des Landes kontrollierte und somit über die ergiebigeren Hilfsquellen verfügte. Hinzu kam allerdings, daß dieses Parlament in der Lage war, diese Resourcen entsprechend einzusetzen, d. h. bereit war, entgegen den ursprünglich etwa in der *Petition of Right* vertretenen Grundsätzen, rigoros Steuern von bislang ungeahnter Höhe zu erheben, Truppen einzuquartieren, Kriegsrecht anzuwenden usw., all dies Maßnahmen, die ebenso zum militärischen Sieg beitrugen wie auch zur zunehmenden Entpolitisierung der Bevölkerung in den Provinzen, zum wachsenden Mißtrauen gegenüber jeder politischen Zentralgewalt und vor allem gegenüber einem Heer, das nicht nur Unsummen Geldes kostete, sondern auch in der Lage war, diese einzutreiben.

Paradoxerweise markierte das Ende des Bürgerkrieges nicht das Ende der politischen Krise – im Gegenteil: nun folgte, zwischen 1646 und 1653, jene dritte Phase, die auch im engeren Sinne als Englische Revolution bezeichnet werden kann, in der die Monarchie gewaltsam abgeschafft und die Republik eingerichtet wurde. Dabei hatten weder die Revolution noch die Republik auf der politischen Tagesordnung des siegreichen Parlaments gestanden. Dieses hatte vielmehr ‹im Namen des Königs› gegen die Person des Königs Krieg geführt, d. h. für den Fortbestand der Monarchie, welche als eingeschränkte Monarchie allerdings mit den Vorstellungen des Stuartherrschers von der letztlich uneingeschränkten Gewalt der Krone unvereinbar blieb. Revolution und Republik waren vielmehr das Ergebnis einer politischen Radikalisierung, die ihrerseits aus der Eigendynamik zunehmend beschleunigter politischer Prozesse resultierte, wobei im Strudel der Ereignisse einstmals klare Fronten sich auflösten. Ursprünglich hatten sich Parlament und Krone bzw. die Partei des Königs und die der im Unterhaus tonangebenden Opposition gegenüber gestanden. Mit dem Ende des Bürgerkrieges war Karl I. zwar militärisch besiegt, politisch aber immer noch eine Macht ersten Ranges. Denn die Wiederherstellung der überlieferten Verfassung in der nun vom Parlament angestrebten Form, d. h. als eingeschränkte Monarchie mit einer revolutionierten Kirchenverfassung, ließ sich ohne dessen Kooperation nicht realisieren. Und der König, zu keiner Zeit bereit, entscheidende Kompromisse einzugehen, nutzte diese Konstellation, vor allem angesichts der Tatsache, daß sich im Lager des Gegners bereits seit 1643 in zunehmendem Maße Spannungen abzeichneten. Und so zerfiel das Parlament nach dem Sieg über den König deutlich in zwei Parteien: eine durchaus kompromißbereite Mehrheit und eine eher unversöhnliche radikale Minderheit. Die einzig unabdingbare Forderung, welche die Majorität an Karl I. stellte, war die Einführung einer Synodalverfassung nach schottischem Vorbild für die Kirche, weswegen sie als presbyterianische Partei bezeichnet wurde, währenddessen die Minorität im Rahmen einer parlamentarischen Monarchie die Einrichtung einer freikirchlichen Religionsverfassung anstrebte und somit als Partei der Independenten etikettiert wurde. Die Entscheidung in dieser Dreieckskonstellation wurde jedoch von außen herbeigeführt, durch eine vierte Kraft, die siegreiche Armee, die sich aus einem Instrument der Politik des Parlaments zu einer eigenständigen politischen Größe entwickelt hatte.

Dies wurde deutlich, als 1647 ein bereits des längeren schwelender Konflikt über ausstehende Soldzahlungen und die Gewährung einer Generalamnestie für unter Kriegsrecht begangene Delikte schließlich zum entschieden artikulierten Widerstand des Militärs gegen die politische Führung eskalierte. So wie sich bereits während des Krieges die Kerntruppe des Heeres unter der Führung des Kavalleriegenerals Oliver Cromwell als Instrument göttlicher Fügung verstanden hatte, betonten nun die Soldaten, kein bloßer Söldnerhaufen zu sein, sondern zur Verteidigung der wahren Religion und der Freiheit der Engländer gekämpft zu haben. Was als Auseinandersetzung über Sold und Demobilisierungsmodalitäten begonnen hatte, bekam rasch eine tiefgreifende politische Dimension. Die Soldatenräte späterer Revolutionen antizipierend, wählten einzelne Truppenteile sogenannte *agitators*, die als ihre Sprecher gegenüber bzw. neben der Armeeführung auftraten. Forderungskataloge wurden aufgestellt und diskutiert, die inhaltlich über die unmittelbaren Interessen der Soldaten hinausgingen und allgemeine Fragen der künftigen politischen Neuordnung zum Gegenstand hatten. Gleichzeitig wurde die Armee dadurch, daß sie zweimal erfolgreich Offensiven der Gegenrevolution abwehrte, zum Garanten des Sieges über die alte Ordnung. Zunächst sicherte man im Sommer 1647 die Freiheit des Parlaments gegenüber außerparlamentarischen Pressionen, die von den Presbyterianern initiiert waren. Und als im Sommer des folgenden Jahres in vielen Landesteilen sich die Royalisten erhoben und der schottische Adel mit dem gefangenen König ein Bündnis schloß, stellte das Heer unter Cromwell abermals seine Schlagkraft unter Beweis. Danach weigerte sich die Armeeführung, die politische Lösung des Konflikts den Politikern zu überlassen, und ergriff endgültig die Initiative. Anfang Dezember 1648 wurden mit Waffengewalt alle diejenigen Abgeordneten aus dem Unterhaus ausgeschlossen, die weiterhin einen Kompromiß mit dem König anstrebten. Das verbleibende Rumpfparlament beschloß daraufhin, Karl I. wegen Hochverrats unter Anklage stellen, ein eigens dafür bestelltes Sondergericht machte kurzen Prozeß und am 30. Januar 1649 wurde der König öffentlich hingerichtet. Einen Monat später löste man das Oberhaus auf und am 17. 3. verkündete das Parlament in aller Form die Abschaffung der Monarchie. England war Republik, die Englische Revolution hatte ihren Höhepunkt, zugleich aber auch ihren Wendepunkt erreicht.

Lediglich vier Jahre sollte die Republik Bestand haben. Am 20. April 1653 erschien Cromwell persönlich an der Spitze einer militärischen Eskorte und schickte die letzten Vertreter des sog. *Langen Parlaments* nach Hause, das zuerst am 3. November 1640 zusammengetreten war, um dann für mehr als ein Jahrzehnt die Geschicke des Landes maßgebend zu bestimmen. Nun trat an seine Stelle die nur noch notdürftig verhüllte Macht des Militärs, ausgeübt und verkörpert durch die Person Oliver Cromwells in seiner Rolle als *Lord Protector*. Zwar standen auch ihm Parlamente zur Seite, die jedoch in ihrer Zusammensetzung und in ihrem Wirken stets kontrolliert wurden. Die Revolution war so in die Militärdiktatur gemündet, die ihrerseits als Variante der Form der politischen Einherrschaft den Weg zurück in die Monarchie vorbereitete. Deren Restauration 1660, zwei Jahre nach Cromwells Tod und getragen von der Zustimmung der überwältigenden Mehrheit der politischen Nation, vollendete schließlich den Kreislauf der Englischen Revolution. Zugleich stellt sich damit erneut die Frage nicht nur nach den Auswirkungen dieser Revolution, sondern generell nach der revolutionären Dimension des unter diesem Begriff versammelten Geschehens.

Die Englische Revolution war keine Totalumwälzung, die nicht nur den Bereich von Staat und Politik, sondern auch die gesellschaftlichen Verhältnisse grundlegend verändert bzw. sogar Denkmuster und Mentalitäten revolutioniert. Die bestehende gestufte und gegliederte Sozialordnung mit einer kleinen adligen Elite an der Spitze und der großen Masse der Eigentumslosen an der Basis wurde zwar vereinzelt theoretisch in Frage gestellt, de facto war sie jedoch zu keiner Zeit gefährdet. Selbst als das Oberhaus als politische Institution abgeschafft wurde, blieben dessen Mitglieder in Besitz ihrer Titel wie auch ihrer Güter. Trotz Mißernten und obwohl in den Jahrzehnten vor Ausbruch der Revolution die ökonomische Situation sich für große Teile der ländlichen Bevölkerung spürbar verschlechtert hatte, waren Unruhen in den ländlichen Provinzen die Ausnahme.

Eben weil die sozialen Gegensätze sich nicht unmittelbar politisch auswirkten, fand im Laufe der Englischen Revolution *Gewalt von unten* in größerem Umfang nicht statt; nur gelegentlich und dann vor allem in der Hauptstadt London mit ihren damals bereits ca. 400 000 Einwohnern traten die sog. *Volksmassen* als Faktor der Revolution in Erscheinung. Aber auch hier blieben Angriffe auf das Privateigentum der Besitzenden aus, man beschränkte sich vor allem auf lautstarke Demonstrationen, wie 1640/41, um den Forderungen des Parlaments gegen den König und dessen Anhänger im Oberhaus Nachdruck zu verleihen. Gegenstand spontanen *Volkszorns* hier wie auch in den Provinzen waren allenfalls religiöse und kirchliche Einrichtungen. 1640 drohte eine Menge, den Palast des Erzbischofs in Lambeth niederzubrennen, und auf dem Lande wurden eher die Altäre der Kirchen als die Landsitze der Edelleute demoliert.

Die Englische Revolution war auch keine soziale Umwälzung im Sinne einer ‹frühbürgerlichen Revolution› – eine These, die lange Zeit von marxistischen Historikern mit Nachdruck vertreten wurde. Doch ein klassenbewußtes Bürgertum mit dem Willen, ökonomischen und sozialen Aufstieg in politische Macht umzusetzen, läßt sich für das England des 17. Jhs. als politisch relevante Größe nicht nachweisen. Der Bürgerkrieg war, wie das soziale Profil der sich gegenüberstehenden Parteien deutlich macht, kein Klassenkampf, sondern ein Machtkampf innerhalb der politischen Nation bzw., wenn man so will, der herrschenden Klasse, in der das Übergewicht eindeutig bei den ländlichen Führungsgruppen lag. Und auch der Versuch, innerhalb dieser Klasse zwischen denjenigen zu unterscheiden, die als Grundbesitzer oder Handelskaufleute bereits Formen und Methoden modernen kapitalistischen Wirtschaftens praktizierten, und denen, die, wie besonders die alten Adelsfamilien, noch ganz feudalen Lebensformen verhaftet blieben, scheitert, sobald man daraus den Gegensatz zwischen *Cavaliers* und *Roundheads* zu erklären sucht.

So wie der Kampf zwischen den beiden Parteien jedoch ein Kampf um die Organisation und den Besitz politischer Macht war, erfüllt dessen Ergebnis den Tatbestand der politischen Revolution. In einem Zeitalter, in dem für die größeren europäischen Staaten die Monarchie auch im Sinne des gesellschaftlichen Gemeinwohls unbestritten als die beste Staatsform galt, waren die Hinrichtung des Königs und die Einführung der Republik in England unerhörte Ereignisse, mit denen allgemein akzeptierte Prinzipien der politischen Ordnung nicht nur in Frage, sondern vollends auf den Kopf gestellt waren. Dabei hatte es sich hier ursprünglich um eine politische Verlegenheitslösung gehandelt. Da man mit dem zu keinerlei Kompromissen bereiten Karl I. keinen dauerhaften Frieden schließen konnte, sah man sich schließlich gezwungen, mit der Hinrichtung des Königs zugleich die Monarchie abzuschaffen, denn ein im Sinne der Sieger geeigneter Nachfolger stand nicht zur Verfügung. «We will cut off his head with the crown upon it» forderte Oliver Cromwell und dementsprechend machte man 1649 nicht nur «Charles Stuart», wie der Angeklagte offiziell genannt wurde, sondern der Monarchie den Prozeß. Auch zuvor waren gekrönte Häupter wie Richard II. und Heinrich VI. gewaltsam ums Leben gebracht worden, doch dies war im dunklen Kerker im Verborgenen geschehen. Diesmal scheuten die Sieger nicht das Licht der Öffentlichkeit. Im Gegenteil: sie appellierten an die Öffentlichkeit, weil sie den Anspruch erhoben, im Auftrag des Volkes zu handeln. Denn um überhaupt über den König zu Gericht sitzen zu können, mußten sie gegen die herrschende Lehre von der Unantastbarkeit der von Gott unmittelbar eingesetzten monarchischen Gewalt das revolutionäre, in die Zukunft weisende Prinzip der Volkssouveränität setzen. Demzufolge stand das Amt des Herrschers unter der Verpflichtung, das Wohl der Allgemeinheit zu schützen und zu mehren, und dessen Inhaber konnte so, wenn er diesem Auftrag nicht nachkam, als Verräter im Namen des Volkes verurteilt und hingerichtet werden. Bereits die Zusammensetzung des Sondergerichts sollte diesen Anspruch verdeutlichen, denn man hatte Vertreter sämtlicher Grafschaften bestellt, um somit das gesamte Land zu repräsentieren. Und als dann schließlich die Staatsform der Monarchie durch die der Republik ersetzt und so nicht nur ein Machtwechsel, sondern eine durchgreifende Verfassungsänderung erzwungen wurde, war der politische Widerstand endgültig in die politische Revolution umgeschlagen.

Nun ließe sich einwenden, daß diese politische Revolution – ohnehin das Werk einer kleinen aktiven Minorität – nicht die Realisierung bewußter weitreichender Zielsetzungen war, sondern eher wider Willen erfolgte, mehr Reaktion auf unmittelbare Umstände als bewußt auf die Gestaltung der Zukunft ausgerichtete Aktion. Die kurze Geschichte der englischen Republik, in der das Rumpfparlament alle Initiativen für eine weitere Demokratisierung des politischen Systems blockierte und nur die Perpetuierung der eigenen Machtposition verfolgte, scheint diese These zu belegen. Doch auf der anderen Seite existierten solche Initiativen. Die Vollendung der politischen Revolution fand statt, zumindest im Bereich der Theorie, der Utopie, die als Zielvorgabe für den Willen zur Veränderung das zentrale Wesensmerkmal jeder Revolution bleibt. Dies ging zusammen mit dem subjektiven Empfinden, an einem entscheidenden Wendepunkt der Geschichte zu stehen, der den Anbruch einer neuen Ära signalisiert. Das Studium der zahlreichen Flugschriften und noch zahlreicheren Predigten macht deutlich, in welchem Ausmaß hier in Ansätzen die tradierte Ordnung nicht nur der Gesellschaft, sondern der Welt schlechthin auf den Kopf gestellt wurde. Dies war der religiöse und politische Radikalismus, der, im Vorfeld und Umfeld der politischen Haupt- und Staatsaktionen wirksam, die Quintessenz der Englischen Revolution verkörperte.

Wenn die Englische Revolution gelegentlich als die *Puritanische Revolution* bezeichnet wird, so bezieht sich dies zum einen auf den hohen Stellenwert, den religiöse Fragen und Konflikte für den Gang der Ereignisse besaßen, zum andern auf das Ausmaß, in dem radikale religiöse Forderungen angemeldet und durchgesetzt wurden. Immer wieder waren es religiöse und kirchenpolitische Differenzen, die das Interesse und Engagement einer breiteren politischen Öffentlichkeit provozierten. In gewissem Sinne fand die Reformation als radikale religiöse Volksbewegung *von Unten* erst im Rahmen der Englischen Revolution statt. Und diese begnügte sich nicht mit der Zerstörung der anglikanischen Staatskirche, um an die Stelle der überlieferten Bischofsverfassung ein presbyterianisches Kirchensystem nach Genfer Muster einzurichten, wo Synoden der Gemeindeältesten über die strikte Einhaltung der reinen calvinistischen Lehre wachten. Dies war zwar das Ziel der mit den eifernden Schotten verbündeten Mehrheit im Langen Parlament, aber dagegen erhoben sich schon bald zahlreiche Stimmen, die nicht nur die Einheit von Staat und Kirche, sondern generell das Prinzip der konfessionellen Homogenität des Staates in Frage stellten. Von der Forderung der sog. *Independenten* nach weitgehender Freiheit für die einzelnen Gemeinden im Rahmen einer nationalen Kirche ohne zentrale Autorität war es nur ein Schritt zur Ablehnung jeglicher verbindlicher kirchlicher Organisation. Die in den 50er Jahren neben zahlreichen anderen Sekten sich formierenden Quäker verkörperten jenen radikalen Trend zur Formierung unabhängiger Gemeinden als freiwilliger Zusammenschlüsse freier

Individuen, wobei alle Unterschiede zwischen Priestern und Laien aufgehoben waren. Die Möglichkeit der Heilsgewißheit für den Einzelnen trat an die Stelle des Monopols der allein selig machenden Kirche. Wenn radikale Denker wie John Milton verkündeten, daß religiöse Wahrheit nur aus dem Wettbewerb der nach ihr Strebenden hervorgehen könne, so war die Forderung nach Gewissensfreiheit die notwendige Konsequenz und als dementsprechend unter der Herrschaft Cromwells weitgehende Toleranz praktiziert wurde, war dies die Vollendung der religiösen Revolution.

Der religiöse Radikalismus war z. T. eng verbunden mit der außerparlamentarischen Bewegung der sogenannten *Leveller.* Ausgehend vom Konflikt um Gewissensfreiheit, forderten einflußreiche Publizisten wie John Lilburne und Richard Overton ihre Landsleute auf, den einmal begonnenen Kampf nun auch gegen ein intolerantes Parlament fortzusetzen. Im Zuge dieser Auseinandersetzungen entwickelten sie ein liberal-demokratisches Programm, das letztlich lediglich die Konsequenzen aus dem Anspruch des Parlaments zog, als Repräsentant der Nation für die Freiheitsrechte aller Engländer zu Felde gezogen zu sein. Auf der einen Seite sollte das Parlament durch die Ausdehnung des Wahlrechts auf alle freien Engländer zu einer echten Volksvertretung werden, andererseits sollte die Macht eines solchen Parlaments in den jedem Bürger zustehenden Grundrechten wie Gewissensfreiheit und Rechtsgleichheit ihre Grenzen finden. Diese neue englische parlamentarische Republik sollte aus einer schriftlichen Übereinkunft des gesamten Volkes hervorgehen, und dementsprechend bezeichneten die Leveller ihre Verfassungsentwürfe als *Agreements of the People.* Indem es den Levellern nicht nur gelang, für ihr politisches Programm zeitweilig beträchtliche Teile der hauptstädtischen Öffentlichkeit in Demonstrationen und Massenpetitionen zu mobilisieren, sondern auch in der Armee Anhang zu gewinnen, wurden sie, besonders in den turbulenten Jahren zwischen 1646 und 1649 zu einem bedeutsamen politischen Faktor; immerhin diskutierte der Große Rat der Armee in dieser Zeit zweimal ausführlich die *Agreements of the People.* Die Realisierung des Konzepts zur Vollendung der politischen Revolution schien mithin zumindest vorübergehend möglich zu sein.

Revolutionäre Entwürfe wie die der Leveller, die zugleich Denkmodelle für künftige Revolutionen wie z. B. die amerikanische boten, waren das Ergebnis einer öffentlichen Diskussion ungeahnten Ausmaßes und beispielloser Intensität, die ihrerseits den revolutionären Charakter der Epoche dokumentiert. In den Jahren zwischen 1642 und 1649 sammelte der Londoner Buchhändler Thomason allein ca. 20 000 Flugschriften und Zeitungen, aus deren Lektüre deutlich wird, daß plötzlich keine Denkverbote mehr herrschten, daß die Kritik alles in Frage stellen konnte: nicht nur die überlieferte Staatsverfassung und Kirchenordnung, sondern auch die Unverletzlichkeit des Privateigentums, das Sakrament der Ehe, ja sogar die Existenz Gottes. Sekten wie die *Ranters* setzten sich demonstrativ über die überlieferte Moralordnung hinweg, Frauen begannen sich zu organisieren und gleiche Rechte einzufordern, bizarre Propheten verstörten in zunehmendem Maß die orthodoxen Gläubigen. Hier, in den radikalen Randzonen einer für kurze Zeit freien Öffentlichkeit, ließen sich Anzeichen für eine Revolution im Sinne einer totalen Umwälzung wahrnehmen.

Dies trug allerdings auch wesentlich dazu bei, die Republik im Urteil der Zeitgenossen zu diskreditieren und den Weg in die Restauration zu beschleunigen. Auch spätere Generationen schreckten zurück vor den Abgründen, die sich hier aufzutun schienen. Und so hat bislang die Diskussion über die Folgen der Englischen Revolution zu durchaus unterschiedlichen Ergebnisen geführt. Marxistische Historiker wie Christopher Hill betonen z. B. zu Recht, daß England nach 1660 sich grundlegend vom England des frühen 17. Jahrhunderts unterschied, vor allem, weil die Revolution günstige Rahmenbedingungen für die Entfaltung des Kapitalismus geschaffen habe. Andere, wie z. B. H. C. Schröder verweisen, ebenfalls mit Recht, darauf, daß die Revolution als kollektive negative historische Erfahrung nicht nur zum Abbruch von in der Revolution entwickelten Modernisierungsansätzen geführt habe, sondern generell zu einer Diskreditierung des Konzepts von Veränderung und Reform, die sich langfristig durchaus negativ für die englische Entwicklung ausgewirkt habe.

In jedem Falle jedoch dürfen die Folgen der Revolution für die englische Verfassungsentwicklung nicht übersehen werden. Auch wenn 1660 die Monarchie wiederhergestellt wurde, war jetzt die Position des Parlaments gegenüber der Krone entscheidend aufgewertet und als alte Spannungen neu aufbrachen, sollte die Revolution als Menetekel dienen und die Erinnerung an sie dazu beitragen, daß schließlich ein tragfähiger Verfassungskompromiß in der Glorreichen Revolution von 1688/89 ausgehandelt werden konnte. Nach wie vor steht die Englische Revolution am Anfang einer Entwicklung, die in die Etablierung eines parlamentarischen Systems mündete, welches England im Prozeß der politischen Modernisierung zum Vorreiter und Modell werden ließ.

Die Glorreiche Revolution 1688/89

von Eckhart Hellmuth

Chronik

1660–1685	Karl II., Restauration der Stuart-Monarchie
1679–1681	Exclusion Crisis, Streit um Änderung der Thronfolge führt zu wiederholter Auflösung des Parlaments, Entstehung des Gegensatzes zwischen Whigs und Tories
1685–1688	Jakob II.
4. 4. 1687	Erste Declaration of Indulgence, Aufhebung der gegen Katholiken und Dissenter gerichteten Gesetzgebung
27. 4. 1688	Zweite Declaration of Indulgence, Anglikanischer Klerus verweigert Verlesung von der Kanzel
10. 6. 1688	Geburt eines katholischen Thronerben
30. 6. 1688	«Einladungsbrief» von sieben engl. Magnaten an Wilhelm von Oranien, Anklage gegen sieben anglikanische Bischöfe
5. 11. 1688	Landung Wilhelms von Oranien in Torbay
18. 12. 1688	Einzug Wilhelms von Oranien in London
23. 12. 1688	Flucht Jakobs II. ins Exil nach Frankreich
22. 1. 1689	Zusammentritt des Konventionsparlaments in London
28. 1./6. 2. 1689	Konventionsparlament erklärt englischen Thron für vakant
13. 2. 1689	Parlament trägt Wilhelm und Maria die Krone an und überreicht die Declaration of Rights
März 1689	Landung Jakobs II. in Irland
14. 3. 1689	Zusammentritt des schottischen Konventionsparlaments
11. 4. 1689	Krönung Wilhelms III. und Maria II. in London, Verabschiedung des Claim of Right durch das schottische Konventionsparlament
24. 5. 1689	Toleration Act, weitgehende Kultus- und Religionsfreiheit für Dissenter
23. 10. 1689	Declaration of Rights erhält als Bill of Rights Gesetzeskraft
14. 6. 1690	Landung Wilhelms III. in Irland
1. 7. 1690	Sieg Wilhelms III. in der Schlacht an der Boyne über ein irisch-französisches Heer

3. 10. 1691 Frieden von Limerick beendet die militärischen Auseinandersetzungen

Am 4. und 5. November 1788 feierte man überall in Großbritannien, in der Stadt und auf dem Lande, auf Marktplätzen, in Wirtschaften und in Herrenhäusern. Das Militär marschierte auf, Musikkapellen spielten, Honoratioren und normale Sterbliche formierten sich zu Festzügen, Gebäude wurden illuminiert, auf öffentlichen und privaten Feiern erschallten Trinkspüche. Viele Menschen trugen an diesen Tagen orangefarbene Kokarden. Großbritannien zelebrierte ein Ereignis, das genau hundert Jahre zurücklag: Die Glorreiche Revolution. Daß so viele Zeitgenossen sich an diesen Feierlichkeiten beteiligten, hatte seinen guten Grund. Die Glorreiche Revolution galt im späten 18. Jahrhundert als die entscheidende Zäsur in der Verfassungsentwicklung des Landes; mit ihr hatte, so meinte man, die Geschichte Großbritanniens eine Wende zum Guten genommen. So einig man sich darin war, daß der Glorreichen Revolution aus diesem Grunde gedacht werden mußte, so unterschiedlich waren die Auffassungen darüber, wofür die Ereignisse von 1688/89 standen. Für etliche Radikale des ausgehenden 18. Jahrhunderts symbolisierten die Ereignisse von 1688/89 die libertäre Tradition des Landes; sie dienten ihnen als Quelle der Inspiration, wenn es darum ging, Reformen einzuklagen. Die Anwälte des politischen und sozialen status quo hingegen rekurrierten auf die Glorreiche Revolution, um die Vernünftigkeit des bestehenden Systems unter Beweis zu stellen und daraus den Anspruch der Krone auf Loyalität ihrer Untertanen abzuleiten. Daß die Glorreiche Revolution unterschiedlich «gelesen» wurde, war nichts Neues. Seit den zwanziger und dreißiger Jahren des 18. Jahrhunderts beanspruchten nahezu alle einflußreichen politischen Kräfte die Glorreiche Revolution für sich, wobei jedoch regelmäßig aktuelle politische Interessen die Deutung des Ereignisses von 1688/89 bestimmten. Ob man etwa die Glorreiche Revolution als Akt des Widerstandes oder als freiwilligen Verzicht des Monarchen auf seinen Thron begriff, ob man in ihr bloß die Wiederherstellung ursprünglicher Zustände sah oder aber sie im Sinne der Vertragslehre als fundamentalen Neuanfang definierte, war weniger das Ergebnis kritischer historischer Analyse, sondern richtete sich vorrangig nach Gesichtspunkten politischer Opportunität.

Man könnte nun meinen, daß in unserer Gegenwart mit ihrem «versachlichten» Wissenschaftsbetrieb solche Kontroversen um die Glorreiche Revolution der Vergangenheit angehören. Eher ist das Gegenteil der Fall. Zwar ist unter Historikern niemand mehr bereit, die Glorreiche Revolution als Epopöe des Kampfes zwischen Gut und Böse, zwischen Parlamentarismus und absoluter Monarchie zu deuten, wie dies die whigistische Geschichtsschule des 19. Jahrhunderts getan hatte; in dieser Einsicht erschöpft sich aber auch schon der Konsens. Auch gegenwärtig konfrontiert uns die Forschung mit höchst unterschiedlichen Interpretationen der Ereignisse von 1688/89, die häufig zudem in direktem Widerspruch zueinander stehen: die Glorreiche Revolution als Staatsstreich, als eine Art Konterrevolution, mit der die traditionale Elite ihre Machtposition zu behaupten suchte, als bourgeoise Revolution, mit der dem Kapitalismus die Bahn bereitet wurde, als zentraler Wendepunkt in der Verfassungeschichte oder als primär religiöser Konflikt. Dies sind nur einige der Deutungen, die Historiker anbieten.

Daß es bis in unsere Gegenwart hinein solche Kontroversen um die Glorreiche Revolution gibt, ist kein Zufall. Denn dieses Ereignis fügt sich nur schwer in das «klassische» Bild einer Revolution. Sieht man von den Ereignissen in Schottland und Irland ab, so fehlen viele Phänomene, die das Gesicht anderer Revolutionen prägen: der radikale Bruch mit der Vergangenheit, revolutionärer Enthusiasmus, die Helden der Revolution, der Umsturz der politischen Ordnung, der beschleunigte Wandel des Sozialsystems, die Massen als Akteure der Revolution, die großen, in die Zukunft weisenden politischen und gesellschaftlichen Entwürfe, Bürgerkrieg und Blutgericht. Gemessen an den Turbulenzen, die die britischen Inseln in den 40er und 50er Jahren des 17. Jahrhunderts erlebten, war die Glorreiche Revolution von 1688/89 ein «zahmes» Ereignis. Die Hauptakteure waren gekrönte Häupter, Aristokraten und Parlamentarier; die nur wenige Monate dauernde Revolution verlief – jedenfalls in England – weithin gewaltfrei; in dieser Zeit war das Wort wichtiger als das Schwert. In den sozialgeschichtlich orientierten Revolutionsanalysen von Crane Brinton über Chalmers Johnson bis hin zu Theda Skocpol spielt die Glorreiche Revolution denn auch keine Rolle. Und doch haben wir es bei der Glorreichen Revolution mit einem Ereignis zu tun, das wie kaum ein zweites die Zukunft des Landes bestimmen sollte.

I.

Wie andere Revolutionen, so hatte auch die Glorreiche Revolution ihre Vorgeschichte. Will man begreifen, warum es 1688/89 zur Krise kam, wird man das Jahr 1660 ins Visier nehmen müssen: Am 29. Mai 1660 zog Karl II. triumphal in London ein. Es war dies der spektakuläre Auftakt zur Restauration der Stuart-Monarchie. Vorangegangen war der Beschluß des sogenannten Konventionsparlamentes, das im Frühjahr 1660 gewählt worden war, zur monarchischen Verfassungsform zurückzukehren. Diese Entscheidung war Ausdruck des entschiedenen Pazifizierungswillens der politischen Elite des Landes, die während der vorangegangenen zwei Dekaden in feindliche Lager zerfallen war und nun nach den Wirren von Bürgerkrieg und Interregnum einen neuen *modus vivendi* zu finden suchte. Ohne Frage entsprach diese Wiederherstellung der Monarchie im Jahre 1660 einem weitverbreiteten Verlangen innerhalb der englischen Gesellschaft.

So ausgeprägt der Wunsch innerhalb der englischen Gesellschaft war, das Haus Stuart in der Person Karls II. in seine dynastischen Rechte wieder einzusetzen, so unklar war gleichzeitig, welcher Charakter dieser reetablierten Monarchie eigentümlich sein sollte. Bereits innerhalb des Konventionsparlamentes hatte es Auseinandersetzungen um die Frage gegeben, im Rahmen welches Verfassungsarrangements die Monarchie restauriert werden sollte. U. a. waren Vorstellungen ventiliert worden, die auf eine ernsthafte Limitierung monarchischer Gewalt hinausgelaufen wären. Gleichzeitig gab es aber auch Pläne, die auf eine Wiederherstellung der tendenziell absolutistischen Monarchie der 30er Jahre des 17. Jahrhunderts zielten. Schließlich einigte man sich darauf, zum Verfassungszustand von 1641 zurückzukehren. Damit war der Monarch in einer starken Position. Gleichzeitg mangelte es dem Verfassungsarrangement, wie es sich mit der Restauration durchbildete, jedoch an Eindeutigkeit. Es gab, wenn es um die Kompetenzen und Rechte der Krone ging, etliche Grauzonen. Deshalb ist es auch nicht verwunderlich, daß die intensive Debatte um Verfassungsfragen gleichsam zur Signatur einer politischen Kultur geworden ist, wie sie sich nach 1660 ausgebildet hat. Intensiv wurde etwa diskutiert, in welchem Maße der Monarch durch Gesetze in seinen Handlungsmöglichkeiten eingeschränkt werden konnte, ob er seine Souveränität mit dem Parlament teile oder aber absolut sei.

Von einem politischen Konsens war die Gesellschaft der Restauration also weit entfernt. Zur eigentlichen Hypothek sollte jedoch der Dissens in religiösen Fragen werden. Keineswegs ebbten die religiösen Konflikte nach 1660 ab. Der Streit um Glauben und Kirchenregiment schwappte aus der Zeit von Bürgerkrieg und Interregnum in die Restauration hinüber. Folglich blieb die Frage der Religion ein dominantes Thema der politischen Auseinandersetzung im England der Restauration. Mehr noch: Von Anfang an sah sich Karl II. in der religiösen Sphäre mit einem Konfliktszenarium konfrontiert, das die Krone vor kaum lösbare Probleme stellte. Zwar fand die Restauration des Hauses Stuart bis weit ins nichtanglikanische Lager hinein Zustimmung, gleichzeitig gingen allerdings die Vorstellungen über eine zukünftige Religionsverfassung unter Zeitgenossen weit auseinander. Presbyterianer, Separatisten und Anglikaner hegten in dieser Hinsicht höchst unterschiedliche Erwartungen: Presbyterianer, die eine entscheidende Rolle bei der Wiederherstellung der Monarchie gespielt hatten, hielten an dem Prinzip der Einheitskirche fest; allerdings sollte dies eine Einheitskirche sein, die der individuellen Glaubenspraxis einen vergleichsweise breiten Spielraum einzuräumen bereit war. Toleranz gegenüber denjenigen, die außerhalb dieser Einheitskirche bleiben wollten, lehnten die Presbyterianer jedoch ab. Die Anhänger der verschiedenen separatistischen Gruppen hofften hingegen darauf, daß Karl II. sein Toleranzversprechen, das er 1660 in der Erklärung von Breda gegeben hatte, einlösen würde. Anglikaner, insbesondere *High Anglicans*, drängten wiederum auf die Wiederherstellung der Staatskirche mitsamt ihres rigiden Bischofsregimentes, wie sie vor 1640 bestanden hatte. Dank des Einflusses, den traditional gesonnene Anglikaner sowohl im Konventionsparlament von 1660 wie auch im Kavalierparlament von 1661 hatten, setzten sich ihre Vorstellungen durch. Die Rückkehr zur Monarchie ging also mit der Rückkehr zur überkommenen Kirchenordnung auf der Basis der 39 Artikel von 1563 und des *Book of Common Prayer* einher. In der logischen Konsequenz dieser Entwicklung lag die Verfolgung derjenigen, die sich nicht zur anglikanischen Staatskirche bekennen wollten. Mit einer Reihe von gesetzgeberischen Maßahmen, deren Kernstück der sogenannte *Clarendon Code* war, wurde die Diskriminierung der *Dissenter* festgeschrieben. Folglich gab es ein Kontinuum religiöser Konflikte, das vom frühen 17. Jahrhundert über die Revolutionsepoche in die Restauration reichte. Allerdings verliefen die Konfliktlinien in dieser Auseinandersetzung um Glauben und Kirchenverfassung nicht in schlichter Weise zwischen Anglikanern einerseits und *Dissentern* andererseits. Vielmehr formierten sich in der Restauration zwei Lager, die darüber stritten, ob dem Nonkonformismus Toleranz gewährt oder verweigert werden sollte.

Diese äußerst fragile Restaurationsordnung, wie sie sich nach 1660 ausgebildet hatte, wurde erstmalig in der sogenannten *Exclusion Crisis* (1679–1681) erschüttert. Im Herbst 1678 enthüllte Titus Oates, ein obskurer Geistlicher, daß 20 000 Katholiken zum Aufstand bereit stünden. Oates behauptete, man beabsichtige, den Monarchen und 100 000 Protestanten zu ermorden und London in Flammen aufgehen zu lassen. So abstrus diese Geschichte vom *Popish Plot* war, sie stieß in einer Gesellschaft voller antikatholischer Ressentiments auf offene Ohren. Sie verlieh vor allem auch der Frage, wer Karl II. auf dem Thron nachfolgen sollte, neue Aktualität. Seit den frühen siebziger Jahren bekannte sich der Herzog von York – der Bruder des Monarchen und legitime Thronfolger – offen zum Katholizismus. Das Gerücht von der bevorstehenden Ermordung Karls II. weckte also zwangsläufig die Horrorvision, daß in naher Zukunft ein katholischer Monarch das protestantische England regieren werde. Die Reaktion erfolgte prompt. Mit bebilderten Drucken, Holzschnitten, Flugblättern, Balladen, Pamphleten, Zeitungen, Almanachen und Büchern wurden antikatholische Ressentiments genährt, Ängste vor einer zukünftigen absolutistisch verfaßten Monarchie wachgerufen und die überkommenen englischen Freiheiten beschworen. Es kam zu öffentlichen Tumulten. Geistliche mischten sich mit ihren Predigten in die zeitgenössische Debatte ein. Mit sogenannten *instructions* versuchte man, die Mitglieder des Parlamentes in die Pflicht zu nehmen, Schauspiele, die in Theatern und auf Jahrmärkten aufgeführt wurden, gingen auf die aktuellen Ereignisse ein, mit Petitionen, deren spektakulärste die von 16 000 Einwohnern Londons, Westminsters und Southwarks unterzeichnete *Monster Petition* vom Januar 1680 war, artikulierten Untertanen der Krone ihren politischen Willen, und es fanden die spektakulären *Pope-burning processions* statt, die nach einem festgefügten Schema abliefen und bis zu 200 000 Zuschauer anzogen. Im Parlament wurden ernsthafte Anstrengungen unternommen, Jakob, Herzog von York, durch Gesetz von der Thronfolge auszuschließen. Nachdem das 1661 gewählte Kavalierparlament 1679 aufgelöst worden war, berief Karl II. in rascher Folge drei weitere Parlamente ein. In ihnen unternahmen die sogenannten *Exclusionists* vehemente Anstrengungen, um die protestantische Thronfolge sicherzustellen.

Die *Exclusion Crisis* verdient nun nicht nur Erwähnung, weil sie die erste ernsthafte Erschütterung des Restaurations-Regimes darstellt, sie hatte noch in anderer Hinsicht ihre Bedeutung: In dieser Phase stand die parlamentarische Auseinandersetzung erstmalig im Banne des *Whig-Tory*-Schemas. Konstitutiv für den Gegensatz zwischen *Whigs* und *Tories* waren unterschiedliche verfassungspolitische Vorstellungen. Allerdings war dieser verfassungspolitische Gegensatz nicht so eindeutig, wie man meinen könnte. Natürlich gab es auf beiden Seiten Anhänger «radikaler» Lösungen, will heißen: einzelne *Whigs* traten konsequent für die Suprematie des Parlamentes ein, und einzelne *Tories* plädierten für eine nahezu unlimitierte Gewalt des Monarchen. Gleichzeitig gab es aber zwischen den moderaten Vertretern beider Lager durchaus auch verfassungspolitische Gemeinsamkeiten, so etwa die Tabuisierung von *popery* und *arbitrary government*. Was *Whigs* und *Tories* denn auch vor allem trennte, war die religiöse Frage. *Whigs* machten sich zum Anwalt der *Dissenter* und wandten sich gegen die Politik der Intoleranz, wie sie von Teilen des anglikanischen Establishments kultiviert wurde. *Tories* hingegen verstanden sich als Verteidiger der anglikanischen Staatskirche, wie sie mit der Restauration reetabliert worden war; sie waren entschiedene Gegner des Nonkonformismus, in ihren Augen ging die eigentliche Bedrohung für Staat und Kirche von den *Whigs* und ihren nonkonformistischen Bundesgenossen aus, weit weniger sorgten sie sich darum, daß als Nachfolger Karls II. ein Katholik den englischen Thron besteigen würde.

Obwohl die Krone während der *Exclusion Crisis* zeitweise unter beträchtlichen Druck geriet, ging sie gestärkt aus dieser Krise hervor. Denn zwischen 1678/79 und 1681 wandelte sich das Meinungsklima im Lande; nicht zuletzt dank einer brillant geführten Propagandakampagne der *Tories* gerieten die Exclusionists in die Defensive. Hinzu kam, daß Karl II. eine Politik betrieb, mit der die *Whigs* und ihre nonkonformistischen Bündnispartner zunehmend marginalisiert wurden: Nach dem Scheitern des gegen die Person des Königs und seines Bruders gerichtete *Rye House Plot* im Jahre 1682 starben führende Figuren der *Whigs* auf dem Schafott, andere gingen in die Niederlande ins Exil. Zudem berief Karl II., der das 1681 in Oxford tagende Parlament aufgelöst hatte, keine weitere parlamentarische Versammlung mehr ein. Damit fehlte den *Whigs* ein zentrales Forum für ihre Oppositionspolitik. Zu den Repressionsmaßnahmen, die Karl II. in seinen letzten Lebensjahren ergriff, gehörte auch die strikte Anwendung der gegen die *Dissenter* gerichteten Gesetzgebung. Aufgrund dieser politischen Rahmenbedingungen bestieg Jakob II. im Jahre 1685 den englischen Thron in einer Position der Stärke.

II.

Wie konnte es nun dazu kommen, daß Jakob II., obwohl es Karl II. zu Ende seiner Regierungszeit gelungen war, alle Opposition zu brechen, seinen Thron innerhalb von drei Jahren verspielte? Die Antwort auf diese Frage muß vorrangig in der katastrophalen Politik des neuen Monarchen gesucht werden. Jakob II. war letztlich der komplizierten religions- und verfassungspolitischen Lage nicht gewachsen. Dabei hatte er zunächst mit einigem Erfolg versucht, die von seinem Bruder begonnene Konsolidierung des Stuart-Regimes fortzusetzen. Anfang Juli gelang es ihm, die von dem Herzog von Monmouth – einem illegitimen Sohn Karls II. – angeführte Rebellion, die einige Landstriche im Südwesten des Königreiches ergriff, rasch niederzuschlagen. Zudem griff er in die überkommenen Verfassungen der Kommunen ein, um deren Verwaltung unter seine Kontrolle zu bringen und zukünftige Parlamentswahlen beeinflussen zu können. Unter diesen Umständen war es nicht erstaunlich, daß das im Frühjahr gewählte Parlament eine eindeutige Mehrheit königs- und kirchentreuer *Tories* aufwies. Aber bereits im Herbst 1685 hatte er seinen Kredit bei dieser Parlamentsmehrheit weithin eingebüßt. Denn Jakob II. ergriff ein ganzes Bündel von Maßnahmen, die zur Entfremdung zwischen dem Monarchen und seinen natürlichen Bundesgenossen führten. Dazu zählte u. a. der Ausbau des stehenden Heeres, die Durchsetzung der Führungskader dieses Militärapparates mit Katholiken sowie die den

Test Acts von 1673 und 1678 widersprechende Zulassung von Katholiken zu Hof- und Staatsämtern.

Auf diese zunehmende Entfremdung zwischen königstreuen, dem System der anglikanischen Staatskirche verpflichteten *Tories* und der Krone reagierte Jakob II. mit einer Politik, die diesen Prozeß noch weiter vorantrieb. Er versuchte die *Dissenter*, also die nicht-anglikanischen Protestanten als Bündnispartner zu gewinnen. Im Frühjahr 1687 erließ Jakob II. eine sogenannte *Declaration of Indulgence*, mit der die gegen *Dissenter* und Katholiken gerichtete Gesetzgebung sowie die Test Acts von 1673 und 1678 außer Kraft gesetzt werden sollten. Dies war nicht nur eine höchst unpopuläre Maßnahme, vor allem war auch umstritten, ob sich der Monarch überhaupt in dieser Form über die Gesetzgebung des Parlamentes hinwegsetzen konnte. Durch diese aggressive Politik Jakobs II. brach die Allianz zwischen traditionaler Führungsschicht und der Krone, die dem Regime bisher Halt gegeben hatte, endgültig auseinander.

Wie nachhaltig dieses Verhältnis gestört war, wurde im Frühjahr 1688 deutlich. Jakob II. verfügte, daß alle anglikanischen Geistlichen am 27. April eine zweite Toleranzerklärung zugunsten von Katholiken und *Dissentern* von ihren Kanzeln verlesen sollten. Fast der gesamte anglikanische Klerus ignorierte diese Anordnung. Mehr noch: Sieben Bischöfe, an ihrer Spitze William Sancroft, der Erzbischof von Canterbury, protestierten gegen die Kirchenpolitik ihres Monarchen. Daraufhin machte ihnen Jakob II. wegen Aufruhr und Verleumdung den Prozeß. Dieser Prozeß endete mit einem Desaster für den Monarchen. Das Gericht weigerte sich, die sieben hochrangigen anglikanischen Geistlichen zu verurteilen, und sprach sie frei. Die sich anschließenden tumultarischen Freudenkundgebungen der Londoner Bevölkerung machten aller Welt deutlich, daß es um die Autorität Jakobs II. nicht zum Besten stand. Das Parodoxe an dieser Situation war, daß es vor allem *Tories* und der Staatskirche treu ergebene Anglikaner waren, die diesen Vertrauenverlust bewirkt hatten.

Die Krise erreichte einen Kulminationspunkt, als am 10. Juni 1688 die Geburt eines männlichen Thronerben verkündet wurde, der auf den Namen James Francis Edward getauft wurde. Da Jakob II. in zweiter Ehe mit der katholischen Maria von Modena verheiratet war, sah sich die Nation nun mit einem Thronerben konfrontiert, der nicht der anglikanischen Staatskirche angehörte. Sofort begannen Gerüchte zu zirkulieren, daß es sich bei diesem Kind nicht um den leiblichen Sohn des schon gealterten Königs handelte, sondern um einen von den Jesuiten der Mutter untergeschobenen Säugling. In dieser Situation wandten sich am 30. Juni 1688 sieben englische Magnaten – *Whigs* wie *Tories* – mit einem «Einladungsbrief» an Wilhelm von Oranien, den Statthalter der Vereinigten Niederlande. Dieses Dokument enthielt einige der zentralen Gravamina der politischen Elite Englands. Wichtig war aber vor allem etwa anderes: Wilhelm von Oranien wurde in diesem «Einladungsbrief» zur Intervention aufgefordert, um Jakob II. zu einer Revision seiner Politik zu zwingen.

Daß man sich im Sommer an Wilhelm von Oranien wandte, hatte seinen guten Grund. Wilhelm war der Gemahl Marias, der ältesten Tochter Jakobs II. Maria entstammte der ersten Ehe ihres Vaters mit Anne Hyde und war bis zur Geburt James Francis Edward Stuarts die Thronprätendentin gewesen. Maria wie Wilhelm waren überzeugte Protestanten. Die Beziehungen Wilhelm von Oraniens zum Hause Stuart hatten aber noch eine andere Dimension: Aufgrund der Herkunft seiner Mutter war Wilhelm ein Enkel Karls I., der 1649 in den Wirren der «puritanischen» Revolution hingerichtet worden war, und Neffe seines Schwiegervaters. Zwar erwuchs aus diesen engen familiären Beziehungen zum Hause Stuart kein Anspruch auf den englischen Thron, sie garantierten aber doch intime Vertrautheit mit den Verhältnissen am Hofe von Whitehall und mit der Politik in Westminster. Wilhelm traf der «Einladungsbrief» der Magnaten daher auch nicht unvorbereitet. Er selbst hatte die Situation auf der Insel mit größtem Interesse verfolgt. Die Ereignisse des Sommers hatten Wilhelm von Oranien, der der Hauptopponent Ludwigs XIV. im Ringen der europäischen Mächte im ausgehenden 17. Jahrhundert war, in höchstem Maße alarmiert. In der Tat warf die Geburt eines männlichen, zudem katholischen Thronfolgers alle langfristigen Kalkulationen Wilhelms über den Haufen. Denn bis zum Sommer 1688 konnte er davon ausgehen, daß seine Gemahlin Maria ihrem Vater Jakob II. auf dem englischen Thron nachfolgen würde. Dies hätte Wilhelm von Oranien zu einer Art Mitregenten gemacht und ihm die Möglichkeit eröffnet, die englische Militär- und Außenpolitik für seine eigenen Ziele zu instrumentalisieren. So aber waren die Karten neu gemischt worden. Es drohte nun die Gefahr, daß sich in England auf Dauer eine katholische Dynastie etablieren würde. Mit solch einer Entwicklung hätten sich wiederum die Gewichte innerhalb des europäischen Mächtesystems zugunsten des katholisch-absolutistischen Frankreich verschoben.

Vor diesem Hintergrund entschloß sich Wilhelm von Oranien zur Intervention. Im Sommer 1688 begann er in den Niederlanden Truppen zusammenzuziehen. Die Stärke dieses Truppenkontingents dürfte 14 000 bis 15 000 Mann betragen haben. Hinzu kam eine Landungsflotte von etwa 400 Schiffen. Außerdem machte er sich daran, seinen Vorstoß nach England propagandistisch vorzubereiten. Am 20. September 1688 veröffentlichte er in Den Haag eine Proklamation, mit der er seine Intervention ankündigte. In diesem Dokument präsentierte sich Wilhelm von Oranien als Anwalt eines protestantischen England, der traditionalen englischen Freiheiten und des überkommenen Rechtssystems. Als politisches Ziel seiner Intervention definierte er die Einberufung eines aus freien Wahlen hervorgegangenen Parlamentes. Nachdem ein erster Versuch, nach England überzusetzen, aufgrund der schlechten Witterungsbedingungen Mitte Oktober gescheitert war, gelang es Wilhelm am 5. November 1688 mit einem Expeditionskorps in Torbay zu landen. Obwohl Jakob II. eine zahlenmäßig überlegene Streitmacht zur Verfügung stand, wich er dem militärischen Schlagabtausch mit seinem Schwiegersohn aus. Daraufhin wechselten etliche Militärs, die bisher auf seiten Jakobs II. gestanden hatten, die Fronten. Anfang Dezember kam es in einzelnen Landesteilen zu Erhebungen gegen den Monarchen.

Mit politischen Kurskorrekturen suchte Jakob II. nun seine Opponenten zu beschwichtigen. Er nahm eine Reihe von Maßnahmen zurück, die sich gegen *Tories* und Anglikaner gerichtet hatten. Diese Konzessionen kamen aber zu spät und waren in ihrer Zweckgebundenheit zu durchsichtig, um noch irgendeinen Erfolg zu haben. Der politische Zickzackkurs, den Jakob II. in diesen Wochen steuerte, führte schließlich zur Paralyse seines Regimes. Es folgte die panische Flucht des Monarchen am 11. Dezember 1688. Bevor er jedoch Frankreich erreichen konnte, wurde er an der englischen Küste gefaßt und nach London zurückeskortiert. Am 16. Dezember kehrte Jakob II. noch einmal für kurze Zeit in seine Hauptstadt zurück. Dabei wurde er von einem Teil der Londoner Bevölkerung enthusiastisch begrüßt.

Während der Abwesenheit des Monarchen hatte in London zeitweise das totale Chaos geherrscht. Recht und Ordnung brachen zusammen. Der Mob wütete in den Straßen Londons, insbesondere Katholiken hatten ihn zu fürchten. Eine Armee, die hätte für Ordnung sorgen können, gab es nicht mehr. Denn Jakob II. hatte vor dem Verlassen Londons ihre Auflösung verfügt. Die demobilisierten Soldaten trugen zu den anarchischen Zuständen in London bei. Mitglieder des Oberhauses, der Bischof und der *Lord Mayor* von London versuchten Ordnung in dieses Chaos zu bringen. Schließlich war es der *Lord Mayor* von London, der Wilhelm aufforderte, die Hauptstadt zu besetzen. Am 18. Dezember 1688 zog Wilhelm von Oranien in London ein. Er nahm von der Stadt Besitz, in der er vier Monate später zum König von England gekrönt werden sollte. Zuvor hatte er Jakob II. aufgefordert, London unter der Begleitung niederländischer Truppen zu verlassen. Jakob II. stand von nun an gleichsam unter Hausarrest. Am 23. Dezember 1688 gelang es ihm jedoch, sich in Rochester, wohin er verbracht worden war, seinen Bewachern zu entziehen und nach Frankreich zu fliehen. Dies geschah mit stillschweigender Billigung Wilhelms. Damit endete die «heiße» Phase der Glorreichen Revolution.

Selbst in dieser «heißen» Phase war es kaum zu militärischen Aktionen gekommen, und Protest, Unruhe und Gewalt waren – sieht man von den Tumulten in London ab – marginale Phänomene geblieben. Einige Historiker haben folglich dafür plädiert, die Ereignisse des Jahres 1688/89 als Staatsstreich zu bezeichnen. Diese Kategorisierung greift aber zu kurz. Denn in den Monaten, die dem Einzug Wilhelms in London folgten, wurde die englische Verfassung und mit ihr die englische Monarchie auf ein neue Grundlage gestellt. Insofern kann man in diesem Zusammenhang in der Tat von einer «Revolution» sprechen.

III.

Die zweite Phase dieser Revolution, die Ende Dezember begann und die keine Gewalt mehr sah, war von politischen Manövern gekennzeichnet. Wilhelm von Oranien erwies sich dabei als Meister politischer Taktik, der mit Geduld, Umsicht und Hartnäckigkeit sein Ziel verfolgte, den englischen Thron zu besteigen. Nach der Flucht Jakobs II. am 23. Dezember 1688, die innerhalb der politischen Elite des Königreiches mit einer gewissen Erleichterung aufgenommen wurde, war England eine Monarchie ohne Monarch. In dieser Situation ergriff Wilhelm die Initiative. Schon am 20. Dezember, also drei Tage vor der Flucht Jakobs II., rief er die Mitglieder des Oberhauses, die sich zu diesem Zeitpunkt in London aufhielten, zusammen. In ihre Hände legte er gleichsam das Schicksal des Königreiches. Nach intensiven Beratungen forderten diese Mitglieder des Oberhauses Wilhelm von Oranien am 24. Dezember auf, die Regierungsgeschäfte zu übernehmen und Wahlen für ein Parlament auszuschreiben, das den Weg aus dieser Verfassungskrise weisen sollte. Wilhelm zögerte jedoch, diesem Wunsch zu entsprechen. Er tat dies nicht aus Rücksichtnahme auf seinen unterdessen ins Exil gegangenen Schwiegervater, sondern weil er sich bewußt war, daß er für diesen «revolutionären» Schritt mehr als das Mandat einiger Magnaten des Landes brauchte. Erst als Mitglieder des Unterhauses, die im letzten Parlament Karls II. gesessen hatten, und das politische Establishment Londons sich dem Wunsche der Mitglieder des Oberhauses anschlossen, stimmte er zu. Am 28. Dezember schrieb Wilhelm von Oranien Wahlen aus, aus denen dann das sogenannte Konventionsparlament hervorgehen sollte.

Das Konventionsparlament trat zum erstenmal am 22. Januar 1689 zusammen. Unter- und Oberhaus sahen sich in dieser in der Geschichte der englischen Monarchie singulären Situation mit der Frage konfrontiert, wem der englische Thron legitimerweise zustehe. Beide Häuser des Konventionsparlamentes konnten sich relativ rasch darüber verständigen, daß der im Sommer 1688 geborene James Francis Edward Stuart von der Thronfolge ausgeschlossen werden sollte. Dabei war für das Konventionsparlament die Frage, ob es sich dabei tatsächlich um den leiblichen Sohn Jakobs II. und Marias von Modena handelte, von sekundärer Bedeutung. Entscheidend war vielmehr, daß James Francis Edward Stuart katholisch war. Das Konventionsparlament traf den weitreichenden Entschluß, daß in Zukunft kein Katholik den englischen Thron innehaben durfte. Am 29. Januar verabschiedete das Unterhaus eine Resolution, in der es u. a. hieß: «That it hath been found, by experience, to be inconsistent with the safety and the welfare of this protestant kingdom to be governed by a popish prince.» Das Oberhaus stimmte dieser Formulierung zu. Mit dieser radikalen Entscheidung war aber nun noch keineswegs die Frage geklärt, wer Jakob II. auf dem englischen Thron nachfolgen sollte. Sollte dies Maria, die protestantische Tochter Jakobs II. aus erster Ehe, allein sein, oder sollte sie gemeinsam mit ihrem Ehegemahl Wilhelm von Oranien den Thron besteigen. Der Versuch, dieses Problem zu lösen, führte in beiden Häusern des Parlamentes zu Debatten, die fundamentale Probleme der englischen Verfassung betrafen. Oberhaus und Unterhaus, *Whigs* und *Tories* standen miteinander im Dialog bzw. im Konflikt, um zu einem neuen Verfassungsarrangement zu finden.

Dabei waren die Verhältnisse im Unterhaus einfacher als im Oberhaus. Hier überwog der Gedanke des Konsensus. Niemand fand mehr ein gutes Wort für Jakob II. Am 28. Januar 1689 verabschiedete das Unterhaus eine Resolution, in der der verfassungspolitische Zustand nach der Flucht Jakobs II. auf folgende Weise beschrieben wurde: «That king James the second, having endeavoured to subvert the constitution of the kingdom, by breaking the original contract, between king and people, and by the advice of Jesuits and other wicked persons having violated the fundamental laws, and having withdrawn himself out of this kingdom, has abdicated the government, and that the throne is thereby vacant.» Diese Resolution, die zu den Schlüsseldokumenten der Glorreichen Revolution zählt, war so abgefaßt worden, daß sich sowohl *Whigs* wie auch *Tories* mit ihrem jeweiligen Verfassungsverständnis in ihr wiederfinden konnten. Denn der komplizierte Text offerierte zwei Lesarten der Geschehnisse der letzten Monate: Für *Tories*, die der Idee des aktiven Widerstandes gegen einen legitimen Monarchen mit größter Reserve gegenüberstanden, hatte Jakob II. freiwillig abgedankt («has abdicated the government, and that the throne is thereby vacant»). Er war also nicht mit Gewalt um seinen Thron gebracht worden. Für *Whigs*, die von der Annahme ausgingen, daß die englische Monarchie im Sinne Lockes auf einem Kontrakt zwischen König und Volk basiere, hatte sich Jakob II. eines Vertragsbruchs schuldig gemacht und damit das Recht auf den englischen Thron verwirkt («That king James the second, having endeavoured to subvert the constitution of the kingdom, by breaking the original contract, between king and people»).

Diese Resolution des Unterhauses wurde zur Beratung an das Oberhaus weitergeleitet. In der ersten Kammer, in der bittere Zwietracht herrschte, stieß das Dokument auf Ablehnung. So drängte eine Mehrheit der Bischöfe und *Peers* darauf, das Wort «abdicated» durch das Wort «deserted» zu ersetzen. Was auf den ersten Blick wie eine Marginalie aussah, war es mitnichten. Dieser Änderungsvorschlag hatte – und dies war den Mitgliedern des Oberhauses zutiefst bewußt – gravierende verfassungspolitische Konsequenzen: Das Wort «abdicated» implizierte, daß Jakob II. freiwillig und endgültig auf den englischen Thron verzichtet hatte; das Wort «deserted» ließ hingegen die Deutung zu, daß sich der geflohene Monarch nur temporär seinen Pflichten entzogen hatte. Diese Version wurde aus naheliegenden Gründen vor allem von den unter den *Tories* zu findenden «Loyalisten» favorisiert, die im Stillen auf eine Rückkehr Jakobs II. hofften. Aber auch diejenigen standen dahinter, die, um das Legitimitätsprinzip zu wahren, für eine Regentschaft eintraten. – Dies war nun nicht der einzige Änderungsvorschlag, der im Oberhaus diskutiert wurde und eine Mehrheit fand. Zusätzlich votierte man dafür, die Formel «the throne is hereby vacant» zu eliminieren. Damit sollte – und hierin lag die Brisanz dieser Korrektur – die Nachfolgefrage präjudiziert werden: Gab es – wie die Streichung signalisierte – keine Vakanz auf dem englischen Thron, konnte Wilhelm von Oranien auch nicht zum Monarchen «gewählt» werden. Vielmehr mußte man dann der Logik des dynastischen Prinzips folgen, und dies bedeutete, daß allein seine Gemahlin Maria zur Thronfolge berechtigt war. Die Rolle Wilhelms hätte sich bei solch einer Lösung auf die Rolle des Prinzgemahls beschränkt. Genau dieses war die Intention eines beträchtlichen Teils der Mitglieder des Oberhauses.

Wilhelm von Oranien hatte die Verhandlungen des Oberhauses sorgfältig beobachtet, und ihm war zutiefst bewußt, worauf Bischöfe und *Peers* mit ihren Versuchen, die Deklaration des Unterhauses zu modifizieren, zielten. In dieser für ihn höchst kritischen Situation rief er führende Politiker des Oberhauses zu sich und drohte ihnen mit seiner Rückkehr in die Niederlande für den Fall, daß ihm nicht gemeinsam mit seiner Gemahlin Maria die englische Krone angeboten würde. Dies war selbst für diejenigen Mitglieder des Oberhauses, die eine andere Lösung favorisierten, ein Szenarium, das Ängste weckte. Denn das politische Vakuum, das nach solch einem Rückzug Wilhelms von Oranien entstanden wäre, hätte die Möglichkeit eines neuen Bürgerkrieges heraufbeschworen. Für eine politische Elite, auf der noch das Trauma einer nur wenige Dekaden zurückliegenden Revolution lastete, war dies eine wenig attraktive Perspektive. Am 6. Februar 1689 stimmte auch das Oberhaus der Resolution des Unterhauses zu und erklärte damit den Thron für vakant. Für solch einen Schritt fand sich unter Bischöfen und *Peers* nicht zuletzt deswegen eine Mehrheit, weil Maria die von ihrem Gemahl geforderte Lösung entschieden befürwortete. Damit war für Wilhelm von Oranien und Maria der Weg auf den englischen Thron frei.

Am 13. Februar 1689 trug das Konventionsparlament im *Banqueting House* Wilhelm von Oranien und Maria offiziell die Krone an. Zuvor war Einverständnis darüber erzielt worden, daß die Regierungsgeschäfte von Wilhelm allein wahrgenommen werden sollten. Mit dieser Zeremonie wurde in gewisser Weise sinnfällig gemacht, daß die Inhaber des englischen Throns Geschöpfe des Konventionsparlamentes waren. Auch wenn man sich innerhalb der politischen Elite des Landes bemühte, das ungewöhnliche Ereignis mit einem traditionalen Verfassungsvokabular zu rechtfertigen, war die englische Monarchie an diesem Tage de facto zur Wahlmonarchie degeneriert. Erbrecht und Gottesgnadentum galten nicht mehr. Unter den revolutionären Umständen des Jahres 1688/89 wurden die Koordinaten der englischen Verfassung neu bestimmt. Eine wesentliche Rolle spielte dabei die *Declaration of Rights*, die Wilhelm und Maria an eben diesem 13. Februar überreicht wurde.

Was hatte es nun mit dieser *Declaration of Rights* auf sich, die ähnlich wie die *Magna Charta* zu den Mythen der englischen Verfassungsgeschichte zählt? Die *Declaration of Rights* war der Versuch, in der Krise des Jahres 1688/89 die Grenzen monarchischer Gewalt zu bestimmen. Oder um die Perspektive zu wechseln: Vor dem Hintergrund der «Verfassungsbrüche» Jakobs II. schien es dem Konventionsparlament geboten, katalogartig die Rechte von Parlament und Untertanen der englischen Krone zu fixieren. Die Initiative ging dabei vom Unterhaus aus, das dem Oberhaus die sogenannten *Heads of Grievances* präsentierte. Gegen diese *Heads of Grievances*, die bereits im Unterhaus einer ersten Revision unterzogen worden waren, regte sich Widerstand bei Bischöfen, *Peers*, aber auch bei Wilhelm von Oranien. Erst nachdem dieses Dokument weiter entschärft worden war, wurde es in der Form der *Declaration of Rights* von den beteiligen Parteien akzeptiert. Ohne Frage trug die *Declaration of Rights* Züge eines Kompromisses; dies bedeutete jedoch nicht, daß man hier lediglich der Tradition Respekt zollte. Denn keineswegs enthielt die *Declaration of Rights* lediglich überkommenes Rechtsgut, wie dies ihre zeitgenössischen Anwälte behaupteten. Der sorgfältige Vergleich der Regelungen von 1689 mit dem vorangehenden Rechts- und Verfassungszustand ergibt ein sehr viel differenzierteres Bild.

Zweifellos entsprach ein Teil der in der *Declaration of Rights* getroffenen Regelungen überkommenem Recht: so das Verbot, ohne gesetzliche Ermächtigungen durch das Parlament Steuern zu erheben; die Petitionsfreiheit gegenüber der Krone; das zur Aufrechterhaltung des Milizsystems notwendige Recht der protestantischen Untertanen, Waffen zu tragen; das Recht auf freie Wahl des Parlamentes; das Verbot von exzessiven Geldbußen und von grausamen beziehungsweise unangemessenen Strafen. Dem standen eine ganze Reihe von Regelungen gegenüber, die in dieser Form neu waren: die Illegalisierung königlicher Ausnahmegesetze (Beseitigung der königlichen Suspendierungs- und Dispensationsgewalt); das Verbot, ein stehendes Heer in Friedenszeiten ohne Zustimmung des Parlamentes zu unterhalten; die Forderung nach rechtsförmiger Auswahl der Geschworenen in Strafprozessen; die Forderung nach *frequent parliaments*. Mit diesen Bestimmungen wurden lange schwelende Streitfragen zwischen Krone und Parlament definitiv gelöst, und zwar zu einem guten Teil im Sinne «liberaler» Prinzipien: Indem man die Krone zur Respektierung der vom Parlament erlassenen Gesetze verpflichtete, ihr die Steuerhoheit versagte und ihre militärische Autorität einschränkte, ging sie eines Teils ihrer Souveränität verlustig. Damit einher ging die Stärkung der Rolle des Parlamentes: durch das Recht auf freie Wahl, das Recht auf freie Debatte und die Forderung nach *frequent parliaments*. Und schließlich gab es mit der Petitionsfreiheit sowie den Regelungen, die die Justiz betrafen, einen Komplex, der die Freiheiten des Individuums stärkte.

Wilhelm war sehr wohl bewußt, daß in Hinblick auf Genese und Inhalt der *Declaration of Rights* der Eindruck entstehen konnte, die englische Monarchie sei nun zu einer Art eingeschränkter Monarchie geworden. Dieser Sicht der Dinge suchte er entgegenzuwirken. Als das Konventionsparlament ihm und seiner Gemahlin Maria am 13. Februar 1689 im *Banqueting House* den englischen Thron antrug und die *Declaration of Rights* überreichte, setzte er in der Ansprache, mit der er auf diesen Akt reagierte, den Akzent auf die Integrität monarchischer Gewalt. Er erklärte zunächst seine Bereitschaft, gemeinsam mit seiner Gemahlin die Krone zu akzeptieren, bevor er versprach, Religion und Freiheiten seiner Untertanen zu schützen. Mit dieser Reihenfolge wollte er signalisieren, daß die Annahme der Krone der Anerkennung der *Declaration of Rights* vorangegangen sei, daß letzteres folglich auch nicht als die Bedingung für die Thronerhebung angesehen werden konnte. Diese Kasuistik konnte jedoch nicht darüber hinwegtäuschen, daß mit der *Declaration of Rights* den absolutistischen Tendenzen, wie sie sich unter Karl II. und Jakob II. geltend gemacht hatten, ein Riegel vorgeschoben worden war.

Mit der Glorreichen Revolution war die englische Monarchie in der Tat auf dem Wege, einen anderen Charakter anzunehmen. Auf eindrucksvolle Weise wurde dies sinnfällig, als am 11. April 1689 Wilhelm von Oranien und seine Gemahlin Maria zum König und zur Königin Englands gekrönt wurden. Zum erstenmal in der Geschichte der englischen Monarchie nahmen die Mitglieder des House of Commons einen prominenten Platz in der Krönungskirche ein. Von ihrer Tribüne aus konnten sie gleichsam «überwachen», wie Wilhelm III. und Maria II. jenen neuen Eid leisteten, der aus den Verhandlungen zwischen dem Parlament und den beiden zukünftigen Souveränen hervorgegangen war. Hatte die bis dahin gängige Eidesformel den jeweiligen Monarchen lediglich verpflichtet, die von ihm selbst erlassenen Gesetze zu respektieren, so banden sich Wilhelm III. und Maria II. nun an den legislatorischen Willen des Parlamentes. Mit der neuen Eidesformel versprachen die beiden Monarchen «to govern the people of this kingdom of England ... according to the statutes in parliament agreed on, and the laws and customs of the same.» So wurden die Mitglieder des Unterhauses Zeugen der Geburt eines Verfassungsarrangements, bei dem sich die Gewichte zugunsten des Parlamentes zu verschieben begannen und das langfristig in die Richtung einer «konstitutionellen» Monarchie wirken sollte.

IV.

Würde man die Darstellung der Glorreichen Revolution hier beenden, so bliebe ein wesentlicher Aspekt dieses für die britische Geschichte der Frühmoderne zentralen Ereignisses unerwähnt. Denn die Glorreiche Revolution war keineswegs nur eine innerenglische Angelegenheit, vielmehr hatte sie auch fundamentale Auswirkungen auf die Verhältnisse in Schottland und Irland. Man kann sogar argumentieren, daß hier die Folgen weitreichender waren. Wie in England selbst so hatte auch in Schottland der revolutionäre Prozeß ein Konventionsparlament hervorgebracht, das am 14. März 1689 zum erstenmal zusammentrat. Da sich die schottischen Anhänger des Hauses Stuart, die sogenannten Jakobiten, schon bald aus diesem Konventionsparlament zurückzogen, hatten die *Whigs* freie Bahn. Am 4. April erklärte das schottische Konventionsparlament, daß Jakob II. seinen Thron verwirkt hatte. Am 11. April folgte dann die Verabschiedung des *Claim of Right*, des Schlüsseldokumentes der Revolution in Schottland. Es enthielt neben einer Auflistung der «tyrannischen» Maßnahmen Jabobs II. Verfassungsgrundsätze, die auf die Etablierung einer eingeschränkten Monarchie zielten und das Parlament als Organ aus eigener Souveränität definierten. Dieser *Claim of Right* wurde zusammen mit den *Articles of Grievances*, die weitere Gravamina enthielten, Wilhelm und Maria am 11. Mai 1689 übergeben, bevor man dem Monarchenpaar die Krone Schottlands offerierte. Schließlich kam es zur Umgestaltung der Kirchenverfassung; alle Bischöfe verloren ihre Ämter, und es formierte sich eine schottische Nationalkirche auf der Grundlage des Presbyterianismus. Zu den Folgen der Glorreichen Revolution in Schottland gehörten jahrelange blutige Konflikte zwischen Anhängern des alten und des neuen Regimes, in die sich Rivalitäten zwischen den schottischen Clans mischten. In diesem Szenarium lag der Ursprung der mehr als ein halbes Jahrhundert in Schottland anhaltenden jakobitischen Opposition gegen die neue Ordnung – eine Opposition, die sich u. a. in den großen Aufständen von 1715 und 1745 Bahn brach.

Ihre blutigste Spur hinterließ die Glorreiche Revolution jedoch in Irland, Jakob II., der aus macht- und religionspolitischen Gründen von Ludwig XIV. unterstützt wurde, versuchte nach seiner Vertreibung aus England über eine Intervention in Irland die verlorenen Kronen Englands, Schottlands und Irlands zurückzuerobern. Im März 1689 setzte er nach Irland über, um von hier aus den Sturz Wilhelms und seines neuen Regimes zu betreiben. Enthusiastisch wurde er von der katholischen Bevölkerung, die die Mehrheit auf der irischen Insel ausmachte, empfangen. Irland befand sich zu diesem Zeitpunkt im Aufruhr; die Katholiken Irlands bekannten sich zu Jakob II., der mit Hilfe französischer Truppen zunächst erfolgreich auf dem irischen Kriegsschauplatz operierte. Bis zum Herbst 1689 war es den Jakobiten gelungen, den größten Teil des Landes unter ihre Kontrolle zu bringen. Lediglich in den protestantischen Enklaven konnte die Londoner Regierung weiterhin auf Loyalität zählen. Dazu gehörte Derry, das Jakob II. im Sommer desselben Jahres vergeblich belagerte. Das fürchterliche Ringen um die Vorherrschaft in Irland hielt zwei Jahre an. Es war nicht zuletzt das persönliche Eingreifen Wilhelms, das das Blatt zugunsten Londons wendete. Am 14. Juni 1690 landete er in Belfast, um von hier aus auf Dublin vorzustoßen. Mit einer protestantischen Streitmacht, die aus Engländern, Niederländern, Deutschen und französischen Hugenotten bestand, konnte er am 1. Juli die Schlacht an der Boyne für sich entscheiden – eine Schlacht, deren Kommemorierung bis in die Gegenwart in Irland tiefe Emotionen weckt. Obwohl sich Jakob II. bereits im Sommer 1690 aus Irland zurückzog, sollte der Konflikt zwischen Jakobiten und Wilhelmiten noch ein weiteres Jahr anhalten und erst im Oktober 1691 mit dem Frieden von Limmerick sein Ende finden. Diese Auseinandersetzung auf der irischen Insel wurde mit jener Grausamkeit geführt, die für die Konflikte des konfessionellen Zeitalters typisch war.

V.

Was waren nun die Ergebnisse der Glorreichen Revolution? Welche Folgewirkungen zeitigten die Ereignisse von 1688/89? Unübersehbar ist, daß mit der Glorreichen Revolution die Koordinaten der Verfassung neu fixiert wurden, daß das Parlament an Gewicht gewann. Auch wenn man in Rechnung stellt, daß das während der Revolution ausgearbeitete Verfassungsarrangement weithin ein Kompromiß war, so bleibt doch der Sachverhalt, daß der Weg in den Absolutismus, den die meisten anderen europäischen Staaten gingen, für die englische Monarchie keine ernsthafte Option mehr war. Ohne Frage blieb die Krone auch nach 1688/89 in einer starken Position, aber nicht zuletzt dank der *Declaration of Rights*, die im Herbst 1689 als *Bill of Rights* Gesetzeskraft erhalten sollte, mußte sie sich Spielregeln unterwerfen, die die monarchische Handlungsfähigkeit beschnitten. Gerade auch die symbolischen Akte, die die Glorreiche Revolution begleiteten, machten sinnfällig, daß das Parlament nicht länger primär ein Geschöpf der Krone war, sondern zunehmend als eigenständige Kraft seinen Platz im Verfassungsleben einnahm. Natürlich können die Ereignisse von 1688/89, da sie keinen weitreichenden Wandel der sozialen und ökonomischen Verhältnisse herbeiführten, nicht beanspruchen, eine Revolution im «klassischen» Sinne zu sein, aber sie waren nicht zuletzt wegen der Verschiebung der Machtgewichte innerhalb des Verfassungssystems alles andere als ein coup d'état.

Dieser durch die Glorreiche Revolution ausgelöste Prozeß der Stärkung der Rolle des Parlamentes wurde durch die nachfolgenden Ereignisse noch intensiviert. Oder um genauer zu sein: Die unmittelbar nach dem Ende der Revolution von dem neuen Monarchen betriebene und gegen Frankreich gerichtete Machtpolitik hatte zur Folge, daß sich der Handlungsspielraum der Krone zugunsten des Parlamentes weiter verengte. Als Wilhelm III. am 5. Mai 1689 Ludwig XIV. den Krieg erklärte, schwächte er – ohne dies zu ahnen – seine innenpolitische Position. Denn Kriege kosten Geld, und die Beschaffung von Geld fordert ihren politischen Preis. Diese Erfahrung blieb auch dem neuen Monarchen nicht erspart. Die enormen Summen, die der Konflikt mit Frankreich verschlang, konnten nur mit Hilfe des über das Steuerbewilligungsrecht verfügenden Parlamentes aufgebracht werden. Folglich war Wilhelm wie kein Monarch vor ihm zur Kooperation mit Ober- und Unterhaus gezwungen. Die durch Wilhelms kriegerische Unternehmungen hervorgerufene Finanznot hatte zur Konsequenz, daß die Krone sich veranlaßt sah, das englische Parlament zum erstenmal in seiner Geschichte jährlich zusammentreten zu lassen. Ohne Frage war dies ein weiterer Schritt auf dem Wege zur Domestizierung der englischen Monarchie. Die zunehmende Abhängigkeit der Krone vom Parlament fand ihren Ausdruck u. a. in der *Triennial Bill* von 1694, die die Legislaturperiode auf drei Jahre festlegte und damit den Monarchen zwang, in relativ kurzen Intervallen Neuwahlen auszuschreiben.

Von dieser Neujustierung des Verhältnisses zwischen Krone und Parlament gingen entscheidende Impulse auf die politische Kultur des Landes aus. Durch die zunehmende Abhängigkeit vom Parlament wurde der Monarch in die Auseinandersetzungen zwischen *Whigs* und *Tories*, zwischen *Court* und *Country* hineingezogen. Folglich mußte die Krone neue Macht- und Herrschaftstechniken ausbilden, um sich auf der parlamentarischen Bühne behaupten zu können. Dazu zählte u. a. der Aufbau eines vielschichtigen Patronagenetzes – eine Entwicklung, die Kritik provozierte und gleichzeitig die Rivalität und den Disput zwischen den im Parlament vertretenen Gruppierungen stimulierte. 1695 fiel zudem die Vorzensur, ein im europäischen Rahmen singulärer Vorgang. Zwar blieb bis 1832 die Zahl derjenigen, die das aktive Wahlrecht hatten, vergleichsweise klein, gleichzeitig entwickelte sich jedoch eine Gesellschaft, die, gemessen an anderen europäischen Ländern der Frühmoderne, in ungewöhnlichem Maße politisiert war. Damit waren die Rahmenbedingungen für eine politische Kultur gegeben, die mit ihrer Offenheit Kontinentaleuropäer, die England im 18. Jahrhundert bereisten, in Erstaunen versetzte.

Es war nun aber nicht nur die politische Kultur des Landes, die in Folge der Glorreichen Revolution ein anderes Gesicht annahm, gleicherweise wandelte sich die religiöse Welt. Daß sich die *Dissenter* in ihrer überwiegenden Mehrheit dem Werben Jakobs II. verschlossen und die Glorreiche Revolution mitgetragen hatten, mußte – das wußten auch die meisten Anglikaner – honoriert werden. Folglich fand man sich auf anglikanischer Seite zu einer Politik eingeschränkter Toleranz bereit, wenn dies teilweise auch nur höchst widerwillig geschah. 1689 verabschiedete das Parlament die Toleranzakte, die zwar nicht die Diskriminierung der *Dissenter* in der politisch-öffentlichen Sphäre beseitigte, die aber doch den Abschied von dem rigiden Kirchen- und Religionssystem der Restaurationsära einleitete. Von nun an genossen Protestanten, die nicht der anglikanischen Kirche angehörten, weitgehende Kultus- und Religionsfreiheit. Damit wurde England zu einem Land des religiösen Pluralismus. Für Katholiken galt dieses neue System partieller Toleranz jedoch nicht; sie blieben Außenseiter der Gesellschaft. Insbesondere in Irland begann für die Katholiken mit der Glorreichen Revolution eine sich über Jahrhunderte hinziehende Geschichte der Diskriminierung. Die Folgen sind bis ins 20. Jahrhundert hinein spürbar. Nicht zuletzt der bis in unsere unmittelbare Gegenwart auf der irischen Insel anhaltende Konflikt zwischen den Konfessionen macht deutlich, welche langfristigen Wirkungen von der Glorreichen Revolution ausgingen.

Die Amerikanische Revolution

von Hermann Wellenreuther

Chronik

1739–1765	Kriegsperiode in Nordamerika: War of Jenkin's Ear (1739–1743), King George's War (1744–1748), French and Indian War (1754–1763), Pontiac's Rebellion (1763–1765)
10. 2. 1763	Friede zu Paris, Kanada wird britisch, ein Teil der britischen Armee bleibt in Nordamerika
1764–1767	Phase intensiver britischer Kolonialgesetzgebung, verstärkte Besteuerung der Kolonien, Parlament bekräftigt sein Recht auf Gesetzgebung gegenüber den Kolonien
1768–1770	Boykottbewegung gegen den Import englischer Waren
10. 5. 1773	«Tea Act», Britisches Parlament hebt die meisten Zölle auf, von der East India Company nach Nordamerika importierter Tee bleibt jedoch mit einem Zoll belastet
16. 12. 1773	«Boston Tea Party»: Bostoner Bürger werfen Teeladung eines englischen Schiffes in den Hafen
5. 9.–16. 10. 1774	Erster Kontinentalkongreß in Philadelphia, repräsentative Versammlung aller Kolonien
19. 4. 1775	Erster Zusammenstoß zwischen britischen Soldaten und kolonialer Miliz bei Lexington und Concord
23. 8. 1775	«Proclamation of Rebellion» durch Georg III.
1776–1783	Amerikanischer Unabhängigkeitskrieg, in den sukzessive auch Frankreich, Spanien und die Niederlande auf seiten der Kolonien eintreten
12. 6. 1776	«Virginia Bill of Rights», erstmalige Verabschiedung eines Grundrechtskatalogs in der modernen Geschichte
4. 7. 1776	Kontinentalkongreß verabschiedet Unabhängigkeitserklärung

17. 11. 1777	Kontinentalkongreß verabschiedet «Articles of Confederation» für die Vereinigten Staaten von Amerika
1. 3. 1781	«Articles of Confederation» nach Ratifikation aller Einzelstaaten als Verfassung proklamiert
19. 10. 1781	Britische Armee unter General Cornwallis kapituliert bei Yorktown in Virginia
3. 9. 1783	Friede zu Paris, Großbritannien erkennt die Unabhängigkeit der ehemaligen Kolonien an und tritt Gebiet bis zum Mississippi an die Vereinigten Staaten ab
Aug. 1786–Febr. 1787	«Shay's Rebellion» verstärkt Forderung nach einer neuen Verfassung, die die Kompetenzen der Bundesregierung stärkt
17. 9. 1787	Verfassungskonvent in Philadelphia verabschiedet Bundesverfassung
21. 6. 1788	Inkrafttreten der Bundesverfassung
4. 2. 1789	Wahl George Washingtons zum ersten Präsidenten der Vereinigten Staaten von Amerika

Im achten Band seiner «Allgemeinen Geschichte vom Anfang der historischen Kenntniß» charakterisiert Karl von Rotteck in seinem «Nordamerikanische Revolution» überschriebenen 15. Kapitel die Ereignisse in Amerika vor dem Hintergrund des kommenden «großen Trauerspiels der französischen Revolution» als «die Sonne einer jugendlichen Freiheit ... Dorthin – sollte das Verhängniß drohen, daß asiatisches Sklavenjoch über Europa komme – wendet sich, Trost und Hoffnung suchend, der edleren Menschen Blick». Nur wenige zeitgenössische Historiker, aber ein etwas größeres Häuflein Republikaner, die nach 1848 alle in das Land der «jugendlichen Freiheit» flohen, teilten diese Einschätzung. Bis heute ist die Beurteilung der Ereignisse in Nordamerika zwischen 1776 und 1783 umstritten. Dies fängt schon bei der Frage an, ob diese Ereignisse überhaupt als «Revolution» im modernen Sinne bezeichnet werden können. Nachdem ich im ersten Teil die Geschichte der Zeit von 1763 bis 1787 erzählt habe, werde ich deshalb im Zusammenhang mit der Erörterung der grundsätzlichen Probleme der Zeit auch die Frage erörtern, wie «revolutionär» diese Ereignisse eigentlich waren. Im abschließenden dritten Teil werde ich kurz den weiterwirkenden Einfluß der amerikanischen Revolution diskutieren.

I.

Es lassen sich zumindest drei Daten nennen, mit denen nach Ansicht der Forschung jene Entwicklung einsetzte, die «Amerikanische Revolution» genannt wird: Die Glorreiche Revolution von 1688/89, mit der den Kolonisten Nordamerikas ein im Vergleich zu den Engländern minderwertiger Rechtsstatus gegenüber der Krone zuwuchs; das Jahr 1748/49, in dem mit der Ernennung von George Montagne-Dunk, Earl of Halifax, zum neuen Präsidenten des Board of Trade and Plantations die Reformer in der Reichspolitik die Oberhand gewannen, und schließlich die Jahre 1763/64, in denen England im Gefühl sieghafter Überlegenheit alle Errungenschaften des Siegenjährigen Krieges für sich allein reklamierte und Iren, Schotten und Kolonisten als Mitglieder des Britischen Reiches ins zweite Glied relegierte, zugleich aber möglicherweise unabhängig von diesem neuen nationalen Überlegenheitsgefühl mit der Besteuerung der Kolonien versuchte, die Kosten für die Sicherung und Bewahrung der territorialen Gewinne auf die Kolonien in Nordamerika nicht nur abzuwälzen, sondern auch einige der schlimmeren Fehlentwicklungen in den Kolonien – und dazu zählte in britischen Augen vor allem auch die finanzielle Abhängigkeit der Kronbeamten von den kolonialen Legislativen – zu korrigieren. Denn diese sollten nun von dem antizipierten Einkommen aus den neuen Reichssteuern entlohnt werden.

Die drei interpretatorischen Perspektiven zielen auf drei unterschiedliche Komplexe ab: Jene, die den Beginn in der Glorreichen Revolution sieht, ist auf die Problematik der politischen Kultur und der Entwicklung kolonialer Verfassungsstrukturen gerichtet; die, die auf der Bedeutung der Jahre 1748/49 beharrt, stellt die Reichsreform in den Mittelpunkt; die Perspektive endlich, die im Ende des Siebenjährigen Krieges den Beginn der revolutionären Entwicklung sieht, argumentiert von der Genese eines eigenständigen amerikanischen Bewußtseins als Reaktion auf die Marginalisierung durch den erwachenden englischen Nationalismus her. Ohne Zweifel haben alle drei Schnittpunkte ihre große Bedeutung für das Verständnis der Amerikanischen Revolution. Ohne Berücksichtigung der Zeit zwischen 1689 und 1763 bleiben das politische Verhalten der Kolonisten nach 1763 ebenso wie die englische Kritik an den Kolonien unverständlich; ohne die Berücksichtigung der Bemühungen um eine Reichsreform ergibt die englische Politik keinen Sinn oder, schlimmer noch, muß der Historiker das interpretatorische Schema der Kolonisten, das die englische Kolonialpolitik nach 1763 als Knechtung und Unterdrückung begriff, übernehmen. Und die Mißachtung des neuen englischen Reichsnationalismus muß notwendigerweise die Grundstruktur der amerikanischen Reaktion auf die englische Politik nach 1763 ebenso verkennen wie die Entstehung eines amerikanischen Selbstdefinitions- und Selbstlegitimationsprozesses.

Schon während des Siebenjährigen Krieges hatte die englische Regierung begonnen, ihre Reformvorstellungen zu verwirklichen. Nachdem bis zu dieser Zeit die Kolonien an der Entwicklung militärischer Strategien beteiligt worden waren, wurde im Herbst 1757 die Planungskompetenz ohne Konsultation der Kolonien in London zentralisiert. Die Kolonien wurden für diese Entmündigung mit dem Zugeständnis entschädigt, daß die Kosten, die ihnen in der Erfüllung reichsmilitärischer Unternehmungen entstünden, vom Mutterland erstattet werden würden. Damit blieb den Kolonien im militärischen Bereich als selbständige Aufgabe nur noch die Sicherung der eigenen Grenzen. Nach dem Krieg beschleunigte sich das Tempo englischer Reformpolitik; allerdings konnte sie sich auch zu dieser Zeit nicht aus dem Zeitdruck befreien, der aus krisenhaften Zuspitzungen in der neuen Welt entstand. Hauptmoment war hier 1763 der Ausbruch von Pontiac's Rebellion. Auf die Nachricht, daß Frankreich in den Friedensverhandlungen seine nordamerikanischen Besitzungen an England abgetreten habe, reagierten die Stämme in dem Gebiet zwischen dem Mississippi-Fluß und den Allegheny-Bergen mit Überfällen auf englische Festungen und der gewaltsamen Vertreibung der englischen Siedler, die in die neuerworbenen Gebiete strömten. Unter dem Eindruck dieser Entwicklung hieß Reformpolitik erstens, durch die Proklamation (7. Oktober 1763) einer Grenze zwischen den Gebieten der indianischen Stämme und Siedlungsland für Europäer die Beziehungen zwischen beiden zu befrieden und zu konsolidieren. Zweitens erhöhte der neue Konflikt den Druck auf die englische Regierung, neue Wege zur Finanzierung der Kosten für die Stationierung größerer Truppenverbände im amerikanischen Westen zu finden. Die Antwort wurde in dem Stempelsteuergesetz vom 22. März 1765 gefunden.

Mit diesem Gesetz, dem nach seinem Widerruf am 18. März 1766 mit der Townshend Revenue Act (29. Juni 1767) und der Tea Act (10. Mai 1773) zwei weitere Gesetze folgten, die die Kolonien finanziell belasteten, begannen die Versuche der englischen Regierung, nicht nur die Kolonien an den Kosten der Reichspolitik zu beteiligen, sondern zugleich, und dies war vor allem auch die Absicht der Quartering Act (24. März 1765) und der Declaratory Act (18. März 1766), die Kolonien der Oberhoheit der englischen Legislative zu unterwerfen und der englischen Regierung auch in Nordamerika die Machtmittel zur Durchsetzung ihrer Politik zu sichern.

Die Kolonisten reagierten auf diese Politik erstens mit der Entwicklung einer Theorie, nach der die Kolonisten im uneingeschränkten Besitz der englischen Geburts- und Freiheitsrechte («birthrights, liberties and privileges») seien und deshalb allein über ihren Besitz entscheiden könnten. Da die Gesetze des englischen Parlamentes ohne ihre Mitwirkung entstanden seien, verstößen sie gegen die Grundrechte der Kolonisten als Mitglieder des Reiches (Grundsatz: «No taxation without representation»). Der englische Hinweis, daß nach englischem Repräsentationsverständnis die Kolonien sehr wohl «virtuell» («virtual representation») im Parlament vertreten seien, stieß in Nordamerika, wo dieses Konzept weitgehend unbekannt war, auf Unverständnis, Spott und Ablehnung. Zum zweiten griffen die kolonialen Autoren auf die Ansicht zurück, daß das englische Volk der Krone für die Wahrung des Gemeinwohls aus freien Stücken durch Steuergesetze Geldmittel gewähre; da die Kolonisten die Privilegien der Engländer teilten, bedeute das Gesetz, daß das englische Parlament den Kolonisten das Recht der freiwilligen Gewährung von Geldmitteln nehme. Als Charles Townshend als Lord of the Exchequer dieses Argument dazu benutzte, die englischen finanziellen Bedürfnisse nicht mehr durch Steuern, sondern durch eine verstärkte Belastung des Kolonialhandels zu befriedigen, wurde diese koloniale Theorie auf jede Art finanzieller Belastung der Kolonien durch das Mutterland ausgedehnt.

Mit diesen Debatten begann ein Prozeß, dessen Grundstruktur aus der Rückschau schnell deutlich wurde: Auf jede englische Initiative, deren Ziel nichts anderes als das der Wiederherstellung der Oberhoheit königlicher Autorität in Nordamerika war, reagierten die Kolonien mit der Formulierung politischer Grundanschauungen, die zwar bisher gewohnheitsrechtlich angenommen, aber nie theoretisch und prinzipiell ausformuliert worden waren. Parallel zu dieser öffentlichen Diskussion entstand eine alle Kolonien vertretende repräsentative Versammlung, deren Konturen zum ersten Mal 1754 im sog. Albany Plan of Union skizziert worden waren. Der Stamp Act Congress bildete das konkrete Vorbild des ersten Kontinentalkongresses, der vom 5. September bis zum 26. Oktober 1774 in Philadelphia tagte, die Rücknahme der englischen Gesetze forderte und zugleich ein allgemeines Handelsembargo gegen England verhängte. Knapp ein halbes Jahr später ernannte der Zweite Kontinentalkongreß den militärisch erfahrenen George Washington aus Virginia zum oberkommandierenden General der kolonialen Truppen, nachdem es kurz zuvor am 19. April 1775 bei Lexington und Concord in Massachusetts zu einem ersten Zusammenstoß zwischen kolonialen Milizverbänden und englischen Truppen gekommen war.

Am Ende dieses Prozesses stand nach weiteren militärischen Zusammenstößen, nach Georgs III. «Proclamation of Rebellion» vom 23. August 1775 und nach der Veröffentlichung von Thomas Paines außerordentlich einflußreichem Pamphlet «Common Sense» im Januar 1776 die im wesentlichen von Thomas Jefferson aus Virginia entworfene Unabhängigkeitserklärung vom 4. Juli 1776 als letzte und prägnanteste Ausformung kolonialen Selbstverständnisses und Aufsagung der Untertanenschaft an den englischen König als Lehnsherrn. In ihrer Erklärung gründeten die Kolonisten, wie es in der ersten deutschen Übersetzung der Erklärung vom 9. Juli 1776 heißt, ihren Bruch mit dem englischen König auf die «Wahrheiten», daß alle Menschen mit «unveräusserlichen Rechten begabt» seien, zu denen «Leben, Freyheit und das Bestreben nach Glückseligkeit gehöre». Zerstöre eine Regierung diese Rechte, dann sei es ihre «Pflicht, solche Regierung abzuwerfen.» Die nachfolgende lange Liste tyrannischer Maßnahmen des englischen Königs gipfelte in dem Vorwurf, er habe «unter uns häusliche Empörungen und Aufstände erregt, und gestrebt über unsere Grenz-Einwohner die unbarmherzigen wilden Indianer zu bringen, deren bekannter Gebrauch den Krieg zu führen ist, ohne Unterschied von Alter, Geschlecht und Stand alles niederzumetzeln». Am Ende dieses Sündenkatalogs erklärten dann die «Repräsentanten der *Vereinigten Staaten von America* ... im Namen und aus Macht der guten Leute dieser Colonien, Daß diese Vereinigten Colonien Freye und unabhängige Staaten sind, und von Rechtswegen seyn sollen», die «volle Macht und Gewalt haben, Krieg zu führen, Frieden zu machen, Allianzen zu schliessen, Handlungen zu errichten, und alles und jedes andere zu thun, was Unabhängigen Staaten von Rechtswegen zukömmt.»[1]

Die Lossagung vom Mutterland war an und für sich schon ein unerhörter Akt. Von noch größerer Bedeutung jedoch war die Begründung. Europa war daran gewöhnt, daß Herrscher sich als Quelle allen Rechts betrachteten, Verfassungen brachen, Grundrechte verletzten, Menschen knebelten, Unrecht taten und korrupt waren. Aber die meisten Europäer waren mit dem einflußreichen aufgeklärten Philosophen Christian Wolff davon überzeugt, daß sie all dies ertragen müßten. Hier wurde zum ersten Mal unter Rückgriff auf das Naturrecht und mit den Konsequenzen des Gesellschaftsvertrages, wie sie von John Locke angedeutet worden waren, in bewußter Ablehnung der Ansichten von John Hobbes und der paulinischen Obrigkeitsdoktrin einem vermeintlich tyrannischen Herrscher der Gehorsam aufgekündigt. Dazu bedurfte es keines göttlichen Auftrages; vielmehr handelten die Delegierten «aus Macht der guten Leute der Kolonie» – die erste unbeholfene Formel für das, was später als «souveränes Volk» bezeichnet werden sollte. Dies nämlich war gemeint: Das Volk, «die

[1] Der Wortlaut der ersten deutschen Übersetzung ist abgedruckt in: Die Amerikanische Revolution und die Verfassung 1754–1791, hrsg. v. Angela und Willi Paul Adams, = dtv dokumente (München 1987), 213–218.

guten Leute», hatten aus sich heraus die Delegation von Rechten an den König widerrufen, sich vom König losgesagt und sich zum souveränen Staatswesen erklärt, zu den «*Vereinigten Staaten von America*».

Daraus aber ergaben sich zwei Konsequenzen: Einmal galt es, diese Unabhängigkeit gegen England zu verteidigen; zum anderen mußten für die vereinigten Gemeinwesen und früheren Kolonien Verfassungen ausgearbeitet werden. Beides hatte gleichzeitig zu geschehen. Der Krieg war inzwischen nämlich voll entbrannt. In beiden Bereichen sah sich die junge Konföderation großen Problemen gegenüber. Im militärischen sah sich die Konföderation mit dem zu jener Zeit mächtigsten europäischen Gegner konfrontiert. Zumindest in Europa erwartete niemand, daß die unabhängigen Staaten lange der geballten militärischen Macht Englands widerstehen würden. Hinzukam, daß die Bewohner der Einzelstaaten in mehrfacher Hinsicht gespalten waren: Bis zu vierzig Prozent der Bevölkerung, darunter viele deutsche Siedler, fühlte sich 1776 noch durch ihren Treueeid an den englischen König gebunden. Letztlich sollten jedoch nur zwischen 60 000 und 100 000 von ihnen aus den neuen Freistaaten nach England oder Kanada fliehen. Um dieser inneren gefährlichen Opposition Herr zu werden, mußten an jedem Ort, in jeder Region und in jeder ehemaligen Kolonie sogenannte Sicherheitskommissionen (Committees of Safety) gegründet werden. Diese übernahmen zugleich einige der Aufgaben und Funktionen der älteren Korrespondenzkommissionen (Committees of Correspondence), die seit 1765 bei der innerkolonialen und zwischenkolonialen Koordination von Maßnahmen gegen die englischen Gesetze eine entscheidende Rolle gespielt hatten.

Neben dem «Loyalismus-Problem» und den Sicherheitsfragen, die sich in den südlichen Staaten (besonders in Maryland, Virginia und South Carolina) aus dem hohen Anteil von Sklaven an der Bevölkerung und in den mittelatlantischen Staaten aus den instabilen Beziehungen zu den westlichen indianischen Stämmen – Lord Dunmore's War von 1773/74 zwischen Virginia und den Shawnee hatte hier besonders bei den Shawnee tiefe Blessuren hinterlassen – ergaben, standen die jeden Einzelstaat prägenden politischen Traditionen mit ihren Folgen für die innerstaatlichen Partei- und Gruppenbildungen einer schnellen Lösung der Verfassungsproblematik entgegen. Diese inneren Verwerfungen waren nicht nur Ausfluß persönlicher Interessenlagen von Mitgliedern der wohlhabenden Oberschicht. Sie waren vielmehr auch Ergebnis einer ungleichgewichtigen politischen Repräsentation der einzelnen Regionen innerhalb der Staaten – so insbesondere in Virginia, Maryland, Pennsylvania und Massachusetts –, ebenso wie Folge unzureichender administrativer Durchdringung, was Anfang der 1770er Jahre in North und South Carolina zur Bildung der sog. Regulatorenbewegung geführt hatte.

Sieht man einmal von Pennsylvania ab, welches sich in seiner ersten Verfassung für eine Einkammerlegislative entschied, dann blieben mit Ausnahme von Connecticut und Rhode Island, die ihre Charters einfach behielten, alle Einzelstaaten in ihren neuen Verfassungen im wesentlichen den verfassungsrechtlichen Grundstrukturen ihrer Kolonialzeit treu: Legislative und Exekutive wurden der Trias von Repräsentantenhaus, Oberhaus und Gouverneur – die nun alle drei gewählt wurden – übertragen; allerdings sind unterhalb dieser formalen Strukturen Verschiebungen erkennbar, die sich aus drei Quellen speisten: Einmal aus der Furcht vor populistischer Tyrannei der mit einem breit gefaßten Wahlrecht demokratisch gewählten Legislativen. Diese Furcht, die sich auch aus der Anschauung des englischen Unterhauses herleiten mochte, veranlaßte konservative Whigs, eine Begrenzung des Wahlrechts auf die wohlhabenderen Bürger und zur Kontrolle der Legislativen für die Gouverneure das Vetorecht zu fordern. Eng mit dieser Position hing zweitens die Forderung zusammen, die in der Verfassung eine stärkere Berücksichtigung von Eigentum verlangte und hier ganz im Sinne älterer englischer Verfassungsvorstellungen das Oberhaus oder den Senat, wie er später genannt werden sollte, als Repräsentation von Eigentum konstituieren wollte; diese Ansicht wurde nur in der Verfassung von Massachusetts verwirklicht. Langfristig sollte sich hier die Überzeugung Thomas Jeffersons durchsetzen, die Oberhäuser seien Orte besonderer Staatsklugheit und Weisheit und damit Gegengewicht zu den stärker populistisch bestimmten Abgeordnetenhäusern. Die stärker an egalitären Prinzipien orientierte Auffassung der radikalen Whigs forderte umgekehrt ein möglichst breites Wahlrecht, betrachtete Zweikammerlegislativen prinzipiell mit Skepsis und sah im Reichtum eine Quelle potentieller Korruption. Die dritte Quelle, aus der die radikalen Whigs ihre programmatischen Ansichten bezogen, speiste sich aus der Furcht vor übermächtigen Exekutiven, wobei sie an den englischen König und seine Gouverneure dachten; sie forderten, exekutive und legislative Macht soweit wie möglich in gewählten Organen zu vereinen. In seiner reinsten Form wurde diese Ansicht in der Verfassung Pennsylvanias und in den «Articles of Confederation», der ersten, am 17. November 1777 vom Kongreß verabschiedeten und am 1. März 1781 nach der Ratifikation durch alle Einzelstaaten offiziell proklamierten Verfassung der Konföderation verwirklicht.

In diesen Debatten erwies sich immer wieder ein Problem als besonders schwierig: War es mit naturrechtlichen und republikanischen Grundsätzen vereinbar, daß allein die Ansicht der Mehrheit in einem republikanischen Gemeinwesen letzte Entscheidungsinstanz sei? Gab es nicht zu viele Hinweise, daß eine parlamentarische Mehrheit genauso tyrannisch wie eine überstarke Exekutive sein könne? War es deshalb nicht notwendig, die unabänderlichen Fundamentalrechte der Menschen ein für alle Mal schriftlich zu formulieren und als unabänderlichen Kanon von Rechten, auf die alle Menschen des Gemeinwesens Anspruch hatten, in den Verfassungen zu verankern? Zahlreiche Schwierigkeiten standen der Verwirklichung einer solchen Absicht entgegen, nicht zuletzt die Angst, daß Sklaven sich gleichfalls auf diese Fundamentalrechte berufen und damit den Sozialfrieden des Gemeinwesens gefährden könnten. Als der Provinzialkongress von Virginia im Mai und Juni 1776 die Grundrechtserklärung Virginias debattierte, hielt es der prominente Politiker und spätere Gouverneur Virginias, Edmund Randolph, für selbstverständlich, daß Sklaven keine «constituent members» der Gesellschaft Virginias seien und sich deshalb auch nicht auf die Fundamentalrechte berufen könnten. Diese Ansicht sollte sich durchsetzen.

Mit der Verabschiedung der Virginia «Bill of Rights» am 12. Juni 1776 war erstmals in der modernen Geschichte von einem Staatswesen ein Kanon von Fundamentalrechten gebilligt worden. Der erste Artikel erklärte, daß alle Menschen von Natur aus frei und gleich seien, der zweite leitete alle Macht vom Volk her, dem Amtsträger verantwortlich seien, der dritte bestätigte die Gültigkeit von Mehrheitsbeschlüssen, der vierte verbot die Erblichkeit von Ämtern, der fünfte schrieb die Gewaltenteilung fest, der sechste fixierte Prinzipien zum Wahlrecht, der siebte gab nur den Legislativen das Recht, Gesetze aufzuheben oder zu verändern, der achte und neunte sicherte die Rechte von Angeklagten vor Gericht während der zehnte allgemeine und unspezifizierte Haftbefehle untersagte, der elfte definierte die Rahmenbedingungen für Geschworenengerichte, der zwölfte garantierte Pressefreiheit und der dreizehnte schrieb den Vorrang der Miliz vor stehenden Heeren fest. Von den restlichen Artikeln war der sechzehnte, den der wortgewaltige Patrick Henry eingebracht hatte, der wichtigste: Er garantierte allen christlichen Konfessionen freie Religionsausübung.

Die Virginia Bill of Rights markiert in der Geschichte der Grundrechte einen Meilenstein. Unter Rückgriff auf Prinzipien der Magna Charta hatte sich ein souveränes Volk zum ersten Mal freiwillig Fundamentalrechte zum Maßstab gesetzt, an die sich nicht nur alle, auch die Legislative, zu halten hatten, sondern worauf sich auch Minderheiten, die durch diese Fundamentalrechte gegen Ansprüche der Mehrheit geschützt wurden, berufen konnten. Mit diesem Gesetz wollte man, so erinnerte sich Edmund Randolph 1809, «angesichts der grundlegenden Veränderungen von Zeit, Meinungen und Regierungssystemen einen dauerhaften Standard schaffen, an dem sich das Volk immer wieder orientieren könnte.» Mit dem Gesetz waren die Grundrechte der Menschen in Virginia nicht nur auf eine neue, einklagbare Grundlage gestellt, sondern zugleich auch die Muster für die Zusätze zur Bundesverfassung von 1787 entworfen worden, die bis heute das Grundrechtsgefüge der Vereinigten Staaten prägen.

Die Kriege lieferten die Begleitmusik zu den heftigen Diskussionen in den Provinzialkongressen, den verfassungsgebenden Versammlungen und dem Kontinentalkongreß. Um die Sache der jungen Freistaaten stand es in den ersten Jahren schlecht. Dafür gab es eine Reihe von Gründen: Einmal war die Bereitschaft der Einzelstaaten, die geforderten finanziellen Beiträge für Mannschaften und Ausrüstungen zu stellen, eher unterentwickelt. Dies wiederum war Folge der inneren politischen Auseinandersetzungen und Ausfluß der Probleme in den Einzelstaaten selbst. Staaten wie New York, South und North Carolina und Georgia mit besonders hohen und aktiven Anteilen an Loyalisten zögerten verständlicherweise, Milizverbände in andere Regionen der Union zu schicken. Andere Einzelstaaten wie Virginia, Maryland und Pennsylvania wiederum brauchten ihre Milizen zur Abwehr der anhaltenden Überfälle der Stämme der Ohioregion auf die neu besiedelten Grenzgebiete. Generell war in allen Staaten die Bereitschaft, in einem anderen Staat Militärdienst zu leisten, gering. Daß sich angesichts dieser Widerstände die Kontinentalarmee zunehmend zu einer Armee der unteren sozialen Schichten entwickelte – womit zugleich eine Entwicklung nachvollzogen wurde, die typisch für Europa war – ist nur wenig verwunderlich. Auch in Verhalten und Selbstbild der amerikanischen Offiziere wird diese Europäisierung sichtbar: In ihrem ausgeprägten Standesbewußtsein standen sie ihren europäischen Gegnern in nichts nach. Dieses Problem hatte schon während des Siebenjährigen Krieges die Zusammenarbeit zwischen kolonialen und britischen Offizieren schwer belastet.

In den ersten Jahren konzentrierte sich das militärische Geschehen auf die nördlichen Staaten; aber trotz drückender Überlegenheit (Eroberung von New York 1776, von Philadelphia 1777) gelang es den britischen, von den Brüdern General William Howe und Admiral Richard Howe kommandierten Streitkräften nicht, gegen die gerade in den ersten Jahren wenig disziplinierte, kaum ausgebildete und chaotische Kontinentalarmee einen entscheidenden militärischen Sieg zu erringen. Dafür gab es mehrere Gründe: Zum einen operierten die englischen Streitkräfte, und dies war der wichtigste Unterschied zum Siebenjährigen Krieg, nicht mehr auf eigenem Territorium, sondern in Feindesland. Dies stellte an die Logistik außerordentliche Anforderungen. Es galt, eine Armee über eine Distanz von mehreren tausend Kilometern ernährt, ausgerüstet und bewaffnet zu halten. Neuere Arbeiten haben gezeigt, daß dies nicht immer gelang. Zum zweiten litten die britischen Streitkräfte unter dem Mangel an Soldaten; in England gewaltsam junge Männer zu rekrutieren, war schon lange kaum mehr möglich. Zu tief saßen die Widerstände gegen alles Militärische in der englischen Bevölkerung und zu stark verwurzelt waren die Bedenken gegen «press gangs» in Parlament und Öffentlichkeit. Um diese Probleme zu umgehen, mietete die Regierung von deutschen Territorialfürsten – vor allem Hessen-Kassel, Ansbach und Bayreuth – etwa 30 000 Soldaten, was den Fürsten bald den Ruf eintrug, um des schnöden Mammons willen ihre Landeskinder verhökert zu haben. Neuere Forschungen etwa zu Hessen-Kassel haben indessen zeigen können, daß die englischen Subsidienzahlungen vorwiegend zur Stärkung der Wirtschaft Hessen-Kassels verwandt wurden. In Nordamerika sahen sich die «Hessians» bald einer Flut von deutschsprachigen Flugschriften gegenüber, die ihnen die Vorteile des Landes anpriesen und sie zur Desertation aufforderten – einer Verlockung, der möglicherweise mehr als ein Drittel der deutschen Söldner erlag. Ein dritter Grund für die letztlich erstaunlich geringen Erfolge der britischen Streitkräfte in den ersten Jahren lag in der Doppelrolle ihrer Führer: Die beiden Howes kommandierten nicht nur Marine und Armee, sondern führten als Kommissare der englischen Regierung zugleich auch die Ausgleichsverhandlungen mit den rebellierenden Kolonien. Diese Doppelrolle wirkte sich immer wieder hemmend auf die Art der Kriegführung aus.

1777/78 sollte sich die militärische Situation gründlich wandeln: Mit der Kapitulation der britischen Armee unter General Burgoyne bei Saratoga (17. Oktober 1777) im Staate New York erzielte die Kontinentalarmee ihren ersten wichtigen militärischen Erfolg. Mit dem Abschluß des amerikanisch-französischen Freundschafts- und Bündnisvertrages sicherten sich die jungen konföderierten Staaten nicht nur einen potenten militärischen Verbündeten, dessen Marine bei den weiteren Ereignissen eine wichtige Rolle spielten sollte, sondern auch offiziellen Zugang zur französischen Waffen- und Rüstungsproduktion. Frankreich und Spanien, das dem Vertrag im folgenden Jahr beitrat, sahen in dem Bündnis die Gelegenheit, sich für die schmählichen Niederlagen im Siebenjährigen Krieg zu rächen. Für England bedeutete der französische und spanische Kriegseintritt eine weitere Aufspaltung seiner militärischen Ressourcen. 1780 vermehrte sich mit dem Kriegseintritt der Niederlande noch einmal die Zahl der europäischen Kriegsgegner. Für die englische Marine waren die Folgen gravierend: In Europa mußten beträchtliche Verbände England gegen mögliche Invasionen absichern, die wichtigsten Kriegshäfen der Gegner blockieren, die wertvollen englischen Zuckerinseln in Westindien abschirmen und endlich europäische Waffenlieferungen für die Rebellen – denn dies waren die jungen unabhängigen Staaten natürlich noch in englischen Augen – abfangen. Diese Aufsplitterung der Flotte hatte zur Folge, daß England 1780/81 die Kontrolle über die nordamerikanischen Gewässer verlor.

1780 verlagerte sich der Hauptkriegsschauplatz in den Süden; aus englischer Sicht sprach dafür auch die beträchtliche Zahl von Loyalisten. Erste Erfolge – am 12. Mai 1780 eroberten englische Truppen die Hauptstadt von South Carolina, Charleston – schienen die Klugheit dieser Verlagerung zu bestätigen. In den folgenden zwölf Monaten gelang es jedoch der Kontinentalarmee unter General Nathanael Greene, die englische Armee unter Charles Cornwallis allmählich aus Georgia und den Carolinas in die Küstenregion von Virginia abzudrängen. Im Sommer 1781 zeichnete sich die Möglichkeit ab, die englische Armee in einer kombinierten Operation der Kontinentalarmee mit der französischen Marine unter Admiral François Joseph Comte de Grasse auf der Halbinsel von Yorktown einzukesseln – eine Möglichkeit, die von dem englischen oberkommandierenden General Henry Clinton und dem englischen Admiral der Region George Rodney zu spät erkannt wurde. Angesichts einer überwältigenden Übermacht ergab sich am 17. Oktober 1781 Cornwallis mit seinen 7000 Soldaten. Mit dieser verheerenden Niederlage war der Kriegswille Englands gebrochen.

Schon 1779 hatte der Kontinentalkongreß in den Instruktionen für John Adams die Grundprinzipien der amerikanischen Friedensbedingungen festgelegt: Anerkennung der Unabhängigkeit und Souveränität der Union und Festlegung der Grenzen; als Westgrenze wurde der Mississippi bestimmt. Wichtige Rahmenbedingungen für die nun intensiver geführten Verhandlungen – denn Sondierungsgespräche zwischen England und den jungen Staaten waren eigentlich seit 1777 geführt worden – ergaben sich aus dem amerikanisch-französischen Beistandspakt. In diesem hatte sich die amerikanische Union verpflichtet, mit England keinen Separatfrieden abzuschließen. Gerade diese Verpflichtung sollte sich während der Verhandlungen als problematisch erweisen. Zwar gab es zwischen Frankreich und den Vereinigten Staaten nur verhältnismäßig wenig Dissenzen, dagegen bestanden mit Spanien weitreichende Meinungsverschiedenheiten, die sich insbesondere auf territoriale Fragen bezogen. Spanien hatte nämlich ein Interesse daran, die Vereinigten Staaten möglichst weit vom Mississippi entfernt zu halten. Am liebsten hätte es gesehen, wenn die Vereinigten Staaten auf die Küstenregion östlich der Allegheny-Gebirge eingeschnürt geblieben wären. Mit einem solchen Ziel war Frankreich schon im Siebenjährigen Krieg gescheitert. Englands Interessen kollidierten nur in wenigen Punkten nachdrücklich mit jenen der ehemaligen Kolonien: Sie suchten eine Regelung, die einerseits die wirtschaftliche Überlegenheit Englands in Nordamerika garantierte, andererseits aber die ausschließliche Kontrolle Englands über die Wirtschaftskraft seiner westindischen Zuckerinseln sicherte. Zum zweiten konnte sich die englische Regierung der nachhaltigen öffentlichen Forderung nach einer Schuldenklausel, die den englischen Gläubigern die Rückzahlung ihrer Schulden durch ihre amerikanische Schuldner sicherte, nicht entziehen. Und zum dritten stand die englische Regierung gegenüber den indianischen Stämmen des Ohiogebietes und des Gebietes südlich der Großen Seen auch vertraglich im Wort, ihre Stammesgebiete vor dem Zugriff der jungen Vereinigten Staaten zu sichern.

Die Vereinigten Staaten hatten drei ihrer erfahrendsten Politiker mit den Verhandlungen beauftragt: Benjamin Franklin, John Adams und John Jay; Thomas Jefferson und Henry Laurens waren zwar gleichfalls Mitglieder der amerikanischen Delegation. Nicht zuletzt dank eines drastischen Stimmungsumschwungs in England, der eine möglichst schnelle Beendigung des Krieges mit den ehemaligen Kolonien favorisierte, damit der Krieg mit den europäischen Mächten um so energischer fortgesetzt werden konnte, gelang es den amerikanischen Unterhändlern, einen erstaunlich vorteilhaften Frieden auszuhandeln, der in den meisten Bestimmungen amerikanischen Idealvorstellungen entsprach. Die Selbständigkeit und Souveränität der Union wurde anerkannt, der westliche Grenzverlauf wurde in der Mitte des Mississippi (§ 2) fixiert mit Schiffahrtsrechten sowohl für englische wie amerikanische Schiffe (§ 8), die Grenze zu Kanada blieb im wesentlichen so, wie sie sich seit dem Siebenjährigen Krieg herausgebildet hatte (§ 2) und Fischereirechte bei den neufundländischen Bänken mit Trockenrechten (§ 3) wurden zugestanden. Vor allem in drei Punkten mußten sich die Unterhändler englischen Forderungen beugen: In der Schuldenfrage mußten sie die Rückzahlungsforderung an englische Gläubiger anerkennen (§ 4) und gegenüber Loyalisten mußten sich die Vereinigten Staaten verpflichten, Lösungen zur Rückgabe von deren konfisziertem Eigentum zu suchen. Dieses Verhandlungsergebnis wurde am 30. November 1782 als Präliminarvertrag in Paris unterschrieben; ohne Änderungen wurde es am 3. September 1783 in den Friedensvertrag zwischen England und den Vereinigten Staaten übernommen. Am gleichen Tag unterschrieben auch Frankreich und Spanien Friedensverträge. Nur mit den Niederlanden zogen sich die Verhandlungen über den definitiven Vertrag noch bis in den Mai des folgenden Jahres hin. Damit war erreicht, was niemand zu träumen gewagt hatte: Die zerstrittenen, militärisch schwachen ehemaligen Kolonien hatten gegenüber der stärksten europäischen Militärmacht ihre Unabhängigkeit proklamiert, erkämpft und nun vertraglich gesichert. Aber hatten sie damit auch eine Revolution durchlebt?

II.

In Europa verstand man vor dem 14. Juli 1789 das Wort «Revolution» als «Umdrehung» oder «Umsturz». Dem entsprach auch die eigentliche Bedeutung des lateinischen Wortes «revolutio». Bald nach dem 14. Juli 1789 schien sich, so glaubte die Forschung lange, ein neuer Revolutionsbegriff Bahn zu brechen: Revolution bedeutete nun zwar auch noch «Umsturz», zugleich aber mehr, nämlich einen dynamischen Prozeß, eine soziale Umwälzung, wie sich dies in Frankreich nach dem Sturm auf die Bastille zu vollziehen schien. In der neueren Forschung ist in den letzten Jahrzehnten nachdrücklich die These sowohl aus begriffsgeschichtlicher Sicht als auch aus der Analyse der gesellschaftlichen Entwicklungen in Nordamerika heraus formuliert worden, daß es sich bei den Ereignissen in den ehemaligen Kolonien Englands zwischen 1776 und 1787 gleichfalls um eine «Revolution» im modernen Sinne handele. Freilich sind Zweifel an dieser Auffassung nie verstummt: Der Ansicht von der «Radikalität der Amerikanischen Revolution» haben unter dem Eindruck der «terreur» in Frankreich schon Zeitgenossen wie Edmund Burke oder der Journalist und Politiker Friedrich Gentz den konservativen Charakter der Ereignisse und insbesondere der Vorstellungen der Whigs gegenüber gestellt; andere Historiker haben gar gemeint, in der Entwicklung nur wenig mehr als einen kolonialen Befreiungskrieg sehen zu können. Eines ist sicher: Diese Ansichten sind zu einem nicht unbeträchtlichem Maße Ergebnis kurzatmiger Betrachtungen. In drei Schritten soll die Frage des «revolutionären» Charakters der Amerikanischen Revolution erörtert werden: 1. Unter dem Aspekt der Entwicklung der politischen Kultur; 2. unter dem Aspekt der sozialen Dymanik; und 3. unter dem der verfassungsrechtlichen Entwicklung.

Politische Kultur. Bis in die Mitte des achtzehnten Jahrhunderts hatte sich in Nordamerika eine politische Kultur entwickelt, die die wahrscheinlich wichtigste Voraussetzung für die Entwicklung nach 1763 ebenso wie für die Entstehung der republikanischen Verfassungen der jungen Freistaaten, dann der Konföderation und Föderation bildete. Von den Verfassungsinstitutionen her war eine gewisse Gleichförmigkeit unübersehbar: In allen Kolonien oblag die Exekutive einem Gouverneur, der in acht von den zwölf Kolonien (North und South Carolina, Georgia, Virginia, New Jersey, New York, Massachusetts und New Hampshire) von der Krone ernannt, in zwei Kolonien, nämlich in Connecticut und in Rhode Island, jährlich gewählt und in weiteren zwei Kolonien von Eigentümern (Maryland, Pennsylvania) bestimmt wurde; in allen Kolonien mit Ausnahme von Pennsylvania existierte ein Ratsgremium, z. T. beratendes Organ des Gouverneurs im Bereich der Exekutive und zugleich, wie das englische Oberhaus, zweite Kammer im legislativen Bereich. Nur in Connecticut und Rhode Island wurde dieser Rat jährlich gewählt, in den anderen Kolonien dagegen von der Krone oder wie in Pennsylvania und Maryland von den Eigentümern ernannt. Um die Mitte des achtzehnten Jahrhunderts lag die Initiative in Gesetzgebung und Steuerbewilligung bei den kolonialen Abgeordnetenhäusern. Mit Geschick, Einfallsreichtum und Energie hatten diese Institutionen, die dank eines weitgefaßten Wahlrechts von weit mehr als der Hälfte der weißen erwachsenen Kolonisten – Frauen, Afrikaner und Indianer waren vom Wahlrecht ausgeschlossen – gewählt wurden, ihre Kompetenzen gegenüber den Ratsgremien als Oberhäusern und den Gouverneuren so weit ausweiten können, daß sie nicht nur die Gesetzgebung weitgehend kontrollierten, sondern auch die Finanzverwaltung unter ihre Kontrolle gebracht hatten; in der langen Kriegszeit zwischen 1740 und 1763 hatten die Legislativen auch im Militärwesen Kompetenzen an sich gezogen, die jene der Exekutive deutlich beschnitten. Um die Mitte des 18. Jahrhunderts hatte sich endlich die koloniale Bevölkerung über die Abgeordnetenhäuser weitreichende Mitbestimmungskompetenzen in der Rechtsprechung und Verwaltung der Kolonien gesichert. Diese beschränkte sich nicht nur auf die Bereiche der kolonialen Regierung selbst, sondern reichte auch durch die direkte Wahl der Sheriffs auf die regionale Ebene hinab.

Diesen formalen Verfassungs- und Regierungsstrukturen entsprach eine politische Kultur. In den meisten Kolonien nahmen die Kolonisten mit Petitionen immer wieder auf den Gesetzgebungsprozeß unmittelbaren Einfluß. In Virginia verdankten über die Hälfte der Gesetze ihre Existenz Petitionen. In politischen Kontroversen zwischen Abgeordnetenhäusern und den Gouverneuren beriefen sich erstere immer wieder auf ihre Verpflichtungen gegenüber ihren Wählern und gingen, zeigte sich der Gouverneur von dem Argument unbeeindruckt, gelegentlich soweit, sich mit der ausdrücklichen Begründung zu vertagen, nun die Wähler zur Sache befragen zu müssen. Ohne den Versuch zu machen, sie theoretisch zu untermauern, war die politische Kultur durch Mitbestimmung, Berufung auf Rechte und Privilegien, permanenten Rekurs auf das Gemeinwohl der Wähler und deren Interessen bestimmt und geprägt. Anders formuliert: Die meisten kolonialen Verfassungen entsprachen schon um die Mitte des 18. Jahrhunderts republikanischen, an partizipatorischen Konzepten orientierten Modellen, ohne daß die Kolonisten dazu schon die passenden republikanischen Theorien formuliert hätten.

Das Fortleben dieser Verfassungsinstitutionen und der politischen Kultur der Kolonialzeit sicherte die Funktionsfähigkeit der jungen Staaten.

Hier ist allenthalben nur Kontinuität erkennbar. Connecticut und Rhode Island verzichteten überhaupt darauf, sich neue Verfassungen zu geben; in den alten Charters hatten sie vorzügliche Verfassungstexte. Die anderen Staaten begnügten sich in ihren Verfassungstexten vielfach damit, die überkommene Verfassungswirklichkeit mit den Erfahrungen, die dazu gewachsen waren, in Verfassungstexte zu fassen. Dies galt selbst für Pennsylvania: Denn seine wegen ihrer Einkammerlegislative immer als besonders radikal bezeichnete Verfassung war nichts anderes als die Verschriftlichung der Verfassungsrealität: In Pennsylvania hatte der Rat mit der Charter of Liberties von 1701 seine legislativen Kompetenzen verloren; seither gab es in der Kolonie nur eine Einkammerlegislative.

Die große Leistung der Kolonisten in den Jahrzehnten nach dem Siebenjährigen Krieg war es, daß diese republikanischen Theorien als Unterfütterung und theoretische Begründung der politischen Verfassungen ebenso wie der politischen Kulturen vor allem aus dem englischen politischen Gedankengut der Commonwealth-Zeit, aber auch aus den Schriften antiker Philosophen (Aristoteles, Cicero) und bedeutender politischer Theoretiker wie John Locke, Jean Jacques Rousseau, Jean Jacques Burlamaqui und Charles de Secondat Montesquieu entwickelt und formuliert wurden. Ihr Kerntext, der unter dem Titel *The Federalist* Erörterungen verfassungspolitischer Fragen von Thomas Jefferson, John Jay und James Madison vereinte, wurde zu einem der einflußreichsten Grundtexte demokratischen und verfassungsrechtlichen Selbstverständnisses der modernen Zeit. Revolutionär war die Revolution nur in der Theorie, nicht in der Neugestaltung der politischen Wirklichkeit.

Die Essays des *Federalist* waren zur Verteidigung des Verfassungsentwurfes geschrieben worden, den ein Verfassungskonvent in Philadelphia 1787 ausgearbeitet hatte. Anlaß dafür waren nicht nur die allzu offensichtlichen Schwächen der Konföderation gewesen, die sich gegen den Eigensinn der Mitgliedsstaaten nicht behaupten konnte, sondern angesichts von Shay's Rebellion (1786/87) in Massachusetts auch die Einsicht, daß nur eine starke Zentralregierung langfristig den jungen Vereinigten Staaten Stabilität und Überleben sichern könne. In der Bundesverfassung flossen die kolonialen und die revolutionären Erfahrungen mit unterschiedlichen Verfassungen ein: Mit der Zweikammerlegislative wurde ein Weg gefunden, die Interessengegensätze zwischen großen und kleinen Einzelstaaten auszugleichen; mit dem Verhältnis zwischen den Legislativen, der im Präsidenten durch eine schlichte und lapidare Formulierung verankerten Exekutive und dem im Supreme Court gipfelnden Rechtssystem wurde ein ausgeklügeltes System von ineinander verzahnten Verfassungsorganen entworfen, das nicht nur gegenseitige Kontrolle garantieren, sondern in politischen Krisen auch Zusammenarbeit erzwingen sollte. Endlich wurde mit dem Grundsatz, daß Bundesrecht Einzelstaatenrecht breche, zugleich aber den Einzelstaaten in der Verfassung und über ihre Senatoren im Senat besonderes Gewicht zugestanden wurde, ein Weg gefunden, der die Unabhängigkeit der Einzelstaaten in wichtigen Bereichen garantierte, zugleich aber die Handlungsfähigkeit der Bundesregierung in allen Bereichen, die über die Kompetenzen der Einzelstaaten hinausging, sicherte.

Soziale Dynamik: Die Gesellschaften der englischen Kolonien kannten keine adeligen Privilegien und keine gesetzlich zementierten gesellschaftlichen Unterschiede zwischen den europäischen männlichen Siedlern. Rangabstufungen und Unterschiede des Rechtsstatus betrafen nur Sklaven, die keine eigenen Rechte besaßen, sondern als Sachen behandelt wurden, Indianer, die wie Frauen von der Teilhabe an der Mitgestaltung des politischen Lebens ausgeschlossen waren, und schließlich in den meisten Kolonien die Besitzlosen – eine im Unterschied zu Europa proportional eher kleine Gruppe. Mit Ausnahme der Sklaven einte in der Kolonialzeit alle diese Gruppen ihr Untertanenstatus unter der englischen Krone.

Mit der Unabhängigkeitserklärung entfiel dieser Status und damit auch das Band, das diese Gruppen miteinander verknüpfte. Nun zerfiel die Gesellschaft nur noch in solche, die alle Rechte als Bürger besaßen und damit Teilhaber an der Souveränität des Volkes waren, und solche, die aus unterschiedlichen Gründen davon ausgeschlossen waren. Die Ereignisse zwischen 1760 und 1790 produzierten keine Entwicklungen, die jenen Gruppen, denen die Bürgerrechte vorenthalten waren, eben alle oder zumindest einige dieser Rechte verliehen. Frauen blieb das Wahlrecht vorenthalten ebenso wie Indianern, Sklaven und jenen, die über keinerlei Eigentum verfügten oder keine Steuern zahlten.

Die Revolution setzte vor 1800 keine sozialen Energien frei, die die politische Gesellschaft verändert hätten. Dies bedeutet allerdings nicht, daß die Ereignisse zwischen 1774 und 1783 keine Auswirkungen auf die sozialen Verhältnisse der Menschen hatten. Der Zerfall der Währung, die zahlreichen Steuern, Plünderungen, Verwüstungen und politisch motivierten Übergriffe führten überall zu Verarmung und gelegentlicher Hungersnot. Die sozialen Kosten der Amerikanischen Revolution waren hoch; aber daraus läßt sich noch nicht eine sozial-revolutionäre Entwicklung ableiten.

Verfassungsrechtliche Entwicklung. Die Erörterung der politischen Kultur der englischen Kolonien hat indirekt auch gezeigt, daß in den Kolonien Rechtssicherheit für die europäischen Siedler, nicht jedoch für Sklaven und Indianer, hoch war. Zeitgenössische Klagen über tyrannische Gouverneure, korrupte Richter und bestochene Gerichte scheinen zwar das

Gegenteil zu beweisen. Aber beim genaueren Hinschauen erweisen sich solche Klagen überwiegend als Bestandteile politischer Auseinandersetzungen; sie beschreiben keine Zustände. Grundsätzlich galt in den Kolonien, soweit koloniale Gesetze hier keine anderen Rechtstatbestände geschaffen hatten, das englische Gewohnheitsrecht. Und daran sollte auch die Amerikanische Revolution nichts ändern. Die Leistungen der Revolution lagen vielmehr in einem anderen, grundsätzlicheren Bereich: In der Fixierung der Rechte der Siedler in Verfassungen und in der Garantie von Menschenrechten als Grundrechten – die übrigens später als erster Verfassungszusatz in die 1787 ausgearbeitete Bundesverfassung aufgenommen wurden.

In der Geschichte des Grund- und Verfassungsrechts stellt dies eine langwirkende, auch auf Europa ausstrahlende Entwicklung dar. Entscheidend aber war, daß aus der schriftlichen Fixierung von Grund- und Verfassungsrechten, die 1787 in der Billigung der Bundesverfassung ihren Höhepunkt fand, letztlich eine dynamische Entwicklung erwuchs, die bis in unsere unmittelbare Gegenwart hinein immer wieder verändernd auf die amerikanische Gesellschaft einwirkte. Die Berufung auf die Verfassung und auf die Bill of Rights gehörte in den Vereinigten Staaten zu den wichtigsten Mitteln verfolgter und scheinbar oder tatsächlich rechtloser Minderheiten, die für sich rechtliche Gleichheit mit den anderen Bürgern erstreiten wollten. Dies war die Strategie der Antisklavenbewegung ebenso wie der Frauenrechtsbewegung oder der Menschen, die sich nach dem Zweiten Weltkrieg für bessere Rechte der schwarzen Bewohner in den Südstaaten oder der mexikanischen Einwanderer im Südwesten einsetzten. Diese Bürgerrechtsbewegungen der zweiten Hälfte des zwanzigsten Jahrhunderts sind ohne die Errungenschaften, die in den Bills of Rights verankert wurden, nicht vorstellbar. Von diesen ging, daran besteht kein Zweifel, langfristig der nachhaltigste Anstoß zur Veränderung der sozialen Verhältnisse und Strukturen der amerikanischen Gesellschaft aus. Das «Revolutionäre» der Amerikanischen Revolution liegt in ihren grund- und verfassungsrechtlichen Errungenschaften. Sie gehören zu den wenigen Elementen, die das amerikanische Volk einen. Die Verfassung mit ihren Errungenschaften ist deshalb ein wichtiger Teil der nationalen Werte, mit denen sich die amerikanischen Bürger identifizieren.

III.

Die Vereinigten Staaten definierten in kritischer Abgrenzung zum britischen Nationalismus ihre Identität aus ihrem vorrevolutionären Selbstverständnis, dann in und nach der Revolution aus ihren revolutionären

Errungenschaften. Schon früh waren amerikanische Bürger und Politiker davon überzeugt, daß ihre revolutionären Ideale – Republikanismus, Gewaltenteilung, Verfassung und freiheitliche Grundrechte, weitreichende Mitwirkungskompetenzen der Bürger an Verwaltung und Regierung – auch allen anderen Gesellschaften, die in Unterdrückung lebten, Beispiel und Vorbild sein konnten. Revolutionäre Entwicklungen in den spanischen Kolonien Lateinamerikas und in Westindien wurden ebenso begrüßt wie solche in Europa. Man identifizierte sich mit Simon Bolivar ebenso begeistert wie anfänglich mit der französischen oder der polnischen Revolution. Orte wie Lafayette in den Staaten Alabama, Georgia, Louisiana, Tennessee und Indiana, wie Bolivar in Tennessee und Montana, wie Kosciusko im Staate Mississippi und Garibaldi in Oregon zeugen von dieser Begeisterung.

Allerdings sollten Erwartungen europäischer oder lateinamerikanischer Revolutionäre auf tatkräftige Unterstützung durch die jungen Vereinigten Staaten schnell enttäuscht werden. Zwar engagierten sich immer wieder Amerikaner als Freiwillige für die Sache der Freiheit; aber die offizielle Politik der Vereinigten Staaten hielt sich an die Warnung, die der erste amerikanische Präsident, George Washington, in seiner Abschiedsrede an die Nation formuliert hatte. Es müsse eine der Grundmaximen der amerikanischen Außenpolitik sein, mit möglichst vielen Nationen gute Handelsbeziehungen zu unterhalten, mit ihnen aber «möglichst wenige politische Bindungen einzugehen». Und er fuhr fort: «It is our true policy to steer clear of permanent alliances with any portion of the foreign world, so far, I mean, as we are now at liberty to do it». Denn jeder ausländische Einfluß gefährde die Tugenden der jungen Republik. In dieser Rede wirkte nicht nur das Selbstbewußtsein der jungen Nation, sondern auch, und dies war wichtiger, die Überzeugung mit, daß die Erhaltung der demokratischen und republikanischen Errungenschaften mit ihrer Beispielsfunktion für die ansonsten weitgehend monarchische Welt wichtiger sei als jeder Versuch, mit dem Export dieser Errungenschaften sich in die Angelegenheiten anderer Staaten einzumischen.

Schon früh wurden aber auch zwei Bereiche sichtbar, in denen die USA Ausnahmen machten: Die Spielregeln für die Besiedlung des im Frieden von Paris gewonnenen Westens des Kontinents, wie sie in den Gesetzen der 1780er Jahre formuliert wurden, ordneten bewußt Bedürfnisse nach geordneter Verwaltung den republikanischen und revolutionären Überzeugungen und Bestrebungen der Siedler über: In der «Northwest Ordinance» (1785) wurde das Recht auf Selbstbestimmung nicht an revolutionäre republikanische Ideale, sondern an schnöde Faktoren wie das Erreichen einer bestimmten Bevölkerungszahl gebunden. Schon bald begannen Siedler in den neuen Territorien unter Berufung auf die Ideale der Revolution gegen die Forderung der Bundesbehörden nach Einhaltung der Bestimmungen der «Ordinances» zu agitieren.

Der zweite Bereich betraf den gesamtamerikanischen Kontinent. Schon früh zeigte sich deutlich, daß die Vereinigten Staaten die vom ersten Präsidenten, George Washington, anempfohlene Zurückhaltung gegenüber den inneren Angelegenheiten anderer Staaten dann aufzugeben bereit waren, wenn diese ihre eigenen Interessen zu tangieren drohten. Freilich sollte sich diese politische Tendenz erst mit der Monroe Doktrin (1823), wenig später mit Henry Clays «American System», endlich dann mit der Lateinamerikapolitik zu Beginn des 20. Jahrhunderts voll entfalten.

In Europa stand die Amerikanische Revolution seit dem ausgehenden achtzehnten Jahrhundert im Schatten der Auseinandersetzung mit und des Weiterwirkens der Französischen Revolution. Nachdem erstere von führenden europäischen Konservativen in kritischer und ablehnender Kontrastierung mit der Französischen Revolution in den Rang einer «vernünftigen» Revolution erhoben worden war, blieb die Wirkungsmächtigkeit der Amerikanischen Revolution insbesondere in der deutschen politischen Diskussion des 19. Jahrhunderts gering. Gelegentlich wurden aus dem amerikanischen revolutionären Gedankengut von deutschen Liberalen wie aus einem Steinbruch passende Brocken herausgebrochen; aber nur wenige, unter ihnen Robert von Mohl, drangen zu einem vertieften Verständnis amerikanisch-revolutionären Gedankenguts vor. Größeren Einfluß auf die deutsche Entwicklung sollte Gedankengut der Amerikanischen Revolution erst im Zusammenhang mit der Entstehung der Weimarer Verfassung erlangen.

Die Französische Revolution

von Michael Wagner

Chronik

1774–1792	König Ludwig XVI.
1787	Notabelnversammlung, Opposition der Parlamente («Vorrevolution»)
1788	Einberufung der Generalstände
Mai 1789	Zusammentritt der Generalstände in Versailles
14. 7. 1789	Bastillesturm
26. 8. 1789	Erklärung der Menschen- und Bürgerrechte
1790	Zivilverfassung des Klerus
Juni 1791	Fluchtversuch des Königs
1. 10. 1791	Eröffnungssitzung der Gesetzgebenden Nationalversammlung
1792–1797	Krieg gegen Österreich und Preußen (1. Koalitionskrieg)
10. 8. 1792	Sturz der Monarchie
21. 9. 1792	Zusammentritt des Nationalkonvents
21. 1. 1793	Hinrichtung Ludwigs XVI.
März 1793	Aufstand in der Vendée
April 1793	Einrichtung des Wohlfahrtsausschusses
2. 6. 1793	Entmachtung der Girondisten
Sept. 1793	Beginn der «Terreur»
27. 7. 1794	«9. Thermidor»: Sturz Robespierres
5. 4./22. 7. 1795	Friedensschlüsse mit Preußen und Spanien
31. 10. 1795	Bildung des ersten Direktoriums
1796	Italienfeldzug Napoleon Bonapartes
17. 10. 1797	Frieden von Campo Formio mit Österreich
1798	Expedition Bonapartes nach Ägypten
1799–1802	2. Koalitionskrieg
9. 11. 1799	«18. Brumaire»: Machtergreifung Bonapartes
1804	Kaiserkrönung Napoleons

Die Historiographie der Französischen Revolution war immer stark politisch geprägt. Konservative, liberale, demokratische und sozialistische

Historiker rivalisierten nicht nur in Frankreich selbst mit konträren Gesamtdarstellungen um die Deutungshoheit. Seit dem Ende des 1. Weltkrieges setzte sich in der französischen Fachwissenschaft weitgehend eine Sicht durch, in der sich marxistische Interpretationsansätze mit einer zuweilen sehr unkritischen Glorifizierung der jakobinischen Traditionen von 1793/1794 verbanden. Diese «klassische Interpretation» sah in der Französischen Revolution primär eine soziale Umwälzung, einen Sieg des mit den «Volksmassen» verbündeten kapitalistischen Bürgertums über den reaktionären Feudaladel. Nicht immer konsequent richtete sie ihr Augenmerk vor allem auf diejenigen Gruppen, Personen und Phasen, in denen sich ein potentielles Überschreiten des bürgerlichen Klassenhorizonts abzuzeichnen schien. 1789 und 1793 wurden oft vor dem Hintergrund von 1917 interpretiert.

Seit den 1960er Jahren ist dieser marxistisch-jakobinische Interpretationsansatz von französischen und vor allem angelsächsischen «Revisionisten» durch intensive Detailforschungen, grundsätzliche Neukonzeptualisierungen und polemische Globalkritiken erschüttert und zunehmend demontiert worden. Der Niedergang des Marxismus tat ein übriges, die «klassische Sicht» der Französischen Revolution zu verdrängen. An ihre Stelle trat seit etwa drei Jahrzehnten ein Ansatz, der in der Revolution nicht primär eine tiefgreifende Transformation der sozioökonomischen Verhältnisse sieht, sondern einen grundlegenden Wandel des sozialen Bewußtseins, in dem sich die politische Kultur, die Werte und Mentalitäten weit stärker veränderten als die gesellschaftlichen und wirtschaftlichen Strukturen. In dieser Sicht ist die Revolution nicht die Durchbruchsschlacht des kapitalistischen Bürgertums, sondern die Geburtsstunde eines modernen, erstmals die große Masse der Bevölkerung einbeziehenden demokratischen Politikverständnisses.

Die Revolution als politischer Prozeß

Die Französische Revolution begann nicht im Sommer 1789, sondern zweieinhalb Jahre früher. Im Februar 1787 trat in Versailles eine Versammlung von hochgestellten Würdenträgern und Adligen (Notabeln) zusammen, die ein umfassendes Reformprogramm beraten sollten, das der Finanzminister König Ludwigs XVI., Charles-Alexandre de Calonne, entworfen hatte. Ziel dieses Programmes war die Umgestaltung der Steuerverfassung und der Provinzialverwaltung im Sinne einer aufgeklärt-rationalistischen Reform von oben. Im Hintergrund der Reforminitiative stand die katastrophale finanzielle Lage der Monarchie mit einem wachsenden Haushaltsdefizit und einem erdrückenden Schuldenberg. Die Reformen sollten die französische Wirtschaft beleben, die Effektivität des Steuersystems steigern, die privilegierten Stände Klerus und Adel stärker an den staatlichen Lasten beteiligen und auf diese Weise die Finanzkrise entschärfen.

Das Reformprogramm stieß bei den Notabeln auf entschiedenen Widerstand. Nach der Auflösung der Versammlung wurde die Rolle der Opposition von den Parlamenten, den obersten Gerichtshöfen des Königreiches, übernommen, die vor allem die Forderung erhoben, daß neue Steuern nur mit Zustimmung der in den sog. Generalständen – Klerus, Adel, Bürger – versammelten Repräsentanten der Nation eingeführt werden dürften. Zugleich erschienen zahllose Flugschriften und Pamphlete, die meist Partei für die Notabeln und Parlamente ergriffen, den «ministeriellen Despotismus» einer schonungslosen Kritik unterzogen und die Einberufung der Generalstände verlangten. Als die königliche Regierung im Mai 1788 staatsstreichartig die widerspenstigen Parlamente entmachten wollte, eskalierte der Konflikt zu einer Staatskrise, in der das Regierungssystem der absoluten Monarchie in Frage gestellt und die Konstitutionalisierung des Staates verlangt wurden.

Die Krise von 1787/1788 war eine radikalisierte Neuauflage der zahlreichen Konflikte zwischen Anhängern und Gegnern des Absolutismus, zu denen es seit dem Tod Ludwigs XIV. 1715 immer wieder gekommen war. Im Zentrum dieser Auseinandersetzungen standen die Parlamente, um deren adlige Richter sich die Kritiker des «Despotismus» aus Adel und städtischem Großbürgertum sammelten. Die Sachfragen, an denen sich mehrmals Verfassungskontroversen entzündeten, waren zum einen die Versuche der Regierung, die reformkatholische Minderheit der Jansenisten zu unterdrücken, und zum anderen, besonders seit ca. 1750, Bemühungen der Krone, durch die Einführung neuer Steuern, die auch die bisher von der Besteuerung weitgehend befreiten privilegierten Schichten und Regionen belasteten, die sich verschlechternde Lage der Staatsfinanzen zu stabilisieren und dadurch nicht zuletzt auch die Großmachtposition Frankreichs im internationalen System zu stärken.

Beide Seiten appellierten in diesen Konflikten immer öfter an die Öffentlichkeit. An die Stelle der Arkanpolitik des Absolutismus trat immer mehr ein öffentlicher Wettstreit um die verfassungspolitische Hegemonie, in dem die Regierung nicht selten gezwungen war, vor den publizistischen Angriffen der Opposition den Rückzug anzutreten. Zuletzt war dies 1774 der Fall, als Ludwig XVI. kurz nach seiner Thronbesteigung die gegen die Parlamente gerichteten Reformen des Justizministers Maupeou aus den Jahren 1770/1771 zurücknahm.

Im Umfeld der Anhänger der Parlamente, der sog. «Patrioten», wurden vor allem während der Maupeou-Krise 1770–1774 Ideen laut, die die

Verfassungsordnung der absoluten Monarchie radikal in Frage stellten. Man forderte die Einberufung der Generalstände, die zuletzt 1614/15 getagt hatten, und die Mitbestimmung der «Nation» bei Gesetzgebung und Steuerbewilligung. Die «Patrioten» knüpften an vorabsolutistische Traditionen des eigenen Landes an und wurden inspiriert vom englischen Parlamentarismus, den Verfassungsvorstellungen der Jansenisten und den Ideen mancher aufgeklärter «Philosophen» wie Montesquieu und Rousseau. Sie denunzierten die absolute Monarchie als ein «despotisches», tyrannisches Herrschaftssystem, das die Freiheit und das Eigentum der Bürger bedrohe. Im Gegenzug warfen die Verteidiger des Absolutismus ihren Gegnern vor, die Interessen der privilegierten Stände zu vertreten, Reformen zugunsten der großen Mehrheit der Bevölkerung zu sabotieren und an die Stelle einer effizienten und gerechten Monarchie die Herrschaft selbstsüchtiger Adliger setzen zu wollen.

Wie 1774 kapitulierte die Regierung auch 1788 vor der antidespotischen Opposition. Unter dem Druck der «patriotischen» Agitation und der sich verschärfenden Krise der Staatsfinanzen nahm sie im August/September 1788 die im Mai gegen die Parlamente erlassenen Zwangsmaßnahmen zurück und berief die Generalstände für das folgende Jahr ein. Diese Konzessionen bewirkten allerdings keine Entschärfung der Verfassungskrise. Vielmehr radikalisierte sich der Konflikt und gewann zunehmend eine soziale Dimension. An der Frage, wie die Generalstände zusammengesetzt sein sollten, zerbrach die antidespotische Front und es wurden tiefgreifende Gegensätze zwischen einem Großteil des Adels und der bürgerlichen Oberschicht des Dritten Standes deutlich. Immer zahlreicher wurden seit Herbst 1788 die Stimmen, die nicht nur eine Konstitutionalisierung der absoluten Monarchie, sondern auch die Überwindung der politisch-sozialen Sonderstellung der privilegierten Stände Klerus und Adel forderten. Zahlreiche Flugschriften attackierten den Machtanspruch und die «Tyrannei» des Adels und forderten, daß in den Generalständen der Dritte Stand genauso viele Deputierte haben müsse wie die beiden privilegierten Stände zusammen und daß nach Köpfen und nicht nach Ständen abgestimmt werden solle.

In den Debatten um die Jahreswende 1788/89 standen sich zwei gesellschaftspolitische Grundpositionen gegenüber. Beide Lager verlangten die Überwindung der absoluten Monarchie und die Errichtung eines Regierungssystems, das die Mitwirkung der «Nation» an Regierung und Steuerbewilligung gewährleistete und die Freiheit des Individuums schützte. Die – aus der Defensive heraus argumentierenden – «Aristokraten» forderten die Aufrechterhaltung der traditionellen ständischen Unterschiede, wobei sie allerdings zu beträchtlichen Einzelkonzessionen, etwa bei der Frage der steuerlichen Gleichbehandlung der Privilegierten, bereit waren. Die «nationale Partei» andererseits strebte die Überwindung der ständischen Unterschiede und die Integration des Adels in eine übergreifende Elite an, in der nicht Abstammung, sondern Besitz das entscheidende Kriterium sein sollte.

Entscheidend für den Fortgang der Ereignisse sollten zwei Entwicklungen werden. Zum einen verhärteten sich im Zuge der Flugschriftenpropaganda des Ständekonflikts die Positionen beider Seiten und die Neigung zu Kompromissen nahm immer mehr ab. Zum anderen ließ sich die Auseinandersetzung nicht auf die adligen und bürgerlichen Eliten beschränken, sondern erfaßte immer mehr auch die städtischen und ländlichen Unterschichten. Entscheidend hierfür war, daß sich die politischen Konflikte 1788/1789 mit einer ökonomischen und sozialen Krise überschnitten. Eine katastrophale Mißernte im Sommer 1788, ein extrem kalter Winter 1788/89 und die Überschwemmung des französischen Marktes durch billigere englische Manufakturwaren im Gefolge des britisch-französischen Handelsvertrags von 1786 führten zu einer Explosion des Brotpreises, Hungersnöten, wachsender Arbeitslosigkeit und sozialen Unruhen. Die Wahlen zu den Generalständen, bei denen alle Steuerzahler ab 25 Jahren stimmberechtigt waren, verstärkten im Frühjahr 1789 die Mobilisierung breiter Bevölkerungsschichten und gaben der Erwartung Auftrieb, die Generalstände würden im Zusammenwirken mit dem – immer noch äußerst populären – König eine grundlegende Reform auch der sozialen Verhältnisse des Königreiches in Angriff nehmen.

Die Generalstände, die am 5. Mai 1789 in Versailles zusammentraten, wurden zunächst durch eine Auseinandersetzung zwischen den Privilegierten und den Repräsentaten des Dritten Standes über den Abstimmungsmodus lahmgelegt. Am 17./20. Juni 1789 durchschlugen dann die Abgeordneten des Dritten Standes, die zunehmend im niederen Klerus Verbündete fanden, den gordischen Knoten, proklamierten sich zur Nationalversammlung und legten einen Eid ab, nicht eher auseinanderzugehen, bis sie Frankreich eine Verfassung gegeben hätten. Ende Juni gab Ludwig XVI. diesem Machtanspruch scheinbar nach und forderte Klerus und Adel auf, sich dem Dritten Stand anzuschließen. Gleichzeitig jedoch ließ er um Paris und Versailles starke Truppenverbände zusammenziehen.

Diese Maßnahme, die Entlassung des reformgeneigten Chefministers Necker sowie die Berufung eines konservativen Kampfministeriums lösten am 11. Juli 1789 in Paris einen Volksaufstand aus, der am 14. Juli in der Erstürmung der Bastille, einer als Staatsgefängnis benutzten spätmittelalterlichen Festung, gipfelte. In den folgenden Tagen griff die Empörung von Paris auch auf die Provinz über. In vielen Städten wurden die alten oligarchischen Stadtverwaltungen abgesetzt oder entmachtet. In verschiedenen Gegenden des Landes stürmten zudem Bauern die Schlösser des Adels und vernichteten die Verzeichnisse, in denen die an die Grundherren zu leistenden Abgaben aufgelistet waren.

Diese Erhebung der Unterschichten rettete die Nationalversammlung vor einem militärischen Staatsstreich, den der König und sein reaktionäres Umfeld wahrscheinlich planten. Zugleich jedoch wuchs unter den Abgeordneten die Angst vor einem unkontrollierten Aufbegehren des «Pöbels», das das Land in Chaos und Anarchie zu stürzen drohte. Um die Lage zu beruhigen, beschloß die Nationalversammlung am 4./5. August die Abschaffung der grundherrlichen Abgaben (teilweise gegen eine Entschädigung), des Kirchenzehnten, der Adelsprivilegien und der Sonderrechte einzelner Städte und Provinzen. Am 26. August verabschiedete sie eine Erklärung der Menschen- und Bürgerrechte, die die Prinzipien formulierte, auf denen die neue Ordnung aufgebaut werden sollte. Nach heftigen Debatten, die zeigten, daß es unter den «Patrioten» starke Meinungsverschiedenheiten gab, entschied die Nationalversammlung im September, dem König in Zukunft nur ein aufschiebendes (suspensives), aber kein absolutes Veto gegen die Beschlüsse der Volksvertretung zu gewähren und auf die Einrichtung eines Oberhauses als Gegengewicht zur Nationalversammlung zu verzichten.

Die Beratungen über die neue Verfassung zogen sich bis weit in das Jahr 1791 hin. In der Zwischenzeit kam das Land nicht zur Ruhe. In der Nationalversammlung und dem Jakobinerklub, dem wichtigsten außerparlamentarischen Diskussionsforum der revolutionären Elite, kämpften gemäßigte und radikale Revolutionäre um die Vorherrschaft. Letztere wurden zunehmend von einer lautstarken demokratischen Presse und von politischen Klubs unterstützt, die sich gegen die elitär-oligarchischen Tendenzen führender Politiker der Nationalversammlung wandten. In vielen Teilen Frankreichs kam es zu Steuerverweigerungen und gegen die Grundherren gerichtete Aufstände der ländlichen Bevölkerung, die die entschädigungslose Beseitigung der grundherrlichen Abgaben verlangte. Der Versuch der Nationalversammlung, die katholische Kirche in den revolutionären Staat zu integrieren (Zivilverfassung des Klerus), führte nicht nur zu einem erbitterten Konflikt mit dem Episkopat und dem Papst, sondern auch mit einem beträchtlichen Teil des – ursprünglich der Revolution durchaus gewogenen – niederen Klerus, von dem sich ca. 50% weigerten, den seit November 1790 geforderten Verfassungseid zu leisten. In Provinzen wie der Bretagne, wo ein stark traditionalistisch geprägter Katholizismus vorherrschte, wurden die Eidverweigerer von großen Teilen der Bevölkerung unterstützt, die sich teilweise gewaltsam gegen die Umsetzung der Zivilverfassung des Klerus wandten.

Dank der katastrophalen Kirchenpolitik der Nationalversammlung erhielten die gegenrevolutionären Extremisten, die sich um die 1789 bzw.

1791 emigrierten jüngeren Brüder des Königs, zunächst in Turin, dann in Koblenz, sammelten, eine Massenbasis für ihren Kampf gegen die Revolution. Einer Stabilisierung der Lage stand schließlich auch die Haltung des Königs entgegen. Ludwig XVI., der im Oktober 1789 durch einen Volksaufstand gezwungen worden war, von Versailles in den Tuilerienpalast im Zentrum von Paris überzusiedeln, war durchaus zu umfassenden Reformen bereit. Er lehnte es allerdings entschieden ab, sich auf die Rolle eines einflußlosen Aushängeschilds reduzieren zu lassen und die entscheidenden Herrschaftskompetenzen der Nationalversammlung zu übereignen.

Nachdem im Juni 1791 ein Versuch des Königs, aus Paris zu loyalen Truppenteilen in Ostfrankreich zu fliehen, gescheitert war, sah sich Ludwig im September 1791 gezwungen, den Eid auf die von der Nationalversammlung ausgearbeitete Verfassung abzulegen. Diese machte Frankreich zu einer konstitutionellen Monarchie, die die gesetzgebende Gewalt zwischen Monarch und Parlament aufteilte, dem König die Exekutive nur teilweise überließ und die Judikative gewählten Richtern übertrug. Das aktive und passive Wahlrecht war auf Männer beschränkt, die einen bestimmten Steuersatz zahlten; Frauen hatten keine politischen Rechte. Zu den grundlegenden Reformen, die die Nationalversammlung bis 1791 beschloß, gehörten außerdem die Verstaatlichung des umfangreichen Besitzes der Kirche, die staatsbürgerliche Gleichberechtigung von Protestanten und Juden, die Abschaffung von Binnenzöllen und Zünften sowie die Einteilung des Landes in neue Verwaltungsbezirke (Départements). Diese Neuordnung Frankreichs war geprägt von einem rationalistischen Denkansatz, der auf gewachsene Verhältnisse und Traditionen wenig Rücksicht nahm, sondern dem es vor allem um die Beseitigung aller persönlichen und institutionellen Sonderrechte und die politische und ökonomische Freisetzung der Individuen ging.

Die Verfassung von 1791 hatte nicht einmal ein Jahr Bestand. In der am 1. Oktober 1791 zusammentretenden Gesetzgebenden Nationalversammlung (Legislative) formierte sich gegen die Anhänger der Verfassung eine starke, tendenziell republikanische Opposition, deren Zentrum der Pariser Jakobinerklub war und deren wichtigste Gruppierung die Girondisten unter Führung des einflußreichen Journalisten Brissot darstellten. Gegen den Widerstand eines anderen führenden Jakobiners, des aus dem nordfranzösischen Arras stammenden Rechtsanwalts Robespierre, gelang es Brissot und seinen Freunden, Frankreich im April 1792 in den Krieg gegen Österreich zu drängen. Die Girondisten erhofften sich von einem Krieg nicht nur die «Befreiung» Europas von der Tyrannei der absoluten Monarchien, sondern auch ihre eigene Machtübernahme, mit oder ohne den zu einem reinen Statisten reduzierten Monarchen. Gegen Ludwig, der sich dieser Entwicklung entgegenstemmte, mobilisierten sie im Sommer 1792 die sich in den Pariser Stadtteilversammlungen und populären Klubs organisierenden revolutionären Aktivisten aus den unterbürgerlichen Schichten (Sansculotten). Letztlich schreckten sie jedoch vor einer gewaltsamen Machtergreifung zurück, so daß die «zweite Revolution» vom 10. August 1792 mit ihren weitreichenden Folgen – der Erstürmung der Tuilerien, der Suspendierung und Gefangensetzung Ludwigs XVI., der Wahl eines neuen Parlaments, des Nationalkonvents, auf der Basis des allgemeinen Männerwahlrechts sowie der Proklamation der Republik – in der Hauptsache das Werk der außerparlamentarischen Radikalen war, deren Machtzentrum die Pariser Stadtregierung wurde.

Die Monate zwischen August 1792 und Juni 1793 waren gekennzeichnet von einem erbitterten Machtkampf im Konvent zwischen den beiden Flügeln der republikanischen Bewegung. Während es den Girondisten um eine Stabilisierung der Revolution und um eine von Besitz und Bildung bestimmte Republik ging, suchten die Montagnards um Robespierre aus taktischen Gründen das Bündnis mit der Sansculotterie und waren bereit, Einschränkungen der persönlichen Freiheit sowie die Aufhebung der liberalen Wirtschaftsgesetzgebung, die die Sansculotten forderten, wenigstens temporär zu konzedieren. Die Montagnards verteidigten die Massaker, bei denen Anfang September 1792 in den Pariser Gefängnissen weit über 1000 Gegner der Revolution und gewöhnliche Kriminelle von revolutionären Aktivisten aus dem Umfeld der Stadtverwaltung abgeschlachtet worden waren; sie erzwangen nach erbitterten Debatten die Hinrichtung des Königs (21. Januar 1793) und setzten erste Maßnahmen zu Verstärkung der Repression gegen politisch Andersdenkende (Errichtung des Revolutionstribunals) durch. Am 2. Juni 1793 gelang es ihnen schließlich, unter dem Druck einer bewaffneten Massendemonstration der Sansculotten den Konvent zum Ausschluß führender girondistischer Politiker zu zwingen. In den folgenden Monaten wurde der von den Montagnards um Robespierre dominierte Wohlfahrtsausschuß zum Zentrum einer Regierung, die Frankreich diktatorisch regierte.

Während in Paris Girondisten und Montagnards um die Macht rangen, drohte das Land endgültig in Anarchie zu versinken. Es kam immer wieder zu Unruhen, bei denen von seiten der ländlichen und städtischen Unterschichten die entschädigungslose Beseitigung der grundherrlichen Abgaben und die Einführung von Höchstpreisen für Lebensmittel gefordert wurden. Der Konflikt zwischen den Revolutionären und der katholischen Bevölkerung eskalierte im März 1793 zu einem blutigen Aufstand in Westfrankreich (Bretagne, Vendée). Die französischen Truppen erlitten zudem im Frühjahr 1793 gegen die Armeen der gegenrevolutionären Koalition – Österreich wurde inzwischen nicht nur von Preußen, sondern u. a. auch von Großbritannien, Spanien, Sardinien und Neapel unterstützt – schwere Niederlagen. Zugleich wuchs in Provinzmetropolen wie Marseille, Toulon, Lyon oder Bordeaux der Widerstand gegen die in Paris herrschenden «Anarchisten» und «Septembermörder», eine Bewegung, die teilweise gewaltsame Formen annahm. Dies alles fand statt vor dem Hintergrund einer katastrophalen wirtschaftlichen Entwicklung, die gekennzeichnet war von Währungsverfall, exorbitanten Preissteigerungen, Rückgang der gewerblichen Produktion und dem Zusammenbruch des französischen Außenhandels.

Der Revolutionsregierung unter Leitung des Wohlfahrtsausschusses gelang es zwischen Herbst 1793 und Sommer 1794, die innen- und außenpolitische Lage zu stabilisieren. Durch die Levée en masse, einer Vorform der allgemeinen Wehrpflicht, die alle unverheirateten Männer zwischen 18 und 25 Jahren erfaßte, gelang es, ein Massenheer aufzustellen, das den Armeen der Koalition deutlich überlegen war und sie zum Rückzug zwingen konnte. Auch die Oppositionsbewegungen im Landesinnern wurden niedergeworfen; der letzte nenneswerte Widerstand – in Toulon und in der Vendée – wurde im Dezember 1793 zerschlagen. Durch partielle Konzessionen – entschädigungslose Aufhebung der grundherrlichen Abgaben, Einführung von Höchstpreisen zur Eindämmung der Inflation, Aufstellung von Milizverbänden (Revolutionsarmeen) zu Bekämpfung von «Gegenrevolutionären» und zur Sicherstellung der Versorgung der Städte mit Lebensmitteln – gelang es, die radikalrevolutionären Kräfte in den Unterschichten zu befrieden. Im September 1793 wurde der «Terror» auf die Tagesordnung gesetzt: «Verdächtige» wurden in Stadt und Land verhaftet und zahllose wirkliche oder angebliche «Feinde der Revolution» hingerichtet; im Frühjahr 1794 nahm die «Pazifizierung» der Vendée durch die Revolutionstruppen zeitweise den Charakter eines organisierten Massenmordes an. Überwachungsausschüsse, Klubs und in die Departements entsandte Konventsabgeordnete sorgten dafür, daß die Anordnungen des Wohlfahrtsausschusses umgesetzt wurden. Zentralisierung, Repression, Zensur, staatliche Propaganda sowie eine Intensivierung des Kampfes gegen Kirche und Religion charakterisierten 1793/1794 das politische Leben Frankreichs.

Allerdings war die Allianz der Montagnards mit den Aktivisten der Sansculotterie äußerst brüchig und instabil. Unter den Montagnards gab es zudem verschiedene Gruppierungen, unter denen im Frühjahr 1794 ein offener Kampf um die Macht ausbrach, den Robespierre und seine Anhänger nach der Hinrichtung der Gemäßigten um Danton und der Radikalen um Hébert zunächst für sich entschieden. Viele Abgeordnete des Konvents und auch manche Mitglieder des Wohlfahrtsausschusses standen dem ideologischen Eiferertum Robespierres und der von ihm proklamierten Intensivierung der Repression allerdings mit wachsendem Widerwillen gegenüber. Angesichts der militärischen Erfolge gegen die ausländischen Mächte hielten sie die im Sommer 1793 etablierte Notstandsdiktatur für überflüssig. Robespierre dagegen sah in der «Terreur» mehr als nur eine Notmaßnahme. Für ihn war das diktatorische Regierungssystem vielmehr ein Mittel zur Säuberung der Gesellschaft von allen potentiellen Gegnern der radikalen Republik und zur Durchsetzung der «Bürgertugend» (vertu) in einer Bevölkerung, die durch Erziehung und Repression dazu gebracht werden sollte, ihre egoistischen Privatinteressen dem Wohl des revolutionären Staates, wie es die Robespierristen verstanden, unterzuordnen.

Robespierre und seine Anhänger wurden am 9. Thermidor (27. Juli 1794) von der Konventsmehrheit gestürzt. Die Absicht der «Thermidorianer», ein stabiles konstitutionelles Regierungssystem zu errichten, ließ sich jedoch nicht verwirklichen. Die Verfassung von 1795 übertrug die Exekutive fünf Direktoren, errichtete ein Zweikammerparlament und kehrte zum Zensuswahlrecht zurück. Die «Verdächtigen» wurden freigelassen, das Terrorsystem abgebaut, der Jakobinerklub geschlossen, die jakobinischen Aktivisten inhaftiert und teilweise ermordet, die Höchstpreisgesetzgebung wurde aufgehoben.

Die «Thermidorianer» und das Direktorium fanden allerdings mit ihrem Projekt einer wirtschaftsliberalen, gemäßigt demokratischen Republik in der Bevölkerung nie genügend Rückhalt. Die weiterhin katastrophale wirtschaftliche Lage, der nicht enden wollende Krieg, der Konflikt mit der katholische Kirche und die Nachwirkungen der «Terreur» sorgten dafür, daß bei den jährlich stattfindenden Teilwahlen zur Gesetzgebenden Körperschaft die oppositionellen Kräfte von links und rechts – Neojakobiner und Royalisten – Siege errangen und die «Thermidorianer» nur durch Wahlmanipulationen eine Mehrheit sicherstellen konnten.

Zugleich wuchs immer mehr der Einfluß der Armee. Vor allem General Napoleon Bonaparte, seit seinen Siegen über die Österreicher in Oberitalien 1796/1797 ein politischer Faktor von eigenem Gewicht, gewann an Einfluß auf die Innen- und Außenpolitik des Landes. Im November 1799, vor dem Hintergrund einer erneuten außenpolitischen Krise und einer unübersichtlichen innenpolitischen Lage, putschte er gegen das Direktorium und ergriff als Erster Konsul die Macht. Getragen von einer weitverbreiteten Sehnsucht nach Ruhe, Sicherheit und Stabilität und gestützt auf seine militärischen Erfolge, errichtete Bonaparte in den folgenden Jahren ein autoritäres Regime, das wichtige soziale Veränderungen der Revolution garantierte, die politische Mitbestimmung der Bevölkerung allerdings endgültig zu einer Farce degradierte.

Dimensionen der revolutionären Krise

Die Revolution hat die politische Kultur und die Gesellschaftsstruktur Frankreichs sowie die Stellung des Landes im internationalen System tiefgreifend verändert. Allerdings sollten auf keinem dieser drei Felder die Traditionsbrüche und Neuansätze über- und die Kontinuitäten unterschätzt werden.

1. Die Revolution setzte an die Stelle eines Herrschaftssystems, das auf Gottesgnadentum, Erbrecht und Tradition beruhte, eine politische Ordnung, die auf der Zustimmung der Bevölkerung gründen, das Prinzip der Gewaltenteilung gewährleisten und genau aufgelistete Menschen- und Bürgerrechte sichern sollte. Aus passiven Untertanen sollten Staatsbürger werden, die ihr politisches Schicksal selbst bestimmten. In drei Anläufen – den Verfassungen von 1791, 1793 (nicht in Kraft getreten) und 1795 – versuchten die Revolutionäre, diese Prinzipien in die Tat umzusetzen. In keinem Falle gelang es, eine dauerhafte konstitutionelle Ordnung zu errichten, die freigesetzte revolutionäre Dynamik zu kanalisieren und die Revolution zu «beenden». Keines der zwischen 1789 und 1799 etablierten Regime konnte sich auf eine breite Zustimmung in der Bevölkerung stützen.

Ein zentrales Charakteristikum der neuen Ordnung war die Wahl der politisch Verantwortlichen auf allen Ebenen durch die Bürger. Schon das bis August 1792 gültige Zensuswahlrecht verlieh ca. 60% der männlichen Franzosen ab 25 Jahren das aktive Wahlrecht. 1792 wurde das Wahlalter von 25 auf 21 Jahre gesenkt und die Zensusbestimmungen wurden aufgehoben. 1795 kehrte man wieder zu einem Zensuswahlrecht zurück. Das relativ breite Wahlrecht, das in den 1790er Jahren herrschte, bedeutete allerdings nicht, daß die große Masse der Wahlberechtigten auch an den Abstimmungen teilgenommen hätte. Die Wahlbeteiligung war vielmehr auffallend gering. Bei den Kommunal- und Regionalwahlen 1790 betrug sie ca. 40%–50%. Danach brach sie deutlich ein: Bei der Wahl der Gesetzgebenden Nationalversammlung im Juni 1791 ging die Beteiligung auf knapp über 20% zurück. An den Wahlen zum Nationalkonvent im August 1792 nahmen nur 15% der Berechtigten teil.

Verantwortlich für diese niedrige Wahlbeteiligung war ein ganzes Bündel von Faktoren: das äußerst komplizierte, zeitraubende Abstimmungsverfahren, schlechte Verkehrsverbindungen, Analphabetismus, das weitgehende Fehlen eines die politische Entscheidungsfindung strukturierenden Parteiensystems. Der Einbruch der Wahlbeteiligung seit 1791 war allerdings auch Ausdruck der politischen Konjunktur. In Regionen wie der Bretagne, in denen die Religionspolitik der Revolutionäre auf starken

Widerstand stieß, wandten sich große Teile der Bevölkerung von der Revolution ab und boykottierten die Institutionen der neuen Ordnung. Hinzu kam, daß vor allem seit 1792 die Revolutionäre selbst bemüht waren, wirkliche oder vermeintliche Gegner systematisch von den Wahlen fernzuhalten. Die politischen Kräfteverhältnisse vor Ort während der Revolution lassen sich deshalb nicht an den Wahlergebnissen ablesen, sondern am unterschiedlichen Niveau der Wahlenthaltung. Je geringer die Wahlbeteiligung, desto weniger Rückhalt hatten die «Patrioten» in der örtlichen Bevölkerung.

Neben den Wahlen war die Gründung von Klubs ein weiteres Mittel, um am politischen Leben zu partizipieren. Am bekanntesten ist der Pariser Jakobinerklub, das wichtigste Diskussionsforum der politischen Elite der Revolution, der sich vornehmlich aus Abgeordneten der Nationalversammlung zusammensetzte. Es gab allerdings auch in zahlreichen anderen Städten Klubs, in denen revolutionäre Zeitungen gelesen, die anstehenden politischen Fragen diskutiert, Petitionen verfaßt und Demontrationen organisiert wurden. Insgesamt zählte man zwischen 1789 und 1795 in 5500 Orten ca. 6000 politische Klubs, d. h. 14% der 40 680 französischen Gemeinden verfügten über eine solche Institution. Dies galt für alle größeren Städte, für zahlreiche kleinere städtische Zentren, in manchen Landesteilen (Südostfrankreich, Südwesten, Normandie) auch für viele Dörfer auf dem flachen Land.

1794 dürften die Klubs etwa 500 000 bis 600 000 Mitglieder gehabt haben, d. h. ca. 2% der Gesamtbevölkerung bzw. 5% der erwachsenen Männer waren in Klubs politisch organisiert. Etwa 20% dieser Klubmitglieder waren unermüdlich politisch tätige Aktivisten. Vor allem seit 1792 öffneten sich die Klubs auch für soziale Schichten, die man in den ersten Jahren der Revolution noch von der politischen Teilhabe hatte ausschließen wollen: Handwerker, kleine Ladenbesitzer, Bauern, Lohnarbeiter.

Die Bevölkerung wurde – in Grenzen – allerdings nicht nur in einem prorevolutionären Sinne mobilisiert. Die militanten Gegner der neuen Ordnung waren keineswegs nur wohlhabende Prälaten und Adlige. Sie stammten vielmehr aus allen sozialen Schichten. Vor allem die antireligiösen Maßnahmen der Revolutionäre und die seit 1792 zunehmend auf das Prinzip der Freiwilligkeit verzichtenden Rekrutierungen für die Armee brachten auch viele kleine Leute in Stadt und Land dazu, gegen die Revolution Stellung zu beziehen. Ihren Höhepunkt erreichte diese Bewegung seit März 1793 in Westfrankreich, als sich in der Bretagne und der Vendée Tausende von Bauern und ländliche Textilhandwerker im Zeichen von Religion und Königtum gegen die Herrschaft des Konvents erhoben.

Aus dieser Aufstandsbewegung entstand in der Vendée ein erbitterter Bürgerkrieg, bei dem die Regierungstruppen zunächst die größten Schwierigkeiten hatten, mit den von örtlichen Adligen kommandierten Bauernmilizen fertig zu werden. Auch nach der Niederwerfung der «Königlichen und Katholischen Armee» Ende 1793 setzten die Vendéer ihren Widerstand gegen die «satanische Revolution» in Form eines jahrelangen Guerrillakrieges fort. Ähnliche gegenrevolutionäre Widerstandszentren gab es nicht nur nördlich der Loire in der Bretagne (Chouannerie), sondern – auf einem niedrigeren Niveau – auch in anderen Landesteilen. Den royalistischen Aufständischen ging es primär nicht um die Wiederherstellung der vorrevolutionären Zustände, sondern um die Abwehr von Eingriffen der städtisch-bürgerlich geprägten, antiklerikalen revolutionären Eliten in ihre Lebenswelt. Sie waren ‹Modernisierungsverlierer›, die sich verzweifelt gegen den zentralisierenden Zugriff des revolutionären Staates zur Wehr setzten.

2. Die moderne Forschung stimmt weitgehend darin überein, daß die Französische Revolution die sozioökonomischen Verhältnisse nicht so grundlegend verändert hat, wie lange angenommen wurde. Die Revolution hat sicherlich die rechtlichen Rahmenbedingungen für die Durchsetzung einer industriekapitalistischen, marktwirtschaftlichen Ordnung verbessert durch die Abschaffung der Binnenzölle und Zünfte, Vereinheitlichung und Rationalisierung des Steuerssystems und der Rechtsordnung. Die politischen und ökonomischen Turbulenzen der Revolution fügten allerdings der französischen Wirtschaft schweren Schaden zu und warfen sie im Vergleich zu England, dem Ursprungsland der Industriellen Revolution, deutlich zurück: Krieg und Bürgerkrieg, Inflation, Zusammenbruch des französischen Kolonial- und Überseehandels im Gefolge der britischen Seeblockade und eines großen Sklavenaufstandes in der wichtigsten französischen Kolonie, Saint-Domingue (Haiti), Agitation der Sansculotten gegen die «Aristokratie der Reichen». Frankreich blieb auch nach der Revolution ein agrarisch geprägtes Land mit einem stark traditionalistisch ausgerichteten gewerblichen Sektor, in dem es nur einige wenige moderne Ansätze gab (Baumwollindustrie).

Auch die Auswirkungen der Revolution auf die Gesellschaftstruktur sollten nicht überschätzt werden. Die Revolutionäre beseitigten den Adel als rechtlich privilegierten Stand. Diejenigen Adligen, die emigrierten, verloren ihren Besitz, der zusammen mit den Besitzungen der Kirche zum Nutzen des Staates als Nationalgüter an Interessenten verkauft wurde. Adlige wurden proportional weit stärker als Angehörige anderer Schichten Opfer des «Terrors». Allerdings emigrierte nur ein kleiner Teil des Adels. Die meisten Adligen überstanden die Revolution ohne größere Verluste. Viele Adlige engagierten sich im übrigen durchaus auf seiten der Revolutionäre, in einigen Fällen sogar noch in der radikalen Phase zwischen 1792 und 1794. Der Adel blieb auch nach der Revolution die wohlhabendste Gesellschaftsschicht des Landes. Er verschmolz zunehmend mit reichen Bürgern zu einer Honoratiorenelite, die bis weit ins 19. Jahrhundert hinein Frankreich politisch und sozial dominierte.

Die französischen Bauern erzwangen durch eine Kette von Aufständen zwischen 1789 und 1792 die entschädigungslose Abschaffung der Feudalabgaben. Manche von ihnen profitierten zudem vom Verkauf der Nationalgüter. Allerdings war der bäuerliche Anteil an den Verkäufen von Region zu Region sehr unterschiedlich; der Löwenanteil der Nationalgüter ging oft an Käufer aus dem städtischen Bürgertum. Die Revolution verstärkte die schon vor 1789 dominierende kleinbäuerliche Struktur der französischen Landwirtschaft, die in vielen Teilen des Landes kaum oder gar nicht für den Markt produzierte und hinsichtlich ihrer Produktionsmethoden und Erträge eher rückständig war.

Zu den Gewinnern der Revolution gehörte fraglos die bürgerliche Oberschicht des ehemaligen Dritten Standes. Aus ihr rekrutierte sich auch während der radikalen Phase 1793/1794 die neue politische Klasse Frankreichs, sie verdrängte in Verwaltung und Militär weithin den Adel aus den entscheidenden Positionen, sie profitierte überproportional von den Besitzumschichtungen im Zuge der Veräußerung der Nationalgüter. Dieses revolutionäre Bürgertum war allerings im Kern keine industriekapitalistische Bourgeoisie im marxistischen Sinne. Nicht Bankiers und Industrielle kennzeichneten es, sondern Anwälte, Beamte, Ärzte, Journalisten und Grundbesitzer. Das eigentliche Wirtschaftsbürgertum dagegen litt unter der durch die Revolution ausgelösten Instabilität und konnte erst seit 1795 seine Position wieder langsam verbessern und die vor 1789 eingenommene wirtschaftliche Position zurückgewinnen.

Die Revolution bewirkte, wie gezeigt, zeitweise eine politische Mobilisierung eines Teils der Unterschichten in Gestalt der Sansculotterie, eine spannungsreiche Allianz zwischen radikalen bürgerlichen Intellektuellen und Handwerkern, kleinen Ladenbesitzern und Lohnarbeitern. Die Sansculotterie mit ihren Forderungen nach direkter Demokratie, Wirtschaftskontrolle und Kampf gegen die «Reichen» war keineswegs ein rein Pariser Phänomen. Plebejische Vorkämpfer einer radikal-egalitären Revolution gab es in vielen Städten sowie in manchen Landesteilen auch unter der Bauernschaft. Allerdings konnten sich die Sansculotten, eine aktivistische Minderheit, deren zahlenmäßiges Potential man nicht überschätzen sollte, auf die Dauer nicht als eigenständige Kraft behaupten. Nachdem sie 1793 die Machtergreifung der Montagnards ermöglicht hatten, wurden sie schon von diesen ausmanövriert, ehe dann die «Thermidorianer» im Mai 1795 die revolutionäre Volksbewegung endgültig zerschlugen bzw. in den Untergrund drängten.

3. Die Revolution war kein auf Frankreich beschränktes Phänomen. Überall in Europa, aber auch in den USA und den spanischen und portugiesischen Kolonien in Südamerika gab es Personen und Gruppen, die von den revolutionären Ideen fasziniert waren. Nicht wenige dieser von ihren konservativen Gegnern als «Jakobiner» denunzierten Revolutionsenthusiasten wollten nicht nur bei theoretischen Diskussionen stehenbleiben, sondern waren entschlossen, ihre Heimat – wenn nötig mit Gewalt und/oder mit Hilfe der französischen Armee – nach dem Vorbild Frankreichs umzugestalten. Zwei Beispiele: In Mainz gründeten aufgeklärte Intellektuelle um Georg Forster nach der Besetzung der Stadt durch französische Truppen im Oktober 1792 einen revolutionären Klub, ließen einen «Rheinisch-deutschen Nationalkonvent» wählen und beschlossen im März 1793 den Anschluß der linksrheinischen Gebiete zwischen Landau und Bingen an die französische Republik. In Irland versuchten 1798 die «United Irishmen» in einer bewaffneten Erhebung vergeblich, die Trennung der Insel von Großbritannien und die Errichtung einer demokratischen Republik zu erzwingen.

Die Revolutionsbestrebungen dieser «Jakobiner» wurden erleichtert durch die Tatsache, daß Frankreich seit 1794 zur dominierenden militärischen Macht in West-, Mittel- und Südeuropa wurde. Frankreich hatte im 18. Jahrhundert im Vergleich zu Großbritannien, Preußen und Rußland im internationalen System eher an Einfluß eingebüßt. Der von den Girondisten primär aus innenpolitischen Gründen ausgelöste Krieg gegen Österreich schien 1792 diesen Trend zunächst zu verstärken. Zweimal – im Sommer 1792 und im Sommer 1793 – schienen die Gegner Frankreichs kurz vor einem entscheidenden Sieg zu stehen. Seit Herbst 1793 veränderte sich die Kriegslage dann zugunsten Frankreichs. Preußen und Spanien schlossen 1795 mit Frankreich Frieden, Österreich 1797. Allein Großbritannien kämpfte weiter. Auch eine zweite europäische Koalition scheiterte nach Anfangserfolgen 1799/1800 bei ihrem Versuch, die französische Machtentfaltung zurückzudrängen und die Revolution zu liquidieren.

Das siegreiche Frankreich dehnte sein Staatsgebiet durch die Annexion des heutigen Belgiens, des linksrheinischen Deutschlands, Savoyens und Nizzas bis zu seinen «natürlichen Grenzen» am Rhein und an den Alpen aus. Jenseits davon errichteten die Franzosen in den Niederlanden, der Schweiz und Italien sog. «Schwesterrepubliken», Satellitenstaaten, in denen unter der Aufsicht französischer Diplomaten und Generäle einheimische «Jakobiner» die Macht übernahmen und begannen, die politischen, religiösen und sozialen Verhältnisse nach französischem Vorbild zu verändern. Allen Berufungen auf das neue revolutionäre Prinzip des Selbstbestimmungsrechts der Völker zum Trotz war die französische Machtexpansion seit 1794 das Ergebnis einer harten Realpolitik, in der es primär nicht um die Befreiung der Völker vom «Joch des Feudalismus» ging, sondern um den Ausbau der geostrategischen Position und um die Durchsetzung der finanziellen und wirtschaftlichen Interessen Frankreichs. Die ausländischen Revolutionssympathisanten erhielten nur dann eine Chance, wenn sie sich den Imperativen der «Grande Nation» unterordneten.

Entscheidend für diese Entwicklung war die Tatsache, daß es Frankreich seit 1793 gelang, das beträchtliche demographische und wirtschaftliche Potential des Landes für die Kriegführung zu mobilisieren. Im Zuge der «Levée en masse» führten die Montagnards einen tendentiell totalen Volkskrieg, in dessen Zentrum die Einführung der allgemeinen Wehrpflicht stand. Die zahlenmäßige Überlegenheit der französischen Truppen, die Flexibilisierung von Taktik und Strategie der französischen Armee, die rücksichtslose Ausplünderung der besetzten Gebiete, aber auch fähige Generäle wie Lazare Hoche oder Napoleon Bonaparte stellten sicher, daß sich Frankreich trotz mancher schwerer Rückschläge gegen sämtliche anderen europäischen Großmächte durchzusetzen vermochte. Allerdings war an der Jahrhundertwende noch nicht entschieden, ob sich diese dominierende Position auf Dauer würde behaupten können. Die Überdehnung der französischen Machtposition durch Bonaparte seit 1803/1804 sorgte dann dafür, daß die Hegemonie Frankreichs nur ein Zwischenspiel blieb und das Land 1814/1815 wieder auf eine Position reduziert wurde, die grosso modo derjenigen entsprach, die es vor der Revolution eingenommen hatte.

Die Französische Revolution, so läßt sich zusammenfassend konstatieren, zerstörte in Frankreich das Rechtssystem der ständisch-korporativen Privilegiengesellschaft und setzte an ihre Stelle eine Gesellschaft juristisch formal gleichberechtigter Individuen. An den tatsächlichen gesellschaftlichen Strukturen des Landes änderte sie jedoch nur wenig. Die Errichtung einer stabilen konstitutionellen Ordnung – sei es in Form einer elitären liberalen Monarchie, sei es als demokratische Republik – mißlang. Die durch die Revolution ausgelöste politische Dynamik, die Legitimierung politischer Macht durch die formalisierte Zustimmung der Bevölkerung und die politischen Mitbestimmungsforderungen der Bürger ließen sich auf die Dauer jedoch nicht mehr rückgängig machen.

Die Entwicklung Frankreichs zu einem demokratischen Staatswesen wurde allerdings nachhaltig behindert durch das negative Erbe der Revolution: Der Mangel an Kompromißbereitschaft und die extremistische Rhetorik vieler Revolutionäre, das terroristische Herrschaftssystem der

Jahre 1792–1794 mit seinen zahlreichen Opfern in allen Schichten der Bevölkerung, der immer mehr eskalierende Konflikt der Revolutionäre mit der katholischen Kirche sowie die vielen durch den Verlauf der Revolution enttäuschten Erwartungen und Hoffnungen sorgten dafür, daß die Ereignisse seit 1789 für viele Franzosen kein inspirierendes Vorbild, sondern ein abstoßendes Schreckbild waren. Nach dem Ende der eigentlichen Revolution begann ein Kampf um die Interpretation und gegenwartspolitische Relevanz der revolutionären Dekade, der heute zwar einen Teil seiner Brisanz verloren hat, der aber noch längst nicht beendet ist.

Der Verfasser dankt Frau Miriam Müller (Gießen) für die kritische Lektüre des Manuskripts und mehrere Verbesserungsvorschläge.

Die Julirevolution von 1830: Frankreich und Europa

von Axel Körner

Chronik

1814	Sturz Napoleons und Restauration der Bourbonen
Mai 1825	Krönung Karls X. von Frankreich
Dez. 1825	Aufstand der russischen Dekabristen
1827	Wirtschaftliche Depression in Frankreich nach schlechten Ernten
23. 6./3. 7. 1830	Verluste der Ultraroyalisten zugunsten der Liberalen um General La Fayette und Benjamin Constant bei den französischen Kammerwahlen
25. 7. 1830	«Juli-Ordonnanzen» Karls X.: Auflösung der neukonstituierten Kammer, Beschneidung der Pressefreiheit, Beschränkung des Wahlrechts
27.–29. 7. 1830	«Trois Glorieuses»: Arbeiter, Handwerker und Studenten liefern der Armee in Paris Barrikadenkämpfe, Militär verläßt die Stadt fluchtartig, Eroberung des erzbischöflichen Palais durch die Revolutionäre
3. 8. 1830	Flucht Karls X. ins Exil nach England, Ende der Bourbonen-Herrschaft
9. 8. 1830	Louis-Philippe wird zum «König der Franzosen» gewählt
Aug.–Sept. 1830	Hungeraufstände und Steuerproteste in Frankreich
25. 8. 1830	Aufführung der Oper «Die Stumme von Portici» von François Auber in Brüssel gibt das Signal zum Aufruhr gegen die holländische Krone, in der Folge Unabhängigkeitserklärung Belgiens
Sept. 1830	Unruhen in einzelnen deutschen Bundesstaaten, Kurhessen, Sachsen und Hannover nehmen Verfassungen an
Nov. 1830	Belgien wählt einen Nationalkongreß

29. 11. 1830	Polnische Revolutionäre erheben sich gegen die russische Besatzungsmacht und bringen Warschau unter ihre Kontrolle
25. 1. 1831	Polnischer Sejm setzt die Dynastie der Romanovs ab
20. 1. 1831	Londoner Konferenz der Großmächte bestätigt die Unabhängigkeit Belgiens
1831–1865	Leopold von Sachsen-Coburg als Leopold I. «König der Belgier»
1831–1832	Verfassungskrise und «Reform Bill» in England
Februar–März 1831	Sturz der Regierungen in Bologna, Modena, Reggio und Parma, Revolten im Kirchenstaat, österreichische Truppen schlagen die Aufstände nieder, Mazzini begründet das «Junge Italien»
Feb.–Okt. 1831	Russische Truppen werfen die polnische Revolution nieder und besetzen das Königreich
Mai 1832	Hambacher Fest
5.–6. 6. 1832	Straßenkämpfe in Paris
1834	Niederschlagung von Aufständen der Gesellschaft für Menschenrechte in Paris und der Seidenweber in Lyon

Frankreich im Freiheitskampf der Völker

Heinrich Heine besuchte 1831 eine Gemäldeausstellung in Paris. Von den über vierzig Darstellungen der Julirevolution erregte besonders ein Werk die Aufmerksamkeit des deutschen Emigranten: «Eine Volksgruppe während den Juliustagen ist dargestellt, und in der Mitte, beinahe wie eine allegorische Figur, ragt hervor ein jugendliches Weib, mit einer roten, phrygischen Mütze auf dem Haupte, eine Flinte in der einen Hand, und in der andern eine dreifarbige Fahne. Sie schreitet dahin über Leichen, zum Kampfe auffordernd, entblösst bis zur Hüfte, ein schöner, ungestümer Leib, das Gesicht ein kühnes Profil, frecher Schmerz in den Zügen, eine seltsame Mischung von Phryne, Poissarde und Freiheitsgöttin.» In einer Bildgeschichte Europas würde das berühmte Gemälde von Eugène Delacroix als das bekannteste Dokument der französischen Julirevolution von 1830 hervorstechen. Als Schlüsselwerk der Kunstgeschichte erscheint es in unzähligen Bildbänden zur europäischen Malerei des 19. Jahrhunderts und vor Einführung des Euros schmückte es die französischen Banknoten.

«1830 – Die Freiheit führt das Volk an!» nannte der Künstler sein Gemälde. Die Freiheit wird durch die Marianne repräsentiert. Sie führt das Volk an, *le peuple*. Doch ist mit Peuple nicht ein bestimmtes Volk gemeint, nicht etwa die Franzosen oder das französische Staatsvolk, die Nation. Volk ist hier kein ethnisch-kultureller Begriff, wie in der Philosophie Fichtes und Herders, sondern eine soziale Kategorie, worauf auch Heines Bildbeschreibung schließen läßt: «Diese Figur erinnert mich an jene peripatetischen Philosophinnen, an jene Schnelläuferinnen der Liebe oder Schnelliebende, die des Abends auf den Boulevards umherschwärmen; ich gestehe, dass der kleine Schornsteinkupido, der, mit einer Pistole in jeder Hand, neben dieser Gassenvenus steht, vielleicht nicht allein von Russ beschmutzt ist; (...) dass der Held, der mit seinem Schiessgewehr hinstürmt, in seinem Gesichte die Galeere und in seinem hässlichen Rock gewiss noch den Duft des Assisenhofes trägt; – aber das ist es eben, ein grosser Gedanke hat diese gemeinen Leute, diese Krapüle, geadelt ...» So verstand man im revolutionären Enthusiasmus der Zeit den Begriff *peuple*. Was der Revolution folgte, entsprach dem weniger: Louis-Philippe war ein Bürgerkönig, kein Volkskönig.

Wenn die Freiheit das Volk anführt, wie es im Gemälde von Delacroix heißt, dann bedeutet dies in Tradition der Großen Revolution von 1789, daß Frankreich die europäischen Völker in die Freiheit führt. Frankreich beanspruchte, nicht ganz zu Unrecht, ein Primat im Befreiungskampf der Völker: Etabliert 1789, wurde dieses Primat 1830 und 1848 zu neuem Leben erweckt und erst nach der Commune von 1871 allmählich von den Entwicklungen verdrängt. Zwar trägt die Marianne die Trikolore, doch der Kampf der Freiheit gilt – so will es der revolutionäre Geist – allen unterdrückten Völkern. In weiten Kreisen Europas verband man freiheitlich-revolutionäre Gedanken noch immer mit Frankreich – trotz der Legende der Befreiungskriege, die den Völkern weder demokratische noch nationale Freiheit (in der Form nationaler Einheit) brachten. So dachten die jakobinischen Kreise in Deutschland oder Rußland und so erklärt sich die Popularität des Namens Napoleone im Italien des 19. Jahrhunderts. 1830 wurde der Sohn Napoleons, Herzog von Reichstadt und vom Vater zum «König von Rom» gekrönt, auch als ein möglicher Kandidat für die Krone eines vereinigten Italiens gehandelt; und Buonarroti, Kopf der Republikaner im frühen Risorgimento, war nicht nur ein direkter Nachfahre Michelangelos, sondern ein ehemaliger Anhänger Robespierres, der 1796 an Babeufs sozialistischer Verschwörung teilgenommen hatte. Überall in Europa konnte man noch lange nach dem Ende des Empire Broschüren erwerben, welche die Erinnerung an Napoleon und die Freiheit der Völker wachhielten.

Tatsächlich war dies eher ein Traum von Freiheit: Weder 1830 noch 1848 sah sich Frankreich in der Lage, den um Freiheit ringenden Völkern zur Hilfe zu eilen; und daß es später Italien bei der Vollendung der

Einheit behilflich war, folgte eher außenpolitischem Kalkül. Trotzdem wog die Idee eines französischen Primats in der revolutionären Befreiung der Völker Europas schwer: In der revolutionären Rhetorik Frankreichs, in Liedern und Broschüren, wurde dieses Primat immer wieder als Anspruch vertreten und von den revolutionären Bewegungen Europas entsprechend aufgegriffen. Außerdem haben Zeitzeugen und Historiker die Ereignisse von 1830 häufig weniger als soziale Bewegung, sondern in erster Linie im Rahmen der nationalgeschichtlichen Entwicklung studiert und kommentiert; und in dieser Perspektive führte die Revolution in Frankreich zu einem deutlicheren Umschwung als in den meisten europäischen Staaten: die Restauration des vorrevolutionären Ancien Régime wurde nun endgültig beseitigt und durch eine moderne Monarchie ersetzt, beruhend auf dem finanzstarken Teil des Bürgertums, das die sozio-ökonomische Entwicklung der Zeit bestimmte. Diese neue soziale Schicht ist uns aus der Literatur vertraut, von Stendhal, Balzac, und selbst bei Proust spielt sie noch eine entscheidende Rolle. Die herausragende Stellung Frankreichs in der Revolutionsgeschichte des 19. Jahrhunderts bedeutet jedoch nicht, daß 1830 nicht auch andere wichtige Schauplätze in Europa hatte. So können wir auch die französische Julirevolution von 1830 nur im Zusammenhang mit den anderen europäischen Revolutionen um das Jahr 1830 verstehen.

Jahre sozialer und politischer Unruhe in Europa

Zwar läßt sich die Behauptung der konservativen Reaktion, 1830 sei das Werk einer zentral geplanten, internationalen Verschwörung gewesen, nicht nachvollziehen, doch sprechen einige Zeitzeugen und auch Historiker immerhin von einer «europäischen Revolution», getragen von großen Gemeinsamkeiten und der Ähnlichkeit der Konflikte (Thomas Nipperdey). Das Jahr 1830 sah revolutionäre Erhebungen in der Schweiz, Polen, Italien und Portugal. Es brachte sozialen Aufruhr und konstitutionelle Veränderungen im deutschen Bund, in Skandinavien und in Spanien, in den Reichen der Habsburger und der Ottomanen (Serbien und Griechenland) – teils kurzfristiger, teils aber auch dauerhafter Natur. Belgien erschien erstmals auf der politischen Landkarte Europas – als Neuankömmling häufig verspottet, war es Deutschland in der nationalstaatlichen Konstituierung immerhin vier Jahrzehnte voraus. Selbst in England kam es zu Unruhen und in Antwort darauf zu Systemveränderungen: Der *Reform Act* von 1832 erinnert in mancher Hinsicht an die Ergebnisse der französischen Julirevolution; Irland erzwang religiöse Zugeständnisse. Auch jenseits des alten Kontinents ließen sich in den Reformen des Präsidenten Andrew Jackson die «Echos der Marseillaise» (Eric J. Hobsbawm) vernehmen. Einer großzügigen Definition folgend, erstreckten sich die revolutionären Ereignisse über einen Zeitraum von ungefähr fünf Jahren, von 1829 bis 1834, wenn wir nicht überhaupt mit Hobsbawm von einem Zeitalter der Revolutionen sprechen wollen, das von 1789 bis 1848 dauerte. Denn auch die frühen 1820er Jahre hatten zu Revolutionen in Spanien, Neapel und Griechenland sowie in Lateinamerika geführt; und das Jahr 1827 brachte erneut Aufruhr, diesmal in Braunschweig, Wallonien, Katalonien und Irland. 1830 bezeichnet ohne Zweifel ein konstituierendes Moment des von den amerikanischen Sozialwissenschaftlern Charles, Louise und Richard Tilly so bezeichneten «Rebellious Century», ein Jahrhundert der gewaltsamen Veränderung politischer und sozialer Systeme, das die einen begeisterte und andere in Schrecken versetzte.

Jede Krise politischer Herrschaft, jeder Protest gegen überhöhte Preise oder zu niedrige Löhne hat seine spezifischen Ursachen. Doch die Häufung solcher Erscheinungen in weiten Teilen Europas lädt dazu ein, nach Gemeinsamkeiten zu suchen. In diesem Sinne läßt sich die Unruhe dieser Jahre vor allem aus zwei verschiedenen Blickwinkeln erklären, wobei der erste stärker auf politische, der zweite eher auf sozio-ökonomische Faktoren gerichtet ist. Europa hatte die der Französischen Revolution von 1789 folgenden Jahre als eine Zeit beschleunigten Wandels erlebt. In Windeseile hatte sich die politischen Landkarte verändert, neue Staaten waren entstanden, alte Staaten – und vor allem das Reich – verschwanden. Die Kirche büßte an Macht ein, die Säkularisierung machte Fortschritte. Man sprach von Freiheit, Gleichheit und Brüderlichkeit. Das Recht wurde in einem allgemeingültigen Gesetzbuch festgeschrieben. Märkte und Handwerk wurden liberalisiert, Bauern befreit. Privilegien des Adels, zuvor im Theater von Beaumarchais oder in Mozarts Opern lediglich verspottet, wurden nun radikal eingeschränkt oder abgeschafft. Diese Veränderungen wurden nicht überall begrüßt; häufig waren sie mit kultureller Verunsicherung und sozialer Notlage verbunden. Aber es bestand ein weit verbreitetes Gefühl für die von der Französischen Revolution und der Herrschaft Napoleons ausgehende Dynamik der Zeit: Die Welt der Staaten wie auch die Welt im Kleinen überschlugen sich geradezu im Wandel, und mit diesem Wandel waren in weiten Teilen der Bevölkerung große Erwartungen verbunden. Dies betraf zum einen die ganz persönliche Lebenslage der Menschen: den reisenden Handwerksburschen, der, von der Zunftpflicht befreit, nun hoffte, sich endlich als Meister niederlassen zu können; oder den bisher an die Scholle gebundenen Knecht, der von einem eigenen Stück Land träumte und ohne Einwilligung des Grundherrn die Magd vom Nachbarhof heiraten wollte. Aber auch über das persönliche Schicksal hinausgehende Erwartungen waren mit dem Wandel der Zeiten verbunden. Die Französische Revolution hatte eine neue Form des Nationalismus in Europa verbreitet. Italien hatte unter Napoleon für wenige Jahre so etwas wie einen Nationalstaat gekannt und in Deutschland weckten die sogenannten Befreiungskriege in großen Teilen der Bevölkerung die Hoffnung auf nationale Einigung. Man ging davon aus, daß diese neuen Nationalstaaten nach dem Modell der französischen Nation als Verfassungs- und Rechtsstaaten konstituiert wären und dem Monarchen eine starke Nationalversammlung zur Seite stehen sollte. Auch wer Napoleons Herrschaft als Tyrannei empfand, hoffte im Anschluß daran auf ein von den Prinzipien der Aufklärung bestimmtes Regime.

Dieser mit den Erfahrungen der ersten Jahre des neuen Jahrhunderts verbundene Erwartungshorizont wurde in der Zeit der Restauration enttäuscht. Die Restauration warf die Entwicklung weit zurück. Zwar hatte Ludwig XVIII. kurz nach dem Antritt seiner Herrschaft eine *Charte constitutionelle* verkündet; Preußen und andere deutsche Staaten bemühten sich um ein großangelegtes, an den modernen Ideen der Französischen Revolution orientiertes Reformwerk. Doch fast überall in Europa blieben die Hoffnungen auf rechtsstaatliche Verfassungen und die Versprechungen nationaler Einheit unerfüllt. Die Lehrfreiheit an den Universitäten wurde eingeschränkt, Pressezensur und polizeiliche Überwachung beherrschten den Alltag vieler Menschen. Die Unzufriedenheit mit dieser Situation äußerte sich zum einen in der wachsenden Anzahl politischer Geheimgesellschaften und ihren entsprechenden Druckschriften, zum anderen in militärischen Verschwörungen wie dem Staatsstreich der liberalen Dekabristen 1825 in Rußland. Den Universitäten entströmte ein neues «geistiges Proletariat»: das Studium sicherte nicht mehr wie früher eine angesehene Existenz, was die Bereitschaft zu Protest und Verschwörung noch förderte. Wo in dieser Zeit ein Gefühl für politische Entwicklung bestand, wurde die Restauration als Rückschritt empfunden.

Zusätzlich wurde die sozio-ökonomische Entwicklung dieser Jahre von weiten Teilen der Bevölkerung als Verschlechterung ihrer Lage empfunden. War der Bauer nicht mehr an die Scholle gebunden, so verlor er auch die Sicherheit seines wenn auch kargen, so doch vom Grundherrn garantierten Auskommens. Die Liberalisierung der Märkte führte zu starken Schwankungen der Preise für Nahrungsmittel, was wiederum den Markt für Konsumgüter beeinflußte: Stiegen die Getreidepreise, blieb für den Erwerb anderer Waren kaum Geld übrig. Seit Mitte der 1820er Jahre hatten schlechte Ernten in verschiedenen Teilen Europas eine solche Entwicklung ausgelöst. Das 19. Jahrhundert bedeutete das Ende der «moral economy» (E. P. Thompson), in der die Masse der Bevölkerung mit einem «gerechten Preis» rechnen konnte. Der wurde nun durch Angebot und Nachfrage bestimmt. Als durch das Anwachsen der metallverarbeitenden Industrie die Holzpreise anstiegen, wurde in Frankreich das traditionelle Holzlesen und das Weiden von Schafen in den Wäldern gesetzlich unterbunden. Die ohnehin gebeutelte Bevölkerung hatte nun auch noch einen kalten Winter zu fürchten. In karnevalesker Reaktion darauf vertrieben in der Ariège als «Demoiselles» verkleidete Bauern die Förster und Kohlenbrenner aus den Wäldern, um so ihr angestammtes Recht gegen die Gesetze der neuen Zeit durchzusetzen. Infolge der Gewerbefreiheit verschärfte sich auch die Konkurrenz im Handwerk, sodaß ein Meister nicht mehr darauf rechnen konnte, entsprechend seinem Stand zu produzieren, zu verkaufen und zu leben. Zwar beschränkte sich bis 1830 die Industrielle Revolution noch ausschließlich auf England, doch machten dem Handwerk die neuen Produktionsmethoden des Maschinenzeitalters und die Internationalisierung der Märkte bereits immer stärker zu schaffen. Unterbeschäftigung und Einkommensverluste verwandelten einen Teil des einst stolzen Standes in eine Unterschicht. Erst nach 1848 vermochte die Industrialisierung pauperisierte Alleinmeister und Hilfskräfte nach und nach zu absorbieren, was die soziale Entwurzelung häufig noch verschärfte. Diese Krisenerscheinungen der 1820er Jahre wurden zudem durch ein galoppierendes Bevölkerungswachstum verstärkt, das teils Ursache, teils Konsequenz dieser sozio-ökonomischen Entwicklung war.

In dieser Situation wuchs die Bereitschaft der Bevölkerung, gegen unbillige Maßnahmen der Regierung, häufig die Besteuerung betreffend, zu protestieren. So kam es neben der Unzufriedenheit über die politische Restauration überall in Europa in immer geringeren Abständen zu sozialen Unruhen, Arbeitskämpfen, Protesten von Frauen gegen Getreidetransporte und Preiserhöhungen, auch zu Maschinenstürmen.

Revolution in Paris und in den Städten der Provinz

Konfrontiert mit den Prinzipien von 1789, hatte die Restauration der Bourbonen gegen ein Legitimitätsproblem zu kämpfen. Die verschiedenen politischen Systeme zwischen 1789 und 1814 beruhten im Verständnis der Revolution auf dem Willen der Nation. Ludwig XVIII. hingegen hatte sich auf Gottes Gnade zu beschränken, die entsprechend dem der Revolution folgenden Wertewandel unter der Bevölkerung nun weniger Respekt genoß. In mancher Hinsicht war jedoch das Frankreich der Restauration dem Rest Europas in der politischen Entwicklung voraus: Der König erkannte nicht nur die Justiz- und Verwaltungsreform, den Verkauf der Nationalgüter und die Nobilitierungen des Empires an.

Seine Verfassung garantierte zumindest auf dem Papier auch bestimmte Grundrechte, die in den meisten Staaten Europas nun nicht mehr geschützt waren. Verfügten lediglich 90 000 vermögende Franzosen über das aktive Wahlrecht, so gab es immerhin eine an der Legislative und dem Budget beteiligte Kammer. Und trotzdem: Nach den Hundert Tagen, der kurzfristigen Rückkehr Napoleons, kam es zu Hinrichtungen und Verbannungen. Das Ministerium, die Kammern, wichtige Positionen im Militär, der Diplomatie und im den Bourbonen ohnehin nahestehenden Klerus wurden zu einem großen Teil vom Adel des Ancien Régime bestimmt. Seit 1820 erhielten die Höchstbesteuerten, d. h. vor allem die adligen Großgrundbesitzer, noch zusätzliche Stimmen bei den Wahlen zur Kammer. Die Krönung Karl X. 1825 in Reims wurde eindeutig als Anknüpfung an die Traditionen des Ancien Régime und Zeichen der engen Verbindung zwischen Krone und Kirche verstanden. Die modernen Eliten des Kaiserreichs – Industrielle, Ingenieure und junge Offiziere – wurden durch diese Symbiose in den Hintergrund gedrängt. Auch die Universitäten waren vor Eingriffen nicht geschützt: Die Eliteschule Ecole Normale Supérieure wurde aufgelöst, der Lehrbetrieb der Kontrolle der Kirche unterstellt, der Historiker und spätere Ministerpräsident Guizot mußte seine populären Vorlesungen einstellen. Die Grundrechte, vor allem die Pressefreiheit, wurden während der 1820er Jahre stark eingeschränkt. 1827 löste der König die Nationalgarde auf.

Selbstverständlich wurden alle negativen Erscheinungen der allgemeinen Entwicklung der Restauration der Bourbonen zugeschrieben, so z. B. die Hungersnot von 1816/17. Zehn Jahre später führten schlechte Ernten erneut zur Erhöhung der Brotpreise, gefolgt von einer allgemeinen Konjunkturkrise des Handwerks. In Liedern aus dieser Zeit ist die «misère sociale» des verarmten, häufig arbeitslosen Kleinbürgertums überliefert. In Folge der enormen Bevölkerungsentwicklung strömten trotzdem immer mehr Menschen in die aus den Nähten platzenden Städte, wo sie von den besser gestellten Bevölkerungsschichten als eine neue «classe dangereuse» empfunden wurden. Hochfinanz und Industrie litten derweil unter einer englischen Bankenkrise, die überall in Frankreich zu Konkursen von Banken, Gewerbe- und Handelsbetrieben führte.

Solche Zustände hatte es unter Napoleon nicht gegeben – zumindest nicht in der verklärten Erinnerung an den Kaiser der Franzosen. Zudem vermochten damals militärische Erfolge innere Krisen zu verdecken. 1827 veröffentlichte Victor Hugo seine «Ode à la Colonne», erstes Zeugnis seines Napoleonkults und der Symbiose zwischen Romantik, Liberalismus und Bonapartismus. Im Volk waren Zeichen des Protests das Hissen der Trikolore, die populären Lieder von Béranger auf die Melodien der Marseillaise oder des «ça ira»; auch das Attentat auf den Duc de Berry, den Sohn des Königs, brachte den Hass gegen das Regime der Restauration zum Ausdruck. Doch in den Monaten direkt vor der Revolution war es in Frankreich erstaunlich ruhig. Die entscheidende Dynamik des Jahres 1830 kam nämlich aus der Kammer und drückte sich in den Verlusten der Ultraroyalisten zugunsten der Liberalen (General La Fayette und Benjamin Constant) bei den Wahlen am 23. Juni und 3. Juli aus. Darin zeigte sich der Widerstand des fortschrittlichen Adels und der Finanzbourgeoisie gegen die ultraroyalistische Ausrichtung der Regierung und es kam zu einem klassischen Konflikt zwischen Exekutive und Legislative. Statt durch Konzessionen einer Eskalation zuvorzukommen, reagierte der König am 25. Juli mit den berühmten Ordonanzen, die man als Bruch der Verfassung verstand: Die Pressefreiheit wurde weiter beschnitten, die gerade neukonstituierte Kammer aufgelöst und das Wahlrecht zwecks Ausschluß der finanzstarken, liberalen Bourgeoisie auf die Grundbesitzer beschränkt. Daraufhin kam es zu einer insgesamt nur drei Tage dauernden Revolution, den «Trois Glorieuses». Zunächst protestierten die Journalisten und es kam zu Kursstürzen an der Börse. Am 27. Juli weitet sich die Bewegung auf Teile der Bevölkerung aus, die von den Ordonanzen gar nicht direkt betroffen waren und in der Kammer ohnehin nicht repräsentiert waren. Darin zeigt sich, daß die neuen sozialen Gegensätze und die allgemeine Notlage dem Régime der Restauration zugeschrieben wurden. In Paris schließen Geschäfte und Werkstätten; Arbeiter, Handwerker (vor allem Schlosser) und Studenten liefern sich blutige Gefechte mit dem in der Hauptstadt viel zu schlecht ausgestatteten Militär; in der Nacht werden Barrikaden errichtet, über denen die Trikolore weht. Angesichts der Übermacht der Aufständischen verläßt das Militär am Mittag des 29. Juli fluchtartig die Hauptstadt. Die Massen nehmen das Palais des Erzbischofs ein. Als sie sich am 3. August dem Schloß von Rambouillet nähern, verläßt die königliche Familie Frankreich in Richtung England. Die Herrschaft der Bourbonen ist beendet. Die Kämpfe haben gut 200 Soldaten und 1800 Revolutionären das Leben gekostet.

Die neu konstituierte Nationalgarde unter dem aus der Revolution von 1789 als moderat bekannten General La Fayette genießt das Vertrauen der aufgebrachten Massen und stellt die Ordnung in der Hauptstadt wieder her. Wortführer der Liberalen waren die Journalisten des *National* um Adolphe Thiers und die Bankiers Jacques Laffitte und Casimir Périer. Sie wollten weder die Rückkehr zum Bonarpartismus noch eine breite Beteiligung der Bevölkerung an der Macht, wie es sich die Republikaner vorstellten. Vielmehr verlangte man nach einem Monarchen, der im Gegensatz zu den Bourbonen die Verfassung respektieren würde. «Hoch lebe die Verfassung!», das war der Ruf der Revolution, die sich nicht gegen die Monarchie an sich, sondern gegen die Mißachtung der von den Bourbonen selbst erlassenen *Charte constitutionelle* richtete. Die Wahl fiel auf den Herzog von Orléans, der nach dem Schwur auf die in wenigen Tagen leicht überarbeitete Verfassung als Louis-Philippe I. am 9. August 1830 den Thron bestieg.

Waren Gewaltaktionen in den ländlichen Gebieten seltener, so haben sozialgeschichtliche Studien der 1970er Jahre gezeigt, daß sich die Revolution nicht auf die Hauptstadt beschränkte. Die Verkündung der Ordonanzen führte in den Städten der Provinz beinahe zeitgleich mit den Ausschreitungen in Paris zu Protesten und dann zu Sympathiebekundungen mit der Revolution. In Nantes, Toulouse, Bordeaux, Lille, Amiens und Dijon kam es zu blutigen Demonstrationen und zur Besetzung der Wachen. Die liberalen Abgeordneten von Lyon forderten die Meister der Seidenwebereien zur Schließung ihrer Werkstätten auf, damit Gesellen und Lehrlinge in den Straßen protestieren könnten. Bewaffnete Aufständische errichteten Barrikaden vor dem Rathaus und zwangen den Bürgermeister und den Präfekten zur Kapitulation. So spielte es sich in den meisten Städten ab, häufig bevor die Nachricht vom Sieg der Revolution in Paris die Provinz erreicht hatte. Mit ganz wenigen Ausnahmen wechselten in allen größeren Städten Frankreichs die Bürgermeister. Kurz darauf entsandten die Orléanisten aus Paris neue Präfekten. Im Falle Lyons sah sich Paris gezwungen, den Präfekten innerhalb weniger Monate dreimal auszuwechseln: Die nicht zuletzt in den Städten ausgefochtene Revolution legitimierte ein gewisses Maß lokaler Autonomie, das so in der Verfassung kaum vorgesehen war.

Gewinner der Revolution war ohne Zweifel die Industrie- und Finanzbourgeoisie. Sie nahm in der Öffentlichkeit nun den Platz ein, den zuvor der landbesitzende Adel innehatte. Der König war zwar an die Verfassung gebunden, doch sah diese keineswegs eine parlamentarische Monarchie vor. Sein Ministerium bestimmte er weiterhin selbst, unabhängig von den Mehrheiten in der Kammer. Diese wurde weiterhin von einer kleinen Minderheit gewählt, im Verhältnis zur Bevölkerung nur unwesentlich größer als der aktive Wahlkörper zur Zeit der Bourbonen. Das Volk, dem man die Revolution weitgehend zu verdanken hatte, blieb von der Politik weiterhin ausgeschlossen. Fällt es bei genauerer Untersuchung schwer, die Julimonarchie lediglich als eine zweite Phase der Restauration zu sehen, so läßt sich doch von einer Kontinuität der *monarchie censitaire* sprechen. Trotzdem stellt 1830 eine Revolution dar. Sie bedeutete das endgütige Aus des Ancien Régime und des Gottesgnadentums. Louis-Philippe war als König der Franzosen – und nicht als König von Frankreich – an einen Vertrag mit der Nation gebunden. Eine Revolution des Volkes hatte ihn auf den Thron gehoben. Der neue Charakter der Herrschaft zeigte sich nicht zuletzt in seinen Ministern, die nicht mehr aus dem Adel kamen, sondern wie die Bankiers Périer und Lafitte, wie Guizot und Thiers bürgerlicher Herkunft waren. Die ultraroyalistischen Adligen zogen sich aus Verwaltung und Politik zurück, da sie auf einen Bürgerkönig keinen Eid ablegen wollten. Die Kammer verfügte nun über eine Gesetzesinitiative. Des neuen Königs Fahne war die Trikolore der Französischen Revolution. Doch gerade weil dadurch der Mythos der Revolution neuen Auftrieb erlebte und kein Zweifel darüber bestehen konnte, wer auf den Barrikaden während der *Trois Glorieuses* gekämpft hatte, rief 1830 auch neue soziale Schichten auf den Plan und gab radikalen politischen Bewegungen Aufschwung. 1830, das war für die Arbeiter auch das Jahr ihrer «Wortergreifung» (Pruss-Kaddatz). Und darin drückte sich aus, was Louis Blanc später in seiner Geschichte der Jahre 1830 bis 1840 schrieb: Die Bourgeoisie hatte dem Volk den Sieg von 1830 gestohlen. So war der französischen Julirevolution ihr eigenes Ende bereits in die Wiege gelegt worden und die Julimonarchie war bald von sozialen Unruhen, den Aktionen der republikanischen Opposition und antiklerikalen Ausschreitungen überschattet. Kaum hatte der König den Thron bestiegen, kam es erneut zu Arbeitskämpfen und Gewaltmanifestationen gegen Steuerauflagen. In Lyon revoltierten 1831 die Canuts, die Seidenweber, gegen das Verlagssystem: «Frei und arbeitend leben oder kämpfend in den Tod!» Die Ohmacht des Regimes gegenüber der Choleraepidemie 1832 führte erneut zu Unruhen und die Gesellschaft der Menschen- und Bürgerrechte wurde mit ihrer Forderung nach dem allgemeinen Wahlrecht zu einer der ersten politischen Massenorganisationen. An der Alltagssituation der Massen änderte sich wenig: Der Getreidepreis blieb vom Markt bestimmt, Frankreich kam aus der Versorgungskrise nicht heraus. Das Jahr 1832 verzeichnete auf diese Weise sogar eine noch größere Anzahl von Tumulten und noch mehr Menschen waren darin aktiv involviert als in der Revolution des Jahres 1830. Als die Canuts in Lyon 1834 erneut auf die Straße gingen, hoffte mancher Republikaner auf eine neue, eine soziale Revolution. Die ließ jedoch noch vierzehn Jahre auf sich warten.

Revolution in Europa

Neben dem Umsturz in Frankreich und den vielen kleineren Unruheherden in den verschiedensten Regionen Europas hat die Revolution von 1830 an drei Schauplätzen eine solche Wirkung entfaltet, daß ihr ein prominenter Platz in den Geschichtsbüchern gesichert wurde: in Belgien,

Italien und Polen. Nationalismus – hier verstanden als das Streben der Nation nach Freiheit von despotischer Herrschaft – spielte in der französischen Julirevolution eine wichtige Rolle. Dies zeigte sich auch in der Unterstützung der polnischen und italienischen Freiheitsbewegungen, in Liedern, auf Banketten und auf Demonstrationen. Der nach Jahren der Demütigung durch die erfolgreiche Revolution zu neuem Leben erweckte französische Nationalismus führte jedoch auch zu ganz anderen Erscheinungen:

> «Man muß denen das Kochen beibringen,
> Diesen verwilderten Erscheinungen:
> Ganz Holland wird in Trümmern liegen,
> Denn unsere Soldaten, die verstehen ihr Handwerk.
> Die Franzosen, die wissen wie man kocht.
> Und die servieren mit donnernden Kanonenschüssen.
> Sie könne mir glauben, die werden sich den Magen verderben,
> Denn unsere Bouletten, die sind schwer verdaulich.»

Ein chauvinistisches, aus wackeligen Reimen zusammengebasteltes Lied zum Grölen, weder offizielle Propaganda noch ein echtes Soldatenlied. Was treibt einen französischen Kleinschriftenverleger dazu, auf diese Weise die Überlegenheit Frankreichs gegenüber dem kleinen Holland auszuspielen? Die gegen die holländische Krone gerichtete Nationalbewegung in Belgien hatte die revolutionäre Gunst der Stunde in Europa zu einem Befreiungsschlag gegen das Regime von Wilhelm I. genutzt. In Revision der auf dem Wiener Kongreß getroffenen Vereinbarungen und auf Betreiben des liberalen englischen Außenministers Palmerston wurde die Existenz des neuen Nationalstaats auf der Londoner Konferenz bestätigt. Obwohl die Wallonen ihren Blick kurzfristig auch auf Frankreich gerichtet hatten, akzeptierte Louis-Philippe die Unabhängigkeit Belgiens und setzte damit den ehemaligen Gegnern der Koalitionskriege ein positives Signal. Belohnt wurde er dafür, indem er sich am Scheldemanöver der Engländer beteiligen durfte – der Befreiung der noch immer von holländischen Truppen belagerten und unter Kanonenbeschuß gehaltenen Stadt Antwerpen. Für Frankreich war es das erste Mal seit dem Ende Napoleons, daß es auf der internationalen Bühne als Großmacht mitspielen durfte. So zog die Revolution von 1830 sogar einen europäischen Krieg nach sich.

Läßt sich die Geschichte der französischen Julirevolution mit Hilfe des Gemäldes von Delacroix erklären, so beginnt die belgische Revolution mit einer Oper, einer *Opera seria*, wie sie überall in Europa zu einem wichtigen Träger der Nationalbewegung wurde, vor allem natürlich im italienischen Risorgimento, wo der Name Verdi bald als Abkürzung für

Vittorio Emanuele Re d'Italia (V.E.R.d.I.) stehen sollte. Am 25. August 1830 kommt in Brüssel, im *Theâtre de la Monnaie*, die lange Zeit verbotene Oper *Die Stumme von Portici* des französischen Komponisten François Auber zur Aufführung. Sie hat den Kampf der Napolitaner gegen die verhaßte Herrschaft der Spanier zum Thema. Bei dem trotz des Verbots bereits berühmten Chor «Amour sacré de la Patrie, rends-nous l'audace et la fierté» erhebt sich singend der ganze Saal, der Chor wird vom Volk in den Straßen aufgegriffen und es kommt zum allgemeinen Aufruhr gegen die holländische Krone: Regierungsgebäude werden eingenommen, das Justizministerium in Brand gesetzt. Eine seit zwei Jahren andauernde Wirtschaftskrise, Versorgungsengpässe, vor allem aber die Verletzung des wallonischen und flämischen Selbstwertgefühls durch den holländischen König Wilhelm I. hatten seit Wochen zu sozialen Unruhen und zur Radikalisierung der belgischen Nationalbewegung geführt. Schließlich hatten die südlichen Niederlande seit dem 17. Jahrhundert als Teil des Reiches unabhängig vom Norden und als in sich weitgehend geschlossenes Territorium gelebt, wenn auch unter der wechselnden Herrschaft der spanischen und österreichischen Habsburger und schließlich der Franzosen. 1815 wurde es als Königreich Belgien der holländischen Krone unterstellt; Österreich ließ sich dafür in Italien territorial entschädigen. Die Nachricht von der erfolgreichen Revolution in Frankreich war der Union zwischen Liberalen und Katholiken in Belgien das Signal zum Aufstand. War es wie in Paris das Volk, das der Revolution zum Durchbruch verhalf – der flämische Historiker Theo Luykx spricht vom «proletarisch karakter» der Revolution –, so stellten mit Hilfe einer Nationalgarde auch in Brüssel die *Notables*, das Großbürgertum, die Ordnung wieder her. Nach Konsultation mit dem Kronprinzen wurde zunächst ein Kompromiß angestrebt: Autonomie Belgiens unter holländischer Krone. Doch während die Notabeln in Brüssel über ein entsprechendes Statut beraten, die Flamen vom konservativen katholischen Klerus unter Kontrolle gehalten werden und der König noch immer jegliche Zugeständnisse verweigert, singt man im wallonischen Landesteil die Marseillaise und die Brabançonne, vertreibt die holländischen Soldaten, und die Arbeiter lassen ihre Unzufriedenheit an den Maschinen aus, die ihnen die wirtschaftliche Not der vergangenen Jahre beschert haben. Schließlich stürmen revolutionäre Truppen die Hauptstadt, wo die moderaten Notabeln inzwischen unter den Druck des revolutionären Clubs von Charles Rogier geraten sind. Während der König die Armee nach Brüssel schickt, stürmen die Revolutionäre das Rathaus und beschlagnahmen Waffen. Unter dem Eindruck der Barrikadenkämpfe zieht sich die holländische Armee aus der Kapitale zurück. Auf der Tagesordnung der jetzt von jungen Journalisten und Vertretern der freien Berufe gebildeten provisorischen Regierung steht nicht mehr die Autonomie des südlichen Landesteils, sondern die völlige Unabhängigkeit Belgiens und eine eigene Verfassung. Der neue Charakter der Revolution kommt nicht zuletzt in einer Veränderung des belgischen Nationallieds zum Ausdruck. Hatte es dort Ende August in Anerkennung der holländischen Dynastie noch geheißen «Blühe, Oranien (franz.: ‹Orange›), auf dem Baum der Freiheit!», so wird im September folgender Text gesungen:

> «Es ist vollbracht! Ja, Belgier, alles wird nun anders,
> Keine unwürdigen Verträge mit Nassau mehr!
> Das Gewehr hat Oranien (franz.: ‹Orange›)
> Vom Baum der Freiheit geschossen!»

Im November wählt Belgien einen Nationalkongreß, der nach langen Diskussionen Leopold von Sachsen-Coburg zum König bestimmen sollte. Grundlage zur Wahl des Parlaments ist auch hier das Steueraufkommen, doch wird das Wahlrecht auf die «capacités», auf Priester und Akademiker, ausgedehnt. Bis zum Herbst haben Freiwilligenverbände und Deserteure der holländischen Armee auch in Flandern die holländischen Truppen vertrieben. Lediglich in Antwerpen finden sich, verschanzt in der Zitadelle, noch holländische Soldaten und bombardieren die Stadt. Erst nach 24 Tagen Belagerung und 20 000 Kanonenschüssen wird Antwerpen durch die englischen und französischen Flotten befreit.

Was spielte sich 1831 in Italien ab und können wir auch hier von einer Revolution sprechen? Ähnlich wie in Belgien ging es in Italien vor allem um die nationale Frage, die Befreiung von der österreichischen, bourbonischen und päpstlichen Herrschaft; aber gerade im Gebiet des Kirchenstaats hatte auch der Mangel an Reformen und der Ausschluß der Zivilbevölkerung von der Politik die Unzufriedenheit mit dem Regime des Papstes verstärkt. Die in der Revolution bald zu Tage tretenden politischen Konflikte zwischen *moderati* und *radicali* bezüglich der Besteuerung, der Zölle und der Armengesetzgebung zeugen zudem von der sozialen Dimension der Revolution, wobei die konservativen Elemente allerdings eindeutig dominierten.

Zwar läßt sich schon wegen der großen Anzahl italienischer Exilanten in Paris der Einfluß der französischen Julirevolution auf die Ereignisse in Mittelitalien nicht leugnen, doch waren diese vor allem eine Fortsetzung der Aufstände der 1820er Jahre und von Geheimgesellschaften, von Carbonari und Freimaurern, bereits zu einer Zeit geplant, als in Frankreich noch niemand an eine Revolution dachte. In mancher Hinsicht weisen die Ideen der italienischen Revolution sogar über die französische Julirevolution hinaus: Buonarroti und Mazzini strebten eine europäische

Revolution republikanisch-egalitären Charakters an, welche die recht allgemein gehaltene französische Formel vom Freiheitskampf der Völker auf ein konkretes Konzept zu bringen versucht.

Die Revolutionäre in Italien verband die Idee eines vereinigten Italiens, wie es unter Napoleon bestanden hatte. Wichtiger als im Falle Belgiens war hier jedoch die Frage nach dem zukünftigen Herrscher, der weder Franzose noch, wie Leopold I., Deutscher englischer Staatsangehörigkeit, sondern Italiener sein sollte. Eine Fraktion unterstützte den anti-liberalen, aber territorial ambitionierten Herzog von Modena, Francesco IV., eine andere Carlo Alberto von Piemont. Gleichzeitig spielte der Republikanismus im italienischen Risorgimento eine entscheidende Rolle. Gerade die Kontraste zwischen Republikanern und Monarchisten warfen den italienischen Freiheitskampf immer wieder zurück. Ohne die Unterstützung des Auslands und in Anbetracht der Konflikte zwischen den Exilanten in London, Paris und der Schweiz fielen die bereits im Vorfeld durch Polizeiaktionen geschwächten Aufstände in Mittelitalien schnell der Übermacht der österreichischen Truppen zum Opfer.

Zentrum der Revolution war Modena. Von dort hatte der Kopf der Bewegung, der junge, den monarchisch-konstitutionellen Carbonari zugehörende Geschäftsmann Ciro Menotti, revolutionäre Zirkel in Parma, Mantua und in den päpstlichen Legationen, in Bologna und in der Romagna, aufgebaut. Nach der Befreiung Italiens sollte ein Nationalkongreß in Rom den König bestimmen. Trotz der Gefangennahme Menottis und des allerdings noch kaum bekannten Mazzinis und trotz der mißglückten Verschwörung Louis Bonapartes in Rom stürzten in den ersten Februartagen des Jahres 1831 die Regierungen in Bologna, Modena, Reggio und Parma. Begünstigt durch den Tod von Papst Pius VIII. am 2. Februar, dehnte sich die Revolution von Bologna schnell in die kleineren Städte der Legationen und in die Marken aus. Bestimmend war hier der Partikularismus der Städte, der eine gemeinsame Regierung, die von den Carbonari geplante Übergangsdiktatur, und gegenseitigen militärischen Beistand unmöglich machte. Die konservative Ausrichtung der Übergangsregierungen verhinderte zudem die Unterstützung weiterer Bevölkerungskreise, sodaß die österreichischen Truppen insgesamt ein leichtes Spiel hatten. Als in Bologna Studenten, Handwerker und Kleinhändler doch noch versuchen, sich dem «straniero» zu widersetzen, hatte die Regierung bereits kapituliert.

Trotz des Mißerfolgs stellte die Revolution in Italien einen wichtigen Schritt auf dem Weg zur nationalen Einigung dar, welche zahlreiche Kämpfer von 1831 noch erleben sollten. Polen wartete bis 1918 auf seine Unabhängigkeit, die dann nur zwei Jahrzehnte währen sollte. Hatte Belgien seine Unabhängigkeit einer von England unterstützten Revision der

Entscheidungen von 1815 und der Rückkehr Frankreichs auf das internationale Parkett zu verdanken, so waren die Großmächte im Fall Polens zu keinerlei Zugeständnissen bereit. Nicht zuletzt auf Grund der polenfreundlichen Stimmung in der politischen Öffentlichkeit Europas wäre dies als Einlenken gegenüber demokratischen Kräften verstanden worden.

Das Kongreßpolen von 1815 war ein Zwergstaat, kleiner als das Großherzogtum von 1809. Krakau war als freie Stadt den Teilungsmächten unterstellt; Preußen bekam Posen, also den westlichen Teil des Herzogtums Warschau, Danzig und Schwedisch-Pommern zugesprochen; Österreich erhielt einen Großteil Galiziens. Der Krone des Zaren unterstellt, wurde Restpolen als verstümmeltes Königreich Teil des russischen Reichs. Der Zar bestimmte Regierung, Verwaltung, Offiziere und kontrollierte die Legislative. Doch im Vergleich mit den Staaten der Heiligen Allianz war das neue Regime ausgesprochen liberal und läßt sich als eine Form der konstitutionellen Monarchie beschreiben, von der die russischen Liberalen nur träumen konnten. Polen verfügte 1830 über weit größere Freiheiten als vor den Aufständen von 1794, 1863 und 1905: Die Thronfolger des Zaren wurden darauf verpflichtet, einen Eid auf die Verfassung zu schwören, was Frankreich und Belgien erst 1830 erkämpften. Auch bezüglich der Sprachenregelung war das Regime des Zaren fortschrittlicher als beispielsweise die holländische Krone gegenüber den Wallonen. Der Oberbefehlshaber der polnischen Armee, ein Bruder des Zaren, war zwar alles andere als ein Liberaler, konnte aber als Anhänger eines polnischen Königreichs unter russischer Krone gelten. Zahlreiche Offiziere hatten unter Napoleon gedient. Die gut ausgestattete Armee marschierte unter polnischer Flagge. Im Vergleich zu anderen Staaten war das Budget in den Jahren vor der Revolution ausgeglichen, Handel und Industrie nahmen mit Hilfe von Investitionen einen kräftigen Aufschwung.

Wie läßt sich unter diesen Umständen eine Revolution erklären? Zum einen machte der Zar deutlich, daß die vollständige Einverleibung Polens nicht außerhalb des Möglichen lag und auch die Verfassung seinem Herrschaftsanspruch nicht im Wege stehen konnte. Stimmte das Parlament, der Sejm, seinen Vorstellungen nicht zu, wurde es ausgesetzt. Zum anderen ging es den im Lande blühenden, traditionell an der Freimaurerei orientierten Geheimgesellschaften der nationalen Bewegung weniger um die Verletzung dieser liberalen Prinzipien. Der Erwartungshorizont war vielmehr an den historischen Erfahrungen nationaler Unabhängigkeit ausgerichtet, am polnischen Königtum des Mittelalters und der frühneuzeitlichen Adelsrepublik vor den Teilungen. Als Łukaszyński, Kopf der Nationalpatriotischen Gesellschaft, 1822 verhaftet, die Vorkämpfer einer polnischen Kulturbewegung Adam Mickiewicz und Tomasz Zan in russische Verbannung geschickt wurden, gab dies der Nationalbewegung lediglich weiteren Grund zum Protest. Der mißlungene Staatsstreich der russischen Dekabristen 1825 stand in Verbindung zur polnischen Nationalbewegung, was den neuen Zar Nikolaus I., der im Gegensatz zu Alexander I. frei von aufgeklärten Ambitionen war, zu noch härterem Vorgehen gegen die Geheimgesellschaften antrieb. Die Situation spitzte sich in einer Weise zu, daß in verschworenen Kreisen des Militärs Attentate gegen den Zaren und den Oberbefehlshaber der Armee, Großherzog Konstanty Pavlovitch, geplant wurden.

Rußland spielte in der Revolution von 1830 schon allein deshalb eine entscheidende Rolle, weil die Ereignisse in Paris die einst gegen Napoleon gerichtete Koalition wieder auf den Plan rief. Auch hatte der Zar seine Vorbehalte gegen die belgische Unabhängigkeit und zog in Erwägung, dem holländischen König zur Hilfe zu eilen. Selbstverständlich unterstützte er auch die österreichischen Interessen in Italien. Hatte sich die Unruhe in Polen bisher in erster Linie im Militär, in den Geheimgesellschaften und unter Literaten geäußert, so kam es nun auch zu vereinzelten Protesten von Arbeitern. Doch die polnische Revolution sollte sich trotzdem von den Ereignissen in anderen Teilen Europas gerade dadurch unterscheiden, daß sie zunächst als eine Revolution der Eliten, vor allem des Militärs, begann, ohne Verbindungen zu weiteren Bevölkerungskreisen. Für den 29. November waren in Warschau ein Attentat auf den Großherzog Konstanty, die Entwaffnung der russischen Garnison und die Übernahme des Arsenals geplant. Doch der Anschlag scheiterte wegen beinahe lächerlicher Mißgeschicke der Verschwörer. Trotzdem brachten in der berühmten «Novembernacht» die aufständischen Soldaten, verstärkt durch aufgebrachte Massen, die Hauptstadt unter ihre Kontrolle. Ohne politisches Programm oder konkrete Pläne zur Übernahme von Regierungsfunktionen ging die Initiative von den Revolutionären auf moderat-konservative Kreise der Adelspartei über, denen die Idee eines bewaffneten Aufstands bisher ferngelegen hatte. Zwar wurde der Großherzog mit seinen Truppen zum Verlassen des Landes gezwungen, doch die provisorische Regierung war bestrebt, einen Kompromiß mit dem Zaren auszuhandeln. Ihr ging es um die Anbindung Litauens und einige konstitutionelle Zugeständnisse; mehr nicht. Erst als sich Nikolaus jeglichen Verhandlungen verweigerte – «entweder Rußland oder Polen werden verschwinden ...» –, ging die Initiative wieder an die radikaleren Kräfte über: Der Sejm – das polnische Parlament – setzte den Zaren ab. Am 5. Februar 1831 überquerte die russische Armee mit 120 000 Soldaten die polnische Grenze. Auch der patriotische Eifer der polnischen Truppen konnte der Übermacht der russischen Armee nicht standhalten. Nach anfänglichen Erfolgen – immerhin war der polnischen Armee das Land bekannt und sie verfügte in Warschau über eine gut organisierte Zentrale – zogen die Soldaten des Zaren im September in Warschau ein. Wenige Wochen später wurden die letzten Stellungen eingenommen. Die 325 Tage polnischer Freiheit waren zu Ende. Als eigenständiger Staat verschwand Polen von der Landkarte. Es verlor seine Verfassung, sein Parlament, seine Armee, selbst seine Universität. Das Territorium wurde in von Moskau verwaltete Gouvernements zerteilt. Selbst die russisch-litauischen Westprovinzen wurden von der Repression erfaßt: die polnisch-dominierte Universität in Wilna wurde geschlossen und die Liberalen in Rußland verloren alle Hoffnung auf Reform. Die polnische Nationalbewegung lebte nun vor allem durch ihre patriotischen Schriften weiter. Als die Nationalsozialisten im Zweiten Weltkrieg Polen ganz auslöschen wollten, verbrannten sie die Schriften Adam Mikkiewiczs auf den Scheiterhaufen des Warschauer Ghettos.

Vor den militärischen Ereignissen gerät die soziale Dimension der polnischen Revolution leicht in Vergessenheit. Ging der Aufstand zwar vom Militär aus, so entfaltete sich in den kommenden Monaten trotzdem eine soziale Dynamik, die es erlaubt, die Ereignisse stärker in einen europäischen Vergleich einzubeziehen. So standen sich im Sejm verschiedene Fraktionen gegenüber, die jeweils unterschiedliche Vorstellungen von dem zukünftigen Gemeinwesen hatten. Dort verhinderte die konservative Adelspartei ein Gesetz zur Verteilung von Staatsländereien an Soldaten und Bauern. Die Patriotische Gesellschaft hingegen forderte eine Ausweitung des Krieges, die Emanzipation der Juden und die Befreiung der lehnseigenen Bauern. Damit richtete sie sich nicht nur gegen die Herrschaft des Zaren, sondern auch gegen die Interessen der polnischen Landbesitzer, die teilweise offen mit der Fortsetzung des russischen Regimes sympathisierten, von dem diesbezüglich keine allzu radikalen Schritte zu erwarten waren. In den größeren Städten kam es zu Aufständen von Arbeitern; auch Priester unterstützten teilweise die Ausweitung der Revolution. Als der Oberbefehlshaber der Armee entschied, mit harter Hand gegen die innere Opposition vorzugehen, wird er vom Sejm abgesetzt. Doch inzwischen kam es in den Straßen Warschaus zur Rebellion. Aufgebrachte Massen stürmten in der Nacht des 15. August die Gefängnisse, zahlreiche Gegner der Revolution wurden hingerichtet. Als am Tag darauf das Militär die Ordnung wiederherstellte, die Barrikaden zerstörte, die Patriotische Gesellschaft verbot und die Aufrührer erschießen ließ, war die kurze Epoche polnischer Freiheit ohnehin so gut wie beendet. Die meisten Städte Polens waren von russischen Truppen eingenommen und man bereitete sich auf die Belagerung der Hauptstadt vor. Doch innerhalb der nationalen Revolution hat sich in Polen so auch noch eine soziale Revolution abgespielt, in mancher Hinsicht den Junitagen der französischen Revolution von 1848 vergleichbar.

In Frankreich, Belgien, Polen und selbst in Italien richteten sich die Revolutionen an die ganze Nation. Damit unterscheiden sie sich von den Ereignissen in Deutschland, wo die Aufstände als Neuauflage der Verfassungsbewegung lediglich einzelne Staaten betrafen, ohne daß die Perspektive nationaler Einigung zunächst eine Rolle spielen sollte. Der heiße Monat war September 1830, als sich die Nachricht von den erfolgreichen Revolutionen in Frankreich und Belgien verbreitetet hatte. In Braunschweig reagierte das Volk auf den Verfassungsbruch Herzog Karls mit einem Brandanschlag auf das Schloß. In Kurhessen kam es zu Demonstrationen und Bürgerversammlungen, unter deren Druck der Fürst eine ausgesprochen liberale Verfassung und einen Landtag zugestand. Auch Sachsen und Hannover nahmen nach einer langen Phase innerer Unruhe Verfassungen an. In den Verfassungsstaaten des Südens gelang es den Liberalen, ihren Einfluß auszubauen und begrenzt freiheitliche Forderungen durchzusetzen. Ähnlich den französischen Unruhen dieser Jahre kam es auch in Deutschland im Zuge der Aufstände zu populären Gewaltaktionen, zu Steuerprotesten, zu Arbeiter- und Bauernunruhen, die häufig für die Erfolge der einzelnen Revolutionen entscheidend waren. Lassen sich diese in ihrer Bedeutung nicht mit den Ereignissen in Frankreich vergleichen und schöpfte die Reaktion im Deutschen Bund bald neue Kraft, so führten sie doch zu einer Stärkung der außerparlamentarischen Opposition, zur Entstehung eines kritischen Bürgersinns und einer politischen Öffentlichkeit; das Hambacher Fest 1832 als die erste große Demonstration einer nationalen deutschen Opposition war schließlich auch noch ein Folgeereignis der Juli-Revolution.

1830 als Bruch in der Geschichte der sozialen und politischen Bewegungen

Die Revolutionen von 1830 markieren für Westeuropa einen Wendepunkt. Seit 1830 kann man von einem westlichen Entwicklungsmodell politischer Herrschaft sprechen, dem der größte Teil Europas nur langsam, nach Mißerfolgen und auf schmerzhaften Umwegen folgen sollte. Es waren die Eindrücke der Revolution, die Heinrich Heine dazu verleiteten, Deutschland endgültig gen Westen zu verlassen – die Marseillaise seiner Freiheitsgöttin dem Gesang des «deutschen Harfenmädchens» vorziehend, den wir aus seinem Wintermärchen kennen:

> «Sie sang das alte Entsagungslied,
> Das Eiapopeia vom Himmel,
> Womit man einlullt, wenn es greint,
> Das Volk, den großen Lümmel.»

Was war doch im Vergleich dazu das Volk in Frankreich: «Heilige Julitage! wie schön war die Sonne und wie gross war das Volk von Paris!» Doch Heines Blick war durch den Enthusiasmus für die französische Julirevolution nicht frei von Verklärung und übersah bestimmte Aspekte der sozialen Realitäten – im Gegensatz zu dem eher skeptischen Buonarroti, der ebenfalls Paris als Exil gewählt hatte. Von den bis Mitte der 1830er Jahre dauernden Protesten und Gewaltaktionen des Volkes berichtet Heine nicht. Die durch den revolutionären Umschwung an die Macht gekommene Schicht war das Großbürgertum – Industrielle, Bankiers, Rentiers, ein Teil des Beamtenapparats –, zu dem Heine gewisse Kontakte unterhielt. 168 000 Wahlberechtigte zählte die französische Julimonarchie. Reichtum war entscheidend; und nicht zu Unrecht bezeichneten viele Beobachter die von der Investition ihres privaten Kapitals in den industriellen Aufschwung lebende Bourgeoisie als eine soziale Klasse, als Kapitalisten. Das Bildungsbürgertum spielte in den konstitutionellen Monarchien nach dem Modell von 1830 zunächst nur eine untergeordnete Rolle; das Kleinbürgertum der Handwerker und Kleinhändler war politisch aktiv, hatte aber unter den sozio-ökonomischen Veränderungen besonders zu leiden. Die von dem politischen Umschwung ausgehende wirtschaftliche Dynamik brachte jedoch noch eine andere soziale Schicht hervor, die sich in den folgenden Jahrzehnten allmählich als Klasse konstituieren sollte: die industrielle Arbeiterschaft, in Frankreich bald auch als Proletariat bezeichnet – durch Geburt an den «Bettelsack» und «das Elend seiner Rasse» gebunden, wie es in einem frühen Arbeiterlied von Louis Festeau heißt. Großbürgertum und Proletariat, das werden die Hauptfiguren des Realismus in der Kunst und der Literatur, etwas zögerlicher in der Musik. 1830 war die neue soziale Schicht der Industriearbeiter zunächst «weder Stand noch Klasse» (Jürgen Kocka): es handelte sich um der Liberalisierung der Märkte und der Industrialisierung zum Opfer gefallene Handwerker, zunehmend auch ehemalige Landarbeiter, die ihre Arbeitskraft zum jeweiligen Marktpreis an die Unternehmer verkauften. Doch aufbauend auf vorindustriellen Erfahrungen und Werten, konfrontiert mit sozialer Verelendung, wie sie Engels in «Die Lage der arbeitenden Klasse in England» beschrieben hat, entwickelte sich in dieser neuen sozialen Schicht ein Klassenbewußtsein, das zur Grundlage der verschiedenen Erscheinungsformen der sozialistischen Bewegung werden sollte. War es bis dahin ein weiter Schritt, der noch mehrere Jahrzehnte in Anspruch nehmen sollte, so bezeichnet 1830 doch den Anfangspunkt der europäischen Arbeiterbewegung. An der Beseitigung der demokratischen und sozialen Defizite des 1830er Modells von Herrschaft sollte sie entscheidenden Anteil haben.

Die deutsche Revolution 1848/49

von Dieter Hein

Chronik

22.–24. 2. 1848	Revolution in Paris, Ausrufung der Republik
27. 2. 1848	Erste Volksversammlung in Mannheim, Formulierung der «Märzforderungen»
1.–5. 3. 1848	Protestkundgebungen in vielen süd- und westdeutschen Städten
5. 3. 1848	Heidelberger Versammlung oppositioneller Abgeordneter
13. 3. 1848	Aufstand in Wien, Sturz Metternichs
18./19. 3. 1848	Barrikadenkämpfe in Berlin, Einlenken Friedrich Wilhelms IV.
29. 3. 1848	Berufung des liberalen Ministeriums Camphausen/Hansemann in Preußen
31. 3.–3. 4. 1848	Tagung des Vorparlaments in der Frankfurter Paulskirche
12.–20. 4. 1848	Republikanischer Aufstand unter Führung Friedrich Heckers in Baden
18. 5. 1848	Zusammentritt der ersten deutschen Nationalversammlung in Frankfurt am Main
14. 6. 1848	Sturm auf das Zeughaus in Berlin
29. 6. 1848	Schaffung einer provisorischen Zentralgewalt, Wahl von Erzherzog Johann zum Reichsverweser
17./18. 9. 1848	Aufstand in Frankfurt am Main wegen der Annahme des Waffenstillstands von Malmö, Ermordung der Abgeordneten Auerswald und Lichnowsky
21. 9. 1848	Ausrufung der Republik durch Gustav von Struve in Lörrach
6. 10. 1848	Oktoberrevolution in Wien
31. 10. 1848	Rückeroberung Wiens durch kaiserliche Truppen
8./9. 11. 1848	Staatsstreich in Preußen, Verlegung der preußischen Nationalversammlung nach Brandenburg
9. 11. 1848	Standrechtliche Erschießung Robert Blums in Wien

27. 11. 1848	Verlegung des österreichischen Reichstags nach Kremsier
2. 12. 1848	Abdankung des österreichischen Kaisers Ferdinand I., Thronbesteigung seines Neffen Franz Joseph I.
5. 12. 1848	Auflösung der preußischen Nationalversammlung, Oktroyierung einer Verfassung
21. 12. 1848	Verabschiedung des Gesetzes über die Grundrechte durch die Frankfurter Nationalversammlung
4. 3. 1849	Auflösung des österreichischen Reichstags, Oktroyierung einer Verfassung
27./28. 3. 1849	Annahme der deutschen Reichsverfassung in der Frankfurter Paulskirche, Wahl von Friedrich Wilhelm IV. zum «Kaiser der Deutschen»
28. 4. 1849	Ablehnung der Kaiserkrone durch den preußischen König
Mai–Juli 1849	Aufstände in Sachsen, in der Pfalz und in Baden
23. 7. 1849	Kapitulation der Festung Rastatt

Als «Zeitalter der Revolution» hat Leopold von Ranke 1854 in seinen berühmten Vorträgen vor dem bayerischen König Maximilian II. die Jahrzehnte von der amerikanischen Unabhängigkeitserklärung bis zur eigenen Gegenwart bezeichnet. Geprägt seien sie, so Ranke, durch das epochale Ringen zwischen den «Prinzipien der Monarchie und der Volkssouveränität», das «eine ungeheure Gärung in die Welt» gebracht habe. Niemand, der sich in einer öffentlichen Stellung befinde, könne diesem Konflikt ausweichen. Jeder müsse zwangsläufig Partei ergreifen.

Rankes zeitgeschichtliche Betrachtungen atmeten noch ganz das Lebensgefühl der Vormärzjahrzehnte, einer Epoche, in der die Revolution das alles beherrschende Thema der politischen Auseinandersetzung war: Die Kräfte der Revolution dauerhaft niederzuhalten galt als das erklärte Ziel der monarchischen Obrigkeiten. Von Revolution und den von ihr ausgehenden Gefahren sprachen auch beständig die Liberalen, wenn sie in beschwörendem Ton tiefgreifende Reformen in Staat und Gesellschaft anmahnten und einforderten. Offensiv zur Revolution bekannte sich hingegen nur eine verschwindend kleine radikale Minderheit. Doch verstärkte sich, zumal in der zweiten Hälfte der 1840er Jahre, der Eindruck, daß etwas in der Luft liege, daß man in einer vorrevolutionären Situation stehe, in der alles auf einen gewaltsamen Umbruch zutreibe.

Was eine Revolution sei, wie sie ablaufe, welche Kräfte und welche Dynamik sie freisetze und damit zugleich welche Risiken oder auch, positiv gedeutet, Chancen der Radikalisierung und Beschleunigung der Entwicklung von ihr ausgingen – das glaubte man seit den Ereignissen von 1789 in Frankreich nur zu genau zu wissen: Revolutionen begannen, getragen von einer Welle allgemeiner Unzufriedenheit und nach einem ersten kurzen Aufbegehren, mit einer Phase grundlegender politischer Reformen, steigerten sich dann, begleitet von Gewaltexzessen, in einem zweiten Schritt zum sozialen Umsturz und allgemeinen Chaos, aus dem schließlich nur die Diktatur eines einzelnen wieder herausführte, ohne daß damit jedoch der Zustand vorrevolutionärer Alleinherrschaft wiederhergestellt wurde. Und: Revolutionen nahmen ihren Ausgang stets – diese Ansicht war durch die Juliereignisse von 1830 nochmals befestigt worden – im französischen Nachbarland, überzogen von hier aus den europäischen Kontinent.

Die Märzrevolution

Dieses Bewußtsein, diese Sicht der Dinge bestimmten auch von Anfang an die Einschätzung der Nachrichten von den Pariser Februarereignissen und das Handeln aller politischen Kräfte in Deutschland. «Wie ein Donnerschlag hat die Pariser Revolution die Dunkelheiten unserer Lage erhellt. – Die Vorstädte sollen in sehr gereiztem Zustande sein. Der kleinere Bürgerstand befindet sich in offenbarer Gärung. Die unheilvollsten Gerüchte zirkulieren», hieß es am 5. März 1848 in einem Bericht aus Wien. «Wie das Volk durch alle diese Nachrichten aufgeregt wird, selbst bei uns hier, ist unglaublich. Es ist als wenn Jeder Zündkraut auf dem Kopfe hätte und nur die Lunte erwarte. Die Zeit wird schwer werden», schrieb am gleichen Tag der Hofmaler Wilhelm von Kügelgen aus dem kleinen Herzogtum Anhalt-Bernburg an seinen Bruder.

Schon die ersten politischen Versammlungen und Kundgebungen – die früheste, in ihrem Forderungskatalog dann beispielgebende fand am 27. Februar in Mannheim statt – verstanden sich als Zeichen einer neuen Zeit. Gleichsam über Nacht ging es nicht mehr um einzelne Reformversprechen der Monarchen und ihrer Regierungen. Ein fundamentaler Systemwechsel stand nun auf der Tagesordnung. Vor allem das schnelle Überspringen des revolutionären Funkens von Stadt zu Stadt und über die Grenzen hinweg stärkte die Überzeugung, mitten in einem gemeinsamen Aufbruch der europäischen Nationen, in einem allgemeinen Völkerfrühling zu stehen.

Die vormärzliche Opposition, Liberale wie Demokraten, agierte ausgesprochen routiniert. Das Instrumentarium, mit dem sich ein politischer Systemwechsel durchführen ließ, lag seit langem bereit, war zumal in den 1840er Jahren immer weiter ausgefeilt und eingeübt worden: Versammlungen wurden einberufen, Petitionen mit den liberalen Kernforderungen formuliert und den Parlamenten übergeben, Massenumzüge in die jeweilige Hauptstadt organisiert, die Monarchen gedrängt, prominente liberale Politiker in ihr Kabinett aufzunehmen.

Nahezu gleichzeitig wurde der Schritt auf der nationalen Ebene vollzogen. Hier vor allem galt es aus der Sicht der Opposition, das Heft in die Hand zu bekommen. Gegen den reaktionären Deutschen Bund und sein oberstes Organ, den in Frankfurt am Main residierenden Bundestag, warf man die Autorität gewählter Abgeordneter, der «wahren Volksmänner», in die Waagschale. 51 prominente Oppositionspolitiker, von Heinrich von Gagern über Friedrich Römer und Friedrich Daniel Bassermann bis hin zu Friedrich Hecker, trafen am 5. März in Heidelberg zusammen. Ihr Beschluß, eine zweite, repräsentativere Versammlung nach Frankfurt am Main einzuberufen, ein «Vorparlament», das dann die Wahl einer verfassunggebenden deutschen Nationalversammlung vorbereiten sollte, zeichnete den Weg zu einem deutschen Nationalstaat vor. Dies war ein zutiefst revolutionärer Akt, der sich auf keine juristische Legitimation im Rahmen des alten Systems mehr berufen konnte.

Doch darin ging die Revolution nicht auf. Von Anfang an steckten in den Massenprotesten – gerade das spiegelte sich ja in den Sprachbildern der zeitgenössischen Beobachter – überschießende Energien. Sie waren nicht nur im Rahmen der alten Ordnung nicht mehr beherrschbar. Sie ließen sich auch nicht ausschließlich für die politischen Ziele der bisherigen Opposition instrumentalisieren. Auch das zählte seit 1789 zu den Grundmerkmalen einer Revolution.

Getragen wurde diese elementare Revolution überwiegend von den kleinen Bürgern und den Unterschichten in den Städten, von kleinen Handwerksmeistern und Händlern, von Gesellen und Arbeitern, von Tagelöhnern, Arbeitslosen und Lumpenproletariern. Sie litten am stärksten unter den strukturellen Schwächen der vormärzlichen Wirtschaft. Die Erwerbs- und Verdienstmöglichkeiten hielten mit der rasch zunehmenden Bevölkerung nicht Schritt. Die junge Industrie bot noch nicht genügend Arbeitsplätze. Und im Handwerk wuchs die Zahl der Meister und Gesellen weit schneller als die Bevölkerung und die Nachfrage, so daß vor allem ein großer Teil der Schneider, Schuhmacher und Tischler am Rande des Existenzminimums lebte. Während so ein Teil der Bürger immer mehr absank, stieg zugleich – vor allem in den früh industrialisierten Städten und in den Metropolen Berlin und Wien – der Anteil der stets nur zeitweilig beschäftigten und von der Hand in den Mund lebenden Unterschicht dramatisch an. Diese langfristigen Strukturprobleme wurden nun durch zwei akute Krisen überlagert und verschärft, durch zwei Mißernten in den Jahren 1845 und 1846, die die Nahrungsmittelpreise steil in die Höhe trieben, und durch eine schwere konjunkturelle Flaute, die seit dem Herbst 1847 die Industrie zu Entlassungen zwang und auch auf das Handwerk zurückwirkte. Ob allein damit schon die Revolution vorprogrammiert war, ist umstritten. Zusammen mit den tiefgreifenden Legitimationsdefiziten des monarchisch-bürokratischen Obrigkeitsstaates aber bildeten die wirtschaftlichen und sozialen Probleme auf jeden Fall eine höchst explosive Mischung.

Neben der Revolution in den Städten, in denen die Märzerhebung begann und ihren Schwerpunkt hatte, dürfen allerdings auf keinen Fall die ländlichen Revolten übersehen werden, die den städtischen Protest bereits in seinen Anfängen begleiteten und seine Schubkraft verstärkten. Vor allem in jenen Regionen des mittleren, südwestlichen und südlichen Deutschland sowie in Schlesien, wo die Bauernbefreiung auf halbem Wege steckengeblieben war und die Bauern sich durch vielfältige Dienste und Abgaben belastet und unterdrückt fühlten, machte sich der Unmut der Landbevölkerung in offenen Gewaltakten gegen Grundherren und staatliche Beamte Luft. In einer immer noch überwiegend agrarischen Gesellschaft, in der kaum mehr als ein Viertel der Bevölkerung in Städten lebte, mußte der ländliche Aufruhr in besonderem Maße an die Grundfesten der alten Ordnung rühren. «Gegen das empörte Stadtvolk hätten die vorhandenen Militärkräfte einschreiten mögen, aber wo sich die Bauern von ihren Sitzen erheben, da ist es, als ob eine Stadt an allen Punkten zugleich brenne», hat der Begründer der Volkskunde, Wilhelm Heinrich Riehl, wenige Jahre später treffend bemerkt.

Gegenüber der breiten Welle des Aufruhrs und der Empörung wirkten die Fürsten und ihre Regierungen in diesen Märztagen fast wie gelähmt. Gerade weil auch sie im Bann der älteren Revolutionen standen, weil sie im Grunde selbst seit langem eine tiefgreifende Erschütterung ihrer Herrschaft für unvermeidlich hielten und weil sie sich – durch diese Brille betrachtet – einer machtvollen und geschlossenen revolutionären Phalanx gegenübersahen, handelten sie nur zögernd. Sie schreckten vor entschiedener Gegenwehr, zumeist auch dem Einsatz ihrer militärischen Machtmittel zurück. Selbst dort, wo sie sich, wie am 13. März in Wien und am 18./19. März in Berlin, dann doch zur Anwendung von Gewalt entschlossen, blieben sie nicht konsequent, sondern lenkten angesichts des Widerstandes breiter Bevölkerungskreise schnell wieder ein. Die Monarchen lagen Ende März, wie sich der preußische König Friedrich Wilhelm IV. rückblickend ausdrückte, «auf dem Bauch».

Aber sie blieben Monarchen. Anders als in Frankreich, wo König Louis Philippe bereits in den ersten Revolutionstagen gestürzt worden war, machte die Bewegung in Deutschland vor den Thronen halt. Daß ihr vorläufiger Sieg so schnell und so mühelos, nahezu ohne Gewalt errungen wurde, hatte zudem zur Folge, daß der staatliche Machtapparat, Bürokratie und Militär, die Hauptstützen monarchischer Herrschaft, im Kern nicht erschüttert wurden. Nur die politischen Spitzen der Ministerien wurden ausgewechselt, doch die neuen, von den Liberalen geführten Kabinette mußten weiter mit den alten Beamten und Offizieren kooperieren. Das war für den weiteren Fortgang der Revolution von schlechthin ausschlaggebender Bedeutung. Doch trat es zunächst ganz in den Hintergrund gegenüber dem Pathos des Neubeginns, der Aufbruchsstimmung und Siegesgewißheit, die 1848 wie in wohl jeder fürs erste erfolgreichen Revolution völlig überwogen.

Zwischen Reform und Radikalisierung

Auch wenn die Idee der permanenten Revolution als theoretisches Modell bereits im Vormärz formuliert wurde, Revolutionen können in der Praxis nicht auf Dauer angelegt sein. Sie schaffen stets einen Ausnahmezustand, in dem nicht allein die Herrschaftsordnung in Frage gestellt ist, sondern der das gesamte öffentliche Leben überschattet. Auch der einzelne kann sich dem in seiner beruflichen und privaten Existenz kaum entziehen. Insbesondere sind alle Arten von Hierarchien, von Über- und Unterordnungen erschüttert oder gar außer Kraft gesetzt. «The World turned Upside Down», hat man bereits über die englische Revolution des 17. Jahrhunderts bemerkt. So beginnen in revolutionären Phasen meist nahezu gleichzeitig mit den Unruhen auch die Debatten darüber, wann und wie die Revolution «geschlossen» werden soll oder bis zu welchem Punkt sie weitergeführt werden muß, um ihren Sieg nicht zu gefährden und eine Rückkehr zum vorrevolutionären Zustand auszuschließen.

Für die Liberalen stand die Antwort im Grunde von der ersten Stunde an fest. Sie erwarteten von einer Fortdauer oder gar Ausweitung des massenhaften Aufbegehrens eine Gefährdung nicht nur der politischen Ordnung, sondern auch der bürgerlichen Gesellschaft, das Abgleiten in die soziale Revolution. Als Revolutionäre wider Willen suchten sie den Konsens mit der etablierten Ordnung, drängten – auch aus realpolitischen Erwägungen – auf eine Vereinbarung mit den Monarchen. Die monarchische Spitze des Staates sollte um jeden Preis erhalten bleiben, weil nur sie eine dauerhafte Gewähr gegen sozialrevolutionäre Umwälzungen zu bieten schien. Ebenso hielten die Liberalen die Zeit für ein allgemeines Wahlrecht noch nicht für gekommen. Erst nach und nach sollten die unteren Schichten durch den Erwerb von Besitz und Bildung zu vollberechtigten Staatsbürgern aufrücken. Auf der anderen Seite konnte es keinem Zweifel unterliegen, daß auch die Liberalen den grundlegenden politischen Umbruch herbeiführen wollten, daß auch nach ihrem Willen künftig das Volk und seine parlamentarischen Vertreter die entscheidende politische Stimme haben sollten. Ihr Kurs der «Reform-Revolution» (Dieter Langewiesche) stürzte die Liberalen 1848/49 in ein nahezu unlösbares Dilemma. Einerseits durften sie, um weiterhin den alten Mächten gegenüber glaubwürdig mit einer Fortsetzung der Revolution drohen zu können, den Kontakt zu den radikaleren Kräften nicht verlieren. Andererseits mußten sie sich der eigenen bürgerlichen Klientel und auch den Monarchen als ordnungsstiftende Kraft präsentieren.

Das politische Ziel der Demokraten war dagegen die soziale Republik, zumindest aber eine politische Ordnung, die – und sei es unter einem dann allerdings weitgehend entmachteten Monarchen – für einen kontinuierlichen Wandel offen sein sollte. Vollzogen werden sollten die erstrebten politischen und sozialen Reformen über parlamentarische Mehrheitsbeschlüsse, an denen – über das allgemeine Wahlrecht – auch die klein- und unterbürgerlichen Gruppen von Anfang an beteiligt sein sollten. Von diesen Grundpositionen her befanden sich die Demokraten in einer offensiven Rolle, in der Rolle desjenigen, der über das bereits in den ersten Revolutionswochen Erreichte hinausdrängt. Gerade der relativ leicht errungene Sieg über die alte Ordnung schien ihnen weiterreichende Perspektiven zu eröffnen.

Über die dabei zu beschreitenden Wege gingen die Auffassungen im demokratischen Spektrum jedoch deutlich auseinander. Der weit überwiegende gemäßigte Teil mit Robert Blum an der Spitze war bereit, sich parlamentarischen Mehrheitsvoten zu unterwerfen und auch in einer Minderheitsrolle konstruktiv an der Gestaltung der neuen politischen Ordnung mitzuarbeiten. Eine kleine radikale Gruppe um Friedrich Hekker und Gustav Struve zeigte sich dagegen entschlossen, die Republik um jeden Preis und auf allen Wegen anzustreben. Diese Radikalen waren, wie Fanny Lewald über Georg Herwegh und seine Frau schrieb, in ihrem revolutionären Enthusiasmus «jedem Zweifel unzugänglich».

Die Entscheidung traf Ende März/Anfang April das Vorparlament in Frankfurt. Der Antrag der Radikalen, sofort die Republik zu proklamieren und sich für permanent zu erklären, fiel klar durch. Eine überwältigende Mehrheit von den Liberalen bis weit in das demokratische Lager hinein verständigte sich darauf, allen inhaltlichen Debatten um die künftige Verfassung aus dem Weg zu gehen und diese «einzig und allein» der «vom Volke zu erwählenden constituirenden Nationalversammlung zu überlassen». Dieses Bekenntnis zur Volkssouveränität bildete auch in der Folgezeit die zentrale Basis, auf der sich die revolutionären Kräfte im Konfliktfall immer wieder zusammenfinden konnten.

Nur die Radikalen um Hecker gaben sich damit nicht zufrieden. Sie schritten zwei Wochen später von Südbaden aus zur Fortsetzung der Revolution mit offener Gewalt. Ihre «Volkserhebung» im Namen der Republik konnte jedoch, auch weil die Unterstützung aus der Bevölkerung gering blieb, durch herbeigerufene Bundestruppen rasch niedergeschlagen werden.

Auf der anderen Seite mußte die ausschließliche Berufung auf den neuen Souverän die Zusammenarbeit mit den alten Gewalten erschweren. Die Monarchen wagten allerdings nicht, sich den Wahlen zu einem nationalen Parlament zu widersetzen. Selbst als die Nationalversammlung, die am 18. Mai in der Frankfurter Paulskirche erstmals zusammentrat, als eine ihrer ersten Handlungen eine provisorische Zentralgewalt mit einem Reichsverweser, dem österreichischen Erzherzog Johann, an der Spitze einsetzte, fand dies die Billigung der Fürsten und Regierungen. Der Bundestag übergab förmlich seine Kompetenzen an den Reichsverweser und erklärte seine Tätigkeit für beendet.

Weder das geradezu klägliche Scheitern des republikanischen Aufstands noch die Institutionalisierung der Revolution führten jedoch zu einer dauerhaften Beruhigung der politischen Lage. Spontane Protestaktionen und gewaltsame Übergriffe blieben an der Tagesordnung. Das war nicht zuletzt eine Folge der anhaltenden wirtschaftlichen Krise. Zwar hatte sich die Ernährungssituation seit dem Herbst 1847 erheblich verbessert. Aber die konjunkturelle Flaute im gewerblichen Sektor hatte sich eher noch verschärft. In vielen Städten mußten Handel und Gewerbe im Frühjahr und Sommer 1848 dramatische Einbrüche verzeichnen. Vergeblich verwiesen Liberale und Demokraten auf die Verantwortung des alten Systems: Das seien, hieß es im Juli 1848 in einer Erklärung der württembergischen Volksvereine, «nicht Vorwehen der Freiheit, sondern Nachwehen der Knechtschaft». Es änderte nichts daran, daß in wirtschaftsbürgerlichen Kreisen – je länger die Unruhe andauerte, desto heftiger – eine Wiederherstellung der «Normalität» herbeigesehnt wurde und daß sich bei den elementar betroffenen klein- und unterbürgerlichen Gruppen, kleinen Handwerksmeistern, Gesellen, Arbeitern und Tagelöhnern, eine wachsende Mißstimmung gegen die Politik der Nationalversammlung breit machte.

Verstärkt wurden die Spannungen durch Partizipationskonflikte. Daß die Liberalen versuchten, das Wahlrecht, nachdem bei der Wahl zur Nationalversammlung rund 80% der männlichen Erwachsenen stimmberechtigt gewesen waren, wieder einzuschränken und in die städtischen Wehrformationen nur vollberechtigte Bürger aufzunehmen, löste wütende Proteste bei der Masse der klein- und unterbürgerlichen Bevölkerung aus. In Berlin stürmte am 14. Juni eine Menschenmenge das königliche

Zeughaus und versuchte, sich aus dessen Beständen zu bewaffnen. Und die radikale Agitation fiel nun weit mehr als zuvor auf fruchtbaren Boden.

Der konkrete Anlaß, an dem sich die politischen Leidenschaften schließlich in einer neuerlichen Welle der Gewalt entluden, ergab sich aus dem Schleswig-Holstein-Konflikt, dem Krieg mit Dänemark um die Zugehörigkeit der beiden Herzogtümer zum deutschen Nationalstaat: Daß die Mehrheit der Nationalversammlung am 16. September, wenn auch nur zögernd und im Angesicht der eigenen Ohnmacht, den Waffenstillstand billigte, den Preußen in Malmö abgeschlossen hatte, galt den Radikalen, aber auch vielen gemäßigten Demokraten als Kniefall vor den Fürsten, speziell dem preußischen König, als Verrat an der Nation und der revolutionären Sache.

Die tiefe Kluft, die sich hier in den Reihen der Revolution auftat, hat ihr Teil dazu beigetragen, daß die reaktionären Kräfte in Österreich und Preußen in den folgenden Wochen in den bis dahin revolutionär dominierten Hauptstädten Wien und Berlin ihre Herrschaft wieder stabilisieren konnten. Bereits viele Zeitgenossen haben darin die eigentliche Revolutionswende gesehen. Doch darf die Vorentscheidung, die im Herbst 1848 fiel, auch nicht überzeichnet werden. Daß die politische Arbeit der Regierungen und Parlamente nun weitgehend von dem Druck der Radikalen befreit war, hat auch neue Perspektiven eröffnet. Vieles, wie die Verfassungsberatungen der Paulskirche und eine Fülle von Reformen in den Einzelstaaten, kam erst jetzt richtig in Gang. Die letzte Entscheidung über Sieg oder Niederlage der Revolution stand noch aus.

Revolutionsdynamik

Die politische Dynamik in der Revolution speiste sich allerdings nicht nur aus der zunächst weiter zunehmenden Radikalisierung und dem Glaubenskrieg um die Staatsform. Vielleicht noch wichtigere Impulse gingen von den neuen Freiheiten aus, die im März das alte Repressionssystem, das Verbot jeder politischen Betätigung und die Zensur, abgelöst hatten. Bislang hatten sich politische Bestrebungen oft nur unter dem Deckmantel geselliger Zusammenkünfte oder kultureller Veranstaltungen regen können, in Lesegesellschaften, in Turn- und Gesangvereinen, in Konzert und Theater. Nun aber trat die bereits erreichte Politisierung schlagartig hervor.

Am augenfälligsten waren die Veränderungen bei den Druckerzeugnissen. Während der Buchmarkt – durch den Hunger nach aktuellen Informationen überrollt und beiseitegedrängt – rückläufig tendierte, schossen neue Zeitungen und Zeitschriften aus dem Boden, allein im besonders rückständigen Österreich stieg deren Zahl binnen eines Jahres von 79 auf 388. Von hohem politischen Einfluß waren daneben die zahllosen Flugblätter, Maueranschläge, Broschüren, Bilderbogen und Karikaturen, waren doch mit ihnen auch jene Schichten zu erreichen, die nicht regelmäßig Zeitung lasen und keinem politischen Verein angehörten. Unterstützt durch das neue Verkehrsmittel Eisenbahn wurden daher politische Nachrichten und Meinungen 1848/49 so schnell, auch über Landesgrenzen hinweg, in so großer Vielfalt und mit einer solchen sozialen Reichweite verbreitet, daß man von einer förmlichen Kommunikationsrevolution sprechen kann.

Auf das engste verknüpft war die Entwicklung der Medien mit den politischen und gesellschaftlichen Organisationsbestrebungen. Wer auf dem freien Meinungsmarkt seine Stimme zu Gehör bringen und auch die Abgeordneten in den Parlamenten im eigenen Sinne beeinflussen wollte, mußte seine Anhängerschaft organisieren und mit öffentlichkeitswirksamen Kampagnen und Kongressen hervortreten. Fast alle gesellschaftlichen Gruppen, Handwerker und Gesellen, Befürworter des Schutzzolls wie des Freihandels, Katholiken, Ärzte oder auch Volksschullehrer lernten diese Lektion binnen kurzem. Bei der Gründung politischer Vereine, die sich einer der Fraktionen in der Frankfurter Nationalversammlung verbunden fühlten und mit ihr kooperierten, agierten die Demokraten am erfolgreichsten. Auf dem Höhepunkt ihrer Aktivitäten, im Frühjahr 1849, waren ihnen über 900 Ortsvereine mit etwa 500 000 Mitgliedern zuzurechnen, die im Zentralmärzverein auch national zusammengeschlossen waren und die insofern bereits eine Partei im modernen Sinne bildeten. Fast immer konnten die Liberalen lediglich nachziehen. In den meistern Regionen war ihr Vereinsnetz weniger dicht geknüpft und weniger mitgliederstark. Auch die überregionale Zusammenarbeit blieb bei ihnen in ersten Ansätzen stecken.

Den neuen Aktionsformen konnten sich selbst erklärte Gegner der Revolution nicht entziehen: Scharfsichtige preußische Konservative wie die Gebrüder Gerlach und der junge Bismarck erkannten schon bald, daß auch sie ihre politischen Auffassungen in eigenen Zeitungen vertreten, ihre wirtschaftlichen Interessen als Gutsbesitzer organisiert wahrnehmen und ihre politische Anhängerschaft in parteiähnlichen Vereinen zusammenfassen müßten.

Bislang scheinbar unverrückbare Grenzen wurden schließlich auch mit den Anfängen einer eigenständigen Arbeiterbewegung und dem lebhaften politischen Engagement von Frauen überschritten. Beides stellte das in der bürgerlich-liberalen Bewegung noch weithin dominierende Bild einer patriarchalisch, von bürgerlichen Honoratioren geführten Gesellschaft nachhaltig in Frage.

1848/49 entwickelte sich also mit großer Dynamik ein politisches und soziales Leben, das in geradezu revolutionärem Maße vielgestaltiger und komplexer war, als dies am Vorabend der Ereignisse vorauszusehen gewesen war. Seine Vielfalt und Widersprüchlichkeit stellten nicht nur eine ungeheure Herausforderung für die neue politische Ordnung dar, die die Frankfurter Nationalversammlung zu entwerfen und zu errichten versuchte. Sie wirkten ebenso über das Scheitern der Revolution hinaus.

Nation und Revolution

Doch die stärkste dynamisierende Kraft ging 1848/49 zweifellos von der nationalen Idee aus. Wie fast überall in Europa zählte auch und gerade im staatlich zersplitterten, nur lose durch einen Staatenbund zusammengefaßten Mitteleuropa die Begründung eines Nationalstaates zu den zentralen politischen Zielen, die in nahezu allen politischen Lagern akzeptiert wurden: «Wenn über manches Zweifel bestehen und Ansichten auseinandergehen», so erklärte der Präsident der Frankfurter Nationalversammlung, Heinrich von Gagern, in seiner Antrittsrede am 19. Mai 1848, «über die Forderung der Einheit ist kein Zweifel, es ist die Forderung der ganzen Nation. Die Einheit will sie, die Einheit wird sie haben».

Auf die Nation richteten sich nicht nur die Erwartungen der Bürger von Besitz und Bildung. Gewiß waren die Gebildeten, die sich seit dem ausgehenden 18. Jahrhundert in rasch wachsendem Maße in der gemeinsamen Sprache und Kultur verbunden fühlten und auch intensiv über die einzelstaatlichen Grenzen hinweg miteinander kommunizierten, die wichtigsten Wortführer der nationalen Bewegung. Gewiß hatte die wirtschaftsbürgerliche Elite, Großkaufleute, Bankiers, Fabrikanten, ein nachhaltiges, immer wieder bekundetes Interesse an der Schaffung eines einheitlichen Wirtschaftsraumes. Doch die Austrahlungskraft des nationalen Leitbildes reichte weit über das gehobene Bürgertum hinaus.

Die Nation war geradezu die Projektion aller Veränderungswünsche, die sich in den langen Jahrzehnten politischer Stagnation und Unterdrückung angestaut hatten. Sie war das genaue Gegenbild zum Staat der bürokratischen Bevormundung, der jede kritische Meinungsäußerung, überhaupt jede Normverletzung unnachsichtig verfolgte, der jede spontane Menschenansammlung auflöste und jeden Organisationsansatz zu unterdrücken versuchte, der kaum wirtschaftliche Impulse zu geben vermochte, zugleich aber die wachsenden sozialen Lasten von oben herab verteilte. Das Freiheits- und das Partizipationsversprechen, das mit der nationalen Idee unauflöslich verküpft war, war daher auch für breite Bevölkerungskreise alles andere als abstrakt. Es wurde jeweils sehr konkret in die eigene Lebenswelt übersetzt, auch mit Hoffnungen auf eine greifbare Besserung der persönlichen wirtschaftlichen und sozialen Situation verbunden. Speziell in den städtischen Gewerben, bei kleinen und mittleren Handwerksmeistern, bei Gesellen, ja bis hinein in die noch nicht sehr zahlreiche Arbeiterschaft ging man davon aus, daß der neue Gesamtstaat einen Schutz der nationalen Arbeit gewährleisten werde, durch ein System von Schutzzöllen, das den nationalen Markt gegenüber ausländischer Konkurrenz abschirme, und durch eine nationale Gewerbeordnung, die einen nur allmählichen, schrittweisen Übergang zur Gewerbefreiheit unter Mitsprache der Betroffenen sichere. Mit einer wahren Flut von Petitionen an die Frankfurter Nationalversammlung – 25–30 000 mit etwa 2,5–3 Millionen Unterschriften – hat ein großer Teil der Bevölkerung sein unmittelbares Interesse am Prozeß der Nationsbildung bekundet.

In welchem Maße sich die Erwartungen an die Nation auch in einem weiteren Sinne politisch mobilisieren ließen, zeigte sich in der Schleswig-Holstein-Frage. Der deutsch-dänische Krieg löste eine breite Solidaritätswelle aus. Freiwilligenregimenter wurden gebildet, Gelder für den Aufbau einer deutschen Flotte gesammelt, und in nahezu allen mittleren und großen Städten formierten sich mitgliederstarke Unterstützungsvereine. Die Flotte wurde zum zentralen Symbol der nationalen Wiedergeburt Deutschlands, mit der sich nicht nur Träume imperialer Macht verbanden, sondern die auch eine glänzende wirtschaftliche Zukunft zu verheißen schien. In dieser Agitation steckten freilich zugleich ungeheure Gefahren.

Denn die führenden Repräsentanten der liberalen und demokratischen Bewegung verfügten nicht über ein schlüssiges Konzept dafür, wie sich der künftige deutsche Nationalstaat in das europäische Umfeld einfügen und wie er sich zu den nationalen Bestrebungen benachbarter Völker verhalten sollte. Daß auch die deutsche Nation auf das Wohlwollen ihrer Nachbarn und die Solidarität der anderen Nationalbewegungen angewiesen sei, daß ihre Anhänger also aus wohlverstandenem Eigeninteresse das Unabhängigkeitsstreben der Italiener, der Ungarn, der Tschechen oder auch der Polen unterstützen müssten, geriet im Frühjahr 1848 schnell aus dem Blick. Im Überschwang der nationalen Gefühle und aus einer vermeintlichen Position der Stärke heraus versagte die liberale und demokratische Mehrheit nicht nur den nationalen Minderheiten im bisherigen Deutschen Bund das Selbstbestimmungsrecht, sondern versuchte auch, die deutschsprachige Bevölkerung außerhalb der Bundesgrenzen in den neuen Staat einzubeziehen. Vergeblich warnte der demokratische Abgeordnete Carl Vogt die Paulskirchenmehrheit, daß ihre Politik «in eine allgemeine Länderfresserei ausgeartet» sei: «Wir schlucken nach Norden hin, wir schlucken nach Westen, wir schlucken nach Osten hin, überall suchen wir, wie man sagt das ‹deutsche Element› einzuschlucken, und wir verderben uns am Ende den Magen daran.»

Großmachtdenken und Expansionsstreben mußten, auch wenn sich die Frankfurter Nationalversammlung letztlich realistisch zeigte und auf eine kleindeutsche Lösung verständigte, die wohl von den anderen europäischen Mächten akzeptiert worden wäre, tiefes Mißtrauen wecken und vielfältige Widerstände hervorrufen.

Ein zweites kam hinzu: So stark auch der nationale Enthusiasmus in Deutschland im Frühjahr und Sommer 1848 war – das Bekenntnis zur Nation verteilte sich zwischen und in den einzelnen Staaten noch sehr unterschiedlich. In der Mitte, im Westen und im Süden Deutschlands war die nationale Bewegung breit fundiert und wohl organisiert. Dagegen bestanden speziell in Preußen und Österreich in weiten Kreisen der Bevölkerung noch erhebliche Vorbehalte. Selbst zahlreiche liberale und demokratische Abgeordnete der preußischen Nationalversammlung – ähnlich auch im österreichischen Reichstag – waren nicht bereit, sich dem Führungsanspruch unterzuordnen, den die Paulskirche im Namen der neuen Nation erhob.

In beidem lagen entscheidende Ansatzpunkte für die Kräfte der Gegenrevolution. Sie profitierten von den tiefgehenden Spannungen, die im revolutionären Lager im Herbst 1848 im Augenblick der nationalen Ernüchterung aufbrachen. Sie verstanden es mit Erfolg, die nach wie vor starken Loyalitäten, die sich auf die einzelstaatlichen Monarchien, auf Preußen, auf das Habsburgerreich, auch auf Bayern, richteten, gegen die nationale Revolution zu mobilisieren. Und sie waren ebenso erfolgreich darin, die verschiedenen Nationalitäten gegeneinander auszuspielen. Tschechen, Slowaken, Kroaten und Slowenen waren eben nicht gewillt, sich als Minderheiten in einen deutschen und einen ungarischen Nationalstaat einzugliedern, sondern sahen ihre Zukunft dann doch eher in einem Fortbestehen des habsburgischen Vielvölkerstaates. Aus ihnen rekrutierten sich daher die Truppen, mit denen die revolutionären Kräfte in der Hauptstadt Wien im Oktober blutig niedergeworfen wurden. Auf sie konnten sich das Kaiserhaus und die konservativen Kräfte in Adel, Militär und Bürokratie bei ihrem Bemühen stützen, die habsburgische Herrschaft wiederherzustellen. So war die nationale Idee zwar 1848/49 einerseits eine, wenn nicht vielleicht gar die zentrale Triebkraft der Revolution, aber andererseits erwiesen sich die Probleme, die das Nationalitätsprinzip in Deutschland und Europa aufwarf, für die Revolutionäre als unlösbar.

Die konstitutionelle Revolution

Revolutionen vollenden sich in einer Verfassung. In ihr wird nicht bloß der Übergang in eine neue staatliche Ordnung festgeschrieben und besiegelt. Vielmehr bildet die Verfassung, indem sie die absolute oder doch kaum begrenzte monarchische Macht rechtlich einhegen soll, zugleich einen wesentlichen Zielpunkt des revolutionären Strebens. Auch in diesem Glauben stand die Bewegung von 1848/49 ganz in der Tradition der großen Revolutionen des ausgehenden 18. Jahrhunderts.

Dies galt erst recht seit dem Herbst 1848, als das Wiedererstarken der Monarchen und der sie tragenden Kräfte in Bürokratie, Militär und Gesellschaft die Revolutionäre zwang, alles auf diese eine Karte zu setzen. Die Macht der Nationalversammlung war, wie etwa der württembergische Abgeordnete Gustav Rümelin bemerkte, «eine moralische», sie beruhte «auf der Mäßigkeit, auf der Vertretung des Rechts, der wahren Freiheit, des wahren Volkswillens». Nur wenn es gelang, die Nation unter dem Banner einer freiheitlichen Verfassung zu einen, konnte man hoffen, daß sich auch die Fürsten nicht länger würden widersetzen können.

Es waren vor allem zwei Leitbilder, auf deren Anziehungskraft die Mehrheit der Paulskirche vertraute. Da war zum einen die Idee der bürgerlichen Gesellschaft, die Vorstellung, daß die Gesellschaft von allen obrigkeitlichen Bevormundungen und von allen inneren Verkrustungen wie etwa den Vorrechten des Adels befreit werden müsse, damit sich die freien, gleichberechtigten Individuen selbst organisieren und über ihre Zukunft bestimmen könnten. Mit dieser Idee korrespondierte zum anderen auf das engste das Ziel, einen nationalen Verfassungsstaat zu schaffen, der den Deutschen Einheit und Freiheit zugleich bringen sollte. Er sollte auf allen politischen Ebenen auf der Selbstbestimmung und Mitentscheidung seiner Bürger aufbauen. Die politische Schlüsselrolle in der neuen Ordnung sollte demgemäß, unabhängig davon, ob sie nun, wie von der liberalen Mehrheit gewünscht, als konstitutionelle Monarchie oder als Republik ausgeformt war, dem vom Volk gewählten Nationalparlament zukommen.

Bei der konkreten Umsetzung dieser im Grundsatz weithin akzeptierten Leitbilder traten jedoch nahezu unüberwindbare Auffassungs- und Interessenunterschiede zutage. Die Garantie der individuellen Freiheit, der staatsbürgerlichen Gleichheit und des privaten Eigentums im Grundrechtskatalog griff tief in die bestehende Gesellschaft ein und warf erhebliche soziale Probleme auf. Denn sie richtete sich nicht nur gegen Privilegien des Adels oder der Kirche. Vielmehr löste die Aussicht auf Freizügigkeit und Gewerbefreiheit im kleinen und mittleren Bürgertum der Städte massive Existenzängste aus. Widerstand regte sich auch gegen die Emanzipation der Juden. Bei der Gestaltung der Gewerbeverfassung versuchte die Paulskirchenmehrheit den Sorgen ihrer Anhängerschaft wenigstens teilweise entgegenzukommen. Ein Recht auf Arbeit und staatliche Arbeitsbeschaffungsmaßnahmen, wie aus Kreisen des Handwerks und der Arbeiterschaft vielfach gefordert, lehnten die Liberalen jedoch ab. Sie erhofften die Überwindung der sozialen Not vor allem von einem umfassenden Recht auf Bildung, auch für Unbemittelte, und setzten im übrigen auf die Selbstheilungskräfte der bürgerlichen Gesellschaft.

Als mindestens ebenso schwierig erwies sich die Gestaltung der staatlichen Institutionen und der Machtverteilung zwischen ihnen, da hier der Grundkonflikt über die Staatsform und die politischen Mitbestimmungsrechte durch die nationale Frage überlagert und kompliziert wurde. Denn nach der erfolgreichen Gegenrevolution verlangte die neue österreichische Regierung unter Ministerpräsident Fürst Schwarzenberg ultimativ die Erhaltung der Habsburgermonarchie. Dies vertrug sich jedoch weder mit den nationalen noch den konstitutionellen Zielen der Paulskirche. Beide politischen Lager, Liberale wie Demokraten, spalteten sich daher im November und Dezember in einen großdeutschen Teil, der nach wie vor die Zugehörigkeit Österreichs für unverzichtbar hielt, und jene Kleindeutschen, die – teils aus Überzeugung, teils mangels geeigneter Alternativen – dafür plädierten, den neuen Nationalstaat ohne Österreich mit einem preußischen Kaiser an der Spitze zu bilden.

Dennoch konnte die Frankfurter Nationalversammlung nach langem Ringen am 27. März 1849 die Reichsverfassung mit knapper Mehrheit verabschieden und am folgenden Tag Friedrich Wilhelm IV. zum deutschen Kaiser wählen. Es gelang nur, weil sich die Abgeordneten auf den Grundbestand an gemeinsamen Überzeugungen besannen und weil sie sich ganz auf die Kompromißfindung innerhalb der Versammlung konzentrierten. Im Ergebnis fiel die Reichsverfassung daher unitarischer und demokratischer aus, als nach den ursprünglichen Mehrheitsverhältnissen zu erwarten gewesen wäre. Die Liberalen mußten die konstitutionelle Monarchie unter preußischer Führung mit kräftigen Zugeständnissen an die gemäßigte Linke, insbesondere mit dem allgemeinen Männerwahlrecht, erkaufen. Insofern hatte sich die Prophezeiung bewahrheitet, die der schwäbische Dichter und Paulskirchenabgeordnete Ludwig Uhland bereits in der ersten Lesung des Abschnitts über das Reichsoberhaupt ausgesprochen hatte: «Es wird kein Haupt über Deutschland leuchten, das nicht mit einem vollen Tropfen demokratischen Öls gesalbt ist.»

Der Triumph der Gegenrevolution

Die Chancen der Paulskirche, ihr Modell eines liberal-konstitutionellen, parlamentarisch-demokratischen, kleindeutschen Nationalstaates aus eigener Kraft, gestützt auf die Macht der Revolution, auf die Autorität der gewählten Nationalrepräsentation, verwirklichen zu können, standen zu diesem Zeitpunkt längst nicht mehr zum besten. Bereits seit der blutigen Rückeroberung Wiens durch kaiserliche Truppen Ende Oktober und seit dem unblutigen Einmarsch königlicher Soldaten in Berlin Anfang November 1848 saßen die monarchischen Regime in den beiden größten deutschen Staaten wieder fest im Sattel. An eine konstruktive Mitwirkung Österreichs war seither nicht mehr zu denken. Und auch die Aussichten, den preußischen König als Oberhaupt des neuen Nationalstaates zu gewinnen, waren durch die Kompromisse, auf die sich die Liberalen mit der gemäßigten Linken in der Paulskirche verständigt hatten, alles andere als gestiegen.

Andererseits waren die Reihen der Revolutionäre jetzt – ganz im Gegensatz zum Herbst 1848 – wieder weitgehend geschlossen, ja, die solidarisierende Wirkung der Reichsverfassung reichte bis weit in die radikale Linke hinein. «Ist mit der Reichsverfassung auch noch nicht Alles erreicht», so hieß es selbst aus Kreisen der frühen Arbeiterbewegung, «nun, so haben wir in ihr eine Waffe, mehr damit zu erkämpfen». Wie breit die Unterstützung war, zeigte sich in den Voten, mit denen einzelstaatliche Parlamente in Preußen, in Sachsen oder auch in Württemberg für die Annahme der Reichsverfassung stimmten, und in den zahllosen Adressen, die städtische Magistrate und Stadtverordnetenversammlungen an Krone und Regierung richteten. Zudem stellten sich 28 von 39 deutschen Einzelstaaten am 14. April 1849 in einer gemeinsamen Note auf die Seite der Paulskirche und forderten den preußischen König auf, die ihm angetragene Kaiserkrone anzunehmen. Daß sich schließlich auch der württembergische König Wilhelm am 25. April dem Druck von Parlament und Bevölkerung beugen und die Reichsverfassung anerkennen mußte, schien die Richtigkeit des eingeschlagenen Weges zu bestätigen. Für kurze Zeit sah es so aus, als werde die Frankfurter Nationalversammlung den Kampf um die Reichsverfassung aufnehmen und sich an die Spitze der Bewegung stellen. Gestützt auf ihre Auffassung, daß die Verfassung unmittelbar geltendes Recht sei, forderte die Paulskirche am 4. Mai alle staatlichen Institutionen und «das gesamte deutsche Volk» auf, dieses Recht zur Geltung zu bringen, und schrieb demonstrativ für den 15. Juli Parlamentswahlen aus.

Inzwischen hatte sich das Blatt jedoch bereits gewendet. Am 28. April hatte die preußische Regierung der Zentralgewalt formell die Ablehnung der Kaiserwürde übermittelt. Zugleich begann in den Verweigererstaaten der offene Kampf gegen die Reichsverfassung. Die Landesparlamente wurden aufgelöst, Bürgerwehren entwaffnet, Truppen mobil gemacht. Diese Maßnahmen lösten wiederum in einzelnen Städten und einigen Regionen – vor allem in Sachsen, in der bayerischen Pfalz und in Baden – gewaltsame Erhebungen aus. Für die Mehrheit der Bürger und ihrer politischen Repräsentanten war damit jedoch – wie schon zu Beginn der Revolution – jene Grenze überschritten, über die sie nicht gehen wollten. Von einer Ordnung, die auf dem Wege der Gewalt erkämpft wurde, war – aus ihrer Sicht verständlich – nichts Gutes zu erwarten. Die meisten Paulskirchenabgeordneten legten ihr Mandat nieder, nur ein Rumpfparlament mit linker Mehrheit arbeitete in Stuttgart noch einige Wochen weiter. Und nur eine radikale Minderheit focht die Reichsverfassungskampagne gegen die preußischen Truppen, die jetzt überall zum Einsatz kamen, bis zu ihrem bitteren Ende durch. So endete die Revolution schließlich wie in vielen anderen europäischen Ländern auch in Deutschland durch den Einsatz brutaler Gewalt, mit Hunderten von Toten und zahlreichen Hinrichtungen.

Die Niederlage der revolutionären Bewegung war gewiß auch durch innere Widersprüche, durch Konflikte in den eigenen Reihen und durch eigene Fehler mitverursacht worden. Aber letztlich war sie nicht, wie gerade die deutsche Geschichtswissenschaft im Banne der Bismarckschen Reichsgründung lange Zeit gelehrt hat, selbstverschuldet. In erster Linie waren die Gegenkräfte zu stark gewesen, hatten sich die konservativen Bollwerke Preußen und Österreich als unüberwindlich erwiesen.

Erfolg und Scheitern der Revolution

Die erste deutsche Revolution war gescheitert. So sah es jedenfalls die überwiegende Mehrheit der Zeitgenossen. Keiner der zu langjährigen Zuchthausstrafen verurteilten Revolutionäre oder der nach Zehntausenden zählenden Emigranten hätte sich insgeheim als Sieger gefühlt. Bestenfalls tröstete man sich mit dem festen Glauben an die eigene Sache und der Vision einer besseren Zukunft.

Und doch ist unübersehbar, daß das Rad der Geschichte 1849 nicht auf die Zeit vor der Revolution zurückgedreht wurde. Preußen blieb Verfassungsstaat mit weitgehend gesicherten Grundrechten und einer gewählten Volksvertretung. Die Agrarreformen – für die nach wie vor mehrheitlich auf dem Lande lebende Bevölkerung ein brennendes Problem – konnten durch die Revolution endlich zum Abschluß gebracht werden. Überhaupt trat ein Reformstau, wie er für die vorrevolutionäre

Epoche charakteristisch gewesen war, nach 1849 nicht mehr ein. Über die Revolutionszeit hinaus wirkte auch das rege politische Leben – die Presse, die Vereine, die Partei- und Fraktionsbildungen –, das zwar durch die reaktionäre Wende zunächst abflaute, seit 1859 aber um so stärker wieder aufblühte. Ein nicht zu unterschätzender Einfluß ging schließlich von der kleindeutschen Option aus, für die sich die Mehrheit der Frankfurter Nationalversammlung entschieden hatte. Auch gescheiterte Revolutionen können – das zeigen die Ereignisse von 1848/49 nicht nur in Deutschland – Erfolge vorweisen und dauerhafte Veränderungen bewirken.

Aber der grundlegende Umbruch, der Systemwechsel, den die Revolutionäre, von den gemäßigten Liberalen bis zu den radikalen Demokraten, erstrebt hatten, blieb 1848/49 aus. Der innere Zusammenhang, der zwischen den einzelnen Reformschritten ursprünglich bestand, wurde von der Gegenrevolution erfolgreich aufgebrochen. Sie wurden nun im Rahmen einer konservativ akzentuierten Herrschafts- und Gesellschaftsordnung instrumentalisiert. Gescheitert und auch auf längere Sicht nicht mehr zum Zuge gekommen ist vor allem die Grundidee, daß der Staat der Gesellschaft und ihrem politischen Willen unterworfen und daß eine Vielzahl von politischen Entscheidungen in die Gesellschaft zurückverlagert werden müsse. Der Staat blieb, zumal in Preußen, bis 1918/19 und in vielfacher Hinsicht noch darüber hinaus Obrigkeitsstaat, ja ihm wuchs im Zuge der Industrialisierung und des durch sie heraufgeführten tiefgreifenden Strukturwandels sogar eine zuvor nicht gekannte Machtfülle zu auch weil die Gesellschaft immer stärker in sich heftig bekämpfende Interessengruppen und politische Richtungen zerfiel und immer weniger in der Lage war, die auftretenden Konflikte zu lösen.

Schwerer abzuschätzen, doch wohl nicht minder wichtig sind schließlich jene negativen Wirkungen, die von der Tatsache des Scheiterns selbst, von der Erfahrung der Niederlage ausgingen. Wie eine dunkle Wolke legte sie sich über rund ein Jahrhundert deutscher Geschichte. Sie nagte als Selbstzweifel vor allem an den politischen Kräften, die die Revolution entscheidend geprägt hatten. Und sie überschattete die politischen Konzepte, für die Liberale und Demokraten eingetreten waren: das parlamentarische Regierungssystem, den Parteienwettbewerb, die Interessenpluralität, überhaupt die Idee einer offenen, sich selbst regierenden Gesellschaft. Insofern hat Heinrich Heine vielleicht doch recht gehabt, als er 1849 schrieb: «Eine Revolution ist ein Unglück, aber ein noch größeres Unglück ist eine verunglückte Revolution.»

Die Pariser Kommune

von Beatrix Bouvier

Chronik

1870/71	Deutsch-Französischer Krieg
2. bis 4. September 1870	Schlacht von Sedan; Sturz und Gefangennahme des Kaisers Napoleon III.; Proklamation der Regierung der Nationalen Verteidigung unter Adolphe Thiers; Bildung des republikanischen Zentralkomitees der 20 Pariser Arrondissements
19. September 1870	Beginn der Belagerung des eingeschlossenen Paris
31. Oktober 1870	Blanquistischer Aufstand gegen die Regierung der Nationalen Verteidigung
Januar 1871	Reichsgründung und Waffenstillstandskonvention
Februar 1871	Präliminarfrieden in Versailles; Wahlen zur Nationalversammlung, die in Bordeaux zusammentrat
1. März 1871	Einmarsch der deutschen Truppen in Paris
10. März 1871	Aufhebung der Erlasse der während der Belagerung von Paris eingeführten Notstandsgesetze
18. März bis 25. Mai 1871	Phase der eigentlichen Revolution oder des Aufstandes der Pariser Kommune
18. März 1871	Beginn der Insurrektion in Paris
26. und 28. März 1871	Wahl und Konstituierung des Kommune-Rates in Paris mit dem Ergebnis einer linken Mehrheit
2. April 1871	Beginn der Beschießung von Paris
16. April 1871	Ergänzungswahlen für den Kommune-Rat mit der Folge einer Minderheitsdiktatur
1. Mai 1871	Einrichtung des umstrittenen Wohlfahrtsausschusses nach dem Vorbild von 1793
10. Mai 1871	Frieden von Frankfurt

21. bis 28. Mai 1871	Die «blutige Maiwoche» mit den Straßenschlachten und den Geiselerschießungen am 24. Mai. Untergang der Pariser Kommune

Die Gegenwartsbindung historischer Urteile wird in keiner historischen Debatte ernsthaft bestritten; aber sie ist selten so mit Händen zu greifen und wahrnehmbar wie im Fall der Pariser Kommune. Diese gehört zu den historischen Ereignissen, die schon von den Zeitgenossen aufmerksam verfolgt wurden; sie war stets umstritten und wirkte polarisierend. Unter dem Eindruck der Pariser Mai-Ereignisse von 1968 und weltweiter Studentenunruhen fand die Pariser Kommune anläßlich der Hundertjahrfeier erneut ein breites Interesse, was schon allein die Flut von Veröffentlichungen, die um diesen Jahrestag herum erschienen, deutlich macht. Der Zusammenbruch des Kommunismus und die mangelnde Attraktivität ihm nahestehender Ideologien dürften in der Folge dazu beigetragen haben, daß die 125. Wiederkehr der Pariser Kommune dann in den Medien, in Politik und Wissenschaft – auch in Frankreich selbst – nur eine sehr begrenzte Resonanz hatte. Sogar der seit dem Ende des 19. Jahrhunderts vor allem in Frankreich aktive Freundeskreis der Kommunarden, der sich um eine vielseitige und modern gestaltete Erinnerungsarbeit bemüht, kann den – «heilsamen» – Prozeß der Historisierung der Pariser Kommune nicht aufhalten.

Die Geschichte der Kommune-Deutungen reicht von Karl Marx' einstmals berühmter Adresse «Der Bürgerkrieg in Frankreich» bis zur modernen fachwissenschaftlichen Spezialliteratur. Vor allem für die ersten hundert Jahre gilt, daß ungeachtet der Erschließung von Quellen in ungewöhnlich breitem Umfang die Beurteilung der Kommune zwischen dem Westen und dem damaligen marxistisch-leninistischen Lager kontrovers blieb. Obwohl die Erforschung der konkreten politischen Abläufe sowie der sozialen und ökonomischen Grundlagen der Pariser Kommune längst große Fortschritte gemacht hatte, war deren Vielschichtigkeit in den Hintergrund getreten. Immer wieder wurde der historische Gegenstand aus seinem Kontext herausgelöst und führte ein verselbständigtes Eigenleben, wurde zum Mythos mit einer breiten ideologischen Wirkungsgeschichte. Das freilich galt bereits im 19. Jahrhundert, denn heftig umstritten war die von den Zeitgenossen aufmerksam verfolgte Pariser Kommune von Anfang an. Für die Konservativen der damaligen Zeit war sie ein von krisenhaften Umständen bedingter Aufstand der unzufriedenen kleinbürgerlichen und proletarischen Massen der französischen Hauptstadt. Aus einer anderen Sicht wurde sie als Beginn oder Moment eines revolutionären Prozesses gedeutet, entweder als Vorstufe zur proletarischen Revolution oder zumindest als wichtige Etappe im revolutionären Emanzipationsprozeß des Proletariats interpretiert, als Instrument zudem für die Ziele von bestimmten politischen Organisationen und Gruppen. Insgesamt bleibt festzuhalten, daß es vorwiegend marxistische und Historiker aus kommunistischen Ländern waren, die sich für die Geschichte der Pariser Kommune interessierten und deren Erforschung ernsthaft voranzutreiben suchten.

Trotz dieser Problematik unterschiedlicher Interpretationsansätze können Fakten und zentrale Ereignisse festgehalten werden. Die Erhebung von Paris gegen die Nationalversammlung in Versailles muß gewiß vor dem Hintergrund der militärischen Niederlage des Kaiserreichs von Napoleon III. gesehen werden.

Als nach dem Sieg der Preußen bei Sedan eine ‹Provisorische Regierung der nationalen Verteidigung› beschloß, den Kampf weiterzuführen, umzingelten preußische Truppen die Hauptstadt, und es begann eine mehrmonatige Belagerung, in deren Verlauf die Pariser zahlreichen Entbehrungen ausgesetzt waren. Erst nachdem alle Versuche, den Ring der Belagerer von innen oder außen zu durchbrechen, gescheitert waren, kapitulierte die provisorische Regierung und unterzeichnete am 18. Januar 1871 einen Waffenstillstand, demzufolge die Armee der Sieger zwar die Mehrzahl der Pariser Festungen besetzte, die Innenstadt jedoch wie auch die Arbeiterviertel frei von preußischen Truppen blieben.

Gleichzeitig hatte die provisorische Regierung unter preußischem Druck Wahlen für eine Nationalversammlung ausschreiben müssen, die im Februar stattfanden. Dabei errangen die monarchistisch-konservativen Kräfte eine eindeutige Mehrheit gegenüber den Republikanern unter Léon Gambetta, welche bislang die Hauptlast der Fortsetzung des Widerstands gegen Preußen getragen hatten. Die neue Nationalversammlung trat in Bordeaux zusammen und wählte den konservativen Adolphe Thiers zum vorläufigen Regierungschef, d. h. man tagte fernab von Paris, wo im Gegensatz zur Provinz die radikale Linke allein noch über politisches Gewicht verfügte. Sie hatte sich dort bereits während des letzten Jahrzehnts des bonapartistischen Regimes formiert, wobei in diesem Zusammenhang die miteinander konkurrierenden Auguste Blanqui, Charles Delescluze und Gustave Flourens als führende Köpfe zu nennen sind. In ihrer Zusammensetzung äußerst heterogen, denn sie umfaßte so unterschiedliche Strömungen wie Jakobinismus, Proudhonismus, Blanquismus und andere sozialistische Tendenzen, und in ihren Aktionen auf konspirative Tätigkeit beschränkt, schien diese Linke seit der Bildung der provisiorischen Regierung zunächst politisch völlig isoliert. Mit der seit den Wahlen des 8. Februar einsetzenden politischen Polarisierung, erhielten auch die radikalen Gruppen in Paris weiteren Auftrieb.

Dabei war die sich nun auftuende tiefe Kluft zwischen der mehrheitlich auf agrarische und großbürgerliche Kräfte gestützten Nationalversammlung und den vornehmlich radikal-republikanischen Massen von Paris ohne Zweifel in erster Linie sozialer Natur. Dieser Gegensatz wurde noch durch die katastrophale Versorgungslage und die allgemeine ökonomische Krisensituation im belagerten Paris erheblich verschärft. Dies wiederum wurde durch die Spannung überlagert, die daraus entstanden war, daß die Pariser Bevölkerung über die hoffnungslose militärische Situation nicht ausreichend informiert worden und nicht zuletzt deshalb von einem nationalistischen Durchhaltewillen geprägt war, wohingegen die Provinz sehr viel stärker gegen eine Fortsetzung des Krieges optiert hatte. Auch darin ließ sich allerdings ein soziales Moment nicht übersehen, war doch Adolphe Thiers' Bereitschaft zum Friedensschluß mit Preußen nicht frei von Furcht vor einer sozialen Revolution. Sie war es, die ihn bewogen haben dürfte, der militärisch wenig aussichtsreichen, aber von historischen Vorbildern geprägten «levée en masse», für die Léon Gambetta plädiert hatte, die Zustimmung zu verweigern.

Es war diese Vermischung von radikalen sozialen und patriotischen bis hin zu nationalistischen Motiven, die der Pariser Erhebung zunächst eine breite und durchaus populäre Basis sicherte. Der offene Konflikt wurde erst durch massive politische Fehlentscheidungen der Regierung Thiers ausgelöst. Er entbrannte am 18. März 1871, als diese versuchte, der Nationalgarde die von ihr vor einem deutschen Zugriff sichergestellten Kanonen wegzunehmen und den unter Bismarcks Duldung verstärkten Linientruppen zu übergeben. Da dies zudem handstreichartig erfolgte, waren nicht nur die patriotischen Gefühle der Nationalgarde, sondern vor allem auch deren Selbstbewußtsein tief verletzt. Die Situation wurde zusätzlich erschwert und belastet durch die Erlasse vom 10. März, nach denen die während der Belagerung von Paris eingeführte Notgesetzgebung aufgehoben wurde. Dies betraf u. a. die Sistierung der Mieten und der Geschäftsschulden, für die nun der 13. März 1871 als Verfallsdatum festgelegt wurde. Das schädigte die Interessen der Kleinbürger, wohingegen die Einstellung der Soldzahlung an die etwa 200 000 Mann umfassende Nationalgarde die in hohem Maße beschäftigungslose Arbeiterschaft traf. Dies zusammen erst löste die offene Erhebung aus, die unter der Führung des im Februar von der Nationalgarde gebildeten und unter radikalem Einfluß stehenden Pariser Zentralkomitees stand. Thiers, der im März die Nationalversammlung angesichts der Pariser Situation ohnehin nicht in die Hauptstadt, sondern von Bordeaux nach Versailles verlegt hatte, verfügte nun den Rückzug der Linientruppen und verließ seinerseits zusammen mit den Regierungsmitgliedern Paris. Damit wurde dort das Zentralkomitee – jedenfalls faktisch – alleinige Inhaberin der Regierungsgewalt.

Angesichts des zeitweise starken jakobinisch-blanquistischen Einflusses im Zentralkomitee war eine revolutionäre Diktatur denkbar; doch das Zentralkomitee beschloß bereits für den 26. März Wahlen zu einem Kommunalrat, der sich nach seiner Konstituierung am 28. März den Namen «Kommune» gab. Der Wahlsieg der revolutionären Linken war überwältigend, und bei einer Beteiligung von 230 000 von 485 000 eingetragenen Wählern konnte sie sich auf ein breites – überwiegend auf Kleinbürgern und Arbeitern beruhendes – Mandat stützen. Durch die Zuspitzung des Konfliktes mit der Nationalversammlung, die zunehmende Radikalisierung und Aushöhlung von patriotischen Motiven im Gefolge der Friedensverhandlungen und die Ratifizierung des Frankfurter Friedens vom 10. Mai durch die Nationalversammlung am 18. Mai, schwand diese ursprünglich demokratische Basis. Bereits Mitte April wurden durch das Ausscheiden der Gemäßigten Ergänzungswahlen notwendig. Bei äußerst geringer Wahlbeteiligung erzielte nun die Linke eine eindeutige Mehrheit; der Weg in die Minderheitsdiktatur war somit beschritten.

Das von der Kommune etablierte Regierungssystem hatte einerseits den Charakter einer Notverfassung und war zugleich das Resultat eines Kompromisses zwischen unterschiedlichen politischen und ideologischen Strömungen. Eine Trennung von Legislative und Exekutive gab es nicht, und das personell eng mit der Kommune-Mehrheit verschränkte Zentralkomitee agierte – außerhalb der Verfassung – weiterhin als eine Art Nebenregierung. Die von der Kommune geschaffenen Organe (Vollzugskommission, Gesetzgebender Ausschuß, Justizbehörde und neun weitere Spezialkommissionen) blieben ihr als Vollzugsorgane formell zwar unterstellt, faktisch setzten sich jedoch einzelne Amtsträger persönlich-diktatorisch bzw. autoritär durch. Nach wie vor ist schwer zu unterscheiden, ob und in welchem Ausmaß unverkennbar diktatorische Elemente auf den verbreiteten jakobinischen Einfluß zurückzuführen waren oder ob sie als Ergebnis der äußeren Bedrohung zu werten sind. Im Gefolge der Nachwahlen setzte sich schließlich gegen den anfangs heftigen Widerstand der sozialistischen Fraktion der jakobinische Zentralismus durch. Nachdem am 1. Mai ein fünfköpfiger Wohlfahrtsausschuß nach dem Vorbild von 1793 gebildet worden war, verlor die Kommune, die am 21. Mai zum letzten Mal tagte, jeglichen Einfluß. Die Macht ging auf Charles Delescluze über, den führenden Jakobiner, den Befehlshaber der Nationalgarde und Vorsitzenden des Wohlfahrtsausschusses.

Er trug damit die Hauptverantwortung für den gleichermaßen heroischen wie aussichtslosen Abwehrkampf der Kommunarden gegen die übermächtigen Regierungstruppen. In der sogenannten «blutigen Maiwoche» (semaine sanglante) vom 21. bis 28. Mai übten diese grausame Rache an den Kommunarden wegen der nicht zu leugnenden Übergriffe, insbesondere jedoch wegen der Geiselerschießungen vom 24. Mai. Dazu war es gekommen, nachdem am 23. Mai Versailler Truppen erst den Montmartre und von dort aus andere Arrondissements erobert hatten. Um jede Barrikade wurde erbittert gekämpft. Als erstes übten die Versailler Truppen bei der Eroberung des 18. Arrondissements Rache für den Tod der Generäle Lecomte und Thomas, die bei Beginn des Aufstandes am 18. März hingerichtet worden waren. Zweiundvierzig Männer, drei Frauen und vier Kinder wurden an der Mauer erschossen, an der die Generäle gestorben waren. Andere Racheakte und Massenerschießungen von Gefangenen folgten während dieses und der folgenden Tage. Die Kommunarden mußten Barrikade um Barrikade räumen, ebenso das Stadthaus und sogar das Pantheon, jenes so bedeutsame Symbol aus der «Großen» Revolution. Die Nachrichten von diesen Racheakten und Erschießungen verbreiteten sich schnell, so daß Gegenreaktionen nicht ausblieben. In dieser aufgeheizten Atmosphäre entstand auch der Mythos von den «Petroleusen», von Frauen, die angeblich brennendes Petroleum in Keller warfen. Es waren nicht wenige Frauen, die als vermeintliche «Petroleusen» nicht nur verleumdet und diskreditiert, sondern standrechtlich erschossen wurden. Schließlich griffen die Kommunarden in dieser extrem aufgeladenen Situation aus den sich in ihren Händen befindenden Gefangenen sechs Geiseln heraus, die sie erschossen. Darunter befand sich neben einem Priester auch der Erzbischof von Paris; Thiers hatte es abgelehnt, ihn gegen den inhaftierten Blanqui auszutauschen. An die 20 000 Personen, darunter Frauen und Kinder, fielen anschließend der Rache der Versailler Truppen zum Opfer. Sie wurden teils willkürlich, teils auf Grund standrechtlicher Verurteilungen erschossen. Damit ging die Kommune in einem Blutbad unter, das den zweijährigen Terror der Französischen Revolution um einiges übertraf. Die umfassenden und sehr harten Verfolgungsmaßnahmen gegen die Anhänger der Pariser Kommune hielten in Frankreich selbst noch bis 1876 an. Auch in Deutschland wurden Sozialdemokraten in diesen Jahren und danach wegen ihrer Solidarität vor allem mit der in der «blutigen Maiwoche» untergegangenen Kommune und mit den verfolgten Kommunarden selbst verfolgt und als «vaterlandslose Gesellen» verfemt. Mit dem proletarischen Gedenktag des 18. März erinnerten sie bis zum Ersten Weltkrieg neben der Revolution von 1848 alljährlich an den Aufstand und vor allem an den Untergang der Pariser Kommune, die nach und nach vom revolutionären «Vorbild» einer proletarischen Revolution zum Negativbeispiel der als «veraltet» geltenden Barrikadenkämpfe wurde.

Wenn man die politischen Zielsetzungen der Pariser Kommune erfassen will, so bleibt dies aufgrund der Heterogenität der hinter ihr stehenden politischen Gruppen schwierig. Hinzu kam die starke personelle Fluktuation innerhalb der Institutionen, die mangelnde Abgrenzung der einzelnen Klubs und Fraktionen voneinander sowie schnell wechselnde politische Konstellationen. Mit großer Wahrscheinlichkeit war zunächst für eine breite Mehrheit der proletarischen und kleinbürgerlichen Wähler und Anhänger die populäre Forderung nach munizipaler Autonomie mit der Erinnerung an die Führungsrolle der hauptstädtischen Institutionen in der Revolution von 1789 und sogar mit der kommunalen Tradition des ausgehenden Mittelalters verbunden. Kollektive Erinnerungen und Vorstellungen dieser Art verbanden sich dann mit den föderativ-kommunalen Zielsetzungen des Frühsozialismus, insbesondere des einflußreichen Proudhonismus.

Im Kommunalrat hatte sich Mitte April nach dem Rücktritt von 21 gemäßigten Vertretern aus den westlichen Arrondissements, wodurch die Ergänzungswahlen vom 16. April notwendig geworden waren, der linke Flügel durchgesetzt, innerhalb dessen die Jakobiner die stärkste Gruppe bildeten. Zusammen mit einer blanquistischen Minderheit konnten sie eine «ultrarevolutionäre» Mehrheit der Versammlung bilden. Im Vergleich dazu bestand die Gruppe der Sozialisten aus Persönlichkeiten höchst unterschiedlicher Provenienz und Einstellung, von denen 17 der Pariser Sektion der I. Internationale zugerechnet werden. Die Mehrheit unter ihnen wiederum vertrat ein proudhonistisches föderativ-kommunales Programm. Nur zwei von ihnen standen in Verbindung zu Karl Marx und dessen Anhängern und werden deshalb als «Marxisten» bezeichnet.

Allein auf Grund dieser Zusammensetzung der Pariser Kommune lassen sich mehrere konkurrierende Vorstellungen unterscheiden: Eine revolutionäre Kommune mit starken sozialrevolutionären Elementen in Anlehnung an das Vorbild von 1792/93; eine eher an die Vorstellungswelt von Proudhon angelehnte «soziale» Kommune eines losen Föderalismus politischer Einheiten sowie eine im Kleinbürgertum verankerte Zielsetzung der munizipalen Autonomie. Derartig heterogene Elemente und divergierende Auffassungen machten bis zur Niederlage der Kommune ein klares konstitutionelles Programm unmöglich. Die «Proklamation an das französische Volk» vom 19. April, der man grundsätzlichen Charakter beimessen kann, enthielt lediglich die folgenden grundsätzlichen Forderungen: «Die Anerkennung und Festigung der Republik als einziger Regierungsform, die mit den Rechten des Volkes und einer freien stetigen Entwicklung der Gesellschaft vereinbar ist [...]. Die absolute Autonomie der Kommune, die für alle Ortschaften Frankreichs gelten muß und jeder Gemeinde die Unverletzlichkeit ihrer Rechte verbürgt, sowie jedem Franzosen die volle Ausübung seiner Fähigkeiten und Fertigkeiten, als

Mensch, Bürger und Arbeiter. Die Autonomie der Kommune findet ihre Beschränkung nur im gleichen Recht auf Autonomie aller anderen dem Vertrag beitretenden Kommunen, deren Zusammenschluß die französische Einheit verbürgen wird.» (Zit. nach Rihs, 1955, S. 132f.)

Auch wenn die Pariser Kommune weithin als sozialrevolutionär erschien, traten doch die föderativ-kommunalen Elemente gegenüber den sozialistischen Zielsetzungen in den Vordergrund. Denkt man an die konkreten sozialpolitischen Maßnahmen, so sind dafür vor allem das Verbot der Nachtarbeit in Bäckereien zu nennen, die Enteignung stillgelegter Fabriken, die Kürzung der Beamtengehälter sowie die projektierten Produktivgenossenschaften, eine Anlehnung mithin an die sozialen Forderungen der Februarrevolution von 1848. Die Eigentumsordnung blieb im wesentlichen erhalten, und auch die Bank von Paris, die zugleich die Versailler Regierung finanzierte, wurde lediglich für einige Kredite in Anspruch genommen, letztlich, um das republikanisch gesinnte Bürgertum nicht zu verprellen bzw. dessen Unterstützung nicht zu verlieren. Auf der anderen Seite gab es auch unübersehbare jakobinische Traditionen, die sich vornehmlich in antiklerikalen Maßnahmen zeigten, so in der Schließung von Kirchen oder der Beschlagnahmung des Vermögens von Kongregationen.

Die Vielfältigkeit der skizzierten programmatischen Forderungen und die generelle Heterogenität der Pariser Kommune haben seit jeher dazu beigetragen, sie deswegen entweder als Aufstand in Folge des Krieges oder als echte Revolution zu werten. Abgesehen von den ideologischen Aktualisierungen der Kommune, in denen sie als wichtige Etappe im revolutionären Emanzipationsprozeß des Proletariats dargestellt und für die Ziele von bestimmten politischen Parteien, Organisationen und Gruppen instrumentalisiert worden ist, wurden je nach Betrachtungsweise einzelne Faktoren vor allem für die Erklärung der Ursachen für die Entstehung der Kommune stets unterschiedlich gewichtet. Wenn die Tatsache der Niederlage Frankreichs im deutsch-französischen Krieg als Hauptursache angesehen wird, entsteht die Auffassung, daß die Kommune eigentlich ein Zwischenfall in der französischen Geschichte geblieben sei, ermöglicht durch die Erschütterung der staatlichen Autorität. Das negiert jedoch die Problematik des Krieges als Ausdruck und Ergebnis gesellschaftlicher Bedingungen und ignoriert, daß der Krieg in Paris und in der Provinz durchaus gegensätzliche Folgen hatte, denn er legte auf der einen Seite in der französischen Gesellschaft bereits relativ offene Konflikte still, während er sie auf der anderen Seite virulent machte und aktualisierte. Dabei geht es darum, ob die Provinz die Pariser Kommune «verraten» oder Paris sich nicht genügend um die Provinz gekümmert hatte.

Die unterschiedlichen ökonomischen Entwicklungsstufen in den verschiedenen Branchen und Regionen sowie die Ungleichzeitigkeit in der Entwicklung von Klassenbeziehungen sind ebenfalls zu berücksichtigen. Die Aufstände zeitgleich mit der Pariser Kommune sind von denen zu unterscheiden, die ihr zeitlich vorausgingen. Da in einigen Provinzstädten im Herbst und Winter 1870 Aufstände ausbrachen, bis zum Jahresende jedoch wieder unterdrückt waren, war die Oppositionsbewegung in der Provinz schon im Herbst und Winter geschwächt worden, so daß eine zweite Aufstandswelle im Anschluß an den Pariser März wegen der vorherigen Niederlagen wenig aussichtsreich war. Und darüber hinaus war in der Provinz bereits im Winter entschieden, daß der dort vorherrschende republikanische Radikalismus zwar Ausdruck von Veränderungswillen war, nicht jedoch den revolutionären Umsturz anstrebte, sondern auf die legale Ausschöpfung von Möglichkeiten für größere Gemeindefreiheit abzielte. Hinzu kam die feindliche Haltung der regulären Armee und der Nationalgarde, das Fehlen finanzieller und wirtschaftlicher Möglichkeiten der Städte, so daß Bemühungen um Solidarität mit Paris kaum noch Aussicht auf Erfolg haben konnten.

Von besonderer Bedeutung für die Ereignisse in Paris war die Sondersituation des Belagerungszustandes, die dazu beitrug, latente Gegensätze zur offenen Konfrontation vom 18. März zuzuspitzen. Die ursprüngliche Einmütigkeit der Republikaner konnte nicht von Dauer sein, da die Kluft zwischen Furcht vor einem neuen 1793 und Optionen für Enteignung, Beschlagnahmung, Volksbewaffnung und Volkskontrolle größer wurde. Zunehmende nationalistische und antibürgerliche Forderungen konnten die Bevölkerung bei der Entscheidung für oder gegen eine Fortführung des Krieges in feindliche Lager spalten. Es war dann vor allem die Not des Belagerungswinters und die wachsende Kapitulationsbereitschaft der Regierung, die den revolutionären Bestrebungen Ende des Jahres 1870 neuen Auftrieb gaben. Eine Mobilisierung der Bevölkerung für einen Umsturz gelang jedoch zunächst nicht; eine Art revolutionäre Situation entstand erst mit der Organisierung der Nationalgarde, die dann einzelne Arrondissements direkt beherrschte und verwaltete; nach der Tradition von 1792/93 wurden Wachsamkeitskomitees (Comités de vigilance) gegründet, wobei die legale Regierung dieser Entwicklung fast ohnmächtig gegenüberstand.

Wenn man die Pariser Kommune als Revolution klassifiziert, so wird damit deren historische Bedeutung trotz des Scheiterns fast so hoch veranschlagt wie der damit zusammenhängende revolutionäre Mythos. Betrachtet man sie hingegen als einen 72tägigen revolutionären Aufstand innerhalb einer Stadt während der Belagerungssituation, können sowohl positive wie negative Bedingungen ihrer Existenz beleuchtet werden. Die militärisch schwierige Lage sowie die kurze Zeitspanne grenzten die Möglichkeiten für eine umfassende Revolutionierung der Stadt ein. Durch den kommunalen Rahmen und die relative Einmütigkeit der Bevölkerung wurden Probleme nicht aktuell, die sich im nationalstaatlichen Bereich gestellt hätten. Schon allein die Dauer des Experiments ließ Veränderungen der Strukturen, der Verhaltensweisen und des Bewußtseins in einem revolutionären Prozeß kaum zu, und es bestanden auch wenig Möglichkeiten, langfristige Entwicklungen in Gang zu setzen. Darum vor allem ist es unter zusätzlicher Berücksichtigung der besonderen militärischen Lage problematisch, die Pariser Kommune als «Modell» einer Revolution gelten zu lassen, wie es über lange Zeit im kollektiven Gedächtnis der Arbeiterbewegung, in Teilen der ihr verbundenen Historiographie sowie in der marxistisch-leninistischen Ideologie, einschließlich ihrer Revolutionstheorie, üblich war. Man kann sie andererseits als Beispiel für eine Revolution ansehen, die unter einer doppelten, einer inneren und äußeren Bedrohung ausbrach, und die sich von vergleichbaren historischen Revolutionen dadurch unterschied, wie sie sich in dieser Situation mit ihren Problemen auseinandersetzte. Im Unterschied etwa zu 1792/93 und der «nation en armes», die das öffentliche Leben in Paris beherrschte, reagierten die Kommunarden weder mit «Kriegskommunismus» noch mit schneller Kapitulation, und nach dem 18. März verzichteten sie darauf, den offenen Gegensatz zwischen Paris und Versailles militärisch zu lösen. Sie riefen auch nicht zum Kampf gegen die ausländischen Besatzer auf, sondern sie versuchten, ein Stillhalte-Abkommen mit der deutschen Regierung auszuhandeln. Trotz dieser Bedrohung feierte die Pariser Bevölkerung die Proklamation der Kommune am 26. März enthusiastisch als eine Art Stunde Null, als Neubeginn und tabula rasa, wenn auch im Unterschied zu anderen Revolutionen auf die Ausgestaltung der Gegenwart, d. h. auf die Erfordernisse für die Verteidigung der Stadt mehr Energien verwendet wurden als auf die Sicherung der revolutionären Zukunft.

Die Begrenzung auf den kommunalen Rahmen macht das Modellhafte der Kommune für allgemeine Probleme einer Revolution zusätzlich problematisch, da sich daraus Folgen für deren Inhalt und Formen ergeben. Die Aufgaben des Staates bleiben im kommunalen Rahmen begrenzt, so daß die das politische Leben bestimmenden organisatorischen Fragen weniger bürokratisch gehandhabt werden können. Als Beispiel dafür kann angeführt werden, daß in der Kommune die Aufgaben der Exekutive nur wenig spezifiziert wurden. Da der Kommune-Rat wesentliche Funktionen dezentral organisierte und sich nur in wichtigen Fragen die Entscheidung vorbehielt, konnten lokale Verhältnisse und Interessen in den Arrondissements besser berücksichtigt werden. Ein solches optimales Verwaltungsmodell ist jedoch an relativ einfache Strukturen gebunden und kann kaum im Flächenstaat verallgemeinert werden. Für den spezifischen Charakter der Pariser Kommune und damit gegen ihren Modellcharakter sprach und spricht auch die stark ausgeprägte politische und soziale Homogenität der Pariser Bevölkerung während der 72 Tage der Kommune. In den ersten beiden Wochen kritisierten zwar konservative Bürger mehr oder weniger offen den 18. März und die Proklamation der Kommune. Auch in den Clubs wurden kritische Stimmen laut, und die gelegentlich erhobene Forderung nach der «terreur» war vorwiegend Mythos und Erinnerung an 1793 und stieß auf keine allzu große Resonanz. Aber mit der Flucht der Regierung und durch den Konflikt mit Versailles verlagerten sich die Auseinandersetzungen nach außen auf militärisches Gebiet.

Von besonderem Interesse für den spezifischen Charakter und den Verlauf der Kommune ist die soziale Zusammensetzung ihrer Träger, über die inzwischen zwar viel biographisches Material zusammengetragen werden konnte, zu denen es dennoch aber nur wenige systematische Untersuchungen gibt. So ist inzwischen einiges über die Führungsebene, nach wie vor jedoch wenig über die Masse der namenlosen Kommunarden bekannt. Gleichwohl konnte einiges über deren Struktur zusammengetragen werden. So zeigt beispielsweise die Altersstruktur, daß es mit großer Wahrscheinlichkeit nicht die Jugend war, von der entscheidende Impulse für das revolutionäre Engagement ausgingen. Mit Blick auf die Berufsstruktur läßt sich festhalten, daß das Gros der Aufständischen als Arbeiter bezeichnet werden kann, wobei es darauf ankommt, wer als «Arbeiter» definiert wird. Wenn es sich darüber hinaus mehrheitlich um Angehörige «neuer» Berufe (Bau- und Metallbereich sowie Ungelernte) handelte und nur eine Minderheit den traditionellen Berufen (Holz, Möbel, Bekleidung, Luxuswaren, Druckereien) zuzurechnen ist, so entsprach dies den Veränderungen in der Beschäftigungsstruktur mit der zunehmenden Bedeutung der Bau- und Metallindustrie. Hinzu kommt die innere Struktur der Branchen, vornehmlich das Verhältnis von Kleinstproduktion, Industrieproduktion und Heimproduktion; denn die Verschiebung zugunsten der neuen Berufe mußte nicht zwangsläufig mit dem Wandel vom Traditionalen zum Modernen und mit dem Übergang vom Klein- zum Großbetrieb einhergehen. Wenn man demnach der Annahme folgen will, daß die Kommune von Arbeitern getragen wurde, so handelte es sich in Paris um eine Arbeiterklasse, die in der Mehrheit noch im Rahmen des Kleinbetriebes mit handwerklicher Tradition existierte. Ihre Situation war von zwei Seiten bedroht, zum einen durch die Transformation des Handwerksbetriebes zum Heimgewerbe, das vom Zwischenhändler abhängig war und die Arbeitsbedingungen sowohl für den «ouvrier-patron» als auch für seine Arbeiter verschlechterte. Zum anderen ermöglichte die Dequalifikation der Arbeit den Zustrom von Arbeitern aus der Provinz sowie die Ausbreitung der Frauenarbeit. In ihrer sozialen Zusammensetzung ist die Masse der Kommunarden von den politischen und militärischen Kadern zu unterscheiden. Diese rekrutierten sich aus Krämern, freiberuflich Tätigen und Angestellten aus traditionellen Berufen, die schon immer politisch aktiv waren. Das freilich war kein Spezifikum der Pariser Kommune, sondern ein im Rahmen der Arbeiterbewegung häufiger zu beobachtendes Phänomen.

Wenn man davon ausgeht, daß es sich 1871 um eine Revolution der Arbeiter gehandelt habe, heißt dies, daß es eine Revolution der Arbeitenden und nicht eine der Industriearbeiter im engeren Sinn war. Auch wenn ökonomische Unterschiede bei den Handwerkern bestanden und die Grenzen zwischen Kleinproduzenten und Arbeitern fließend waren, so gab es doch die Gemeinsamkeit, daß sie in der Regel selbst mit Hand anlegten. Das schloß Konflikte keineswegs aus, macht aber dennoch die strukturellen Grundlagen für die in der Pariser Kommune deutlich sichtbare Verbindung zwischen Arbeitern und Kleinbürgern deutlich. Freilich reicht für eine Charakterisierung der Kommune diese Analyse ihrer sozialen Träger allein nicht aus, da nicht zuletzt auch das Bewußtsein der Handelnden und die bereits erwähnten konkreten Maßnahmen eine Rolle spielen. Angesichts der sozialen Heterogenität der Revolutionäre stellt sich nach wie vor die Frage, in welcher Weise dies die Maßnahmen und die Ideologien beeinflußt hat, denn es ist sowohl denkbar, den Interessen der Arbeiter den Vorrang zu geben als auch zu versuchen, durch Kompromisse, durch Hoffnung und Vertrauen auf längerfristige Entwicklungsprozesse die Interessen auszugleichen. Zu bedenken ist überdies, daß ideologische Vorstellungen den aus dem Kleineigentum entstammenden Wertvorstellungen verhaftet bleiben oder auch durch darüber hinausweisende Zielsetzungen auf fundamentale Veränderungen gerichtet sein konnten.

Als Charakteristikum ist festzuhalten, daß es nicht nur unterschiedliche Meinungen, sondern ein Nebeneinander von unterschiedlichen Zielsetzungen gab. In der kurzen Zeit ihrer Existenz konnte die Kommune durchaus die divergierenden Interessen ausgleichen, doch auf lange Sicht enthielten sie zu viel Konfliktstoff. Wenn Kompromißbereitschaft und Ausgleich von unterschiedlichen und gegensätzlichen Interessen ein Spezifikum der Pariser Kommune war, so scheint ein etwas chaotischer Charakter und geringe Effizienz in vielen Bereichen ein anderes zu sein. Dabei gilt es jedoch zu berücksichtigen, daß die Mitglieder etwa des Kommune-Rates nur wenig Erfahrung mit demokratischen Willensbildungsprozessen haben konnten, daß der alles überschattende Krieg mit

Versailles die Kommunearbeit belastete und einen nicht geringen Teil der verfügbaren Kräfte absorbierte. Man könnte es nun als eine bedeutsame Abkehr vom bürgerlichen Staat ansehen, daß der aus allgemeinen Wahlen hervorgegangene Kommune-Rat als Legislative, Exekutive und Judikative zugleich fungierte, und die Herrschaftsinstrumente, vornehmlich Armee, Polizei und Justiz, grundlegend verändert werden sollten. Unklar ist jedoch nach wie vor, inwieweit Beschlüsse des Kommune-Rates überhaupt durchgeführt worden sind, ob die Verwaltung umstrukturiert und ihr eine neue Funktion gegeben wurde. Manches spricht dafür, daß Programm und Möglichkeit seiner Realisierung weit auseinanderklafften, wobei, wie in anderen Bereichen, Reagieren auf die äußere Bedrohung und einfaches Inganghalten Priorität vor der Lösung prinzipieller Probleme gehabt zu haben scheinen. Darüber hinaus mußte die Kommune mit reduziertem Personal arbeiten, das keineswegs nur aus Anhängern bestand. Da sie gewaltsame Mittel zudem nur mit großer Vorsicht und Zurückhaltung einsetzte, stand sie auf dem Gebiet der militärischen und der zivilen Organisation vor dem Dilemma, zwischen der fast zwangsläufig zunächst chaotischen Einübung von demokratischen Formen und den Erfordernissen einer möglichst effektiven Verwaltung ausgleichen zu müssen. Und es gab nicht wenige Beispiele, insbesondere im militärischen Bereich, die verdeutlichen, daß direkte Demokratie und Effizienz, wenn überhaupt, dann nur mit Schwierigkeiten zu vereinbaren sind. Beispielhaft für die Ineffektivität der Kommune war überdies, daß sie sich häufig in Detailfragen verzettelte und sich eher durch Verbalismus als durch gezielte Maßnahmen auszeichnete. Dies dürfte nicht allein Ausfluß der verschiedenen politischen Doktrinen gewesen sein, die nebeneinander standen und geistesgeschichtlich nach Jakobinern, Blanquisten, Proudhonisten und Internationalisten einzuordnen wären, als vielmehr Ausdruck wechselnder Kräfteverhältnisse bei den jeweiligen politischen Anlässen.

Allen geistesgeschichtlichen Strömungen und politischen Doktrinen gemeinsam war jedoch der auffallende und vielfältige Rückgriff auf die Französische Revolution, der damit eine wichtige Funktion für die politische Orientierung der Kommune zukommt. Nicht zufällig hat man den Kommunarden als jüngeren Bruder des Sansculotten bezeichnet und dargelegt, daß 1792/93 ein wichtiger Bezugspunkt der Kommunarden war, und zwar als Inbegriff der revolutionären Aktion und als gelungene Abwehr des Angriffs aus dem Ausland. Der Rückgriff auf die Große Revolution konnte dennoch kaum der Beschreibung der veränderten Verhältnisse Rechnung tragen oder überholte gesellschaftliche und ökonomische Organisationsformen wiederbeleben. Darum dürften die Beziehungen der beiden Revolutionen hauptsächlich in der Symbolik, Terminologie und Kleidung zu suchen sein. Da z. B. in der Deklaration vom

19. April der kontroverse Bereich der wirtschaftlichen und sozialen Maßnahmen ausgeklammert blieb, wohingegen traditionelle republikanische Forderungen und Formen aufgenommen wurden, konnte die Anknüpfung an die Tradition von 1792 integrierend wirken. Zusätzlich gefördert worden war dieser Prozeß vermutlich durch eine popularisierende und heroisierende Literatur in den sechziger Jahren. Die Kommune blieb somit im Rahmen einer republikanischen Bewegung, in der auch Bürger und Kleinbürger angesprochen werden konnten, so daß ein klassenübergreifender Konsens möglich zu sein schien. Das galt nicht immer als selbstverständlich, da die Geschichtsschreibung über die Pariser Kommune lange Zeit eine Domäne der Historiographie der Arbeiterbewegung mit teilweise einseitigen Fragestellungen gewesen ist. Das hat sich gewandelt. Die über die gegenwärtige Forschung vermittelte Botschaft der Pariser Kommune nach dem Zusammenbruch des Kommunismus enthält allerdings nach wie vor das aus einem «Arbeiterbewegungs-Klassiker» der Kommune-Historiographie stammende «Oser» («wagen»). Lissagarays «Histoire de la Commune de 1871» ist ein Werk aus dem 19. Jahrhundert, das immer wieder neu aufgelegt und von namhaften Historikern eingeleitet wurde. Heute wird das «Oser» damit in Zusammenhang gebracht, daß mit dieser Botschaft der Pariser Kommune, die keine Unterscheidung zwischen Klassen erfordere, Menschen mit Charakter und Zivilcourage sowie Liebe zur Freiheit angesprochen seien. Gemeint sind also die für eine civil society notwendigen Bürgertugenden. Ob eine solche Sicht und Interpretation sich erneut wandeln wird, muß sich erweisen. Deutlich wird freilich auch hier die eingangs erwähnte von der Gegenwart abhängige Deutung von historischen Ereignissen.

Die bolschewistische Revolution 1917–1921

von Dietrich Beyrau

Chronik[1]

23. 2./8. 3. 1917	Beginn der Februarrevolution in Petrograd
27. 2./7. 3. 1917	Zusammentritt des Dumakomitees aus Abgeordneten der Reichsduma (Parlament), aus dem am 2./15. 3. die Provisorische Regierung hervorgeht. Zusammentritt des Exekutivkomitees des Arbeiterdeputiertenrates, der sich am 1./14. 3. zum Vereinigten Rat der Arbeiter- und Soldatendeputierten erweitert
3./16. 4. 1917	Rückkehr Wladimir Iljitsch Lenins aus dem Schweizer Exil nach Rußland
25./26. 10./7./8. 11. 1917	Oktoberumsturz und Bildung des Rates der Volkskommissare unter Vorsitz Lenins
7./20. 12. 1917	Aufbau der Geheimpolizei Tscheka
5./18. 1. 1918	Auflösung der Konstituierenden Versammlung in Petrograd
3. 3. 1918	Frieden von Brest-Litowsk mit den Mittelmächten
4. 3. 1918	Ernennung Leo Trotzkis zum Vorsitzenden des Volkskommissariats für Verteidigung, Aufbau der Roten Armee
Frühjahr 1918–1920	Bürgerkrieg, Kämpfe zwischen «Roter Arbeiter- und Bauern-Armee» und «weißen» Verbänden
1919–1921	Bauernaufstände an der Wolga, im Nordkaukasus und in der Ukraine
2.–6. 3. 1919	Gründungskongreß der III. Internationale (Komintern) in Moskau
18.–30. 3. 1919	VIII. Parteitag der Kommunistischen Partei (RKP(B)): Einrichtung des Politbüros, des Organisationsbüros und des Sekretariats

[1] Bis Ende Januar 1918 galt in Rußland der julianische, ab Februar 1918 der gregorianische Kalender.

April bis 12. 10. 1920	Sowjetisch-Polnischer Krieg
1921–1922	Hungersnot an der Wolga, im Nordkaukasus und in Teilen der Ukraine
2.–18. 3. 1921	Gescheiterter Aufstand der Matrosen in Kronstadt
8.–16. 3. 1921	X. Parteitag der RKP(B): Verbot der Fraktionsbildung in der Partei, «Neue Ökonomische Politik» löst «proletarische Naturalwirtschaft» ab

Bolschewistische Taktik und Strategie in der Volksrevolution

Als Lenin im November 1918 den Jahrestag der bolschewistischen Revolution in Moskau feiern ließ, nutzte er die Gelegenheit, um das Volk, das die Revolution gemacht hatte, über den tieferen Sinn seines Tuns aufzuklären. Auf Straßen und Plätzen wurden Büsten der großen Revolutionäre der Weltgeschichte – von Gracchus bis Marx – aufgestellt, versehen mit Inschriften, die einige Merksprüche fixierten. Agitatoren hatten die Bedeutung dieser Figuren zu vermitteln. Ein wenig ließen sich die Initiatoren der Moskauer Novemberfeierlichkeiten von Campanellas «Sonnenstaat» inspirieren, der gerade ins Russische übersetzt worden war. Den intellektuellen Revolutionären hatte es der Erziehungs- und Disziplinierungsfuror des Philosophen der Renaissance angetan. Die Gestaltung dieser Jubiläumsfeier stand in denkbar krassem Gegensatz zu Lenins Schrift «Staat und Revolution» vom August-September 1917. Hier hatte er noch ganz auf die Spontaneität und das Wissen der Massen gesetzt und die Leitung der Staatsgeschäfte auf einfache Operationen der Registrierung, Buchung und Kontrolle zurückgeführt, die von allen Menschen ausgeführt werden könnten, die des Lesens und Schreibens kundig seien.

Der Erfolg der Bolschewiki im Oktober 1917 (julianische Zeitrechnung) verdankte sich der unvermittelten Kombination von Vertrauen auf die Spontaneität der Massen, zumindestens des Proletariats, und eines gleichzeitigen Organisationsfetischismus, der auf «bewußte» Disziplin, Gehorsam aus Einsicht und absolute Hingabe an die Sache der Revolution setzte, Forderungen, die eigentlich entmündigten und wenig Vertrauen in die Massen erkennen ließen. Dieser unvereinbare Widerspruch sollte seinen Niederschlag in der von Lenin entwickelten Parteitheorie finden: die Partei als Avantgarde des Proletariats und als Organisation von Berufsrevolutionären. Ein weiteres Element sollte den Erfolg der Bolschewiki ausmachen. Im Unterschied zu allen anderen politischen Gruppierungen und Parteien hatten sie in ihrem Willen zur Macht keine Angst vor den zentrifugalen und einander oft entgegenstehenden Zielen der unterschiedlichen Massenbewegungen mit ihren desorganisierenden und destruktiven Folgen für ein Land, das sich im Krieg mit den überlegenen Mittelmächten befand. In der Bauernrevolution sahen sie die Zerschlagung der verhaßten feudalen Überreste des alten Regimes. Sie fürchteten nicht die nationalen Revolutionen an den Peripherien des Reiches. Sie würden dessen Dekomposition nur beschleunigen. Sie machten sich ohne Schwierigkeiten die Forderung nach sofortiger Beendigung des Krieges zu eigen, obwohl Deutschland und Österreich-Ungarn nicht erkennen ließen, das Programm «Frieden ohne Annexionen» anzunehmen. Sie fürchteten weder die minoritäre Position des Proletariats – mit Familienangehörigen etwa vierzehn Millionen bei einer Bevölkerung von knapp 160 Millionen Einwohnern – noch seine «Unreife» in bezug auf eine proletarische Revolution. Und schließlich scheuten sie sich nicht, die Macht mit einer Partei zu übernehmen, die 1917 etwa 24000 Mitglieder zählte. Am 25. Oktober/7. November 1917 präsentierten sie dem soeben zusammengetretenen zweiten Allrussischen Sowjetkongreß eine Regierung, nur aus Bolschewiki zusammengesetzt, die sich ganz im Geiste der Revolution Rat der Volkskommissare nannte und sich als Repräsentantin der Diktatur des Proletariats und der armen Bauernschaft ausgab.

Seit dem Oktober 1917 treibt Zeitgenossen und Historiker die Frage um, ob der bolschewistische Umsturz als Putsch, als Staatsstreich oder als sozialistische Revolution zu deuten sei, welche das bürgerliche Stadium der Entwicklung hinter sich gelassen habe. Letztere Sicht zeigt sich in der später kanonisierten Selbstbezeichnung als Große Sozialistische Oktoberrevolution. Seit Ende der sechziger Jahre figurierte der bolschewistische Umsturz als ein Akt, von der Partei angeordnet und von den Massen durchgeführt. Hier zeigte sich ein Verständnis, das sich Spontaneität gar nicht mehr vorstellen konnte. Seriösere Deutungen hängen davon ab, auf welche Felder des revolutionären Geschehens der Blick gelenkt wird und wie die Faktoren gewichtet werden, die zur Eroberung der Macht durch die Bolschewiki beigetragen haben. Konzentriert man sich auf die Technik der Machtergreifung, wird man zu anderen Ergebnissen kommen, als wenn man den Zustand eines Landes analysiert, das sich nicht nur in politischer Auflösung befand, sondern zugleich infolge der Überanstrengung im Krieg einen beispiellosen zivilisatorischen Zusammenbruch erlebte. Vor allem Lenin hatte eine Revolutionierungsstrategie entwickelt, deren Grundsätze dazu befähigten, Situationen für sich zu nutzen, welche die Bolschewiki nicht geschaffen hatten. Sie profitierten zu einem erheblichen Teil von den Widersprüchen und Ungereimtheiten der Situation seit dem Sommer 1917. Ihre politischen Konkurrenten unter den Sozialisten wie unter den bürgerlichen Kräften fanden keine akzeptablen Lösungen und begründeten keine Institutionen, die dazu befähigt hätten, die Probleme des Landes im Konsens anzugehen. Diese Unfähigkeit wird man nicht ausschließlich politischer Beschränktheit anlasten, sondern sie war der Ausdruck einer schier ausweglosen Lage.

Das Zarenreich mit seinen unterschiedlichen Völkern, Kulturen und sozialen Gegensätzen war teils durch administrative, teils durch militärische Gewalt und nicht zuletzt durch Gewöhnung zusammengehalten worden. Als die administrativen und militärischen Klammern unter dem Druck des Krieges zerbrachen, standen sich unvereinbare Interessen gegenüber: die Kriegsmüdigkeit der Soldaten und die Unmöglichkeit eines akzeptablen Friedens mit den Mittelmächten, die Mobilisierung der Arbeiterschaft vor dem Hintergrund einer zusammenbrechenden Wirtschaft, die Revolution der Bauern und das Gespenst des Hungers in den Städten und im gewerblich verdichteten Zentrum Rußlands, die auf Getreidezufuhr aus den Überschußgebieten der Schwarzerde und der Ukraine angewiesen waren, und zuletzt die nationalen Bewegungen an der Peripherie, die teils Autonomie, teils Unabhängigkeit vom russischen Zentrum forderten. Dies führte z. T. zu bewaffneten Auseinandersetzungen zwischen ethnischen Gruppen wie z. B. zwischen den russischen Kolonisten und den einheimischen Völkern in Mittelasien, wo noch 1916 ein großer Aufstand niedergeschlagen worden war.

In seinen Grundzügen schien sich im Frühjahr und Sommer 1917 zu wiederholen, was sich 1905/6 ereignet hatte, nämlich die parallele, aber unkoordinierte Mobilisierung großer Bevölkerungsgruppen mit sehr unterschiedlichen Zielen, nur einig in der Gegnerschaft gegen das herrschende Regime. Wegen der anderen militärischen Situation fiel den Streitkräften, deren größter Teil 1905 im Fernen Osten konzentriert war, eine andere Rolle zu als 1917. Damals hatten sie teils rebelliert, teils ließen sie sich zur Unterdrückung der Bauernaufstände benutzen. Mit noch größerem Erfolg waren sie an der Peripherie zum Einsatz gekommen, wo sich die Fremdheit zwischen einheimischen Völkern und den zumeist russischen Truppen ausspielen ließ. In der Anfangsphase der Revolution von 1905 hatten die verschiedenen Berufsverbände der Intelligenz die heterogenen Bewegungen zu bündeln gesucht, durch die Aufnahme sozialer Forderungen der Arbeiter- und Bauernschaft und auch durch Berücksichtigung der Erwartungen der nicht-russischen Nationalitäten, alles zusammengefaßt in einem demokratischen Wahlrecht für ein Parlament, das allen Interessen Gehör verschaffen sollte. Der Versuch, unter demokratisch-liberalen Vorzeichen sozialistische, agrarrevolutionäre und nationale Bewegungen zu bündeln, war aber gescheitert.

Statt dessen hatte das alte Regime einen letzten Versuch unternommen, das Reich von oben zu reformieren. An der Konstitutionalisierung des Regimes wurde festgehalten, aber in der Reichsduma, dem Parlament, und in den lokalen Repräsentationskörperschaften dominierten mit Hilfe des Kurien- bzw. Zensuswahlrechts die Oberschichten. Mit den Agrarreformen A. P. Stolypins wurde 1906 und 1911 die Feldgemeinschaft (obschtschina) aufgehoben. Damit sollte Privateigentum auch unter den Bauern verankert werden und der Boden zum besseren Wirt wandern. Außerdem ging es darum, die Dorfgemeinschaft als organisatorische Basis des Bauernaufruhrs zu entsolidarisieren. Zudem wurde die massive Russifizierungspolitik von vor 1905 zurückgenommen, ohne daß den nichtrussischen Völkern politische Autonomie gewährt worden wäre. Vor dem Krieg stagnierte der Reformprozeß. Die Reichsduma, die Bürokratie, der Adel und der Zar mit seiner Hofkamarilla blockierten sich gegenseitig. Zugleich erlebte das Land seit etwa 1910 einen weiteren Konjunkturaufschwung mit beispiellosen Wachstumsraten. Dies war der Zustand, als Rußland in den Krieg eintrat.

Lenin hatte aus den Fehlschlägen der Ereignisse von 1905/6 Konsequenzen gezogen. Sie bildeten im Grunde einen zweiten Anlauf, das Unvereinbare zu vereinen, indem alle populären Forderungen oft sehr simplen Zuschnitts aufgenommen wurden, gleichgültig, ob sie mit marxistischen Doktrinen vereinbar waren oder nicht. Vereinfacht lassen sie sich darauf zuspitzen: den Arbeitern die Fabriken, den Bauern das Land, den Soldaten Frieden und den nicht-russischen Nationalitäten das Selbstbestimmungsrecht. Als politische Institutionen übernahmen die Bolschewiki die Räte (Sowjets) oder analog strukturierte Komitees (in der Armee und auf dem Lande). Die eher als Organe der Selbstverteidigung der Arbeiterschaft und manchmal als Gewerkschaftsersatz 1905 spontan gebildeten Räte, die auch 1917 sofort wieder erstanden, sollten nun als Organe der werktätigen Demokratie «alle Macht» übernehmen. Überzeugten und doktrinären Sozialisten erschien dies als der blanke Anarchismus, aber die Formel «alle Macht den Räten», von den Bolschewiki mal benutzt, zeitweilig aber auch wieder fallengelassen, hatte eine enorme Resonanz vor allem unter den Soldaten und in der Arbeiterschaft. In dieser Formel verdichtete sich ihr Mißtrauen gegen die Provisorische Regierung, die aus der Reichsduma hervorgegangen war und die bürgerliche Gesellschaft repräsentierte, der man vor allem in der Arbeiterschaft zutiefst mißtraute. Fremdheit und Argwohn beruhten nach den Erfahrungen von 1905/6 und nach der gescheiterten Zusammenarbeit von Unternehmern und Arbeitervertretern in den Kriegsindustriekomitees auf Gegenseitigkeit.

Das bemerkenswerteste Ergebnis der Februarrevolution 1917 war nicht nur das Ende der Monarchie, sondern der rapide Autoritätsverlust all jener Institutionen, welche die Provisorische Regierung vom alten Regime übernommen hatte. Wenn sie sich demokratisierten, wie die Stadt-Dumen (Parlamente) oder die Landschaften (semstwa), verstärkten sie die zentrifugalen Tendenzen; denn nun hatten sie sich regionaler Interessen gegen das Zentrum anzunehmen und unterliefen auf diese Weise die Bemühungen, die Industriezentren zu versorgen. Wenn sie sich mit der amtlichen Politik in der Kriegs-, Land- oder Versorgungsfrage identifizierten, verloren sie seit dem Sommer 1917 jede Autorität. Die Provisorische Regierung ist an drei Fragen gescheitert: in erster Linie an der Kriegsfrage, aber auch an der Landfrage, die sie wegen der Komplexität des Problems und der aktuellen Nahrungsprobleme in geordneten Bahnen erst durch die Konstituierende Versammlung in Angriff nehmen lassen wollte, und schließlich an ihrem hinhaltenden Taktieren in der nationalen Frage.

Das Februarregime war von Anfang an durch das gekennzeichnet, was in der historischen Literatur als Doppelherrschaft bezeichnet wird: die konkurrierende Existenz der Institutionen der Provisorischen Regierung und die wild wuchernde Hierarchie von Sowjets und Komitees in der Armee wie auf dem Land. Hier formierte sich eine populäre Gegenmacht, die dem sozialrevolutionären, nicht spezifisch bolschewistischen Konzept von «Volkswille» und Volksmacht recht nahe kam. In der Hierarchie der Komitees in der Armee waren zunächst durchaus noch Offiziere vertreten, zumeist erst im Krieg rekrutiert und ausgebildet. Auch in den verschiedenen Komitees auf dem Lande spielte die ländliche Intelligenz, das sog. dritte Element, eine erhebliche Rolle. Oft gegen ihren eigenen Willen hatten diese Komitees die von den Dorfgemeinschaften eigenmächtig vorgenommenen Enteignungen des Gutslandes und dessen Inventars zu sanktionieren, um gewalttätigen Ausbrüchen zuvorzukommen. Die Komitees auf dem Lande und in der Armee artikulierten mehr oder minder ungefiltert populäre Stimmungen. Wenn sie, wie vor allem die höheren Komitees in den Armeen und Frontabschnitten seit dem Sommer 1917 aktiv für den revolutionären Verteidigungskrieg eintraten, verloren sie an Autorität, und ihr Personal wurde im Herbst durch Neuwahlen abgelöst.

Aber die Komitees in den Streitkräften sind ebensowenig wie diejenigen auf dem Lande zu Kristallisationskernen einer neuen Macht geworden. Diese Funktion sollte den Sowjets der Arbeiter- und Soldatendeputierten in den Hauptstädten und ihren vielen exekutiven Instanzen zufallen. Eine besondere Machtbasis für die Bolschewiki bildeten in Petrograd und Moskau die Fabrikkomitees, die innerhalb der Betriebe sehr unterschiedliche Aufgaben wahrnahmen. All diese Institutionen in den Hauptstädten bestimmten den Rhythmus des revolutionären Geschehens.

Wie von Petrograd die Februarrevolution ausgegangen war, so folgte die russische Provinz dem Oktoberumsturz, allerdings mit größeren Widerständen und Verzögerungseffekten, als dies bei der Februarrevolution der Fall gewesen war. Und viele nicht-russische Bewegungen nutzten die Turbulenzen in Petrograd, um sich von Rußland überhaupt zu lösen, manchmal vom Ausland unterstützt, zuerst von den Mittelmächten, dann vereinzelt auch von der Entente. Diese nahm aber insgesamt Partei für die Konterrevolution mit ihrem Programm des «einen und unteilbaren Rußlands».

Diktatur der Demokratie

In einem vergleichsweise rückständigen Land waren es die industriellen Zentren und die hier entstandenen Arbeiter- und Soldatensowjets sowie die Fabrikkomitees, welche seit dem Herbst 1917 die Stützpunkte der Bolschewiki bildeten. Von hier aus wurde seit dem Oktober 1917 in der Provinz mit oder gegen die lokalen Sowjets und Komitees die neue bolschewistische Macht durchgesetzt. In der russischen wie in der nicht-russischen Provinz konnten sich die Bolschewiki oft mehr auf die dortigen Garnisonen als auf die lokale Arbeiterschaft stützen. Denn der bolschewistische Umsturz ist an der Front wie in der Arbeiterschaft im Sinne der Losung «alle Macht den Räten!» und selten als Ermächtigung für eine bolschewistische Diktatur verstanden worden. Seit Lenin auf den Sturz der Provisorischen Regierung drängte, bedienten sich die Bolschewiki einer camouflierenden Rhetorik. Sie gaben vor, die Räte zu verteidigen und ihnen alle Macht zu sichern, meinten in Wirklichkeit aber nur ihre eigene Macht. Der Umsturz wurde vom Militär-Revolutionären Komitee des Petrograder Sowjets der Arbeiter- und Soldatendeputierten betrieben. Seine Entstehung verdankte es der Abwehr des Kornilowputsches vom August 1917, des letzten konfusen Versuches des bürgerlichen Lagers, das Gesetz des Handelns wieder an sich zu reißen. Das Militär-Revolutionäre Komitee wurde von den Bolschewiki zur Vorbereitung des Sturzes der Provisorischen Regierung genutzt. Auf Drängen Lenins sollte er noch vor dem Zusammentritt des zweiten Allrussischen Sowjetkongresses bewerkstelligt werden. Diesem wurde, als er schließlich zusammentrat, eine neue Regierung präsentiert. Erst auf den Druck der Eisenbahnergewerkschaft fand sich Lenin im Dezember 1917 bereit, auch Vertreter der Linken Sozialrevolutionäre in die Regierung aufzunehmen. Der Sowjetkongreß billigte zwar den Umsturz, geblendet auch durch die großartigen Dekrete über den Frieden und über den Grund und Boden, aber an der Regierungsbildung war er kaum beteiligt. Daß auf dem

Kongreß mit seiner Mehrheit aus Vertretern der bolschewistischen Partei und der Linken Sozialrevolutionäre auch ein Zentrales Exekutivkomitee gewählt wurde, das dem Rätegedanken entsprechend eigentlich die Macht hätte übernehmen müssen, störte nicht weiter. In immer unklarer Kompetenzabgrenzung zum Rat der Volkskommissare sollte es in Zukunft nur ein Schattendasein führen.

In der eigentümlichen Passivität des Sowjetkongresses bestätigte sich, was auch schon an den städtischen und regionalen Sowjets zu beobachten war. Nicht die Sowjets als «arbeitende», legislative und exekutive Funktionen zusammenfassende Institutionen machten Politik, sondern ihre oft im Wildwuchs entstandenen, durch Wahl und durch Kooptation gebildeten exekutiven Instanzen. Das Militär-Revolutionäre Komitee des Petrograder Sowjets ist ein prominentes Beispiel für diese Mechanismen. Mit den exekutiven Instanzen der Sowjets, die sich konkurrierend zu den alten Einrichtungen vor allem in den Städten um Fragen der Sicherheit, der Versorgung und der Wirtschaft vor Ort kümmerten, entstand eine Schicht von Angestellten und Funktionären, die jenseits aller politischen Überzeugungen ihr Schicksal mit den Sowjets und der wie auch immer zu definierenden «Sowjetmacht» verbanden. Sowjetdemokratie jedenfalls funktionierte unter den chaotischen Bedingungen des Jahres 1917 höchst unvollkommen. Die Sowjets spielten oft genug die Rolle eines die Ereignisse begleitenden Chores. Hier verschafften sich Stimmungen durch Reden und Wahlen öffentliches Gehör, aber die wichtigen politischen Entscheidungen fielen woanders. Nach dem Oktober benutzten die Bolschewiki die Sowjets nach Gutdunken. Waren sie mehrheitlich bolschewistisch, durften sie weitermachen, besaßen andere Parteien die Mehrheit und wollten sie sich den Anordnungen aus Petrograd oder seit dem Frühjahr 1918 aus Moskau nicht fügen, wurden sie auseinandergejagt und durch außerordentliche Organe ersetzt. Mit den konkurrierenden sozialistischen Parteien verfuhr man in analoger Weise, mal waren sie zugelassen, mal verboten, von den bürgerlichen Parteien ganz zu schweigen. Es war dieses Katz- und Mausspiel vor allem mit der Partei der Sozialrevolutionäre, das den ersten Anlaß für den Bürgerkrieg lieferte. Die Bolschewiki hatten sich von den Stimmungen der Massen vor allem in den Städten und an der Front an die Macht tragen lassen. Da sie die ökonomischen Probleme ebenso wenig lösen konnten wie ihre Vorganger, wandten sich im Frühjahr 1918 die Mehrheiten in den Sowjets und in den Belegschaften gegen sie. Jetzt war es die höhere Aufgabe, der Weltrevolution eine Gasse freizulassen, welche die Bolschewiki davon abhielt, die Macht zu teilen oder gar abzugeben.

Ebenso leicht, wie es der Volksrevolution gelungen war, die Institutionen des alten Regimes und der Provisorischen Regierung hinwegzufegen, ebenso leicht sollte es den Bolschewiki gelingen, Sowjetdemokratie außer Kraft zu setzen, auch wenn sie als legitimatorischer Schirm immer erhalten bleiben sollte. Hierfür wird man mit Bezug auf die Arbeiter- und die Bauernschaft zwei Faktoren hervorheben müssen. In der politisch aktiven Arbeiterschaft dominierte ein Verständnis von Politik und von Demokratie, das Marc Ferro als «absolutisme populaire» bezeichnet hat. Das Volk bzw. das Proletariat sollte herrschen, Herrschaft konnte dabei durchaus diktatorisch sein, wenn nur die Exploitation (expluatacija) und die Sabotage der Bourgeoisie beseitigt würden. In den Resolutionen der Betriebe, die so gut wie keine Minderheitenvoten kannten, war von werktätiger Demokratie, auch von Diktatur der Demokratie die Rede. Demokratie meinte die werktätigen Klassen, meinte eine unmittelbare Volksherrschaft, sie kannte offensichtlich weder Pluralität, noch die Einhaltung von Verfahrensregeln und schon gar nicht die Herrschaft des Gesetzes. Hier zeigte sich die Nähe zur Kultur des Dorfes, wo Versammlungen und Autorität informellen, kaum transparenten Regeln gehorchten. An dem Versuch, Bauernrecht zu normieren und kodifizieren, waren vor 1914 die Juristen gescheitert, und das spätere sowjetische Bodenrecht bestach ebenfalls durch seine Ungenauigkeit, weil sich die informellen Regeln der Bodennutzung in der bäuerlichen Feldgemeinschaft nicht wirklich kodifizieren ließen. «Absolutisme populaire» manifestierte sich auf dem Lande im Grunde ähnlich wie in den Betrieben: Wie dort Ingenieure, Betriebsdirektoren oder Unternehmer bei den Arbeitern unter Generalverdacht standen, so auf dem Dorf die Gutsbesitzer und Außenseiter wie die seit der Stolypinreform aus der Feldgemeinschaft ausgeschiedenen Bauern. Sie wurden im Winter 1917/18 zumeist wieder in diese zurückgeholt. Abgrundtiefes Mißtrauen galt auch den Repräsentanten der staatlichen Macht, die – nicht zu Unrecht – im Grunde immer als Tribut eintreibende Instanzen wahrgenommen wurden, eine Sichtweise, welche die Bolschewiki bald durch ihre Requisitionskommandos mehr als bestätigen sollten. Die Revolution von 1917 machte jedenfalls deutlich, daß die jahrzehntelangen Bemühungen zur Konstitutionalisierung und zur Liberalisierung des öffentlichen Lebens und der Politik in der Masse der Bevölkerung nicht angekommen waren. Auch das Prinzip privaten Besitzes an Grund und Boden hatte sich offensichtlich unter den Bauern nicht durchgesetzt oder unter dem Druck des Krieges, der Not und des Zerfalls der alten Autoritäten seine Geltung wieder verloren.

Denn das auffälligste Merkmal dieser revolutionär gewendeten «native tradition» war die Wiederherstellung der russischen Feldgemeinschaft (obschtschina), also die Zurücknahme der Reformen Stolypins. Ihre Renaissance ging in den russischen und meisten ukrainischen Gebieten einher mit einer «schwarzen Umteilung», die sowohl das Gutsland als auch die seit Stolypin separierten Höfe in die Neuverteilung des Bodens einbezog. Der Boden wurde nach der Anzahl der Esser oder Arbeitskräfte je Haushalt zur Nutzung aufgeteilt – bis zur nächsten Umteilung. Dieser Rückgriff auf sehr traditionelle Methoden hatte mit den heimkehrenden Soldaten und den Stadtflüchtlingen zu tun, die ausgestattet werden mußten, aber auch damit, daß der Markt zusammengebrochen war und städtische Waren das Dorf kaum noch erreichten. Die Bauern zogen sich notgedrungen vom Markt zurück mit den negativen Folgen für die Versorgung der Städte. Diese Situation sollte bald von den Bolschewiki als Sabotage der reichen Bauern, der sog. Kulaken, gedeutet werden.

Die Revolution der Bauern und in mancher Hinsicht auch die der Arbeiter waren einerseits eine Reaktion auf die zusammenbrechende Wirtschaft, beschleunigten andererseits diesen Prozeß. Im Ergebnis bewirkte dieser eine Entdifferenzierung der Gesellschaft, die Zerstörung der Ansätze von bürgerlicher Gesellschaft. Insgesamt hatte er einen zivilisatorischen Rückfall zur Folge und eine neue plebejisch geprägte Abgrenzung zwischen Politik, Sozialem und Privatem. Letzteres sollte sich besonders in den Städten in der Umverteilung des Wohnraums, in den Enteignungen privaten Vermögens und schließlich in der sukzessiven Verstaatlichung aller Unternehmen zeigen. Auf der politischen Ebene bedeuteten die Vorgänge eine Verzahnung ökonomischer und politischer Kompetenzen, die Entstehung einer Politökonomie im wahrsten Sinne des Wortes.

Was die Bauernschaft, mehr noch die Belegschaften an die Bolschewiki fesseln sollte, waren ein egalitärer Furor, waren Elemente einer auf Gerechtigkeit zielenden moralischen Ökonomie und war nicht zuletzt die Angst vor der Konterrevolution, welche die alte Ordnung zurückbringen würde. Die Sozialrevolutionäre als die eigentlichen politischen Repräsentanten des Bauerntums konnten sich zwischen Bolschewiki und der Konterrevolution nicht als dritte Kraft behaupten, obwohl sie bei den Wahlen zur Konstituierenden Versammlung im November/Dezember 1917 die Mehrheit der Stimmen auf sich vereinigt hatten. Als die Bolschewiki die Versammlung im Januar 1918 auseinanderjagten, gab es kaum Widerstand. Und als sich die Linken Sozialrevolutionäre sowohl gegen den Frieden von Brest-Litowsk als auch gegen die beginnenden Requisitionen bei den Bauern wandten, hatten sie die Regierung zu verlassen. Ihre eigentliche soziale Basis, das Dorf, ließ sich nicht in der Weise organisieren, wie es den Bolschewiki gelang, die sich auf die Industrie des russischen Zentrums und auf eine aktivistische Minderheit unter Arbeitern und Soldaten stützen konnten.

Distributionswirtschaft und Organisationsmacht

Worauf beruhte, was hier als bolschewistische Organisationsmacht bezeichnet werden soll? Es lassen sich hierbei mentale, soziale und institutionelle Faktoren anführen. Nicht zu unterschätzen sind eine Mentalität und Stimmungen, die man als soziale Revanche bezeichnen könnte. Sie reagierten auf die repressiven Verhältnisse in den Betrieben und in der Armee in Kategorien von Selbstmitleid und Haß und brachten hervor, was Zeitgenossen als Klasseninstinkt bezeichneten. Die nicht nur von den Bolschewiki gepflegte Klassenkampf-Rhetorik fing diese implizite Militanz der Arbeiterbewegung und der Soldaten ein und verschaffte ihr ein politisches Vokabular. Es legitimierte zweifellos auch Gewalt. «Absolutisme populaire» und ein obsessives Sendungsbewußtsein der bolschewistischen intellektuellen Revolutionäre waren sicherlich nicht dekkungsgleich, wie sich in den Konflikten seit 1918 zeigen sollte, aber sie bezogen sich aufeinander.

Die Bolschewiki gaben vor, die Diktatur des Proletariats zu repräsentieren, zugleich aber wollten sie der historisch notwendigen Weltrevolution eine freie Bahn geöffnet halten. Deshalb mußten sie um jeden Preis an der Macht bleiben. Wenn dies den konkreten Interessen des Proletariats widersprach, hatte man sich über diese hinwegzusetzen. Maxim Gorki hat in diesem instrumentellen Verhältnis der intellektuellen Bolschewiki hellsichtig erkannt, «... daß der russische Arbeiter für die Regierung im Smolny (dem Regierungssitz in Petrograd) nur ein Reisigbündel ist, das sie anzündet, um zu probieren, ob sich nicht am russischen Feuer eine gesamteuropäische Revolution entzündet». Und an anderer Stelle in seiner Polemik: «Für Lenin ist die Arbeiterklasse dasselbe, wie für den Metallurgen das Erz. ... Er arbeitet wie ein Chemiker im Labor». Angesichts ihrer historischen Mission konnte sich die Partei auch keinen Rechtsnormen unterwerfen oder die politische Sphäre einhegen. Daraus resultierte ein bemerkenswert leichter und schneller Rückgriff auf außerordentliche Maßnahmen, institutionalisiert in der Tscheka, der «Außerordentlichen Kommission zur Bekämpfung der Konterrevolution, Sabotage und Spekulation», bereits im Dezember 1917 gegründet, und in anderen Einrichtungen wie dem Einsatz Militär-Revolutionärer Komitees und Revolutionärer Tribunale, mehr dem Klasseninstinkt als Rechtsnormen verpflichtet.

Mit der Verkündung des Roten Terrors im Sommer 1918 entfesselten die Bolschewiki eine Spirale der Gewalt. Den Roten Terror hatten vermutlich 100 000 bis 120 000 Menschen mit ihrem Leben zu bezahlen, darunter sehr viele als Geiseln. In diesen Zahlen sind nicht jene Opfer enthalten, die im Zuge von Kriegshandlungen und Aufständen umgekommen sind. Darüber hinaus waren im Bürgerkrieg auf bolschewistischer Seite bereits all jene Elemente erkennbar, auf die seit 1927/28 wieder zurückgegriffen werden sollte: eine ausufernde Feindmarkierung, die sich der Klassenkampfrhetorik bediente, aber auch schon mit dem Begriff des Volksfeindes hantierte, die Anwendung von Klassenkriterien auf die ländliche Bevölkerung und die Stigmatisierung der Kulaken als Dorfbourgeoisie. Massenmorde, Deportationen und Konzentrationslager gehörten ebenfalls zum Repertoire von Bestrafung und Einschüchterung. Außer auf Gewalt und Gewaltandrohung stützte sich die Organisationsmacht auf die schon militärische Züge annehmende Arbeitsmobilisierung. Trotzkis kurzlebige Arbeitsarmee war nur eine Variante dieser Art von Zugriff auf die Arbeitskräfte. Und nicht zuletzt ist die Requisitionspolitik gegenüber den Bauern zugunsten der Städte und der Armee zu nennen, die von Raub nur noch schwer zu unterscheiden war. Die Wirtschaftspolitik im Bürgerkrieg nahm die Züge einer Beute-Ökonomie an, ein Merkmal, das im Laufe der Kollektivierung in noch größerem Umfang zur Geltung kommen sollte.

1919/20 hatten es die Bolschewiki nicht nur mit den eigentlichen Konterrevolutionären als Gegnern zu tun, sondern in den Schwarzerdegebieten und in der Ukraine auch mit der Bauernschaft, die sich im Aufruhr befand. Die Aufstandsgebiete an der Wolga und in der Ukraine mußten im wahrsten Sinne des Wortes wie Feindesland erobert werden. Die Getreide-Überschußgebiete waren die Vendée der russischen Revolution, ein Faktum, das im bolschewistischen Gedächtnis haften bleiben sollte. Nicht zufällig wurden diese Territorien seit 1931 wieder Zonen der brutalsten Requisitionen und der Hungersnot von 1932/33. Und schließlich erhoben sich im März 1921 die Matrosen von Kronstadt, die einst zu den militanten Aktivisten der Oktoberrevolution gezählt hatten. Sie rebellierten ein letztes Mal im Namen der Sowjetdemokratie gegen die bolschewistische Diktatur.

Die Bolschewiki siegten mithin gegen eine Welt von Feinden. Die Gründe für ihren Erfolg sind in mehreren Faktoren zu suchen. Während des ganzen Bürgerkrieges kontrollierten sie das industriell-gewerbliche Zentrum Rußlands mit seinem allerdings geschrumpften rüstungsindustriellen Potential und mit bis zu 70% der Bevölkerung des Landes. Der Rote Terror blieb im Unterschied zum weißen Terror immer politisch. Die eigene, der bolschewistischen Sache keineswegs immer ergebene Anhängerschaft wurde erzogen und indoktriniert. Die Rote Armee war zugleich eine sowjetische Schule der Völker Rußlands. Die oft nur rudimentär gebildeten oder gar analphabetischen Soldaten erhielten Unterricht nicht nur in Lesen, Rechnen und Schreiben, sondern auch in «politgramota», d. h. sie wurden «politisch alphabetisiert». Der Terror schüchterte ein, er war aber auch von einer im wahrsten Sinne des Wortes überwältigenden Propaganda begleitet.

Wenn die Konterrevolution von Generälen, so wurde die Revolution von Politikern betrieben. Dies bedeutete, daß bei allem politischen Furor, welcher die Bolschewiki und ihren Anhang beseelte, diese dennoch die praktischen Probleme nicht aus den Augen verloren. Trotz des Getöses um die Diktatur des Proletariats war das Regime auf das Fachwissen von Angestellten, Fachleuten aller Art und Angehörigen der gehobenen Intelligenzberufe angewiesen. Nach strengen Klassenkriterien gehörten sie eher zu den Gegnern. Das wichtigste Instrument, das die Kooperation dieser Gruppen erzwang, war die Not und der Übergang zu der später sog. proletarischen Naturalwirtschaft, d. h. zu einer administrativ gesteuerten Distributionswirtschaft. Da das Geld entwertet und der Markt zusammengebrochen war, sollten alle Güter über Versorgungskommunen verteilt werden. Die städtische Bevölkerung wurde nach ihrem Wert für das Regime und die Wirtschaft sortiert und erhielt nach diesen Kriterien Lebensmittel- und Warenzuteilungen. Wenn dieses System auch mehr schlecht als recht funktionierte, so sicherte es doch ein Minimum. Alle Gruppen in den Städten waren auf die staatliche Versorgung angewiesen neben einem Schwarzmarkt, auf dem vermutlich ebenso viele Waren umgesetzt wurden wie im staatlichen Verteilungsnetz. Angestellte und Angehörige der Intelligenz drängten daher in die sich aufblähenden Behörden, weil nur dort der Zugang zu den rationierten Waren gesichert war. Dieser Zwang hat sicherlich mehr als die offene Androhung von Gewalt zur Kooperation mit den neuen Machthabern veranlaßt. An Gewalt, vor allem durch Geiselnahme von Familienangehörigen, fehlte es freilich auch nicht. In der Roten Armee dürften mehr Offiziere und vor allem Generalstäbler gedient haben als in den weißen Streitkräften. Die neuen Volkskommissariate übernahmen alte Fachverwaltungen, in der Provinz alte Stadtbehörden und die Kooperativen auf dem Lande. Sie wurden zwar von politischen Gegnern gesäubert, aber die Behörden als solche arbeiteten oft unter neuen Etiketten weiter. Den Experten in Verwaltungen boten sich sogar Aufstiegschancen. Die Bolschewiki kooperierten auf diese Weise Fachwissen in allen Zweigen von Verwaltung, in der Wirtschaft, Technik und im Militär. Den seither sog. bürgerlichen Spezialisten stellten sie dort, wo es notwendig schien und möglich war, rote Aufpasser zur Seite. Das klassische Beispiel hierfür waren die Politischen Kommissare in der Roten Armee, welche die Offiziere zu kontrollieren hatten. In den Betrieben wurden den Ingenieuren und Managern rote Direktoren an die Seite gestellt, um das privilegierte bürgerliche Personal zu kontrollieren, aber auch vor dem egalitären Furor in der Arbeiterschaft zu schützen.

Am Ende des Bürgerkrieges waren auf der einen Seite vollkommen neue Institutionen entstanden. Sie hatten aber oft genug ältere Verwaltungszweige und ihr Personal übernommen. Auf der anderen Seite bemühte man sich nicht ohne Erfolg, in politisch wichtige Ämter Parteiangehörige, oft Aufsteiger aus den Reihen der Arbeiter oder der Soldaten zu rekrutieren. In den politischen Eliten freilich hatte ein vollständiger Wechsel stattgefunden, zumal in politisch so wichtigen Einrichtungen wie der Tscheka, den Militärrevolutionären Komitees und in den Chefetagen der Volkskommissariate. Die Partei war bis 1920 auf über 600 000 Mitglieder angewachsen. Von diesen waren über die Hälfte in den Einrichtungen der Partei, der außerordentlichen Organe, der Sowjets und in der Roten Armee tätig. Die Partei war mithin zu einer Funktionärspartei, zu einer Vertreterin der Apparate geworden. Seit 1922 sollten ihre hauptamtlichen Kader systematisch rekrutiert, kontrolliert und auf Ämter in Staat, Partei, Wirtschaft und selbst auf Wahlämter verteilt werden. Die Kontrolle hierüber hatten Stalin und sein enger Kreis von Mitarbeitern. Dies war die Geburt der nomadisierenden Nomenklaturkader, die seither das politische und administrative Profil Sowjetrußlands prägten.

Der Sieg der Bolschewiki verdankte sich mithin ihrer durchaus problematischen Art, die Revolution durch eine beispiellose Organisationsmacht zu konsolidieren und zu institutionalisieren. Das Merkmal dieser Macht war eine fast schon gewollte Regellosigkeit mit einer geringen Kompetenz und Effizienz, politisch aber schlagkräftig. Vor dem Hintergrund einer atomisierten, vielfach eher feindseligen Bevölkerung wurde das in der Partei aktive Personal durch ein politisches Charisma gefesselt, verkörpert zunächst in der Person Lenins, dann in der Stalins. Die Partei war zu einer Armee im Feindesland geworden. Sie hatte einen Menschentyp «von besonderem Schlage» hervorgebracht, wie Stalin dieses Verhältnis bei der Totenfeier für Lenin umschrieb. Sie war wie eine Festung, die ihre Truppen durch das Verbot der Fraktionsbildung auf dem X. Parteitag (1921) disziplinierte und damit jede unzulässige Solidarisierung mit Interessen der Bevölkerung, insbesondere mit denen der Bauern unterband. Die Partei war am Ende des Bürgerkrieges zu einer «Avantgarde einer nicht mehr existierenden Klasse» geworden, wie ein Kritiker formulierte, aber, so ist hinzuzufügen, zu einer Avantgarde, die es langfristig verstand, neue Stützpunkte zu schaffen, von denen aus mit Rückgriff auf Techniken des Bürgerkrieges der Aufbau des «Sozialismus in einem Lande» in Angriff genommen wurde. Die im Bürgerkrieg entwickelte Festungspraxis sollte die Politik der Bolschewiki nachhaltig prägen.

Dennoch verschmolzen mit der politischen Herrschaftskultur der Bolschewiki, deren erste Generation die «Rückständigkeit» Rußlands, sein «Asiatentum»(asiatschtschina) als so lästig empfand, auch viele Elemente einer revolutionär gewendeten Volkskultur, die in proletarisch-sozialistischer Kostümierung manchmal als fortschrittlich ausgegeben wurden: die Informalität politischer Prozesse, Patronage- und Klientelsysteme, welche die Apparate überwucherten, der Egalitätsfuror und damit verbundene Vorstellungen einer gerechten Ökonomie, aber auch die in Rußland besonders scharf akzentuierte Dichotomie von unten und oben, die durch das bolschewistische Projekt perpetuiert wurde. Allerdings kaschierte die bolschewistische Rhetorik mit einer bemerkenswerten Wirkungsmacht diese Kluft, wie etwa die Volkstrauer um Lenin demonstrieren sollte. Selbst Priester ließen für Lenin beten, nachdem zuvor die Kirchen ausgeraubt worden waren. Dabei ist nicht mehr auszumachen, wieviel authentische Gefühlslagen, wieviel Simulation, wieviel affektive Bindung von Geiseln an Geiselnehmer in diesen Einstellungen enthalten sind. Die Bolschewiki jedenfalls sahen sich, was ihnen von außen in wohlgemeintem Sinne nachgesagt wurde, als Bezwinger des Volkes und seiner rebellischen Tradition. Obwohl sie in vieler Hinsicht dessen vormoderne Prinzipien in Ökonomie und Politik teilten, trieb sie zugleich ein Sendungsbewußtsein an, das sie gegenüber der eigenen Bevölkerung – den dunklen, rückständigen Massen in der bolschewistischen Sprache – mal wie wohlwollende, mal wie gnadenlose Kolonisatoren agieren ließ.

Der europäische Kontext und der universelle Appell des Bolschewismus

Die russische Revolution und ihre Folgen perpetuierten ein dauerhaftes Dilemma, das sich als Kampf mit dem eigenen Erbe und – zugespitzt – als Selbstkolonisierung beschreiben läßt. Wenn sich seit Peter I. die russischen Eliten und im 19. Jahrhundert die Intelligenz als Kulturträger zur Europäisierung Rußlands und seiner Völker begriffen hatten, so läßt sich im bolschewistischen Projekt eine ähnliche Funktion erkennen, jetzt mit den Herrschaftstechniken und der fortschrittlichsten Ideologie des 20. Jahrhunderts.

Umso mehr überrascht der universelle Appell, der von der Oktoberrevolution und ihren Folgen nicht nur nach Osten, sondern auch nach Westen ausging. Seine Wirkungsmacht dürfte darin zu sehen sein, daß der russische Marxismus aus der Tradition der Zweiten Internationale hervorgegangen war, also einen Teil der europäischen sozialistischen Tradition bildete, und durch seine Adaption in Rußland seine ausschließlich west- und mitteleuropäisch geprägten Konnotationen verlor. Dostojewskis Diktum von der Universalität russischer Kultur sollte eine überraschende Wendung erhalten, denn der russische Denker und Schriftsteller hatte eine ganz andere Kultur im Sinn gehabt.

Im Herbst 1918 schrieb Rosa Luxemburg: «Die Bolschewiki sind die historischen Erben der englischen Gleichmacher und der französischen Jakobiner. Aber die konkrete Aufgabe, die ihnen nach der Machtergreifung zugefallen ist, ist unvergleichlich schwieriger als diejenige ihrer historischen Vorgänger». Dann folgte ihre teils doktrinäre, teils libertäre Kritik an den Bolschewiki, hier insbesondere an den Manipulationen des Wahlrechts für die Sowjets, das die Stadt- gegenüber den Landbewohnern bevorzugte, und an der Auflösung der Konstituierenden Versammlung im Januar 1918. Die größte Gefahr für die Revolution sah sie im Mangel an Freiheit, im Terror und in der «Verlumpung» der Revolution. Rosa Luxemburg wie viele andere Sozialisten und die intellektuellen Bolschewiki waren sich einig, die russische Revolution im Kontext der europäischen Revolutionstradition zu sehen. In Lenins programmatischer Schrift «Staat und Revolution» ist die Pariser Commune in der Deutung von Karl Marx der wichtigste Bezugspunkt, aus deren Scheitern Lenin seine Folgerungen zog. Er radikalisierte den Kampf gegen den bürgerlichen Staat und seine Institutionen, die zu zerschlagen und nicht zu übernehmen seien. Die Pariser Commune bildete bis Anfang 1918 den Wegweiser für den Aufbau einer neuen Gesellschaft: Volksbewaffnung in Gestalt der Roten Garden, Sowjetdemokratie, Arbeiterkontrolle in den Betrieben, Nationalisierung der Banken zählten zu den wichtigsten Maximen. Freilich sind diese von den realen Vorgängen und Situationen im Winter 1917/18 zu unterscheiden, als die Wirtschaft endgültig zusammenbrach und in den Städten bereits gehungert wurde.

Wie stark dennoch die französische Revolution die Bilder- und Vorstellungswelt der Bolschewiki beherrschte, zeigte sich in der Adaption der französischen Revolutionskultur. Man übersetzte nicht nur die Literatur zu den französischen Revolutionsfeiern, man inszenierte auch bald den «Sturm auf das Winterpalais» als Parallele zum Sturm auf die Bastille. An die Stelle des Kults der Vernunft trat der Kult der befreiten Arbeit. Und als Trotzki von den Schalthebeln der Macht verdrängt wurde, sollte er den Aufstieg Stalins und seines «Sekretärbürokratismus» in der Partei als thermidorianische Wende definieren. Umgekehrt sollten sich bald ganze Historikerschulen in Frankreich und der Sowjetunion daran machen, die Geschichte der französischen im Lichte der russischen Revolution neu zu schreiben, um jene Ansätze herauszufiltern, in denen die «bürgerliche» französische Revolution bereits über sich selbst hinauswies auf jene Zukunft, die sich in der bolschewistischen Revolution erfüllen sollte. Diese teleologischen Deutungen waren so sehr Teil des Selbstverständnisses der intellektuellen Revolutionäre, daß man versucht ist, diese Bilder von den historischen Vorgängen zu trennen. Aber sie lieferten jenen Rahmen, innerhalb dessen die Bolschewiki ihre Handlungen verstanden. Symbolisch festgehalten ist dies in der russischen Marseillaise, die 1917 beliebter und populärer war als die Internationale. In der offiziellen Revolutionsfeier von 1920 wurde allerdings beim Nachspiel des Sturms auf das Winterpalais die Marseillaise von der Internationale übertönt. Das bürgerliche Revolutionserbe galt damit symbolisch als überwunden, und das betraf auch das libertäre Erbe der europäischen Revolutionstradition.

Den sicher wichtigeren europäischen Kontext bildete die Zweite Internationale. Die unendlichen Auseinandersetzungen innerhalb der russischen Sozialdemokratie und dieser mit den Sozialrevolutionären fanden in ihrem Rahmen statt. Zwar wurde sie von den mittel- und westeuropäischen sozialistischen Parteien dominiert. Die russischen Emigranten bildeten hier ein oft lästiges, militantes Anhängsel. Über intellektuelle Gruppen vor allem polnischer Sozialisten gab es aber Einwirkungen selbst auf die deutsche Sozialdemokratie. Sie irritierten wohl eher, als daß sie beflügelten, wie die sog. Massenstreik-Debatte auch unter dem Einfluß der russischen Revolution von 1905/6 zeigte. Die Rezeption des Marxismus in seinen verschiedenen Varianten seit den siebziger Jahren des 19. Jahrhunderts – Marx' «Kapital» wurde bereits 1872 ins Russische übersetzt – läßt sich als eine Art geistigen West-Ost-Transfers beschreiben, dessen Codes den Blick auf die russische Wirklichkeit maßgeblich prägten. Hierher gehört der Streit, ob und in welchem Maße Rußland als kapitalistisches Land anzusprechen sei, ob Klassenkriterien zur Beschreibung der Welt des russischen Dorfes angemessen seien und zuletzt um den Grad der «Reife» des russischen Bürgertums und des russischen Proletariats für eine bürgerliche bzw. eine proletarische Revolution. Die Debatten hierüber verzettelten sich in marxistischer Scholastik, aber der Klassenbegriff wurde zu einem Leitbegriff und Kampfinstrument für die Bolschewiki. Jenseits seiner soziologisch-deskriptiven Bedeutung lud er sich mit einer politisch-moralischen Qualität auf, nach der die Menschen sortiert wurden und, was wichtiger ist, sich oft genug selber sortierten. Zuerst zeigte sich diese Wirkung in der aktivistischen Arbeiterschaft. Ihre Kommunikation und ihre Handlungen definierten sich in soziokulturellen Gegensätzen zur Bourgeoisie, zur Zensusgesellschaft, zur Plutokratie, aber auch zu den Angestellten und den «dunklen Massen» unter den un- und angelernten Zuwanderern vom Lande wie zu den Bauern. Handarbeit und Werktätigkeit bildeten ein erweitertes Klassenmerkmal, in dem man sich in Stadt und Land gegen die Oberschichten und Außenseiter definierte.

Diese «Russifizierung» und Plebejisierung marxistischer Semantik bewies dann ihre bemerkenswerte Ausstrahlungskraft nach Osten und Westen, wie der Erfolg der III. (Kommunistischen) Internationale in der

Zwischenkriegszeit und des Kommunismus nach dem Zweiten Weltkrieg erweisen sollten. Während der Kommunismus über die Kulturen hinweg eine weltweite Ausstrahlungkraft entfaltete, blieb der Sozialismus in der Tradition der II. Internationale im wesentlichen auf West- und Mitteleuropa beschränkt. Offenbar erkannten sich in der marxistisch-leninistischen und später in der stalinistischen Deutung von Realität Intellektuelle, Arbeiter und Bauern in China und Indien ebenso wieder wie Hafenarbeiter in Hamburg, Landarbeiter in Italien, Intellektuelle und Arbeiter in Frankreich. Dieser universalistische Appell der bolschewistischen Klassenkampf-Rhetorik bleibt erklärungsbedürftig. Er konnte offensichtlich ganz unterschiedliche Bedürfnisse abdecken und Funktionen erfüllen. Klassenkampf-Rhetorik beinhaltete je nach dem kulturellen Umfeld eine manchmal verdeckte, manchmal offene Militanz, der die Gefahr einer Totalisierung von Interessengegensätzen innewohnte. Dabei konnte Klassenkampf als Medium von Selbstverständigung und Identitätsbildung, als organisierendes Medium zur Verteidigung sozialer und sogar nationaler Interessen ebenso wie als manipulative Technik zum Erhalt und zur Legitimation von Macht funktionieren, und nicht zuletzt, wie das russisch-sowjetische und andere Beispiele zeigen sollten, auch als Medium des Massenmordes. Aus dieser Vielfalt möglicher Nutzung des rhetorischen und intellektuellen Repertoires bolschewistisch-kommunistischer Weltdeutung und Weichenstellung, aus der Spannweite zwischen Emanzipationsversprechen und massenmörderischer Praxis ergibt sich die Ambivalenz des bolschewistischen Erbes. Es enthielt ein antimodernes Programm einer immer gewalttätigen Homogenisierung von Gesellschaft, das dort, wo Kommunisten an die Macht kamen, in Massenmord münden konnte; es transportierte das Versprechen einer Befreiung aus Traditionen und beförderte doch nur einen Industrialismus, der Rückständigkeit auf ein neues Niveau hob, aber nicht überwand; es mobilisierte aber auch zum Widerstand gegen Kolonialismus, Imperialismus und Faschismus in seinen vielen Varianten vom spanischen Bürgerkrieg bis zum Widerstand im Zweiten Weltkrieg und konnte auf diese Weise das Emanzipationsversprechen immer wieder erneuern.

Die Revolution von 1918/19 in Deutschland

von Klaus Schönhoven

Chronik

1918	
29. 9. 1918	Oberste Heeresleitung verlangt sofortigen Waffenstillstand
3./4. 10. 1918	Bildung der Regierung Max von Baden
28. 10. 1918	Parlamentarisierung der Reichsverfassung von 1871
3./4. 11. 1918	Matrosenmeuterei in Kiel
7./8. 11. 1918	Proklamation des Freistaates Bayern durch Kurt Eisner
9. 11. 1918	Abdankung Wilhelms II.; Ausrufung der Republik in Berlin
10. 11. 1918	Bildung des «Rats der Volksbeauftragten» durch SPD und USPD
11. 11. 1918	Unterzeichnung des Waffenstillstandes in Compiègne
16.–20. 12. 1918	Reichsrätekongreß in Berlin
28./29. 12. 1918	Austritt der USPD aus dem «Rat der Volksbeauftragten»
31. 12. 1918	Gründung der KPD
1919	
5.–11. 1. 1919	«Spartakusaufstand» in Berlin
15. 1. 1919	Ermordung von Karl Liebknecht und Rosa Luxemburg
19. 1. 1919	Wahl der Verfassunggebenden Nationalversammlung
6. 2. 1919	Zusammentritt der Nationalversammlung in Weimar
11. 2. 1919	Wahl von Friedrich Ebert zum Reichspräsidenten
13. 2. 1919	Bildung der Regierung der «Weimarer Koalition» (SPD, DDP, Zentrum)
21. 2. 1919	Ermordung von Ministerpräsident Kurt Eisner in München

Februar–Mai 1919	Unruhen, Streiks und Aufstände in vielen Teilen des Reiches
7. 4.–2. 5. 1919	Räterepublik in München
7. 5. 1919	Übergabe der Friedensbedingungen an die deutsche Delegation
20. 6. 1919	Rücktritt des Kabinetts Scheidemann und Bildung des Kabinetts Bauer
28. 6. 1919	Unterzeichnung des Friedensvertrages in Versailles
11. 8. 1919	Verabschiedung der Weimarer Reichsverfassung

Am 9. November 1918 notierte Thomas Mann in seinem Tagebuch: «Alles in allem habe ich ziemlich kaltes und nicht weiter unwilliges Blut. Revolutionen kommen erst, wenn sie gar keinen Widerstand mehr finden (auch bei dieser war es so), und eben dies Fehlen beweist, daß sie natürlich und berechtigt sind. Die alten Machthaber sind im Grunde froh, ihre Macht, die keine mehr war, los zu sein, und es ist zuzugeben, daß ihre Autorität der Lage, wie sie ist und demnächst sein wird, nicht gewachsen gewesen wäre. Überhaupt sehe ich den Ereignissen mit ziemlicher Heiterkeit und einer gewissen Sympathie zu. Die Bereinigung und Erfrischung der politischen Atmosphäre ist schließlich gut und wohltätig.»

Diese Gelassenheit teilten nur wenige Zeitgenossen mit dem in München lebenden Dichter. In den überlieferten polizeilichen Stimmungsberichten und persönlichen Äußerungen, in Zeitungskommentaren, Aufrufen und Reden findet sich sonst in den Tagen des revolutionären Staatsumsturzes ein anderer Ton. Während die einen den Zusammenbruch des wilhelminischen Obrigkeitsstaates und den revolutionären Machtwechsel in Deutschland als die Geburtsstunde einer neuen Zeit feierten, deuteten andere die Kriegsniederlage des Kaiserreiches und die Begründung einer Republik als eine nationale Katastrophe. Diese dissonanten Einschätzungen zwischen begeisterter Zustimmung und leidenschaftlicher Ablehnung, zwischen Aufbruchshoffnungen und Untergangsängsten klingen auch noch in den Urteilen der Historiker nach. Alle Versuche, den Charakter der Revolution von 1918/19 zu beschreiben und ihren Platz in der deutschen Geschichte des 20. Jahrhunderts zu bestimmen, gehen von Sichtweisen aus, in denen entweder die Betroffenheit der Zeitgenossen noch den Blickwinkel prägt oder in denen die Gründungsphase der Weimarer Demokratie vor dem Hintergrund des katastrophalen Scheiterns der ersten deutschen Republik kritisch beleuchtet wird.

In den wissenschaftlichen Revolutionsdeutungen dominierte zunächst ein Interpretationsmuster, das die Ereignisse zwischen Herbst 1918 und Sommer 1919 als einen erfolgreichen Abwehrkampf der Sozialdemokratie und der mit ihr verbündeten Parteien des politischen Katholizismus und des Linksliberalismus gegen den auch Deutschland bedrohenden Bolschewismus charakterisierte. Dieses schon in der Weimarer Republik geformte liberal-demokratische Geschichtsbild, dem dann die Nationalsozialisten ihre ressentimentgeladene Aburteilung der «Novemberverbrecher» entgegensetzten, fand in der frühen Bundesrepublik breite Zustimmung. Denn in der Ära des Kalten Krieges stand erneut der Zusammenhang zwischen der Sicherung der parlamentarischen Demokratie und dem Kampf gegen den Kommunismus stark im Vordergrund. Im vom Ost-West-Konflikt geprägten Zeitklima besaß daher die von dem einflußreichen Kieler Historiker Karl Dietrich Erdmann vertretene Deutung, 1918/19 habe man in Deutschland nur zwischen der Alternative bolschewistische Rätediktatur oder parlamentarische Republik wählen können, eine große Plausibilität.

Seit den sechziger Jahren bildete sich dann parallel zur internationalen Entspannungspolitik und zum Liberalisierungsprozeß in der Bundesrepublik eine neue «herrschende Lehre» heraus, die den Revolutionsverlauf und die Entscheidungsspielräume der Revolutionsregierung erstmals quellenkritisch überprüfte. Sie kam zu dem Ergebnis, daß man in Deutschland 1918/19 nicht mit der Gefahr einer linksradikalen Machtergreifung konfrontiert gewesen war, sondern vielmehr die Chance verpaßt hatte, die Fundamente des Obrigkeitsstaates abzubauen und eine stabile Demokratie zu begründen. Kritik wurde nun an der Konzeptionslosigkeit und der mangelnden Tatkraft der sozialdemokratischen Revolutionsregierung geübt, die zu schnell und zu bereitwillig Kompromisse mit dem Bürgertum geschlossen habe. Zugleich untersuchte man jetzt die personellen Strukturen und politischen Strategien der Arbeiter- und Soldatenräte und kam zu dem Befund, daß sie als reformorientierte Basisbewegung in der Anfangsphase der Revolution fest im sozialdemokratischen Milieu verankert gewesen waren und mit den russischen Sowjets allenfalls den Namen gemeinsam hatten.

Seit den achtziger Jahren, in denen die sozialliberale Reformeuphorie endgültig verflogen war, urteilt die historische Forschung über die Handlungsspielräume der politischen Entscheidungsträger während der Umbruchphase von 1918/19 wieder skeptischer. Auf große Resonanz ist die Frage gestoßen, ob Revolutionen in hochkomplexen Industriegesellschaften nicht durch einen «Anti-Chaos-Reflex» (Richard Löwenthal) von vornherein kanalisiert und begrenzt werden. Ferner wurde angezweifelt, daß das in den Räten konzentrierte direktdemokratische Potential das republikanische Regierungssystem stärker gefestigt hätte als die parlamentarische Koalition, auf die SPD, Zentrum und DDP sich in der Weimarer Nationalversammlung verständigten: In den Revolutionsmonaten habe es keine «verpaßte Chance» gegeben, vielmehr sei es darum gegangen, eine Katastrophe zu verhindern (Eckhard Jesse).

Die Ergebnisse des hier nur knapp skizzierten Forschungsprozesses wiesen also in allen seinen Phasen immer Verbindungen zu Problemlagen der jeweiligen Gegenwart auf und waren nie unbeeinflußt von den politischen Grundüberzeugungen der Historiker. Namentlich bei der Interpretation von revolutionären Umbruchssituationen bestand und besteht ein Wechselverhältnis zwischen Fragestellungen und Bewertungen, wobei im Falle der Ereignisse von 1918/19 ein einhelliges Urteil schon deshalb schwer fällt, weil es sich hierbei nicht um einen jener bahnbrechenden Wendepunkte in der deutschen Geschichte handelte, dessen Weichenstellung nicht mehr rückgängig gemacht werden konnte: Die Geschichte der Weimarer Republik und damit auch die Geschichte ihrer Gründung bleibt überschattet von ihrem Untergang. Schon deshalb wird auch die zukünftige Revolutionsforschung immer wieder die Kontinuitätslinien zwischen dem Anfang und dem Ende dieser ersten deutschen Demokratie ins Blickfeld rücken und danach fragen, in welchen Bereichen es in der revolutionären Übergangszeit zwischen kaiserlichem Obrigkeitsstaat und parlamentarischer Demokratie versäumt worden ist, die Weimarer Republik auf eine festere gesellschaftliche Grundlage zu stellen.

Periodisiert man den Zeitraum zwischen dem Zusammenbruch des Kaiserreichs und der Verabschiedung der Weimarer Reichsverfassung aus ereignisgeschichtlicher Sicht und unterteilt ihn in einzelne charakteristische Phasen, so ist zunächst zu betonen, daß der viel gebrauchte Begriff «Novemberrevolution» zu kurz greift. Denn der Prozeß der Umformung und Neuordnung der Staatsordnung dauerte rund zehn Monate. Er begann im Oktober 1918 und er endete im August 1919. Man kann diese Monate in drei unterschiedlich geprägte Abschnitte gliedern: In die Phase des vorrevolutionären Verfassungswandels, der von den Militäreliten der Hohenzollernmonarchie und von der Reichstagsmehrheit Anfang Oktober 1918 eingeleitet wurde, als die Kriegsniederlage nicht mehr abzuwenden war. Diesen Reformversuch haben aber bereits Ende Oktober 1918 der Kaiser und die Seekriegsleitung abgeblockt, weil sie sich den Waffenstillstandsbedingungen des amerikanischen Präsidenten Wilson nicht beugen und die Parlamentarisierung der Monarchie nicht zulassen wollten. Dann folgte überall im Reichsgebiet die Phase des Umsturzes, in der die am 9. November 1918 gebildete Revolutionsregierung relativ geschlossen agierte und bis Ende Dezember 1918 das Gesetz des Handelns in den Händen hielt. Die dritte Phase begann Anfang 1919 mit den Berliner Januarunruhen und endete mit der Unterzeichnung der Weimarer Reichsverfassung im August 1919. Sie war einerseits durch die Verfassungsarbeit in der Weimarer Nationalversammlung geprägt, andererseits aber auch durch lokale Aufstände und durch regionale Massenstreiks, in denen sich die wachsende Entfremdung zwischen der sozialdemokratischen Parteiführung und der Arbeiterschaft widerspiegelte. Diese drei Phasen stehen im Mittelpunkt der folgenden Ausführungen (I, II und III).

I.

Der Autoritätsverfall der wilhelminischen Monarchie hatte sich seit der Mitte des Krieges angebahnt, als unter den permanenten Belastungen an der Front und in der Heimat schon tiefe Risse in der nationalen «Volksgemeinschaft» entstanden. Hungerunruhen und erste große Streikbewegungen im «Steckrübenwinter» 1916/17, die Spaltung der Sozialdemokratie in Unabhängige Sozialdemokraten und Mehrheitssozialdemokraten im Frühjahr 1917 und schließlich die Massenstreiks der Rüstungsarbeiter im Januar 1918 signalisierten eine dramatische Zunahme der Klassenspannungen, die durch Durchhalteparolen und kompromißloses Festhalten am Konzept des «Siegfriedens» nicht mehr kanalisiert werden konnten. Nachdem die militärische Großoffensive des deutschen Westheeres im April 1918 in Nordfrankreich gescheitert war und die mit amerikanischen Verbänden verstärkten Alliierten im August ihrerseits zum Angriff übergingen, mußte sich auch die Oberste Heeresleitung unter Hindenburg und Ludendorff eingestehen, daß die Lage hoffnungslos und die feindliche Übermacht nicht mehr zu schlagen war. Ende September 1918 kam man im Hauptquartier in Spa zu dem Ergebnis, man müsse so rasch wie möglich ein Waffenstillstands- und Friedensangebot an den amerikanischen Präsidenten Wilson richten. Die Verantwortung hierfür sollte jedoch eine von den Mehrheitsparteien des Reichstags geführte Regierung übernehmen, weil die Militärbefehlshaber selbst vor der Öffentlichkeit die Niederlage nicht eingestehen wollten. Für die Reichstagsmehrheit, zu der sich die SPD, das katholische Zentrum und die Linksliberalen im Interfraktionellen Ausschuß zusammengeschlossen hatten, stand die Rettung des Landes im Vordergrund. Sie entschloß sich Anfang Oktober 1918 zur Übernahme der Regierung, ohne von den Militärs einen Offenbarungseid zu fordern. Die Parteien hofften, für Deutschland günstigere Friedensbedingungen als die Generäle aushandeln zu können. Die von ihnen unter der Führung des Prinzen Max von Baden gebildete parlamentarische Regierung wollte ferner die doppelte Gefahr einer Militärdiktatur und einer Revolution vermeiden und bürdete sich deshalb die Last für die Beendigung des Krieges auf.

Als aber in der Bevölkerung bekannt wurde, daß die Kriegsniederlage nicht mehr abzuwenden war, zerbrach die nationale Einheitsfront endgültig. Es entstand eine sozial und politisch heterogene Koalition des Protests, in der sich Kriegsmüdigkeit, Staatsverdrossenheit und Putschbereitschaft zu einem brisanten Gemisch vermengten. Wilsons Weigerung, mit den Repräsentanten der wilhelminischen Autokratie einen Waffenstillstand abzuschließen, wurde von dieser rasant wachsenden Protestbewegung auf die griffige Formel gebracht: «Man muß den Kaiser opfern, um das Land zu retten.» Die Forderungen nach der sofortigen Abdankung des Monarchen und nicht die Bemühungen der Reichstagsmehrheit um eine Parlamentarisierung der Monarchie mobilisierten die Massen, während die Reichsregierung noch hoffte, auf dem Weg der Verfassungsrefom der Revolution ausweichen zu können. Als Ende Oktober 1918 die vom Reichstag verabschiedeten Reformgesetze in Kraft traten, die das Kaiserreich von einer konstitutionellen in eine parlamentarische Monarchie umbildeten, war es bereits höchst ungewiß, ob dieser überstürzte Systemwandel eine Zukunft haben und von der Mehrheit der Bevölkerung mitgetragen würde.

Das Experiment der Oktoberreform scheiterte aber vor allem am Widerstand von Krone und Militärs, die nicht bereit waren, sich der zivilen Reichsleitung unterzuordnen. Die fluchtartige Abreise des Kaisers von Berlin ins Große Hauptquartier in Belgien, mit der sich Wilhelm II. der Mitverantwortung für die Kriegsniederlage entziehen wollte und zugleich in den Schutz seiner Gardetruppen begab, sowie der politisch in der Phase der Waffenstillstandsverhandlungen geradezu hochverräterische Befehl der Seekriegsleitung, die Hochseeflotte in den letzten Kriegstagen noch gegen England auslaufen zu lassen, waren gezielte Provokationen der parlamentarischen Mehrheit durch führende Repräsentanten der preußisch-deutschen Militärmonarchie. Der Kaiser und die Admiralität kappten damit die im Oktober mühsam geknüpften Bande zwischen dem alten Regime und dem Reichstag und verbauten alle Chancen für einen nichtrevolutionären Systemwandel.

Auch wenn man darüber spekulieren kann, wieviel Kalkül und wieviel Kopflosigkeit sich hinter diesem Staatsstreichversuch von oben verbargen, ist doch eines unumstritten: Beide Aktionen blockierten nicht nur die Oktoberreform und erschütterten die Glaubwürdigkeit ihrer parlamentarischen Verfechter, sie warfen auch den Zündfunken für die Revolution in das Pulverfaß der kriegsmüden deutschen Gesellschaft, wo sich innerhalb weniger Tage aus einer lokalen Meuterei der Kieler Matrosen ein reichsweiter Flächenbrand entwickelte.

Von der Dynamik, Spontaneität und Stoßkraft der revolutionären Massenbewegung wurden nicht nur die Fürsten und feudalen Führungskräfte des überkommenen Obrigkeitsstaates überrascht, sondern auch die Spitzengremien der Sozialdemokratie, der bürgerlichen Parteien und der

Gewerkschaften. Selbst die Wortführer des Arbeiterradikalismus in den Reihen des Spartakusbundes und in den Rüstungsbetrieben konnten mit dem Tempo der Entwicklung nicht Schritt halten. Ihre Aufstandspläne wurden von den Ereignissen überholt. Die Revolution begann, ohne den Anweisungen aus den Agitationszentralen der radikalen Linken zu folgen, und sie siegte, bevor sich die von Ebert geführte Mehrheitssozialdemokratie als Konkursverwalter des Kaiserreichs im Rahmen einer parlamentarischen Monarchie hatte bewähren können. In den ersten Novembertagen entstanden zunächst in den Küstenstädten Kiel, Hamburg, Bremen und Wilhelmshaven Arbeiter- und Soldatenräte; am 7. November stürzte Kurt Eisner in München die Wittelsbacher Monarchie und rief in Bayern einen Freistaat aus; am 8. November siegte die Umsturzbewegung in Köln, Düsseldorf, Braunschweig, Magdeburg, Leipzig und Frankfurt; am Morgen des 9. November erreichte die revolutionäre Welle die Reichshauptstadt und spülte die letzten Reste der Hohenzollernmonarchie hinweg. Der liberale Diplomat Harry Graf Kessler notierte in sein Tagebuch: «Umgekehrt wie in Frankreich revolutioniert die Provinz die Hauptstadt, die See das Land.»

II.

Als der letzte kaiserliche Reichskanzler Prinz Max von Baden in den Mittagsstunden des 9. November die Regierungsgewalt dem SPD-Vorsitzenden Friedrich Ebert übertrug, ohne den Rücktritt des Kaisers abzuwarten und ohne die Frage der Regentschaft regeln zu können, hatte die seit Ende Oktober eskalierende Staats- und Gesellschaftskrise ihren Siedepunkt erreicht. Auch der Vorsitzende der Sozialdemokratie, der eigentlich den demonstrativen Bruch mit der alten Ordnung hatte vermeiden wollen, mußte nun den Schritt über das von ihm bis dahin respektierte Verfassungssystem hinaus wagen und unter revolutionären Vorzeichen die Verantwortung für das Reich übernehmen. Die SPD-Führer stellten sich jetzt entschlossen an die Spitze der Massenbewegung, die sich nicht mehr eindämmen ließ, und übernahmen die politische Steuerung, indem sie die Revolution «adoptierten», wie ein Zeitgenosse den Vorgang treffend charakterisierte. Ganz im Gestus eines Volkstribuns rief der Sozialdemokrat Scheidemann am frühen Nachmittag des 9. November 1918 die Republik aus und besiegelte damit den endgültigen Abschied von der Monarchie.

Das nach hektischen Verhandlungen von einer Berliner Räteversammlung als Rat der Volksbeauftragten legitimierte Revolutionskabinett, dem je drei Mitglieder der SPD und der USPD angehörten, war ein Notbündnis, das beide Seiten mit unterschiedlichen Zielperspektiven abschlossen. Während die Linkssozialisten innerlich gespalten und ohne klares Konzept in die Regierung eintraten, hielt die Mehrheitssozialdemokratie an ihrer Devise fest, Chaos und Bürgerkrieg zu vermeiden und die Umsturzbewegung so schnell wie möglich in verfassungsgemäße Bahnen zu lenken. Diese auf Legalität und Kontinuität ausgerichtete Politik unterstützten auch die Führer der Linksliberalen und des katholischen Zentrums, die allerdings bis zur Wahl der Nationalversammlung im Januar 1919 in das zweite Glied zurücktreten mußten, sowie die Funktionseliten in Verwaltung, Wirtschaft und Militär, sofern sie sich den neuen Machthabern zur Verfügung stellten. Ihr Ansprechpartner war Ebert, dem im Revolutionskabinett schon bald die Rolle eines Primus inter pares zufiel. Er wollte nämlich die Koalitionszugeständnisse an die USPD durch ein Arrangement mit der Obersten Heeresleitung und durch die Einbindung der Staatssekretäre und Spitzenbeamten der alten Regierung in den neuen Regierungsapparat ausbalancieren. Seine Strategie zielte einerseits auf einen Zugewinn von militärischer und administrativer Kompetenz für die Bewältigung der vielfältigen Aufgaben nach Kriegsende, andererseits hatte er aber auch die Absicht, sofort ein Machtgleichgewicht zwischen der basisdemokratischen Rätebewegung und dem in Militär und Bürokratie gebündelten staatlichen Ordnungspotential herzustellen. Etatistisches Denken, Vertrauen auf die regierungsloyale Sachlichkeit der hohen Beamten und führenden Militärs sowie Mißtrauen gegen die schwer zu zügelnden emanzipatorischen Energien der revoltierenden Massen waren die Wurzeln dieses Handelns.

Allerdings muß man Eberts Strategie, der sich die Führungsspitze der Sozialdemokratie anschloß, auch vor dem Hintergrund des akuten Problemdrucks bewerten, der in der Übergangsperiode zwischen Krieg und Frieden auf der Revolutionsregierung in Berlin lastete: Das Westheer war gemäß den am 11. November 1918 unterzeichneten Waffenstillstandsbedingungen innerhalb von drei Wochen über die Reichsgrenzen zurückzuführen; acht Millionen Soldaten warteten in den Kasernen auf ihre schnelle Demobilisierung und ihre reibungslose Wiedereingliederung in das Arbeitsleben; die Lebensmittelversorgung der Bevölkerung mußte gesichert und verbessert werden, weil ihr nach den Hungerwintern von 1916/17 und 1917/18 eine dritte Entbehrungsperiode physisch und psychisch nicht mehr zuzumuten war; die seit Kriegsbeginn immer weiter ausgewucherte Rüstungsindustrie mußte auf Friedensproduktion umgestellt werden; der Zusammenhalt des geschlagenen Reiches war gegen separatistische Strömungen zu bewahren.

Diese komplizierten und vielfältigen Tagesaufgaben ließen sich ohne das Expertenwissen und ohne die technisch-administrative Mithilfe der

Fachleute in Militär, Verwaltung und Wirtschaft nicht lösen. Allerdings bleibt auch im Rückblick die Frage strittig, ob die sozialdemokratische Führung immer gut beraten war, als sie auf ihrer politischen Prioritätenliste der Funktionsfähigkeit der ökonomischen und militärischen Infrastruktur den absoluten Vorrang vor strukturellen Reformen gab und ihr Hauptaugenmerk auf die Bewältigung der materiellen und sozialen Folgeprobleme des Krieges konzentrierte. Mit der Verzögerung aller weiterreichenden Schritte und der Dämpfung der Emanzipationshoffnungen in der Arbeiterschaft schmälerte die SPD-Spitze von vornherein die Chancen für eine demokratische Neuordnung und strapazierte die Parteitreue ihrer einfachen Mitglieder, ohne deren Loyalität und Engagement die Republik jedoch nicht gefestigt werden konnte. Langfristig mußte diese Politik der vorsichtigen Zurückhaltung den gegenrevolutionären Kräften, deren Machtpositionen im November 1918 erschüttert, nicht aber gebrochen worden waren, wieder Auftrieb geben. Zugleich konnte die permanente Enttäuschung des eigenen Anhangs dessen politische Radikalisierung befördern, auf die der in die Regierungsarbeit nicht eingebundene Spartakusbund unter der Führung von Karl Liebknecht und Rosa Luxemburg seine ganze Hoffnung setzte. Unter diesem Doppeldruck von rechts und links geriet die SPD mehr und mehr in die Gefahr, ihr Hauptziel – die dauerhafte Parlamentarisierung und Liberalisierung des deutschen Obrigkeitsstaates – zu verfehlen.

Die Geschichte der Revolution ist als «eine Geschichte ihrer fortschreitenden Zurücknahme» charakterisiert worden (Reinhard Rürup). Dieses Urteil trifft zu, wenn man den politischen, ökonomischen und sozialen Zielkatalog der Rätebewegung zum Bewertungsmaßstab macht. Orientiert man sich am reformerischen Konzept der Revolutionsregierung, so muß man allerdings anerkennen, daß ihre im November und Dezember 1918 mit Gesetzeskraft erlassenen Verordnungen eine Reihe von Meilensteinen setzten. Der Rat der Volksbeauftragten stellte die Weichen für die politische Emanzipation der Frauen, indem er ihnen das Wahlrecht gab; er beseitigte die Einschränkungen der Koalitionsfreiheit für Angestellte und Beamte und hob die noch aus der Feudalzeit stammenden Gesindeordnungen auf; er dekretierte die Einführung des achtstündigen Arbeitstages und legte den Grundstein für eine staatliche Arbeitslosenfürsorge; er übertrug dem Staat die Verantwortung für die Ordnung des Arbeitsmarktes und regelte gemeinsam mit Gewerkschaften und Unternehmern die tarifrechtliche Gestaltung der Arbeitsbeziehungen; schließlich schuf er paritätisch besetzte Schlichtungsausschüsse und ebnete den Weg für die Verabschiedung einer Betriebsverfassung, mit der die Kapitalmacht begrenzt und Möglichkeiten zur gewerkschaftlichen Mitbestimmung auf Unternehmensebene geschaffen werden sollten.

Dieses eindrucksvolle Reformwerk wurde im November und Dezember 1918 auch von den Arbeiter- und Soldatenräten mitgetragen, deren konstruktive Zusammenarbeit mit der Regierung durch die Scheinalternative «Nationalversammlung oder Rätediktatur» historiographisch vernebelt worden ist. Die überwältigende Mehrheit der im November 1918 in allen Winkeln des Reiches entstandenen Rätegremien bewegte sich nämlich politisch und programmatisch im Spektrum der alten Vorkriegssozialdemokratie und verstand sich nicht als Vorkämpfer für eine Diktatur des Proletariats und eine Bolschewisierung Deutschlands. Ihre Neuordnungsvorstellungen zielten auf eine Parlamentarisierung des Regierungssystems und eine Demokratisierung der überkommenen Herrschaftsstrukturen in Heer, Verwaltung und Großindustrie. Dies dokumentierte der Verlauf des in der zweiten Dezemberhälfte in Berlin tagenden Reichsrätekongresses eindrucksvoll, zu dem über 500 Delegierte aus ganz Deutschland anreisten. Der Kongreß entschied sich mit überwältigender Mehrheit für die Einberufung einer verfassunggebenden Nationalversammlung. Er votierte damit für eine repräsentative und pluralistische Demokratie als zukünftige Staatsform und gegen eine Räteverfassung, mit der die proletarischen Sozialschichten politisch privilegiert worden wären. Er faßte aber auch Beschlüsse, die eindeutig auf eine Beschleunigung des Reformprozesses durch die Revolutionsregierung abzielten und sich gegen die Strategie des Abwartens bis zur Wahl der Nationalversammlung aussprachen. So sollte die Demokratisierung der kaiserlichen Heeresverfassung sofort in Angriff genommen werden, und es sollte unverzüglich mit der Sozialisierung der Großindustrie begonnen werden. Diese Beschlüsse standen übrigens auf dem Boden der sozialdemokratischen Programmatik, die seit dem Erfurter Parteitag von 1891 die Vergesellschaftung der Schlüsselindustrien und den Aufbau eines Volksheeres gefordert hatte.

Doch die Realisierung dieser Erfurter Programmforderungen wurde nicht in die Tat umgesetzt, weil sich die Revolutionsregierung vor allem auf dem militärischen Sektor mehr und mehr in die Abhängigkeit von den kaiserlichen Machteliten hineinmanövriert hatte. Überdeutlich wurde dies bei den Berliner Weihnachtsunruhen, mit denen ein wochenlang schwelender Konflikt um die Besoldung von in der Reichshauptstadt stationierten Marinesoldaten in einer offenen Rebellion gipfelte. Als die Regierung gegen die Meuterer das preußische Kriegsministerium um militärische Hilfe bat und der Obersten Heeresleitung freie Hand zur Niederwerfung des Aufstands gab, besiegelte sie das Bündnis mit den alten Militäreliten des Kaiserreichs und begab sich in eine gefährliche Abhängigkeit. Diesen Weg wollten die drei Regierungsmitglieder aus den Reihen der USPD nicht mitgehen und schieden aus dem Rat der Volksbeauftragten aus, der damit zu einer sozialdemokratischen Rumpfregierung schrumpfte. Der politische Rückzug der USPD aus der gemeinsamen Verantwortung und die sozialdemokratische Flucht unter die Fittiche des kaiserlichen Generalstabs lösten eine fatale Wechselwirkung aus: Ein Teil der Räte- und Revolutionsbewegung radikalisierte sich nun und entfremdete sich immer mehr von der Sozialdemokratie, die ihrerseits ohne diesen basisdemokratischen Rückhalt das Gesetz des Handelns machtpolitisch an die Militäreliten verlor.

Die extreme Linke wollte die Gunst der Stunde zur zweiten Revolution nutzen, getreu dem russischen Vorbild, wo 1917 auf die demokratische Februarrevolution die bolschewistische Oktoberrevolution gefolgt war. Diese Sicht der Dinge propagierte Rosa Luxemburg Ende Dezember 1918 in der «Roten Fahne», der Zeitung des Spartakusbundes, als sie schrieb: «Revolutionen kennen keine Halbheiten, keine Kompromisse, kein Schleichen und Sichducken. Revolutionen brauchen offene Visiere, klare Prinzipien, entschlossene Herzen, ganze Männer.»

III.

Ab Januar 1919 kam es zu einer dramatischen Eskalation der Ereignisse, weil die äußerste Linke wenige Tage nach dem Gründungsparteitag der KPD die politische Entscheidung zu ihren Gunsten mit Gewalt erzwingen wollte. Der mit extremer Entschlossenheit und verantwortungsloser Leichtfertigkeit in Berlin von ihr entfesselte Januaraufstand ist als «Marneschlacht der Revolution» bezeichnet worden (Rudolf Hilferding). Denn die tagelangen Kämpfe in der Reichshauptstadt, in denen eine linksradikale Umsturzbewegung schließlich von Regierungstruppen niedergeworfen wurde, gipfelten in grauenhaften Exzessen und in der bestialischen Ermordung von Rosa Luxemburg und Karl Liebknecht am 15. Januar 1919. Damit waren zwischen den verfeindeten Flügeln der alten Sozialdemokratie blutige Gräben aufgerissen worden, die fortan nicht mehr überbrückt werden konnten. Der Sieg der Regierungstruppen war auch ein Sieg der Gegenrevolution, weil sich die sozialdemokratischen Führer in den Auseinandersetzungen mit den Aufständischen auch auf Freikorps gestützt hatten, deren brutales Vorgehen die radikale Arbeiterschaft vollends verbitterte. Auch in den Augen ihrer eigenen Anhänger hatte sich die Spitze der Sozialdemokratie in einer immer enger werdenden Koalition mit den Kräften der Konterrevolution selbst gefesselt. Deren Nahziel war die Niederwerfung der linksextremen Klassenkampfbewegung; ihr Fernziel hieß aber nicht Stabilisierung der Republik gemeinsam mit den Sozialdemokraten, sondern Restauration des Obrigkeitsstaates ohne und gegen die Arbeiterbewegung.

Seit der Zäsur des Januaraufstandes veränderte sich der Charakter der in ihrer ersten Phase fast unblutig verlaufenen Revolution. Nun prägte eine wachsende Bereitschaft zur Gewaltanwendung die politische Szenerie. Parallel dazu setzte in den Arbeiterparteien ein rasch fortschreitender Polarisierungsprozeß ein, in dem das Bündnis zwischen Mehrheitssozialdemokratie und Unabhängiger Sozialdemokratie endgültig zerbrach und der proletarische Bruderzwist zwischen Sozialisten und Kommunisten regional und lokal zu einem Bürgerkrieg eskalierte. Zwischen Januar und Mai 1919 kam es in vielen Teilen des Reiches zu großen Streikaktionen und zur Besetzung von Betrieben, Zeitungsverlagen und öffentlichen Gebäuden. Ihren Höhepunkt erreichten die Streikbewegungen, die während dieser Monate die Industriezentren am Niederrhein, in Mitteldeutschland und in Oberschlesien lahmlegten, im April 1919 im Ruhrgebiet, wo drei Viertel der Bergarbeiter nicht mehr zur Arbeit erschienen. Die wirtschaftlichen und sozialen Folgen dieser Massenstreiks waren gravierend, weil der Kohlenmangel viele Industriebetriebe zur Produktionseinstellung zwang. Dies führte zu einem Anstieg der Arbeitslosenzahlen und zu einer Verschärfung der Versorgungskrise, die jetzt schlimmer war als im Hungerwinter von 1917/18.

Dokumentierten die Unruhen in den Industrierevieren vor allem die Enttäuschung breiter Arbeiterschichten über das Scheitern der Revolution als wirtschaftliche Demokratisierungs- und Sozialisierungsbewegung, so belegten die in einigen Städten entstehenden kurzlebigen Räterepubliken – nur in Bremen und in München existierten diese diffus strukturierten Herrschaftsgebilde mehrere Wochen – den «Dilettantismus der deutschen Linksradikalen in allen Fragen der Machteroberung und Machtbehauptung» (Eberhard Kolb). Da die Reichsregierung dem kommunistischen Putschismus mit eiserner Faust entgegentrat und ihrerseits mit einer militärischen Gewaltpolitik reagierte, bei der jedes Nachdenken über die Verhältnismäßigkeit der Mittel ausgeklammmert blieb, entwikkelte sich die Niederwerfung der lokalen Räteherrschaft zu einem Rachefeldzug von Freikorps und Regierungstruppen. Dies zeigte sich besonders drastisch bei der Zerschlagung der Münchener Räterepublik Anfang Mai 1919, bei der wohl mehr als 1000 Menschen den Tod fanden und über 2000 Personen anschließend in Hochverratsprozessen abgeurteilt wurden. Die von Anarchisten und Linksradikalen angezettelte «zweite Revolution» hatte nicht nur – wie im Frankreich der 1790er Jahre – ihre eigenen Kinder gefressen, sondern zugleich den Führern der Gegenrevolution in den Sattel verholfen. Die revolutionäre Energie des Arbeiterradikalismus war wirkungslos verpufft oder blutig zerrieben worden; anstelle einer Diktatur des Proletariats formierte sich eine Militärclique, die nur darauf lauerte, ihren zweiten Schlag gegen die ungefestigte Demokratie führen zu können. Diese Stunde sah man dann im März 1920 gekommen, als der Kapp-Lüttwitz-Putsch die Republik an den Rand des Untergangs brachte.

Im Windschatten dieser innenpolitischen Wirren, aber auch unter der Last von außenpolitischen Grundsatzentscheidungen, die von der parallel in Versailles stattfindenden Friedenskonferenz ausgingen, tagte seit Februar 1919 in der ehemaligen Residenzstadt Weimar die Verfassunggebende Nationalversammlung. Die Wahlen zu dieser Konstituante hatten mit einem Sieg der SPD geendet, der aber einer Niederlage gleichkam, wenn man die hochgesteckten Erwartungen der Sozialdemokraten in Rechnung stellt: Die Partei erzielte mit 37,9 Prozent der Stimmen zwar das beste Ergebnis ihrer Geschichte, konnte jedoch ohne die Linksliberalen und das katholische Zentrum keine Regierungsmehrheit erreichen. Die daraufhin gebildete «Weimarer Koalition» dieser drei Parteien knüpfte an die Mehrheitsverhältnisse im letzten kaiserlichen Reichstag an und verkörperte damit ein Stück parlamentarischer Kontinuität in der Phase der revolutionären Unruhen. Nach Lage der Dinge mußte der nun beginnende Prozeß der Verfassungsgebung auf einen Kompromiß zwischen sozialdemokratischen, katholischen und liberalen Ordnungs- und Wertvorstellungen hinauslaufen, nicht aber auf eine Verankerung der sozialen Demokratie gemäß den Vorstellungen des Erfurter Programms der SPD: Die Sozialisierung der Schlüsselindustrien lag ebenso außerhalb der Grenzen des Erreichbaren wie die angestrebte Fundamentaldemokratisierung der überkommenen Strukturen des wilhelminischen Obrigkeitsstaates. Möglich war jedoch ein Klassenkompromiß zwischen der Sozialdemokratie und den reformbereiten Kräften im Bürgertum, der durchaus bahnbrechende Bedeutung für die Aussöhnung der Arbeiterbewegung mit der bürgerlichen Demokratie haben konnte.

Die Arbeit der Weimarer Verfassungsschöpfer ist weder von der Rechtswissenschaft noch von der Geschichtswissenschaft mit viel Beifall bedacht worden. Man hat ihr Werk als «Verfassung ohne Entscheidung» (Otto Kirchheimer) und als «Produkt einer gescheiterten Revolution» (Reinhard Rürup) bezeichnet; man kritisierte die Schaffung eines starken Reichspräsidenten als die Etablierung eines «Ersatzkaisers», der Friedrich Ebert als erster Reichspräsident dann aber nie sein wollte, und man beklagte, daß die Nationalversammlung unter dem «Alptraum» eines «Parlamentsabsolutismus» gelitten habe (Ernst Fraenkel). Im Kontrast zu diesen skeptischen und kritischen Urteilen stehen die Einschätzungen der zeitgenössischen Parlamentarier. Bei ihnen überwog quer durch die Regierungskoalition der Stolz über das Erreichte und das Gefühl, ein epochales Werk vollbracht zu haben. Diese Hochschätzung der eigenen Arbeit brachte der sozialdemokratische Innenminister Eduard David bei der abschließenden Lesung der Verfassung in der Nationalversammlung zum Ausdruck, als er betonte: «Nirgends in der Welt ist die Demokratie konsequenter durchgeführt als in dieser Verfassung.»

IV.

Als Reichspräsident Ebert am 11. August 1919 die neue Reichsverfassung mit seiner Unterschrift in Kraft setzte, bestand zwischen Verfassungsnorm und Verfassungsrealität eine tiefe Kluft. Die Weimarer Reichsverfassung legte das Fundament für einen demokratischen und sozialen Rechtsstaat, der sich am Modell der parlamentarischen Regierungsweise, wie sie in den USA oder in Frankreich bereits bestand, orientierte und zugleich an die in der Frankfurter Paulskirche 1848/49 formulierten Grundrechtsvorstellungen anknüpfte. Mit der Einführung des Frauenwahlrechtes war ein wichtiges Emanzipationsziel erreicht. Ferner hatten die Weimarer Staatsgründer auch ein humanistisches Verfassungsideal verwirklicht, indem sie alle Vorrechte oder Nachteile der Geburt oder des Standes aufhoben und allen Staatsbürgern die gleiche persönliche Freiheit in der Religionsausübung, in Bildung, Wissenschaft und Kunst garantierten. In der Realität bot das Weimarer Verfassungswerk aber Anknüpfungspunkte in zwei unterschiedliche Richtungen: Es eröffnete Chancen für den Ausbau einer stabilen sozialen Demokratie, schuf aber auch ausnahmerechtliche Möglichkeiten für eine schrittweise Aushöhlung der republikanischen Substanz der neuen Ordnung. Im Sommer 1919 ließ sich noch keineswegs klar vorhersagen, welche Entwicklungstendenz sich schließlich in der politischen Wirklichkeit durchsetzen würde. Zum Scheitern der Republik als parlamentarische Demokratie kam es erst unter dem wirtschaftlichen Krisendruck in den späten zwanziger und frühen dreißiger Jahren. Die pluralistische Offenheit des Verfassungswerkes konnte emanzipatorisch erweitert oder diktatorisch eingeengt werden.

Warum der parlamentarische Brückenschlag zwischen Arbeiterbewegung und Bürgertum in Deutschland mißlang und warum der ordnungspolitische Gründungskompromiß, den die Sozialdemokratie in der Stunde ihres revolutionären Sieges mit den Kräften des Kaiserreiches suchte, keinen Bestand hatte, wird weiterhin von der historischen Forschung mit unterschiedlicher Akzentuierung diskutiert werden. Konsens besteht bislang allenfalls über zwei Befunde: Im November 1918 kam die Revolutionsregierung, als sie sich die Folgelasten des verlorenen Krieges aufbürdete, an einer begrenzten Zusammenarbeit mit den Funktionseliten des alten Regimes nicht vorbei, wenn sie die Waffenstillstandsbedingungen erfüllen und kein wirtschaftliches und soziales Chaos in Deutschland verursachen wollte. Doch das Ausmaß dieser Zusammenarbeit mit den kaiserlichen Militärs und den bürokratischen Repräsentanten des wilhelminischen Obrigkeitsstaates war erheblich größer, als es die Situation erforderte. Die Sozialdemokraten «hätten bei stärkerem politischen Gestaltungswillen mehr verändern und weniger bewahren müssen» (Heinrich August Winkler).

Der weitgehende Verzicht auf Strukturreformen im Militärapparat, im höheren Beamtentum und in der Justiz, die Vertagung einer Bodenreform, die den ostelbischen Großgrundbesitz in den Gutsbezirken auch politisch in die Schranken verwies, und das Hinauszögern von Eingriffen in die Betriebsverfassung, um die «Herr-im-Haus-Mentalität» der Schwerindustrie dauerhaft zu schwächen, sollten sich in der Folgezeit als verhängnisvolle Versäumnisse erweisen. Denn die in diesen gesellschaftlichen Gruppen sozial verankerten Gegner der Republik waren in der revolutionären Übergangszeit nur kurzfristig neutralisiert worden. Sie sammelten sich bereits im Laufe des Jahres 1919 wieder zum gemeinsamen politischen Kampf gegen die soeben entstandene Weimarer Demokratie. Möglichkeiten zu dieser erstaunlich erfolgreichen und schnellen Restauration überkommener Machtstrukturen eröffneten sich ihnen auch, weil die Sozialdemokratie bei ihrem Abwehrkampf gegen linksradikale Aufstandsversuche in das Dilemma geraten war, die Gründung einer parlamentarischen Republik mit den Machtinstrumenten der Monarchie sichern zu müssen.

Auch wenn die SPD dabei die von links drohenden Gefahren überschätzte und sich zu vertrauensselig mit den Funktionseliten des Kaiserreichs verbündete, wirkte die putschistische Politik der Kommunisten doch wie ein Katalysator. Sie trieb die sozialdemokratische Führung in eine gegenrevolutionäre Ordnungskoalition, ohne daß das eigene Ziel der KPD – die deutsche Oktoberrevolution – jemals zu erreichen war. Diese leichtfertige Fehleinschätzung der bestehenden Machtverhältnisse und der eigenen Machtmöglichkeiten wurzelte im deterministischen Weltbild des Marxismus, für den eine bürgerliche Revolution eine halbe Sache war, die nur durch eine bolschewistische Revolution vollendet werden konnte. Ihre Orientierung am Sowjetmodell Lenins verstellte den Kommunisten den Blick für die Realitäten in Deutschland. Eine Diktatur des Proletariats nach russischem Vorbild war in einem hochindustrialisierten Land, das bereits im Bismarckreich seine Parlamentarisierung mit dem allgemeinen Männerwahlrecht eingeleitet und eine pluralistische Gesellschaft ausgeformt hatte, ein partizipatorischer Rückfall. Die Erblasten des wilhelminischen Obrigkeitsstaates, die ebenfalls nicht zu übersehen sind, konnten mit einer bolschewistischen Revolution jedenfalls nicht überwunden werden.

Die notwendige Fortentwicklung des semifeudalen Herrschaftssystems der Hohenzollernmonarchie war nur auf reformerischem Wege denkbar und realisierbar, also auf dem Weg, den der sozialdemokratische Revisionismus theoretisch ebenfalls schon im Kaiserreich beschrieben hatte. Diesen Weg 1918/19 nicht konsequent genug beschritten zu haben, muß man der Sozialdemokratie anlasten. Sie hatte zwar im November und Dezember 1918 die sich bietenden Chancen für eine Parlamentarisierung des Kaiserreichs genutzt, machte aber in dieser für fundamentale Veränderungen offenen Zeitspanne die gesellschaftliche Demokratisierung vom Votum der Verfassunggebenden Nationalversammlung abhängig. Als diese Nationalversammlung im Februar 1919 zusammentrat, waren die Handlungsspielräume für eine gründliche Modernisierung der Gesellschaftsverfassung bereits sehr viel enger geworden als drei Monate zuvor. Die Suche nach einem staatstragenden Konsens zwischen Sozialdemokratie und Bürgertum im Rahmen der Weimarer Koalition mündete in der offenen Weimarer Verfassung, die durchaus ein Fundament für die schrittweise Verfestigung der sozialen Demokratie legte.

Unter den besonderen Bedingungen und Belastungen der Weimarer Republik hatten es die Verfechter eines pluralistischen Staats- und Politikverständnisses schwer, sich gegen die allgegenwärtigen autoritären Revisionsversuche und gegen die putschistischen Attacken des Radikalismus von links und von rechts zur Wehr zu setzen. Der Versuch der Weimarer Sozialdemokraten, das politische System in Deutschland zu demokratisieren und hier einen Verfassungs- und Rechtsstaat nach westlichem Vorbild zu begründen, scheiterte sicherlich auch an der eigenen Unzulänglichkeit und Unentschlossenheit der sozialdemokratischen Revolutionäre wider Willen. Vor allem aber scheiterte er an der fehlenden Bereitschaft des Bürgertums und der Funktionseliten in Verwaltung, Wirtschaft und Wissenschaft, den mit der SPD 1918/19 mehr unfreiwillig als freiwillig geschlossenen Gründungskompromiß offensiv und dauerhaft zu verteidigen. In der Weimarer Republik entstand keine soziale und mentale Basis für eine demokratische Kultur. Während die elitären konservativen Republikfeinde ihre Ablehnung der modernen Massengesellschaft feinsinnig kultivierten und über die «Herrschaft der Minderwertigen» (Edgar J. Jung) spotteten, sammelte der Rechtsradikalismus seine Bataillone zum Sturm auf die Republik. Im linksintellektuellen Milieu trauerte man der steckengebliebenen Revolution nach und artikulierte seine Republikverdrossenheit in tristen Betrachtungen über die graue Demokratie. Die Schar der streitbaren Demokraten aus den Reihen der Sozialdemokratie, des Linksliberalismus und des politischen Katholizismus konnte den Vormarsch des Nationalsozialismus an die Macht nicht auf Dauer verhindern. Der 9. November wurde, blickt man auf den Hitlerputsch von

1923, den Novemberpogrom von 1938 und das Ende der DDR 1989 zu einem Schicksalstag der deutschen Geschichte im 20. Jahrhundert, in dem sich der Triumph der Demokratie und ihre Tragödie gleichermaßen widerspiegeln.

Die mexikanische Revolution

von Horst Pietschmann

Chronik

1876–1880, 1884–1910	Regierung des Generals Porfirio Díaz – Zeit des sog. «Porfiriats», umfassende Modernisierung Mexikos
1900–1908	Erste Krisenerscheinungen des «Porfiriats», Formierung einer liberalen Oppositionspartei mit anarchosyndikalistischem Einfluß
Juni 1910	Wiederwahl von Díaz, politische Gegner wurden im Vorfeld verhaftet
Ende 1910	Bildung von Aufstandsbewegungen im Norden und Süden
1911	Rücktritt von Díaz nach Erfolgen der Aufständischen, der politische Führer der Opposition Francisco Ignacio Madero wird zum Präsidenten gewählt
1912	Frühere Gefolgsleute nehmen den Kampf gegen Madero angesichts unerfüllter Reformforderungen wieder auf
1913	Sturz Maderos durch einen Militärputsch; gegen die Präsidentschaft des Generals Victoriano Huerta bildet sich eine Allianz nördlicher und südlicher Revolutionsbewegungen unter Venustiano Carranza
Sommer 1914	Sturz des Huerta-Regimes
Herbst 1914	Scheitern eines politischen Ausgleichs in der Konvention von Aguascalientes, Spaltung der revolutionären Bewegung in einen gemäßigten (Carranza, Álvaro Obregón) und einen radikalreformerischen (Pancho Villa, Emiliano Zapata) Flügel, Carranza übernimmt die Regierung
1914–1916	Bürgerkrieg zwischen beiden Lagern endet mit Sieg der Konstitutionalisten unter Carranza und Obregón

Januar 1917	Verfassung von Querétaro, Zielsetzungen: Agrarreform, nationale Kontrolle der Bodenschätze und der katholischen Kirche sowie Aufbau eines staatlich-säkularen Bildungswesens
1917–1920	Präsidentschaft Carranzas, Verzögerung des Reformprozesses, nationalistische Außenpolitik
März 1920	Obregón und das Militär stürzen Carranza
1920–1924	Regierungszeit Obregóns, Befriedung des Landes, erste Reformmaßnahmen, insbesondere in der Bildungspolitik
1924–1934	Plutarco Elías Calles dominiert zunächst als Präsident (bis 1928), anschließend ohne entsprechendes Mandat die mexikanische Politik
1934–1940	Präsidentschaft von Lázaro Cárdenas, Umsetzung zentraler Normen der Verfassung von 1917, Institutionalisierung des revolutionären Regimes über die Organisation der gesellschaftlichen Sektoren und der Revolutionspartei

Die mexikanische Revolution als «Faszinosum» und als historiographisches Problem

Kaum eine historische Thematik der lateinamerikanischen Geschichte des 19. und 20. Jahrhunderts hat die internationale Forschung so intensiv beschäftigt wie die 1910 ausgebrochene mexikanische Revolution. Etwa mit dem Ende des 2. Weltkrieges setzte eine sich mehr und mehr intensivierende Forschungsdiskussion ein, die in den 1970er und 1980er Jahren mit der Veröffentlichung einer ganzen Reihe von breit angelegten Studien zu Teilaspekten oder den revolutionären Prozeß insgesamt analysierenden Werken einen Höhepunkt erreichte und sich seither in eine weitgefächerte Diskussion unter Experten auflöste. Neben der Geschichtswissenschaft widmeten sich auch Soziologen und Politikwissenschaftler dem Phänomen, ebenso Literaturwissenschaftler der Fachrichtung Hispanistik/Lateinamerikanistik, Kunsthistoriker und nicht zuletzt auch bedeutende mexikanische Schriftsteller wie Carlos Fuentes, Octavio Paz, Juan Rulfo und andere, deren Werke in Europa und den USA in Übersetzungen bekannt wurden. Ergänzt wird dieses Interesse durch die Aktivitäten des Kulturbetriebes und der Medien, die bislang auch nicht annähernd dokumentiert und analysiert wurden.

Ist dieses intensive Interesse in Mexiko selbst leicht damit zu erklären, daß aus diesem revolutionären Prozeß ein sich durch ihn legitimierendes

Regierungssystem hervorgegangen ist, das ungeachtet sich jüngst verstärkender Krisenphänomene das Land bis zum Ende des 20. Jahrhunderts relativ unangefochten beherrschte, so bedarf es zur Deutung des breiten wissenschaftlichen und kulturellen Interesses an dieser Revolution in Europa, den USA und andernorts allgemeinerer Erklärungsansätze. Diese sind zweifellos mit den historischen Gesamtdeutungen der Geschichte des 20. Jahrhunderts verknüpft. Die zeitliche Nähe der mexikanischen Revolution zur russischen Oktoberrevolution 1917, ihre Deutung als «soziale Revolution» vergleichbar dem russischen Beispiel, die Tatsache, daß aus ihr ebenfalls ein dominierendes, sich revolutionär legitimierendes System hervorging, das aber eine anders geartete Politik betrieb als der in Rußland siegreiche Kommunismus, ebenso wie die seit den 1960er Jahren an Bedeutung gewinnenden Probleme von ethnischer Vielfalt, Multikulturalität, der Suche nach einem sogenannten «dritten Weg» zwischen «Kommunismus» und «Kapitalismus» und die Fragen des Nord-Süd-Dialogs, in dem sich Mexiko stark engagierte, dürften wesentliche Ursachen für dieses Interesse sein. Dabei darf man freilich nicht übersehen, daß bereits die zeitgenössische internationale Diplomatie und Presse sich mit der Revolution stark beschäftigten, so daß das Quellenmaterial zu dem gesamten Komplex außergewöhnlich breit über Mexiko hinaus verstreut ist.

Sosehr der Begriff «mexikanische Revolution» einerseits zum Topos wurde, so umstritten ist andererseits in der historischen Forschung ein Großteil der damit verbundenen zentralen Probleme, angefangen bei der Frage, ob es sich überhaupt um eine Revolution handelte, bis hin zu dem Problem der zeitlichen Eingrenzung des Prozesses. Noch 1977 verwandte der mexikanische Historiker Jan Bazant für das Jahrzehnt von 1910–1920, in dem die militärischen Auseinandersetzungen tobten, den Begriff des «Bürgerkrieges» und leugnete damit den Revolutionscharakter der Vorgänge. Andere Historiker bezeichnen gerade die Jahre 1910–1920 als «mexikanische Revolution» und die beiden folgenden Jahrzehnte als «nachrevolutionär». Übereinstimmung herrscht zwar weitgehend darüber, daß die Periode 1910–1920 eine spezifische Phase der Entwicklung darstellt, die sich abhebt von den beiden folgenden Jahrzehnten 1920–1940. Ob aber überhaupt und wenn ja, welche dieser Phasen als «revolutionär» zu bezeichnen sind, ist weithin umstritten. In Teilen der Historiographie entwickelte sich sogar die Tendenz, die Revolution auf die gesamte mexikanische Geschichte seit der spanischen Landnahme zu beziehen.

Angesichts solcher Diskrepanzen in bezug auf die Begrifflichkeit und die zeitliche Gliederung kann es nicht überraschen, daß auch zahlreiche andere, speziellere Fragen in der Literatur umstritten sind bzw. sehr unterschiedlich beurteilt werden. Vor allem ein grundlegendes Problem muß hier erwähnt werden, auf das immer wieder zurückzukommen sein wird, nämlich die Frage nach der regionalen Verschiedenheit der einzelnen revolutionären «Herde» in Mexiko, die zur Entstehung recht verschiedenartiger revolutionärer Gruppierungen mit sehr unterschiedlichen politischen und sozialen Forderungen führten. Daraus leitet sich die Frage nach der Einheitlichkeit des revolutionären Prozesses ab, die die bereits erwähnte Aufspaltung der Forschung in teilweise sehr regionale Untersuchungen erklärt.

Haben wir es also mit verschiedenen «Revolutionen» zu tun, die zu einem näher zu definierenden Zeitpunkt zusammenflossen oder von dominierenden Kräften gebündelt wurden? Vorweg sei gesagt, daß für diese These sehr viel spricht, wie eine nähere Betrachtung der drei zentralen Phasen des Prozesses zeigen wird. Diese sind: 1. die nach dem Präsidenten Porfirio Díaz und nach ihm als «Porfiriat» bezeichnete Epoche von 1876–1910, die übereinstimmend als Ursache und Auslöser des 1910 beginnenden revolutionären Prozesses angesehen wird, 2. die von den unterschiedlichen politischen und militärischen Führern beherrschte Phase der revolutionären Kriege 1910–1920 und 3. die Jahrzehnte von 1920–1940, die zwar auch nicht gewaltfrei verliefen, in denen aber die entscheidenden politischen, sozialen und wirtschaftlichen Veränderungen stattfanden.

Das Porfiriat, 1876–1910

Das breite Interesse an der Revolution rückte die Regierungszeit des Präsidenten Porfirio Díaz ins Blickfeld der historischen Forschung und trug wesentlich dazu bei, diese Periode der mexikanischen Geschichte nach der sie prägenden Gestalt zu benennen. «Don Porfirio», wie Díaz schon zu seiner Zeit von den Eliten des Landes genannt wurde, hatte sich als militärischer Führer im Kampf gegen die französische Intervention und das kurze Kaisertum Maximilians von Habsburg (1861–1867) ausgezeichnet und es 1876 im zweiten Anlauf geschafft, unter der Flagge des siegreichen Liberalismus zum Präsidenten gewählt zu werden. Nach Regelung der Problematik der Auslandsschulden des Landes, der Sanierung der Staatsfinanzen und dem daraufhin in Gang kommenden Ausbau des Bankwesens begann Díaz schrittweise mit der Umsetzung eines umfangreichen Modernisierungsprogramms. Vor allem mit Hilfe ausländischer Investoren wurde der Ausbau des Telegraphen- und Eisenbahnnetzes vorangetrieben und die Ausbeutung der Bodenschätze intensiviert. Im Gefolge dieser Politik strömte nicht nur viel ausländisches Kapital ins Land, sondern es wurden auch zahlreiche ausländische Unternehmen mit jeweils eigenen technischen Fachleuten in Mexiko tätig. Daneben entwickelte sich auch ein mexikanisches Unternehmertum. Ein Industrialisierungsprozeß kam im Umfeld der Hauptstadt und einiger Städte des Nordens, vor allem in Monterrey, in Gang. Der Eisenbahnbau bewirkte in regional sehr verschiedener Form im Agrarsektor Umstrukturierungen, da dieses kostengünstige Transportmittel Möglichkeiten für eine intensive Landwirtschaft und Vermarktungschancen bot. Transportkosten waren von jeher ein bestimmender Faktor in der Wirtschaft des Landes. Die von der Regierung in der Hauptstadt im Hinblick auf die nötigen staatlichen Garantien für die ausländischen Eisenbahnunternehmen politisch kontrollierte Fixierung der Eisenbahntrassen wurde so zu einem Faktor von wirtschaftlicher und innenpolitischer Bedeutung. Vor allem die Sisalfaserproduktion in Yucatán, der Zuckerrohranbau in einigen Gebieten Zentralmexikos, vor allem in dem Bundesstaat Morelos in der Nachbarschaft der Hauptstadt, und einige Nordregionen, besonders der Lagunilla-Distrikt in Coahuila mit seinem schnell expandierenden Baumwollanbau, profitierten neben den von der Ausbeutung der Bodenschätze geprägten Regionen sowie den für den Außenhandel zentralen Küstenregionen am meisten vom Eisenbahnbau. Ein eher sozialkritisch eingestellter Teil der Historiographie hat Díaz vorgeworfen, daß er den Eisenbahnbau nicht nur innenpolitisch zu seinem Machterhalt nutzte, sondern gleichzeitig den Großgrundbesitz auf Kosten freier Kleinbauern oder genossenschaftlichen Landbesitz nutzenden indianischer Gemeinden begünstigte und der Eisenbahnbau letztlich in den Dienst der ausländischen Kapitalinteressen gestellt wurde. Mexiko sei dadurch abhängig geworden und habe es versäumt, eine nationalen Interessen dienende Entwicklungspolitik zu betreiben. Dabei wurde übersehen, daß es gerade mit Hilfe des Eisenbahnbaus gelang, erstmals weit abgelegene und latent oder offen von Sezessionsgedanken erfaßte Regionen enger an das Zentrum zu binden, geopolitische Überlegungen, die einem General wie Díaz, der erfolgreich gegen eine ausländische Intervention gekämpft hatte und mit den Eliten der Zentralregion die traumatische Erfahrung der nordamerikanischen Invasion der Jahre 1848–1849 mit dem Verlust von ca. 50% des mexikanischen Territoriums teilte, sicher nicht fremd waren.

Zu einem guten Teil gründet die erwähnte Kritik an Díaz' Modernisierungspolitik sicher auch auf dem politischen System, das der Präsident errichtete. Bereits seine erste Präsidentschaft hatte Díaz durch geschickte Instrumentalisierung des politischen Klientelismus zu sichern verstanden. 1880 folgte er den Bestimmungen der liberalen Verfassung von 1857, die eine zweite Amtsperiode eines Präsidenten erst nach einer Unterbrechung gestattete, und erreichte, daß sein Kriegsminister Manuel González gewählt wurde, der die Politik von Díaz fortsetzte, bevor dieser sich 1884 erneut zum Präsidenten wählen ließ. Seine zwischenzeitlich erfolgte zweite Eheschließung mit einer Frau aus angesehenem eher konservativ-katholischem Haus sicherte ihm nun auch die Unterstützung von Teilen der Konservativen und bereitete seine Aussöhnung mit der durch die liberalen Reformgesetze der 1850er Jahre in die Opposition getriebenen katholischen Kirche vor. Der politische Brückenschlag zu den Konservativen und zur Kirche ermöglichte Díaz nicht nur, den Kongreß zu einer Verfassungsänderung zu veranlassen, die die Einschränkung der Wiederwahl abschaffte und ihm so in der Folgezeit die Voraussetzung für beliebig viele Amtszeiten bot, sondern auch eine Politik der Einbindung regionaler Eliten in sein politisches System ohne Rücksicht auf ideologische Ausrichtungen zu betreiben. Diese durch Díaz' Politik begünstigten Eliten sicherten ihm künftig die erforderlichen Mehrheiten in den Präsidentschaftswahlen. Da er die Mechanismen klientelistischer Politik meisterhaft beherrschte, konnte Díaz in der Folgezeit zur politisch uneingeschränkt dominierenden Figur im Lande werden. Flankiert wurden sein Herrschaftssystem und seine Modernisierungspolitik durch die Prinzipien positivistischer Philosophie unter dem Schlagwort «Ordnung und Fortschritt» («Orden y Progreso») und eine technokratische Elite, die unter der Bezeichnung «Científicos» ([Natur-] Wissenschaftler) wichtige Schalthebel der Politik besetzte, während Díaz selbst mehr den patriarchalischen Landesvater zu verkörpern suchte. In Verfolgung einer «Law and Order» – Politik bekämpfte Díaz erfolgreich das in vielen Regionen endemische Banditenunwesen mit einer eigenen Landpolizei, den gefürchteten «rurales». Die souveräne Beherrschung der politischen Bühne des Landes, die energische Durchsetzung von Recht und Gesetz und seine Verbindungen mit ausländischen Kapitalinteressen trugen Díaz lange in der Historiographie den Ruf eines autoritären Regenten, ja, einer typisch lateinamerikanischen Führerpersönlichkeit, eines «Caudillo», ein.

Erst nach 1989 kam langsam ein Revisionsprozeß in Gang, der zu einer differenzierteren Bewertung jener Epoche führen dürfte. Ein wesentliches Indiz dafür, daß das Porfiriat in Mexiko in vieler Hinsicht anders zu beurteilen ist als andere modernisierungsorientierte lateinamerikanische Regime des letzten Drittels des 19. Jahrhunderts, ist der Umstand, daß Mexiko auf die Modernisierung des Militärs verzichtete, keine ausländischen Militärberater ins Land holte und die Truppenzahl kaum erhöhte. Dies ist für die Beurteilung des revolutionären Geschehens der Jahre 1910–1920 von wesentlicher Bedeutung. Inwieweit andere Faktoren in diesem Zusammenhang ebenfalls eine Besonderheit darstellten, läßt sich derzeit noch nicht abschätzen.

Unbestritten ist, daß die Modernisierungspolitik während des Porfiriats einschneidende soziale Folgen hatte. Die lange Periode inneren Friedens begünstigte das Bevölkerungswachstum und die Wanderung in die Städte, in denen sich teilweise eine Industriearbeiterschaft entwickelte, die im Textilsektor, dem Bergbau und der Erdölgewinnung eher stationär war oder mobil den Infrastrukturausbaumaßnahmen folgte. Die von der Regierung betriebene Landverteilungspolitik, die teils Staatsland – de facto aber oft von Kleinbauern genutzt –, teils Land in genossenschaftlichem Besitz oder mit unklaren Rechtstiteln betraf, benachteiligte eher traditionell indianisch geprägte Teile der Landbevölkerung, die, häufig des Spanischen nicht mächtig, unfähig waren, sich politisch oder rechtlich gegen diese Maßnahmen zur Wehr zu setzen, und begünstigten den Großgrundbesitz. Besonders in Gegenden, in denen die Eisenbahn die Modernisierung der Landwirtschaft förderte und sich kapitalintensive, exportorientierte Anbauformen durchsetzten, lösten sich die traditionellen Beziehungen zwischen Großgrundbesitzern und Landarbeitern, denen zufolge erstere für den Subsistenzbedarf letzterer sorgten. Moderne Lohnarbeit ersetzte diese alten Beziehungen zwischen Gutsherrn und Landarbeitern und förderte die Mobilität der Arbeiter, verschärfte aber auch deren soziale Lage. In anderen Regionen spitzten sich die Gegensätze zwischen landhungrigen landwirtschaftlichen Großunternehmen und Kleinbauern oder traditionell genossenschaftlich organisierten Dorfgemeinden zu. Solange die günstige wirtschaftliche Konjunktur anhielt, vermochten meist städtische Sektoren diese Benachteiligten zu absorbieren und ihnen alternative Existenzmöglichkeiten zu bieten. Aber auch die vergleichsweise besser gestellte Arbeiterschaft in den modernen Wirtschaftssektoren und Angehörige der entstehenden neuen Mittelschichten hatten zunehmend Arbeitskonflikte mit den zahlreichen ausländischen Unternehmen, die selbst für vergleichsweise gering spezialisierte Arbeit weitaus höher bezahlte ausländische Kräfte einsetzten.

Gegen Ende des Jahrhunderts verlangsamte sich die Aufnahmefähigkeit der dynamischen Wirtschaftssektoren für ländliche und zusehends auch städtische Opfer der Modernisierung. Zugleich sahen die neuen Mittelschichten ihre Aufstiegschancen durch Ausländer vermindert und ihre politischen Partizipationsmöglichkeiten durch den Klientelismus des Díaz-Regimes eingeschränkt. Zwar waren städtische Arbeiterschaft und neue Mittelschicht bezogen auf die Gesamtbevölkerung vergleichsweise kleine Gruppierungen, aber das rapide Wachstum selbst kleiner Ortschaften, die durch Eisenbahn und neue Wirtschaftszweige ihre Bevölkerungszahl in knapp zwei Jahrzehnten explosionsartig wachsen sahen, läßt erkennen, welches Potential an Unruhe und Konflikten sich in einzelnen regionalen Brennpunkten aufzustauen begann. Dabei ließ das Díaz-Regime zunehmend Verständnis für solche sozialen Probleme vermissen und reagierte auf Arbeitskonflikte mit repressiven Maßnahmen, wie Streikverboten, Kontrolle der Presse und selbst Einsatz von Truppen. Die dem Regime verbundenen regionalen Eliten stützten diese Politik.

Aus liberalen Gruppierungen des Bundesstaates San Luis Potosí formierte sich nach Beginn des 20. Jahrhunderts eine politische Partei, die die verbreitete Unzufriedenheit zu bündeln suchte. Dieser «Partido Liberal Mexicano» (PLM) operierte seit 1904 aus dem nordamerikanischen Exil unter Führung der Brüder Flores Magón, wohin die Gruppierung vor dem Druck des Regimes auswich. Unter dem Einfluß anarchosyndikalistischer Ideen unterstützte die neue Partei Streikbewegungen und verkündete 1906 ein Manifest, das die politische Öffnung des Systems und soziale Reformen wie den Mindestlohn, den Acht-Stunden-Arbeitstag und eine gemäßigte Agrarreform forderte. Wirtschaftliche Krisenerscheinungen seit ca. 1898, die sich im Rückgang der Beschäftigtenzahlen und dem Sinken der Reallöhne niederschlugen, boten oppositionellen Kräften Nährboden, der sich im Gefolge der 1907 von den USA auf Mexiko übergreifenden Rezession mit nachfolgender Finanzkrise rasch vergrößerte. Diese Entwicklungen im Verbund mit zunehmenden Problemen mit rivalisierenden ausländischen Investoren – vor allem den englischen und nordamerikanischen Gesellschaften, die in der Produktion und im Rohstoffsektor investiert hatten, während Deutschland und Frankreich eher im Dienstleistungssektor und im Handel engagiert waren – führten das Díaz-Regime in die Krise. Die Unfähigkeit zur Erneuerung und Verbreiterung der politischen Basis einerseits und die immer offenkundiger werdenden Schwierigkeiten der Regierung, die Politik des Ausbalancierens der ausländischen Interessen unter den Bedingungen einer Rezession fortzuführen, ließen den Ruf nach einer Ablösung des alternden Präsidenten Díaz immer lauter werden. Auch eher bürgerliche Gruppierungen und Angehörige der neuen technischen Eliten, die die Grundlinien von Díaz' Politik unterstützt hatten, wandten sich nun der Opposition zu. Kritische Bücher wurden veröffentlicht, die schonungslos die wirtschaftlichen, sozialen und politischen Probleme ansprachen.

1908 gab Díaz dem nordamerikanischen Journalisten J. Creelman ein Interview, in dem er mit dem Ende der laufenden Amtszeit seinen Rückzug aus der Präsidentschaft, eine demokratische Wahl und politische Reformen ankündigte. Das Interview rief ungeheures Aufsehen hervor und löste innerhalb der Gruppierungen des Regimes und bei der Opposition Spekulationen und Kandidaturen für die Nachfolge aus. In den Reihen der Opposition profilierte sich der liberale Großgrundbesitzer Francisco I. Madero mit einem 1908 verfaßten Buch über die präsidentielle Nachfolge im Jahre 1910. Der Umstand, daß sowohl im Regierungslager als auch in der Opposition vorwiegend Kandidaten aus den Nordstaaten

Mexikos gehandelt wurden und Díaz die einzige gewichtige Persönlichkeit aus den traditionell tonangebenden Bundesstaaten Zentralmexikos war, läßt erkennen, wie sehr sich in der Zwischenzeit die regionalen Gewichtungen und die politische Landschaft Mexikos verändert hatten. Es überrascht daher nicht, daß Díaz sich erneut zur Wahl stellte.

In der 2. Hälfte des Jahres 1909 unternahm Madero eine landesweite Wahlkampagne, in der er gegen die Wiederwahl von Díaz polemisierte und sich ein Netzwerk von liberalen Gruppierungen schuf, die unter Berufung auf den gegen die französische Intervention siegreichen Präsidenten Benito Juárez und auf die alte liberale Verfassung jener Zeit gegen eine Wiederwahl von Díaz opponierten und Gefolgschaft sammelten. Im April 1910 wählten Delegierte dieser liberalen Clubs Madero zum Präsidentschaftskandidaten. Während der folgenden Wahlkampagne wurden Madero und zahlreiche seiner aktiv tätigen Sympathisanten unter fadenscheinigem Vorwand von der Polizei verhaftet, so daß Díaz die kaum demokratisch zu nennenden Wahlen am 21. Juni 1910 mit überwältigender Mehrheit gewann. Während der 80jährige Díaz pompöse Festlichkeiten zur Feier des 100. Jubiläums der Unabhängigkeit Mexikos vorbereiten ließ, gelang Madero Anfang Oktober die Flucht nach San Antonio/Texas. Auf Einwirkung von Gefolgsleuten verfaßte er dort seinen auf den 5. 10. 1910 datierten «Plan von San Luis Potosí», in dem er die vorausgegangenen Wahlen für illegal erklärte und sich zum provisorischen Präsidenten Mexikos ausrief. Am 20. November 1910 nach 6 Uhr nachmittags sollte sich die ganze Republik gegen das Díaz-Regime gewaltsam erheben. Darüber hinaus enthielt Maderos Plan vorwiegend politische Zielsetzungen in der Linie des mexikanischen Liberalismus des 19. Jahrhunderts, jedoch keine Forderungen nach sozialen Reformen. Trotz einiger lokaler Erhebungsversuche verstrich dieser Termin ohne die erwartete Massenerhebung und Madero, der bereits die Grenze nach Mexiko überquert hatte, zog sich wieder in die USA zurück. Lediglich im Bundesstaat Chihuahua formierten sich zahlreiche Guerrillagruppierungen, die auf größere Ortschaften marschierten und sie einnahmen. Landarbeiter, Viehhirten, Dienstpersonal, Ladenbesitzer, Bergleute, Armeedeserteure, aber auch Rechtsanwälte, Lehrer, Studenten, Ingenieure und nordamerikanische Glücksritter schlossen sich den bunt zusammen gewürfelten Trupps an. In den anderen Staaten vermochten Polizei und Armee Aufstandsversuche zu unterdrücken, in Chihuahua dagegen gelang den Aufständischen am 2. Januar 1911 die Vernichtung einer starken Armeeeinheit.

Die militärische Phase der Revolution, 1910/11–1920

Die ersten spektakulären Erfolge der Aufständischen im Norden Mexikos führten zum Aufflackern weiterer Unruheherde auch im Landesinneren, welche die Armee zwangen, ihre Kräfte zu zersplittern. Dadurch wurde zugleich die politische Erosion des Díaz-Regimes befördert, so daß auch die engste Umgebung des alternden Präsidenten ihn immer energischer zum Rücktritt drängte. Am 17. Mai 1911 kam Díaz diesem Drängen nach und trat zurück. Nach Verhandlungen mit Madero als dem politischen Kopf der Aufständischen des Nordens wurden die Einsetzung einer Übergangsregierung und die Abhaltung von Wahlen vereinbart, die am 1. 10. 1911 Madero einen überwältigenden Wahlsieg einbrachten.

Schon Maderos Regierungsbildung rief unter seiner Anhängerschaft Unzufriedenheit, ja, Gegnerschaft hervor. Madero überging nicht nur seine wichtigsten militärischen Anführer bei der Regierungsbildung, sondern er setzte offenbar bewußt auf ein hohes Maß an persönlicher Kontinuität in Regierung, Armee und Zentralverwaltung mit der Díaz-Ära. Schnell wurde deutlich, daß ihm weithin Verständnis für die sozialen Forderungen seiner Gefolgschaft fehlte und es ihm überwiegend darum ging, wieder parlamentarische Verfahrensweisen in der traditionellen Linie des Liberalismus großbürgerlicher Prägung des 19. Jahrhunderts durchzusetzen. Die breite Mehrheit, die Madero zum Wahlsieg verholfen hatte, zerfiel innerhalb kürzester Zeit und ließ den neuen Präsidenten rasch in die Defensive geraten, als sich Teile der Revolutionäre gegen ihn erhoben. Maderos vermittelndes Taktieren und schließlich seine Unfähigkeit, sich gegenüber den Aufständischen durchzusetzen, führten im Februar 1913 zu einem Militärputsch in der Hauptstadt. Als sich auf Vermittlung des US-amerikanischen Botschafters Henry Lane Wilson die rebellierenden Militärs unter Führung des Díaz-Neffen Félix Díaz mit den loyalen Truppen unter General Victoriano Huerta verbündeten, war Maderos Schicksal besiegelt. Am 18. Februar 1913 gefangengesetzt, zum Rücktritt gezwungen und vom Parlament fallengelassen, wurden er und sein Vizepräsident wenige Tage später ermordet. General Huerta übernahm die Präsidentschaft und führte Mexiko in die gewaltsamste und anarchistischste Phase der Revolution.

Schon die kurze Regierungszeit Maderos ließ erkennen, daß sich zum Sturz des Díaz-Regimes eine Koalition zusammengefunden hatte, deren einzelne Gruppierungen sehr unterschiedliche Ziele verfolgten und deren Gefolgschaft sehr verschiedenartigen sozialen Schichten entstammte. Die Tatsache wiederum, daß die einzelnen revolutionären Bewegungen in bezug auf ihre Rekrutierungsbasis oft auf bestimmte Regionen des

Landes beschränkt blieben, selbst wenn ihnen darüber hinausreichende militärische Erfolge gelangen, macht deutlich, daß Mexiko ein Staat war, der von regional verwurzelten Eliten getragen wurde, dessen breite Bevölkerungsschichten aber in strukturell sehr unterschiedlich geprägten Regionen lebten und nur sehr schwache Bindungen an den Zentralstaat hatten. Obwohl von den Regierungen und Eliten in unterschiedlichster Form immer wieder beschworen, verdeutlichen die Auseinandersetzungen seit der Präsidentschaft Maderos, daß die Bezeichnung «mexikanische Nation» im modernen Sinne auf das Land in jenen Jahren kaum anwendbar ist.

Betrachtet man die in den Jahren zwischen 1910 und 1920 in unterschiedlichster Form an den revolutionären Kämpfen beteiligten Parteiungen und Bewegungen, wird deren Verschiedenartigkeit rasch deutlich, wenn man lediglich die jeweils dominierenden Führungspersönlichkeiten in bezug auf ihr soziales Profil näher analysiert. Pascual Orozco, der in Chihuahua den ersten wichtigen Sieg gegen die Armee errungen hatte, war ein jüngerer Mann, der zunächst im Maultiertransport tätig war, dabei in Konflikt mit einem Großgrundbesitzer geraten war und es schließlich als Händler zu einer auskömmlichen kleinbürgerlichen Existenz gebracht hatte. Seine Mobilität führte dazu, daß er gerade unter kleinbäuerlichen Landbesitzern, die ursprünglich als Kolonisten zum Schutz gegen die nomadisierenden indianischen Ethnien und deren Angriffe angesiedelt, in der Díaz-Ära aber unter den Druck des sich ausbreitenden Großgrundbesitzes geraten waren, unter Landarbeitern, Bergleuten u. a. Kontakte besaß, so daß er es aufgrund seiner Führungsqualitäten vermochte, eine ansehnliche Rebellenarmee aufzustellen. Ähnlich der seit der Diktatur General Huertas im Bundesstaat Chihuahua zum populären und unumstrittenen Anführer der Revolutionäre aufsteigende Pancho Villa, der aus der Schicht der Landarbeiter stammte und es über eine Zeit als Viehdieb und Bandit, die später als eine Art Robin-Hood-Dasein verklärt wurde, ebenfalls über den Handel in der gleichnamigen Hauptstadt des Bundesstaates zu einem leidlichen Auskommen gebracht hatte. Beide zeichneten sich durch hervorragende Kenntnis des schwierigen Geländes und gute soziale Kontakte sowie durch Führungsqualitäten und Organisationsgeschick aus. Das Streben nach individuellem sozialen Aufstieg, sei es über Landerwerb oder andere Aktivitäten, nach politischer Partizipation, Berücksichtigung bei der Vergabe von Ämtern und Positionen im öffentlichen Sektor und Chancengleichheit beim Zugang zu den Möglichkeiten der wirtschaftlichen und technischen Moderne ließen sich als die zentralen Zielsetzungen dieser zumindest in bestimmten Phasen der Revolution so dominierenden Gruppierungen aus Chihuahua anführen. Ein politisches Projekt für das gesamte Land entwickelten beide Anführer jedoch allenfalls ansatzweise und jedenfalls nicht aufgrund eigener politischer Visionen.

In der strukturellen Prägung sehr ähnlich, aber – zunächst jedenfalls – gleichermaßen sehr besonderen regionalen Gegebenheiten entwachsend, war die revolutionäre Bewegung im nordwestlichen Bundesstaat Sonora, die sich mit zunehmender Dauer der Auseinandersetzungen unter ihren Anführern Álvaro Obregón und Plutarco Elías Calles – beide nach 1920 nacheinander Präsidenten und die politisch dominierenden Persönlichkeiten des Landes – zur militärisch die Oberhand gewinnenden Kraft entwickelte. Auch der 1880 geborene Obregón entstammte als jüngstes von 18 Kindern einfachen sozialen Verhältnissen. Er erhielt eine sehr elementare Schulbildung, erwies sich aber schon als junger Mann als außergewöhnlich lernfähig und ehrgeizig, so daß er schon früh Leitungsfunktionen in einer Getreidemühle und einem zuckerrohrverarbeitenden Betrieb übernehmen konnte und danach als Grundschullehrer arbeitete. 1911 wurde er zum Gemeindevorsteher gewählt und organisierte 1912 eine Truppe von 300 Mann, die gegen die Anhänger Orozcos in Chihuahua kämpfte, nachdem dieser sich gegen Madero erhoben hatte. Nach mehreren militärischen Erfolgen stieg er zum Militärbefehlshaber der Stadt Hermosillo auf, von wo seine steile militärische Karriere ihren Ausgang nahm, die ihn bald auch zu einer politisch bedeutsamen Persönlichkeit von nationalem Zuschnitt werden ließ. Der 1887 geborene Calles wuchs als Waisenkind auf und erhielt eine Ausbildung als Grundschullehrer, einen Beruf, den er seit 1904 ausübte und in dem er zum Schulinspektor aufstieg, nachdem er sich auch publizistisch betätigte. Wie Obregón gelangte auch Calles über den Kampf gegen die Anti-Madero-Rebellion Orozcos in die militärische Laufbahn und an die Seite Obregóns. Schon während der turbulenten Folgejahre tat sich Calles als militanter Gegner des katholischen Klerus hervor, den er aus den ihm unterstellten Distrikten vertreiben ließ. Obwohl sich unter den Truppen der Sonorenser bis hin zu Yaqui-Indianern ebenfalls ein sehr breites Spektrum von Gefolgsleuten aus den unteren Bevölkerungsschichten findet, zeichnet sich die Führungsschicht der Bewegung eher durch einen (klein-) bürgerlichen Zuschnitt aus und ist ungeachtet vergleichbarer Zielsetzungen stärker den staatlichen Institutionen, der Legalität und politischem Denken verbunden, als dies etwa bei der revolutionären Führungsschicht in Chihuahua der Fall ist. Gegenüber den zuletzt Genannten zeichnen sich die Sonorenser durch eine moderne Herkunft und Grundhaltung aus, auch wenn sie sich gleichfalls der Mechanismen eines charismatischen Führungsstils bedienten. Politisch lassen sich bei ihnen die laizistische Grundhaltung des mexikanischen Liberalismus und Elemente des Gedankenguts der zu Beginn des Jahrhunderts begründeten liberalen Partei beobachten.

Wenig südlich der Hauptstadt Mexiko, im Bundesstaat Morelos, befand sich das Kerngebiet der aufständischen Bauern unter der Führung Emiliano Zapatas, des neben Pancho Villa volkstümlichsten und infolge des amerikanischen Films mit Marlon Brando in der Hauptrolle auch außerhalb Mexikos weithin bekannten Revolutionsführers. Vordergründig gehörte auch Zapata einer den genannten Anführern vergleichbaren sozialen Schicht an. Durch landwirtschaftliche Tätigkeit und Viehhandel in seinem Dorf zu Ansehen und bescheidenem Wohlstand gelangt, wurde er 1909 inmitten eines Konflikts der Bewohner seines Dorfes um Gemeindeland zum Dorfvorsteher gewählt. In Verfolgung der legitimen Rechte der Dorfbewohner geriet Zapata schnell in Gegensatz zu den übergeordneten Autoritäten, als er 1910 gewaltsam widerrechtlich seinem Dorf aberkanntes Land in Besitz nahm. Beeinflußt vom Ideengut der Brüder Flores Magón schloß er sich 1911 Maderos Plan von San Luis Potosí an. Er erhielt breiten Zulauf aus der kleinbäuerlichen Bevölkerung der Region, die von dem expandierenden, intensive Landwirtschaft, vor allem Zuckerrohranbau betreibenden Großgrundbesitz mit Unterstützung des Díaz-Regimes hart bedrängt war. Im Gegensatz zu den nördlichen Bundesstaaten handelte es sich in Morelos bei den Dorfgemeinden um eine seit der Kolonialzeit stark genossenschaftlich ausgerichtete Landbevölkerung, die eher den überkommenen Formen traditioneller Landwirtschaft auf Gemeindeland mit starkem sozialen Zusammenhalt verhaftet war. Zapata wurde so zum kompromißlosen Vorkämpfer des ländlichen Agrarismus in Mexiko, der zunehmend über die Grenzen seines Heimatstaates hinaus in den angrenzenden Regionen Gefolgschaft fand und in einem gut organisierten Guerillakrieg nicht nur die Armee erfolgreich zu bekämpfen verstand, sondern seine Angriffe bis ins Umfeld der Hauptstadt auszudehnen vermochte. Schon knapp 2 Monate nach der Wahl Maderos zum Präsidenten erhob sich Zapata gegen die neue Regierung und verkündete am 25. 11. 1911 mit dem Plan von Ayala ein politisches Programm, das die Enteignung des Großgrundbesitzes und Landverteilung an die Dorfgemeinschaften vorsah. Zapata bekämpfte in der Folgezeit, phasenweise mit Pancho Villa verbündet, alle mexikanischen Zentralregierungen, bis er 1919, mit Zustimmung der Regierung in einen Hinterhalt gelockt, ermordet wurde.

Eine weitere wichtige Gruppierung in den Auseinandersetzungen bildeten die Konstitutionalisten, deren Ziele vorrangig politischer Natur waren und die weniger an sozialen Reformen als an einer Wiederherstellung der verfassungsmäßigen politischen Ordnung interessiert waren. Ihre Führung übernahm nach der Machtübernahme Huertas der Gouverneur des nordöstlichen Bundesstaates Coahuila, Venustiano Carranza, ein Mann großbürgerlicher Herkunft, Großgrundbesitzer, dessen politische Laufbahn schon unter Díaz begonnen hatte. National gesonnen strebte er nach Zurückdrängung der ausländischen Gesellschaften bei der Ausbeutung der mexikanischen Bodenschätze und verfocht eine gemäßigte Agrarreform, Ziele, die freilich seinem Streben nach Wiederherstellung einer verfassungsgemäßen Regierung nachgeordnet waren. Nachdem Carranza mit maßgeblicher Hilfe der Sonorenser und anderer revolutionärer Gruppierungen im Sommer 1914 der Sturz Huertas gelungen war, suchte er im Herbst des gleichen Jahres in der Konvention von Aguascalientes, einer Versammlung der Delegierten aller revolutionären Gruppen des Landes, einen politischen Ausgleich zu erreichen, woraufhin sich Pancho Villa und Emiliano Zapata gegen ihn wandten. Die Konstitutionalisten in der Revolution sind mehrheitlich als eine zivile Parteiung zu bezeichnen, die zwar gegen die Diktatur Huertas eine breite Mobilisierung der revolutionären Kräfte erreichten, danach aber stets auf Allianzen mit anderen militärischen und zivilen Gruppen angewiesen blieben. Als langsam Konturen gewinnende zivile Macht ist auch die Arbeiterschaft der großen Städte, vor allem der Hauptstadt, zu nennen, die in der von anarchosyndikalistischen Ideen geprägten «Casa del Obrero Mundial» ein politisches Sprachrohr fanden und schließlich als «Confederación Regional Obrera Mexicana» gewerkschaftlich organisiert, zu einem wichtigen Verbündeten Álvaro Obregóns wurde. Auch das Militär war in unterschiedliche Fraktionen gespalten. Die reguläre Armee, unter General Huerta zahlenmäßig durch Zwangsrekrutierungen stark vergrößert, umfaßte ungeachtet ihres vergleichsweise geringen Professionalisierungsgrades neben national und gemäßigt reformorientiert gesonnenen Offizieren auch zahlreiche autoritär ausgerichtete und den Verhältnissen unter Díaz anhängende Führungspersönlichkeiten, woraus sich die vielfach ambivalente und zu Frontwechseln tendierende Haltung vieler Anführer erklärt, während die Zwangsrekrutierungen dazu führten, daß die verschiedenen revolutionären Armeen beträchtlichen Zulauf aus den Reihen der einfachen Soldaten erhielten.

Obwohl es Villa und Zapata zeitweise gelang, weite Teile des Landes und selbst die Hauptstadt zu beherrschen, erwiesen sie sich doch als unfähig, ihre militärische Dominanz in eine dauerhafte politische Kontrolle Mexikos umzusetzen. Nachdem die Allianz aus Konstitutionalisten und Sonorensern dank der überlegenen militärischen Fähigkeiten Obregóns wieder die Oberhand zurückgewonnen hatte, berief Carranza als amtierender Präsident für November 1916 eine verfassunggebende Versammlung nach Querétaro ein, von der die Anhänger Villas und Zapatas ausgeschlossen blieben. Carranza legte dieser Versammlung einen Verfassungsentwurf vor, der sich nur in Einzelpunkten von der liberalen Verfassung von 1857 unterschied. Nun zeigte sich, daß auch in dieser Allianz

Carranzas Anhänger gegenüber radikaleren Reformern in der Minderheit waren. Die im Januar 1917 verabschiedete und von Carranza widerwillig beschworene Verfassung von Querétaro enthielt gegenüber der alten liberalen Verfassung einschneidende Änderungen. So wurden die Bestimmungen zur Trennung von Staat und Kirche, ja, zur Unterordnung der katholischen Kirche unter den Staat, drastisch verschärft: Kulthandlungen außerhalb der Kirchengebäude wurden untersagt, Priester mußten mexikanische Bürger sein, sich jeder politischen Aktivität enthalten und sich zwecks Limitierung ihrer Zahl von den zivilen Autoritäten registrieren lassen. Die kirchlichen Tätigkeiten im Erziehungswesen wurden verboten, stattdessen erklärte Artikel 3 der Verfassung die kostenlose Grundschulerziehung durch den Staat für verpflichtend. Artikel 27 sah die Rückgabe des unter Díaz enteigneten Landes an die Dorfgemeinschaften oder an Kleinbauern vor und verfügte, daß ausschließlich Mexikaner das Recht auf Landerwerb haben sollten. Zugleich fixierte der Artikel die Sozialpflichtigkeit von Grundeigentum und bevollmächtigte den Staat, alles Land zu enteignen, das nicht im Interesse der Nation genutzt werde. Auch wurden alle Bodenschätze zu Staatsbesitz erklärt, deren Ausbeutung vom Zentralstaat über Konzessionen an Einzelpersonen oder Unternehmen vergeben werden konnte. Artikel 28 ordnete die Gründung einer staatlich kontrollierten Zentralbank an, die allein Geld in Umlauf bringen durfte, eine Norm, die angesichts der Tatsache, daß viele Großgrundbesitzer noch Privatgeld an ihre Landarbeiter ausgaben und daß die revolutionären Armeen in den von ihnen kontrollierten Gebieten eigenes Geld in Umlauf gebracht hatten, von erheblicher Bedeutung war. Artikel 123 der Verfassung regelte die Arbeitsverhältnisse, garantierte das Streikrecht, führte den Acht-Stunden-Tag ein und regelte das Organisationsrecht der Arbeiter.

Mit Hilfe der neuen Verfassung konnte Carranza seine Wahl zum gesetzmäßigen Präsidenten Mexikos gewinnen und die Befriedung des Landes schrittweise in die Wege leiten. Andererseits belastete die neue Verfassung das Verhältnis zum Ausland, vor allem zu den Staaten, die wie die USA und England stark in der Ausbeutung der mexikanischen Bodenschätze engagiert waren. Carranza mußte mithin nach außen wie nach innen vorsichtig taktieren und entfaltete keine Eile bei der Umsetzung der neuen Verfassung. Problematisch war außerdem, daß sein Hauptverbündeter Álvaro Obregón sich mit Beginn der verfassungsgemäßen Präsidentschaft Carranzas aus allen Ämtern zurückgezogen hatte. Allgemein wurde dessen Kandidatur für die nächsten Präsidentschaftswahlen erwartet. Als Carranza keine Neigung zeigte, Obregón als präsumtiven Nachfolger zu unterstützen, verkündete dieser 1919 nicht nur seine Kandidatur, sondern wandte sich in kaum verhüllter Form gegen

Carranza, indem er einerseits dessen Verdienste würdigte, andererseits aber ohne nähere Schuldzuweisung erklärte, daß die Revolution verraten worden sei. Ende April 1920 erhob sich Obregón gegen Carranza, unterstützt von der Arbeiterschaft und den Zapatisten. Auf der Flucht aus der Hauptstadt wurde Carranza ermordet und Obregón gewann die von einer Übergangsregierung organisierten Präsidentschaftswahlen.

Die «Revolution» an der Macht, 1920–1940

Die Jahre 1910–1920 hatten Mexiko tiefgreifend verändert. Die Bevölkerungszahl war um etwa eine Million auf ca. 14,5 Millionen Einwohner zurückgegangen, die Wirtschaft in voller Rezession befangen, Städte und Dörfer waren von den Kämpfen in Mitleidenschaft gezogen, die öffentlichen Einrichtungen weit unter das Niveau der Vorkriegszeit zurückgefallen und die Zahl der Kriegsopfer war gewaltig. Präsident Obregón selbst war ein sichtbares Zeichen dieser Opfer, hatte er doch im Kampf seinen rechten Arm eingebüßt. Die Bevölkerung des Landes war durcheinander gewirbelt, da die Kämpfe zu regelrechten Völkerwanderungen geführt hatten. Insbesondere die Aufständischen, aber nicht nur sie, zogen mit ihren Familien in den Kampf, so daß den Einheiten ein riesiger Troß von Frauen und Kindern folgte, die den Kämpfenden die Nahrung bereiteten und sonstige Hilfsdienste leisteten. Frauen als Hilfssoldaten der kämpfenden Männer waren keine Seltenheit. Diese pittoresken Revolutionstruppen prägten die Volkskultur nachhaltig über die Entstehung einer revolutionären Volksmusik. Sie brachte Lieder hervor, die revolutionäre Führer, einzelne Schlachten, populäre Typen oder schlechthin die Ideale der jeweiligen revolutionären Bewegung besangen und bis heute im Lande populär blieben. Die neuen Medien der Rotationspresse, der Photographie und des Grammophons machten diese revolutionäre Volkskultur schnell im ganzen Land bekannt und inspirierten das Kunstgewerbe, die Malerei und die Literatur. Maler wie Diego Rivera, David Alfaro Siqueiros und Clemente Orozco griffen diese Motive auf und übersetzten sie in eindrucksvolle, ganze Gebäude schmückende Großgemälde; Autoren wie José Vasconcelos entwickelten aus diesen alle Elemente einer multiethnischen Gesellschaft durchmischenden Kriegserlebnissen ihre Vision einer «kosmischen Rasse», der die Zukunft gehöre. Die politische und militärische Anarchie, in die das Land gefallen war, erwies sich so in vieler Hinsicht als kulturschöpferisch und trug zur Entstehung einer unverwechselbaren mexikanischen Kultur bei, die wiederum die Grundlage eines mexikanischen Nationalbewußtseins bildete, das dem Land über viele spätere Krisen des 20. Jahrhunderts hinweghalf. Es ist vorstellbar, daß eine künftige Historiographie dies als das zentrale und wirklich revolutionäre Ergebnis jener Jahre betrachten wird, wozu es bereits jetzt Ansätze gibt.

Nachdem Präsident Obregón das Land befriedet hatte – Pancho Villa wurde mit einer großen Hacienda und einigen Privilegien ruhiggestellt –, wurde die Bildungspolitik zu einem Schwerpunkt seiner Regierungstätigkeit. Es wurden mehr Schulen selbst auf dem flachen Land eingerichtet als seit der Mitte des 19. Jahrhunderts insgesamt. Der Staat band nicht nur Vertreter der neuen kulturellen Elite in die Bildungspolitik ein, sondern förderte kulturelle Einrichtungen und öffentliche Bauten, an denen Künstler beteiligt wurden. Hatte sich unter Díaz die Elite ganz nach ausländischen künstlerischen, intellektuellen und modischen Strömungen gerichtet, so wurden nun die genuin mexikanischen Kunst- und Kulturtraditionen wiederentdeckt und der neuen Zeit angepaßt. Das reichhaltige indianische Kulturerbe aus vorspanischer Zeit und zeitgenössisches indianisches Kunsthandwerk wurden aufgewertet und mit den Ideen und Idealen der 1920er Jahre im Sinne einer sozial ausgerichteten Avantgarde verknüpft. Zugleich trat eine völlig neue politische Elite an die Schalthebel der Macht, die die alten Führungsschichten verdrängte und auf den privatwirtschaftlichen Sektor beschränkte, dessen Modernisierung ebenfalls ein zentrales Anliegen der Regierung und des mit ihr verbündeten Gewerkschaftsbundes war. Auch die Landverteilung kam unter Obregón in ansehnlichem Umfang in Gang. Alles in allem setzten Maßnahmen zur Umsetzung der Verfassung von Querétaro ein, ohne daß man von besonders ausgeprägten Umwälzungen sprechen könnte. Obregón verkleinerte vorsichtig die Armee, stellte wichtige Revolutionsführer durch Einbindung in Regierung und Verwaltung oder durch Landkonzessionen auf Kosten enteigneter Revolutionsgegner ruhig. Die Maßnahmen gegen die Kirche wurden behutsam umgesetzt, zugleich wurde die protestantische Mission gefördert, um ein Gegengewicht gegen den Katholizismus zu schaffen. Außenpolitisch gelang ein Ausgleich mit den USA bezüglich der Ansprüche der amerikanischen Erdöl- und Bergbaukompanien, der formal die Forderungen der Verfassung respektierte, zugleich aber die Aktivitäten der Unternehmen nur unwesentlich einschränkte.

1924 folgte auf Obregón sein Gefolgsmann aus Sonora, Plutarco Elías Calles in der Präsidentschaft nach, der mit einigen anderen Akzentsetzungen die eingeschlagene Politik fortsetzte. Ungeachtet dieser Kontinuität verliefen die 1920er Jahre alles andere als friedlich. Schon gegen Ende von Obregóns Amtszeit kam es zu Aufstandsversuchen unzufriedener Generäle. Selbst Pancho Villa drohte, wieder aktiv in das Geschehen einzugreifen, wurde aber unter nie ganz geklärten Umständen 1923 ermordet. Die sich revolutionär legitimierenden Regierungen der Folgejahre erwiesen sich bei der Eliminierung von Gegnern nie als zimperlich. Ebenso wie man das Aufkommen kommunistischer Gewerkschaften als Konkurrenz zum «offiziellen Gewerkschaftsbund» verhinderte, schreckte man auch vor gewaltsamer Repression bei regionalen Konflikten nicht zurück. Als Präsident Calles die Antikirchenpolitk verschärfte, kam es in weiten Teilen des nördlichen Zentralmexikos zum sogenannten Cristero-Krieg, als sich kirchentreue Landbevölkerung und Bewohner kleinerer Städte gegen die Regierung zum Schutze der religiösen Traditionen erhoben. Calles warf diesen Guerillakrieg mit brutalen Mitteln nieder. Es wurde immer deutlicher, daß das Regime nur bereit war, ein gewisses politisches Spektrum zu tolerieren, das sich nicht grundsätzlich gegen die revolutionären Errungenschaften stellte bzw. nicht versuchte, diese einseitig, etwa in kommunistischer Richtung, umzuinterpretieren. Dieses politische Spektrum war durchaus breit und buntschillernd und umfaßte nationalistische, liberale, sozialistische Strömungen verschiedenartigster Schattierung und bekannte sich zumindest verbal zu der regierungsamtlichen revolutionären Rhetorik, die zur Rechtfertigung verschiedenartigster Maßnahmen der Regierung diente. Als sich für die Nachfolge von Calles erneut Obregón zu Wahl stellen wollte, wurde er ermordet. Calles gab sein Amt zwar an einen gewählten Nachfolger ab, verzichtete aber nicht auf die informelle Machtausübung. Es begann die Epoche des sogenannten «Maximato» von Calles, in der er ohne ein Amt aus dem Hintergrund die mexikanische Politik steuerte. Der drohende Rückfall in eine nichtkonstitutionelle Phase der mexikanischen Politik wurde erst in den 1930er Jahren von Präsident Lázaro Cárdenas beendet, dessen Amtszeit zugleich die entschlossenste Umsetzung der Verfassungsbestimmungen von 1917 erlebte. Vor allem die Landreform wurde von Cárdenas vorangetrieben. Gleichzeitig schmiedete er die bisher locker organisierte «revolutionäre Familie» zur «Partei der Institutionalisierten Revolution» («Partido Revolucionario Institucional» – PRI) zusammen. Grundlage dieser Partei war die berufsständische Organisation der einzelnen arbeits- bzw. lebensweltlichen sozialen Bereiche. Die Arbeiterschaft wurde im «Sector Obrero», die Landarbeiter und Kleinbauern wurden im «Sector Campesino», Lehrer und andere Staatsangestellte im «Sector Público» und die Unternehmerschaft im «Sector Empresarial» zusammengefaßt. Alle diese Organisationen erhielten gewisse Privilegien und staatliche Vergünstigungen und wurden schließlich zu der erwähnten Partei verbunden, die das Land bis heute regiert.

Wie schon einleitend ausgeführt, bildet die mexikanische Revolution ein außergewöhnlich komplexes Phänomen. Die Forschung hat sie natürlich mit verschiedenen revolutionstheoretischen Ansätzen untersucht und ist dabei zu sehr unterschiedlichen Ergebnissen gelangt. Betrachtet man die Entwicklung aus der Langzeitperspektive der Geschichte Mexikos von einer spanischen Kolonie zu einer modernen Nation von inzwischen mehr als 80 Millionen Einwohnern, die vor wenigen Jahren zusammen mit den USA und Kanada eine Freihandelszone begründete, so wird man ohne jeden Zweifel den hier geschilderten Entwicklungen eine zentrale und zugleich einschneidende Bedeutung zumessen dürfen. Kann man in Deutschland mit einigem Recht Bismarck als «weißen Revolutionär» bezeichnen, so wird man den revolutionären Charakter jener Umbruchszeit für Mexiko nicht leugnen und ihr jedenfalls eine eher «rötliche Färbung» nicht absprechen können.

Die chinesische Revolution

von Jürgen Osterhammel

Chronik

1842	Chinas Niederlage im Opiumkrieg gegen Großbritannien
1850–64	Taiping-Aufstand
1895	Chinas Niederlage gegen Japan
1898	Gescheiterte konstitutionelle Reformbewegung
1900	Boxeraufstand und Intervention der Mächte
1901–10	Reformen der späten Qing-Zeit
1911–12	Sturz der Qing-Dynastie und Gründung der Republik
1912–16	Diktatur Yuan Shikais
1915	Beginn der «Bewegung für neue Kultur»
1916–28	Periode der «Warlords»
1919	Massenproteste während der «Bewegung des 4. Mai»
1921	Gründung der Kommunistischen Partei Chinas (KPCh)
1923–24	Reorganisation der Kuomintang (KMT) und Bildung einer Einheitsfront mit der KPCh
1927	Ende dieser «Ersten Einheitsfront», Vertreibung der KPCh aus den Städten
1928–37	KMT-Nationalregierung in der neuen Hauptstadt Nanjing
1931–34	Aufbau von «Rätegebieten» in Zentralchina durch die KPCh
1934–35	Flucht der KPCh-Führung vor den KMT-Truppen nach Nordwestchina («Langer Marsch»)
1937–45	Japanisch-chinesischer Krieg, seit 1941 Pazifischer Krieg
1946–49	Bürgerkrieg zwischen KPCh und KMT, zugleich Landrevolution in Nordchina
1949	Eroberung ganz Chinas durch die Volksbefreiungsarmee, Gründung der Volksrepublik China, Flucht der KMT-Führung nach Taiwan
1950	Einordnung der Volksrepublik in das Blocksystem des Kalten Krieges
1957	Abschluß der «sozialistischen Umgestaltung» von Wirtschaft und Gesellschaft

Nach den unterschiedlichsten Maßstäben gehört die chinesische Revolution zu den großen Revolutionen der Geschichte. Auch wenn die Weltwirkung der Französischen und der Russischen Revolution noch erheblicher gewesen sein mag, so hat doch keine Revolution je eine größere Zahl von Menschen unmittelbar in ihrer gesamten Lebensführung betroffen. Um 1950, auf dem Höhepunkt des revolutionären Geschehens, hatte China eine Bevölkerung von etwa 580 Millionen. Niemand im Lande blieb von den Umwälzungen unberührt. Die chinesische Revolution ist eines der ganz wenigen Beispiele für das, was der Revolutionstheoretiker Chalmers Johnson eine «totale» Revolution genannt hat. Sie ersetzte nicht bloß eine alte politische Elite durch eine neue. Sie veränderte das gesamte politische System eines Landes auf die denkbar radikalste Weise. Sie führte zum Verschwinden ganzer Gesellschaftsklassen und zur Durchsetzung vollkommen neuartiger Sozialbeziehungen, die dem utopisch-sozialistischen Denken Europas näher standen als der historischen Erfahrung Chinas. Schließlich bewirkte sie eine Umwertung gesellschaftlicher und kultureller Normen, die sich am Ende des revolutionären Prozesses, in der sogenannten «Kulturrevolution», zu einer Kulturzerstörung riesigen Ausmaßes steigerte. Und sie verband sich, darin eher der Französischen als der Russischen Revolution vergleichbar, mit plötzlicher außenpolitischer Revitalisierung: Zwölf Monate nach ihrer Gründung im Oktober 1949 und inmitten größter gesellschaftlicher Konvulsionen wagte die Volksrepublik China in Korea den militärischen Konflikt mit den Vereinigten Staaten, den sie mehr als passabel bestand. Innerhalb kürzester Zeit wurde China nach Jahrzehnten außenpolitischer Hilflosigkeit zu einer respektgebietenden Großmacht.

Die chinesische Revolution im soeben beschriebenen Sinne läßt sich einigermaßen genau datieren. Sie begann 1946 mit der Endphase des Bürgerkrieges, der seit 1927 zwischen den Kommunisten und ihren Gegnern im Gange war, und der gleichzeitigen Landrevolution in den «befreiten Gebieten» unter kommunistischer Kontrolle, und sie endete 1957 mit dem Abschluß der landwirtschaftlichen Kollektivierung, der «sozialistischen Umgestaltung» in den Städten und der Disziplinierung der Intellektuellen durch die sogenannte «Hundert-Blumen-Kampagne». Selten ist ein Land in derart kurzer Zeit so tiefgreifend verändert worden wie China in diesen elf Jahren. Das Subjekt dieser Veränderungen war die militärisch siegreiche revolutionäre Staatsmacht. Sie unterwarf das Land einer beispiellos radikalen Transformation «von oben», deren Erfolg in sehr hohem Maße auf den Erfahrungen eines zwei Jahrzehnte währenden Durchsetzungskampfes beruhte. Die Revolutionsführer, die im Oktober 1949 ihren neuen Staat gründeten, waren keine unerfahrenen Lehnstuhltheoretiker, sondern mit allen Wassern gewaschene Militärkommandanten, Administratoren und Agitatoren. Auch wenn in den folgenden Jahren überall improvisiert werden mußte, so waren die Berufsrevolutionäre, die 1949 das lange zersplitterte Riesenland einigten, besser auf ihre neue Aufgabe vorbereitet als sämtliche anderen Herrschaftsgruppen neugeschaffener revolutionärer Staatsgebilde, auch als die Bolschewiki von 1917/18.

Damit ist freilich über den historischen Ort der chinesischen Revolution noch nicht alles gesagt. Ein weiter gespannter Zeitrahmen eröffnet andere Perspektiven. Vom Jahre 2000 her gesehen, ist die Volksrepublik China (VRCh) nach der mexikanischen Republik die älteste noch bestehende revolutionäre Staatsgründung. Die Kommunistische Partei Chinas (KPCh) hat ihr Herrschaftsmonopol durch den Zusammenbruch des Ostblocks und der Sowjetunion hindurch gerettet und hält an der marxistisch-leninistischen Rhetorik und Symbolik ihrer Anfangsjahre fest. Diese Kontinuität des Politischen steht in einem frappanten Gegensatz zu gesellschaftlichen Entwicklungen, die die Führung der KPCh selbst in die Wege leitete. Unter Deng Xiaoping (1904–1997), einem Revolutionsveteranen, der seit 1926 in der Partei aktiv war, wurden nach 1979 die Ergebnisse der mit den Namen Mao Zedong (auch Mao Tse-tung, 1893–1976) verbundenen revolutionären Epoche weitgehend zurückgenommen. Die Kollektivierung der Landwirtschaft wurde rückgängig gemacht, der «Kapitalismus» in Dienstleistungen, Handel und Teilen der Industrie wieder zugelassen, dem einst verhaßten «Imperialismus» zu günstigen Konditionen die Tür zum chinesischen Markt geöffnet. Das Egalitätsprinzip wich – besonders im Erziehungswesen – einer scharfen Auslese nach Leistungskriterien. Die Partei verzichtete fast gänzlich auf die Mobilisierung der Bevölkerung in kräfteverzehrenden Massenkampagnen. In der Außenpolitik hat ein Großmachtegoismus die frühere weltrevolutionäre Solidarität mit der Dritten Welt ersetzt. China will niemandem mehr Vorbild sein. Vom Gesellschaftsmodell der Gründerjahre ist kaum mehr geblieben als die sehr erfolgreich verteidigten Privilegien der Nomenklatura, die planwirtschaftliche Kontrolle über die weithin staatseigene Schwerindustrie, der Zugriff der kommunistischen Parteiführung auf Staat und Militär sowie der ideologische Führungsanspruch der Partei, den allerdings wenige in der Bevölkerung noch ernstnehmen. Innerhalb dieser Hülle posttotalitärer Staatlichkeit hat sich ein vitales gesellschaftliches Leben entwickelt, das eher an die dynamischeren Länder des nicht-kommunistischen Asien als an die Stagnation der späten Sowjetunion erinnert. Ein halbes Jahrhundert nach der Gründung der Volksrepublik erscheint die chinesische Revolution weniger als der Beginn eines nationalen Sonderweges denn als chinesische Variante des Weges in eine asiatische Moderne. Sozialstrukturell nähert sich China den nicht-kommunistischen Staaten Ost- und Südostasiens immer mehr an.

In China – und nur in China – entpuppt sich eine sozialistische Revolution als Geburtshelferin einer kapitalistischen Wettbewerbsgesellschaft. Man wird dies als eine der pikantesten historischen Ironien des 20. Jahrhunderts sehen können, sollte aber vor dem allzu weit gehenden Schluß zurückschrecken, es habe sich hier erstmals eine sozialistische als die wahre «bürgerliche» Revolution zu erkennen gegeben. Die heute in China entstehende kapitalistische Wettbewerbsgesellschaft ist keine «bürgerliche Gesellschaft» oder «civil society» im emphatischen Sinne der Emanzipationsbewegungen Westeuropas und Nordamerikas. Der *bourgeois* läutert sich nicht zum *citoyen*. Mit der Freisetzung der Energien persönlichen Bereicherungswillens, die Deng Xiaoping mit seinem Angriff auf den maoistischen Kollektivismus in die Wege leitete, verbindet sich an der Jahrhundertwende (noch) keine demokratische Herausforderung des obrigkeitlichen Politikmonopols. Daß dies nicht so bleiben muß und daß China keineswegs durch sein kulturelles Erbe zur Tyrannei verdammt ist, beweist die Demokratisierung, die der zweite chinesische Staat, die Republik China auf Taiwan, in den neunziger Jahren erfuhr.

Wenn es statthaft ist, die chinesische Revolution als den spezifisch chinesischen Weg in die asiatische Moderne zu deuten, dann öffnen sich auch Alternativen zu einer politikgeschichtlichen Periodisierung, die den eigentlichen revolutionären Prozeß um 1946 beginnen läßt. Vor dem Beginn jener Ereignisse, die unmittelbar in die Machteroberung durch die KPCh mündeten, lag eine lange Phase der Vorbereitung. Sie reicht auch noch weit hinter die Gründung der KPCh im Jahre 1921 zurück. Dies führt zu einem weiteren historischen Paradox. Während das Datum 1949 die chinesische Revolution in der Nachbarschaft der großen nationalen Befreiungserfolge nach dem Ende des Zweiten Weltkriegs – Vietnam (1945/1954), Indien (1947), Indonesien (1949) – plaziert, reichen ihre Wurzeln in die Zeit vor dem Ersten Weltkrieg zurück. Der weltgeschichtliche Kontext, in den man die Entstehung der chinesischen Revolution rücken muß, ist die Krise der agrarischen Imperien Eurasiens. Wenn man es so betrachtet, dann ist die chinesische Revolution eine Zeitgenossin der Erosion von *ancien régimes* in Japan und Rußland, im Osmanischen Reich und im Iran. Bereits die ereignisgeschichtlichen Schlüsseldaten verraten diese Nachbarschaft. 1911 wurde in einer Weise, die man in China selbst wie im westlichen Ausland sogleich als «revolutionär» erkannte, die traditionale Autokratie gestürzt und durch ein als modern empfundenes, dem Westen angenähertes politisches System ersetzt: eine Republik. Die Revolution begann fern der Hauptstadt Peking in der zentralchinesischen Metropole Wuchang (heute ein Teil von Wuhan) mit einer Meuterei von Truppenteilen, die enge Beziehungen zu der aus dem Exil operierenden revolutionären Bewegung Sun Yatsens unterhielten. Innerhalb der nächsten drei Monate stellten sich der Reihe nach die Militärbefehlshaber in den Provinzen gegen die Dynastie der Qing. Am 1. Januar 1912 trat ein ziviler Präsident an die Stelle des Kaisers. Die älteste Monarchie der Welt bestand nicht mehr. Ähnliche Überwindungen vormoderner Herrschaftsordnungen, die in Asien zumeist «Despotien» waren, hatte es zunächst 1868 in Japan mit der Beseitigung des Tokugawa-Shogunats durch modernisierungswillige Kräfte aus dem Adel gegeben, dann 1905–8 im Iran mit der «konstitutionellen Revolution», fast gleichzeitig 1908 im Osmanischen Reich mit der jungtürkischen Revolution, die die Alleinherrschaft des Sultans ein für allemal beendete. In Rußland war ein ähnlicher Versuch 1905 vergleichsweise erfolglos geblieben. Wie es im Einzelfall auch um die Realität bestellt sein mochte: Verfassungsgeschichtlich war Rußland am Vorabend des Ersten Weltkriegs durch die wichtigsten nichtkolonisierten Länder Asiens überholt worden. Als 1917 die Februarrevolution das russische *ancien régime* beendete, war der letzte chinesische Kaiser bereits seit fünf Jahren ein wohlversorgter Staatspensionär. Mit guten Gründen läßt sich daher behaupten, die chinesische Revolution sei älteren Ursprungs als die russische. Ohne Zweifel war sie der langwierigste revolutionäre Prozeß der Neuzeit.

Darüber, wann dieser Prozeß begann, sind sich die Historiker nicht einig. Die sino-marxistische Geschichtsschreibung nahm bis vor kurzem eine Reihe von «revolutionären Flutwellen» an, als deren erste der große Taiping-Aufstand der Jahre 1850 bis 1864 galt, der das Kaisertum durch ein «Himmlisches Reich vom ewigen Frieden» zu ersetzen trachtete. Von anderen Voraussetzungen her gelangte der Sinologe Wolfgang Franke bereits 1958 zu einem ähnlichen Ergebnis, wenn er die Jahre 1850 bis 1949 als das «Jahrhundert der chinesischen Revolution» bezeichnete. Noch weiter ging der namhafte amerikanische Historiker John K. Fairbank, der die Anfänge der Revolution bereits in Krisenerscheinungen von Staat und Gesellschaft zu erkennen glaubte, die sich um 1800 beobachten lassen.

Ganz so weit muß man den Revolutionsbegriff nicht dehnen, um den tieferen Ursachen der politischen Umwälzungen des 20. Jahrhunderts gerecht zu werden. Fairbank ist zuzustimmen, wenn er darauf hinweist, daß China im 19. Jahrhundert alles andere als das statische oder gar «geschichtslose» Land war, als das es ältere westliche Vorurteile gerne darstellten. Es erlebte einen gewissen sozialen Wandel, der vor allem durch zwei unabhängige Variablen angestoßen wurde: zum einen durch ein nur infolge von Naturkatastrophen und inneren Kriegen zeitweise verlangsamtes Bevölkerungswachstum, zum anderen durch die Ansiedlung von Europäern in einer Reihe von Hafenkolonien (an erster Stelle Hongkong und Shanghai), die China nach seiner Niederlage im englisch-chinesischen Opiumkrieg 1842 schrittweise abzutreten hatte. Insgesamt gesehen reichten solche Impulse jedoch nicht aus, um die tradierte Sozialstruktur maßgeblich zu verändern. Der allergrößte Teil des Landes blieb von den gesellschaftlichen Neuentwicklungen in wenigen Küstenstädten unberührt, während das Bevölkerungswachstum den Druck auf die gegebene Ressourcenbasis und auf die bestehenden sozialen Institutionen, vor allem die bäuerliche Familie, immer weiter verstärkte, ohne daß es zu kreativen sozialen Problemlösungen gekommen wäre. Die langfristig wichtigste sozialgeschichtliche Tendenz des 19. Jahrhunderts war die wachsende Emanzipation der Kaufmannschaft von der Bevormundung durch den Staat und von der Geringschätzung, mit der ihr die literarisch gebildeten konfuzianischen Beamtengelehrten zu begegnen pflegten. Vom Aufstieg eines Bürgertums zu sprechen, würde allerdings die durchaus vorhandenen Analogien zum Westen überstrapazieren. Auch politisch führten die Wirren, die China zum weltweit blutigsten Bürgerkriegsschauplatz des 19. Jahrhunderts machten, nicht zu konstruktiven Neuansätzen. Das kaiserliche System rang seine inneren Gegner mit größter Anstrengung nieder und hielt die europäischen Großmächte durch immer neue Zugeständnisse von einer aggressiveren Kolonialpolitik ab, kam aber bei seinen Versuchen reformerischer Selbststärkung über Halbheiten nicht hinaus. Dabei ging es ihm nicht anders als den übrigen *ancien régimes* Eurasiens. Von einer politischen Revolutionierung Chinas kann im 19. Jahrhundert daher keine Rede sein. Auch kulturell lagen die großen Schockerfahrungen und Lernversuche in der Zukunft. Noch sah die gesellschaftliche Elite keinen Anlaß zu grundlegender Neuorientierung.

Die chinesische Revolution begann um die Jahrhundertwende. 1895 unterlag China zur allgemeinen Überraschung der aufstrebenden Militärmacht Japan. Diese Niederlage kann in ihrer Bedeutung nicht überschätzt werden. Bis 1895 war China vom Imperialismus der europäischen Mächte weniger stark berührt worden als die meisten übrigen Teile Asiens. Nun aber hatte es sich als «kranker Mann am Gelben Meer» zu erkennen gegeben, der den Begehrlichkeiten von Regierungen und Militärstrategen, von Banken und multinationalen Konzernen kaum noch etwas entgegenzusetzen vermochte. Nach Umfang und Intensität nahm die imperialistische Präsenz, auch diejenige Japans, nach 1895 dramatisch zu. Bis 1895 hatte sich die chinesische Macht- und Bildungselite (beides war weithin identisch) in dem Glauben wiegen können, auch ein geschwächtes China bleibe doch immerhin der Mittelpunkt der ostasiatischen Weltordnung. Dieses «sinozentrische» Weltbild wurde nun ebenso als Illusion entlarvt wie die Zuversicht, das altbewährte monarchisch-bürokratische System werde auch jetzt das Überleben des Landes gewährleisten. Gerade das Überleben Chinas als großes Einheitsreich, als ehrwürdige Kultur und als so etwas wie eine virtuelle Nation schien nunmehr in Frage zu stehen. Keine der Weltdeutungen, die jetzt aus dem Westen importiert wurden, überzeugte daher zunächst so sehr wie der Sozialdarwinismus. China schien zu den Unterlegenen im Daseinskampf zu gehören. Was war zu tun?

Die Krisenwahrnehmung zur Zeit der Jahrhundertwende blieb anfangs auf Minderheiten innerhalb der Gelehrtenwelt und der Staatsbürokratie und auf kleine radikale Exilantenzirkel in Hongkong und Japan beschränkt. In ihrer ersten Phase war die chinesische Revolution eine patriotische Kopfgeburt. Über Diagnose und Therapie waren sich ihre Urheber nicht einig. Eine Richtung empfahl den westlichen Konstitutionalismus als Vorbild und hoffte, in den Chinesen den Geist nationaler Anstrengung zu wecken, eine zweite setzte eher auf einen durchgreifenden Reformabsolutismus nach dem Vorbild Peters d. Gr., eine dritte glaubte, die Probleme bereits dadurch lösen zu können, daß man die «Fremdherrschaft» des 1644 auf den Thron gelangten mandschurischen Kaiserhauses der Qing beseitigte. Keine dieser frühen Vorstellungen konnte sich durchsetzen.

Statt der Gelehrten ergriffen überraschend nordchinesische Bauernburschen die historische Initiative. Ihr «Boxeraufstand» war zunächst eine soziale Protestbewegung, die aber bald die Ausländer und vor allem die Missionare als Quelle aller Übel ausfindig machte. Als reaktionäre Kräfte am Kaiserhof die immer gewalttätigeren Übergriffe gegen Fremde und gegen chinesische Christen deckten oder gar billigten, steigerte sich die Affäre zu einer internationalen Krise. Boxerrebellen und reguläre Truppen begannen im Sommer 1900 das Gesandtschaftsviertel in Peking anzugreifen. Zwischen China und der internationalen Gemeinschaft trat der Kriegszustand ein. Der Boxeraufstand war für China eine militärische, eine finanzielle und eine kollektivpsychologische Katastrophe. Aber er hatte auch die heilsame Nebenwirkung, krude Fremdenfeindlichkeit politisch zu diskreditieren und endlich die Macht der Reaktionäre am Hof zu brechen. In den Jahren nach 1901 ging die Initiative auf die Reformkräfte im Staatsapparat über. Das *ancien régime* zeigte sich bereit und sogar fähig, ein gut durchdachtes und radikales Reformprogramm in die Wege zu leiten. Einiges davon wurde verwirklicht: die drastische Einschränkung des Opiumanbaus, Militärreformen, die Gründung von Provinziallandtagen (der ersten Repräsentativorgane in der chinesischen Geschichte), die Abschaffung der Staatsprüfungen, die seit jeher ein konfuzianisches Ideologiemonopol zementiert hatten, sowie die Anerkennung von Handelskammern als Institutionen einer bis dahin verpönten Selbstorganisation der außerbürokratischen gesellschaftlichen Kräfte.

Nun bestätigte sich aber in China das, was sich auch an früheren Revolutionen beobachten läßt: Ein vormodernes Regime destabilisiert sich selbst, wenn es auf einen zentralisierenden Reformkurs einschwenkt, damit die gesellschaftlichen Kräften in Anhänger und Gegner polarisiert sowie zugleich die Pandorabüchse widerstreitender Erwartungen öffnet. Die Revolution von 1911 war das ungeplante und unkoordinierte Ergebnis eines Zusammentreffens dreier Tendenzen: des Widerstandes aufstrebender Grundbesitzer- und Kaufmannseliten in den Provinzhauptstädten gegen das neue Selbstbewußtsein der Zentralregierung, des Bestrebens von Kommandeuren der kurz zuvor geschaffenen «Neuen Armeen», sich provinziale Machtbasen zu schaffen, und schließlich der Anti-Mandschu-Agitation von Revolutionären und Geheimgesellschaften. Hinter der Revolution stand keine geschlossene revolutionäre Bewegung mit einem konstruktiven Programm. Als 1912 das Kaisertum, also der organisatorische Rahmen des Reiches seit dem 3. Jahrhundert v. Chr., plötzlich verschwunden war, löste sich keines der Probleme des Landes. Außenpolitisch war China noch eine Spur schwächer geworden, die Klammer zwischen den achtzehn Provinzen war zerbrochen, und es fehlte an Visionen für die Reform des Landes. Daß China binnen weniger Jahre in viele kleine Herrschaftsgebiete zerfallen sollte, denen die republikanische Zentralregierung mehr nominell als faktisch präsidierte, war eine unmittelbare Folge der perspektivenlosen Revolution von 1911.

Die territoriale Fragmentierung hielt bis 1949 an. Zwischen der Beseitigung des alten Regimes und dem Neuaufbau eines regierungsfähigen Zentralstaates lagen in China nicht vier Jahre wie in Rußland – vom Februar 1917 bis zum Beginn der Neuen Ökonomischen Politik im Frühjahr 1921 –, sondern 38 Jahre. Die Fragmentierung erschwert die Aufgabe des Historikers, denn spätestens ab 1916 hat die Revolution kein eindeutiges Zentrum mehr. Die Hauptstadt Peking spielt fortan nicht jene Rolle, die London, Paris oder St. Petersburg in früheren Revolutionen gespielt hatten. Wie ein avantgardistisches Theaterstück trägt sich die chinesische Revolution auf mehreren Bühnen gleichzeitig zu. Stärker als frühere Revolutionen greifen zudem äußere, internationale Kräfte in die Binnenprozesse ein. Auch das kompliziert die Analyse.

1911 war ein politischer Umsturz ohne Massenbewegung gewesen, also keine soziale Revolution. In den Jahren danach braute sich aber sozialer Sprengstoff zusammen. Von der verbreiteten Vorstellung her, die chinesische Revolution sei eine «Bauernrevolution» gewesen, müßte man erwarten, daß die Bauernschaft immer mehr im Elend versunken sei und sich hier vor allem ein revolutionäres Potential angesammelt habe. Das war bis zum Beginn der Weltwirtschaftskrise keineswegs der Fall. Eine noch weiter fortschreitende Verelendung der chinesischen Landbevölkerung läßt sich für die ersten drei Jahrzehnte des 20. Jahrhunderts nicht nachweisen. Nach dem Boxeraufstand (der übrigens Mittel- und Südchina nicht berührt hatte) blieben die Bauern einstweilen politisch stumm und ohne Fürsprecher unter den revolutionären Wortführern. Der soziale Sprengstoff hatte zwei andere Quellen. Beide fanden sich in den Städten, vor allem in den kolonialen Häfen des Ostens. Erstens entstand dort, hauptsächlich in Shanghai, Kanton und Hongkong, unter Fabrik- und Transportarbeitern ein modernes Proletariat. Es unterhielt in seiner ersten Generation noch enge Verbindungen zu seiner dörflichen Herkunft und bestand, etwa in der Leichtindustrie, zu einem höheren Prozentsatz aus Frauen, als man dies von der europäischen Frühindustrialisierung her kennt. Seine Forderungen waren aber die eines weltweiten «Trade-Unionismus»: kürzere Arbeitszeiten, bessere Arbeitsbedingungen, höhere Löhne, dauerhaftere Anstellung. Obwohl es während des Ersten Weltkriegs zu einem Industrialisierungsschub unter der Ägide einheimischer Unternehmer kam, handelte es sich weiterhin bei einem großen Teil der Arbeitgeber um ausländische Firmen, etwa britische Reedereien oder japanische Baumwollkonzerne. Es gibt keine Anhaltspunkte dafür, daß es chinesischen Arbeiterinnen und Arbeitern unter fremden schlechter erging als unter chinesischen Kapitalisten; eher war das Gegenteil der Fall. Trotzdem nahmen Arbeiterproteste schon früh eine eigentümlich anti-imperialistische Note an; die Arbeiterschaft entflammte sich schnell für nationale Anliegen. Die «unwürdige» Behandlung von Chinesen durch Ausländer war immer wieder ein Anlaß für Streiks und Boykotte. Schon 1905 hatte die Wirtschaftstätigkeit der westlichen Ausländer in China unter einem ganz Südchina erfassenden Boykott gelitten, mit dem Arbeiter, Kaufleute und andere Gesellschaftskreise ihrem Ärger über eine Verschärfung der Einwanderungsgesetzgebung der USA Luft gemacht hatten. Der Boykott war fortan eine Lieblingswaffe gegen den «Imperialismus».

Im 2. und 3. Jahrzehnt des 20. Jahrhunderts traf der diffuse Massenpatriotismus der Küstenbevölkerung mit dem sich nun deutlicher artikulierenden Nationalismus einer neuartigen Intelligentsia zusammen. Die Abschaffung der staatlichen Beamtenprüfungen und dann vollends das Verschwinden der kaiserlichen Bürokratie hatten die Karrierechancen einer ganzen Generation zunichte gemacht. Schulen und Universitäten neuen Stils, in denen auch westliches Wissen gelehrt wurde, dazu neuartige Gelegenheiten für ein Auslandsstudium (die von Zehntausenden genutzt wurden) eröffneten neue Möglichkeiten, für die sich jedoch ein Arbeitsmarkt erst langsam herausbilden mußte. So entstand eine junge städtische Intelligentsia: überwiegend sozial privilegierter Herkunft, aber ohne tradierte Statussicherheit und vorhersehbare Lebenschancen. In der offiziellen Politik fand sie kein Betätigungsfeld, denn die regionalen Militärmachthaber («Warlords»), die China zwischen 1917 und 1927 beherrschten (und in manchen Provinzen noch weit länger), regierten autokratisch und mit einem Minimum an Zivilverwaltung. Diese «freischwebende Intelligenz», wie der Soziologe Karl Mannheim dergleichen nannte, stürzte sich in Wissenschaft, Publizistik und Literatur. Zeitschriften und Buchverlage, Diskussionzirkel und Studiengruppen schossen wie Pilze aus dem Boden.

Bereits 1915 hatten namhafte Professoren damit begonnen, die gesamte geistige Tradition Chinas auf den Prüfstand zu stellen. Erstmals wurde die Schuld für Chinas Schwäche und Rückständigkeit nicht in den Machenschaften des Auslands oder den Unzulänglichkeiten von «Fremd»-Herrschern wie der Mandschu Dynastie gesucht, sondern in den kulturellen Selbstverständlichkeiten des Konfuzianismus. Diese «Bewegung für Neue Kultur» plädierte für eine Vereinfachung der komplizierten klassischen Schriftsprache und für empirische Wissenschaftlichkeit, für die Emanzipation der Frau und für eine Überwindung alter Untertanengesinnungen. Politisch forderten ihre Sprecher «Demokratie» – ohne so recht sagen zu können, was dies für China konkret zu bedeuten habe. Während man einer weitgehenden kulturellen und politischen Verwestlichung das Wort redete, klagte man den westlichen Imperialismus in heftigen Tönen an. Nachdem die Pariser Friedenkonferenz China die Rückgabe jener Gebiete in der Nordprovinz Shandong verweigerte, die Japan 1914 den Deutschen abgenommen hatte, kam es im Mai und Juni 1919 zu landesweiten Studenten- und Schülerprotesten, denen sich bald Kaufleute und Arbeiter mit Boykotten und Streiks anschlossen. Mit dieser «4. Mai-Bewegung», auf die sich bis heute chinesische Demokraten berufen, ging die zunächst nur auf dem Papier betriebene Kulturrevolution auf die Straße. Sie wurde zum politischen Erweckungserlebnis jener Generation, die China in den Sozialismus führen sollte.

Die Hoffnung, die Westmächte, in erster Linie die führende Kolonialmacht Großbritannien sowie die insgeheim bewunderten USA, würden dem chinesischen Nationalismus entgegenkommen und den Aufbruch «Jungchinas» unterstützen, erfüllten sich nicht. Der chinesischen Öffentlichkeit wurde bewußt, daß sich auch nach dem Ende des Weltkriegs am Beharren der Ausländer auf ihren quasi-kolonialen Privilegien nichts geändert hatte und daß sich die Großmächte lieber auf reaktionäre Militärdespoten stützten als auf die Kräfte des Fortschritts. Die radikale Intelligentsia machte auf diese Weise gleichzeitig die Erfahrung außenpolitischer Ohnmacht und innerer Bündniserfolge: 1919 hatten sich erstmals im Zeichen des Nationalismus die städtischen Massen von Studenten, Schülern und Professoren mobilisieren lassen. Nachdem der Rausch der Massenaktionen verflogen war, hatte sich indessen in der Realität so gut wie nichts geändert. In diesem Moment politischer Katerstimmung und Orientierungslosigkeit tauchten 1920 die ersten Abgesandten der Kommunistischen Internationalen (Komintern) in China auf.

Die Oktoberrevolution hatte von Anfang an viel Interesse unter den Intellektuellen geweckt, unter denen bis dahin der Anarchismus bekannter und populärer gewesen war als der Marxismus. Nun brachten die Agenten der jungen Sowjetmacht eine fertige theoretische Analyse der Lage Chinas und der Welt aus Moskau mit, berichteten von den praktischen Erfahrungen der Bolschewiki, verkündeten den Verzicht der Sowjetmacht auf die imperialistischen Rechte des Zarenreiches in China und gaben Ratschläge, wie man eine kommunistische Partei organisiert. Da Lenin und die Komintern ihre Erwartung weltrevolutionärer Unterstützung weniger auf das «unreife» chinesische Proletariat gründeten als auf das, was sie theoretisch als «nationale Bourgeoisie» identifizierten, wurde der wichtigste Empfänger revolutionärer Entwicklunghilfe die Kuomintang («Nationalpartei», KMT), die man für die politische Organisation der Bourgeoisie hielt. Die KMT und ihr langjähriger Führer Sun Yatsen (1866–1925) hatten seit langem in der chinesischen Revolution eine wichtige, aber nie eine entscheidende Rolle gespielt. Nun verhalf ihr die Komintern zu zwei entscheidenden Voraussetzungen künftigen Erfolgs: einer autoritären und effizienten Organisation nach bolschewistischem Muster und einer kleinen, aber bestens ausgebildeten und ausgerüsteten Parteiarmee, die bald die undisziplinierten Massenheere der Warlords in die Flucht schlagen sollte. 1924 war die Reorganisation der KMT beendet. Gleichzeitig stand die neugegründete KPCh halbwegs auf eigenen Füßen. Auf sowjetischen Druck schlossen die beiden Parteien eine revolutionäre Einheitsfront, die sich gegen Warlords und Imperialisten richtete. Einstweilen war ihr Einflußbereich auf die südchinesische Stadt Kanton begrenzt.

Die Jahre 1923/24 sind von entscheidender Bedeutung für die Geschichte der chinesischen Revolution. Sie bedeuten das Ende liberaler Gedankenexperimente und den Beginn der autoritären Formierung der Intelligentsia. Im Frühjahr 1927 zerstörte die KMT unter ihrem neuen Führer, General Jiang Kaishek, die Einheitsfront und ging mit mörderischen Säuberungen gegen die Kommunisten vor. Aber auch nach diesem tiefen Bruch, mit dem ein 22 Jahre andauernder Bürgerkrieg begann, verband zweierlei die Linke und die Rechte: Beide blieben autoritär geführte Funktionärsparteien bolschewistischen Typs, und beide setzten sich das Ziel, China von der imperialistischen Bedrückung zu befreien.

Seit sich die Westmächte Ende der zwanziger Jahre nun doch widerstrebend zum Einlenken gegenüber dem chinesischen Nationalismus bereitgefunden hatten, war damit in erster Linie Japan gemeint. Zwischen 1931, als Japan die Mandschurei an sich riß, und dem Sommer 1945, als die Atombomben das Kaiserreich zur Kapitulation zwangen, befanden sich die beiden großen Staaten Ostasiens in einem nie erklärten Krieg.

Man versteht die Besonderheiten der chinesischen Entwicklung nicht, wenn man die enge Verquickung von Revolution und Krieg übersieht. Seit der Taiping-Bewegung war China eine in hohem Maße bewaffnete und militarisierte Gesellschaft. Solange die kaiserliche Zivilbürokratie regierte, konnte keine offene Militärherrschaft entstehen. Unter der frühen Republik jedoch ergriffen überall Militärführer die Macht. Die Militarisierung der KMT erfolgte in diesem gewaltintensiven Milieu. Sie ermöglichte es Jiang Kaishek, gegen die Warlords mit deren eigenen Mitteln vorzugehen und sich in Ost- und Zentralchina als eine Art von nationalistischem Oberwarlord zu etablieren. Als die KPCh 1927 aus den Städten vertrieben wurde und einige Jahre lang in unwegsamen Berggegenden um ihr Überleben kämpfte, fand auch sie ihre Rettung in der erfolgreichen Gründung einer Roten Armee. Anders als die Bolschewiki waren daher die chinesischen Kommunisten schon während ihres Weges zur Macht eine Partei in Waffen.

Gegen wen – außer gegen die äußeren Feinde – richtete sich die chinesische Revolution nach 1927? Die KMT, die die international anerkannte Nationalregierung Chinas bildete, verband in ihrem Herrschaftsgebiet die Unterdrückung sozialen Protests mit einigen maßvollen Modernisierungsmaßnahmen, etwa im Rechts- und Finanzwesen. Die KPCh als die schwächere Kraft befand sich in einer ständigen Defensive. 1934 schien abermals ihr letztes Stündlein geschlagen zu haben. Nur mit Hilfe einer List entkam die Partei- und Armeeführung der Umzingelung durch Jiang Kaishek und begab sich auf den Langen Marsch von Zentral- nach Nordwestchina. Nach 1927 befreite sich die KPCh von der marxistisch-leninistischen Orthodoxie, die in den Bauern kein revolutionäres Potential erkennen wollte. Mao Zedong, ein selbst aus einer Bauernfamilie stammendes Mitglied des engsten Führungszirkels, aber nicht vor 1945 der alleinige Supremo der Partei, formulierte eine neue Revolutionsstrategie, deren Kern die Mobilisierung der armen und mittleren Bauernschaft gegen ausbeuterische Grundherren war.

Die KPCh hatte allerdings nur wenig Gelegenheit, ihre Theorien in die Praxis umzusetzen. Erst während des Krieges gegen Japan konnte sie ihr entlegenes Basisgebiet Yenan im Nordwesten in ein soziales Experimentierfeld verwandeln. Doch auch dann noch standen einer Realisierung der reinen revolutionären Lehre alle möglichen Rücksichten im

Wege, die man aus taktischen Gründen auf momentane Bündnispartner, auch solche unter den Grundherren, zu nehmen hatte. Von einer gigantischen Jacquerie, die die KPCh unaufhaltsam zur Macht getragen hätte, kann vor 1945 nicht gesprochen werden. Die KPCh verfolgte das genuine Ziel, das Los der bäuerlichen Mehrheit zu verbessern, aber die Bauern waren auch die einzigen «Volksmassen», die der Partei außerhalb der Städte erreichbar blieben. Sie mußten politisch sorgsam geführt und auf einem mittleren Kurs des Enthusiasmus zwischen Gleichgültigkeit und rücksichtslosem Übereifer gehalten werden. Vor allem benötigte man sie während des Krieges gegen Japan als Reservoir zur Rekrutierung von Guerillakämpfern und als deren stillschweigende Helfer. Mao sprach in einem berühmten Bild von den Partisanen als Fischen im Meer des Volkes.

Während des Krieges, den die Japaner mit größter Brutalität auch gegen die chinesische Zivilbevölkerung führten, geriet die KPCh um 1940/41 zum dritten Mal in ihrer Geschichte nach 1927 und 1934 an den Rand der Vernichtung. Sie überstand diese Krise und sammelte von da an in der chinesischen Öffentlichkeit Kredit als die einzige politische Kraft, die den Japanern mit letztem Einsatz entgegentrat und die in ihren Basisgebieten eine effiziente, korruptionsfreie und weithin «gerechte» Verwaltung praktizierte. All dies ließ sich von ihrer Rivalin, der KMT, nicht behaupten. Zum Zeitpunkt des Zusammenbruchs des japanischen Raubimperiums war die KMT zahlenmäßig bei weitem stärker als die KPCh. Auch genoß sie zunächst die Unterstützung der USA, während Stalin wenig für seine unorthodoxen chinesischen Parteifreunde tat. Dennoch unterlag die KMT im Bürgerkrieg der Jahre 1946 bis 1949. Dies hatte verschiedene Gründe: die Demoralisierung der KMT und ihrer Armee; das überlegene strategische Geschick der Kommandanten der Roten Armee in einem Krieg, der nicht länger als Summe lokaler Partisanenangriffe, sondern in geradezu hannibalischen Feldschlachten ausgetragen wurde; schließlich in der Entfesselung bäuerlichen Furors während der großen nordchinesischen Landrevolution.

Die Bauernrevolution, wie man sie sich vorstellt, fand nach 1946 in den Dörfern Nordchinas und der Mandschurei statt. Dort, wo die KMT sie nicht mehr verteidigen konnte, wurden Grundherren und «reiche Bauern» dem Volkszorn überantwortet. Ihr Land wurde umverteilt. Mehr als vierzig Prozent der kultivierten Fläche wechselte die Besitzer. Nutznießer war die ärmere Hälfte der Landbevölkerung, die ihrerseits die KPCh dankbar mit kriegswichtigen Ressourcen, vor allem Rekruten und Getreide, versorgte. Zum Zeitpunkt der Gründung der Volksrepublik China im Oktober 1949 war die alte ländliche Oberschicht, die seit Jahrhunderten alle Umbrüche, auch die Revolution von 1911, unbeschadet überstanden hatte, «als Klasse vernichtet», wie es in der kommunistischen Politsprache hieß. 1950 wurde die neue Agrarstruktur durch das Bodengesetz der Volksrepublik auch auf die sogenannten «neu befreiten Gebiete» im Süden des Landes übertragen. Bis 1952 wurde die Landrevolution, nun unter der Aufsicht der Staatsmacht und unter dem Namen «Landreform», fortgesetzt. Sie bildete den gesellschaftsgeschichtlichen Kern der chinesischen Revolution: eine radikale Umwälzung von Eigentumsverhältnissen und politischer Macht auf dem Lande. Das Kleinbauernidyll, das die niedrige Produktivität des chinesischen Agrarsektors noch weiter senkte und die Versorgung der Städte erschwerte, währte nicht lange. Nach wenigen Jahren wurde die Landwirtschaft per Kollektivierung in eine sozialistische Form gebracht.

Die chinesische Revolution, als Gesamtprozeß betrachtet, läßt sich nicht in einer kurzen Formel einkapseln, wie es oft mit plakativer Wirkung geschieht. Keineswegs war sie identisch mit «Maos Weg zur Macht». Mao Zedong war zwar neben Deng Xiaoping eine der beiden Persönlichkeiten, die das Schicksal Chinas im 20. Jahrhundert am tiefsten prägten, doch eine personalisierende Deutung der Revolution greift zu kurz. Auch kann man nicht ohne starke Einschränkungen von einer «Bauernrevolution» sprechen. Zweimal in der neueren Geschichte erlitten von Bauern getragene Bewegungen verheerende Niederlagen: die Taiping-Rebellion in den frühen 1860er Jahren und der Boxer-Aufstand im Jahre 1900. In den ersten drei Jahrzehnten der chinesischen Revolution spielte das Land kaum eine Rolle. Erst als die von der KMT aus den Städten vertriebenen kommunistischen Intellektuellen und Massenorganisatoren die Bauernfrage für sich entdeckten, wurden die Bauern zum «revolutionären Subjekt». Aus der Sicht der Partei waren sie das mobilisierbare Fußvolk der Revolution, eher Manövriermasse als treibende Kraft. Das heißt nicht, die Partei habe die Bauern bloß zynisch manipuliert. Die Lösung einer objektiv vorhandenen chronischen Agrarkrise war eine Herausforderung für jedes Regime. Diese Krise lag weniger in besonders ausbeuterischen Produktionsverhältnissen als in abnehmender Produktivität bei zunehmender Bevölkerung. Daß China immer schwerer zu ernähren war, hatte, wie die marxistischen Diagnostiker richtig erkannten, auch mit der Existenz einer im Grunde parasitären und an Produktionsverbesserung nicht interessierten Klasse von Grundherren zu tun. Ebenso unrationell waren eine extrem zersplitterte und kleinflächige Parzellenwirtschaft sowie ein Staat, der die Landwirtschaft durch immer höhere Steuern schröpfte, ohne ihr Gegenleistungen zu bieten. Diese Schwierigkeiten hätten sich vielleicht auch mittels tiefgreifender Reformen lösen lassen. Dadurch, daß die KMT die Chance der Agrarreform nicht nutzte, trug sie zu ihrem eigenen Untergang bei. Die alte gesellschaftliche Ordnung des ländlichen China war im 20. Jahrhundert nicht lebensfähig. Ihr revolutionäres Ende war einer unter mehreren denkbaren Wegen zum Vollzug einer ökonomischen Notwendigkeit.

Auch das politische Resultat der Revolution war alles andere als vorprogrammiert. Mehrfach stand der chinesische Kommunismus kurz vor seiner Vernichtung. Betrachtet man die politische Krise Chinas als eine Krise des Staates, dann ergibt sich vielleicht eine deutlichere Entwicklungslogik. China hatte über die Jahrhunderte hinweg die leistungsfähigste Bürokratie der Welt aufgebaut, ein Wunder an großräumiger Ordnungskompetenz. Sie hatte Verwaltungsabläufe perfekt organisiert, aber ihre Lernfähigkeit verkümmern lassen. Das rächte sich im 20. Jahrhundert. In das politische Vakuum, das 1911 entstand, trat zunächst das Militär. Es war aber auf provinzialer Basis organisiert und daher außerstande, das riesige Land zusammenzuhalten und schlagkräftig zu verteidigen. Nur die Verknüpfung militärischer Machtmittel mit einem nationalen politischen Ordnungswillen versprach Erfolg. Sowohl die KMT wie die KPCh verfügten über diese Ausgangsvoraussetzungen. Einzig die KPCh nutzte jedoch die entscheidende Chance – den Abwehrkrieg gegen Japan nach 1937 – zur Stärkung ihrer nationalen Legitimität. Nur sie vergaß neben ihren autoritären Parteistrukturen nicht die Idee des dynamischen, «dem Volke dienenden» (wie Mao formulierte) Kaders. Die KMT hingegen verfiel – wie die KPCh nach 1949 – in die Sünden eines obrigkeitlichen Bürokratismus ohne Gemeinwohlbezug. Die Möglichkeit eines chinesischen nicht-kommunistischen Kemalismus, etwa unter Jiang Kaishek, blieb unverwirklicht.

Die chinesische Revolution war nicht zuletzt eine nationale Erhebung. Im Ziel der Wiederherstellung von Chinas voller Souveränität, also der Rückgewinnung aller verlorenen Gebiete und der Abschaffung der aus den «ungleichen Verträgen» resultierenden Vorrechte der Ausländer, waren sich alle politischen Richtungen über Bürgerkriegsgräben hinweg einig. Diese Ziele hätten sich auf längere Sicht friedlich erreichen lassen, hätte nicht Japan zielstrebig das Erbe des westlichen Kolonialismus in Asien antreten wollen. Erst die Niederlage Japans erlaubte eine erneute Konzentration der revolutionären Kräfte auf die Eroberung der staatlichen Macht.

Die ägyptische Revolution

von Michael Thornhill

Chronik

1869	Eröffnung des Suezkanals
1882	Beginn der britischen Besetzung Ägyptens
1918	Geburt von Gamal Abdul Nasser in Alexandria
1919	«Revolution von 1919»: Aufstände gegen die britische Besatzungsmacht
1922	Großbritannien entläßt Ägypten nominell in die Unabhängigkeit, behält sich aber die Verantwortung für die Verteidigung des Landes vor
1923	Inkrafttreten einer «liberalen» Verfassung, Ägypten wird zur konstitutionellen Monarchie
1936	Anglo-ägyptischer Vertrag, beendet militärische Besetzung Ägyptens, gestattet jedoch britische Truppenpräsenz in der Suezkanalzone für weitere zwanzig Jahre
1937	König Faruk besteigt den Thron
1942	Britischer Botschafter läßt den Königspalast von Panzern umstellen und erzwingt Einsetzung einer probritischen Regierung
1948	Gründung des Staates Israel, Palästina-Krieg (1. Arabisch-Israelischer Krieg)
1949	Gründung der Geheimorganisation «Freie Offiziere» unter Leitung Nassers
1950	Wahlsieg der Wafd-Partei
1951–1952	Militärische Spannungen zwischen Ägypten und Großbritannien nach der einseitigen Aufkündigung des Stationierungsvertrags von 1936 sowie des Abkommens über die gemeinsame Verwaltung des Sudans von 1899 durch Ägypten
1952	«Ägyptische Revolution»: Staatsstreich der «Freien Offiziere» unter Führung Nassers, König Faruk wird zur Abdankung gezwungen
1953	Auflösung aller politischer Parteien, Verkündung einer vorläufigen Verfassung, die die oberste Gewalt für drei Jahre dem Revolutionsrat überträgt

1954	Nasser entscheidet Machtkampf mit Minister- und Staatspräsident Nagib für sich, Englisch-Ägyptische Vereinbarung sieht Abzug der britischen Truppen binnen 20 Monaten vor, Verbot der Muslimbruderschaft
1956	Suez-Krieg (2. Arabisch-Israelischer Krieg)
1958–1961	Vereinigung von Syrien und Ägypten in der «Vereinigten Arabischen Republik»
1970	Tod Nassers

Am 22. Juli 1952, kurz vor Mitternacht setzte eine Gruppe von Offizieren aus den mittleren Dienstgraden des Heeres und der Luftwaffe eine Säuberung der höheren Ränge der ägyptischen Armee in Gang. Der erfolgreichen militärischen Machtergreifung während der frühen Stunden des 23. Juli folgte später am Morgen die Übernahme der zivilen Gewalt. Als nach drei Tagen, am 26. Juli, der regierende Monarch gezwungen wurde, abzudanken und das Land zu verlassen, war aus dem Staatsstreich eine Revolution geworden. Mit dem Sturz der Dynastie, die 1811 von Muhammad Ali, einem albanischen Soldaten der ottomanischen Armee gegründet worden war, ging die Abdankung der türkisch-tscherkessischen Großgrundbesitzerelite einher. Zum ersten Mal seit den Pharaonen regierten Politiker Ägypten, die von Bauern, die das Land im Nildelta bearbeiteten, abstammten und nicht von ausländischen Eroberern. Als nächstes nahm der Revolutionsrat die britische Besatzung der Suezkanalzone, der größten militärischen Einrichtung der Welt, ins Visier. Diese Revolte des Revolutionsrates gegen den europäischen Kolonialismus hatte die nachhaltigste Wirkung, nicht nur in Ägypten, sondern im ganzen Mittleren Osten, in Afrika und Asien. Der Mann, der diesen Kampf personifizieren sollte, war Gamal Abdul Nasser und an seiner Person lassen sich die Ursprünge und die Wirkung der ägyptischen Revolution am besten aufzeigen.

Gamal Abdul Nasser wurde am 15. Januar 1918 in Alexandrien geboren. Seine Eltern gehörten zur «unteren» Mittelschicht. Der Vater, Abdul Nasser Hussein, leitete ein Postamt. Voraussetzung für eine solche Position war der Abschluß der Grundschule, den er in seinem Heimatdorf Beni-Morr, nahe dem Westufer des Nils in Oberägypten, etwa 500 km vom kosmopolitischen Alexandrien entfernt, erworben hatte. Die Bewohner Oberägyptens wurden Saidi genannt und galten als freiheitsliebend, fleißig, fromm und sittenstreng. Ihre dunklere Hausfarbe unterschied sie von den hellhäutigeren Einwohnern des Nildeltas, mit den drei großen Städten Port Said, Alexandrien und Kairo. In seiner Jugend besuchte Nasser häufig die Familie seines Vaters in Ben-Morr und wurde so mit der Armut im ländlichen Ägypten konfrontiert. Der Stolz auf seine bäuerliche Herkunft verband sich mit der zunehmenden Empörung über die Macht und den Reichtum der landbesitzenden Elite, deren türkische Herkunft die Jahrhunderte währende ottomanische Herrschaft widerspiegelte. Seine ersten politischen Erfahrungen machte er 1930, als Zwölfjähriger, als sich Jungen aus seiner Oberschule Studenten anschlossen, die gegen die englische Besatzung demonstrierten.

Da Ägypten den neuralgischen Punkt der britischen Verbindungslinien nach Indien bildete, hatte sich Großbritannien hier im Laufe des 19. Jahrhundets in zunehmendem Maße wirtschaftlich und politisch engagiert. Nachdem 1882 ein Aufstand einheimischer nationaler Kräfte, der sich gegen den wachsenden Einfluß europäischen Kapitals richtete, von London mit Waffengewalt niedergeschlagen worden war, blieb britisches Militär fortan im Land, und obwohl es nicht den förmlichen Status einer Kolonie besaß, wurde Ägypten fortan de facto von Großbritannien regiert.

Die Demonstrationen von 1930 waren schließlich die Folge einer zunehmenden allgemeinen Ablehnung der britischen Besatzung. Diese Unzufriedenheit hatte schon 1919 einen ersten Höhepunkt erreicht, als Großbritannien den Ägyptern verweigerte, ihr Land selbst auf der Pariser Friedenskonferenz zu vertreten. Die hochfliegenden Reden des amerikanischen Präsidenten Woodrow Wilson über Selbstbestimmung der Völker wurden von den verantwortlichen britischen Politikern schlicht ignoriert. Sie waren statt dessen bemüht, die nach dem Zusammenbruch und der Auflösung des Ottomanischen Reiches neu gewonnenen Interessengebiete in Palästina, Transjordanien und Irak zu konsolidieren. Die Ägypter reagierten darauf mit Massendemonstrationen, die oft die Form von offenem Aufruhr annahmen. Besonders in ländlichen Gebieten war es schwer, diesen niederzuschlagen. Die Tumulte – als die ‹Revolution von 1919› in die Geschichte eingegangen – veranlaßten Großbritannien, seine Politik in Ägypten zu überdenken. Man suchte nach neuen Formen der Zusammenarbeit mit der Kolonie, welche die Wahrnehmung britischer Interessen ohne größeres finanzielles Engagement gewährleisteten. Das hieß in der Praxis, die Beziehungen zu den Großgrundbesitzern zu verbessern, der Pascha Elite, die ihre ökonomischen Machtmittel genutzt hatte, die Fellachen zum Aufstand zu ermutigen. Das Ergebnis war die Unabhängigkeitserklärung von 1922, der im Jahr darauf die Einführung einer «liberalen» Verfassung folgte. Doch die in diese Verfassung gesetzten Hoffnungen erfüllten sich nicht, vor allem wegen ihres Mißbrauchs durch eine übermächtige Monarchie. Der Schuljunge Nasser mußte nicht unbedingt den Zusammenhang von britischen Interessen und ägyptischen Machtstrukturen verstehen, die Präsenz von britischen Truppen in den Straßen von Alexandria und Kairo zeigte ihm deutlich, wer das korrupte monarchische System stützte.

Die Verfassung von 1923 sah zwar regelmäßige Wahlen vor, aber sie war nur die Fassade einer Demokratie nach westlichem Muster. Auf britisches Betreiben hatten die Verfassungsgeber versucht sicherzustellen, daß die Macht der führenden nationalistischen Partei, der *Wafd* (d. h. «Delegation», so genannt nach ihrer Forderung, an der Pariser Friedenskonferenz teilzunehmen), durch eine mächtige Monarchie eingeschränkt wurde. Der König hatte das Recht, Minister zu entlassen, das Parlament aufzulösen oder zu vertagen und Premierminister ein- und abzusetzen. Im Schutz dieses undemokratischen Systems versuchte Großbritannien, die Aufmerksamkeit von seinen eigenen imperialen Interessen abzulenken. König Fuad, Vorgänger und Vater Faruks, verachtete das konstitutionelle System und setzte alles daran, die *Wafd* von der Macht fernzuhalten. So verhinderte die britische Politik des ‹divide et impera› im Grunde die Bildung einer liberalen Demokratie in Ägypten.

Eine der wenigen Errungenschaften der liberalen Periode betraf Nasser unmittelbar. 1930–31 wurden 11 % des Staatshaushaltes für Erziehung ausgegeben; 1910 waren es nur 3,4 % gewesen. Der Besuch einer weiterführenden Schule eröffnete die begehrte Chance für eine Karriere oder einen Beruf, in der Regel in der expandierenden Staatsbürokratie. Nasser besuchte die El Nadia al Misra (Ägyptische Wiedergeburt), Kairos politisch aktivste Schule und wurde bald Vorsitzender der Kairoer Oberschulvertretung. Er engagierte sich auch in extremistischen politischen Zirkeln, als er an Treffen einer rechtsradikalen islamischen Gruppierung teilnahm, die insgeheim vom Palast und von Mussolinis Italien finanziert wurde. Ihre Mitglieder waren bei Demonstrationen wegen ihrer grünen Hemden, der Farbe des Islam, sofort auszumachen. Obwohl Nasser dieser quasi faschistischen Organisation niemals beitrat, ist es doch von Bedeutung, daß er schon als Schuljunge außerhalb des parlamentarischen Rahmens nach politischen Antworten suchte.

In den Augen der Ägypter und des Auslandes ließ die Truppenstationierung in Alexandria und Kairo die vermeintliche Unabhängigkeit zur Farce werden. Für alle politischen Parteien stand daher die Befreiung von der britischen Besatzung und die völlige Unabhängigkeit im Vordergrund. Dies hieß zuerst: Entfernung der Spezialklauseln aus der Charta von 1922. Diese führten aus, daß Großbritannien weiterhin Verantwortung für die Verteidigung Ägyptens und des Suezkanals gegen fremde Aggression oder Einmischung trug. Großbritannien wiederum legte Wert darauf, seinen Beziehungen zu Ägypten eine international anerkannte legale Grundlage zu geben. Ein militärischer Rückzug wurde allerdings niemals in Betracht gezogen.

Mussolinis expansionistische Politik in Äthiopien und im Mittelmeerraum 1935 legitimierte den Wunsch, die britische Militärbasis in Ägypten zu sichern. Die Aussicht eines italienischen Angriffs beunruhigte auch Ägyptens Pascha Elite, waren doch viele von ihnen unter britischer Herrschaft reich geworden. Schließlich wurde 1936 mit dem Abschluß eines britisch-ägyptischen Verteidigungsvertrags ein Durchbruch erzielt. Die militärische Besatzung wurde jetzt durch einen Bündnisvertrag ersetzt. Bezeichnenderweise unterschrieben alle wichtigen ägyptischen politischen Parteien dieses Dokument. Die britische Residenz wurde in eine Botschaft umgewandelt, der High Commissioner wurde Botschafter. Von kleinen Zugeständnissen abgesehen, hatte Großbritannien schließlich seiner imperialen Position in Ägypten sichere legale Grundlagen verschafft; die Truppen blieben natürlich. Ägyptens Verfassungsordnung wurde durch den Vertrag von 1936 gründlich kompromittiert, und in einem weiteren Sinn liegen hier wesentliche Ursachen für die Revolution von 1952.

Doch es gab auch eine direktere Verbindung mit der Revolution. Zumindest theoretisch war Ägypten jetzt ein Verbündeter Großbritanniens und es war daher sinnvoll, die ägyptische Armee zu vergrößern. Der Wafd-Regierung war zudem viel daran gelegen, angesichts eines Defensivbündnisses (das kaum zu einer Partei paßte, die ihre Wurzeln in einer antikolonialen Massenbewegung hatte) ihr Image als Volkspartei zu verbessern. So öffneten sich erstmals die Tore der Militärakademie in Kairo für Söhne von Männern, die anderen sozialen Schichten als der landbesitzenden Elite entstammten. Nasser hatte 1936 versucht, in die Militärakademie aufgenommen zu werden, als noch der traditionelle elitäre Geist herrschte, war aber abgelehnt worden. Seine bescheidene Herkunft und seine nationalistischen Aktivitäten sprachen gegen ihn. Doch 1937 verkündete das Kriegsministerium, man werde weitere 44 Kandidaten zulassen, und Nasser, der mit halbem Herzen an der Universität Kairo Jura studierte, nutzte die Gelegenheit und bewarb sich erneut. Dieses Mal sprach seine Herkunft für ihn und seine Bewerbung war erfolgreich. Im März 1937 fand sich Nasser als Kadett an der Militärakademie ein. Sieben weitere Mitglieder der revolutionären Führungsgruppe, die meisten mit einem ähnlichen sozialen Hintergrund, wurden zur gleichen Zeit als Offiziere ausgebildet, darunter Zacharia Mohieddin, der zukünftige Chef des Sicherheitssdienstes, und Abdul Hakim Amer, der Oberbefehlshaber der Ägyptischen Armee werden sollte.

Viele der wichtigen ideologischen Einflüsse auf die Revolution von 1952 lassen sich auf die späten 30er Jahre zurückführen. Die Klassenkameraden, die mit Nasser ihren Abschluß machten, hatten Glück, daß ihnen die Aussicht auf Arbeitslosigkeit erspart blieb, eine Erfahrung, die ehemalige Studenten im Zivilleben in zunehmendem Maße machten. Der Hauptgrund für die Arbeitslosigkeit war, daß die Bürokratie als der

Hauptarbeitgeber nicht in der Lage war, die in Folge des Ausbaus des Erziehungswesens steigende Zahl von Studenten aufzunehmen. Studentenproteste prägten mehr und mehr das städtische Leben. Damit entstand ein Klima, in dem extremistische Organisationen gedeihen konnten. Die radikalen Gruppen nahmen die neugebackenen Kadetten schnell als potentielle Mitglieder ins Visier. Gemeinsam war ihnen als Prämisse ihrer disparaten Programme die Ablehnung der parlamentarischen Ordnung, auf deren Grundlage der Vertrag von 1936 unterzeichnet worden war. Die nachrevolutionäre Entwicklung eines Einparteienstaates hat ganz wesentlich auch mit dem Parteiengezänk und der Schwäche des parlamentarischen Systems in diesen Zwischenkriegsjahren zu tun.

Darüber hinaus wurde Nassers Generation nachhaltig durch die Palästinensische Revolte von 1936–1939 beeinflußt. Palästina war 1922 auf Grund eines Völkerbundentscheids britischer Verwaltung unterstellt und Großbritannien war die Verantwortung bzw. das Mandat übertragen worden, das Land auf die Selbstverwaltung vorzubereiten. Diese Entscheidung war durch den britischen Außenminister Sir Arthur Balfour beeinflußt worden, der ein «Jewish National Home» in Palästina befürwortete. Die «Balfour Declaration» verlieh dem Zionismus Theodor Herzls, der sich die Rückkehr des exilierten Judentums in seine rechtmäßige Heimat zum Ziel gesetzt hatte, großen Auftrieb. Die Mandatsregierung erkannte schnell, daß es schwierig sein würde, Strukturen einer Kommunalverwaltung zu schaffen, die beide – alteingesessene Araber und zionistische Kolonisten – integrieren könnte. Sie reagierte mit der Einschränkung der jüdischen Einwanderung, damit die Siedlungsbewegung nicht zur Gefahr für die ökonomische Entwicklung und Selbstbestimmung der arabischen Gemeinschaft würde. Mitte der 30er Jahre kam diese Politik aus dem Gleichgewicht, weil die Zahl der Einwanderer wegen der Judenverfolgung in Nazideutschland stark zunahm. Die palästinensischen Araber reagierten mit einem bewaffneten Aufstand und der sich anschließende Kampf um Unabhängigkeit fand ein starkes Echo in der Region und führte zu einem heftigen Ausbruch panarabischer und islamischer Gefühle.

Arabischer Nationalismus und Panarabismus sind Erfindungen des 19. Jahrhunderts, die auf dem Mythos von ethnischer und kultureller Einheit unter den verschiedenen Völkern der arabischsprechenden Welt beruhen. Die politische Bewegung für arabische Einheit begann sich erst nach dem Zusammenbruch des Ottomanischen Reiches und der sich anschließenden Neugestaltung der Landkarte des Mittleren Ostens zum Nutzen britischer und französischer imperialer Interessen zu entfalten. Indem sie darauf abzielte, die bestehenden künstlichen Grenzen zu beseitigen, war die Bewegung im Grunde ein antiimperialistisches Unternehmen. Die Ägypter betrachteten ihr Land seiner Größe, seiner zentralen Lage und des verhältnismäßig hohen Maßes an Unabhängigkeit wegen als den natürlichen Führer der arabischen Welt. Nasser teilte diese Anschauung und verknüpfte sie in der zweiten Hälfte der 50er Jahre mit einer revolutionären Ideologie. Das Ergebnis war ein völlig neues System inter-arabischer Politik.

Beim Ausbruch des Zweiten Weltkrieges stellte Ägypten gemäß seinen Bündnisverpflichtungen Großbritannien seine Rohstoffe, Einrichtungen und Kommunikationssysteme zur Verfügung. Das Kriegsrecht wurde ausgerufen und die Beziehungen zu Rom und Berlin wurden abgebrochen. Die ägyptische Regierung erklärte Deutschland allerdings nicht den Krieg, weil dieser Krieg für sie eine europäische Angelegenheit war. Der britische Botschafter war damit zunächst zufriedengestellt, aber dies änderte sich dramatisch nach der Niederlage Frankreichs im Juni 1940. Plötzlich zeichnete sich für die Ägypter die Möglichkeit ab, daß Deutschland den Krieg gewinnen könnte und Nationalisten aller Richtungen zogen ernsthaft in Erwägung, die Achsenmächte zu unterstützen, um so die britische Besatzung zu beenden. Anwar al Sadat, Nassers Nachfolger als ägyptischer Präsident und ein führendes Mitglied der Verschwörer in der Zeit vor 1952, war einer von denen, die von den Briten wegen ihrer Kontakte zu deutschen und italienischen Agenten interniert wurden. Die Frage, ob Ägypten sich der Sache der Allierten gegenüber loyal verhalten würde, erreichte einen entscheidenden Punkt, als es schien, daß Faruk Ali Maher, einen den Achsenmächten zuneigenden Politiker, mit der Regierungsbildung beauftragen könnte. Als Rommels Panzer auf dem Vormarsch in der westlichen Wüste waren, sah der britische Botschafter Lampson den Augenblick gekommen, sich entschieden in Ägyptens innere Angelegenheiten einzumischen.

Am 4. Februar stellte Lampson Faruk ein Ultimatum, in dem dieser aufgefordert wurde, der pro-Alliierten Wafd-Partei wieder die Regierung zu übertragen oder abzudanken. Als um 18.00 Uhr die Frist abgelaufen war, fuhr Lampson, von sechshundert Soldaten, Panzern und Gefechtsfahrzeugen begleitet, zum Abdin Palast, um den «jungen Mann» persönlich zur Rede zu stellen. Mit dem Oberbefehlshaber der britischen Truppen an seiner Seite hielt er dem König die Abdankungserklärung vor die Nase. Sichtbar erschüttert von der Drohung stimmte Faruk zu, Mustafa al-Nahas zum Premierminister in einer reinen Wafd Regierung zu ernennen. Lampson, ein Hüne von einem Mann, marschierte an den Beratern des Königs («eine Schar verschreckter Hühner») vorbei zu seinem Rolls Royce. In der Botschaft war gerade eine Party in vollem Gang; hier hatte Lampson später seinen Auftritt, Arm in Arm mit dem grinsenden Premier Nahas. Das Ultimatum war ein massiver Eingriff in Ägyptens vermeintliche Unabhängigkeit, der König war durch seine Kapitulation entehrt und die Wafd-Partei, die aus der Opposition gegen die britische Präsenz entstanden war, hatte ihre Rolle als Bannerträger des ägyptischen Nationalismus verloren, weil sie mit Hilfe britischer Bajonette an die Macht gekommen war. Die Demütigung wurde besonders tief in der ägyptischen Armee empfunden. Mit diesem Datum, so Sadat in seinem Buch *Revolt on the Nile*, ging die revolutionäre Verschwörung aus der theoretischen in die militante Phase über.

Ägypten ging aus dem Zweiten Weltkrieg mit der hohen Erwartung hervor, daß die britische Besatzung beendet werden würde. In der Praxis hieß das, das verhaßte Verteidigungsbündnis, welches Großbritannien gestattete, wenigstens bis 1956 in Friedenszeiten 10 000 Soldaten in Ägypten zu stationieren, zu revidieren. Aber mit dem Beginn des Kalten Krieges 1948 wurde die Aufrechterhaltung der imperialen Position im Mittleren Osten, in der Ägypten eine Schlüsselstellung zukam, eine grundlegende Voraussetzung für Großbritanniens globale strategische Planung. Der Generalstab sah in der Region die Ausgangsbasis für eventuelle Angriffe auf die Industriezentren und die Ölraffinerien in Südrußland und im Kaukasus. Man zog auch Luftangriffe von Basen in Ägypten unter Einschluß einer atomaren Offensive zur Verteidigung Westeuropas gegen einen sowjetischen Angriff in Erwägung. Gleichzeitig betonte das Außenministerium die Bedeutung des Öls aus dem Persischen Golf. Überdies blieb der Mittlere Osten das Tor nach Afrika. All dies bedeutete, daß man fest auf den bestehenden Bündnisrechten in der Region bestand. In Zusammenhang mit Ägypten hieß das, an den Bestimmungen des Vertrags von 1936 festzuhalten. Diese enthielten eine Gültigkeitsklausel von 20 Jahren, wenn auch mit dem Vorbehalt, den Truppenabzug davon abhängig zu machen, wieweit Ägypten die Sicherheit des Schiffsverkehrs durch den Kanal gewährleisten könne. Zu diesem Zweck hatte Großbritannien zugestimmt, Ägypten zu helfen, seine Armee zu modernisieren und auszubauen (Maßnahmen, die die Erweiterung des Zugangs zur Militärakademie in Kairo einschlossen). In Wirklichkeit war dies jedoch eine Befreiungsklausel für Großbritannien: wenn die Armee schwach gehalten wurde, konnte das Recht, die Kanalzone zu besetzen, über 1956 hinaus verlängert werden.

1948 enthüllte der erste arabisch-israelische Krieg die Unzulänglichkeiten des ägyptischen Militärs in demütigender Weise und beschleunigte das Ende der überlieferten monarchisch-aristokratischen Ordnung. Die unmittelbaren Ursachen für den Krieg lagen in der Entscheidung der arabischen Staaten, kollektiv durch die arabische Liga die UNO-Resolution vom November 1947, Palästina zu teilen, abzulehnen. Großbritannien hatte das Palästinaproblem früher im Jahr an die Vereinten Nationen verwiesen, um sich aus einer Situation am Rande eines Bürgerkriegs herauszumanövrieren. Als das britische Mandat am 14. Mai 1948 um Mitternacht offiziell endete, wurde die ägyptische Entscheidung, sich den anderen Mächten der Arabischen Liga im Kampf gegen den neuen Staat Israel anzuschließen, zu einem erheblichen Teil von der Notwendigkeit bestimmt, auf einer Welle mit, wenn nicht an der Spitze der allgemeinen Stimmung zu bleiben. Mit dem Beginn des Krieges erreichte der Haß auf Großbritannien einen neuen Höhepunkt. Die schiere Existenz Israels wurde direkt mit der Balfour-Deklaration und dem Scheitern der Absicht, die jüdische Einwanderung in den 30er Jahren unter Kontrolle zu halten, in Verbindung gebracht. Nach dem Krieg wurde behauptet, Großbritanniens Politik, die ägyptische Armee und die anderen arabischen Armeen bewußt schlecht ausgebildet und ausgerüstet zu lassen, damit sie nicht zur Bedrohung für seine imperiale Position würden, habe wesentlichen Anteil an den Siegen der Israelis gehabt. Die vernichtenden militärischen Niederlagen diskreditierten darüber hinaus die amtierende Regierung und die parlamentarische Ordnung ganz allgemein. Massendemonstrationen, die von der Muslim-Bruderschaft organisiert wurden, verbanden in der Regel eine Antiregierungsstimmung mit antibritischen und antizionistischen Gefühlen.

Im Januar 1950 fanden in Ägypten die letzten Wahlen der liberalen Ära statt. Das Ergebnis war – wie bei allen früheren freien Wahlen – ein Sieg der Wafd-Partei, die 228 von 319 Sitzen erhielt. Mustafa al-Nahas wurde wiederum Premierminister. Seit Oktober 1944 nicht mehr an der Macht, hatte die Wafd Partei die dazwischenliegenden Jahre genutzt, ihre schwer beschädigte nationalistische Glaubwürdigkeit wiederherzustellen, indem sie Wahlen boykottierte, es ablehnte, sich an Koalitionen zu beteiligen und statt dessen gegen die britische Besatzung agitierte. Für sie sprach vor allem, daß sie – dank ihres Ausschlusses von der Regierung – nicht für das Palästina-Debakel zur Verantwortung gezogen werden konnte. Die freien Wahlen von 1950 ließen mithin die Hoffnung wieder aufleben, daß die liberale verfassungsmäßige Ordnung stabilisiert werden könnte. Diese Hoffnungen wurden jedoch schnell durch Nahas unverhüllte Versuche hinfällig, König Faruks Gunst zu gewinnen, der immer noch wegen des Vorfalls im Abdin Palast verbittert war. Die Wiederannäherung erwies sich jedoch in dem Moment als Fehlschlag für Nahas, als er einer gründlichen Überholung der königlichen Yacht zustimmte und Faruk sich im Sommer 1950 zu einer Rundreise in die Nachtklubs und Kasinos in Südeuropa aufmachte, wobei die Ausschweifungen des übergewichtigen Königs bald Schlagzeilen in ganz Europa machten. Inzwischen hatte die von der neuen Regierung beim Regierungsantritt verfügte Lockerung der Kontrolle durch die Polizei und der staatlichen

Zensur eine offenere politische Atmosphäre in Ägypten geschaffen. Die Hauptnutznießer waren die zahlreichen kommunistischen Gruppierungen und die Muslim-Bruderschaft. Da immer extremere Ansichten über die britische Besatzung geäußert wurden, mußte die Regierung Farbe bekennen.

Am 16. November erklärte Nahas, von seinem Außenminister beraten, daß Ägypten das Verteidigungsbündnis von 1936 und die anglo-ägyptischen Sudan-Kondominium-Verträge von 1899 außer Kraft setzen werde, wenn nicht innerhalb von 12 Monaten Lösungen für die Frage der Suez-Militärbasis und des Sudan gefunden würden. Damit brachte Nahas Ägypten auf Kollisionskurs mit den Briten und entfesselte unbeabsichtigt Kräfte, die sich der Kontrolle seiner Regierung entziehen sollten.

Die britische Regierung legte zwei Bündel von Vorschlägen vor, um aus der verfahrenen Lage herauszukommen, aber ohne Erfolg. Dementsprechend ratifizierte das ägyptische Parlament am 15. Oktober 1951 ein Gesetz, das die Beendigung der Verträge festsetzte. Mit stillschweigender Billigung der Wafd-Regierung wurden Guerilla Einheiten gebildet um die 80000 Mann starke britische Garnison (70000 mehr als im Vertrag als Grenze festgesetzt) einzuschüchtern. Die Krise erreichte am 25. Januar 1952 den Siedepunkt, als britische Truppen und Panzer die Besatzung der Polizeikasernen in der Kanalzonenstadt Ismailia gewaltsam entwaffneten. 46 Ägypter verloren ihr Leben. Am nächsten Tag, dem «Schwarzen Samstag», versammelten sich Demonstranten in Kairo, um gegen das Vorgehen der Briten zu protestieren. Da die Polizei nicht präsent war, wurde die Menge schnell zum wütenden Mob. Von rechten und linken Extremisten angeführt, setzten die Aufrührer systematisch ausländischen Besitz in Brand. Das Shepherd's Hotel – ein sichtbares Symbol der «Pax Britannica» – wurde bis auf die Grundmauern niedergebrannt. Am Sonntag verfügte Faruk die Entlassung der Nahas Regierung, weil es ihr nicht gelungen war, die Ordnung aufrechtzuerhalten.

Der Palästina-Krieg hatte Nasser und die mit ihm verbündeten revolutionären Offiziere davon überzeugt, daß die wahre Schlacht in Ägypten stattfinden werde. Erst wenn Ägypten von seiner korrupten politischen Elite befreit wäre, könne es wirkungsvoll in der arabischen Welt operieren. Der Krieg beschleunigte daher den revolutionären Prozeß, der ein Jahrzehnt zuvor begonnen hatte. 1949 wurde eine Dachorganisation gegründet, die ‹Gesellschaft Freier Offiziere›, mit dem Ziel, die disparaten Gruppen von Verschwörern zu koordinieren. Nasser wurde Vorsitzender und es wurde sofort klar, daß er ein starkes konspiratives Talent besaß. Zellen von jeweils fünf Personen, die sich nur untereinander kannten, wurden organisiert. Während die Existenz der geheimen Bewegung der ägyptischen Regierung fast von Anfang an bekannt war (man hielt sie für einen Arm der Muslim-Bruderschaft), schützte die effektive Organisation ihre Mitglieder. Nassers führende Rolle war notwendigerweise ein streng gehütetes Geheimnis. Da die Krise um die Verträge die ägyptische Armee an den Rand drängte, kam die Ehre, nationalen Widerstand zu leisten, den Guerilla Einheiten zu und viele Freie Offiziere halfen bei der Ausbildung der Rekrutengruppen und einige kämpften sogar in Zivil. Im Dezember 1951 wurde deutlich, daß die Bewegung in Opposition zu Faruk stand, als sie ihren eigenen Kandidaten, General Mohammed Nagib, einen Kriegshelden von 1948, für die Präsidentschaft des Offiziersklubs nominierte. Bis dahin war es allgemein akzeptierter Brauch gewesen, daß ausschließlich Faruk Offiziere für den Clubvorstand nominierte. Nagibs Wahlsieg hätte dem König als Warnung dienen sollen, sich nicht in Armeebesetzungen einzumischen. Wie es so seine Art war, ignorierte er jedoch das Warnsignal. Die Geschwindigkeit, mit der die Armee am «Schwarzen Samstag», sobald sie aufgefordert wurde zu handeln, die Ordnung wiederhergestellt hatte, ließ beim König das ungerechtfertigte Vertrauen entstehen, er könne sich auf die Loyalität der Armee auch in Zukunft verlassen. Zur endgültigen Krise der verfassungsmäßigen Ordnung kam es am 16. Juli 1952, als der Oberbefehlshaber der ägyptischen Armee auf Faruks ausdrücklichen Befehl den gewählten Vorstand des Offiziersklubs absetzte und durch nominierte Mitglieder ersetzte. Nasser erkannte, daß eine Säuberung der Armee unmittelbar bevorstand und begann Vorbereitungen, um dem Putsch mit einem eigenen zuvorzukommen. Am 19. Juli warnte General Nagib, der erst Mitte August Mitglied des Ausschusses der Freien Offiziere wurde, rechtzeitig, daß die Armeeführung eine Liste der Namen hatte. Einen Tag später kam die Nachricht, daß Faruk beabsichtigte, einen neuen Kriegsminister zu ernennen, dessen Hauptaufgabe es sein solle, sie alle auszumerzen. Die Gefahr für ihre persönliche Sicherheit zwang die Offiziere, sofort zu handeln. Wegen der Notwendigkeit, abtrünnige Einheiten in Schlüsselpositionen zu bringen, konnte die militärische Machtergreifung nicht vor den frühen Morgenstunden des 23. Juli erfolgen.

Als die militärische Machtergreifung wie geplant gelungen war, zögerten die Freien Offiziere, die politische Kontrolle zu übernehmen. Am Morgen des 23. Juli wurde verkündet, daß der erfahrene Politiker Ali Maher eine zivile Regierung bilden werde. Maher machte die Annahme von Faruks Zustimmung und einem legalen Amtseid abhängig, Forderungen, denen die Freien Offiziere zustimmten. Unterdessen verfolgte Großbritannien eine Politik, die den Eindruck der Nichteinmischung vermitteln sollte. Erst am 24. Juli um zehn Uhr abends kam es zu einem Treffen zwischen einem Vertreter der Botschaft (der Botschafter war im

Urlaub) und dem augenscheinlichen Anführer des Putsches, General Nagib. Die Zusammenkunft, welche in den Abbassia-Kasernen am Rande Kairos stattfand, war ein Ereignis von großer Tragweite in der Geschichte des modernen Ägypten. Nagib erfuhr, daß, anders als in der Vergangenheit, Großbritannien sich nicht in die inneren Angelegenheiten Ägyptens einmischen werde. Würden das Leben und der Besitz von Ausländern bedroht, so werde man allerdings eingreifen. Faruk wurde nicht erwähnt, und es gab keinen Hinweis darauf, daß Großbritannien die Freien Offiziere als Meuterer gegen einen rechtmäßigen Herrscher betrachte.

Am Freitag, den 25. Juli, sah man sich gezwungen, aus dem Staatsstreich die politischen Konsequenzen zu ziehen. Die Umstände und nicht ein Plan zwangen zum Handeln. Seit dem 23. Juli, acht Uhr morgens, war Faruk in ständiger Verbindung mit dem amerikanischen Botschafter. Er bedrängte ihn, die Briten zu überreden, zu intervenieren, um seinen Thron und die Dynastie zu retten. Zwei Tage lang blieben diese dringlichen Plädoyers den Freien Offizieren verborgen. Am Freitagmorgen wurde Faruks heimtückische Kampagne für eine ausländische Intervention jedoch entdeckt (wahrscheinlich durch das Abhören seines Telefons) und führte zu beträchtlicher Aufregung in der Militärjunta. Wiederum wurden die Freien Offiziere gezwungen, unvorbereitet zu handeln. Einige Offiziere plädierten für die Ermordung des Königs, aber Nasser setzte sich mit seinem Vorschlag durch, und Faruk wurde mitgeteilt, daß er Ägypten spätestens um 18. 00 Uhr des nächsten Tages, des 26. Juli, zu verlassen habe. Das Treffen in den Abbassia-Kasernen am 24. Juli hatte es den Freien Offizieren möglich gemacht, so zu handeln. Großbritanniens Weigerung, mit seiner 80 000 Mann starken Garnison zu intervenieren, war also ein entscheidender Faktor beim Übergang von einem Militärputsch zu einer Revolution.

Der Militärputsch war im Grunde genommen unblutig – zwei Soldaten starben und sieben wurden verwundet. Dieser Verzicht auf Gewalt setzte sich fort, als der neue Revolutionary Command Council (RCC) daranging, die alten Machtstrukturen abzubauen. Zunächst beinhaltete dies eine Bodenreform. Die Stellung des neuen Premierministers wurde sehr schnell unhaltbar. Maher, selbst ein Großgrundbesitzer, wollte mehr Grundbesitz festschreiben als die Höchstgrenze von 200 «feddans» (ungefähr 200 Morgen), auf der die Junta bestand. Maher befürchtete, daß die Schaffung von kleineren Pachtgütern zu einem dramatischen Rückgang der Produktivität und damit zu wirtschaftlichem Chaos führen würden. Der RCC sah hingegen in der Landverteilung ein Mittel, die alte wirtschaftliche Grundlage der Pascha Elite zu zerstören, und in der Verteilung der großen Güter unter die Fellachen auch einen Weg, die bäuerlichen Massen an sich zu binden. Im September entschieden die

Freien Offiziere, wegen der Bodenreform mit Maher zu brechen. Er wurde am 6. September als Premierminister entlassen, mehr als sechzig Politiker wurden verhaftet. Am nächsten Tag wurde das Bodenreformgesetz veröffentlicht. Der britische Premierminister Winston Churchill interessierte sich außerordentlich für diese Entwicklungen. Am Rande eines Telegramms vermerkte er «Nieder mit den Paschas und ein Hoch auf die Fellachen», wobei er vielleicht vergaß, daß Großbritanniens Einfluß in Ägypten auf der Verbindung mit den ersteren beruhte.

Mahers Entlassung war nur der erste zaghafte Schritt der Junta in Richtung auf eine autoritäre Regierungsform. Diese Richtungsänderung wurde im Januar 1953 noch deutlicher, als die politischen Parteien gewaltsam aufgelöst und ihr Vermögen konfisziert wurde. Das am 8. September 1952 gegebene Versprechen, im Februar 1953 freie Wahlen abzuhalten, wurde widerrufen. Stattdessen wurde im Februar eine provisorische Verfassung veröffentlicht. Diese stattete den RCC für die nächsten drei Jahre mit der höchsten Gewalt aus. Die ägyptische Monarchie wurde am 18. Juni 1953 formell abgeschafft. Damit wurde die Fiktion aufgegeben, daß ein Regentschaftsrat die Belange von Faruks kleinem Sohn wahrnehme. Nachdem die alten politischen Strukturen abgebaut worden waren, behielt sich der RCC ein Monopol auf alle neuen Formen politischer Aktivität vor. Den politischen Bedürfnissen der Massen wurde mit der Schaffung der «Liberation Rally» Genüge getan. Nasser war ihr Gründungssekretär. Das Wort «Partei» wurde wegen seiner früheren Assoziation mit nationaler Spaltung und Korruption vermieden. Die Gewerkschaften wurden zu Instrumenten der Exekutive umgebildet, wilde Streiks wurden rücksichtslos unterdrückt, Studentenorganisationen unter Regierungskontrolle gebracht und zum Werkzeug der Mobilisierung der Massen gemacht.

Im Laufe des Jahres 1953 wurde immer deutlicher, daß die wirkliche Macht hinter der Revolution nicht der väterlich wirkende, Pfeife rauchende 52 Jahre alte General Mohammed Nagib war, sondern Gamal Abdul Nasser, der strenge, linkisch wirkende Oberst. Um dem Eindruck zu begegnen, er sei eine reine Gallionsfigur, bestand Nagib darauf, daß er zum Präsidenten der neu proklamierten ägyptischen Republik ernannt wurde. Seinen Posten als Premierminister behielt er. Nasser stimmte dem zu, aber verband seine Zustimmung mit seiner Aufnahme ins Kabinett, wobei er die Posten des stellvertretenen Premierministers und des Innenministers übernahm. Die treibende Kraft hinter der Revolution war schließlich aus dem Schatten hervorgetreten.

Aber Nagibs Popularität beim Mann auf der Straße bedeutete, daß Nasser ihn nicht ignorieren konnte. Am Ende des Jahres zeigte es sich, daß sich ein Gegenzentrum der Macht um den moderaten Präsidenten herum entwickelte. Nagib stellte fest, daß die Maßnahmen des RCC zunehmend fanatischer wurden und dies veranlaßte ihn, Fühlung mit führenden Politikern des «ancien régime» aufzunehmen. Diese wiederum sahen in ihm ihre beste Hoffnung, Ägypten wieder zum Konstitutionalismus zurückzuführen.

Im Februar 1954 wurde aus dem internen Machtkampf im RCC eine öffentliche Auseinandersetzung. Sie begann mit dem Rücktritt Nagibs als Präsident und Premierminister, weil es ihm nicht gelang, sich außerordentliche Vollmachten zu verschaffen. Eine Welle der Unterstützung für den früheren Präsidenten veranlaßte jedoch den RCC, ihn wieder einzusetzen. Nagib machte seine Ernennung aber davon abhängig, daß bis zum 24. Juli 1954 eine gewählte verfassunggebende Versammlung einberufen werde. Die Tage des Regimes schienen daher gezählt. Wafdisten, Kommunisten und die Muslim-Bruderschaft begannen, für «Freiheit und Demokratie» zu Felde zu ziehen. Daß die Muslim-Bruderschaft sich auf seiten Nagibs engagierte, war besonders beunruhigend für Nasser. Als eine Interessengruppe mit ganz bestimmten eigenen Zielen hatte die Bruderschaft sich nie mit dem Militärregime anfreunden können und sie wurde der Regierung zusätzlich durch deren am Westen orientierte Modernisierungsprogramme und den Ausbau des öffentlichen Sektors entfremdet.

Nagibs Verbindungen zur Muslim-Bruderschaft und den Politikern des «ancien régime» bedeuteten praktisch, daß es sich bei der inneren Krise um einen Kampf zwischen der neuen Ordnung und den Kräften der Reaktion handelte. Indem er in der Presse und im Rundfunk Taktiken der psychologischen Kriegsführung anwandte, ließ Nasser die Situation sich bis zu einem Punkt verschlechtern, an dem es offenkundig schien, daß Wahlen notwendig in ein Chaos münden würden. In der Zwischenzeit schickte sich der RCC an, seine Kontrolle über die niederen Ränge der Armee, insbesondere der Kavallerie, zu festigen. Am 25. März wurde der auf Aktion hin ausgerichtete Teil von Nassers Plan umgesetzt, als man die organisierte Arbeiterschaft auf die Straße schickte, um gegen die Legalisierung der politischen Parteien zu protestieren. Am nächsten Tag legten Vertreter der ägyptischen Armee, Marine und Luftwaffe Nasser eine Resolution vor, in der sie ihre Ablehnung der Wiederzulassung der politischen Parteien zum Ausdruck brachten. Am 27. März benutzte der RCC diese Proteste, um die Wiederherstellung seiner Kontrolle über das Land zu rechtfertigen. Die Parteien wurden abermals verboten und die in Aussicht gestellten Wahlen abgesagt.

Nasser hatte jetzt die Macht und der Weg war frei für eine Vereinbarung mit Großbritannien über den Rückzug der Garnison in der Kanalzone. Am 27. Juli 1954 wurde ein Vertragsentwurf vorgelegt, der den

Abzug aller britischen Truppen aus der Kanalzone bis zum Juni 1956 vorsah. Danach sollte die Militärbasis für weitere fünf Jahre und vier Monate von 800 zivilen Technikern in Stand gehalten werden. In diesen insgesamt sieben Jahren sollte Großbritannien den Stützpunkt remilitarisieren, falls es zu einem direkten Angriff auf Ägypten, ein Mitglied der Arabischen Liga oder die Türkei käme. Der entscheidende Zweck dieser Klauseln war es, deutlich zu machen, daß Großbritannien nicht seine Interessen im Mittleren Osten aufgab, nur weil es sich aus Ägypten zurückzog. Es dauerte weitere drei Monate, bis diese Details ausgearbeitet waren, so daß der Vertrag erst am 19. November unterzeichnet wurde. Eine Woche später versuchte ein Mitglied der Muslim-Bruderschaft Nasser umzubringen, als er bei einer öffentlichen Veranstaltung in Alexandria eine Rede hielt. Nasser nutzte den Anschlag, um ein gründliches Durchgreifen gegenüber der Bruderschaft zu rechtfertigen. Er entfernte auch Nagib aus dem Amt und stellte ihn unter Hausarrest. Am Ende des Jahres war Nasser daher als Staatsoberhaupt und Präsident des RCC fest etabliert. Das Ende der britischen Besatzung war außerdem auch in Sicht.

Am 26. Juli 1956, nur sechs Wochen nachdem der britische Rückzug aus der Kanalzone abgeschlossen war, wandte Nasser seine Aufmerksamkeit dem letzten Symbol fremder Besatzung zu und verstaatlichte die Suez-Kanal-Gesellschaft, deren Hauptaktionäre Großbritannien und Frankreich waren. Er tat dies, um den Assuanstaudamm finanzieren zu können. Amerikas früheres Angebot, bei der Finanzierung dieses Projektes, Eckpfeiler des ägyptischen Modernisierungsprogramms, zu helfen, war einige Tage zuvor zurückgezogen worden. Washington wie London waren mit Nassers Verhalten seit der Unterzeichnung des Vertrags von 1954 unzufrieden. Der ägyptische Führer war in der arabischen Welt systematisch gegen den Bagdad-Pakt – eine von Großbritannien und den USA inspirierte regionale Verteidigungsallianz – mit der nicht unvernünftigen Begründung zu Felde gezogen, daß es sich hierbei um die Fortsetzung westlicher Vorherrschaft mit anderen Mitteln handele. Nassers Ablehnung des Bagdad-Paktes paßte zu seinem im Anschluß an die afro-asiatische Konferenz von 1955 in Bandung, Indonesien, neugefundenen Interesse an der Politik der Blockfreiheit und des Antikolonialismus. Besonders für die Amerikaner war ein Votum für Blockfreiheit gleichbedeutend mit einer Parteinahme für die Sowjetunion.

Großbritannien reagierte auf die Verstaatlichung der Kanalgesellschaft mit der Aufstellung eines Kampfverbandes im Mittelmeerraum in der Absicht, wieder in Ägypten einzumarschieren. Als es so aussah, als werde es Mitte Oktober zu einem unerwünschten Verhandlungsergebnis kommen, war der britische Premierminister Anthony Eden, der 1955 Churchill abgelöst hatte, begeistert, als die Franzosen ihre Fühler ausstreckten und andeuteten, daß Israel als Handlanger benutzt werden konnte, um einen Krieg zu rechtfertigen. Unter äußerster Geheimhaltung trafen sich Vertreter von Israel, Großbritannien und Frankreich in Sèvres, einem Pariser Vorort, und heckten einen Kriegsplan aus, der vorsah, daß Israel ägyptische Positionen am Suezkanal angreifen solle; Großbritannien und Frankreich würden dann intervenieren, um die «kriegsführenden Parteien zu trennen». In Wahrheit hatten alle drei Mächte das gleiche Ziel, nämlich den Sturz Nassers. D-Day war der 29. Oktober.

Der Beginn des Suez-Sinai-Krieges traf den amerikanischen Präsidenten, Dwight D. Eisenhower, völlig unvorbereitet, nicht zuletzt, weil seine NATO-Partner, Großbritannien und Frankreich, so leichtfertig übersehen hatten, daß er sich in der letzten Woche des Präsidentschaftswahlkampfes befand. Er bestrafte diesen Mangel an Loyalität, indem er das volle Gewicht amerikanischen diplomatischen Drucks bei der UNO zugunsten eines Waffenstillstandes einsetzte. Diese Maßnahme verband er mit dem Verkauf der amerikanischen Sterling-Reserven, so daß das englische Pfund unter Druck geriet. Das Ergebnis war, daß Eden sich gezwungen sah, eine UN-Waffenstillstandsresolution anzunehmen, die am 6. November um Mitternacht in Kraft trat. Der Suez-Kanal war nicht eingenommen worden und Nasser blieb an der Macht. Der Schaden, der weltweit für das britische Ansehen entstand, war immens. Nasser zögerte nicht, den Krieg als einen großen arabischen Sieg darzustellen, wobei er Ägyptens wirkungslose militärische Vorstellung ignorierte und sich so zum großen Helden der Araber stilisierte. Psychologisch gesehen, war es daher das Jahr 1956 und nicht 1952, in dem Ägypten wirklich unabhängig wurde.

Daß die ägyptische Revolution «exportiert» wurde, war die natürliche Folge des Suez-Debakels. Nachdem Großbritanniens Prestige im ganzen Mittleren Osten schwer beschädigt worden war, fühlten sich die Regime, die auf Londons Unterstützung angewiesen waren, plötzlich preisgegeben und isoliert. Nasser nutzte seinen neugefundenen Status, um auf das Ende des Kolonialismus zu drängen, unter Einschluß des Neokolonialismus der westlichen Ölinteressen. Zu diesem Zweck wandte sich der ägyptische Rundfunk in seiner Propaganda über die Köpfe der Regierungen hinweg direkt an die arabischen Massen. Die monarchischen Regime von Irak, Jordanien und Saudiarabien fühlten sich besonders verwundbar. Im Juli 1958 wurden die haschemitische Monarchie und probritische Elite im Irak in einem blutigen Staatsstreich, der als der erste Sieg für die Verbreitung von Nassers sogenanntem arabischen Sozialismus begrüßt wurde, gestürzt. Der Widerhall bedrohte die Stabilität des haschemitischen Throns in Jordanien wie auch die regierende Elite im Libanon, aber gemeinsame britische und amerikanische Interventionen dämmten die revolutionäre Flut erfolgreich ein.

Entzückt von der «Nasserschen» Revolution und eifrig darauf bedacht, sie auf ihr eigenes Land anzuwenden, führte die syrische Baath-Partei ihr Land in eine Union mit Ägypten, in die Vereinigte Arabische Republik (UAR). Aber wie bei so vielen arabischen Einheitsprojekten erwies es sich schnell, daß die Union ein Vehikel für hegemoniale Ziele war, in diesem Falle auf ägyptischer Seite. Daher löste sich Syrien 1961 aus der UAR und ließ Ägypten zurück, dessen Name nicht mehr offiziell auf der Landkarte erschien und das den Namen UAR trug, bis Nassers Nachfolger dies wieder rückgängig machte. Die Verbindung zwischen der Ägyptischen Revolution und dem Prozeß der Dekolonialisierung in Afrika und Asien ist noch Gegenstand historischer Debatte, aber es ist sicher richtig, daß Großbritannien und Frankreich nach 1956 nicht mehr den politischen Willen aufbrachten, sich lang hinziehende militärische Kampagnen gegen nationale Aufstände durchzufechten. Die rasche Aufgabe von Imperien durch die europäischen Mächte wurde daher durch Nassers Beispiel beeinflußt und erleichtert.

Gamal Abdul Nassers Bedeutung für die ägyptische Politik war in mancher Hinsicht weniger dauerhaft. Nach seinem Tod 1970 verfolgte sein Nachfolger Präsident Anwar al Sadat eine Politik der «intifah», die wirtschaftliche Liberalisierung und Straffung des öffentlichen Sektors einschloß. Die Rückbildung von Nassers dirigistisch-sozialistischen Einrichtungen ging Hand in Hand mit einem offeneren politischen Umfeld, und dies ermöglichte es politischen Kräften des «ancien régime» wie der Wafd-Partei und der Muslim-Bruderschaft, wieder tätig zu werden. Dennoch, Ägyptens Sozialstruktur hatte sich grundlegend geändert: Die alte türkisch-tscherkessische landbesitzende Elite und die Monarchie waren für immer verschwunden. So war die Ägyptische Revolution zunächst und vor allem ein Aufstand gegen Fremdherrschaft, sei es im Lande oder außerhalb Ägyptens, und dies ist der Grund, warum Nasser als der einflußreichste arabische Führer des 20. Jahrhunderts gefeiert wird.

Die kubanische Revolution 1958/59

von Nikolaus Werz

Chronik

1492	Christoph Kolumbus entdeckt Kuba
1511–1898	Spanische Herrschaft
1868	Beginn des ersten Unabhängigkeitskrieges
1895	Zweiter Unabhängigkeitskrieg, Tod des Nationalhelden José Martí
1898	Spanisch-amerikanischer Krieg, Ende der spanischen Herrschaft und erste US-Intervention
1902	Gründung der Republik Kuba, Abzug der US-Truppen
1906–1909	Zweite US-Intervention
1924	General Machado wird Präsident
1927	Fidel Castro geboren
1933	Revolte der Sergeanten unter Fulgencio Batista und Sturz von General Machado
1940	Verabschiedung einer neuen Verfassung, Batista zum Präsidenten gewählt
1953	Überfall auf die Moncada-Kaserne am 26. Juli
1956	Landung einer Gruppe von Guerilleros unter Fidel Castro und Che Guevara im Ostteil Kubas, Beginn des Guerillakampfes
1959	Sieg der Revolution und Einmarsch der Rebellen in Havanna, Castro wird Regierungschef
1960	Verstaatlichungen, Gründung revolutionärer Massenorganisationen und Annäherung an die Sowjetunion
1961	Invasionsversuch von Exil-Kubanern in der Schweinebucht mit Unterstützung der CIA scheitert, «sozialistischer Charakter der Revolution» propagiert
1962	Aufbau sowjetischer Raketenrampen führt zur Kuba-Krise
1965	Gründung der Kommunistischen Partei Kubas (PCC)
1967	Tod Ernesto Che Guevaras in Bolivien
1975	Erster Parteitag der PCC
1976	Verabschiedung der sozialistischen Verfassung
1980	Massenausreise von 125 000 Kubanern, 2. Parteitag der PCC

1986	3. Parteitag der PCC, Beginn der Politik der *rectificación* (Berichtigung)
1990	Nach den Veränderungen in Osteuropa Deklaration des *período especial* (besondere Periode) durch Castro

«Wir sind in Santiago angekommen. Hart und lang war der Weg, aber wir sind hier. Dieses Mal wird die Revolution nicht scheitern, sondern ihr Ziel erreichen.» Mit diesen Worten verkündete Fidel Castro am späten Abend des 1. Januar 1959 in Santiago de Cuba den Sieg der Revolution. In der Nacht zuvor war der Diktator Fulgencio Batista, der seit 1933 die Geschicke Kubas entweder als Präsident oder als starker Mann im Hintergrund bestimmte, mit einigen Getreuen im Flugzeug geflohen. Innerhalb von zwei Jahren war Castro zum wichtigsten Gegner Batistas und zum Hoffnungsträger der meisten Kubaner geworden. Der Weg von der Ostprovinz in die Hauptstadt geriet für den 32 Jahre alten Rechtsanwalt und seine Mitstreiter in den olivgrünen Uniformen zum Triumphzug. Sechs Tage später empfingen ihn in Havanna hunderttausende begeisterte Menschen. Castro versprach in einer mehrstündigen Rede die Wiedereinsetzung der Verfassung von 1940 und eine friedliche Zukunft.

Die Gründe für die Euphorie über den Sieg einer Revolution, deren Ziele im In- und Ausland kaum bekannt waren, liegen in der Geschichte der Karibikinsel. Was die Unabhängigkeit anbelangte, war Kuba ein Nachzügler, denn die Emanzipation von Spanien erfolgte erst Ende des 19. Jahrhunderts. 1895 starb im sog. zweiten Unabhängigkeitskrieg der Dichter und spätere Nationalheld José Martí. Im spanisch-amerikanischen Krieg 1898 befreite sich das Land von der Kolonialherrschaft, geriet allerdings in Abhängigkeit von Nordamerika. Mit dem bis 1934 gültigen Platt-Amendment sicherten sich die USA ein Recht auf Intervention, wann immer der nordamerikanische Präsident dies «im Interesse des kubanischen Volkes» als notwendig betrachtete. Guantánamo, im Südzipfel der Insel gelegen, ist bis heute ein Stützpunkt der USA. Während die meisten süd- und mittelamerikanischen Länder sich schon zu Beginn des 19. Jahrhunderts formal als Nationalstaaten konstituierten, durchlief Kuba die Geschichte gleichsam im Zeitraffer: Nach einer nordamerikanischen Militärregierung wurde 1902 die Republik Kuba gegründet, doch schon 1906 bis 1909 folgte auf das Scheitern der ersten Republik eine zweite US-Intervention. Demokratische Regierungen hatten nur kurzen Bestand. 1924 wurde General Gerardo Machado, auch «tropischer Mussolini» genannt, Präsident. Nach verschiedenen Aufständen stürzte ihn 1933 eine Revolte der Sergeanten unter der Führung des Mulatten Fulgencio Batista. Mehrere machtlose Präsidenten wechselten sich in der

Folgezeit an der Regierung ab, 1935 übernahm Batista selbst das Ruder. Offenbar wollte er als Förderer der Demokratie und der Armen in die Geschichte eingehen: Eine 1939 gewählte Nationalversammlung verabschiedete die Verfassung von 1940, die u. a. das Recht auf Arbeit, einen Minimallohn und das Verbot von Großgrundbesitz festschrieb. Von 1940 bis 1944 amtierte Batista als gewählter Präsident, getragen von einer Koalition, zu der auch die Kommunisten gehörten. 1952 ergriff er nach einem unblutigen Militärputsch zum zweiten Mal direkt die Macht. Charakteristisch für das politische Geschehen blieben Gewalt, Gangstertum und Korruption. Obwohl Kuba u. a. als Folge nordamerikanischer Investitionen, der günstigen Zuckerrohrpreise und des Ausbaus einer Vergnügungsindustrie beim Pro-Kopf-Einkommen lateinamerikanischer Länder einen vorderen Platz einnahm, konnte die Demokratie kaum Wurzeln schlagen. Sie galt als wenig effizient und fremdbestimmt. Deshalb erschien der Sieg einer von jungen Rebellen getragenen Aufstandsbewegung vielen Bürgern zunächst sowohl als Vollendung des Nationalstaates als auch als eine «demokratische Revolution». Das Sendungsbewußtsein der Revolutionäre um Castro und die Konstellation des Kalten Krieges führten dazu, daß die Insel und der Castrismus, wie die Bewegung nach dem Namen des langjährigen *Máximo Líder* genannt wurde, in der Folgezeit eine weltpolitische Bedeutung erlangte, die weit über die Größe des Landes hinausging.

Der Überfall auf die Moncada-Kaserne 1953

Die später erfolgreichen Rebellen gehörten der «Bewegung des 26. Juli» an, in Kuba kurz als «M-26-7» bezeichnet. Mit dieser Namensgebung wurde an die spektakuläre Attacke auf die Moncada-Kaserne in Santiago de Cuba erinnert, die Castro schlagartig im ganzen Land bekannt machte.

Fidel Castro wurde 1927 nahe dem Dorf Birán geboren. Sein Vater, ein Einwanderer aus Galizien, hatte es in der Provinz Oriente zu Grundbesitz gebracht. Im Alter von sechs Jahren wurde Fidel nach Santiago de Cuba geschickt; dank der Unterstützung durch den Bischof von Camagüey, Enrique Pérez Serantes, besuchte der junge Castro dort eine katholische Schule. Später wechselte er in die Anstalt der Jesuiten in Havanna. Er galt als guter Schüler und noch besserer Athlet, 1944 erhielt er den Preis als vielseitigster Schulsportler Kubas. Im Abgangszeugnis heißt es: «Wir sind sicher, daß er sich nach seinem Jurastudium einen glänzenden Namen machen wird. Fidel hat das Zeug dazu und wird etwas aus seinem Leben machen.» Kommilitonen schilderten den zumeist im dunklen Anzug auftretenden Castro als ehrgeizig und phantasiebegabt.

Schnell avancierte er zum Studentenführer und spielte in den gewalttätigen Auseinandersetzungen der Aktionsgruppen in und um die Hochschulen eine nie ganz geklärte Rolle. Er schloß sich dem Reformpolitiker Eduardo Chibás und dessen «Partei des kubanischen Volkes» an, deren Mitglieder auch *Ortodoxos* genannt wurden. Sie traten für Nationalismus, Antiimperialismus, wirtschaftliche Unabhängigkeit, politische Freiheit und soziale Gerechtigkeit ein. Bei Streikaktionen der Studenten wußte er sich als idealistisch auftretender und mitreißender Redner stets gut in Szene zu setzen.

Frühzeitig bereiste Castro andere lateinamerikanische Länder. Als Delegierter bei einem antiimperialistischen Studentenkongreß in Bogotá 1948 lernte er den charismatischen und populären Führer der liberalen Partei Kolumbiens, Jorge Eliécer Gaitán, kennen, der kurz vor einem weiteren geplanten Treffen ermordet wurde. Zurück in Kuba hatte er u. a. Kontakt mit dem «Partido Socialista Popular», so die frühere Bezeichnung der Kommunistischen Partei Kubas, deren Disziplin und Hierarchie ihn damals jedoch abschreckte. Trotz seiner vielfältigen Aktivitäten erzielte er ausgezeichnete Studienergebnisse; nach der Promotion 1950 gründete er mit anderen eine allerdings wenig erfolgreiche Anwaltskanzlei.

Für die Parlamentswahlen 1952 stellten die *Ortodoxos* Castro als Kandidaten auf, der Militärputsch von General Batista verhinderte jedoch den Wahlgang. Nachdem die Aussichten auf eine politische Karriere verstellt waren, plädierte Castro für ein bewaffnetes Vorgehen. Er sammelte eine Gruppe von knapp 200 jungen Leuten mit dem Ziel, eine Volksbewegung gegen Batista zu entfachen. Sie waren in Gruppen aufgeteilt, die keinerlei Kenntnis voneinander hatten. Schon damals verfolgte Castro das Prinzip der Verschwiegenheit. Als Ort für den Aufstandsversuch sollte die zweitgrößte Kaserne des Landes bei Santiago dienen. Ein Programm lag nicht vor, die Gruppe folgte dem charismatisch begabten Anführer. Castro mietete eine Farm und begann mit einigen seiner Mitstreiter ein militärisches Training. Die meisten reisten erst am Tag vor dem geplanten Angriff aus Havanna an, nur drei waren in den selbstmörderischen Plan eingeweiht worden. Erst wenige Stunden zuvor gab er das Ziel der Aktion bekannt. Denjenigen, die nicht an dem verwegenen Überfall teilnehmen wollten, stellte er es frei, sich zurückzuziehen. Eine Gruppe um Castro würde den Angriff auf das Fort übernehmen, eine zweite den Justizpalast und eine dritte das Krankenhaus besetzen. Sein Bruder Raúl sollte in dem 120 Kilometer entfernten Bayamo die dortigen Kasernen überfallen, um die Entsendung von Verstärkungen zu unterbinden.

Castro, der seine Bewegung in der Tradition des kubanischen Freiheitskampfes sah, hatte den Termin nicht zufällig gewählt. 1953 jährte sich der hundertste Geburtstag des Nationalhelden José Martí. Vor dem Angriff sagte er in der ihm eigenen emphatischen Ausdrucksweise: «In ein paar Stunden werdet ihr siegreich sein oder geschlagen, aber unabhängig vom Ergebnis wird diese Bewegung am Ende triumphieren. Wenn ihr heute gewinnt, dann werden sich die Hoffnungen Martís früher erfüllen ... Laßt uns zur Hundertjahrfeier wie seinerzeit die Rebellen von 1868 und 1895 hier in der Provinz Oriente erstmals den Ruf ‹Freiheit oder Tod!› anstimmen!»

Durch eine Verkettung unglücklicher Vorfälle scheiterte das ohnehin verstiegene Vorhaben. Möglicherweise hätte es sogar das Ende von Castros Laufbahn bedeuten können, die Folterung und Ermordung von 70 Gefangenen durch die Soldaten und Offiziere der Moncada-Kaserne rief jedoch eine allgemeine Empörung hervor. Castro selbst war mit einer kleinen Gruppe in die Sierra Maestra geflohen. Der Erzbischof von Santiago, der Familie traditionell verbunden, forderte unterdessen die Beendigung des Massakers unter den Gefangenen und versuchte Castro zur Aufgabe zu überreden. Dieser war unterdessen von einem Suchtrupp der Armee im Schlaf in einer Hütte überrascht worden. Zu den vielen Glücksfällen in Castros Leben gehörte es, daß er den Leutnant aus der gemeinsamen Studienzeit kannte. So wurden sie ins Stadtgefängnis gebracht und nicht der Armee ausgeliefert, was wahrscheinlich zu ihrer Erschießung geführt hätte. Bereits die Ereignisse nach dem Überfall auf die Moncada-Kaserne zeigten, daß es im Militär verschiedene Strömungen gab.

Im September 1953 wurden Castro und hundert weitere Personen im Justizpalast von Santiago de Cuba angeklagt. Batista versuchte eine Beteiligung der Kommunisten zu konstruieren, auch wenn diese die Aktion als «kleinbürgerliches Abenteurertum» abgetan hatten. Castro wiederum sah den Prozeß als Chance, um seine Version der Ereignisse vorzutragen und Batista anzuprangern. Ziel des Aufstandes sei es gewesen, die Bevölkerung zu mobilisieren und fünf revolutionäre Gesetze in Kraft zu setzen: Wiedereinsetzung der Verfassung von 1940, Bodeneigentum für Pächter, Gewinnbeteiligung der Arbeiter und Angestellten, Beteiligung der Pachtbauern an der Zuckerrohrernte und Beschlagnahme der durch Korruption entstandenen Vermögen. Ferner kündigte er an, das Problem der Wohnungsnot endgültig zu lösen sowie eine Bildungsreform durchzuführen. So nutzte Castro seine Verteidigung zur Anklage der Regierung und dazu, den Angriff in die Tradition Martís zu stellen: Weil junge Kubaner im Jahr seines hundertsten Geburtstages für die Freiheit starben, sei der «Apostel» nicht tot. Den Präsidenten bezeichnete er als «Verbrecher und Räuber» und – in einer gezielten Übertreibung – als schlimmsten Diktator Lateinamerikas. Er beendete seine Rede mit dem legendär gewordenen Satz: «Verurteilt mich, es ist mir egal, die Geschichte wird mich freisprechen!»

Castro erhielt fünfzehn Jahre Gefängnis, von denen er jedoch nur zwei auf der sog. Pinieninsel absitzen mußte, denn im Wahlkampf des Jahres 1954 hatte der wichtigste Gegenkandidat Batistas versprochen, nach einem eventuellen Wahlsieg die *Moncadistas* freizulassen. Nach dem Rücktritt dieses Kandidaten und seinem anschließenden «Wahlsieg» entsprach Batista mit Blick auf die eigene Popularität dem Wunsch vieler Kubaner und erließ im Mai 1955 eine Generalamnestie. Aus der Sicht Batistas sollte sich dies als ein folgenreicher Fehler erweisen.

Die Granma-Expedition und der Partisanenkampf in der Sierra Maestra

Mittlerweile waren in den größeren Städten Gruppen der «Bewegung des 26. Juli» entstanden, die für die Abhaltung freier Wahlen und die Wiedereinsetzung der Verfassung von 1940 eintraten. Es waren vor allem Studenten und junge Angestellte. Anders als die meisten Oppositionellen in Kuba setzte Castro nicht auf den von der Regierung anberaumten «zivilen Dialog», sondern strebte eine revolutionäre Machtübernahme an. Mit dem Ziel, zur führenden Kraft der Opposition zu werden, verließ Castro Ende 1955 Kuba in Richtung Mexiko. Auf einer Farm in der Nähe der Hauptstadt übten er und seine Anhänger für eine bewaffnete Rückkehr auf die Insel. Ihr Ausbilder war Alberto Bayo, ein Kämpfer aus dem spanischen Bürgerkrieg. Sein bester Schüler wurde der Argentinier Ernesto Che Guevara.

Guevara (geb. 1928) hatte nach einem Medizinstudium eine lange Reise durch Lateinamerika begonnen. Der seit dem zweiten Lebensjahr an chronischem Asthma leidende Guevara, der in relativem Wohlstand aufgewachsen war, lernte dabei Armut und Ungerechtigkeit aus der Nähe kennen. 1954 erlebte er in Guatemala die US-Intervention zum Sturz der Reformregierung von Jacobo Arbenz Guzmán, ein Ereignis, das ihn stark beeinflußte und zu seinem ausgeprägten Antiamerikanismus beitrug. In Mexiko stieß er zu Castro und war von seinen Ideen beeindruckt. Die beiden Männer wurden zu engen Freunden und Kampfgefährten.

Am 24. November 1956 stachen 82 Männer auf der viel zu kleinen *Granma* vom mexikanischen Tuxpan aus in die rauhe See. Es war geplant, die Landung mit einem Aufstand von Anhängern des «M 26-7» in Santiago zu verbinden. Frank País und ca. 300 Insurgenten gelang es tatsächlich, die Stadt für einen Tag einzunehmen, wegen der schlechten Witterungsbedingungen verzögerte sich indessen die Ankunft des Schiffes. Erst am 2. Dezember 1956 landeten sie im Südzipfel Kubas, allerdings nicht an dem vorgesehenen Ort, sondern in einem unwirtlichen Sumpfgebiet. Von Regierungstruppen entdeckt, wurden die Ankömmlinge aus der Luft und am Boden attackiert. Mit den Gefangenen machten Batistas Soldaten kurzen Prozeß. Die genaue Zahl der Überlebenden ist unbekannt, offiziell wurden sie später in Anspielung auf die Apostelgeschichte mit zwölf angegeben. Auch in dieser miserablen Lage ließ Castro keinen Zweifel an seiner Siegeszuversicht aufkommen. Schon vor der Überfahrt erklärte er ganz im Stile Martís: «1956 werden wir entweder frei oder Märtyrer sein.» Und nachdem sich die dezimierte Gruppe der überlebenden Rebellen in der Sierra Maestra wiedergefunden hatte, verkündete er siegesgewiß: «Die Tage der Tyrannei sind gezählt!» Während die Regierung behauptete, sie hätten die Guerilla aufgerieben, gelang es Castro u. a. mit Hilfe des einflußreichen Bergbanditen Crescencio Pérez Anhänger unter den Bauern zu finden und Unterkünfte in der Sierra aufzubauen. Nach wie vor rekrutierte sich die Guerilla aber vor allem aus Städtern, die zu «Fidel in die Berge» gingen. Mit etwa 20 bis 30 Mann überfielen sie Militärposten, um an Waffen und Munition zu gelangen.

Castro verband den militärischen mit dem politischen Kampf, um sich selbst als die Alternative zu Batista darzustellen. Zunächst mangelte es ihm an Publizität. Mitte Februar 1957 wurde daher Herbert Matthews, der für die *New York Times* bereits über den spanischen Bürgerkrieg berichtet hatte, in die Sierra geführt. Während des Interviews mit Castro liefen häufig Guerilleros an ihnen vorbei, es waren stets dieselben, die sich nur umgezogen hatten. Vage deutete Castro an, in den Bergen seien noch andere Kolonnen aktiv. Dieser Artikel machte Castro schlagartig bekannt und berühmt. Batistas Versuch, ihn totzusagen, war mißlungen. Matthews hatte allerdings die Zahl der Guerilleros gewaltig überschätzt. Er schilderte Castro darüber hinaus als einen patriotisch gesinnten Revolutionär und eine Art Sozialdemokrat, womit er zur Fehleinschätzung der Bewegung beigetragen haben dürfte. So avancierte der Rebellenführer zur wichtigsten Figur der Opposition, und es kam der Mythos von der Guerilla in den Bergen auf. Fotos und Filmberichte taten ein übriges: Die Guerilleros hatten beschlossen, sich bis zum Sturz von Batista nicht zu rasieren. Deshalb wurden sie und generell später die Anhänger Castros auch als die «Bärtigen» *(Barbudos)* bezeichnet, lange Haare und Bärte avancierten zum internationalen Protestsymbol.

Die Positionen innerhalb der «Bewegung des 26. Juli» waren nicht einheitlich. Es standen sich die in der Bergregion aktiven Guerilleros und die sog. Flachland-Fraktion gegenüber. Während Fidel, besonders aber sein Bruder Raúl und Che Guevara letztlich eine weitgehende gesellschaftliche Umwälzung und eine Agrarreform anstrebten, wollte die

Flachland-Fraktion durch Sabotageaktionen und einen Generalstreik den Sturz Batistas erreichen, um dann freie Wahlen abzuhalten. Am 12. Juli 1957 wurde allerdings noch die «Sierra-Maestra-Erklärung» veröffentlicht, die auch die Unterschriften von Raúl Chibás, dem neuen Vorsitzenden der *Ortodoxos* und von Felipe Pazos, einem der bekanntesten Wirtschaftsexperten, trug, was der Bewegung den Zuspruch von Teilen der Mittelschicht sicherte. Im Text war von einer alle Oppositionsparteien zusammenfassenden revolutionären Front und von der Notwendigkeit freier Wahlen die Rede. Bis Anfang 1958 gelang es Castro, den Führungsanspruch der Sierra-Fraktion durchzusetzen. Die Bildung einer sog. Befreiungsjunta nach einem Treffen von Oppositionellen in Miami wurde von Castro desautorisiert. Damit hatte sich die Zahl aussichtsreicher Batista-Gegner weiter verringert.

Trotz vieler Schwierigkeiten und Entbehrungen konnte sich die Guerilla gegen Ende des Jahres 1957 konsolidieren und ein Versorgungsnetz aufbauen. Ihr Einfluß erstreckte sich über ein Gebiet von ca. 3000 km^2. Im Februar 1958 nahm der Sender *Radio Rebelde* seine Tätigkeit auf und in den Rückzugsgebieten konnten Feldlazarette errichtet werden. Durch spektakuläre Aktionen erregte die Bewegung weitere internationale Aufmerksamkeit. Am 23. Februar wurde der argentinische Automobilrennfahrer Juan Manuel Fangio für einige Tage entführt. Im ganzen Land nahmen die Sabotageakte zu, der Zugverkehr war häufig unterbrochen. Auch die kommunistische Partei, die den Guerillakampf zunächst ablehnte, begann einige Mitglieder in die Berge zu schicken.

Die Schlußoffensive und die Flucht Batistas

Ab Februar 1958 ergriffen die Rebellen zunehmend die Initiative. Anfang April erlebte die Bewegung zwar nochmals einen gewissen Rückschlag, denn ein vor allem von der Flachland-Fraktion betriebener Generalstreik scheiterte. Batista deutete dies als ein Zeichen der Schwäche und schickte im Mai rund 10 000 Soldaten in die Sierra. Allerdings waren die beiden Kommandeure untereinander verfeindet. Trotz der zahlenmäßigen Übermacht waren das Informationssystem und die Ortskenntnisse der Rebellen der regulären Armee mittlerweile überlegen, hinzu kamen die Demoralisierung vieler Soldaten und Offiziere sowie Disziplinprobleme. Die gute Behandlung der gefangengenommenen Militärs durch die Guerilla stand im scharfen Kontrast zu den Exekutionen durch Batistas Armee.

Die Rebellen waren unterdessen in unterschiedliche Kolonnen aufgeteilt worden und konnten an verschiedenen Orten in die Offensive gehen. Im Zentrum Kubas entfaltete der in den Rang eines Kommandanten erhobene Guevara eine Reihe kühner Aktivitäten. In Santa Clara, möglicherweise der einzigen wirklichen Schlacht in dem sonst eher von Scharmützeln gekennzeichneten Kleinkrieg, erstürmten die Guerilleros zum Jahresende 1958 einen gepanzerten Zug; hier wie an anderen Orten kam es zu Verbrüderungen mit den Soldaten bzw. zur kampflosen Aufgabe nach Verhandlungen mit einzelnen Offizieren. Batistas Armee setzte dagegen zunehmend auf Bombardements durch die Luftwaffe. Die Rebellen erhielten ihrerseits in der Endphase auch Unterstützung von Politikern aus Costa Rica und Venezuela in Form von Waffenlieferungen und durch die Versorgung von Verwundeten.

Nach der Flucht von Batista Anfang Januar 1959 brach sein Regime wie ein Kartenhaus zusammen. Auf dem Weg nach Havanna wurde Castro immer wieder von begeisterten Bürgern aufgehalten. Die Kommandanten Guevara und Camilo Cienfuegos, der Ende 1959 bei einem nie geklärten Flugzeugabsturz starb, erhielten den Befehl, in die Hauptstadt einzumarschieren, wo sie am 2. Januar 1959 eintrafen. Nur in dieser kurzen Zwischenphase kam es zu Plünderungen, die *Barbudos* dagegen tranken nicht und verhielten sich auch sonst korrekt.

Castro selbst zog erst am 8. Januar in die Hauptstadt ein. Hunderttausende säumten die Straßen und skandierten «Gracias, Fidel!» und «Libertad». Auf einem Panzer saß sein Sohn Fidelito neben ihm, die Hauptrede hielt er in Campo Columbia. Wie bei späteren Auftritten war sie lang, erläuternd und ermahnend, einmal an die Vernunft, ein anderes Mal an das Gefühl appellierend. Während seiner Ansprache setzte sich eine der von einem Zuhörer mitgebrachten weißen Tauben auf seine Schulter und blieb dort eine Zeitlang, was offenbar einen tiefen Eindruck hinterließ. Seine Äußerungen in den ersten Tagen und Wochen waren gemäßigt, den Müttern versprach er den Frieden, Wahlen sollten in etwa anderthalb Jahren stattfinden. Wenn er am 6. Februar behauptete, «dies ist die erste Revolution der Geschichte, die sich auf eine 95%ige Mehrheit stützt», dann schien das äußere Bild dieser sog. «humanistischen Revolution» dem zu entsprechen. Nach der Korruption und den politischen Enttäuschungen der vorangegangenen Jahre galt er der Bevölkerung nicht nur als Befreier von Batista, sondern von allen Übeln, zumal die Maßnahmen der Anfangsjahre – Lohnerhöhungen, Senkung der Mietpreise, Nationalisierungen, Agrarreform – in diese Richtung deuteten. Auch im Ausland schlug den Rebellen, von denen viele aus unteren und mittleren Schichten stammten, eine Welle der Sympathie entgegen. Anfangs genoß Castro in den USA ein Ansehen wie Lawrence von Arabien in England, schreibt Hugh Thomas in seinem Standardwerk zur Geschichte Kubas.

Zu den Wirkungen der kubanischen Revolution

Entgegen der inflationären Verwendung des Wortes *Revolución* sind wirkliche Revolutionen in Lateinamerika selten. Meist handelt es sich um Staatsstreiche, bei denen sozusagen das Orchester wechselt, die Musik aber die gleiche bleibt. Nur in Mexiko und in Kuba hat es echte Revolutionen gegeben, die Ergebnisse der Revolutionen in Bolivien 1952 und in Nicaragua 1979 wurden weitgehend revidiert. Unter Berücksichtigung der Zahl der Getöteten und des Umfanges der Rebellenarmee und der Kriegshandlungen handelte es sich um eine «kleine» Revolution. Noch Mitte 1958 waren es lediglich 300 Bewaffnete, erst zum Jahresende stieg die Mitgliederzahl der Rebellenarmee auf ca. 3000, ca. 200 davon waren Latein- bzw. Nordamerikaner. Unter den Soldaten der Batista-Armee soll es etwa 1000 Tote gegeben haben, wesentlich höher lag die Zahl der von den Regierungstruppen ermordeten Guerilleros, Batista-Gegnern und vor allem Zivilisten. Schätzungen gehen von bis zu 5000 Getöteten aus. Unklar blieben die Ziele der Rebellen, weshalb sowohl Batista als auch die in dieser Frage gespaltene und zunächst weitgehend untätige nordamerikanische Administration die von ihnen ausgehende Gefahr und dann die Folgen der Revolution verkannten.

Groß und unerwartet waren ihre Wirkungen: Die nach dem Machtwechsel ins Exil gegangenen Kubaner versuchten mit der Landung in der Schweinebucht 1961 Castro zu stürzen, scheiterten aber auch an der halbherzigen Unterstützung durch Präsident John F. Kennedy und an der damals hohen Popularität Castros. Im Oktober 1962 brachte die Kuba-Krise die Welt an den Rand eines atomaren Krieges, neuere Akteneinsicht unterstreicht, daß Castro und Che Guevara auf eine gegen die USA gerichtete Eskalation des Konflikts drängten. In den 60er Jahren propagierte die kubanische Regierung den castro-guevaristischen Ansatz als kontinentales Revolutionsmodell und trug damit nicht unwesentlich zur Radikalisierung des politischen Geschehens in Lateinamerika bei, mit der Erschießung Guevaras im bolivianischen Urwald am 9. Oktober 1967 war der Versuch, die Anden in die Sierra Maestra Lateinamerikas zu verwandeln, gescheitert. Anschließend galten die Leistungen Kubas im Bereich von Erziehung, Gesundheit und Sport vielen als beispielhaft, teilweise in Verkennung der finanziellen Abhängigkeit von der Sowjetunion. Mitte der 70er Jahre führten schließlich kubanische Truppen in Angola und Moçambique eine Entscheidung zugunsten der antikolonialen Befreiungsbewegungen herbei. Somit hatte die kubanische Revolution sowohl außerordentliche interne als auch internationale Auswirkungen.

Für Vertreter einer marxistischen Revolutionstheorie (Jürgen Hell) folgte auf die erste Etappe des Kampfes gegen die Batista-Diktatur ab Anfang 1959 eine zweite Etappe, die der antiimperialistischen und demokratischen Revolution, die am 16. 4. 1961 in eine sozialistische Revolution übergegangen sei. Unter dem Eindruck der Invasion in der Schweinebucht erklärte Castro, «dies ist die sozialistische und demokratische Revolution der Armen durch die Armen für die Armen». Rückblickend hat Castro sein Denken als Synthese aus Martianismus und Marxismus bezeichnet, wobei die Gewichtung zwischen den beiden Strömungen in seiner langen Amtszeit variieren sollte. Der wirkliche Revolutionsverlauf steht im Kontrast zu dieser nachträglichen Interpretation: So wurde die kubanische Revolution von Teilen der radikalisierten Mittelschicht getragen, während die Arbeiter und Bauern eine untergeordnete Rolle spielten. Sie begann als eine nationale und demokratische Revolution und erhielt später einen «sozialistischen und internationalen» Charakter. Boris Goldenberg bezeichnete sie als eine «charismatische Minderheitenrevolution», zumal sich im Castro-Regime Elemente des lateinamerikanischen Populismus und Caudillismus zeigen. Nach dem Sturz Batistas lag die Macht bei dem damals 32-jährigen Castro, der sechs Wochen nach dem Sieg der Revolution auch den Posten des Premierministers übernahm. Auch der Wechsel hin zur sozialistischen Revolution ging von der Spitze aus, nachdem Castro erklärte, er werde sein ganzes Leben lang Marxist-Leninist bleiben.

Der *Máximo Líder*, der frühzeitig die Medien für seine Zwecke einzusetzen wußte, stützte sich lange Zeit auf seine charismatische Ausstrahlung. Seine Reden betrachtet er als Unterhaltung mit dem Publikum, oft dienten sie zur Akklamation der von ihm getroffenen Entscheidungen. Zur anfänglichen Popularität im Lande trat die Verehrung, die ihm und der Figur Ernesto Che Guevaras in der Dritten Welt, von Seiten der Linksintellektuellen und der antiautoritären Jugend in den Industriestaaten entgegengebracht wurde. Nach seinem Tod in Bolivien geriet Guevara vollends zum Mythos. Jean Paul Sartre bezeichnete ihn als den «vollkommensten Menschen überhaupt». Bei dieser verklärten Sicht bleiben seine Rolle bei der Exekution von Spitzeln und Verrätern schon während des Kampfes in der Sierra Maestra, als Chefankläger nach dem Sieg der Revolution sowie schließlich beim Aufbau einer neuen Armee ausgeklammert. Guevara ging von einer Art permanenten Revolution aus. Neben der materiellen Basis gelte es für den Kommunismus auch den neuen Menschen zu schaffen. Revolutionäre Moral, gelenkte Erziehung und Verklärung des Guerillero als Vorgriff auf den neuen Menschen finden sich in seiner Schrift «Der Mensch und der Sozialismus in Kuba» von 1965. Folgenreich für die politische Entwicklung nicht nur im Lateinamerika der 60er Jahre war sein voluntaristischer Ansatz, der in der Vorstellung von einem Guerilla-Fokus gipfelte: Man müsse nicht warten, bis die objektiven Bedingungen für die Revolution herangereift seien, eine kleine Gruppe von Entschlossenen könne von sich aus eine revolutionäre Situation herbeiführen. Damit verabsolutierte er die kubanischen Erfahrungen, die sich so weder in Bolivien, noch in anderen südamerikanischen Ländern wiederholt haben. Seine Guerillatheorie führte in den 60er Jahren zur Spaltung mehrerer kommunistischer Parteien und zur Entstehung einer revolutionären Linken in Lateinamerika.

Zu den Besonderheiten der kubanischen Revolution gehören das Fehlen einer revolutionären Partei in der Umbruchphase und der bis in die 70er Jahre geringe Grad an Institutionalisierung und Formalisierung politischer Herrschaft. Auch nach der Gründung der Kommunistischen Partei 1965 sollte es noch zehn Jahre dauern, bis überhaupt der erste Parteikongreß stattfand. Erst 1976 wurde eine sozialistische Verfassung verabschiedet. Anfangs reichten die Euphorie über den Wechsel und das Charisma Castros offensichtlich aus, um die Herrschaft zu sichern. Nationalisierungen und Umverteilungen zugunsten der Unterprivilegierten taten ein übriges, höhere Positionen wurden mit jungen Leuten aus der Kampfzeit besetzt, die gemäßigten Mitglieder der Bewegung sahen sich zunehmend an den Rand gedrängt. In den 60er Jahren entwickelten sich die Komitees zur Verteidigung der Revolution (CDR) zur wichtigsten Organisation. Sie sollten der Abwehr einer drohenden Intervention aus den USA dienen, tatsächlich übernahmen sie zunehmend eine Überwachungs- und Kontrollfunktion. Zur Stabilisierung der Revolution trug gerade auch das Feindbild USA bei. Die zuweilen übertriebene Invasionsgefahr und diverse Mordversuche des CIA gegen Castro dienten als Mittel negativer Integration, hinzu kam der Eindruck einer schlechten Behandlung und mangelnden Anerkennung durch die USA in der Vergangenheit gerade bei den Unter- und Mittelschichten. Durch ihre Embargopolitik haben die USA ihrerseits zum Machterhalt des Regimes beigetragen.

Eine Reihe weiterer Faktoren führte zum Überleben der kubanischen Revolution und dazu, daß Castro der am längsten amtierende Regierungschef auf der Welt geworden ist: Sein kühner Sieg über Batista und die Einsetzung einer nicht-korrupten Regierung erleichterten den Anfang. Die Alphabetisierungskampagne und sozialen Reformen der 60er Jahre sicherten Castro zumindest die Sympathie eines großen Teils der auf der Insel verbliebenen Kubaner. Sein Charisma und sein schauspielerisches Talent wurden bereits erwähnt. Der Revolutionsführer gilt überdies als harter Arbeiter. Er hat zum Selbstbewußtsein der Kubaner beigetragen und dem Land eine internationale Bedeutung verliehen, die es vorher nie besessen hatte. Die Insellage und seine Bekanntschaft mit vielen Personen mag dabei ebenso eine Rolle gespielt haben wie die nur in Zeiten des Kalten Krieges mögliche ökonomische und militärische Unterstützung durch die UdSSR und das sozialistische Lager. Seine rhetorischen Fähigkeiten und der gezielte Einsatz der in Kuba schon in den 50er Jahren vorhandenen Massenmedien kamen hinzu. Trotz dieser Allgegenwart hat er sich lange Zeit ein anti-bürokratisches Image bewahrt. «Fidel weiß das nicht», ist mit Blick auf Mißstände im Lande zu hören.

In den vergangenen 40 Jahren ist die Revolution in mancher Hinsicht zum Synonym für Stagnation geworden. Fast zwei Drittel der Kubaner wurden nach 1959 geboren und gerade die Jüngeren entwickeln Konsum- und Aufstiegswünsche, denn angesichts des Erfolges vieler Exil-Kubaner betrachten sie Miami und die USA als Vergleichsgesellschaft. Dennoch weist Kuba nach wie vor eine erstaunliche politische Stabilität auf. Was marxistischen Revolutionstheoretikern zunächst als Schwäche der Revolution galt, nämlich die spontane Präsenz der Volksmassen und die Dominanz der Person Castros, erweist sich nun als Vorteil. Entgegen allen Erwartungen hat die kubanische Revolution den Zusammenbruch des Staatssozialismus in Osteuropa überlebt. Fraglich ist jedoch, ob sie auch den Tod ihres *Máximo Líder* überdauern kann.

Wenhua da Geming: Die «Große Proletarische Kulturrevolution» – modernes Trauma Chinas

von Thomas Heberer

Chronik

1958–1960	Maos Politik des «Großen Sprungs nach vorn», der Versuch der beschleunigten politischen und wirtschaftlichen Entwicklung Chinas in Richtung Kommunismus, führt zu Hungersnöten
1961	Wiederzulassung privater Wirtschaftstätigkeit
1963	Mao warnt vor Gefahr einer «kapitalistischen Restauration» und beharrt auf Primat des Klassenkampfs
1965	Erste Kritiken im Literaturbereich kündigen die «Kulturrevolution» an
Mai 1966	Offizielles Dokument der Kommunistischen Partei spricht erstmals von «Großer Proletarischer Kulturrevolution», an den Hochschulen entstehen «Rote Garden», Zusammenschlüsse von Jugendlichen und Studenten, die auf Wandzeitungen die Vernichtung der «alten Autoritäten» fordern
August 1966	Zentralkomitee der KP stimmt mit knapper Mehrheit der Durchführung einer «Kulturrevolution» zu, Säuberungen des Partei- und Staatsapparats beginnen
1966/67	Terror und Willkür der «Roten Garden» sind an der Tagesordnung, Kämpfe zwischen Rotgardistenfraktionen führen zu bürgerkriegsartigen Verhältnissen
Anfang 1967	Mao ruft die Armee zum Eintritt in die «Kulturrevolution» auf
1967/68	Armee drängt Rotgardisten zurück und stellt Ordnung wieder her, Bildung von «Revolutionskomitees» anstelle der zerstörten Partei- und Verwaltungsstrukturen
April 1971	Gescheiterter Putschversuch des Mao-Stellvertreters Lin Biao und anderer Generäle
1973	Kampagnen von Radikalen gegen Konfuzius und Lin

	Biao richten sich indirekt gegen Ministerpräsident Zhou Enlai und seine gemäßigten Reformen
April 1976	«Tian-An-Men-Zwischenfall», Kundgebungen für den verstorbenen Zhou Enlai werden von der Miliz gewaltsam aufgelöst
9. 9. 1976	Mao stirbt
6. 10. 1976	Verhaftung der «Viererbande», einer Gruppe radikaler Parteiführer um Maos Witwe Jiang Qing
1977	XI. Parteitag erklärt «Kulturrevolution» für beendet
Dezember 1978	Dritte Plenartagung des XI. Zentralkomitees, Abwendung von kulturrevolutionären Prinzipien, Einleitung von Reformen der Wirtschaft und Gesellschaft
Juni 1981	Verurteilung der «Kulturrevolution» durch die Parteiführung

«Die Große Proletarische Kulturrevolution ... ist eine große Revolution, die die Seele der Menschen erfaßt. Sie stellt in der Entwicklung der sozialistischen Revolution unseres Landes ein neues Stadium dar», mit diesem Satz begann der «Beschluß des Zentralkomitees der KP Chinas über die Große Proletarische Kulturrevolution» vom August 1966. 15 Jahre später erklärte die Parteiführung diese Periode zur «zehnjährigen Katastrophe, die das Land ins Chaos führte». Nichts zeigt deutlicher das politische Wechselbad, das in diesem Zeitraum in China stattgefunden hat.

Als die Kulturrevolution 1966 eingeleitet wurde, begann in der Tat ein neues, wenn auch tragisches Kapitel in der Geschichte Chinas wie auch in der Geschichte des Sozialismus. Erstmals rief ein kommunistischer Führer (Mao Zedong) dazu auf, die Partei, ihre Elite und die Strukturen und Institutionen des Staates offen anzugreifen und faktisch zu zerstören. All dies geschah im Namen der proletarischen Revolution und der Bekämpfung bürokratischer und neokapitalistischer Strukturen. Hoffnung weckte dies auch im Westen. Denn zum ersten Mal schien sich in einem sozialistischen Land ein Prozeß der Erneuerung im Sinne der marxistischen Ursprungsidee zu vollziehen: Erneuerung von innen heraus, durch die «Massen» und unterstützt durch einen vermeintlich humanitären Revolutionsführer.

Die Idee der Schaffung eines neuen Menschen durch eine «Revolution der Massen», der Sturz der Schicht der Bürokraten, die für die Entartung des Sozialismus in der Sowjetunion und Osteuropa verantwortlich schien, und die Hoffnung auf einen menschlicheren Sozialismus bewirkten, daß die Kulturrevolution kein rein chinesisches Projekt blieb. Maos Aufruf «Gegen den Strom schwimmen» begeisterte nicht nur große Teile der chinesischen Jugend, sondern auch die Linke und viele Intellektuelle in den westlichen Industrieländern. China (und seine Kulturrevolution) wurde als neuer «Leuchtturm» des Sozialismus und menschlicher Befreiung gefeiert. Eine Flut von Schriften griff die chinesische Propaganda auf und zeichnete eine Entwicklung, die nur in den Köpfen westlicher Intellektueller existierte, die glaubten, in China ein neues Utopia gefunden zu haben.

«Rebellion ist gerechtfertigt» war eine der wichtigsten Losungen jener Tage. «Wir erzogen uns selber, indem wir den Aufstand machten», hieß eine Broschüre der Roten Zellen und des Asta der Universität Kiel von 1972, «Mit den überlieferten Vorstellungen radikal brechen» eine Broschüre der «Arbeitsgruppe Sinologie» an der Universität Frankfurt von 1974. In «Die Hälfte des Himmels. Frauenemanzipation und Kindererziehung in China», einem der Kultbücher der 70er Jahre, schwärmte die Verfasserin Claudie Broyelle von der «Vergesellschaftung der Mutterfunktion», der Machtergreifung der Kinder und einem «neuen Konzept der Liebe». Joshua Horns «Arzt in China» schilderte die «revolutionäre Organisation des Gesundheitswesens» und die Revolutionierung des Arzt-Patienten Verhältnisses. Ein Bremer Theaterstück Mitte der 70er Jahre über das chinesische Schulsystem begann damit, daß eine Lehrerin den Klassenraum betritt und zunächst die Erledigung der Hausaufgaben überprüfen will. In dem Stück blieben die Schüler zunächst respektlos sitzen und setzten ihre Unterhaltung über «die Revolution» fort, ehe sie sich der Lehrerin zuwandten und sie als «bürgerliche Autorität» und «Vertreterin des kapitalistischen Weges im Bildungswesen» kritisierten und zur Selbstkritik zwangen. Intellektuelles Vorbild nicht nur in China, sondern auch hierzulande war ein chinesischer Student, der bei einer Prüfung ein leeres Blatt abgeliefert hatte, mit der Randnotiz, er sei ein Werktätiger und habe daher keine Zeit, sich auf Prüfungen vorzubereiten (er wurde später übrigens zum stellvertretenden Erziehungsminister ernannt). Charles Bettelheim, Professor an der Ecole Pratique des Hautes Etudes in Paris, war der Wegbereiter des ökonomischen Idealismus, der die Arbeitsverhältnisse in den Fabriken verklärte. Von daher reichte die Bedeutung der Kulturrevolution weit über China hinaus. Maos Massenlinie, wobei die «Massen» nicht für reale Menschen standen, sondern die «Idee einer moralischen Energie mit übernationaler Anziehungskraft» (Roth, 105) symbolisierten, ergriff die Studenten und Intellektuellen außerhalb Chinas, weil sie Macht und Veränderung zu versprechen und einen Weg aus dem erstarrten Sozialismus sowie aus den vermeintlich autoritären Verhältnissen im eigenen Land zu weisen schien. Die Suche nach dem «neuen Menschen» kam den Intellektuellen der 60er Jahre entgegen, zumal sie diesen weder bei Marx noch bei Wilhelm Reich gefunden hatten.

Diese einleitenden Erläuterungen sollen die globale Bedeutung der Kulturrevolution verdeutlichen. Im folgenden geht es allerdings nicht um diese historische Fußnote, sondern um den Versuch Ursachen und Folgen der kulturrevolutionären Phase in China zu erklären. Dieses Trauma Chinas in diesem Jahrhundert läßt sich dabei nicht von der Person Maos trennen. Der amerikanische Historiker John K. Fairbank schrieb einmal, ohne die Doppelrolle Maos als Revolutionsführer (in dessen Selbstverständnis) und als neuer Kaiser (vom Machtaspekt her) lasse sich die Kulturrevolution nicht verstehen. Als charismatischer Führer habe er über den Menschen und über der Partei gestanden und sich im Bewußtsein großer Bevölkerungsteile als kultische Figur positioniert. Daher soll am Ende dieses Beitrags auch auf die Funktion Maos eingegangen werden.

Politische Kultur und Kulturrevolution

Bei der Analyse sozialer und politischer Phänomene in anderen Kulturen stellt sich die grundsätzliche Frage, inwieweit wir mit unserer wissenschaftlichen Rationalität und den für westliche Muster geschaffenen Kategorien überhaupt andere kulturelle Vorgänge erfassen können. Der französische Sinologe Marcel Granet problematisierte einmal die Frage, ob sich chinesische Schriftzeichen überhaupt mit unseren Begriffen übersetzen lassen. Sind die einzelnen Zeichen doch Ergebnis einer über Jahrhunderte gewachsenen vielschichtigen Tradition. Das gilt in unserem Zusammenhang nicht nur für den Begriff der «Kultur» *(wenhua)*, der sich auf Personen bezog, die die Riten, die klassische Musik, die klassischen Schriften und Regeln beherrschten, d. h. die konfuzianische Kultur. Dies gilt zugleich für den chinesischen Revolutionsbegriff, der sich grundsätzlich vom europäischen unterscheidet. Er beinhaltet nämlich die konfuzianische Vorstellung, der Herrscher besitze kein «Recht» zur Herrschaft, sondern ein «Mandat des Himmels», das ihm wieder entzogen werden könne, wenn er seinen Pflichten nicht nachkomme. «Revolutionen» (d. h. Änderung des Mandats, *geming*, der heute noch gebräuchliche Begriff für Revolution) waren in der chinesischen Staatstheorie durchaus ein legitimes Mittel. War die Harmonie, d. h. die soziale Ausgewogenheit, nicht mehr gegeben, vermochte der Herrscher nicht mehr als Regulator gesellschaftlicher Prozesse zu fungieren, hatte er sein Mandat verwirkt. Dann kam es zu Aufruhr, war auch der Tyrannenmord erlaubt. In der chinesischen Geschichte folgten auf Perioden sozialer Harmonie und Ruhe Perioden, die von sozialen Unruhen und politischen Konflikten geprägt waren. Historiker bezeichnen dieses Wechselspiel als *dynastischen*

Zyklus. Hierin drückt sich aus, daß es sich bei solchen Umbrüchen nicht um eine Veränderung der Grundstruktur der Gesellschaft handelte (im Sinne von Revolution), sondern, wie der Soziologe Barrington Moore einmal schrieb, um Rebellionen, die neue Dynastien an die Macht brachten, die jeweils das ursprüngliche konfuzianische Herrschaftssystem wiederherstellten bzw. unangetastet ließen.

Die «Kulturrevolution» genannte Phase (1966–76) hat an dieser Konstellation im Prinzip nichts geändert, weil sie weder die Grundstrukturen der Macht veränderte noch das auf ihr fußende Gesellschaftssystem. Gleichwohl bot sie etwas Neues: Es war keine «von unten» inszenierte Bewegung, der charismatische Führer (Mao) hatte sie vielmehr «von oben» initiiert. Es war auch keine von der Bauernschaft unterstützte Revolte, also ausgehend von jener Gesellschaftsgruppe, welche die absolute Mehrheit bildete. Zunächst wurden eher Randgruppen von ihr erfaßt. Sie wurde auch nicht von einer revolutionären Partei geführt, sondern hinter ihr stand das Charisma Maos, der immer noch als unantastbarer Führer angesehen wurde. Beziehen wir uns auf die traditionell-chinesischen Inhalte der Begriffe Kultur und Revolution, dann scheint sich hinter «Kulturrevolution» ein spezielles Konzept zu verbergen: daß nämlich der «alten», d. h. konfuzianisch-klassischen Kultur das Existenzrecht (Mandat) entzogen werden sollte. Die alte Kultur und die mit ihr verbundene Denkweise sollten ausgelöscht werden. «Proletarisch» stünde dann für anti-konfuzianisch und für eine neue, Maos Vorstellungen entsprechende Kultur bzw. Moderne. Damit ließe sich die Kulturrevolution in die Reihe anti-traditionalistischer Bewegungen einordnen.

Historischer Ausgangspunkt

Mitte der 50er Jahre glaubte die Mehrheit der Parteiführung, nach der Verstaatlichung der Betriebe und der Kollektivierung der Landwirtschaft existierten keine Klassenwidersprüche mehr, sondern nur noch Widersprüche im Volk. Diese Auffassung wurde vom VIII. Parteitag der KPCh (1956) zur offiziellen Politik erklärt. Erst die massive Kritik an den politischen Verhältnissen im Frühjahr 1957, vor allem durch Intellektuelle (Hundert-Blumen-Kampagne), bewirkte ein Umdenken: Mao und seine Anhänger waren überzeugt, daß – auf ideologischem Gebiet – der Klassenkampf fortexistiere. Ziel ihrer Angriffe waren zunächst die Intellektuellen, von denen sie glaubten, daß sie nicht- oder konterrevolutionäres Gedankengut im Kopf hätten und daher beständig kritisiert und umerzogen werden müßten. Die Arbeiter und Bauern dagegen galten als «arm und weiß» (blank), als unverdorben und daher im Sinne der Revolution formbar. Die Bevölkerung Chinas, so Mao 1958, zeichne sich gerade dadurch aus, daß sie «einmal arm, zum andern weiß wie ein unbeschriebenes Blatt» sei. Und «ein weißes Blatt Papier ist durch nichts beschwert, auf ihm lassen sich die neuesten und schönsten Schriftzeichen schreiben» (Mao Tse Tung, 44 f.). Dieses Gedankengebäude bildete einen wichtigen Faktor für den «Großen Sprung» (1958–60), den fatalen Versuch, China in wenigen Jahren durch Massenmobilisierung zu modernisieren. Die sozialen Kosten dieses Trugschlusses, ca. 20–30 Mio. Hungertote, waren gewaltig.

Die innerparteiliche Kritik an der Politik des Großen Sprungs und an Maos Führungsstil bestärkten ihn in dem Glauben, in der Partei befinde sich eine große Zahl gegenrevolutionärer Kräfte, die seinen «chinesischen» Weg bekämpfen wollten. Diese Kräfte seien Repräsentanten der Klassenfeinde, der Bourgeoisie. Daher seine Warnung von 1962: «Niemals den Klassenkampf vergessen». Die Entwicklung in der Sowjetunion nach 1956 (Kritik an Stalin und seinem Personenkult, verbunden mit einem gewissen Maß an Liberalisierung) sowie die Rückkehr Chinas zu mehr Markt, Wettbewerb und privaten Wirtschaftstätigkeiten Anfang der 60er Jahre nährten seine Vorstellung von einer «kapitalistischen Restauration». Die Differenzierung der Gesellschaft wertete er als Polarisierung und Beginn neuerlicher Klassenbildung. Im Mai 1964 erklärte er: «Ein Drittel aller Basiseinheiten sind nicht in unseren Händen», am Ende jenes Jahres: «Wie viele unserer Industriebetriebe werden von kapitalistischem Management geleitet? Ein Drittel? Die Hälfte? Oder mehr? «Er sprach erstmals von der Existenz einer «bürokratischen Klasse» innerhalb der KP. Im Januar 1965 erklärte er im Politbüro, Hauptangriffsziel der künftigen politischen Bewegungen seien «diejenigen Machthaber in der Partei, die den kapitalistischen Weg» gingen.

Im Zentrum der Kritik standen zunächst Wissenschaft und Kultur, Sphären, in denen es seit Beginn der 60er Jahre etwas freizügiger zugegangen war. Da im Namen historischer Ereignisse und Figuren zunehmend Kritik an Mao und seinem Führungsstil geübt wurde, glaubte dieser, hier konzentriere sich die bürgerliche Macht. Erstmals tauchte der Gedanke einer «Kulturrevolution» auf, wobei diese Bezeichnung damit begründet wurde, daß es sich um eine «Umwälzung im Überbau» handele, mit dem Ziel der Schaffung eines «neuen Menschen». Sie stelle eine Revolution im ideologischen Bereich dar und erfordere einen permanenten Erziehungs- und Umerziehungsprozeß.

Ursachenbasis

Neben den genannten historischen Faktoren lassen sich im Kern fünf Ursachen- und Konfliktstränge ausmachen:

(1) *Wirtschaftspolitische Konflikte*, wie die Existenz unterschiedlicher Entwicklungskonzepte, die u. a. die gesellschaftliche Schwerpunktsetzung (Klassenkampf oder Wirtschaftsaufbau; Entwicklung durch Mobilisierung der Massen oder durch Technologie und Popularisierung von Bildung), die Entwicklungsprioritäten (Technisierung oder Kollektivierung), das Eigentumssystem (Eigentumsvielfalt oder einseitige Verstaatlichung) oder das Anreizsystem (moralische oder materielle Anreize) betrafen. Unterschiedliche Positionen schlugen sich in zwei Fraktionen nieder, an deren Spitze jeweils Mao bzw. der damalige Staatspräsident Liu Shaoqi standen.

(2) *Politische Konflikte*, wie eine unterschiedliche Bewertung der Prioritäten. Mao vertrat die Auffassung, der Klassenkampf müsse Vorrang genießen. Liu hielt dagegen, die Klassenfrage sei gelöst, daher müsse die Wirtschaftsentwicklung in den Vordergrund gerückt werden. Die unterschiedlichen politischen Konzepte und der Versuch beider Strömungen, diese politisch durchzusetzen, resultierten in dem Bestreben, eine politische Machtbasis für die Durchsetzung des jeweiligen Konzeptes zu schaffen.

(3) *Soziale Ursachen*: Wachsende Beschäftigungsprobleme und die Unzufriedenheit der Stadtjugend mit der Zwangsverschickung aufs Land zur Lösung der städtischen Jugendarbeitslosigkeit waren sozialer Zündstoff. Unmut gab es auch hinsichtlich des Bildungssystems, das auf strenger Auslese basierte und Kinder aus der politischen und intellektuellen Elite gegenüber Arbeiter- und Bauernkindern bevorzugte. Dazu kam die Verschlechterung der Berufsaussichten der Hochschulabsolventen. Auch die ländlichen Vertragsarbeiter in städtischen Unternehmen waren unzufrieden, weil sie sich als Bürger zweiter Klasse fühlten. Denn sie erhielten keine städtische Aufenthaltsberechtigung, wurden sozial diskriminiert und schlechter entlohnt als Städter. Überdies waren sie nicht, wie die städtischen Arbeiter, in das staatliche soziale Netz eingebunden. Unzufriedenheit gab es auch unter jungen Arbeitern und Lehrlingen, die schwierige Tätigkeiten verrichten mußten, dafür aber schlecht bezahlt wurden. Ärmere Bauern, denen die 1962 wieder zugelassene Familienbewirtschaftung der Felder keine oder wenig Vorteile brachte, gehörten ebenfalls zum Potential der Unzufriedenen. Schließlich gab es erheblichen Unmut über das wachsende Ausmaß an Korruption, Bürokratismus und Privilegienwesen. «Randgruppenrevolte» wurde die Kulturrevolution einmal genannt, womit gemeint ist, daß es die gesellschaftlich Be-

nachteiligten oder Enttäuschten waren, die sich, von Mao und seinen Anhängern bevorzugt, von einer neuen «Revolution» begeistern ließen.

(4) *Ideologische Ursachen*: Maos Sozialismuskonzept, wie seine Auffassung von der Rolle des Klassenkampfes als Motor gesellschaftlicher Entwicklung oder sein Konzept von der Umerziehbarkeit des Menschen durch permanente Revolutionen und in Massenbewegungen sowie sein damit verbundenes Menschenbild und der Glaube, den «neuen Menschen» durch politische Massenbewegungen schaffen zu können, spielten ebenfalls eine Rolle. Mao war der Meinung, allein durch umfassende Mobilisierung der Massen lasse sich China aus seiner wirtschaftlichen Rückständigkeit herausführen und auf das Niveau der kapitalistischen Länder heben. «Nach erfolgreicher Revolution», schrieb er, «die Mechanisierung weiter voranzutreiben, ist nicht sonderlich problematisch. Das Hauptproblem liegt in der Umerziehung der Menschen.»

(5) *Individuelle Faktoren der Person Maos:* Seine individuelle Machterfahrung, sein Konzept von Macht und sein militärstrategisch-egalitäres Weltbild, schließlich seine Entfremdung vom realen Leben, der von ihm geförderte Personenkult sowie sein Führungsstil (Unwillen, Kritik oder Widerspruch zu akzeptieren, seine Begeisterung für politische Intrigen im Interesse der Machtfestigung und -erweiterung) sind ebenfalls zu berücksichtigen. Mao, so formulierte es der Soziologe Günther Roth, wollte «eine Identität der Partei mit sich selbst erzwingen und scheute deshalb vor der Zerstörung des bestehenden Parteiapparates nicht zurück» (Roth, 92). Er wollte sein Charisma nutzen, um das «Mandat» in seinem Sinne zu ändern. Hatte er doch schon nach dem Scheitern des Großen Sprungs gedroht, falls man seinen Auffassungen nicht zustimme, werde er sich aufs Land zurückziehen und die Bauern zum Sturz der Regierung führen: «Wenn Ihr von der Volksbefreiungsarmee mir nicht folgt, dann werde ich eine neue Rote Armee gründen». Mit dieser Aussage unterstrich er sein Selbstverständnis als charismatischer, überragender Alleinherrscher.

Letztlich sollten mit der Kulturrevolution das Maosche Entwicklungsmodell durchgesetzt und seine Gegner und intellektuellen Kritiker ein für allemal ausgeschaltet werden. Durch Rekrutierung neuer Kräfte, die Repräsentanten dieses Entwicklungsmodells waren, sollte zudem eine Mao ergebene neue Elite an die Stelle der alten treten. Neue Bildungsschwerpunkte (körperliche Arbeit vor geistiger Bildung, politische Schulung vor Fachwissen, Praxis vor Theorie) sollten die Heranziehung einer Jugend im Sinne Maos sicherstellen.

Daß sich unzufriedene Teile der Bevölkerung für die Kulturrevolution instrumentalisieren ließen, lag einerseits an Maos Position als charismatischem Führer (er besaß nahezu unbegrenzte Autorität innerhalb der

KP und unter der Bevölkerung), zum anderen an der Konstellation von internationalen Aspekten (Konflikt mit der Sowjetunion, internationale Isolierung Chinas, Anspruch auf Führungsrolle in der kommunistischen Weltbewegung). Dazu kamen die genannten gesellschaftlichen Widersprüche und nationalistisch geprägte Vorstellungen (Suche nach einem chinesischen Entwicklungsmodell als Vorbild für die eigene und die Weltrevolution). Erleichtert wurde die Kulturrevolution durch die von der Partei geschaffenen Organisationsstrukturen, in die jeder einzelne eingebunden war: die ländlichen Volkskommunen und Produktionsbrigaden sowie die städtischen *Danweis*, d. h. die Betriebs- oder Wohneinheiten, die sowohl Arbeits- und Wohnstätten, Sozial- und politische Institutionen darstellten und sich von daher hervorragend als politische Kontrolleinrichtungen instrumentalisieren ließen. Die verschiedenen politischen Kampagnen der 50er und frühen 60er Jahre, denen praktisch alle sozialen Gruppen unterworfen worden waren, hatten zudem bereits einen erheblichen Teil des Widerstands gegen die KP-Herrschaft sowie des kritischen Potentials gebrochen. In der ersten Hälfte der 50er Jahre brach die Landreform-Bewegung den Widerstand der *ländlichen* Eliten, die Kampagne zur Unterdrückung der Konterrevolutionäre den *politischer* Gegner. Die «Fünf-Anti-Bewegung» richtete sich gegen Unternehmer und Kaufleute, die Kritik an dem Literaten Hu Shi gegen Künstler und Schriftsteller. In der zweiten Hälfte der 50er Jahre brach die «Kampagne gegen die Rechten» die Intellektuellen, Freidenker und kritischen Kräfte innerhalb wie außerhalb der Partei. Eine ideologische Kampagne zum Studium der Maozedongideen in den Streitkräften in der ersten Hälfte der 60er Jahre sollte die Soldaten auf die Person und das Konzept Maos einschwören. Die «Sozialistische Erziehungsbewegung» 1964/65 richtete sich schließlich gegen alle diejenigen, die gegen das strikte Kollektivierungskonzept Maos im ländlichen Raum waren.

Der Verlauf der Kulturrevolution

Seine zunehmende Isolierung in der Parteiführung Mitte der 60er Jahre, bedingt durch das erwähnte Scheitern des «Großen Sprungs», sein Beharren auf dem Klassenkampf und politischen Kritikkampagnen anstatt der Wirtschaftsentwicklung und Verbesserung der Lebensbedingungen der Bevölkerung Priorität einzuräumen, ließen Mao auf eine neue politische Bewegung sinnen, die seine Macht (und seine politische Programmatik) festigen und endgültig durchsetzen helfen sollte. Diese Bewegung, die Kulturrevolution, begann zunächst im Kulturbereich, mit einer Kritik an dem Drama «Hai Rui wird entlassen». Der renommierte

Dramatiker Wu Han schilderte darin das Schicksal eines aufrechten und unbestechlichen Beamten der Ming-Dynastie, der aufgrund einer Intrige zu Unrecht vom Kaiser entlassen worden war. Mao witterte dahinter einen Angriff auf seine Person und brachte den Inhalt des Dramas mit der Entlassung des Große-Sprung-Kritikers und ehemaligen Verteidigungsministers Marschall Peng Dehuai im Jahre 1959 in Verbindung. Eine von Mao initiierte Kritikkampagne brachte allerdings nur mäßige Ergebnisse, so daß sich das Gefühl politischer Isolierung beim ihm noch verstärkte.

Mit einem symbolischen, spektakulären Bad im Fluß Jangtse demonstrierte Mao Anfang 1966 seine Rückkehr auf die politische Bühne. Im Mai sprach erstmals ein ZK-Dokument davon, daß der Klassenkampf zwischen Sozialismus und Kapitalismus auch in der Kommunistischen Partei selbst stattfinde und die Vertreter der Bourgeoisie versuchten, die Macht in Partei und Staat an sich zu reißen. Es rief zum Kampf gegen diese Vertreter in der Partei und in allen gesellschaftlichen Sphären auf. Eine erweiterte Tagung des Politbüros entließ vier Politbüro- und 13 Sekretariatsmitglieder. In Einzelgesprächen mit anderen Parteiführern hatte Mao diesen Schritt durchgesetzt. Eine «Gruppe für die Kulturrevolution beim ZK» wurde gebildet, die im Prinzip die Aufgaben von Politbüro und ZK übernahm.

Nun tauchten erste Wandzeitungen an Pekinger Hochschulen auf, die «bürgerliche Tendenzen» im Bildungswesen sowie Hochschullehrer kritisierten und forderten, alle Opponenten Maos müßten «gestürzt» werden. Die Wandzeitungen wurden von Mao unterstützt und wahrscheinlich auch lanciert. Ein Plenum des Zentralkomitees stimmte am 1. August 1966 mit knapper Mehrheit der Durchführung einer «Kulturrevolution» zu. Ein Großteil der Gegner der Politik Maos wurde an der Teilnahme gehindert, an ihrer statt nahmen «revolutionäre Lehrer und Studenten» teil. Im Verlauf der Tagung hängte Mao eine Wandzeitung auf, in der er dazu aufforderte, das «Hauptquartier zu bombardieren». Dies richtete sich gegen die Parteiführer, die nicht seiner Linie folgen wollten. Zugleich rief er die Jugend zur Rebellion gegen alle «Autoritäten» auf. Unter unzufriedenen Jugendlichen bildeten sich die «Roten Garden». Während Mao das Volk offen zur Beteiligung an der Kulturrevolution aufforderte, erschien der Mao-Zitatenband «Worte des Vorsitzenden Mao» (hierzulande Rotes Buch oder «Mao-Bibel» tituliert). Maos «engster Kampfgenosse», Marschall Lin Biao, schrieb in seinem Vorwort, um die Ideen wirklich zu meistern, sei es «am besten, einige seiner Sentenzen auswendig zu lernen, sie wiederholt zu studieren und wiederholt anzuwenden». Die willkürlich ausgewählte Zitatensammlung ersetzte für die nächsten Jahre das Studium anderer Bücher und selbst der Werke Maos. In der

1966 formulierten Parole «Das ganze Land muß eine große Schule der Ideen Mao Zedongs werden», wobei der Zitatenband als einzig wahre Ideenquelle galt, kommt die totalitäre ideologische Intention deutlich zum Ausdruck. Ein Schüler berichtete 30 Jahre später, welche Wirkung der Zitatenschatz damals entfaltet habe. Seien die Schüler etwa bei einem Zoobesuch von einem Zoowärter ermahnt worden, sie sollten sich leise verhalten, um die Tiere nicht zu erschrecken, dann hätten sie ihm das Mao-Zitat «Eine Revolution ist kein Gastmahl, kein Aufsatzschreiben, kein Bildermalen oder Deckchensticken. Die Revolution ist ein Aufstand, ein Gewaltakt, durch den eine Klasse eine andere stürzt» entgegengeschrien, worauf der Wärter wortlos von dannen gezogen sei. Das Zitieren von Mao-Sprüchen habe meist gereicht, um ältere Menschen einzuschüchtern und zum Schweigen zu bringen.

Die Roten Garden, zunächst an Mittel- und Hochschulen entstanden, trugen 1967/68 die Kulturrevolution in alle Landesteile. Da Mao die Gründung solcher Organisationen persönlich befürwortet hatte und eine ZK-Anweisung bestimmte, daß sie in ihren Aktivitäten nicht behindert werden dürften, machte sich soziale Willkür breit. Ihre offizielle Funktion bestand in der «Beseitigung der Vier Alten» (alte Kultur, alte Sitten, alte Gewohnheiten und alte Denkweisen). Da es keine Definition von «alt» gab, bestimmten die Rotgardisten ihre Angriffsziele selbst. Was zunächst mit eher komödienhaftem Treiben begann wie der Umbenennung von Straßennamen oder der Umfunktionierung von Verkehrsampeln (rot = freie Fahrt, grün = Halt), wurde bald bitterer Ernst. So sah das «Programm der Pekinger Roten Garden» u. a. vor:

- Jeder Bürger soll manuelle Arbeit verrichten
- Überall sind Bilder des Vorsitzenden Mao aufzuhängen
- Überall sind Mao-Zitate an Stelle von Reklameschildern anzubringen
- Luxusrestaurants werden geschlossen, Taxis abgeschafft
- Revisionistische Titel und Amtsbezeichnungen müssen beseitigt werden
- In allen Straßen werden Lautsprecher angebracht, damit der Bevölkerung richtige Verhaltensweisen übermittelt werden können.

Die Willkür schlug schnell in Terror um. Mißliebige, verdächtige oder denunzierte Personen oder Kritiker wurden – im Namen Maos – von Rotgardistenbanden beliebig verhaftet, gefoltert oder umgebracht. Es blieb kein privater Raum mehr. Bürgerkriegsartige Verhältnisse breiteten sich aus, als «Rebellenorganisationen» sich im Namen Maos blutig bekämpften. Bekannt ist die Geschichte von Ken Ling (Pseudonym), einem Rotgardistenführer, dem als 16jährigem in der ostchinesischen Hafenstadt Xiamen 146 Industriebetriebe unterstellt wurden. Er errichtete in seinem Verwaltungsbereich ein blutiges Terrorregime, floh später nach Taiwan, wo er seine Geschichte («Ich war Maos kleiner General») aufschrieb. Die gesellschaftlichen Risse liefen durch Familien, Wohnviertel, Betriebe und Lehranstalten. Jung Chang, während der Kulturrevolution selbst Rotgardistin, schilderte in ihrer beeindruckenden Familiengeschichte das Vorgehen Roter Garden:

«Als ich den Raum betrat, wurde mir beinahe übel: Ein durchdringender Gestank von Kot und Urin, vermischt mit dem Geruch ungewaschener Körper und unsäglichen Schmutzes drang mir in die Nase. Mir bot sich ein entsetzlicher Anblick. In dem Zimmer herrschte das Chaos ... Dann sah ich die beschuldigte Frau. Sie war um die 40 Jahre alt und kniete nackt bis zur Taille in dem zweiten Zimmer ... Ihr Haar war völlig durcheinander, an einigen Stellen klebte Blut darin. Mit vor Verzweiflung hervorquellenden Augen schrie sie: ‹Ihr Herren Rotgardisten! Ich habe kein Porträt von Chiang Kai-shek! Ich schwöre es!› Dabei schlug sie mit ihrem Kopf mehrfach so hart auf den Boden, daß man es krachen hörte und Blut aus einem Riß auf ihrer Stirn sickerte. Auf dem Rücken war das Fleisch aufgeplatzt, sie war mit Wunden und Blutflecken übersät ... Doch noch mehr erschrak ich, als ich sah, wer sie folterte – ein fünfzehnjähriger Junge aus meiner Schule ... ‹Sag die Wahrheit, sonst schlage ich dich noch mal›, sagte er in einem Tonfall, in dem er auch hätte sagen können: ‹Es ist recht gemütlich hier› ... Mehrere andere unterstützten meinen schwachen Protest. Aber [er sagte nur] ...: ‹Ihr müßt zwischen euch und dem Klassenfeind einen Strich ziehen. Der Vorsitzende Mao sagt: Mitleid mit dem Feind ist Grausamkeit gegenüber dem Volk! Wenn ihr kein Blut sehen könnt, gehört ihr nicht zu den Roten Garden!› ... Ich ging hinaus. Draußen vor der Tür stand die Frau, die uns die Information überbracht hatte ... Als ich sie vor mir sah, wurde mir klar, daß es gar kein Bild von Chiang Kai-shek gab. Sie hatte die arme Frau dort drinnen aus reiner Rachsucht denunziert. Die Rotgardisten wurden mißbraucht, um alte Rechnungen zu begleichen.»

Hier wird kein Einzelfall geschildert. Es war der Alltag von Terror und Willkür, der die erste Phase der Kulturrevolution besonders drastisch durchzog und jeden einzelnen in Mitleidenschaft zog. Die Zahl der Toten ist bis heute nicht bekannt, viele wurden durch Terror und Folter in den Wahnsinn getrieben. Offiziell wird von 34000 Toten gesprochen, in Wahrheit sollen es über vier Millionen gewesen sein. Die Ende der 70er Jahre, Anfang der 80er Jahre entstandene «Wundenliteratur» versuchte eine erste Verarbeitung, die allerdings über die Anfänge nicht hinauskam.

Der Schriftsteller Ba Jin hat die psychischen Folgen der Kulturrevolution in einer Selbstanalyse verdeutlicht: «Was im August und September 1966 geschah, versetzte mich in eine merkwürdige Gemütsverfassung, einen Zustand, den ich später, vielleicht nicht ganz zutreffend, als eine

Art Hypnose bezeichnete. In meinem Kopf war ein einziges Chaos, ich konnte überhaupt nicht mehr selbständig denken. Das einzige deutliche Gefühl war das meiner Schuld; ich war mit einer schweren Last ins Wasser gefallen und sank tiefer und tiefer, so viele Rettungsversuche ich auch unternahm.»

Die Kulturrevolution lief keineswegs ohne Widerstand ab. Diejenigen, die von der Wirtschaftspolitik der frühen 60er Jahre profitiert hatten (Facharbeiter, Teile der Bauernschaft), standen der Kulturrevolution eher ablehnend gegenüber und widersetzten sich zunächst. Widerstand gab es auch von Seiten der Funktionäre, auch unter Spitzenfunktionären. In nahezu allen Provinzen kam es zu Arbeitsniederlegungen, Streiks, Angriffen auf Rotgardisten. Die ländlichen Gebiete und die Bauernschaft waren zunächst weniger beeinflußt, sie nutzten die anarchischen Zustände, um sich größeren Freiraum zu schaffen. In vielen Regionen kam es zu spontaner Wiedereinführung von Märkten, Bodenverteilung, zum Wiederentstehen privater Wirtschaftstätigkeiten und zur Auflösung der Kollektive durch unzufriedene Bauern. 1967/68 soll es in 21 Provinzen zu Angriffen auf staatliche Ankäufer und auf Rotgardisten, die die Dörfer «revolutionieren» wollten, gekommen sein. Der Widerstand nahm 1967 derartige Ausmaße an, daß die kulturrevolutionären Führer das Militär zu Hilfe rufen mußten, um den Zusammenbruch der Kulturrevolution zu verhindern. Dies bildete eine wichtige Ursache für die Konflikte in den folgenden Jahren, die in bürgerkriegsähnliche Zustände mündeten. Rivalisierende «Rebellenorganisationen» bekriegten sich im ganzen Land, wobei sich groteskerweise beide Seiten auf den «Vorsitzenden Mao» und seine Ideen beriefen. Doch die 1974 auch außerhalb Chinas publik gewordene Wandzeitung von Li Yizhe, die ein Ende des Unterdrückungssystems forderte, und die Protestbewegung vom Frühjahr 1976 verdeutlichten, daß der Widerstand gegen die Kulturrevolution keineswegs völlig gebrochen werden konnte.

Zunächst jedoch waren Partei, Staat und Justizwesen praktisch aufgelöst, es herrschte Willkür und Anarchie. Schulen und Hochschulen waren jahrelang geschlossen, Bildung und Wissenschaft verfemt, Intellektuelle wurden (als «stinkende Nr. 9», d. h. als eine der reaktionären Gruppen hinter Renegaten, Agenten, Machthabern auf dem kapitalistischen Weg, Großgrundbesitzern, Großbauern, Konterrevolutionären, üblen Elementen und Rechten) verfolgt. Die nichtchinesischen Völker sollten gewaltsam assimiliert werden. Auslandskontakte waren nur ausgewählten Einzelpersonen möglich. China wurde zum weltabgeschlossenen, totalitären Überwachungsstaat.

Um das Chaos in den Griff zu bekommen, eine Hungersnot abzuwenden und die Industrieproduktion wieder in Gang zu bringen, rief

Mao Anfang 1968 die Streitkräfte auf, in die Kulturrevolution einzutreten. Mit Hilfe der Armee, der einzig noch funktionierenden Instanz, die von Mao nicht in die Auseinandersetzungen einbezogen worden war, wurde der Einfluß der Rebellen- und Rotgardistenorganisationen allmählich zurückgedrängt. Die «Rebellen» wurden zur Umerziehung in die Dörfer geschickt. Als Städter, die an die harte Arbeit auf dem Lande nicht gewöhnt waren und als nutzlose Mitesser angesehen wurden, wurden sie von der Landbevölkerung nicht gerade freudig empfangen. Wo sie sich gegen die Verschickung zur Wehr setzten, kam es zu blutigen Zusammenstößen mit den Streitkräften, mit zum Teil enorm hohen Opfern. Diese Jugendlichen galten lange Zeit als «verlorene Generation», welche die jungen Jahre in ländlichen Armutsregionen verbringen mußte, auf diese Weise ohne Berufsausbildung blieb und Ende der 70er Jahre als protestierende soziale Gruppe desillusioniert in die Städte zurückströmte.

Es gelang den Streitkräften schließlich, die Macht auf der regionalen und lokalen Ebene zu übernehmen. Sie versuchten, über die Bildung von «Revolutionskomitees», in denen Vertreter der Armee, der «Massen», der verschiedenen Rebellenfraktionen und «revolutionärer Funktionäre» vertreten sein sollten, Partei- und Staatsstrukturen wieder aufzubauen. Der IX. Parteitag 1969 setzte das Programm der Gruppe um Mao schließlich in der Partei durch. Verteidigungsminister Marschall Lin Biao wurde zum Stellvertreter Maos gewählt und erstmals in der Geschichte kommunistischer Parteien die Nachfolge eines Führers noch zu dessen Lebzeiten in einem Parteistatut festgeschrieben. Eigentlicher Gewinner des Parteitages waren die Streitkräfte. 9 der 25 Politbüromitglieder und fast die Hälfte der ZK-Mitglieder waren Militärs. Der Parteitag beschloß zugleich, Partei- und Staatsstrukturen wieder aufzubauen.

Mit den Streitkräften unter Lin Biao erwuchs der Gruppe um Mao ein neuer Gegner, zumal Lin für die Militarisierung aller Lebensbereiche eintrat. Als Mao von 1970 an begann, die Macht der Streitkräfte allmählich zurückzudrängen, versuchten Teile unter Lin Biao Mao durch einen Putsch zu beseitigen und die Macht zu übernehmen. Dieser Versuch scheiterte. Nach offiziellen Angaben stürzte Lin Biao bei einem Fluchtversuch in die Sowjetunion in der Äußeren Mongolei ab.

Das Leiden der Menschen war aber noch nicht zu Ende. Der Fraktionskampf innerhalb der Parteiführung, zwischen denjenigen, die die Kulturrevolution perpetuieren, und jenen, die wieder geordnete Verhältnisse herstellen, zunehmend die Wirtschaft entwickeln und China gegenüber dem Ausland und dem Weltmarkt öffnen wollten, dauerte an. Mit immer neuen Kampagnen sollte das Bewußtsein der Menschen revolutionär umgestaltet werden: Da gab es Kampagnen gegen Lin Biao, gegen

Konfuzius, schließlich gegen Beethoven oder den italienischen Filmemacher Antonioni. Sie sollten der kulturrevolutionären Linken helfen, ihr politisches Konzept durchzusetzen und alle Widersacher auszuschalten. Hauptangriffsziel war in der ersten Hälfte der 70er Jahre Ministerpräsident Zhou Enlai, der einen eher pragmatischen Standpunkt einnahm, im Sinne einer Wiederherstellung politischer Stabilität und Wirtschaftsentwicklung. Viele der Kampagnen richteten sich gegen ihn und seine Haltung: die Linke sah in ihm den «Konfuzius der Gegenwart», er galt als leidenschaftlicher Anhänger der Musik Beethovens und hatte die Drehgenehmigung für einen Dokumentarfilm Antonionis erteilt, indem dieser, durchaus wohlwollend, auch Schattenseiten des damaligen China gezeigt hatte.

Das Jahr 1976 war in mehrfacher Hinsicht ein Schicksalsjahr, wobei mehrere Ereignisse im Mittelpunkt standen: Im Januar verstarb der populäre und beliebte Zhou Enlai, im April kam es im Verlauf des Totengedenkfestes Qingming zu spontanen und riesigen Trauerkundgebungen für Zhou auf dem Tiananmen-Platz im Herzen Pekings und auch in anderen Städten. Der Versuch der Behörden, diese Kundgebungen zu kriminalisieren, führte zu offenen Protestbekundungen und schließlich zu deren gewaltsamer Auflösung, mit einer unbekannten Zahl von Toten. Dabei wurde der politische Unmut eher in Gedichten zum Ausdruck gebracht, wobei diese Gedichte von Tausenden abgeschrieben und landesweit verbreitet wurden. Das folgende Gedicht, eines von vielen, die damals kursierten, verdeutlicht beispielhaft die Gefühle und Hoffnungen vieler Menschen am Ende der kulturrevolutionären Phase:

Ich bin traurig, die Teufel aber lachen,
Ich weine, die Schakale aber schreien.
Mein Blut weih' ich den gefallenen Helden.
Mit hochgezogenen Brauen zieh' ich das Schwert.
China ist nicht mehr das alte,
Das Volk ist auch nicht mehr so dumm wie einst.
Die feudale Gesellschaft des Kaisers Qin Shihuang[1]
Gehört für immer der Vergangenheit an.
Wir bekennen uns zum Marxismus-Leninismus,
Und jene Schreiberlinge, die diesem die Quintessenz nehmen,
Sollen sich zum Teufel scheren!
Wir wollen den wahren Marxismus-Leninismus.
Für diesen scheuen wir nicht einmal, unseren Kopf aufs Spiel zu setzen,
Ja, unser Blut zu vergießen.

[1] Qin Shihuang (259–210 v. Chr.), erster Kaiser von China, dessen Herrschaft als besonders grausam gilt.

An dem Tag, an dem die Vier Modernisierungen[2]
verwirklicht sein werden,
Bringen wir bestimmt wieder ein Trankopfer.

Eine Verhaftungswelle durchzog das Land. Der Vorfall wurde als «konterrevolutionärer Tiananmen-Zwischenfall» klassifiziert, Deng Xiaoping als «Drahtzieher» zum zweiten Mal aller Ämter enthoben und eine neue Kampagne «Gegen den Wind von rechts» eingeleitet. Im September verstarb Mao, wenige Tage später wurde die «Viererbande», darunter Jiang Qing, die Ehefrau Maos, verhaftet und in einem späteren Prozeß zu hohen Haftstrafen verurteilt. Dies war das Ende der Kulturrevolution. Ihre Protagonisten hatten sich jedem Versuch einer Neuordnung und der Ausrichtung der Politik auf die Wirtschaftsprobleme widersetzt. Nun hatten diejenigen Kräfte in der Parteiführung zugeschlagen, die selbst Opfer der Kulturrevolution geworden waren bzw. erkannt hatten, daß der Weg einer permanenten Kulturrevolution immer weiter in die Krise führen mußte. Die Unruhen im Frühjahr 1976, die sich gegen die kulturrevolutionäre Politik richteten, hatten bereits verdeutlicht, daß die Geduld der Bevölkerung erschöpft war.

Deng Xiaoping, vor der Kulturrevolution Generalsekretär der KPCh und wichtigster überlebender Parteiführer der alten Generation, der zweimal, nämlich zu Beginn der Kulturrevolution 1966 und im Frühjahr 1976 «gestürzt», d. h. aller Ämter enthoben worden war und bei einem Großteil der Bevölkerung als Garant einer Neuordnung galt, wurde 1977 rehabilitiert und kehrte an die Schalthebel der Macht zurück. Auf sein Betreiben wurde die 1976/77 eingesetzte Übergangsführung, soweit sie an der kulturrevolutionären «Linie Maos» weiter festhalten und weitergehende Reformen verhindern wollte, auf der 3. Plenartagung des XI. ZK im Dezember 1978 abgesetzt und eine neue, Wirtschaftsreformen befürwortende Parteiführung eingesetzt. Die gleiche Tagung beschloß, den Schwerpunkt der Parteiarbeit vom Klassenkampf auf die wirtschaftliche Modernisierung zu verlagern, und leitete erste Schritte zur Reformierung des Wirtschaftssystems ein.

Weshalb gelang es ohne größere Auseinandersetzungen, die Protagonisten der Kulturrevolution auszuschalten und diese zu beenden? Drei Momente erscheinen mir dafür wichtig: politische, ökonomische und gesellschaftliche. Die permanenten Auseinandersetzungen, genährt durch einen zunehmend senilen und entscheidungsunfähigen Mao und die damit verbundene Zementierung von Willkür und Chaos, verbunden mit

[2] Das Anfang der 70er Jahre von Zhou Enlai vorgeschlagene, aber erst Ende der 70er Jahre beschlossene Modernisierungsprogramm (Modernisierung von Industrie, Landwirtschaft, Landesverteidigung sowie Wissenschaft und Technik).

der Unzufriedenheit der politischen Elite, die zum Großteil zu Beginn der Kulturrevolution in entwürdigender Weise entmachtet und lächerlich gemacht worden war, hatten zum Entstehen einer Gegenelite geführt. Diese nutzte das kurze Machtvakuum nach dem Tod Maos, um die Macht zu übernehmen. Die politische Lähmung hatte zugleich zum Verfall der Wirtschaft und zu massiven Versorgungsengpässen geführt. 1976 befand sich die Wirtschaft auf dem tiefsten Stand seit dem Großen Sprung, mit negativen Wachstumsraten. Die permanente, von Mao geförderte Priorität für die Schwerindustrie hatte zu einem drastischen Verfall der Konsumgüterindustrie, des Dienstleistungssektors und des Lebensstandards geführt. Die Versorgungslage war katastrophal. Dies wurde durch eine Krise in der Landwirtschaft, wo es für die Bauern keinerlei Leistungsanreize und Motivation mehr gab, verstärkt. Von daher stellte die Kulturrevolution – ökonomisch gesehen – die schwerste Wirtschaftskrise seit dem Großen Sprung Ende der 50er Jahre dar. Drittens war der Unmut in der Bevölkerung gewaltig. Die Protestbekundungen im Frühjahr 1976 waren Ausdruck der Unzufriedenheit mit der desolaten Wirtschaftslage, dem alltäglichen Mangel, den permanenten politischen Kampagnen und innerparteilichen Machtkämpfen. Sie haben die Gegenelite zugleich ermutigt, diese Verhältnisse – nach dem Tod Maos – rasch und entschlossen zu ändern.

Die Folgen

Die vorgeblichen, nach außen hin propagierten Ziele (Schaffung eines neuen Menschen, Beseitigung des Bürokratismus) wurden nicht erreicht. Ähnlich wie während der Stalin-Ära in der Sowjetunion kam es zu einer totalen Zentralisierung des politischen und wirtschaftlichen Lebens. Die vorhandenen rechtlichen Instrumentarien (Gesetze, Gerichte) wurden abgeschafft, so daß ein Zustand der Rechtlosigkeit und Willkür herrschte. Abschaffung der Märkte und des Privatsektors führten zu ernsthaften Versorgungsengpässen. Intellektuelle und Funktionäre wurden periodisch zur «Umerziehung» aufs Land geschickt, so daß sie für einen kontinuierlichen Aufbau nicht mehr zur Verfügung standen. Die Geringschätzung von geistiger Bildung und Wissen führte zur Umwandlung von Schulen und Hochschulen in Fabriken und Werkstätten. Die Folge war ein erhebliches Bildungsdefizit unter der Jugend und ein Mangel an Fachkräften. Die Bauernschaft wurde einem zentral bestimmten Diktat unterworfen: Sie hatte keinerlei Mitspracherechte bei der Organisation und Ausführung des Anbaus mehr, privates Wirtschaften, bäuerliche Märkte und Handwerk waren verboten. Unentgeltliche Arbeitseinsätze der Landbevölkerung an Großprojekten ließen sich als versteckte Form der Zwangsarbeit interpretieren. In Stadt und Land erfolgte die Entlohnung nach «politischem Bewußtsein», das kaum zu messen war und letztlich den Jasagern und Opportunisten die höchsten Einkommen sicherte. Die permanente Berufung auf landesweite «Modelle» (Dörfer, Betriebe), denen alle einheitlich nacheifern sollten, führte zur Vernachlässigung von regionalen, lokalen oder branchenmäßigen Spezifika. In einem besonders gravierenden Fall berichtete die Presse von der Parteisekretärin einer Volkskommune in der nordostchinesischen Tiefebene, die Mitte der 70er Jahre das nationale Modelldorf Dazhai in einer nordwestlichen Bergregion besucht hatte. Um dieses Modell getreu zu kopieren, ließ sie nach der Rückkehr in ihrer Heimat in dieser Ebene Berge aufschütten, um – genau wie in Dazhai – Terrassenfelder anlegen zu können. Überdies war der Funktionärsstamm weitgehend dezimiert, die nichtchinesischen Völker einem Diktat der Zwangsassimilierung unterworfen worden. Außenpolitisch hatte sich China völlig isoliert, außenwirtschaftlich vom Weltmarkt abgeschottet. Doch über politische, wirtschaftliche, soziale und ethnische Probleme hinaus tangierte die Kulturrevolution jeden einzelnen. Niemand blieb von ihr verschont, ob als Opfer oder als Täter.

Maos Vision war letztlich das Ergebnis traditionalistischer Herrschafts- und Machtvorstellungen, gepaart mit einem Führerkult, für den u. a. Stalin das Vorbild abgab. Die «Dämonen, Teufel und Rindergeister», die Mao durch die Kulturrevolution aufspüren wollte, wurden durch sie nicht vernichtet, sondern erst geschaffen. Vielleicht hatte der russische Anarchist Bakunin doch recht, als er – gegen die Theorie von Marx gerichtet – einwandte, Intellektuelle würden Ideologien konstruieren und dem Politischen Vorrang vor der Ökonomie einräumen, um sich selbst an die Macht zu bringen. Im Falle Maos jedenfalls scheint sich dies bestätigt zu haben.

Rolle und Konzept Maos

Eine erste kritische Bestandsaufnahme durch die Parteiführung erfolgte im Jahre 1981. In der «Resolution über einige Fragen der Geschichte unserer Partei» wurde erstmals nach Beendigung der Kulturrevolution eine ausführliche Bewertung der neueren Parteigeschichte vorgenommen. Darin hieß es über die Kulturrevolution:

- Sie habe die schwersten Rückschläge und Verluste seit 1949 und keinerlei Fortschritt gebracht;
- ihre Einleitung habe auf einer falschen Einschätzung der Lage im Land beruht;

– es habe sich bei ihr um «eine innere Unruhe, die von ihrem Führer fälschlicherweise initiiert und von konterrevolutionären Cliquen ausgenutzt wurde», gehandelt.

Mao, obwohl eigentlicher Initiator der Kulturrevolution, wurde in der Bestandsaufnahme weitgehend geschont:

«Genosse Mao Zedong war ein großer Marxist und ein großer proletarischer Revolutionär, Stratege und Theoretiker. Obwohl er in der ‹Kulturrevolution› schwere Fehler beging, überwiegen alles in allem seine Verdienste für die chinesische Revolution. Seine Verdienste sind zweifellos primär, seine Fehler sekundär.»

Und:

«Letzten Endes sind die Fehler des Genossen Mao Zedong Fehler eines großen proletarischen Revolutionärs» (VR China, 246 ff.).

Nicht Mao, sondern die «Viererbande» wurde für alle Entartungen verantwortlich gemacht. Seiner Frau Qiang Jing nutzte es wenig, daß sie sich während des Prozesses zu ihrer Verteidigung auf die Verantwortung Maos bezog und darauf hinwies, daß sie stellvertretend für ihren Ehemann vor Gericht stehe. Deng Xiaoping, der starke Mann nach Mao, hat eine tiefergehende Kritik an dessen Person verhindert. Die Verdammung Maos hätte Zielsetzungen und Erfolge, die jener in der offiziellen Geschichtsdarstellung repräsentiert, damit die Partei als Institution, aber auch die Biographien der KP-Veteranen grundsätzlich in Frage gestellt. Zudem hätte eine radikale Kritik auch die Person Dengs in Mitleidenschaft gezogen und generell die Frage nach dem Charakter der Partei und ihren Organisationsprinzipien aufgeworfen. Deng hatte begriffen, daß dies der erste Schritt zur Selbstzerfleischung der Partei gewesen wäre. Von daher mußte an der Person Maos und seinen «Verdiensten» festgehalten werden. Diese Verdienste sah Deng primär in Maos Ausrichtung auf den «chinesischen Weg».

Mao war nicht gegen Industrialisierung, er wollte die Industrieländer durchaus «einholen». Doch dies sollte nicht durch Imitation irgendeines Modells, sondern auf «chinesischem Weg», der sich zugleich als überlegener erweisen sollte, erreicht werden. Die von ihm initiierte Massenbewegung zur Errichtung bäuerlicher «Hinterhofhochöfen» zur Stahlerzeugung Ende der 50er Jahre, mit der er Großbritannien in der Stahlherstellung einzuholen gedachte, verdeutlicht dies. Er war auf der Suche nach einem Modell, das als Gegenbild zu westlichen (inklusive des sowjetischen) Entwicklungsmodellen fungieren sollte. Da Modernisierung in Entwicklungsländern häufig mit «Verwestlichung» identifiziert wird, war Maos Suche nach einem Alternativweg ein Versuch zur Wahrung des «Chinesischen». Wie in anderen Entwicklungsgesellschaften auch war das Trauma kolonialer Intervention und Ausbeutung durch die westlichen

Mächte und die daraus entstandene Abneigung gegen Modelle und Institutionen dieser Mächte ein wichtiger Ausgangspunkt für die kommunistische Bewegung in China gewesen. Im Unterschied zu anderen, bereits im 19. Jh. in China geäußerten Auffassungen, moderne westliche Technik, nicht aber westliches Gedankengut ins Land zu lassen, wandte sich Mao mit der von ihm befürworteten Abkoppelung vom Weltmarkt («Vertrauen auf die eigene Kraft») auch gegen den Import moderner Technologie. Der Mensch in seiner Masse sollte das chinesische Substitut für Technologieimporte sein. Mit der totalen Sinisierung von Entwicklung sollten die negativen Aspekte westlicher Systeme und westlicher Entwicklungsmodelle wie Verelendung von Bevölkerungsteilen, Entwurzelung von Menschen und Individualisierung auf Kosten der Gesellschaft vermieden werden. Letztlich ging es ihm um die Wahrung traditionaler Strukturen. Der «neue Mensch», den er schaffen wollte, sollte kein selbstbewußter Mensch sein, sondern ein angepaßter, gefügiger. Dem westlichen Negativspektrum versuchte Mao das Ideal einer selbstgenügsamen, unitären und egalitaristischen Kollektivgemeinschaft entgegenzustellen, die zwar arm war, deren Leben aber von Sinnhaftigkeit und dem Ideal kommunistischer Vision erfüllt sein sollte. Mit der Kulturrevolution glaubte Mao, die chinesische Entwicklungsalternative gefunden zu haben.

Die Kulturrevolution muß von daher auch als Versuch einer Antwort auf westliche Modernisierungskonzepte gesehen werden. Eine nationale Solidargemeinschaft, wie Mao sie sich vorstellte, erforderte ein Maximum an Egalitarismus. Alle divergierenden Tendenzen, wie Klassen und Schichten, verschiedene Eigentumsformen, heterogene ethnische und religiöse Bewegungen, regionale und lokale Spezifika oder Familieninteressen mußten einer solchen Gemeinschaft abträglich sein. Der Versuch der Gleichschaltung der Gesellschaft auf dem Kampagnenwege, die Bekämpfung jeglicher Form sozialer Sonderinteressen mittels des «Klassenkampfes» sowie die Einschränkung der Arbeitsteilung gehen letztlich auf das aus traditionellem Harmonieverständnis und totalem Machtanspruch resultierende Idealbild Maos zurück. Hier ließ sich leicht mit Marx argumentieren: Arbeitsteilung erlaubte ein Mehrprodukt, ein Mehrprodukt konnte von einer Minderheit angeeignet werden, die damit zur herrschenden Klasse avancierte und so die gesellschaftliche Solidargemeinschaft untergrub. Was also lag näher, als die Grundursache des Übels, die Arbeitsteilung, rigoros einzuschränken.

Wenn Mao während der Kulturrevolution vor allem die Jugend dazu aufrief «gegen den Strom zu schwimmen», so meinte er damit keineswegs unabhängiges Denken, keine Demokratisierung von Kritik oder kritisches Reflektieren über politische Positionen. Er, der immer wieder massiv gegen seine Kritiker vorging, wollte Kritik nur gegen seine Gegner geäußert wissen. «Gegen den Strom schwimmen» stellte nicht Macht an sich oder gar Maos eigene Macht in Frage. Es war die Aufforderung, offen die Gegner seiner Auffassungen anzugreifen.

Maos kulturrevolutionäres Konzept besaß signifikante Anklänge an politische Traditionen. Der Sinologe Wolfgang Bauer hat einmal darauf hingewiesen, daß der nahezu magische Charakter eines Buches, die religiöse Verehrung charismatischer Persönlichkeiten, die Auffassung, daß Wille und Bewußtsein Realitäten verändern können und der Glaube an einen paradiesischen Endzustand in den daoistisch- messianischen und chiliastischen Bewegungen stets eine große Bedeutung gespielt haben. Das permanente Wechselspiel von Ordnung und Chaos war weder dem Daoismus, noch dem Konfuzianismus fremd und wurde durchaus auch als Akt der Reinigung verstanden. Symbolisch findet dies in dem während der Kulturrevolution häufig zitierten Satz Maos «Es herrscht große Unruhe, die Lage ist ausgezeichnet» seinen Ausdruck. Die Idee einer permanenten Revolution, aber auch Kernphänomene der Kulturrevolution wie «Mao-Bibel», Mao-Kult, die Idee voluntaristischer Veränderung der Menschen und Vorstellungen einer kommunistischen Utopie haben von daher feste Wurzeln in der politischen Kultur Chinas. Die Verwendung derartiger traditioneller Muster, die Teil der Maoschen «Sinisierung des Marxismus» waren, dürften den Sozialismus (oder besser: dessen sinisierte Interpretation) für große Teile der Bevölkerung akzeptabler gemacht haben.

Ziel der Politik Maos und seiner Kulturrevolution war eine Industrialisierung ohne Modernisierung (im Gegensatz zur heutigen Politik, die auf Modernisierung ohne Verwestlichung abzielt). Ungewollt hat seine Modernisierungsstrategie allerdings die Voraussetzungen für Reformprozesse geschaffen, weil sie das modernisierungsfeindliche Potential geschwächt hat. Die Folgen seiner Politik haben zugleich ein kritisches Moment erzeugt (Kritik an Mao, an seinem Entwicklungsmodell, letztlich an Partei und politischem System schlechthin), das zwar nach wie vor unterdrückt wird, sich aber immer stärker artikuliert.

Von der Revolution zu Reformen

Die Kulturrevolution wurde nicht von einer vorausschauenden, weitsichtigen Parteiführung allein beendigt. Es war vielmehr das offensichtliche Scheitern des Maoschen Entwicklungsmodells, die wirtschaftliche, gesellschaftliche, politische und die Agrarkrise Mitte der 70er Jahre, gekennzeichnet durch sinkende Agrarerträge, massive Armut und ein wachsendes Protestpotential auf dem Land, das innerhalb der Parteielite zu einer

Auseinandersetzung über die weitere Entwicklung geführt hat. Die Ratlosigkeit der Parteiführung schuf ein Vakuum, das den Bauern Handlungsfreiraum gab. Und sie agierten, wie sie es seit den 50er Jahren immer wieder getan hatten, spontan: In den Armutsgebieten Zentral- und Südwestchinas wurde der Boden von ihnen aufgeteilt, es erfolgte die Rückkehr zu familiärer Bewirtschaftung. Als die Parteiführung den Erfolg dieser Maßnahmen erkannte, wurden sie nach kurzer, konfliktreicher Auseinandersetzung in der Parteiführung als «Landwirtschaftsreform» landesweit in Gang gesetzt. Die Kulturrevolution war zu Ende. Das Ende ging einher mit der Rehabilitierung Zehntausender von politischen Gefangenen, von aufs Land verbannten vermeintlichen «Klassenfeinden» und «Rechten» sowie von Intellektuellen und Funktionären. Größere politische Transparenz, Öffnung gegenüber dem Ausland und dem Weltmarkt, die Etablierung von Rechten und Rechtsinstitutionen, relativ weitgehende persönliche Freiheiten, ökonomische Liberalisierung, d. h. die Zurücknahme der Allgegenwart von Staat und Partei gegenüber der Gesellschaft müssen auch als Ergebnis der kulturrevolutionären Erfahrung begriffen werden. Die Kulturrevolution resultierte zugleich in der Erkenntnis, daß Revolutionen kein taugliches Mittel gesellschaftlicher Veränderung darstellen. Auf diese Weise hatte die Revolution die Revolution besiegt.

Daß es nach 1978 zu einem relativ erfolgreichen Prozeß ökonomischen und gesellschaftlichen Wandels gekommen ist, der sich von den Transformationsprozessen in Osteuropa und in der ehemaligen Sowjetunion grundlegend unterscheidet, hat mit spezifischen Faktoren der chinesischen Entwicklung zu tun, indirekt auch mit der Kulturrevolution, wirkte dieses Trauma doch als Negativerfahrung für Eliten und Bevölkerung, führte sie zugleich zur Schwächung der alten Elite und damit auch zur Schwächung des antireformerischen Potentials. Und noch immer herrscht unter den politischen Eliten wie unter der gesamten Bevölkerung eine Furcht vor politischer Instabilität, weil Instabilität mit kulturrevolutionärer Erfahrung und daher mit Chaos gleichgesetzt wird.

Die Kulturrevolution ist zu Ende, eine Neuauflage, wie Mao sie vorhergesagt hatte, erscheint unwahrscheinlich. Ihre Aufarbeitung steht allerdings noch am Anfang. In seiner Schrift «Häßliche Chinesen» schrieb der auf Taiwan lebende Schriftsteller Bo Yang über die Kulturrevolution: «Nie zuvor in ihrer Geschichte ist die Menschheit mit einer so großen, von Menschen geschaffenen Katastrophe geschlagen gewesen. Das betrifft nicht nur den Verlust an Menschenleben; der größte Verlust entstand durch die Zerstörungen an Menschlichkeit und moralischer Gesinnung, ohne die es zwischen Menschen und wilden Tieren keinerlei Unterschied mehr gibt. Diese ‹Zehnjährige Katastrophe› machte zahllose Menschen zu wilden Tieren. Wie kann ein Volk, das charakterlich so tief gefallen ist, je wieder auf die Beine kommen?»

Bezogen auf die Kulturrevolution hat die kollektive Trauerarbeit, die für die Überwindung von Traumata von Völkern so wichtig ist, erst in Ansätzen begonnen. Die Führung befürchtet noch immer, eine radikale Kritik, die mit der Person Maos beginnen müßte, könnte die Partei als Institution erfassen und womöglich in den Strudel der Kritik reißen. Der 30. Jahrestag der Kulturrevolution im Mai 1996 wurde daher eher verhalten begangen. Eine tiefgehende Kritik wurde von vornherein untersagt. Fernsehdramen und Filme erinnerten eher an positive Seiten: eine zwar schwierige Zeit, die aber von Einfachheit und Ehrenhaftigkeit geprägt gewesen sei und sich damit von der halsabschneiderischen Marktmoralität der Gegenwart durchaus positiv abhebe. Kulturrevolution als Lehrmaterial für ethisch-moralische Erziehung im Sinne der Partei! Es wird die Aufgabe der kommenden Generationen bleiben, die Erfahrungen und Leiden der Kulturrevolution grundlegend aufzuarbeiten und so zur politischen und kulturellen Verarbeitung jener Tage, die die Welt erschütterten, beizutragen.

Aber war die Kulturrevolution nun eigentlich eine «Revolution»?, so die abschließende Frage, und wenn nicht, was war sie dann? Der Soziologe Ralf Dahrendorf hat Revolutionen einmal «bittersüße Momente der Geschichte» genannt. Kurz flackere Hoffnung auf, die rasch in Enttäuschung und neue Mißstände münde. Das war auch in Chinas nicht anders. Als Revolution geplant war sie (von Mao und seinen Anhängern) in dem Sinne, daß sie die bestehenden Zustände grundlegend umgestalten sollte, somit einen Bruch der Kontinuität vorsah. Letztlich vermochte sie aber nicht, das politische System grundlegend zu verändern. Die Grundstrukturen des Systems blieben während dieser Phase weitgehend die gleichen, so daß es sich eher um die radikale Mobilisierung von Gegenmacht zur Durchsetzung des Maoschen Konzepts handelte. Doch im Unterschied zu den Stalinschen Säuberungen der 30er Jahre stützte sie sich nicht auf den Staatsapparat, sondern auf unzufriedene Bevölkerungsteile («Massen»). Nicht physische Liquidierung, sondern psychische Zwangsumerziehung sollte Priorität genießen. Die Folgen für die Menschen waren durchaus ähnlich, das Ende jedoch verschieden: In der Sowjetunion wurde der tote Stalin verdammt. Der liberalisierte Sozialismus, der sich gleichwohl als starr und wenig wandlungsfähig erwies, brach schließlich in sich zusammen. In China hingegen wurde der Führer Mao zwar kritisiert, aber (noch) nicht verdammt. Das Trauma der Kulturrevolution mündete in ein Reformprogramm, das bis Ende der 90er Jahre erfolgreiche Wirtschaftsentwicklung und raschen sozialen Wandel mit sich brachte.

Die 68er Revolution

von Arthur Marwick

Chronik

seit 1954	Schwarze Bürgerrechtsbewegung in den USA
seit späten 1950ern	Kampagnen für nukleare Abrüstung in Großbritannien und der BRD
1960–1968	Diskussion über die Notstandsgesetze in der BRD
1961	Abspaltung des «Sozialistischen Deutschen Studentenbundes» von der SPD
1964–1973	Vietnam-Krieg
1964	Gründung der «Free Speech»-Bewegung in Berkeley
1966	Entstehung der «Außerparlamentarischen Opposition» in der BRD
27. 5.–4. 6. 1967	Demonstrationen in Westberlin gegen den Besuch des Schahs von Persien Reza Pahlavi
2. 6. 1967	Student Benno Ohnesorg während Demonstration in Westberlin von einem Polizisten erschossen, Radikalisierung der deutschen Studentenbewegung
Frühjahr 1968	«Prager Frühling», demokratischer Aufbruch in der Tschechoslowakei
1. 3. 1968	«Schlacht an der Valle Guilia» in Rom, Radikalisierung der italienischen Studentenbewegung
4. 4. 1968	Ermordung Martin Luther Kings in Memphis
11. 4. 1968	Rudi Dutschke in Berlin niedergeschossen
Mai/Juni 1968	«Maiunruhen» in Paris: Demonstrationen, Straßenschlachten, wilde Streiks und Fabrikbesetzungen führen zum Zusammenbruch des öffentlichen Lebens
29./30. 5. 1968	Verabschiedung der Notstandsgesetze im Deutschen Bundestag
Sommer 1968	Rassenunruhen in zahllosen Städten der USA
23./30. 7. 1968	Erdrückender Sieg der französischen Regierung in vorgezogenen Neuwahlen
August 1968	Unruhen in Chicago

August 1968	Niederschlagung des «Prager Frühlings» durch sowjetische Truppen
Herbst 1969	«Autumno Caldo» in Italien: Demonstrationen, Streiks, Anschläge der linksextremistischen Organisation «Lotta Continua»
Frühjahr 1970	Auflösung des «Sozialistischen Deutschen Studentenbundes»

Am 27. Mai 1968 gab DER SPIEGEL den brennenden Autos auf seinem Titelblatt die reißerische Schlagzeile «Französische Revolution». Ähnliche Schlagzeilen erschienen überall in Europa und in Nordamerika. Während auf den Straßen von Paris und anderen Großstädten die Gewalt herrschte, befanden sich die Regierung, die Industrie, die öffentlichen Einrichtungen, das Erziehungswesen, Fernsehen, Radio und die Zeitungen in einem Zustand fast völliger Lähmung. Das alles erinnerte in frappierender Weise an große Augenblicke in der Geschichte, an 1789, 1830, 1848, 1870 und, in der Tat, auch an 1936, als die Wahl der Volksfrontregierung durch eine Welle von Fabrikbesetzungen durch die Arbeiter noch zusätzlich an Gewicht gewann. Viele riefen sich die Worte Metternichs, des österreichischen Erzkonservativen, in Erinnerung: «Wenn Paris niest, erkältet sich der Rest Europas.» Noch im März und April hatten sich allerdings die französischen Zeitungen dazu gratuliert, daß Frankreich immun geblieben war, während die Studentenrebellion Westdeutschland und Italien in Mitleidenschaft zog.

Den Hintergrund für die Studentenproteste bildete ein breites Spektrum von Klagen und Mißständen, wobei sich in jedem Land nationale Besonderheiten ausbildeten. Die grundsätzliche Ablehnung der Politik der nuklearen Abschreckung und dessen, was man als westlichen Neokolonialismus ansah, fand in den Kampagnen gegen das amerikanische Engagement in Vietnam Ausdruck. Die Kritik an der Konsumgesellschaft wurde durch den Eindruck verstärkt, daß die Universitäten konformistisch und autoritär seien, weil sie viel zu eng mit dieser Kosumgesellschaft und dem militärisch-industriellen Bereich verwoben seien.

In Westdeutschland wurde argumentiert, daß die Bildung der großen Koalition 1966 alle wirklichen Chancen für eine demokratische Opposition zunichte mache. Die Absicht dieser Regierung, sich angesichts der behaupteten kommunistischen Bedrohung mit Hilfe der Notstandsgesetzgebung besondere Vollmachten zu geben, verstärkte nur noch die Überzeugung der protestierenden Studenten, daß die staatlichen Institutionen noch immer von nationalsozialistischen Ideen beherrscht würden. Die «Kampf dem Atomtod»-Bewegung begann in Westdeutschland in den späten fünfziger Jahren. Sie folgte dem Beispiel der britischen Kampagne für nukleare Abrüstung (CND, Campaign for Nuclear Disarmament) und organisierte die Ostermärsche, die in den Sechzigern stattfanden und 1968 endeten. Der Sozialistische Studentenbund (SDS) war 1946 gegründet worden. Er wurde zunehmend radikal und spaltete sich im November 1961 völlig von der SPD ab. Im SDS übernahm Rudi Dutschke schnell die Führung. Dutschke stammte aus einer ostdeutschen lutherischen Familie und war kurz vor dem Mauerbau nach Westberlin gezogen, wo er sich an der Freien Universität immatrikulierte. Er war eine charismatische Führerfigur, äußerlich auffällig durch sein ausdrucksvolles Gesicht und den schwarzen Haarschopf, ein energischer Vertreter der Idee, daß eine apathische Öffentlichkeit durch spektakuläre Aktionen dazu gebracht werden müsse, sich die Auffassung, daß diese Gesellschaft völlig verrottet sei, zu eigen zu machen. Im Dezember 1966 gründeten Dutschke und die radikalen SDSler die Außerparlamentarische Opposition (APO). Außerhalb Westdeutschlands gab es nichts, was der rechtsgerichteten Axel Springer Presse entsprochen hätte. Damit lieferte diese der vereinigten Protestbewegung für ihre Kampagne «Enteignet Springer» eine geeignete Angriffsfläche.

In jedem Land waren die wirkungsvollsten Studentendemonstrationen in der Regel die, bei denen es um eine ganz bestimmte Sache ging, wie zum Beispiel den Besuch eines ausländischen Würdenträgers mit – aus der Sicht der Studenten – schmutzigen Händen. Ende Mai 1967 besuchte der Schah von Persien Westberlin. Man sah in ihm eine Marionette des Westens, einen Protagonisten der Verwestlichung seines Landes und den Unterdrücker des iranischen Nationalismus. Er brachte seinen eigenen Sicherheitsdienst, SAVAK, eine Kohorte von Schlägern mit, die sich um feindselige Demonstrationen kümmern sollten. Fernsehaufnahmen von Demonstrationen, in denen Dutschke eine prominente Rolle spielte, legen nahe, daß die Gewalt von diesen fremdländisch anmutenden Gangstern ausging. Es gibt sogar Aufzeichnungen, die zeigen, daß die Polizei auf Seiten der Studenten in die Auseinandersetzungen eingriff. Dennoch war es ein Polizist in Zivil, der am 2. Juni den Schuß abgab, der einen Demonstranten tötete, der nicht zum Kreis der politisch aktiven Studenten gehörte und an seiner ersten Demonstration teilnahm, Benno Ohnesorg. Sein Tod und die riesige Begräbnisprozession, die ihm folgte, lösten eine Phase von Studentenmärschen und «sit-ins» in Westdeutschland aus, weil gemäßigte Studenten sich jetzt moralisch verpflichtet fühlten, sich den Aktivisten anzuschließen, ein Prozeß, der auch in anderen Ländern zu beobachten war. Die meisten der Demonstrationen und Störungen fanden im Bereich der Universitäten in ganz Westdeutschland statt. Extremisten in Belgien hatten jedoch ein Beispiel dafür geliefert, wie man die Konsumgesellschaft direkt angreifen könne. Am 22. Mai brannten sie das Kaufhaus L'Innovation in Brüssel nieder. Fast 300 Menschen fanden den Tod. Flugblätter wurden verbreitet, in denen deutsche Studenten aufgefordert wurden, diesem Beispiel zu folgen. Am 2. April 1968 fanden zwei Brandanschläge auf Kaufhäuser in Frankfurt statt. Während des Weihnachtsgottesdienstes 1967 in der Berliner Kaiser Wilhelm Gedächtniskirche hatte Dutschke eine Rede gegen den Vietnamkrieg gehalten, worauf er von einem Mitglied der Gemeinde mit solcher Wucht auf den Kopf geschlagen wurde, daß er ins Krankenhaus gebracht werden mußte. Er wurde des schweren Landfriedensbruches angeklagt. Als er am 11. April, auf seinen Prozeß wartend, mit den Fahrrad unterwegs war, wurde er von dem psychisch gestörten Joseph Bachmann, von dem es hieß, er sei ein eifriger Leser der Springerpresse, niedergeschossen und schwer verletzt. Benno Ohnesorgs Martyrium hatte die Phase der Massenaktionen ausgelöst, das von Dutschke intensivierte sie, zumal die Erörterung und damit die Verabschiedung der Notstandsgesetze nun in ihrer letzten Phase war.

In Italien gab es drei Bereiche, in denen es zu militanten Aktionen kam, welche seit dem November 1967 endemischen Charakter annahmen: die Universitäten, die Betriebe (Fabriken) und die weiterführenden Schulen. In den Universitäten ging es in erster Linie um das geplante Gui-Gesetz, mit dessen Hilfe die Zulassung zu den Universitäten begrenzt werden sollte. Die italienischen Universitäten waren zudem für ihre autoritären Strukturen und die häufige Abwesenheit von Professoren berüchtigt. Den Studenten ging es auch darum, ihre Unterstützung für die Streiks zu bekunden, die zur gleichen Zeit als Reaktion auf die ökonomische Stagnation stattfanden. Der Rektor der römischen Universität, Professor Pietro Agostino D'Avack, war ein extremer Reaktionär. Seine strikte Ablehnung von Reformen, welche die mehr liberal eingestellten Professoren zugestehen wollten, zusammen mit seinem Ruf nach der Polizei am 29. Februar 1968, wodurch die Besetzung der Universität durch die Studenten beendet werden sollte, provozierte das Ereignis des Jahres 68 in Italien, das besonders traurige Berühmtheit erlangt hat. Für Freitag den 1. März war eine Massendemonstration angesagt, die an der Piazza di Spagna ihren Ausgang und an der Architettura (der Hochschule für Architektur) hoch über der Valle Guilia ihren Abschluß finden sollte. Journalisten berichteten, daß die Demonstration, die von der Polizei und Pressephotographen flankiert wurde, zunächst friedlich verlaufen sei, obschon der hier erstmalige Auftritt von militärisch aussehenden studentischen Ordnern mit grünen Armbinden darauf hinzuweisen schien, daß einige Aktivisten weitergehende Pläne hatten. Zwei kleine faschistische Gruppen, Primula und Caravelle, versuchten, den Zug anzugreifen, wurden aber ohne große Mühe abgewehrt. Der Demonstrationszug kam an den Stufen, die zur Architettura führen, zum Halt. Oben, den Eingang bewachend, standen mehrere Reihen der Spezialeinheit, der Celere, in Helmen und mit erhobenen Gummiknüppeln. Die Studenten machten zunächst beleidigende Äußerungen und warfen mit Eiern; aber da Eier nicht auf den Bäumen wachsen, deutet alles auf ein gewisses Maß an Vorbedacht hin, obschon Eier auf der anderen Seite kaum als gefährliche Waffen anzusehen sind. Dann fingen die Studenten an, sich mit Steinen, Baumzweigen und Teilen von Parkbänken, die man aus ihren Halterungen gerissen hatte, zu bewaffnen. Mit ungeheurem Mut oder unglaublicher Tollkühnheit stürmten die Studenten die zwei Treppenfluchten hinauf. Sie hatten lediglich den Vorteil, zahlenmäßig überlegen zu sein. Die Polizei zögerte nicht, die Steine zurückzuwerfen, und machte außerdem gnadenlos von ihren Schlagstöcken Gebrauch. Studenten brachen blutüberströmt zusammen, aber dennoch kämpfte man sich bis zum Eingang der Architettura durch und besetzte sie. Allerdings nur für zehn Minuten. Die Scheiben von Polizeibussen, die Verstärkung brachten, wurden eingeschlagen, und aus einem halbzerstörten Polizeifahrzeug wurde ein bewußtloser, blutüberströmter Polizist weggetragen. Eine Reihe von Polizeifahrzeugen wurde in Brand gesetzt. Die Studenten, denen der Durchbruch gelungen war, wurden nun am Ende der Treppe abgeschnitten, verprügelt, die Stufen heruntergestoßen und schließlich in Polizeiwagen oder Krankenwagen verfrachtet. Die Schlacht hatte um 11 Uhr begonnen und dauerte etwas über zwei Stunden. Während der ganzen Zeit konnte man in Rom ununterbrochen die Sirenen der Polizeifahrzeuge und der Krankenwagen hören. Rauch und die Flammen brennender Autos waren meilenweit zu sehen. Ein Wagen der Polizei überfuhr beinahe eine Gruppe von Studenten, die einen verwundeten Kommilitonen trugen. Im gleichen Augenblick hob ein Polizist sein automatisches Gewehr. Tatsächlich wurde während der ganzen Auseinandersetzung von der Schußwaffe kein Gebrauch gemacht, mit Ausnahme eines Polizisten, der einen Schuß in die Luft abgab. Aber diejenigen, die in Polizeigewahrsam genommen worden waren, wurden zusammengeschlagen; in einigen Fällen hielt man ihnen Pistolen an die Schläfe. Es wurden 53 verletzte Studenten und Passanten gezählt und dies nur, weil die Studenten es unter allen Umständen zu vermeiden trachteten, der Polizei in die Hände zu fallen. In Wirklichkeit gab es mehrere Hundert Verletzte. Allerdings – ein Anlaß zur Genugtuung auf Seiten der Studenten – die Polizei war auch, zum ersten Mal, ziemlich heftig in Mitleidenschaft gezogen worden: 160 Polizisten waren verletzt worden.

Die Nachricht von der «Schlacht an der Valle Guilia» erreichte bis zum Abend alle anderen italienischen Universitäten und löste eine Phase von oft bewußt geplanten und bestens organisierten Gewaltaktionen aus, wobei studentische «servici d'ordine» (Ordnungskräfte) eine immer größere Rolle spielten. In Mailand kam es am 25. März an der katholischen Universität zu den hier heftigsten Auseinandersetzungen. Im März und April gab es zudem eine Streikwelle in den Fabriken. So kam es, daß sich das französische Magazin L'Express, als es am 22. April einen Artikel «Europa: Jugendliche Rebellen» veröffentlichte, auf Westdeutschland und Italien konzentrierte.

Inzwischen allerdings war der «französische Rudi Dutschke» in Erscheinung getreten, nämlich Daniel Cohn-Bendit, dessen Eltern, deutsche Juden, nach Frankreich geflohen waren, wo Cohn-Bendit 1945 geboren wurde. Zunächst als staatenlos registriert, hatte er 1959 die deutsche Staatsbürgerschaft angenommen, um dem Militärdienst zu entgehen. Der Soziologiestudent an der öden Fakultät von Nanterre im Außenbereich von Paris fiel schon rein äußerlich wegen seiner roten Haare auf. Wie ihre italienischen Kommilitonen waren auch die französischen Studenten wegen der drohenden Zulassungsbeschränkungen beunruhigt. Ein Streitpunkt, der in Frankreich eine größere Rolle spielte als in anderen Ländern, waren die strengen Regeln, die u. a. Besuche von männlichen Studenten in den Unterkünften der Studentinnen untersagten. Die Bestimmungen waren zwar in Nanterres gelockert worden, aber eine Flut von Protesten überall im Land machte deutlich, daß die sexuelle Frage immer zu den Streitpunkten gehörte, die Frankreich an den Rand der Krise brachten. Inzwischen hatte sich in Nanterre das Gerücht verbreitet, daß Cohn-Bendit gewaltsam nach Deutschland zurückgebracht werden solle und daß die Universität dabei sei, schwarze Listen mit den Namen militanter Studenten anzulegen. Am 6. Januar 1969 wurde das soziologische Institut besetzt. Die Polizei beendete die Besetzung unter brutaler Gewaltanwendung. Zur gleichen Zeit hatte der Vietcong seine «Tet Offensive» in Gang gesetzt. In Paris führte dies zu einer Reihe von Demonstrationen vor und Anschlägen auf amerikanische Gebäude. Die Polizei nahm Demonstranten auf der Straße fest und durchsuchte Wohnungen. Polizeibeamte in Zivil drangen in die Universitat von Nantes und das Universitätsgelände von Nanterre ein; dort wurde ein Student verhaftet. Cohn-Bendit hatte nun eine viel größere Gefolgschaft als am 6. Januar. Am 22. März führte er eine Gruppe von protestierenden Studenten, die sich den Namen «Bewegung vom 22. März» gaben, in den Sitzungssaal von Nanterre. Von Nanterre aus, aber im Umkreis der Universitat von Paris mit ihrem historischen Zentrum, der Sorbonne, verband diese Bewegung den anti-imperialistischen und antikapitalistischen Kampf und die spezifischen Anliegen der Studenten zu einer gemeinsamen Sache. Die Aktionen der Mitglieder dieser Bewegung führten direkt zu den Ereignissen des Mai. Am 29. März sollte ein «teach-in» über die

Übel des Imperialismus stattfinden. Höchst unklug erklärte der Dekan, Pierre Grappin, das Universitätsgelände für geschlossen. Zugleich erreichte die Nachricht von der versuchten Ermordung Dutschkes Nanterre.

Inzwischen war angeordnet worden, daß acht Miglieder der «Bewegung vom 22. März» am 6. Mai vor der Disziplinarkommission der Sorbonne zu erscheinen hätten. Diese Anordnung im Verbund mit der Schließung von Nanterre war der unmittelbare Grund für die Demonstrationen, die am Freitag, dem 3. Mai, an der Sorbonne stattfinden sollten. Ungefähr 500 Studenten aus den wichtigsten Studentenverbänden nahmen teil. Ebenfalls dabei war auch der faschistische Studentenbund Occident, was nur als Provokation verstanden werden konnte. Massive Polizeikräfte wurden vor der Sorbonne zusammengezogen. Es war reiner Zufall, daß der französische Premierminister, Pompidou, am 2. Mai zu einem lange geplanten Besuch im Iran und in Afghanistan aufgebrochen war; die Tatsache, daß die drei Politiker, die die Stellung halten sollten, nicht über seinen schlauen Kopf und seine zügelnde Hand verfügten, trug wahrscheinlich mit dazu bei, daß die Ereignisse schnell außer Kontrolle gerieten. Es war jedoch der Rektor der Sorbonne selbst, Paul Roche, der die Polizei aufforderte, die Sorbonne zu betreten und die Besetzer zu entfernen. Die berühmten Maiereignisse nahmen genau in dem Augenblick ihren Anfang, als die Polizei die Studenten gewaltsam in die Polizeiautos verfrachtete. Der Anblick von jugendlichen Gesichtern hinter den vergitterten Fenstern der Polizeifahrzeuge war zutiefst anrührend, selbst für unbeteiligte Passanten und brachte viele, nicht nur Studenten, auf. Militante Studenten, die sich der Aufmerksamkeit der Polizei entzogen hatten, wurden sofort tätig. Viele Studenten, die bisher nicht zur Anwendung von Gewalt bereit gewesen waren, schlossen sich ihnen an. Pflastersteine, die dort, wo Straßenarbeiten im Gang waren, reichlich zur Verfügung standen, waren die ersten Waffen. Die Polizei reagierte mit Schlagstöcken und Tränengas. Ihre Attacken zogen auch Passanten und Anwohner in Mitleidenschaft. An diesem 3. Mai wurden 80 Polizisten und mehrere Hundert Studenten und gewöhnliche Bürger verletzt; 590 Studenten wurden festgenommen. Die Ereignisse von Paris lösten an den Universitäten des Landes Empörung aus. Überall gab es Demonstrationen, die zu gewaltsamen Zusammenstößen mit der Polizei führten. Die Sorbonne war geschlossen. Vier der Studenten, die am 3. Mai verhaftet worden waren, wurden zu einer zweimonatigen Gefängnisstrafe verurteilt. Dies wiederum war der Anlaß für eine Demonstration an 6. Mai, die ihrerseits noch heftigere Reaktionen der Polizei zur Folge hatte. Die Empörung über diese Ausschreitungen führte zu den Demonstrationen am 7. und 8. Mai.

Am 10. Mai waren die gemäßigten Studenten hinreichend radikalisiert, die Öffentlichkeit war hinreichend empört und die militanten Aktivsten und ideologischen Extremisten waren hinreichend gut organisiert, so daß die Studenten gezielt in die Offensive gehen konnten. In der Nacht vom 10. auf den 11. Mai wurde mit dem Barrikadenbau begonnen. Der nationale französische Studentenverband (UNEF) und wahrscheinlich die Mehrheit der Studenten vertraten den Standpunkt, daß das Universitätsgelände den Studenten gehöre und nicht von der Polizei «erobert» werden sollte. Da der Bau von Barrikaden zum Schutz des «studentischen Territoriums» mit der Beschlagnahme und Zweckentfremdung von Autos einherging, konnte kein Student ernsthaft glauben, daß es sich hierbei um eine völlig harmlose Aktion handele. Keinem Studenten konnte auch entgehen, wie angespannt und kriegsähnlich die Lage bei Einbruch der Dunkelheit am 10. Mai war. Obwohl nach wie vor Pflastersteine die wichtigste Waffe waren, verfügten die Studenten auch über Molotov Cocktails, die man aus Propangasflaschen gemacht hatte, und Rauchbomben, die die Chemiestudenten hergestellt hatten. Um 2. 15 Uhr am Morgen des 11. Mai ging die Polizei zum Angriff über. Zunächst brachte sie Granatgewehre zum Einsatz, dann griff sie gezielt Barrikaden an, dann mit Handgranaten und Schlagstöcken die Studenten selbst. Die meisten Granaten enthielten Tränengas, das zu mehrtägiger Blindheit, zu Krämpfen und zum Erbrechen führen konnte. Und die «grenade offensive» wirkte explosiv und konnte auf kurze Entfernung oder auf engem Raum außerordentlich gefährlich sein. Schließlich kam noch die «grenade criquet» zum Einsatz, die ein Gas enthielt, das in Vietnam verwendet worden war und zu Verbrennungen, ja zum Tode führen konnte. Cohn-Bendit tauchte überall auf. In einem Fall bliesen die Studenten mit Hilfe eines Kompressors Sand auf die Polizei. Autos wurden in Brand gesetzt, um den Barrikaden noch mehr Wirkung zu verleihen. Die Studenten versuchten, Granaten zurückzuwerfen, riskierten aber, verstümmelt zu werden, wenn die Granaten beim Aufheben oder Werfen explodierten.

Es war für nahezu jedermann offenkundig, daß die polizeilichen Maßnahmen völlig überzogen waren, ja an Sadismus grenzten. 30000 Menschen, darunter 5000 Gymnasiasten, gingen am 11. und 12. Mai auf die Straße. Die wirkungsvollste Antwort auf die Aktionen der Polizei kam von den französischen Gewerkschaftsführern, die, obschon nicht alle von der Sache der Studenten begeistert, einen 24stündigen Generalstreik ausriefen. Pompidou kam zurück und rief zur schnellen und vollständigen Versöhnung auf. Er kündigte die Öffnung der Sorbonne und – nach einer rein formellen Anhörung vor einem Berufungsgericht – die Freilassung der im Gefängnis sitzenden Studenten an. Doch es war zu spät.

Als der Rektor um 8. 30 am Morgen des 13. Mai die Tore zur Sorbonne öffnete, entsprach das Ergebnis nicht ganz seinen Erwartungen. Die Studenten strömten herein und erklärten das altehrwürdige «Herz» der Universität für besetzt. Dem Tag des Generalstreiks (der von 30 bis 40 Prozent der Arbeiterschaft unterstützt wurde) und der Demonstrationen schlossen sich in steter Folge Umzüge, Besetzungen und «sit-ins» in Bergwerken, Fabriken, Büros, Universitäten, Schulen und Theatern an. Überall in Frankreich wurde demonstriert. Während ältere Gewerkschaftsführer ängstlich eine zu enge Verbrüderung mit den Studenten vermieden, griffen die jüngeren Arbeiter die Idee, die Fabriken zu besetzen, begeistert auf. Innerhalb einer Woche beteiligten sich über sieben Millionen an dieser besonders eindrücklichen Form von Streikaktionen, welche an die die Regierungsübernahme durch die Volksfront im Jahr 1936 begleitenden Fabrikbesetzungen erinnerten. Ähnliche Maßnahmen wurden von großen Teilen der Mittelschicht ergriffen, die Streiks und «sit-ins» organisierten mit dem Ziel einer Neuordnung und grösseren Unabhängigkeit ihrer Berufsgruppen. Das alltägliche Leben war zum Stillstand gekommen, ganz anders als in anderen Ländern. Anstatt ihrer Arbeit nachzugehen, beteiligten sich Menschen aus allen sozialen Schichten an Streiks, Besetzungen, endlosen Diskussionen und Straßenumzügen. Nur die Polizei befand sich in einem Zustand hektischer Aktivität: der Zustand weitverbreiteter Passivität wurde in regelmäßigen Abständen von gewalttätigen, von der Polizei ausgehenden Konfrontationen unterbrochen, auf den Straßen, in- und außerhalb der Betriebe und an anderen Orten. Nach einem Demonstrationstag kam es an einem der drei «schwarzen Freitage», dem 24. Mai, (nach den schwarzen Freitagen vom 3. und 11. März), zum bislang heftigsten Ausbruch von Gewalt. Die Studenten hatten ihre Lehren aus den vorangegangenen Zusammenstößen gezogen: sie hatten den Barrikadenbau, ihr Kommunikationssystem und ihr Waffenarsenal vervollkommnet.

Der Zustand einer fast völligen Lähmung des öffentlichen Lebens, der Anfang Mai eingesetzt hatte, dauerte bis in den Juni an. Das französische Fernsehen sendete fünf Wochen lang nicht, seit dem 21. Mai bildeten sich Schlangen vor den Tankstellen, und bald danach wurden Bezugsscheine für Benzin an die verschiedenen Notdienste verteilt. Es gab eine Reihe von Brandanschlägen, darunter einen spektakulären auf die Pariser Börse am 24. Mai. Die offenkundig völlig gelähmte Nationalversammlung schien am 21. und 22. März kurz zum Leben zu erwachen. Da genügend Deputierte die Protestierenden unterstützten oder eine Gelegenheit sahen, die Regierung zu stürzen, ging es in der Debatte hart auf hart, ohne daß eine Mehrheit für einen Mißtrauensantrag gegen die Regierung zustande gekommen wäre. Nach den Ausschreitungen vom

23. und 24. Mai griff de Gaulle erstmals direkt ein; am 24. versprach er in einer kurzen Fernsehansprache ein Referendum zur Verfassung. Während die Opposition unfähig schien, sich auf ein gemeinsames Vorgehen zu verständigen, inszenierte de Gaulle einen «coup de theatre». Er «verschwand» und lenkte auf diese Weise die Aufmerksamkeit von Paris ab. Es hieß, er erhole sich einfach zuhause in Colombey-les-Deux-Eglises. In Wirklichkeit besuchte er General Massu, den Befehlshaber der französischen Streitkräfte in Baden-Baden, um sich der Unterstützung durch die Armee zu versichern. Pompidou riet dem Präsidenten, unverzüglich Neuwahlen anzusetzen. Am 30. Mai kam de Gaulle zurück und kündigte in einer Radioansprache an, daß das am 24. Mai versprochene Referendum vertagt worden sei und daß er nicht zurücktreten oder Pompidou entlassen werde, sondern die Nationalversammlung auflösen und unverzüglich Wahlen abhalten lassen werde, den ersten Wahlgang am 23., den zweiten am 30. Juli.

Die geschickten politischen Manöver der Regierung wurden durch eine sorgfältig organisierte antikommunistische Demonstration am Abend des 30. Mai gestützt, an der vielleicht 400 000 Menschen teilnahmen. Am 1. Juni gab es Gegendemonstrationen, aber gegen den Widerstand der größten Gewerkschaft, der CGT. Am 10. erhob die Polizei Anklage gegen Streikende in der Renault-Autofabrik in Flins und am 11. Juni bei Peugeot in Sochaux. An beiden Schauplätzen versuchten Studenten und Oberschüler nach wie vor Solidarität mit den Arbeitern zu bekunden. Auf der Flucht vor Angehörigen der Spezialeinheit der Polizei, der CRS, in Flins, sahen sich 12 Oberschüler plötzlich eingeschlossen. Sie sprangen in die Seine, blieben aber im Schlamm stecken und wurden mit Schlagstöcken traktiert. Ein Schüler, Gilles Tautin, ertrank. Diese Tragödie führte am 11. Juni in Paris und anderswo unvermeidlich zu weiteren Protestaktionen – in Toulouse kam es zu einer Nacht der Barrikaden und Straßenfeuer. Am 14. Juni ging die Polizei entschlossen vor, räumte das Odéon, das Beaux Arts und schließlich die Sorbonne, inzwischen ein Tummelplatz für Ratten, der alle Anzeichen von Hippie-Verwüstungen und nicht von einer Besetzung durch Intellektuelle aufwies. Insgesamt gab es als Folge der Auseinandersetzungen zwischen Polizei und Protestierenden acht Tote. Bei den großen Demonstrationen in den Städten kam kein Student ums Leben. Das einzige Todesopfer in Paris war ein Zuschauer an einer der Barrikaden. Am selben Tag wurde ein Polizeikommissar in Lyon von einem Lastwagen, dessen Bremsen von den Studenten gelöst worden waren, überfahren. Die übrigen fünf Toten waren alle Arbeiter. Die Gesamtzahl derer, die so schwer verletzt worden waren, daß sie ins Krankenhaus eingeliefert werden mußten (und darunter befand sich eine erhebliche Anzahl von Polizisten), betrug 1798. Davon entfielen 953 auf Paris und 845 auf das übrige Frankreich. Die Wahlen brachten der Regierung einen Zuwachs von 3 % und im zweiten Wahlgang eine erdrückende Mehrheit von 358 von 485 Sitzen.

Die Ereignisse in Paris gaben der studentischen Protestbewegung in anderen Ländern einen ernormen Auftrieb. In Deutschland begann man mit dem Aufbau revolutionärer Zellen, aus denen schließlich die Baader-Meinhof-Gruppe hervorging. Gleichzeitig kam es zu einer Intensivierung der Gewalt auf der Straße. In München gab es zwei Tote. Im November fand die einzige Demonstration statt, die sich wirklich mit denen in Paris und in der Valle Giulia vergleichen läßt. In der «Schlacht vom Tegeler Weg» am 4. November 1968 waren – wie in Paris – Pflastersteine die Hauptwaffe der Studenten: 130 Polizisten und 21 Studenten wurden verletzt.

In Italien gewannen Aktionen von Arbeitern bald die Oberhand über die von Studenten. Oberstufenschüler und Studenten taten sich im Dezember 1968 zusammen und störten als typisch «bürgerlich» empfundene Vergnügungen im Rinascente Kaufhaus und in der Mailänder Scala. «Amüsiert Euch, Aristokraten, es ist das letzte Mal», lautete der Kampfruf. Eine stete Quelle der Gewalt, viel gefährlicher als in Frankreich oder Deutschland, war die Existenz einer Reihe von faschistischen Gruppen. Am 24. Januar 1969 führten diese Gruppen einen Brandanschlag auf die Büros der Studentenbewegung in Neapel aus. Die Studenten wurden vertrieben und zusammengeschlagen, die Faschisten besetzten die Büros.

Am 12. Dezember eröffnete die Polizei das Feuer auf eine Demonstration von Landarbeitern in Kalabrien. Zwei Arbeiter wurden getötet, 44 schwer verletzt. Der schlimmste Vorfall ereignete sich in Battipaglia, wiederum im Süden, wo Pläne, eine Tabak- und Zuckerfabrik zu schließen, am 9. April 1969 Anlaß für eine Demonstration waren. Die Demonstranten griffen das Rathaus an und setzten es in Brand. Ein junger Lehrer, der an einem Fenster stand, wurde von einer Polizeikugel, eine junge Stenotypistin von einem Plastikgeschoß tödlich getroffen. Es gab Proteste in anderen Städten, die von Studenten organisiert wurden, wobei militante Extremisten, die sogenannten «cinesi» (Chinesen) eine große Rolle spielten.

Inmitten all dieser Ausbrüche von Gewalt kam es in Rom zu einem Zusammenstoß zwischen Studenten und Polizei, der sich mit dem in der Valle Giulia vergleichen läßt. Im Mittelpunkt mehrtägiger Aktionen der Studenten stand der Besuch Richard Nixons in Rom am 28. Februar. Am Tag des Besuches unternahmen 6000 Polizisten mit Hilfe von Wasserwerfern, gepanzerten Fahrzeugen, Lastwagen, Jeeps, Spezialeinheiten und Panzern das, was von den Studenten mit einem gewissen Recht als «militärischer Angriff «auf die Universität von Rom beschrieben worden ist.

In Italien begann der, wie es seitdem heißt, «autumno caldo», der heiße Herbst. Die wirklichen Probleme der Arbeiter, wie schlechte Arbeitsbedingungen und Mangel an Respekt für ihre beruflichen Fähigkeiten und Erfahrungen, blieben (allerdings) ungelöst. An einem populären Slogan wie «Die Fabrik ist unser Vietnam» wird deutlich, wie die Radikalen internationale Streitfragen mit lokalen Problemen verknüpften. Fast jede Form von Protestkundgebung konnte zu Straßenkämpfen mit der Polizei führen. Am 6. November fand auf dem Corso Sempione in Mailand eine große Protestkundgebung statt gegen die Art, wie die italienischen Radio- und Fernsehanstalten RAI über die Arbeitskonflikte berichteten. Diese entartete in eine Straßenschlacht. Mehrere Arbeiter wurden festgenommen und ins Gefängnis eingeliefert. Bei einer anderen Demonstration wurde ein junger Polizist aus dem Süden, Antonio Annarumma, getötet. In der linken Literatur wird Annarumma in aller Regel als ein unschuldiges, geknechtetes Opfer der Bourgeosie und der kapitalistischen Ausbeutung des Südens gesehen. 30–50 000 Menschen nahmen an seiner Beerdigung teil. Die Zahl der Todesopfer seit April 1968 ließ sich zu diesem Zeitpunkt immer noch an beiden Händen abzählen, aber mit dem Tod von Annarumma schnellte sie sprunghaft in die Höhe. Die linksextremistische Organisation «Lotta Continua» (Der Kampf Geht Weiter) brüstete sich ganz offen damit, daß man dort, wo man sich engagiere, aufs Ganze gehen werde. Am 12. Dezember explodierte eine Bombe in der Landwirtschaftsbank auf der Piazza Fontana in Mailand. 12 Menschen fanden den Tod. Ein bekannter Anarchist wurde verhaftet. Während seines Verhörs stürzte er aus dem Fenster und zog sich tödliche Verletzungen zu. Der heftig umstrittene offizielle Untersuchungsbericht lieferte die Grundlage für Dario Fos Komödie «Der zufällige Tod eines Anarchisten». 300 000 Menschen nahmen an den Trauerzügen für die Toten teil. Das Gefühl, daß die Studenten- und Arbeiteragitation von willkürlichem Terrorismus abgelöst werde, war weitverbreitet, zu Recht, wie sich in den jetzt folgenden «Jahren der Kugel» herausstellen sollte.

1968 hatten sich die Amerikaner an die heißen Sommer der Rassenunruhen fast schon gewöhnt. Tatsächlich nahmen die Dinge 1968 aber einen unerwarteten Verlauf. Die unheilverkündende Kette von Ereignissen begann am 12. Februar, als 1375 schwarze Klärwerker in Memphis in den Streik traten, gerade zu dem Zeitpunkt, als Martin Luther King und seine «Southern Christian Leadership Conference» (SCLC) einen Marsch der Armen auf Washington planten. Da sich der Streik in Memphis über den ganzen März hinzog, kam King nach Memphis, um dort zwei Märsche zu organisieren, als wirkungsvollen Auftakt zum Marsch auf Washington selbst. Es war dort, in einem Schwarzenviertel von Memphis, daß King auf dem Balkon des Loraine Motel von der Kugel des Attentäters tödlich getroffen wurde. In den Ghettos markierte dieser Mord den Beginn des langen heißen Sommers. Wut, Trauer, der Eindruck, daß es sich um eine weiße Verschwörung handele – das waren die vorherrschenden Gefühle. Aber der Name Martin Luthers hatte für den durchschnittlichen jungen Schwarzen kaum eine Bedeutung. Es gab bereits genügend Gründe, auf die Straße zu gehen. Doch der Mord an King lieferte eine gute Rechtfertigung für Plünderungen und Zerstörung. Der Aufruhr, die Brandstiftungen, das Plündern zogen sich über eine Woche hin. Die Unruhen begannen im Süden, griffen aber bald auf alle größeren Städte im Norden über. 110 Städte wurden insgesamt in Mitleidenschaft gezogen, darunter Baltimore, Harlem und Brooklyn in New York, Newark, Boston, Detroit, Chicago und sogar Washington. Truppen wurden um das Weiße Haus zusammengezogen, während es im Zentrum brannte und geplündert wurde. Insgesamt mußten 75 000 Nationalgardisten eingesetzt werden. 3500 Menschen wurden verletzt, 46 getötet.

1969 war die radikale Studentenorganisation «Students for a Democratic Society» (SDS) gegründet worden, schon 1964 die «Free Speech»-Bewegung in Berkeley, an der Universität von Kalifornien, ins Leben gerufen worden. Seitdem hatten sich militante Studenten in einer Reihe der bereits beschriebenen Auseinandersetzungen engagiert. Ihre Aktivitäten erreichten mit dem Marsch auf das Pentagon im Oktober 1967 einen Höhepunkt. Sogar die Columbia University im Herzen von New York, eine Eliteuniversität, blieb nicht unbeteiligt. An ihr gab es eine besonders halsstarrige SDS-Fraktion, die von Mark Rudder und Dotson Rader, zwei eiskalten, zotenreißenden Sexualprotzen wie eine Bande geführt wurde. Rader hat amüsant darüber berichtet, daß er während der Besetzung der Studentinnenunterkünfte am Barnard College durch eine permanente Erektion ganz unerwartet in seinen Aktivitäten behindert worden sei (Rader, 115). Der Präsident der Columbia Universität war hingegen ein ausgesprochener Reaktionär, der dem militärischen «Think Tank» IDA (Institute of Defence Analysis) Zugang zur Universität eröffnet hatte. Er verurteilte sechs SDS Demonstranten , die «IDA Sechs», zu Bewährungsstrafen. Damals baute die Universität trotz der Opposition von Bürgerrechtlern in einem Park, der vor allem von der örtlichen schwarzen Bevölkerung genutzt wurde, eine Sportanlage. Eine Solidaritätskundgebung für die «IDA Sechs» am 23. April endete schließlich in einer Protestaktion auf dem Gelände der Sportanlage. Damit begann die Besetzung der Columbia Universität, die bis zum Morgen des 30. April andauerte, als über tausend Polizisten die Studenten mit erschreckender Brutalität vertrieben. Einige SDS-Extremisten hatten in abstoßender Weise gehaust. Brände waren gelegt und wertvolle Manuskripte vernichtet worden.

Die Chicagoer Aufstände vom August 1968, im Gefolge des Kongresses der Demokratischen Partei, zeigten im Kleinen, wie tief die Kluft zwischen Anhängern und Gegnern des Vietnamkrieges war. Die Gegner hofften auf einen Präsidentschaftskandidaten, der ihre Vorstellungen teilte. Unglücklicherweise war Robert Kennedy das zweite Opfer der schrecklichen Attentate geworden, die so bezeichnend für 1968 sind. Als möglicher Ersatzkandidat blieb den Kriegsgegnern nur noch der wenig umgängliche, unnahbare Akademiker Eugene McCarthy. Die Studenten, Radikalen und Hippies, die auf dem Kongreß einfielen, hatten, rein äußerlich betrachtet, das Ziel, dafür zu sorgen, daß McCarthy nominiert und ein Friedensprogramm verabschiedet würde. Aber diejenigen, die von den ideologischen Vorstellungen der radikalen Linken durchdrungen waren, glaubten, daß es um viel mehr gehe als einen Kandidaten und ein bestimmtes Programm: So wie die SDS-Studenten in Columbia meinten, das Muster von struktureller Gewalt an der Universität bloßzulegen, so wollten die Protestierenden in Chicago das in ihren Augen den maßgeblichen Gremien der demokratischen Partei und ihrer Unterstützung des Vietnamkrieges zugrundeliegende, alles erfassende System struktureller Gewalt enthüllen. Chicago wurde damals von der lokalen Demokratischen Parteiorganisation des Bürgermeisters Richard Daleey beherrscht, welche wiederum von einer rücksichtslosen und brutalen Polizei gestützt wurde. Nach einer Reihe von Demonstrationen, die alle gewaltsam beendet wurden, kam es am 27. August zu einer schrecklichen Eskalation der Gewalt. Als die Demonstranten vom Grant Park zum Hilton Hotel zogen, wo die Demokatischen Delegierten tagten, marschierte die Polizei in einem Zustand unkontrollierter Wut und zugleich fester Entschlossenheit, an den Demonstranten und Journalisten schreckliche Rache zu üben, wobei unbeteiligte Passanten nicht verschont wurden, in militärischer Formation auf. Auf der Stelle tretend, skandierten die Polizisten «kill, kill, kill», machten dann eine Kehrtwendung und gingen auf die Demonstranten los. Schädel wurden eingeschlagen, Gliedmaßen ausgerenkt, Menschen wurden niedergetrampelt. Die riesige Glas scheibe der Hilton Haymarket Eingangshalle ging unter dem immensen Druck von zurückweichenden Demonstranten und Passanten zu Bruch. Viele trugen schreckliche Verletzungen davon. Die Polizei drängte nach und schlug ohne Ansehen der Person auf die Menschen ein. Wer die Flucht ergriff, wurde bis in den Park hinein verfolgt und im Schutz der Anonymität brutal verprügelt. Obwohl die Vorgänge weitgehend im Fernsehen verfolgt werden konnten, ergaben Meinungsumfragen jedoch, daß die meisten Amerikaner das Vorgehen der Polizei billigten.

Die Bucht von San Francisco, Heimat der Berkeley Universität, war ein Zentrum des studentischen Radikalismus. Aber 1968 war der SDS als militanteste Organisation bereits von der Union schwarzer Studenten (BSU) abgelöst worden, der sich jetzt ein Verband anschloß, der die fernöstlichen und lateinamerikanischen Studenten vertrat, die «Befreiungsfront für die Dritte Welt» (TWLF). Während des ganzen Jahres 1967 war die San Francisco Staatsuniversität über Vietnam gespalten; 1968 wurden diese Konflikte von Auseinandersetzungen um die Rechte von schwarzen Studenten und Universitätslehrern in den Schatten gestellt. Im November begann eine Phase intensiver Gewalt, die bis ins Jahr 69 andauerte. 1969 sah das Universitätsgelände mit den in der Luft kreisenden Hubschraubern und der Invasoren aus dem All ähnelnden Staatspolizei wie ein Schlachtfeld aus, Ausdruck der Politik der Härte des neuen kalifornischen Gouverneurs Ronald Reagan. Auch Cornell, die Eliteuniversität an der Ostküste, war in diesem Jahr Schauplatz außerordentlich brutaler Auseinandersetzungen.

1968 war zweifellos ein Jahr gewalttätiger und aufregender Ereignisse, zum Teil mit starken historischen Anklängen. Der Eindruck, daß es sich um ein Jahr von besonderer historischer Bedeutung handele, wurde durch die Vorgänge in der damaligen Tschechoslowakei noch unterstrichen: den «Prager Frühling», Alexander Dubceks Liberalisierung des kommunistischen Regimes, dem die vernichtende sowjetische Invasion von 1968 folgte. Darüber hinaus gab es 1968 überall, auch in Japan und den Ländern der Dritten Welt von Studenten angeführte Protestaktionen und Aufstände. Erst kürzlich wurde argumentiert, daß 1968 eine Wende in den internationalen Beziehungen gebracht habe, insofern als die Tet Offensive und die Ereignisse in der damaligen Tschechoslowakei gleichermaßen Rückschläge für die USA und die damalige Sowjetunion bedeutet hätten. Beide Länder seien gezwungen worden, ihre Rolle als Großmächte zu überdenken, wohingegen China, dessen Kulturrevolution unter Mao Zedong westlichen radikalen Studenten wichtige Anregungen geliefert habe, aus inneren Unruhen als Macht von beachtlicher internationaler Bedeutung hervorgegangen sei (vgl. Fink/Gassert/Junker). Die These, daß die Ereignisse von 1968 in Deutschland die von 1989 antizipiert oder zumindest vorbereitet hätten (vgl. François/Middel/Terray/Wierling), ist allerdings absurd. Meiner Meinung nach ist es auch übertrieben, von 1968 als einem Jahr der Wende in den internationalen Beziehungen zu sprechen. Welches Maß an Wahrheit diese These auch immer enthalten mag, so ist sie doch ohne jede Bedeutung, wenn es um die Frage geht, ob 1968 ein Jahr der Revolution im Sinne von 1789 oder 1848 war. Vor zwanzig Jahren pflegte man in Westdeutschland dem Jahr 1967 mehr Bedeutung zuzumessen als 1968 (so z. B. Mosler; Fichter/Lönnendonker; Wolff/Windaus). Und einige der gewaltsamsten Ereignisse, vor allem in Italien und Amerika, haben sich, wie wir gesehen haben,

1969 abgespielt. Dennoch, wenn man den gesamten Zeitraum zwischen 1967 und 1969 untersucht, läßt sich 1968 zu Recht als Schlüsseljahr hervorheben, nicht zuletzt, weil sich in diesem Jahr die zentralen Ereignisse zwischen Mai und Juni in Paris abspielten. Aber das Endergebnis in Frankreich war allerdings, lange vor Jahresende, daß de Gaulles Machtposition bestätigt wurde und zwar mit größerer parlamentarischer Mehrheit als zuvor. In keinem der hier untersuchten Länder kam es zu einem Macht- bzw. Regierungswechsel.

Für die studentischen Aktivisten wie für viele linke Kommentatoren ist 1968 in der Rückschau die «gescheiterte Revolution», die Revolution, die «verraten» wurde (in der Regel werden als Schuldige die offiziellen kommunistischen Parteien ausgemacht, die den «Neue Linke»-Bewegungen der Studenten distanziert gegenübergestanden hätten), oder die Revolution, die von der Bourgeosie trickreich bzw. mit Gewalt unterdrückt wurde. Aber hier kommen wir zum zentralen Punkt, den viele in ihren Exegesen der verschiedenen Richtungen marxistischer Theorie und Praxis nicht wahrhaben wollen. Während man den Mut der protestierenden Studenten, ihre Hingabe an die Sache und die Berechtigung vieler ihrer Anliegen (Opposition gegen den Vietnamkrieg, Einsatz für die Sicherung von Bürgerrechten für Minderheiten, Protest gegen autokratische Universitätsstrukturen) anerkennen muß, muß man auch sehen, daß ihre grundlegenden politischen Überzeugungen auf irrigen Voraussetzungen beruhten, daß sie Opfer des «Großen marxistischen Trugschlusses» waren. Der Kapitalismus befand sich nicht in der Krise, die Arbeiterklasse, auch wenn sie bereit war zu handeln, wenn die Preise schneller stiegen als die Löhne, war insgesamt mit dem breiten Anstieg des Lebensstandards zufrieden und konnte notfalls immer mit Lohnangleichungen ruhig gestellt werden. Es gab keinen dialektischen Prozess, an dessen Ende die Bourgeosie bereitwillig einer alternativen Gesellschaft hätte Platz machen müssen. Herbert Marcuse, der deutsch-amerikanische Philosoph, der 1967 vor Studenten in Westberlin sprach, behauptete, daß die Studenten als revolutionäre Avantgarde die Unterklasse der rassischen Minderheiten und Enteigneten anführen würden. Eine berauschende Vorstellung, aber zugleich auch Unsinn. Die Aktivisten glaubten, daß sie eine letzte gewaltige Krise herbeiführen könnten, in der die bestehenden Regime zusammenbrechen würden; Aussteiger und Hippies meinten, daß, wenn sie der bürgerlichen Gesellschaft den Rücken kehrten, diese Gesellschaft von selbst zusammenbrechen werde.

Sehen wir uns einmal genauer an, was in Frankreich passiert war. Wegen seiner spezifischen geopolitischen Gegebenheiten, wegen der einmaligen Konzentration von Institutionen in Paris (ganz ähnlich wie in London, nur daß sich die Dinge in anderer Hinsicht wiederum unterschieden) konnte hier ein «Schnupfen» viel gefährlicher sein als in Westberlin, Rom (oder Mailand), oder Washington. Der Aufbau alternativer Strukturen in der Industrie, im Dienstleistungsbereich, an der Sorbonne, im Beaux Arts und Odéon ging sehr viel weiter und war sehr viel greifbarer als vergleichbare Versuche anderswo in Europa und in Nordamerika. Aber es handelte sich doch immer eher um Diskussionsforen («talking-shops»); nie wurden die überkommenen Einrichtungen wirklich in eigene Regie übernommen. Man erwartete, daß sie einfach verschwinden würden. Die gewalttätigen Auseinandersetzungen im Zentrum von Paris schienen die Zentralregierung sehr viel stärker zu bedrohen als die mehr zersplitterten Konfrontationen in den anderen Ländern, aber im Endergebnis hatten sie eher einen rituellen Charakter. Die Revolution, so die Theoretiker, würde einfach stattfinden, ohne daß gezielte Aktionen, wie etwa de Gaulle umzubringen, das Parlament in die Luft zu sprengen oder die Fernsehstationen zu besetzen, nötig seien. Paris hüstelte vielleicht, aber es nieste nicht. In den anderen Ländern waren Proteste und Demonstrationen allem Anschein nach gescheitert. Im Frühling 1970 löste sich der SDS auf; die APO hatte sich bereits in Luft aufgelöst. Für die Extremisten schien nur noch der Weg in den Terror zu bleiben – so die «Weathermen» in Amerika und in Großbritannien die «Angry Brigade» (allerdings britisch zurückhaltend in der Wahl ihrer Ziele).

Man kann nicht von einer «gescheiterten Revolution» sprechen, sondern nur von einer «Revolution, die es nie gegeben hat». Aber die Aktivisten von 1968 (und in Italien 1969) bewirkten in zwei ganz wichtigen Bereichen Positives: in den Betrieben und in den Universitäten. Schon am 25. Mai 1968 begann Pompidou dreitägige Verhandlungen mit den Gewerkschaften und Arbeitgeberverbänden. Die Grenelle-Vereinbarungen brachten den Arbeitern respektable Gewinne: eine allgemeine Lohnerhöhung von 10 Prozent; einen Anstieg der niedrigsten Lohngruppen in Industrie und Landwirtschaft um 35 Prozent; eine grundsätzliche Übereinkunft über eine Verringerung der Wochenarbeitszeit; eine fünfprozentige Erhöhung der Erstattung von Krankheitskosten durch die Sozialversicherung; ein Streikgeld von 50% des regulären Lohnes und ein Gesetz, das den Gewerkschaften mehr Rechte in den Betrieben einräumte. Am 14. November 1969 akzeptierte die italienische Regierung Gewerkschaftsforderungen nach der Einführung der 40-Stunden-Woche innerhalb der nächsten 3 Jahre, Schritte zur Gleichstellung von Arbeitern und Angestellten, die Abschaffung von Sonderregelungen für die unter Zwanzigjährigen und die Garantie von gewerkschaftlichen Rechten. Weiterhin neu war die Einführung von Berufsschulunterricht während der Arbeitszeit. In allen drei Ländern, um die es in diesem Zusammenhang geht, kam es zur Liberalisierung innerhalb der Universitäten (zum Schaden akademischer Standards, wie einige behaupten). Der Rektor der Columbia Universität trat zurück und den Studenten wurden auf allen Ebenen Zugeständnisse gemacht. Mehr noch: die aufrüttelnden Ereignisse von 1968 hatten wichtige psychologische Rückwirkungen. Während das Prinzip der Autorität erschüttert wurde, bestimmte ein neuer Geist von Partizipation und Zusammenarbeit viele Lebensbereiche. Dies läßt sich am leichtesten für Frankreich nachweisen. Ein besonders wertvolles Dokument stellt in diesem Zusammenhang eine Sonderausgabe der Frauenzeitschrift ELLE vom 17. Juni 1968 dar, ein dünnes Exemplar ohne Anzeigen (die Ausgaben der wichtigsten Zeitungen und Zeitschriften gingen zwischen Mai und Juni verloren). Die Herausgeberin, Helen Gordon-Lazareff, wandte sich direkt an ihre Leserinnen und erkärte ihnen, daß sie, ohne für die eine oder andere Seite in der politischen Auseinandersetzung Partei zu ergreifen, verstehe, wie traumatisch deren Erfahrungen gewesen seien. Sie stellte fest, daß Eltern durch ihre Kinder in die Auseinandersetzungen hineingezogen worden seien, und betonte, welche Rolle Mädchen und junge Frauen in den Konflikten gespielt und welch ein Maß an «erstaunlichem Mut» sie gezeigt hätten. Sie hoffe, daß diese Sonderausgabe die Zeitschrift und ihre Leser einander näherbringen werde und sagte dann sinngemäß: «Wir wollen in Zukunft sehr viel stärker an dem, was Sie heute bewegt, teilnehmen und wünschen uns, daß Sie an dem teilnehmen, was uns bewegt. Die neue Epoche, die jetzt begonnen und die Fundamente unseres Lebens erschüttert hat, erfordert von Ihnen und von uns, mehr als je in der Vergangenheit, seelische Anteilnahme und geistige Aufgeschlossenheit.» Der Artikel führt dann aus, daß Eltern oft nur schwer verstanden hätten, warum ihre Kinder an den Protestveranstaltungen der Oberschulen teilnahmen, aber daß einige schließlich zu der Überzeugung gelangt seien, daß ihre Kinder richtig gehandelt hätten. Aber eine Formulierung, die dem Schriftsteller Michel de Certeau zugeschrieben wird, kennzeichnet die Einstellung der Franzosen zu den Ereignissen des Mai und Juni vielleicht am besten: «Im Mai bemächtigten wir uns des Wortes, so wie wir uns 1789 der Bastille bemächtigt haben.»

Ich komme jetzt zu meinem zweiten zentralen Punkt. Welche Veränderungen wir auch immer den Ereignissen dieses einen Jahres 68 zuschreiben, wir müssen doch einräumen, daß die 60er Jahre insgesamt (vielleicht mehr in Westdeutschland als in Großbritannien) eine Zeit tiefgreifender Umwälzungen waren. Anhänger der Protestbewegung sprachen damals in Anknüpfung an Mao Zedong von einer «Kulturrevolution», womit sie meinten, daß die «bürgerliche Kultur» gänzlich durch eine «Alternativkultur» ersetzt worden sei. Historiker, mich eingeschlossen, benutzen diesen Begriff heute zur Kennzeichnung der weitgehenden Veränderungen der Lebensstile, Wertvorstellungen, Beziehungen zwischen den Geschlechtern und Eltern und Kindern, zwischen Regierungen und Bürgern und zwischen den Rassen, die in dem Zeitraum, den ich die «langen Sechziger» nenne (1958–1974), stattfanden, die aber wenig oder nichts mit einer politischen oder ökonomischen Revolution oder einer grundlegenden Veränderung von Formen der Machtausübung zu tun haben. Diese kulturelle Revolution fand nicht statt als Ergebnis einer dialektischen Konfrontation zwischen der «bürgerlichen» Gesellschaft und einer angeblichen «Gegenkultur». Sie entstand, weil die Gesellschaft von den neuen Ideen und Bewegungen, die typisch für die 60er Jahre waren, durchdrungen wurde. Diese Durchdringung wurde erheblich durch die toleranten, liberalen Kräfte, die damals in allen westlichen Gesellschaften Machtpositionen einnahmen, gefördert. Ich denke hier an die Autoritäten, die die Zensur lockerten, an die Politiker, die die Notstandsgesetzgebung dahingehend ergänzten, daß der Bundestag der Kontrolle der Richter unterstellt wurde, die wiederum in Großbritannien den Rockstar Mick Jagger freiließen (der wegen eines Drogendeliktes zu einer Gefängnisstrafe verurteilt worden war), oder die in Deutschland darauf bestanden, daß die von der Polizei im Januar 1967 beschlagnahmten SDS Akten zurückgegeben wurden. Ich denke auch an den Justizminister Heinemann, der sich am Ostersonntag 1968 für eine «zukunftsgerichtete Toleranz» einsetzte.

Die weitestreichenden Veränderungen betrafen die Rassenbeziehungen und die Lebensbedingungen der Armen, vor allem im Süden der USA, den Status junger Menschen, die Einstellung gegenüber Herkommen und Autorität und die Stellung der Frau. Ich möchte in diesem Zusammenhang besonders die Entstehung der Rockmusik als einer Art universalem Verständigungsmittel hervorheben: Die Rockmusik selbst förderte die Entstehung einer multikulturellen Gesellschaft und trug zur Emanzipation der Frau bei. Permissivität und sexuelle Befreiung waren natürlich zentrale Themen. Wenn wir an studentischen Aktionismus denken, sollten wir uns einen Augenblick von 1968 ab- und den studentischen Protestkundgebungen 1960 an den Schwarzen Colleges im Süden der USA zuwenden. 1964 griff die schwarze Protestbewegung vom Süden auf das gesamte Land über. In diesem Jahr wurden die entscheidenden Teile der Bürgerrechtsgesetzgebung verabschiedet. Die Bewegung, die für Bürgerrechte für schwarze Amerikaner kämpfte, nahm ständig an Bedeutung zu. Es läßt sich wirklich nicht nachweisen, daß 1968 ein besonders wichtiges Jahr für diesen Kampf gewesen sei. Auf der anderen Seite ist die hochpolitische Bewegung für die Gleichstellung der Frau in allen westlichen Ländern im wesentlichen ein Ergebnis der Ereignisse des Jahres 1968, als nämlich weibliche Aktivistinnen merkten, daß die grundlegenden Rechte, die gefordert wurden, nicht für sie galten. Im Januar 1968 wurde der Aktionsrat zur Befreiung der Frau von sieben Frauen aus dem SDS in Westberlin gegründet. Auf der Frankfurter Konferenz des SDS im September 1968 erklärte eine führende Feministin: «Wir werden versuchen, unsere Positionen zu klären, wir verlangen, daß unsere Problematik hier inhaltlich diskutiert wird. Wir werden uns nicht mehr damit begnügen, daß den Frauen gestattet wird, auch mal ein Wort zu sagen, daß man sie, weil man Antiautoritärer ist, anhört, um dann zur Tagesordnung überzugehen.»

Der Botschaft wurde Nachdruck verliehen, als Helke Sander in einer berühmt gewordenen Aktion die männlichen Führer des SDS mit Tomaten bewarf. Wie auch in Frankreich spielte die neue Bewegung für die Befreiung der Frau eine wirklich wichtige Rolle, als schließlich die Forderung nach einer Liberalisierung der Abtreibungsgesetze mit Nachdruck erhoben wurde.

Die Vorgänge von 1968 sind ohne die Veränderungen, die in den 60ern stattgefunden hatten, nicht denkbar. Daran ist nichts Ungewöhnliches. Die Französische Revolution von 1789 läßt sich ohne die Entwicklungen in den vorangegangene drei Dekaden auch nicht vorstellen. Aber wenn es darum geht zu entscheiden, ob die Ereignisse des einen Jahres, des Jahres 1968, oder die gesamte Kulturrevolution der «langen Sechziger» die weiterreichenden historischen Auswirkungen hatte, muß man sagen: das Letztere. Aber innerhalb dieses Rahmens kommt 1968 immer noch eine besondere Bedeutung zu. Es stellt nicht nur einen Höhepunkt in der Entwicklung der 60er dar, sondern löste auch weitere Entwicklungen aus. Dies gilt vielleicht in besonderem Maße für Westdeutschland, wo die Veränderungen in den frühen 60er Jahren weniger augenfällig waren als in Großbritannien, Frankreich, Italien und den Vereinigten Staaten. Die Herausforderungen von 68 gaben der Schaffung einer offeneren Demokratie, der Verbesserung von Chancengleichheit im Erziehungswesen und der Entstehung von Bürgerinitiativen besondere Impulse. In der Bundestagswahl von 1969 warb die SPD mit dem Slogan: «Mehr Demokratie wagen!». Zwei wichtige Bildungsgesetze wurden 1970 und 1971 verabschiedet. An wichtigen Bürgerinitiativen sind die Aktion Roter Punkt gegen die Erhöhung der Fahrpreise im öffentlichen Nahverkehr in Hannover 1969, die Aktion Kinderspielplatz in München 1972 und der Boykott der Hausfrauen wegen der hohen Fleischpreise in Nordrhein-Westfalen 1973 zu nennen. Großbritannien, wo sich 1968 am wenigsten abgespielt hatte, ging 1967 in der Abtreibungs- und Homosexuellengesetzgebung, der Freigabe von Verhütungsmitteln und der Herabsetzung des Wahlalters auf 18 Jahre 1968 voran. Nordamerika und Westdeutschland gaben 1972 den Achtzehnjährigen das Wahlrecht (womit sie symbolisch auch denen Anerkennung zollten, die an der Spitze der Bewegungen von 1968 gestanden hatten). Italien und Frankreich folgten 1974. Anfang und Mitte der 70er wurden die Abtreibungsgesetze auch außerhalb von Großbritannien liberalisiert. Wenn man die dramatischen Ereignisse von 1968 und die kulturelle Revolution der gesamten 60er Jahre zusammennimmt, dann ergeben sich Entwicklungen, die in der Tat die letzten Jahrzehnte des 20. Jahrhunderts grundlegend verändert haben. Für die gewöhnlichen Sterblichen waren die Auswirkungen sehr viel bedeutender als die jeder der berühmten Revolutionen der Vergangenheit.

Die islamische Revolution 1979

von J. Paul Luft

Chronik

September 1941	Mohammad Reza Schah Pahlavi, Schah von Persien
1951–1953	Mohammad Mosaddeq, Ministerpräsident
1961–1962	'Ali Amini, Ministerpräsident
1961	Tod des Ayatollah Borujerdi, marja'-e taqlid
1962	Weiße Revolution: 6-Punkte-Reformprogramm (Landreform etc.)
1963	Referendum über Weiße Revolution
	Juni-Revolte in Qom
	Gründung der Guerillabewegung *Feda'in-e Chalq*
1964	Oktober, Immunitätsgesetz für amerikanisches Militärpersonal
	November, Verbannung Ayatollah Khomeinis in die Türkei/Irak
1965	Gründung der Guerillabewegung *Mojahedin-e Chalq*
1971	Ölabkommen von Teheran
	2500-Jahrfeier in Persepolis für die Errichtung der Monarchie
1973	Ölkrise; Krieg zwischen Ägypten und Israel
1975	Wirtschaftskrise im Iran
	Gründung der Rastachiz Partei
1977	Tod von Dr 'Ali Shari'ati
	Beginn der Liberalisierungspolitik des Schahs
	Offene Briefe der Schriftsteller und Juristen an den Schah
	Ersetzung des langjährigen Ministerpräsidenten Hoveida durch Dschamschid Amuzegar
1978	Januar, Staatsbesuch des amerikanischen Präsidenten Jimmy Carter; Ausbruch von gewaltsamen Demonstrationen und Angriffe auf Pahlavi-Einrichtungen, Banken und Kinos
	August, 400 Opfer beim Kinobrand in Abadan
	Ja'far Sharif Emami neuer Ministerpräsident

7. September	Ausnahmezustand in Teheran und sieben Städten
8. September	Massaker auf dem Zhale Platz in Teheran
6. Oktober	Ayatollah Khomeini zieht nach Neauphle-le-Château bei Paris
6. November	Militärregierung unter General Azhari
1979	
1. Januar	Shapur Bachtiyar Ministerpräsident
16. Januar	Mohammad Reza Schah geht ins Exil
Februar	Rückkehr Ayatollah Khomeinis nach Teheran
	Provisorische Regierung Mehdi Bazargans
30./31. März	Referendum über die Islamische Republik
2./3. November	Referendum über die islamische Verfassung

Die islamische Revolution im Iran im Jahre 1979 hat fraglos einen der folgenreichsten politischen Transformationsprozesse des 20. Jahrhunderts in die Wege geleitet. Unter den verschiedenen Interpretationen über die tieferliegenden Ursachen der islamischen Revolution werden immer wieder zwei grundlegende, aber diametral entgegengesetzte Argumente angeführt. Auf der einen Seite wird behauptet, daß der Schah zu schnell sein Land modernisiert habe; nach Meinung anderer sind die Veränderungen nicht schnell und gründlich genug erfolgt.

Bereits wenige Jahre nach der Revolution wies ein amerikanischer Iran-Spezialist darauf hin, daß die Ereignisse des Jahres 1977 das Ergebnis einer ungleichen Entwicklung gewesen seien: «Die Diskrepanz zwischen dem sich entwickelnden sozio-ökonomischen und dem unterentwickelten politischen System sei so groß gewesen, daß eine tiefe Wirtschaftskrise das ganze System zum Einsturz gebracht habe.» Obwohl dieses Argument im Prinzip richtig ist, nämlich, daß der als krisensicher beurteilte Staats- und Militärapparat wie ein Kartenhaus kollabierte, ist es nicht zwingend. Es gibt genügend Beispiele nach dem Zweiten Weltkrieg, in denen diktoriale oder benevolent autokratische Regime derartige Transformationsprozesse mit einem Minimum an politischer Partizipation unbeschadet überstanden haben, d. h. so lange sie ihre politischen und ökonomischen Mittel rational und konsequent einsetzten.

Nur wenige Beobachter hatten einen revolutionären Umbruch der politischen und sozialen Verhältnisse im Iran während der 70er Jahre vorausgesehen. Und wenn, dann allenfalls als Ergebnis einer von linken Theoretikern geplanten oder erträumten Volksbewegung unter der Führung einer westlichen, anti-imperialistischen Ideen folgenden sozialistischen Partei oder Sammlungsbewegung, wie etwa der Nationalen Front unter dem charismatischen nationalistischen Mohammad Mosaddeq. Dessen Sturz 1953 und die Erstarkung der Pahlavi-Herrschaft unter

Mohammad Reza Schah in den darauffolgenden 25 Jahren brachten Veränderungen mit sich, die zu einem von oben umgesetzten Reformprogramm und damit zu einer forcierten Verwestlichung des Staates und der ihn tragenden Gruppen führten. Für traditionell orientierte Elemente, wie die religiöse Elite, die *ulama*, aber auch den grundsätzlich von westlichen Marktprinzipien unangetasteten Basar, blieb wenig Spielraum in dem säkularen, nationalistischen, vor allem aber anti-islamischen System. Zwar hatten wohlhabende konservative Kaufleute und eine nicht geringe Anzahl von Mitgliedern der religiösen Oberschicht den mit amerikanischer und britischer Unterstützung inszenierten Putsch von 1953 gegen den Ministerpräsidenten Mosaddeq geduldet, wenn nicht sogar unterstützt, aber in dem in die Moderne aufgebrochenen Kaiserreich schien für sie kein Platz mehr zu sein.

Um 1960 hatte sich die im Zweiten Weltkrieg geschwächte Monarchie erholt und durch die Eliminierung anderer politischer Kräfte im Lande, nämlich des iranischen Parlaments (Madschless) sowie der uneinigen Opposition – auf der einen Seite die Nationale Front und auf der anderen die Tudeh Partei, Irans sozialistische Oppositionspartei –, zu der unbestrittenen, sich immer autokratischer gebärdenden Macht entwickelt.

Grundsätzlich ruhte das Regime Mohammad Reza Schahs auf zwei Pfeilern: der Armee und dem engen Bündnis mit den USA. Im Zeichen des Kalten Krieges war die amerikanische Außenpolitik vor allem darauf ausgerichtet, Iran vor kommunistischer Infiltrierung zu schützen, den ungehinderten Zugang zum iranischen Erdöl und die westliche Kontrolle im Golf zu sichern. Der Schah und seine Regierung gewannen durch das Bündnis mit den USA nicht nur außenpolitische Rückendeckung, sondern auch finanzielle Hilfe für das Stabilisierungs- und Modernisierungsprogramm des folgenden Jahrzehnts. Noch Anfang der 60er Jahre war sich die US Regierung nicht schlüssig gewesen, ob man, um grundlegende Reformen in die Wege zu leiten, den Schah letztlich nicht doch fallen lassen müsse und die Opposition an die Macht bringen sollte. Von der Regierung J. F. Kennedys wurden schließlich die Weichen für ein umfassendes Reformprogramm unter dem US-freundlichen Ministerpräsident ʿAli Amini gestellt.

Im Jahre 1962 setzte sich Mohammad Reza Schah selbst an die Spitze eines umfassenden Reformprogramms, die Weiße Revolution genannt. In ihm bildete zunächst die Landreform das Kernstück eines großangelegten Transformationsprozesses von oben. Neben der sozialen Umstrukturierung der agrarischen Bevölkerung sollte die jahrhundertelang unangetastete politische Machtstellung der großgrundbesitzenden Klasse gebrochen und das durch den Zwangsverkauf von Land freigesetzte Kapital in einem Industrialisierungsprozeß eingesetzt werden. Gleichzeitig zielten aber diese Maßnahmen darauf ab, die politische Kontrolle des Landes in den Händen der Pahlavi Familie zu konzentrieren, breitere Schichten der Bevölkerung für sie zu gewinnen, und nicht zuletzt der unabhängigen Bauernklasse und den Frauen durch den Reformprozeß größere Teilnahme am öffentlichen Leben einzuräumen. Der Schah untermauerte seine Position als modernisierender Herrscher, als er im Jahre 1963 sein Reformprogramm unter Umgehung des Parlaments in einer Volksabstimmung legitimieren ließ. Obwohl die Landreform in ihren Anfangsstadien allen Hindernissen zum Trotz ein Erfolg war, – während des ersten Jahrzehnts erhielten mehr als 1,7 Mill. Pächter und Landarbeiter ihren eigenen Grund und Boden – stagnierte das Reformwerk auf den nächsten Etappen und nahm dann sogar retrograde Züge an, als die Einführung kapitalistischer Großbewirtschaftung die Existenz der sich neu etablierenden Schicht der kleinen Landbesitzer bedrohte. Nachlassendes Engagement des Staates, Mangel an Kapital und das Ausbleiben flankierender Maßnahmen ließen die anfangs energisch vorangetriebene Umstruktierung häufig im Sande verlaufen. In der Folge führte dies auch zu einem erheblichen Rückgang in der agrarischen Produktion. Nachdem er sein erstes Ziel erreicht hatte, nämlich die politische Macht der Großgrundbesitzer zu brechen, verlor der Schah immer mehr das Interesse an den Bauern und ihren Problemen; – und das zu einem Zeitpunkt, zu dem die Autorität und Führung des Hofes mehr denn je gefordert waren. Die Reformer der ersten Stunde waren entweder längst abgetreten oder entlassen worden. Im Verlauf der späteren 60er und in den 70er Jahren wandte sich die Regierung des Schahs dem Aufbau der Industrie zu.

Die von den Kritikern prinzipiell als gescheitert beurteilte Landreform hatte die iranische Wirtschaft zwar nicht ganz aus dem Gleis geworfen, die Auswirkungen zeigten sich jedoch nachhaltig in den 70er Jahren. Ebenso verhängnisvoll für das Sozialgefüge des Landes war die überstürzte Industrialisierung. Dabei wanderte als Folge ein großer Teil der jüngeren Landbevölkerung in die Städte ab, um dort ein besseres Leben zu finden. Im Verlauf von zwei Jahrzehnten erlebte Iran einen durchgreifenden Strukturwandel, in dem das vorwiegend agrarische Land einem intensiven Urbanisierungsprozeß unterzogen wurde. Die Einwohnerzahl in den größeren Städten stieg in diesen Jahren rasch an. Um 1976 stellten die städtischen Bewohner nahezu die Hälfte der gesamten Bevölkerung des Landes. Auf derartig unkontrollierte strukturelle Veränderungen war aber die Verwaltung nicht vorbereitet; auch existierte der politische Wille nicht, soziale und administrative Unterstützung zu leisten, d. h. unter anderem, einen größeren Teil des Öleinkommens für die Verbesserung der primitiven Lebensverhältnisse der Zuwanderer und ihrer Familien zu verwenden. Dieser forcierte Modernisierungsprozeß, den die Pahlavis und ihr innerer Zirkel mit einer bis dahin selten erlebten Intensität vorantrieben, bescherte größeren Teilen der urbanen Mittelschicht nicht nur soziale Mobilität, es war auch ein Prozeß, in dem etablierte, jahrhundertalte Normen ständig in Frage gestellt wurden. Solange sich diese Veränderungen auf kleinere, mit westlichen Vorstellungen vertraute Gruppen, die Zugang zu diversen Erziehungseinrichtungen und daraus resultierende Berufschancen hatten, beschränkten, war das soziale Gleichgewicht nicht wesentlich gestört. Vorerst besaß die expandierende Industrie, vor allem im Bauwesen, auch genügend Kapazität, um einen Großteil der in die Großstädte abwandernden ungelernten Arbeiter zu beschäftigen. Ironischerweise schlug damit auch die Absicht, durch die Weiße Revolution unter der ländlichen Bevölkerung eine Stütze für die Monarchie zu finden, fehl. Mit der Abwanderung der verarmten Bauern in die Großstädte und der Bildung von riesigen Slums in Teheran, Tabriz und Esfahan siedelten sich die Fußsoldaten der zukünftigen Revolution in der Nähe des Palastes an. Bei all diesen Reformmaßnahmen galt das Hauptinteresse des Herrschers aber der Konsolidierung der eigenen Machtposition. Institutionen wie die Pahlavi-Stiftung dienten vor allem dazu, der kaiserlichen Familie in der Industrie und im Bankwesen Einfluß zu sichern.

Die meisten Kritiker der Pahlavis sind sich einig, daß die politische Entwicklung in diesen Jahren mit der sozial-ökonomischen nicht Schritt hielt. Alle Ansätze für eine Öffnung des politischen Lebens waren seit dem Putsch und der Entmachtung Mosaddeqs im Jahre 1953 brutal unterdrückt worden. Der Schah hatte auf die Forderungen nach politischer Öffnung mit den autokratischen Methoden der Überwachung und Repression reagiert, die ihn notgedrungenermaßen auf Konfliktkurs mit breiteren Schichten der Mittelschicht brachte. Vor allem sah er in den Vertretern linksgerichteter Ideologien und ihren Reformideen den Hauptfeind. Gleichzeitig verweigerte er dem nationalistischen Lager jedwede politische Partizipierung und versuchte ihre Positionen mit seinen Wertvorstellungen über die iranische Vergangenheit und die ewige Rolle der Monarchie zu besetzen. Darüber hinaus konnte es nicht ausbleiben, daß ihn seine starke Bindung an die USA einem Teil der säkularen Nationalisten entfremdete.

Obwohl der Schah im Jahre 1958 ein Zwei-Parteien-System, die Melliyun (Nationalpartei) und Mardom (Volkspartei) gegründet hatte, war er an einer Kollaboration mit oppositionellen Kreisen auch weiterhin nicht interessiert. Diese beiden Parteien waren und blieben daher Vereinigungen des Hofes für den Hof. Sieben Jahre später wurde die Melliyun Partei von der Iran-e Novin Partei (Das neue Iran) abgelöst, einer Organisation, die mit Unterstützung des damaligen Ministerpräsidenten

Hasan Mansur und Amir 'Abbas Hoveida, seinem Schwager und Nachfolger als Ministerpräsidenten, im Jahre 1965 gegründet wurde. Irans Parteiszene nahm eine weitere Wendung zum Absurden, als im März 1975 der Schah die beiden Parteien auflöste und durch eine Einheitspartei, die Rastakhiz (Auferstehungspartei), ersetzte. Auch wenn manche Kritiker in dieser Entwicklung einen weiteren Schritt zu einem totalitären Staat hin erkennen wollen – und das Aktionsprogramm scheint derartige Urteile zu bestätigen – blieb der Einfluß der Partei auf die Bevölkerung begrenzt. Das Programm der Partei war, wie ein Beobachter schrieb, kulturell so unsinnig und legte eine derart arrogante Position an den Tag, daß die meisten wenig Notiz davon nahmen. Vor allem Staatsangestellte, Universitätsprofessoren, Lehrer und andere Berufsstände wurden zur Parteimitgliedschaft gezwungen. Politische Apathie beschränkte aber die Aktivitäten der Partei auf einen kleinen Kreis von Technokraten und Hochschulabsolventen, die sich vor allem aus dem Heer der in den USA ausgebildeten Iraner rekrutierten. Die Partei besaß zwangsläufig Einfluß innerhalb der Ministerialbürokratie, teilte aber im übrigen das Schicksal anderer Parteien gleichen Typus im Iran: Obschon es an Aktivisten der ersten Stunde nicht mangelte, war das graue Heer der Gefolgschaft nicht bereit, außer Lippenbekenntnissen etwas auf dem Altar des Pahlavi-Regimes zu opfern. Die Rastakhiz Partei trug eher mit dazu bei, daß ein nicht unwesentlicher Teil der mittleren städtischen Schichten sich weiter von dem «großen Führer», dem Schah, abwandte. Die Art, wie die Partei geschaffen und dem Land aufgezwungen worden war, kennzeichnete das gebrochene Verhältnis des Schahs zu «seinem» Volk, und dementsprechend formierten sich Kritik und Opposition jenseits von Parteien und Parlament.

Wie zu erwarten löste die Landreform nicht nur erheblichen Protest im Lager der betroffenen Großgrundbesitzer aus, sondern auch unter den führenden Geistlichen. Dies war aber kein zwangsläufiger Prozeß, denn zwischen ihnen und dem Schah hatten bis 1958 im wesentlichen freundliche Beziehungen bestanden. Im Jahre 1960 war dieses Verhältnis zum ersten Mal auf die Probe gestellt worden, als der damals ranghöchste Geistliche seiner Zeit, der *taqlid marja'-e* Ayatollah Borujerdi, gegen jede Art von Einschränkung des Landbesitzes protestierte und den Schah zur Rücknahme dieses ersten Versuches einer gesetzlichen Regelung zur Besitzumverteilung zwang. Aber nur für kurze Zeit. Denn bereits ein Jahr später, im Jahre 1961, verstarb Borujerdi. Dessen Tod gab dem Schah nicht nur grünes Licht für sein Reformvorhaben, sondern führte auch zu einer Krise innerhalb der religiösen Führungsschicht. Dies bot dem politisch engagierten Ayatollah Ruhollah Musavi Khomeini die Gelegenheit, in der Öffentlichkeit eine radikale Gegenposition zu Mohammad Reza

Schah aufzubauen. Der Aufstieg dieses Ayatollah zu einer zentralen Figur im Kampf gegen den Schah und dessen nunmehr auch zutagetretenden antiklerikalen Kurs kann generell im Zusammenhang mit Ansätzen zu einer breiteren Re-Islamisierung im Nahen und Mittleren Osten gesehen werden.

Ayatollah Khomeini war der erste, der in the 70er Jahren eine radikale Theorie des modernen islamischen Staates entwickelte, in der den schi'itischen Juristen als Interpreten und ausführenden Organen des islamischen Gesetzes eine unangefochtene Führungsrolle in der Staatsführung zukam. Damit wurde die bis dahin allgemein vertretene Doktrin, in Abwesenheit des Mahdi sei jeder Staat illegitim, aufgegeben. Für den Ayatollah standen jedoch in den 60er Jahren derartig weitausgreifende theoretischen Vorstellungen noch nicht im Vordergrund. Ihm ging es vielmehr um die Gewinnung der Geistlichkeit für eine geeinte Opposition gegen das, was von ihm als korrupte weltliche Herrschaft des Schahs und dessen Anhängern bezeichnet wurde. Die Sorge um die Bedrohung der islamischen Religion and Kultur im Iran durch die Verwestlichung Irans trieb ihn an. Während die Mehrzahl der führenden schi'itischen Geistlichkeit bis dahin einer direkten Konfrontation mit der säkularen Ordnung aus dem Wege gegangen war und nur in Fragen, die ihre grundlegenden Interessen berührten, beim Schah und dessen Regierung intervenierte, sah Khomeini, um den Islam zu retten, keine andere Wahl, als den Schah und sein System direkt anzugreifen. Ohne die Mobilisierung großer Teile der urbanen Bevölkerung war jedoch keine effektive Opposition gegen den Schah und seine Regierung möglich. Die wesentliche Strategie bestand daher darin, die Gesetzlosigkeit der Regierungsmaßnahmen im Lichte der Konstitution zu betonen, vor allem aber die Gefahr für die Souveränität der iranischen Nation herauszustellen.

Wie zu erwarten, fand diese unnachgiebige Kritik Khomeinis bei seinen Kollegen nicht überall uneingeschränkte Zustimmung. An den Verordnungen zu den Lokalwahlen im November 1962 und der Volksabstimmung über die Weiße Revolution, die ohne Zustimmung des Parlaments verabschiedet worden waren, schieden sich im Jahre 1963 die Geister. Khomeini hatte zweifelsohne wie kein zweiter die Gefahr erkannt, daß der Schah versuchen werde, über die Köpfe des politischen Establishments hinweg, die Legitimierung für sein Modernisierungsprogramm direkt von der Bevölkerung zu suchen und damit die Reste politischer Opposition, unter anderem auch die der Nationalen Front, zu marginalisieren, wenn nicht sogar auszuschalten. Denn in der Angelegenheit des Referendums war der Schah entschlossen nicht nachzugeben. Khomeini erneuerte seine scharfen Angriffe gegen das Regime im Januar 1963, die schließlich in einer direkten Kritik an der Person des

Schah mündeten, und als es daraufhin im Juni, während des heiligen Monats Moharram, zu Demonstrationen in Qom, Teheran und anderen Städten Irans kam, wurden diese brutal unterdrückt. Angesichts der ungewöhnlichen Härte gegen die Opposition entschlossen sich die anderen einflußreichen Groß-Ayatollahs in Qom wie Golpeigani and Shari'atmadari, in dieser für die Geistlichkeit prekären Situation Solidarität zu zeigen. Diese oft als Generalprobe für die Revolution von 1979 bezeichnete Revolte war jedoch von einer echten politischen Umbruchssituation noch weit entfernt. Weder die Arbeiter in der Ölindustrie noch das Gros der Staatsangestellten unterstützten die demonstrierenden Religionsstudenten und ihren Führer. Es war wohl auch keine Überraschung, daß die von Meinungsverschiedenheiten geplagte Nationale Front sich nicht an den Unruhen beteiligte, und damit die politische Initiative völlig den Anhängern Khomeinis überlassen mußte. Dieser wurde verhaftet und für sechs Wochen ins Gefängnis geworfen. Beistand hatte er nur von der islamisch laizistischen *Freiheitsbewegung* erhalten, die der Ingenieur Mehdi Bazargan und Ayatollah Mahmud Talaqani zwei Jahre früher gegründet hatten. Sie wurde sofort wieder verboten und in den Untergrund getrieben. Bemerkenswert an den Unruhen von 1963 ist die Tatsache, das zum ersten Mal in einer politischen Demonstration, die bisher stets von linken und demokratischen Parolen beherrscht gewesen waren, schi'itische Symbole dominierten: der Schleier *(chador)* und das weiße Leichentuch als Zeichen der Opferbereitschaft.

Khomeini gab auch nach der Entlassung aus der Haft seine vehemente Opposition gegen den Schah und dessen neuen Ministerpräsidenten Hasan 'Ali Mansur nicht auf. Als am 13. Oktober 1964 das iranische Parlament auf Drängen der Regierung ein Gesetz verabschiedete, das dem im Iran stationierten US Militärpersonal diplomatische Immunität gewährte, verurteilte Khomeini auf das Bitterste die Gewährung von «Kapitulationsrechten» an eine ausländische Macht. Diese unerbittliche Opposition gegen das Regime des Schah ließen ihn zum populärsten Führer der religiösen Opposition aufsteigen. Mit seinem militanten Anti-Amerikanismus hatte er aber auch bei anderen Teilen der Opposition Zuspruch gefunden. Deshalb wurde er wieder verhaftet und wenige Tage später, am 4. November 1964, in die Türkei ins Exil abgeschoben. Von dort reiste er nach Najaf im Irak weiter, das bis 1978 neues Domizil und Zentrum seiner politischen Aktivitäten wurde.

Khomeini war fest davon überzeugt, daß allein islamische Aufklärung und Propaganda von der Kanzel sowie der Aufbau eines politischen Verbundsystems und sozialen Hilfwerkes für die Millionen Gläubigen die Basis für erfolgreiche Opposition bilden konnte. Spektakuläre Einzelaktionen, wie die Versuche der Feda'iyun-e Islam, einer militanten islamischen Untergrundbewegung, die durch Terrorakte die politische Ordnung zu erschüttern versucht hatte, waren 1954 endgültig mit der Verurteilung ihrer Führer gescheitert.

Da es für den Ayatollah wichtig erschien, einen breiten Konsensus unter der Opposition herzustellen, beschränkten sich in der Folgezeit seine Attacken gegen die Regierung nicht nur auf das Feld der Innenpolitik, sondern mit seiner Kritik an den Kapitulationsrechten für die amerikanischen Militärs suchte er eine Schwachstelle in dem autoritären Regime des Schahs zu treffen. Dieser Angriff auf den engsten Alliierten des Schahs war keinesfalls nur eine historische Reminiszenz. Die Kapitulationsrechte hatten die Befürchtungen der Nationalisten um die Souveränität des Landes vermehrt. Diese Besorgnis hatte bereits früher in dem 1953 von den USA und Großbritannien inszenierten Putsch gegen Mosaddeq weitere Nahrung gefunden. Die Nationale Front wie auch die Tudeh Partei hatten darüber hinaus ständig den Schatten imperialistischer Bedrohung für Irans Unabhängigkeit beschworen. Khomeini hatte wohl richtig erkannt, daß er mit der Souveränitätsfrage auch weite Kreise der säkularisierten Mittelschichten ansprechen konnte. Allein schon aus diesem Grund sollte im Verlauf der nächsten 15 Jahre die «Bedrohung der iranischen Nation durch die Weltimperialismen», vor allem die USA, stets im Vordergrund seiner Attacken stehen. In zunehmendem Maße wurde dieses Bedrohungssyndrom beschworen und mit dem Palästinaproblem sowie der Rolle des Zionismus in der Welt in Verbindung gebracht.

Die Ereignisse zwischen 1961 und 1963 hatten den endgültigen Kollaps der unabhängigen säkularen nationalistischen Opposition gegen den Schah und seine personalisierte Herrschaft offenbart. Die Proteste im Jahre 1963 lieferten aber anderseits re-islamisierenden Bewegungen verschiedenster Schattierungen den Anstoß für die politischen Aktivitäten, die sich vor allem an Khomeinis Widerstand gegen die autokratische Herrschaft Mohammad Reza Schahs orientierten. Ebenso wichtig war die persönliche Hinterlassenschaft des Imams in Qom unter seinen Kollegen, vor allem aber unter den Theologiestudenten. Von dort baute man im folgenden Jahrzehnt trotz mannigfacher Verfolgung und Unterdrükkung durch die Sicherheitsorgane zusammen mit Gilden im Basar und islamischen professionellen Verbänden und Vereinen ein Verbundsystem auf, in dem die politischen Vorstellungen Khomeinis von der Kanzel und mit Hilfe von Kassetten und Pamphleten verbreitet wurden. Dem Beispiel des radikal, aber modern denkenden Imam folgend, bildete sich unter seinen Schülern und Anhängern ein bisher nicht bekanntes politisches Bewußtsein aus, das die Basis ihres religiös motivierten Aktivismus wurde. Man konzentrierte sich mehr auf die politischen und sozialen

Probleme der modernen Welt. Vor allem die jüngeren *ulama*, unter ihnen Mohammad Beheschti, der längere Zeit der Moschee in Hamburg vorstand, Mortaza Motahhari, Mohammad Javad Bahonar, aber auch 'Ali Montazeri, die später beim Aufbau der islamischen Republik entscheidenden Einfluß ausüben sollten, waren in ihren Vorstellungen weltoffener und weniger rein akademischen Traditionen verbunden, als es bei ihren älteren Kollegen der Fall war. Diese *ulama* hatten sich mit der bestehenden Herrschaft arrangiert, obwohl sie sich auch als Hüter schi'itischer Prinzipien und Werte im weitesten Sinne verstanden. Die Aktivitäten dieser jüngeren Generation von Theologen, Juristen und Predigern waren oft nicht nur auf das islamische Milieu beschränkt, sondern sie nutzten ihre Positionen in den säkularen Erziehungseinrichtungen wie z. B. der Teheraner Universität, um sich mit westlichen, nicht-islamischen Denkmodellen vertraut zu machen. In Publikationen und Diskussionen unterzogen sie marxistische und liberale Positionen einer intensiven Kritik. Insbesonders das reichhaltige Schrifttum von Mortaza Motahhari, das sich mit politischen, ethischen, sozialen wie auch ökonomischen Fragestellungen sowie deren Gegenpositionen beschäftigte, legt ein eindrucksvolles Zeugnis dieser Auseinandersetzungen ab. Man geht wohl nicht fehl, allein schon aus diesem Grunde Motahhari als einen der Initiatoren und Architekten der neuen islamischen Ordnung im Iran nach 1979 zu betrachten.

Erziehung, Propaganda und die Bildung politischer Zellen mit ergebenen Aktivisten kennzeichneten den langwierigen Prozeß zu einer revolutionären Ideologie, in der zwar die charismatische Figur Khomeinis zunehmend eine zentrale Rolle spielte, in der aber auch andere Faktoren maßgebend waren, nämlich neue Ansätze im Denken moderner schi'itischer Intellektueller in Richtung auf eine radikale islamische Revolutionsideologie. Revolution schien bis zu diesem Zeitpunkt das Vorrecht und ideologische Kernstück linksgerichteter und kommunistischer Parteien zu sein. Jetzt machte sich einer der jüngeren Vertreter der Schi'a moderne revolutionäre Vorstellungen für die Ausformulierung einer genuin islamischen Ideologie zu eigen. Der aus einer klerikalen Familie stammende und in Paris ausgebildete Soziologe Dr. 'Ali Shari'ati (1933–1977) paßte auf der einen Seite traditionelles schi'itisches Denken und Brauchtum der heutigen Welt an, indem er zeitgenössische, radikale westliche Ideen in den schi'itischen Islam übernahm, auf der anderen Seite griff er die militanten Züge der frühen Schi'a wieder auf und versah sie mit neuen Inhalten in einem rein iranischen Kontext. Symbole des Massenprotestes, der Selbstaufopferung fügte er direkt in den Kontext des Kampfes der iranischen Massen gegen den Imperialismus und die Herrschaft des Schahs ein. Auf diese Weise wurden populistische Vorstellungen über die Leiden der Heiligen Familie, Mohammads Familie, auf eine höhere ideologische Ebene gehoben und in eine gesamt-islamische Schau integriert. Derartige Interpretationen des Schi'ismus, bezogen auf einen iranischen Kontext, erfüllten auch die Erwartungen einer Großzahl anderer Regimegegner, sei es Verteidiger einheimischer kultureller Traditionen, sei es Vertreter des Lagers der Dritten Welt. In diesen Jahren erschienen im Iran zahlreiche Artikel und Bücher, häufig Übersetzungen kritischer Werke, die sich mit revolutionären Bewegungen und anderen Umbruchserscheinungen in der Welt beschäftigten. In diesen Kommentaren manifestierte sich oftmals das ambivalente Verhältnis eines erheblichen Teils der iranischen Intellektuellen zu dem Einbruch der Moderne in die iranische Zivilisation. Man begrüßte zwar die technischen und sozialen Neuerungen aus der europäischen Welt, sah aber gleichzeitig Gefahren für die eigene Identität auf sich zukommen.

Dennoch wäre es verkehrt, eine vollständige Abwendung der zu einem großen Teil säkularisierten Mittelschicht von dem Regime des Schahs für die 60er und frühen 70er Jahre anzunehmen. Denn unter den Pahlavis dominierten in der urbanen Gesellschaft zwangsläufig aus dem Westen übernommene säkulare Vorstellungen, die auch in dem erfolgreichen Modernisierungsprozeß Niederschlag gefunden hatten. Das öffentliche Leben war davon stark beeinflußt. In einer solchen Umgebung konnten die Aktivisten bestenfalls ein islamisches Zeitalter in ferner Zukunft erhoffen, oder zumindest einen entscheidenden Schritt in dieser Richtung gehen, aber in Sicht war das erwartete Ziel noch nicht. Solange das Regime keine Schwäche zeigte, sah das Gros der Linken and Nationalisten aufgrund der bitteren Erfahrungen in Vergangenheit und Gegenwart keine Möglichkeit, sich zu engagieren. Auf der anderen Seite fühlte sich die neue Bourgeoisie dem System verbunden, das ihr große Entwicklungsmöglichkeiten bot. Jedoch galt es auch zunehmend unter einem Teil der Intellektuellen als selbstverständlich, sich mit den attraktiven Aufbruchssymbolen der modernen schi'itischen Ideologie zu identifizieren. Sie waren kulturell akzeptabel und boten besonders der jüngeren Generation Hoffnung auf Veränderung.

Doch vorerst garantierte der Ölboom dem Regime Stabilität. Mit dem Abkommen von Teheran im Jahre 1971, in dem der Ölpreis um 33% angehoben wurde, veränderte sich grundlegend das Entwicklungstempo des Landes. Zwei Jahre später verstärkte sich als Folge des Arabisch-Israelischen Krieges dieser Schub. Zu diesem Zeitpunkt hatte der Iran die vollständige Kontrolle über seine Ölindustrie gewonnen und konnte daher Produktion and Preis maximal einsetzen, um seine ökonomische, aber auch politische Position zu konsolidieren. Als sich um 1974 der Ölpreis fast vervierfacht hatte, eröffneten sich unerwartete Möglichkeiten für die strukturelle und ökonomische Transformation des Landes. Zwischen 1963 und 1976 verachtzigfachten sich die Einnahmen aus der Ölindustrie von $ 555 Millionen auf $ 38 Milliarden.

Die Wunschvorstellung, Irans Stellung in der Außenwelt durch grandiose Entwicklungen zu untermauern, schien mit Hilfe des neuen Ölreichtums nicht nur möglich, sondern sogar schon Realität geworden zu sein. Die Regierung unter Ministerpräsident Hoveida schuf mit kostenlosen Erziehungsprogrammen, der umfangreichen Industrialisierung, dem Ausbau des Straßen- und Eisenbahnnetzes den Eindruck, daß Iran auf dem direkten Wege war, in den Kreis der entwickelten Länder aufzusteigen. Der Schah, vielleicht schon unter dem Eindruck seiner unheilbaren Erkrankung, vielleicht auch von den eindrucksvollen Erfolgen seiner Entwicklungspolitik geblendet, schlug verschiedentlich Warnungen über die Folgen eines unkontrollierten Wachstums in den Wind. Nicht nur wurde das Öleinkommen vollständig aufgebraucht, sondern in Erwartung eines sich über Jahrzehnte erstreckenden Booms, weitere Milliarden geliehen. Die milliardenschweren Planungen konzentrierten sich nicht nur auf die Industrialisierung; mit der gleichen Intensität wurde der Ausbau des Staatsapparates betrieben, sowohl was den zivilen als auch den militärischen Sektor betraf. Für den Investmentboom war aber im Iran einfach nicht genügend Kapazitität vorhanden. Die chaotische Nachfrage nach Konsumgütern übertraf bei weitem das Volumen der inländischen Produktion. Einheimische landwirtschaftliche Produkte waren zunehmend nicht mehr in der Lage, mit billigen Importen zu konkurrieren. Korruption und Verschwendung wurden die Handelsmarken des iranischen Staates. Die Petro-Dollars enthoben den Schah jeder Verantwortung gegenüber anderen Gruppen im Lande. Politisch gesehen war es eine Katastrophe, daß der Reichtum es ermöglichte, Teile der noch aktiven Opposition mit attraktiven finanziellen Angeboten zu neutralisieren.

Wie zu erwarten, vollzogen sich mit dem rapiden Anstieg der Einnahmen aus der Ölindustrie auch drastische Veränderungen in der Einkommensstruktur. Obwohl die städtischen Mittelschichten und ein erheblicher Teil der Zuwanderer deutlich von der rapiden Expansion der Wirtschaft und dem gestiegenen Bruttosozialprodukt profitierten, klafften gleichzeitig riesige Unterschiede im Lebensstandard der wohlhabenden und der sich rasch vermehrenden Unterschicht, die in überfüllten, primitiven Wohnquartieren, zunehmend Slums, ohne die Unterstützung des Staates oder soziale Absicherung ihr Leben fristete. Unter diesen Umständen klammerten sie sich an ihren gewohnten, traditionellen Lebensstil. Der Glaube an eine schi'itische heile Welt war für diese Entwurzelten in einer sich ständig verändernden Umwelt oft der einzige Halt.

Je mehr sich die politische Elite im Lebensstil an den USA und Westeuropa orientierte, desto mehr kapselte sie sich von der Mehrheit der Bevölkerung ab. Derartig disproportionale soziale und ökonomische Entwicklungen sind keine singuläre Erscheinung oder nur auf den Iran beschränkt. Aber neben evidenten wirtschaftlichen Schwierigkeiten war es vor allem der Einbruch der modernen Welt in den iranischen Alltag, der die Distanz zwischen den Schichten vertiefte. Es ist in den Theorien über die Ursachen von Revolutionen durchaus umstritten, ob wirtschaftliches Mißmanagement und Verarmung eines Großteils der Bevölkerung zwangsläufig zu einem radikalen sozial-politischen Wandel führen müssen. Im Falle Irans steht es jedoch außer Zweifel, daß ökonomische Bedingungen eine nicht unwesentliche Rolle bei der Auslösung des revolutionären Sturmwindes gespielt haben. Die Enttäuschung unter den engagierten Teilen der Mittel- und Unterschichten über nicht erfüllte Erwartungen, über ihren Ausschluß von politischen Entscheidungen war ebenfalls ein wichtiger Faktor, der zur Radikalisierung des politischen Klimas und letztlich zu ihrer Mobilisierung gegen den Schah führten. Als die wirtschaftliche Krise kam, fühlten sie sich vom Schah und seiner Regierung in Stich gelassen. Ihre Hoffnungen richteten sich verständlicherweise auf das Versprechen Imam Khomeinis, für eine demokratische und weniger korrupte Ordnung im Land zu sorgen.

Keinem ausländischen Beobachter der iranischen Szene war der Ölreichtum verborgen geblieben. In zunehmendem Maße reisten Investoren und Industrielle aus der westlichen Welt, insbesonders aus den USA, nach Iran. Dieser speziellen Beziehung zwischen der stärksten westlichen Macht und dem Iran entsprach auf der anderen Seite das Streben des Schahs nach einer führenden Rolle in der Region und auf der Weltbühne. Nach den erfolgreichen Verhandlungen der OPEC in Teheran im Jahre 1971 hatte Mohammad Reza Schah auf der 2500-Jahrfeier in Persepolis im Oktober des gleichen Jahres Irans Anspruch auf die dominierende Rolle im Persischen Golf erhoben. Mit dem Rückzug Großbritanniens aus der Golfregion bot sich die Chance, den iranischen Traum zu erfüllen. Präsident Richard Nixon nutzte die Gelegenheit, um den Iran fester an die USA zu binden. Diesem Zweck diente nicht zuletzt die Aufrüstung des iranischen Militärapparates, ungeachtet gewisser Bedenken amerikanischer Militärs, dem Schah völlig freie Hand beim Erwerb des modernsten militärischen Arsenals zu geben. Letztlich setzten sich aber in dieser Frage die pro-pahlavidischen Kreise in Washington durch. Irans Aufrüstung erfolgte nun im großen Stil. Dieser Aufschwung heizte in beiden Ländern das Klima für Korruption und Nepotismus weiter an. Darüber hinaus schien die Anwesenheit von über 60000 Amerikanern, Militärpersonal und Beratern, den von Khomeini seit 1964 gegeißelten «Ausverkauf der Souveränität» des Landes zu bestätigen. Der moralische Niedergang in der Oberschicht bewies den verwerflichen Einfluß des hedonistischen westlichen Lebensstils. Während in den 60er Jahren der Schah mit einer Mischung von Reform und Unterdrückung die Position der Monarchie stärken und sich damit auch Achtung in der westlich-orientierten Mittelschicht und unter den Entrepreneurs verschaffen konnte, stieß die Konzentration aller Verfügungsgewalt in seinen Händen jetzt auf zunehmende Opposition. Nur durfte diese sich nicht öffentlich äußern. Entscheidungen selbst über banale und untergeordnete Probleme waren ohne seine Zustimmung nicht mehr möglich. Seine wesentliche Stütze war, wie unter seinem Vater, das Militär, in dem er sich die Ernennung der Offiziere vom Major aufwärts höchstpersönlich vorbehielt. Obwohl öfters behauptet worden ist, daß die Armee für den Schutz der Monarchie bestimmt gewesen sei, waren deren Ausrüstung und Training im wesentlichen nur zur Verteidigung gegen äußere Feinde geeignet. Als 1978 die ersten ernsthaften Unruhen ausbrachen, zeigte sich bald, daß die Armee darauf ungenügend vorbereitet war. Es war vielmehr das weitausgreifende Überwachungssystem, daß dem Schah die Kontrolle über die Opposition und weite Kreise der Bevölkerung zu garantieren schien. Bis in die letzten Tagen der Pahlavi-Herrschaft hatte es der Sicherheitsdienst SAVAK verstanden, sich mit der Aura seiner Allgegenwärtigkeit zu umgeben. Hinzu kam, daß man immer häufiger zu subtileren Methoden der Repression Zuflucht nahm, sei es durch lukrative Angebote oder psychischen Terror. Falls diese aber erfolglos blieben, setzte man rücksichtslos physischen Terror ein. So aufgeklärt und politisch erfahren sich der Schah auch gab, es wurde immer offensichtlicher, daß er in einem Netz des Selbstbetrugs gefangen war. Als Folge davon begann er, sich und sein System als unfehlbar zu betrachten. Dieses nach außen hin überzogene Selbstbewußtsein äußerte sich oft in einer schulmeisterlichen Attitüde, die auch vor westlichen Politikern nicht halt machte. Selbst seine engsten Freunde in den USA blieben nicht von seinem Tadel verschont. Wirtschaftliche und strategische Interessen hinderten aber die Vertreter aller Großmächte, ihm gegenüber eine kritischere Haltung einzunehmen. Als er 1976 behauptete, daß nirgendwo in der Welt derartig enge Beziehungen zwischen dem Herrscher und seinem Volke existierten wie im Iran, war er offensichtlich das Opfer seiner eigenen Propaganda geworden.

Diese «heile Welt» begann brüchig zu werden, als 1975 der ungeheure Boom ein plötzliches Ende fand. Stagnierendes Öl-Einkommen und unkontrollierte Expansion endeten in einer schwerwiegenden wirtschaftlichen Depression. Die Grenzen der überzogenen wirtschaftlichen Entwicklung wurden deutlich. Es zeigte sich, daß weder die Infrastruktur des Landes noch die schwerfällige Verwaltung den an sie gesetzten Anforderungen gerecht werden konnten. Darüber hinaus hatte der Mangel an geschulten Fachkräften zur Beschäftigung eines riesigen Heeres an ausländischen Spezialisten und Arbeitern geführt, was von vielen Iranern als ein erniedrigendes Symbol empfunden wurde. Unter der galoppierenden Inflation litten besonders die Staatsangestellten und einheimischen Facharbeiter. Boden- und Hausspekulation vertieften die Einkommensunterschiede, eine Situation, die durch die zügellose Korruption noch weiter verstärkt wurden. Um die Preise zu senken, startete die Regierung eine Kampagne gegen Korruption und zur Preisstabilisierung, die viele kleine Krämer ins Gefängnis brachte oder sie zumindest zu hohen Geldbußen verurteilte. Es konnte nicht ausbleiben, daß das seit längerem schon gespannteVerhältnis zwischen dem Basar und dem Regime durch solche Maßnahmen weiter belastet wurde. Der so angestaute Ärger und die Enttäuschung über die nicht erfüllten Erwartungen schufen unter den staatstragenden Schichten eine explosive Stimmung, insbesondere als die Regierung zwischen Liberalisierung und schärferer Kontrolle der Wirtschaft hin und her schwankte. Die wirtschaftliche Depression fiel mit einer anderen, einer politischen Krise zusammen. Kritik an der Behandlung politischer Gefangener und an dem iranischen Gefängniswesen, vor allem an dem brutalen Verhalten des SAVAK gegen die Regimegegner, hatte seit längerem in liberalen Kreisen des Auslandes ein breites Echo gefunden Der Schah, unter dem Druck der internationalen Juristen-Kommission, Amnesty International und des Internationalen Roten Kreuzes, wahrscheinlich auch aus einem Gefühl der Unsicherheit über die Entwicklung im Iran heraus, begann schließlich 1977 mit der Liberalisierung. Er versprach freie Wahlen und Lockerung der Pressezensur, gefolgt von einer allgemeinen Amnestie politischer Gefangener. Man kann nicht mit Bestimmtheit sagen, ob er seine Politik unter Druck des amerikanischen Präsidenten Jimmy Carter änderte, oder ob subjektive Faktoren, wie der Einfluß jüngerer, mehr liberal orientierter Berater auf seine Entscheidungen, oder nicht zuletzt die Sorge über die langfristige Zukunft seiner Dynastie ihn zu dieser politischen Öffnung veranlaßt haben. Die Entlassung seines langjährigen Ministerpräsidenten 'Abbas Hoveida und dessen Ersetzung durch den als Technokraten und Freund der Vereinigten Staaten bekannten Jamshid Amuzegar schienen ebenfalls einen gewissen Richtungswechsel anzukündigen. Auf der anderen Seite waren seine engen Beziehungen zu der amerikanischen Regierung Jimmy Carters für die Opposition auch weiterhin ein deutlicher Hinweis, daß sich prinzipiell an der politischen Einstellung des Schahs nichts geändert hatte. Die umfangreichen Einkäufe modernsten Kriegsmaterials schienen angesichts der finanziellen und politischen Krisensituation den Verdacht nur zu bestätigen, daß eine echte Kursänderung nicht beabsichtigt war. Als es zu zahlreichen Demonstrationen in Europa und Washington gegen den Schah und die Schutzmacht USA kam, wurden diese von ihm und seinen Anhängern voreilig als das Ergebnis einer internationalen Verschwörung verblendeter liberaler und indoktrinierter linker Kreise veurteilt. Seit März 1977 hatten Schriftsteller, Juristen, aber auch Anhänger Khomeinis, in offenen Briefen und kleineren Demonstrationen die Unterdrückung und Korruption angeprangert sowie die Wiederherstellung der konstitutionellen Ordnung gefordert. Zahlreiche politische Assoziationen und Organisationen zur Verteidigung der Menschenrechte wurden wieder ins Leben gerufen. Als die Regierung, insbesondere der SAVAK, nicht mit der gewohnten Härte reagierte, entstand in der Öffentlichkeit der Eindruck, daß das Regime zu mehr Reform gezwungen werden konnte. Ayatollah Khomeini und mit ihm auch andere Oppositionsführer erkannten die politische Wirksamkeit der Protestbewegungen. Der «Pahlavi-Panzer» zeigte kleine Risse, die man weiter auszunutzen verstand. Khomeini ausgenommen, standen zu diesem Zeitpunkt innerhalb der Opposition Vorstellungen über grundlegende Veränderungen des Systems noch nicht im Vordergrund. Abgesehen von dem radikalen klerikalen Lager war die Opposition auch darauf schlecht vorbereitet. Es mangelte an einer einheitlichen Führung. Dieser Mangel sollte sich aber als Vorteil erweisen. Die Sicherheitsorgane fanden kein richtiges Rezept, um die dezentralisierte Opposition auszuschalten.

Eine neue Phase der direkten Opposition begann Anfang 1978, als die radikalen gewaltsamen Demonstrationen und Aktionen auf verschiedene iranische Städte übergriffen. Nicht nur Symbole der Pahlavi-Herrschaft wurden angegriffen und zerstört, sondern auch Kinos und Bars, die in den Augen der Demonstranten den korrumpierenden westlichen Einfluß repräsentierten. Die meisten Beobachter waren von der Intensität der Aktionen überrascht. Der Schah, nach dem erfolgreichen Staatsbesuch in den USA seiner selbst wieder sicherer, war politisch in die Offensive gegangen. Im Vertrauen auf die Unterstützung der Carter-Regierung klagte er unentwegt die Opposition als linke Konspiration gegen seine modernen forschrittlichen Ideen an, gleichzeitig erkannte er wohl auch die Gefahr, die ihm von der als «schwarze religiöse Reaktion» bezeichneten Geistlichkeit drohte. Die Veröffentlichung eines Artikels am 7. Januar 1978 in zwei Teheraner Zeitungen, in dem Ayatollah Khomeini als Verräter nicht-iranischer Herkunft beschimpft wurde, löste eine Welle scharfen Protestes aus. Die darauffolgenden blutigen Demonstrationen in Qom schufen nicht nur eine einheitliche Front mit den anderen prominenten Ayatollahs, sondern brachten weite Teile der säkularen und religiösen Opposition zusammen. Die gewaltsamen Konfrontationen mit den Sicherheitsorganen griffen auf sieben andere Städte über, wo die Basare aus Sympathie geschlossen wurden. Während der Unruhen schoben sich islamische Aktivisten weiter in den Vordergrund. Es konnte nicht ausbleiben, daß die Ayatollahs Khomeini und Shari'atmadari zunehmend die Führung der Opposition an sich zogen. Leitmotiv war und blieb dabei, die breitestmögliche Anti-Schah-Front zu bilden, obwohl sie sich in ihren Zielsetzungen grundlegend unterschieden. Schon allein aus diesem Grund dominierten Erklärungen über nationale Unabhängigkeit, Freiheit und Demokratie das politische Geschehen. Die Moscheen, religiösen Vereinigungen und Gilden im Basar waren außerordentlich erfolgreich darin, die Gläubigen zu mobilisieren und zunehmend Verbindung mit säkularen Oppositionsgruppen herzustellen. Keine andere politische Organisation im Iran hatte ein derartig fest verankertes Kommunikationssystem wie die religiösen Aktivisten. Obwohl anfangs recht lokalisiert und keinesfalls einheitlich geführt, brachten Khomeini und seine Anhänger zunehmend die verschiedenen Gruppen zusammen. Ständig ermahnte er die anderen geistlichen Führer und die Bevölkerung, den Kampf gegen die «verwundete Schlange» nicht aufzugeben und die Trauertage wie «das Schwert in den Händen der Kämpfer des Islam» in ihrem Kampf gegen das Regime des Schahs zu benutzen. Jahrelang hatten die Sicherheitsorgane ihre Aufmerksamkeit hauptsächlich auf die Kommunisten und Liberalen gerichtet. Erst in den letzten zwei bis drei Jahren hatte die Regierung protestierende Geistliche und unbequeme Prediger in die Provinzen verbannt, wo sie häufig religiös-politische Zirkel und kulturelle Hilfswerke aufbauten. Es wurde immer deutlicher, daß die Initiative auf ihrer Seite lag. Eine wesentliche Rolle zur Mobilisierung der Massen spielten schi'itische Symbole und Rituale, wie die Gedächtnisfeiern 40 Tage nach dem Ableben der Toten. Diese Zeremonien verwandelten sich jetzt in den Moscheen und auf den Straßen zu dauernden öffentlichen Akten des Widerstandes und Protestes. Prediger benutzten wirkungsvoll die tragischen Ereignisse aus der früh-schi'itischen Geschichte, um die Bevölkerung aufzurütteln. Der Vergleich zwischen dem Unrechtssystem des Kalifen Yazid und dem des Schahs sowie der Kampf Imam Hoseins für Gerechtigkeit beeindruckten in ihrer Parallelität die gläubigen Massen.

Die verunsicherte Regierung sah sich einem Dilemma gegenüber: Rücksichtslose Unterdrückung der Demonstrationen konnte zu einem vollen Bürgerkrieg führen, Nachgiebigkeit das Regime weiter schwächen. Dem Schah wurde von seinen Freunden im Ausland und Inland angeraten, eine Ausweitung des Konflikts unter allen Umständen zu vermeiden. Da die Ziele der Nationalen Front und der Freiheitsbewegung unter Mehdi Bazargan auch weiterhin gemäßigt blieben, schien ein Kompromiß möglich. Man wollte den Schah auf die Einhaltung der

Konstitution von 1906/7 festlegen. Khomeini steuerte dagegen klar auf den Sturz der Pahlavi-Monarchie und die Errichtung einer Islamischen Republik hin. Er war daher zu Recht besorgt, daß die Opposition, besonders die weniger radikalen Gruppen, sich mit Zugeständnissen des Schahs zufriedengeben würden. Bis zum August 1978 zeigten die Auseinandersetzungen keine klaren Ergebnisse. Auf der einen Seite versuchte der Schah durch weitere Versprechen, z. B. allgemeine Wahlen im Juni 1979 abzuhalten, die Entlassung hoher SAVAK Offiziere und die Zurücknahme der Verordnungen gegen Preistreiberei, der Opposition den Wind aus den Segeln zu nehmen. Andererseits unternahm er Anstrengungen, die wachsende revolutionäre Bewegung mit Gewalt zu unterdrücken. Eine größere Anzahl der Oppositionsführer wurden verhaftet, aber nach kurzer Zeit wieder freigelassen. Der Schah war unentschlossen, welchen Weg er einschlagen sollte, um die bis in die Grundfesten angeschlagene Monarchie zu retten. Die Unterstützung, die er sich in dieser prekären Situation von der amerikanischen Führung erhoffte, traf nicht ein. Es war offensichtlich, daß die Armee das dem Schah einzig verbleibende Instrument war, um die Initiative zurückzugewinnen. Sie war jedoch wie eine schimmernde Wehr auf tönernen Füßen. Wehrpflichtige sind ja allgemein ein ungeeignetes Instrument, um zivile Unruhen unter Kontrolle zu bringen. Andererseits waren größere Teile, insbesondere das Offizierkorps, dem Schah auch weiterhin treu ergeben und konnten deshalb von entschlossenen Generälen für politische Ziele eingesetzt werden. Es war auch nicht klar, wie die heterogene Opposition eine bürgerkriegsähnliche Situation überstehen würde. Die Möglichkeit eines Militärputsches begann sich am Horizont abzuzeichnen. Um die kritische Situation ohne größeres Blutvergießen zu retten, ernannte der Schah, wohl auch unter dem Einfluß der Kaiserin Farah, Ende August 1978 den Senatspräsidenten Ja'far Sharif Emami zum Ministerpräsidenten. Aber weder versprach die politische Vergangenheit Emamis genügend Glaubwürdigkeit, noch schien der Schah bereit zu sein, sich mit der Nationalen Front und den gemäßigten Ayatollahs zu arrangieren, was letztlich bedeutet hätte, die Monarchie der Aufsicht des Parlaments zu unterwerfen, wie es in der Verfassung vorgesehen war. Das Dilemma des Schahs kristallisierte sich immer mehr an der Kardinalfrage, entweder die Kontrolle über die Armee dem Parlament zu überantworten, oder diese kurz vor zwölf zur Verteidigung seiner Position einzusetzen. Für keine dieser Lösungen konnte er sich entscheiden.

Nach kurzer Zeit wurde es offensichtlich, daß Emamis Versuch, das System weiter zu liberalisieren, gescheitert war. Die Opposition fühlte, daß sie ihre Forderungen weiter hochschrauben konnte. Von den Massendemonstrationen entnervt, verkündete die Regierung unter Druck des Militärs den Ausnahmezustand. Als die Polizei am 8. September 1978, dem Schwarzen Freitag, eine unbewaffnete Demonstration unter großen Opfern unterdrückte, – ähnliche Ereignisse in Rußland vor 1914 kommen in Erinnerung – war der Ansatz zu einem Aussöhnungsversuch des Ministerpräsidenten mit den Konstitutionalisten endgültig gescheitert. Die nächsten vier Monate brachten eine weitere Radikalisierung. Der Versuch des Ministerpräsidenten Emami, die Aktivitäten Khomeinis in Najaf mit Hilfe des irakischen Präsidenten Saddam Husain einzuschränken, schlugen zwar fehl, aber der Imam wurde gezwungen, Irak zu verlassen. Am 6. Oktober erlaubte ihm schließlich die französische Regierung mit Zustimmung des Schahs, sich in Neauphle-le-Château, einem Vorort von Paris, niederzulassen. Das französische Exil gab Khomeini und seinen Anhängern die willkommene Gelegenheit, den Schah von der internationalen Bühne aus anzugreifen. Europäische Fernseh- und Radiostationen strahlten die Aufrufe und Instruktionen des Imam direkt nach Iran. Die Opposition gegen den Schah erreichte im Oktober und November 1978 ihr entscheidendes Stadium, als die Arbeiter und öffentlichen Angestellten die Arbeit niederlegten. Wie erwartet erwiesen sich die Streiks in der Ölindustrie und der Elektrizitätsversorgung als besonders schädigend für das Ansehen der Regierung. Öl war zum Symbol des Regimes geworden; es war der Hauptnerv der iranischen Wirtschaft. Angesichts des drohenden kalten Winters schlitterte das Land in eine existentielle Krise. Ebenso wichtig war der Ausfall der Elektrizität in den Großstädten. Viele der Staatsangestellten und Arbeiter waren jetzt bereit, sich den Hundertausenden von Demonstranten anzuschließen. In dieser Ausnahmesituation erwiesen sich die religiösen Selbsthilfeorganisationen, unterstützt vom Basar, als eine effektive Waffe in den Händen der Opposition. Der weitgehend paralysierte Staatsapparat hatte dem nichts entgegenzusetzen.

Der Schah versuchte mit verschiedenen Vertretern der Opposition zu verhandeln, aber der Führer der Nationalen Front, Karim Sanjabi, hatte bereits Anfang November Khomeini in Paris aufgesucht, und in einer gemeinsamen Deklaration war die Monarchie im Iran für ungesetzlich erklärt worden. Die zukünftige politische Ordnung sollte auf islamischen und demokratischen Prinzipien beruhen und in einem Volksentscheid legitimiert werden. Zu diesem Zeitpunkt mußten sich die Führer der Nationalen Front als der größten säkularen Oppositionsgruppe klar geworden sein, daß sie die Kontrolle über die Mehrheit der Demonstranten verloren hatte. Die charismatische Persönlichkeit des Imams hatte entschieden jeden Führungsanspruch konkurrierender Politiker zurückgewiesen. Er selbst war nicht bereit, in irgendeiner Form mit der Idee eines Kompromisses zu spielen. Für die Masse der Bevölkerung war er zum

Rächer für all die Leiden und Demütigungen, die sie von den korrupten Vertretern des Regimes erlitten hatten, aufgestiegen. Die asketische, würdevolle Erscheinung sowie die kompromißlosen Forderungen des alten Groß-Ayatollahs schienen ihnen genug Unterpfand, daß ihre, die gerechte Sache, in sicheren Händen war. Die Unerbittlichkeit seiner politischen Intentionen, nämlich den *ulama* die ausschließliche politische Kontrolle über Staat und Gesellschaft zu sichern, war den anderen Oppositionsführern natürlich nicht verborgen geblieben, aber angesichts seiner ungeheuren Popularität schien es keinen anderen Weg zu geben, die Pahlavis zur Aufgabe zu zwingen.

Seit seiner Ankunft in Paris hatte Khomeini mehr als einmal über die Notwendigkeit gesprochen, die Monarchie im Iran abzuschaffen und an ihrer Stelle ein islamisches Regime, eine islamische Republik, zu errichten. Er war nicht bereit, seine revolutionäre Forderung aufzugeben, wonach jede zukünftige Konstitution auf dem islamischen Gesetz, der Schari'a, beruhen müsse. Selbst wenn seine öffentlichen Deklarationen und Verlautbarungen diesen Aspekt nicht besonders hervorhoben und stattdessen die Sicherung der Unabhängigkeit Irans gegenüber ausländischen Machinationen und eher die Herstellung einer demokratische Ordnung betonten, so hatte er das Endziel deutlich formuliert: nämlich eine islamische Staatsordnung. Fehler, die die *ulama* in der konstitutionellen Revolution begangen hatten, sollten sich nicht wiederholen. Dennoch gaben sich die Nationale Front und die sozialistische Linke dem Glauben hin, daß nach dem Abdanken des Schahs Khomeini und die radikalen Islamisten beiseite geschoben werden könnten.

Der Imam hatte bereits Anfang November 1978 mit Hilfe seiner engsten Mitarbeiter und Mehdi Bazargans einen islamischen Revolutionsrat gebildet, der die Streikaktionen und Demonstrationen koordinieren und später die Macht im Iran ausüben sollte. Nicht vertreten waren in diesem Rat die Nationale Front und Vertreter anderer konstitutionalistischer Kräfte.

Die folgenden zweieinhalb Monate bis zur Abreise des Schahs am 16. Januar 1979 in das Exil ließen einen vollständigen Kollaps der staatlichen Ordnung erkennen. Weder die Verhaftung seines Hofministers 'Abbas Hoveida noch die Einsetzung einer Militärregierung unter der Leitung des Generalstabschefs General Gholam Reza Azhari, als einen letzten Hurra-Akt, konnte die Situation stabilisieren. Bereits einen Tag später, nach dessen Ernennung, gestand der Schah in einer öffentlichen Fernsehansprache die Fehler der Vergangenheit ein. Seine Rechtfertigung der Revolution des iranischen Volkes war jedoch nichts anderes als ein Akt der Verzweiflung. Nichts konnte mehr die Pahlavi-Monarchie retten. Im Dezember erreichten die Anti-Schah-Demonstrationen mit all ihren emotionalisierenden Elementen während des heiligen Monats Moharram ihren Höhepunkt. Das Militär und die Sicherheitsorgane, die anfangs noch mit der blutigen Unterdrückung der Umzüge von Millionen demonstrierenden Iranern gedroht hatten, sahen sich einer unlösbaren Aufgabe gegenüber. Die amerikanische Regierung konnte sich in dieser für sie schwierigen Situation zu keiner eindeutigen Stellungnahme entschließen. Präsident Jimmy Carter hatte den Schah mit seinem Rat noch mehr verunsichert: Man wünsche sich zwar eine Zivilregierung, aber wenn die Einheit der Armee in Frage gestellt sei, solle der Schah eine entschlossene Militärregierung einsetzen. Die iranische Armee war zu diesem Zeitpunkt jedoch bereits weitgehend neutralisiert. Khomeini war sich offenbar auch bewußt gewesen, daß ein militärischer Putsch schahtreuer Generäle nicht ausgeschlossen werden konnte. Deshalb hatte er sich mit teilweise erfolgreichen Appellen an die Armee gewandt, in den Kasernen zu bleiben.

Während der Schah seine Abreise vorbereitete und am 13. Januar 1979 einen Regentenrat einsetzte, hatte Khomeini seinen Revolutionsrat unter Bazargans Leitung angewiesen, zunehmend staatliche Funktionen zu übernehmen. Am 16. Januar verließen der Schah und seine Familie das Land. 15 Tage später, am 1. Februar, kehrte der Imam im Triumph nach Teheran zurück. Mit der Ernennung Mehdi Bazargans als Ministerpräsident einer provisorischen Regierung am 5. Februar wurde die Position des letzten Ministerpräsidenten, Bakhtiyar, unhaltbar. Auch die 30 000 Mann starke Garde des Schahs, die sogenannten Unsterblichen, bildete für Khomeini und seine Anhänger kein entscheidendes Hindernis mehr. Als Achillesferse des Militärs erwies sich das technische Personal der Luftstreitkräfte. Zusammen mit bewaffneten revolutionären Gruppen, unter ihnen die Guerillaeinheiten, wurde die Garde besiegt, und mit ihr zerbrach am 11. Februar die Monarchie im Iran.

Eine Regenbogenkoalition aus radikaler und moderater Geistlichkeit, dem Basar und dem nationalistischen Lager, unterstützt von Kommunisten sowie den verschiedenen Guerillaorganisationen, hatte in einem von keinem Politiker im Westen wie Osten vorhergesehenen Szenario das Regime des Schahs vernichtend geschlagen. Ganz offensichtlich hatten der Haß gegen den Schah und das Charisma Khomeinis diese Koalition zusammengehalten. Aber wichtig für den Erfolg war die Tatsache, daß die Opposition innerhalb von zwölf Monaten lawinenartig zu einer breiten Volksbewegung angewachsen war. Es waren nicht die politischen Manöver der Aktivisten, sondern Hunderttausende und am Ende Millionen von Menschen aus allen Schichten, die durch ihre ständige Präsenz in der Öffentlichkeit das Regime verunsichert und schließlich zur Aufgabe gezwungen hatten.

Mit dem Fall des Schahs begannen zwangsläufig die Auseinandersetzungen um Inhalt und Charakter einer neuen Ordnung. Bazargan und seine provisorische Regierung waren am 3. Februar 1979 von Khomeini und dem Revolutionsrat beauftragt worden, so schnell wie möglich zur Normalität zurückzukehren und die Voraussetzungen für die Errichtung einer islamischen Republik zu schaffen. Dies sollte in einem Referendum dem iranischen Volk zur Entscheidung vorgelegt werden. Der neue Ministerpräsident und seine Regierungsmitglieder gehörten im wesentlichen der berufsständischen Mittelschicht an, bestehend aus Ingenieuren, Ärzten und Rechtsanwälten. Angesichts der chaotischen Verhältnisse war Khomeini gut beraten gewesen, Bazargan zu beauftragen, mit Spezialisten einen gewissen Grad von Normalität des öffentlichen Lebens wieder herzustellen und die Regierung nicht in der Verwaltung unerfahrenen revolutionären Klerikern anzuvertrauen. Die Aufgabe war außergewöhnlich heikel. Lokale Revolutionskomitees, die nach den Revolutionstagen aus Nachbarschaftsgruppen entstanden waren, hatten die öffentliche Kontrolle anstelle der diskreditierten Sicherheitskräfte übernommen, sich um die Grundversorgung der Bevölkerung gekümmert und Repräsentanten des früheren Regimes verfolgt. Sie waren aber nicht willig, sich der neuen Regierung zu unterwerfen. Dazu kam, daß das Land mit jeder Art von Waffen überschwemmt war. In der nach-revolutionären Atmosphäre wurden darüber hinaus verschiedene Rechnungen beglichen. Willkürliche Verhaftungen und Konfiszierungen waren an der Tagesordnung. Es war schwierig, diese selbstherrlichen Ordnungs- und Moralhüter einer strikteren Kontrolle zu unterwerfen. Zwar war bereits Ende Februar einer der engsten Mitarbeiter Khomeinis, Ayatollah Mahdavi-Kani, mit dieser Aufgabe betraut worden, aber dieser reservierte auch weiterhin für seine eigenen Komittees in Teheran weitreichende Befugnisse. Versuche, diese gefürchtete Institutionen der Revolution durch eine nationale Polizei zu ersetzen, waren vergebens. Diese Komittees hatten sich bereits zu viel staatliche Autorität angeeignet, als daß sie ohne größere Zusammenstöße aufgelöst werden konnten. Außerdem stützten sie in den Provinzen die lokalen *ulama*. Khomeini ließ sich darüber hinaus dort durch persönliche Repräsentanten vertreten. Noch schwieriger erwies es sich, Einfluß auf das Gerichtswesen zu nehmen. Die revolutionären Gerichtshöfe standen außerhalb der Autorität der Regierung, und daran sollte sich vorerst wenig ändern. Khomeini machte kein Hehl daraus, daß diese Tribunale den Forderungen nach Gerechtigkeit im Volke entsprachen, das anderenfalls zur Lynchjustiz gegriffen hätte. Ein weiteres unabhängiges Machtzentrum entstand mit der Aufstellung der revolutionären Garde *(Pasdaran-e Enqelab)*. Diese Truppe entsprach den Erwartungen der radikalen *ulama*, eine vom Revolutionsrat kontrollierte militärische

Formation als Gegengewicht zur Armee zu ihrer Verfügung zu haben. Außerdem witterte man nicht nur die Gefahr konterrevolutionärer Aktivitäten, sondern befürchtete, daß das linke Lager mit paramilitärischen Kräften die nachrevolutionäre Situation zu seinen Gunsten beeinflussen könnte. Derartige Zweigleisigkeiten und Aufteilungen der staatlichen Machtinstrumente behinderten zwangsläufig die Rückkehr zur Normalität. Häufig mußte Khomeini, gestützt auf seine unbestrittene Autorität, zwischen den konkurrierenden Interessen als Schiedsrichter fungieren. Das zukünftige Gesellschaftsmodell war auch im klerikalen Lager, selbst unter den ranghöchsten Ayatollahs, noch heftig umstritten. Daß es islamisch sein sollte, war wohl von der Mehrheit akzeptiert. Aber die Frage blieb noch länger offen, welche Form des Islam richtungsweisend sein sollte, ein sozial-reformatorischer oder ein statisch-traditioneller Islam.

In der Frage der Staatsordnung hatte Khomeini eindeutig den Weg zur Republik gewiesen. Das monarchische System war so in Mißkredit geraten, daß es nur wenige Befürworter hatte. Aber was für eine Art Republik wollte die Mehrheit der Bevölkerung? Auch hier hatte Anfang März der neue Führer deutlich gemacht, daß es nur die Wahl zwischen einer Monarchie oder einer islamischen Republik gab. Er hatte seine in Paris gegebene Zustimmung zu einer *demokratischen* und *islamischen* Republik bald wieder zurückgenommen. Es gab nur wenige oppositionelle Stimmen, als am 30. und 31. März die überwältigende Mehrheit der Bevölkerung, nämlich 98%, für Khomeinis islamische Republik stimmten. Zwar hatten Bazargans Freiheitsbewegung, die Nationale Front und die Islamische Republikanische Volkspartei und andere politische Gruppen Bedenken angemeldet, am Ende befürworteten sie jedoch den radikalen Wechsel. Offensichtlich waren selbst die säkularen Kräfte von der Notwendigkeit überzeugt, so schnell wie möglich das Provisorium zu beenden. Wie sollten sie auch Zweifel hegen, wenn die vielleicht anti-islamischste politische Gruppe im Iran, die sozialistische Tudeh-Partei, uneingeschränkt für die islamische Republik eintrat? Als die Konstitutionsfrage für den jungen Staat anstand, war dieser Konsensus noch offensichtlich. Der Kollaps des Pahlavi-Regimes war offenbar so rasch erfolgt, daß keine intensive Diskussion über die zukünftige politische Ordnung Irans stattfinden konnte. Khomeini hatte zwar in seiner wegweisenden Schrift *Der islamische Staat* über dessen koranisch-islamische Fundamente gesprochen, aber der institutionelle Rahmen war in diesem Entwurf nicht weiter diskutiert worden. Die Kardinalfrage war, wie man die historischen Gegebenheiten, unter anderem die eingewurzelte parlamentarische Tradition, mit der Forderung nach unumschränkter Herrschaft eines gewählten religiösen Oberhauptes, in Einklang bringen sollte. Offenbar hatten die Berater Khomeinis vor der Revolution die Möglichkeit einer radikaleren Lösung gar nicht ernsthaft in Betracht gezogen. Der von der neuen Regierung am 16. Juni vorgelegte Enwurf basierte im wesentlichen auf der Konstitution von 1906/7. Anstandslos nahm er die entscheidenden Hürden, den Revolutionsrat und Khomeini. Der Revolutionsführer schränkte nur geringfügig die Stellung der Frauen im öffentlichen Leben ein. Sie durften nicht das Amt des Staatspräsidenten oder eines Richters bekleiden. Im übrigen wollte er den Entwurf so schnell wie möglich dem iranischen Volk zur Abstimmung vorlegen, und nicht wie vorgesehen einer konstituierenden Versammlung. Während die Islamisch Republikanische Partei unter Beheschti diesen Kurs unterstützte, waren die anderen Parteien und Gruppen, der Ministerpräsident eingeschlossen, gegen ein solches Verfahren. Kein Ereignis hat die diffusen Vorstellungen des säkularen Lagers hinsichtlich einer künftigen staatlichen Ordnung so deutlich gemacht wie die Verfassungsdiskussion während der folgenden Monate. Wunschlisten wurden aufgestellt, nicht nur von politischen Organisationen, sondern auch von Berufsverbänden und ethnischen Gruppen. Khomeini und seine Anhänger hatten offensichtlich ursprünglich ein Minimum an politischer Einflußnahme für den radikalen islamischen Flügel vorgesehen, und gehofft, in Zukunft gestützt auf das Charisma des Imams, ihre politische Position ausbauen zu können. Mit der Wiedereröffnung der konstitutionellen Debatte bot sich ihnen aber die Gelegenheit, ein völlig neues Konzept, das der Statthalterschaft des Rechtsgelehrten *(vali-ye faqih)*, in die zukünftige Verfassung einzuführen. Damit wurde die Idee von der Volksouveränität verworfen und durch die göttliche ersetzt. In den Wahlen zur gesetzgebenden Versammlung gelang es den Anhängern Khomeinis die absolute Mehrheit zu erringen und den Islam zur Grundlage jeder verfassungsmäßigen sowie politischen Aktivität im Iran zu machen. In einer Volksabstimmung am 2. und 3. Dezember 1979 wurde mit 99% die neue Verfassung angenommen. Die islamische Republik war Wirklichkeit geworden.

Die 89er Revolution in der DDR

von Hartmut Zwahr

Chronik

26.–30. 4. 1989	3. Ökumenische Versammlung für «Frieden, Gerechtigkeit und Bewahrung der Schöpfung» in Dresden
4. 9. 1989	«Montagsgebet» in der Leipziger Nikolaikirche, im Anschluß doppelte «Montagsdemonstration» von «Ausreisern» und «Hierbleibern»
11. 9. 1989	Öffnung der ungarischen Grenze zu Österreich zur Ausreise von DDR-Bürgern in die Bundesrepublik
30. 9. 1989	Ausreise der Prager und Warschauer Botschaftsflüchtlinge
2. 10. 1989	«Demonstration der 25 000» auf dem Leipziger Ring; Beginn der friedlichen Revolution, zunächst für eine reformierte DDR
7. 10. 1989	40. Jahrestag der DDR, Staatsbesuch Gorbatschows, Beginn landesweiter Demonstrationen
9. 10. 1989	«Demonstration der 70 000» auf dem Leipziger Ring: Erster Höhepunkt der friedlichen Revolution
18./24. 10. 1989	Entmachtung Erich Honeckers als Erster Sekretär des Zentralkomitees der SED sowie als Vorsitzender des Staatsrats und des Nationalen Verteidigungsrats; Nachfolger wird Egon Krenz
4. 11. 1989	«Alexanderplatz-Demonstration der 500 000» in Ost-Berlin
9./10. 11. 1989	Öffnung der Berliner Mauer
13. 11. 1989	Erste Demonstrationsforderungen für die deutsche Wiedervereinigung
13. 11. 1989	Regierungswechsel von Willi Stoph zu Hans Modrow
28. 11. 1989	Zehn-Punkte-Programm der Regierung Kohl «Zur Überwindung der Teilung Deutschlands und Europas»
4.–5. 12. 1989	Landesweite Besetzung der Bezirks- und Kreisdienststellen des Ministeriums für Staatssicherheit; die Zentrale in Berlin wird erst am 15. 1. 1990 besetzt
7. 12. 1989	Erste Gespräche am «Runden Tisch» in Ost-Berlin

18. 3. 1990	Erste freie Wahlen zur DDR-Volkskammer, Regierungswechsel von Modrow zu Lothar de Maizière
1. 7. 1990	Inkrafttreten der Wirtschafts-, Währungs- und Sozialunion zwischen den beiden deutschen Staaten
31. 8. 1990	Einigungsvertrag zwischen der Bundesrepublik Deutschland und der DDR unterzeichnet
12. 9. 1990	«Vertrag über die abschließende Regelung in Bezug auf Deutschland» (Moskauer Zwei-plus-Vier-Vertrag) unterzeichnet
3. 10. 1990	Die DDR tritt dem Geltungsbereich des Grundgesetzes bei

«Wende» als Revolution

Was heute umgangssprachlich «Wende» genannt wird, war die friedliche Revolution, die zum Untergang der DDR führte. Aber nicht alle Zeitgenossen bewerten das so. Es gibt Auffassungen, die das Wiedervereinigungsgeschehen vom Revolutionsgeschehen trennen und davon ausgehen, die friedliche Revolution sei eine im Oktober 1989 «abgebrochene», eine unvollendete Revolution gewesen, weil die DDR mit dem Beitritt zur Bundesrepublik Deutschland einen eigenständigen (dritten) Weg nicht beschreiten konnte. Andere sehen bzw. sahen in dem, was sich ereignete, einen Zusammenbruch, die Implosion der DDR, dem Zusammenfallen eines Kartenhauses vergleichbar; sie haben Probleme mit dem, was Bürgerrechts- wie Bürgerbewegung als Selbstbefreiung begreifen, sie sind, betrachtet man das Argumentationsfeld genauer, stark an die Verliererseite gebunden. Die Akteure sahen es anders. «Wir befinden uns inmitten einer friedlichen Revolution», rief ein Redner im grenznahen vogtländischen Auerbach den Demonstranten am 8. Dezember '89 zu, um eines von zahlreichen Beispielen zu nennen, und er schloß mit den Worten: «Wir wollen und fordern alle auf, daß dieser Umgestaltungsprozeß weiterhin friedlich und gewaltlos zu Ende geführt wird und wir mit Stolz in einem geeinten Deutschland leben können.» «Wende» (in Anführungszeichen) sagen die noch unentschiedenen Forscher, Wende (ohne Anführungszeichen) alle, die eine Formel benötigen, um das Geschehen zwischen dem Davor und dem Danach kurz und problemlos zu benennen. «Wende» dient zugleich als Begriff für das Wiedervereinigungsgeschehen, für das damals Unsagbare oder fast Unsagbare, das so nicht oder nicht mehr Erwartete oder Gewollte: die Überwindung der deutschen Teilung, noch bevor Europa geeint war.

Strukturbruch durch Revolution

«Jede Revolution löst die alte Gesellschaft auf, insofern ist sie sozial. Jede Revolution stürzt die alte Gewalt, insofern ist sie politisch» (Karl Marx). Die friedliche, zu keiner Zeit gewaltlose Revolution in der DDR zerstörte zuerst das politische System; sie führte zur Entmachtung der staatstragenden Partei und des von ihr geschaffenen Sicherheitsapparates. Als die tragenden Säulen stürzten, löste sich die von der Sozialistischen Einheitspartei Deutschland durchherrschte Gesellschaft der DDR auf. An die Stelle der Parteidiktatur begann Schritt für Schritt eine rechtsstaatliche Demokratie zu treten und an die Stelle von Staatseigentum und Staatsplanwirtschaft die Marktwirtschaft. «Jede Revolution löst die alte Gesellschaft auf, insofern ist sie sozial.» Bei diesem Auflösungsvorgang überwog wohl noch bis zu den Märzwahlen des Jahres 1990, die über die Wiedervereinigung entschieden, und den Staatsverträgen, die das staatliche Ende der DDR besiegelten, selbstbestimmtes Handeln, um die Anpassung der DDR-Wirtschaft an einen neuen wirtschaftlichen Ordnungsrahmen zu bewältigen, während die Transformation danach vor allem bundesrepublikanisch gelenkt und durch Staatsverträge zwischen der Bundesrepublik und der DDR vollzogen worden ist: seit dem 1. Juli 1990 auf der Grundlage des Vertrages über die Wirtschafts-, Währungs- und Sozialunion, seit dem 31. August 1990 auf der Grundlage des Einigungsvertrages. Dennoch: Die «alte Gesellschaft» löste sich auf, seit das politische System zerfiel, besonders sichtbar im Rückzug der SED-Parteiorganisationen aus den Betrieben. Das war angesichts der massiven Proteste der Bürgerbewegung ebensowenig aufzuhalten wie die am 5. Dezember 1989 erzwungene Entwaffnung der als Reaktion auf den 17. Juni '53 geschaffenen Betriebskampfgruppen der Arbeiterklasse, von denen Teile in den Brennpunkten des Demonstrationsgeschehens der Staats- und Parteimacht den Bürgerkriegsdienst verweigert hatten.

Das Spezifische an einem Revolutionsgeschehen besteht wohl darin, daß es einen allumfassenden gesellschaftlichen Problemstau, den die Machteliten nicht mehr auflösen können, mittels Massenmobilisierung und Massenhandeln überwindet und auf diese Weise den Zugang zu tiefgehenden strukturellen Veränderungen öffnet.

Die DDR ist an einer Revolution zerbrochen. Es wird zu erörtern und zu erklären sein, wie sich dabei sowohl eine akute Destabilisierung des politischen Systems infolge Ausreiseverlangen, Ausreisen in die Bundesrepublik Deutschland, Botschaftsbesetzungen sowie Flucht Zehntausender von Bürgern und Bürgerinnen über Ungarn nach Österreich und von da in die Bundesrepublik als auch die lähmenden Wirkungen des

Demonstrationsgeschehens, der Ächtung wie der beginnenden Demontage der Macht sowie Elemente eines Systemzusammenbruchs mischten.

Wir sind das Volk!
Massenmobilisierung und Massenhandeln

Als Ungarn die Grenze zu Österreich am 11. September 1989 für ostdeutsche Flüchtlinge öffnete, geriet das politische System der DDR zwischen zwei Räder; sie begannen sich in entgegengesetzter Richtung zu drehen. Das eine setzte der Flüchtlingsstrom, der auch einen großen Teil der auf Bewilligung der Ausreise in die Bundesrepublik Wartenden mit sich riß, in immer schnellere Bewegung; das andere wurde durch die tiefe Betroffenheit der Zurückbleibenden angestoßen. In ihrer Arbeitsexistenz wie dem alltäglichen Lebenszusammenhang in Familie und Nachbarschaft erschüttert, reagierten sie verbittert, ja wütend auf die Sprachlosigkeit des Partei- und Staatskaders, der sich in der Hoffnung wiegte, auf diese Weise fließe das Protestpotential erneut ab. Honecker selbst erklärte in einem nicht gezeichneten Presseartikel, man solle den Weggegangenen «keine Träne» nachweinen. Das Fernsehen holte die Massenflucht in die Wohnungen: die Not-Auffanglager in Budapest, junge Leute, ja ganze Familien, die in Volksfeststimmung die ungarisch-österreichische Grenze überschritten, zurückgelassene Autos, den Wartburg, den Trabant, den Lada, die in einem zehn Jahre und länger dauernden Bestellverfahren errungenen Symbole eines kleinen Wohlstandes, jetzt preisgegeben, weggeworfen, ausgeschlachtet von ersatzteilsuchenden Ungarn; es zeigte Menschen, die Zäune überkletterten, um in die Prager bundesdeutsche Botschaft zu gelangen, Menschen, die die Neiße durchquerten, um in Warschau die deutsche Botschaft zu erreichen, junge Leute, die im Flüchtlingszug von Prag über Bad Schandau, Dresden und Plauen jubelnd in die bayerische Grenzstadt Hof einfuhren. Wer ist der größte Feldherr aller Zeiten? Die Witzantwort damals lautete: Erich Honecker, er schlug Hunderttausende in die Flucht und sperrte Millionen ein. Gingen die Flüchtlinge und Ausreiseantragsteller nicht von der falschen Prognose aus, die DDR sei politisch stabil, und wenn sie mit ihren nicht reparablen Mängeln endlich im gemeinsamen Haus Europa angekommen sein würde, sei das eigene Leben zu Ende?

Der Ruf «*Wir wollen raus! – Freiheit! – Nehmt uns mit in die BRD!*» war auch in Leipzig lauter geworden, bis er am 11., am 18. und vor allem am 25. September von dem trotzigen Gegenruf der Friedensgebetsteilnehmer aus der Bürgerrechtsbewegung *Wir bleiben hier!* übertönt wurde. Das Lied «We shall overcome» singend, verließ an diesem Tag die mehr als 2500 Menschen zählende Friedensgebetsgemeinschaft die überfüllte Nikolaikirche. Auf dem Kirchenvorplatz wurde sie von einer Menschenmenge erwartet. «Anschließend setzte sich das Teilnehmerfeld in Richtung Karl-Marx-Platz und Hauptbahnhof in Bewegung. Auf dem Marsch wurde gerufen *Neues Forum zulassen!* ... Während des Aufenthaltes auf dem Nikolaikirchhof nach Beendigung des ‹Gebets› wurde *Freiheit – Gleichheit – Brüderlichkeit!* gerufen und die Internationale gesungen» (SED-Information, Dietrich/Schwabe, 423). Die Zahl der Demonstrierenden am 25. September wurde von kirchlicher Seite auf 8000 geschätzt. Erst diese Demonstrationssignale, die das Kräftefeld der Bürgerrechtler wie der bald schon viel zahlreicheren Akteure und Sympathisanten aus dem säkularisierten Umfeld anzeigten, machten den Gruppenprotest binnen kurzem zum Massenprotest.

Die geradezu ansteckende Bereitschaft, die DDR durch Ausreise aufzugeben, hatte bei denen, die an ihrer auf Gorbatschow gerichteten Vision einer Sozialismus-Erneuerung festhielten, tiefe Betroffenheit erzeugt. Sie sahen das, was sie distanziert Realsozialismus nannten, in den Fundamenten wanken. Sorge erfüllte daher sowohl den Text der sogenannten Böhlener Plattform, verfaßt von Akteuren aus Braunkohlewerken im Südraum von Leipzig, die eine durchgreifende Partei- und Staatsreform forderten, als auch den Aufruf der Rockmusiker der DDR vom 18. September, der die Parteispitze beschwor, die Reformfurcht zu überwinden und zu handeln: «Es geht nicht um Reformen, die den Sozialismus abschaffen, sondern um Reformen, die ihn weiterhin in diesem Land möglich machen. Denn jene momentane Haltung den existierenden Widersprüchen gegenüber gefährdet ihn ...» Feiges Abwarten liefere «gesamtdeutschen Denkern Argumente und Voraussetzungen.» – «Die Zeit ist reif. Wenn wir nichts unternehmen, arbeitet sie gegen uns!» Dahinter stand eine dramatische Einsicht. Sowjetbotschafter Kotschemassow hatte sie am 8. Oktober angesichts einer noch weiter zugespitzten Lage ausgesprochen: «Die DDR steht auf der Kippe.»

Am Montag, dem 25. September, hatten sich in Leipzig Friedensgebetsteilnehmer und Sympathisanten zum ersten Mal zur Demonstration vereinigt. Die Massenrufe und der Gesang des die Menschenrechte einfordernden Refrains der Internationale kennzeichnen den raschen Übergang zur friedlichen Revolution; er war am 2. Oktober vollzogen, als die teils im Schutzraum der Kirche, teils in deren Umfeld entstandenen alternativen Gruppen zum ersten Mal mit der Menge der vor der Nikolaikirche wie im näheren Innenstadtbereich Versammelten zum Rundlauf um die Innenstadt aufbrach. Der auf 20 000 bis 25 000 Menschen angewachsene Demonstrationszug drängte auf den Karl-Marx-Platz und von dort auf den Ring hinaus, um dann im umgekehrten Uhrzeigersinn die innere Stadt zu umrunden: von der Oper zum Hauptbahnhof, von da zum Staatssicherheitsgebäude am Dittrichring und von dort zum Neuen Rathaus. Manches weist auf Zuzug von weit außerhalb hin. So wurden im Stadtgebiet von Plauen an 13 Stellen, besonders im Haltebereich der Straßenbahn, «Handzettel mit der Aufforderung, am 2. 10. 89 in Leipzig die Nikolaikirche aufzusuchen» (Röder, 82), gefunden. Die das System destabilisierenden Montagsdemonstrationen setzten mit diesem Ereignis ein. Es kann als der Beginn der demokratischen Revolution in der DDR angesehen werden. Das Demonstrationshandeln hat an diesem Tag und am 9. Oktober seine feste Gestalt angenommen und in vielerlei Wirkungszusammenhängen zu landesweitem Anschlußhandeln geführt.

Im Verlauf der friedlichen Revolution lassen sich, zuerst in den sächsischen Bezirken wie in der Großregion, die traditionell Mitteldeutschland heißt, vielfältige örtliche Verlaufs- und Aktionsformen feststellen: Genannt sei die Handzettelverbreitung im Stadtgebiet Altenburg am Abend des 25. September, die vielleicht sogar durch Teilnehmer am Leipziger Friedensgebet vom gleichen Tage erfolgte: «Zwischen Saßnitz und Bad Brambach Glasnost – auch für uns». Genannt sei die am 2. Oktober im Wohnheim der Deutschen Hochschule für Körperkultur in Leipzig angebrachte Inschrift: «Schluß mit den Lügen. Stopp den Bonzenkommunisten. Statt 70 000 sollten 500 in der DDR von ihren Sockeln gehoben werden und gehen». Unbekannte sprühten auf den Straßenbelag zwischen Rositz und Fichtenhainichen im Kreis Altenburg, ebenfalls in der Nacht vom 2. zum 3. Oktober, also nach der Leipziger Montagsdemonstration, die Forderung nach dem Machtwechsel: «Schüsse. – Erich tritt ab – Sklave in der DDR tut weh, Freiheit ade!» (Zwahr, Revolution, in: Fischer/Heydemann, 239f.). Für unverwechselbare eigene Entstehungsgrundlagen, die seitdem nach und nach in ihrer ganzen Bedeutung ins Licht treten, steht die Flugblatt-Einzelaktion von Günther Sattler (geb. 1964), die am 20. September 1989 «alle Bürger von Arnstadt» zu einer «friedlichen Kundgebung» auf dem Arnstädter Holzmarkt für den 30. September aufrief (Zwahr, Revolution, in: Fischer/Heydemann, 239). Weitergabe von Mund zu Mund und durch Abschreiben führten zur ersten freien Kundgebung auf dem Thüringer Wald und zur Bildung einer Kontaktgruppe des Neuen Forum, die bereits Anfang Oktober eine Verbindung zu den Gründern des Neuen Forum in Berlin-Ost herstellte. Zu diesem Zeitpunkt finden sich Mauerinschriften und andere Manifestationen für das Neue Forum in zahlreichen Städten der DDR: in Plauen am 4. Oktober mit dem Führungsanspruch: «Neues Forum SED/ZK des ZK» («Schmiererei», Friedrich-Engels-Straße 25; Röder, 83).

In der Verschriftlichungsspur der friedlichen Revolution bis zur Maueröffnung erscheint das Anfang September in Grünheide bei Berlin gegründete Neue Forum mit seinen auf Erneuerung der DDR gerichteten Zielen als der wohl doch zentrale politisch-oppositionelle Bezugspunkt eines bald schon landesweiten Demonstrationsgeschehens. Der Gründungsaufruf trägt, neben Michael Arnold (Leipzig), Bärbel Bohley (Berlin), Katja Havemann (Grünheide), der Witwe des 1982 verstorbenen marxistischen Oppositionellen gegen die Parteiherrschaft von Walter Ulbricht und Honecker, Robert Havemann, die Namen von mehr als dreißig Erstunterzeichnern aus den Bezirken Leipzig, Halle, Dresden, Magdeburg, Frankfurt/Oder, Potsdam und Schwerin. Daß sich die Ereignisse so unglaublich beschleunigen würden, war zum damaligen Zeitpunkt kaum vorauszusehen. Die Revolution ging, um beim historischen Vergleich zu bleiben, wie im März 1848, als sie sich von Mannheim im Süden ins östliche Deutschland und von der Rheinprovinz auf die preußische Hauptstadt zubewegte, oder im November 1918, als sie sich von Kiel allmählich der Reichshauptstadt näherte, von der «Provinz» aus. Sie war in ihren Anfängen wesentlich ein Ereignis in den sächsischen Bezirken und Kreisen, beginnend in Leipzig, dann eskalierend in Dresden zwischen dem 3. und dem 8. Oktober, als es am Hauptbahnhof zu den schweren Zusammenstößen der Polizei und der Sicherheitskräfte mit denen kam, die auf die Ausreisezüge der Prager Botschaftsflüchtlinge warteten und glaubten, die Mitfahrt erzwingen zu können. Mit dem Gebot der Vernunft *«Keine Gewalt!»* gelang in Dresden am 7. Oktober der Übergang zur friedlichen Demonstration. Aus der auf der Prager Straße am 8. Oktober eingekesselten Menschenmenge heraus entstand dann, durch Beifall legitimiert, Auge in Auge mit den Polizeikräften, die «Gruppe der 20»; sie erhielt das Mandat für Verhandlungen, die mit dem Oberbürgermeister von Dresden, Berghofer, am 9. Oktober früh aufgenommen worden sind. Am Abend des 9. Oktober wurde die friedliche Revolution durch die in Leipzig in den örtlichen Instanzen der Macht gefallene Entscheidung, gegen die erneut nicht angemeldete Demonstration der fast Achtzigtausend nicht mit Waffengewalt einzuschreiten, obwohl dazu alle Vorkehrungen getroffen waren, offensichtlich unumkehrbar. An diesem denkwürdigen Tag ertönte erstmals der Sprechchor-Massenruf, den die Medien um den Erdball getragen haben: *«Wir sind das Volk!»* Die Sprechchöre und die Körpersprache, das rhythmische Klatschen und die körperliche Massenhaftigkeit der zum Demonstrationszug regellos zusammengefügten Menschen bestimmten das Bild. Vereinzelte Schrifttafeln in Kleinformat – eine mit der Forderung *Freie Wahlen!* – bezeugen große Unsicherheit und zugleich viel Mut, etwas Geschrieben-Demonstratives mitzunehmen. Am 13. Oktober befahl Honecker unter dem Eindruck der Ausmaße des Leipziger Demonstrationshandelns, «die Schußwaffe durch die Schutz- und Sicherheitskräfte» «unter keinen Umständen» zum Einsatz zu bringen. Am 21. Oktober sah sich Innenminister Dickel vor den in Berlin versammelten Chefs der Bezirksbehörden der Volkspolizei zu dem Eingeständnis veranlaßt: «Was sollen wir machen? ... Sollen wir dazwischen gehen bei 20000, 30000, 40000 Bürgern? Wissen Sie, was das bedeutet? Da können wir gleich SPW [Schützenpanzerwagen] oder Panzer einsetzen. Aber jeder wird verstehen, daß das in der gegenwärtigen und bei der weiteren Entwicklung unmöglich ist ... Natürlich ist das in dem Moment ein Zurückweichen, aber ich sage Euch noch einmal, bei Größenordnungen von zwanzig-, dreißig-, achtzig- oder gar 100000 ist gar nichts anderes möglich. Am Montag ist das gleiche wieder in Leipzig, das geht jetzt schon wochenlang, und wir schlagen uns hier die Nächte um die Ohren ... Umzugehen, schießen, liebe Genossen, und daß die Panzer dann vor der Bezirksleitung und vor dem ZK stehen, das wäre noch die einfachste Sache. Aber solch eine komplizierte Situation nach 40 Jahren DDR?!» Was hier ablief, ist mit der simplen Feststellung, die DDR sei zusammengebrochen, nicht erklärt.

Die Forderung nach freien Wahlen – zuerst am 9. Oktober in Leipzig – wurde alsbald landesweit erhoben. Sie war bis zu den nationalpolitischen Forderungen, die unmittelbar nach Öffnung der Berliner Mauer ihre mehrheitsverändernde Mobilisierungskraft entfalteten, die politisch brisanteste, weil am weitesten reichende ostdeutsche Demonstrationsforderung, denn sie stand in der Tradition des 17. Juni 1953 und zielte auf systemsprengende Folgen ab. Belegt ist sie bei aller Lückenhaftigkeit der Überlieferung noch vor dem 9. November für den *Süden* der DDR: Plauen (14. Oktober), Glauchau (16. Oktober), Auerbach (27. Oktober), Lengenfeld (28. Oktober), Treuen (5. November), den *Norden*: Rostock (26. Oktober), Wismar (7. November), den *Westen*: Gera (26. Oktober), Heiligenstadt (30. Oktober), die thüringischen Städte Stadtroda und Lobenstein (31. Oktober), Neustadt/Orla (2. November), Saalfeld (3. November), Pösneck (6. November), den *Osten*: Schirgiswalde (24. Oktober), Hoyerswerda (30. Oktober), Ost-Berlin (4. November). Die Oktoberdemonstranten haben sich, soweit im Oktober Gesprochenes und Geschriebenes heute in Texten vorliegt, in ihrer übergroßen Mehrheit aber noch deutlich für eine tiefgreifende Erneuerung der DDR, sozusagen an Haupt und Gliedern, ausgesprochen. Erst die Öffnung der Mauer seit dem 9. November 1989 hat die Zielvorstellungen binnen kurzem verändert, indem sie den Strukturbruch in Staat und Gesellschaft jetzt durchführbar erscheinen ließ. Deshalb polarisierte sie sofort. Die Novemberdemonstranten, es waren oft dieselben Menschen, von Woche zu Woche verstärkt durch die bis dahin «Stillen» im Lande, bildeten neue Mehrheiten. Die Richtungsänderung der Revolution vollzog sich mit der sich verändernden Wahrnehmung und Zielstellung aller dieser Menschen in geradezu unglaublicher Dynamik. Es gab auch Nichtbeteiligte, von denen sich die einen verunsichert oder furchtsam oder am Erfolg zweifelnd, die anderen demonstrativ vom Geschehen fernhielten, weil sie ahnten, was für sie folgen würde. Wieder andere blieben Zuschauer.

«Der Sozialismus ist in Gefahr!» Diese Warnung ging von der Hauptstadt der DDR, Ost-Berlin, aus, zuerst im Aufruf der Rock-Musiker, dann in anonymen, in Berlin aufgegebenen Briefen, die eine «Gruppe Genossen der SED im Aufbruch» in die Bezirke (Poststempel: Berlin, 28. September 1989) verschickte, um SED-Betriebsparteileitungen und Bezirks- und Kreisbehörden des MfS zu alarmieren. «Eine Handvoll alter, unverbesserlicher, schon längst fällig gewordener Rentner mißbraucht das in sie gesetzte Vertrauen und führt unser Land in die Sackgasse und Isolation. Unser Volk beginnt am Sozialismus zu zweifeln, weil die Clique nicht in der Lage ist, das Neue zu erkennen. Jeder Hauch der Umgestaltung wird zunichte gemacht. Für den Erhalt ihrer Macht sind sie bereit, unsere sozialistische Gesellschaft auf das Spiel zu setzen. Sie bauen dabei auf Euch, Genossen der Staatssicherheit und Mitarbeiter des Organs. Ihr sollt den Weg der Geschichte aufhalten, nicht denken, sondern blindlings und gewissenlos ihre Befehle ausführen. Dabei vergessen diese ‹Genossen›, daß die stalinistische Zeit schon lange der Vergangenheit angehört und jedem Genossen von uns die Idee, der Sozialismus, näher steht als fragwürdige Treue zu Verrätern unserer Sache. Sie bauen trotzdem noch auf die Angst und den Karrierismus. Genossen! Überlegt Eure Handlungen, solange es noch Zeit ist, und handelt auch danach! Seht Euch um, wie Vorgesetzte und Mitarbeiter auf diesen Aufruf reagieren. Merkt Euch deren Reaktion gut! Die Tage der Verantwortung können nicht mehr weit sein. Wählt Eure eigene Zukunft – die Gestapo-Schergen konnten sich teilweise verkriechen, die NKWD-Mitarbeiter der Stalinära haben es schon schwerer. Zeigt Mut und helft, die Reaktionäre zu entmachten und die Erneuerung in Partei und Staatsapparat zu gewährleisten! Der von unseren sowjetischen Genossen – von Gen. Gorbatschow – eingeschlagene Weg ist unser Weg! Helft den Sozialismus in der DDR zu retten!» (Röder, 78).

Einen Tag danach forderten Künstler des Berliner Ensembles und andere Kulturschaffende Ost-Berlins eine «öffentliche Diskussion» über die «künftige Entwicklung der DDR»; aber es kam nicht dazu. Indessen schwoll die Demonstrationsbewegung in den drei sächsischen Bezirken der DDR, Leipzig, Dresden und Karl-Marx-Stadt, seit dem 2. Oktober von Woche zu Woche an. Hier fanden Appelle an die Bevölkerung, zu demonstrieren, Bürgerkomitees zu bilden, die entstehende Gegenöffentlichkeit zu stärken, eine unglaublich starke Resonanz. Am 3. Dezember geschah das auch durch dichte Menschen- und Lichterketten an den Fernverkehrsstraßen von Süden nach Norden, quer durch die DDR, ein Handeln symbolischer Erneuerung, zu dem die Aktion «Sühnezeichen» und das Neue Forum aufgerufen hatten. Als am 19. Oktober die Dresdner «Gruppe der 20», um ihr politisches Mandat erneut zu legitimieren, die Bürgerinnen und Bürger um Überweisung von einer Mark auf das Konto der Zwanzig aufrief, befolgten innerhalb kurzer Zeit etwa 100 000 Menschen dieses dringende Legitimationsersuchen. Vor einem solchen Hintergrund hat in der Tat erst die ganz akute hauptstädtische Sorge, draußen im Lande werde die DDR aufgegeben, das Projekt einer großen, genehmigten hauptstädtischen Demonstration für eine erneuerte DDR entstehen lassen. Nach wochenlangen Verhandlungen mit Staatsmacht und Magistrat, unter Mitwirkung des MfS, fand am 4. November 1989 die genehmigte Demonstration der Fünfhunderttausend zum Alexanderplatz statt; sie ist in ihrer Entstehungsgeschichte eingehend dokumentiert und dennoch mit der Legende des Außerordentlichen umwoben worden. Erst die Ostberliner haben ihr durch ihre Massenteilnahme und die Forderung nach freien Wahlen, die von keinem der Alexanderplatz-Redner, auch keinem der Bürgerrechtler, aufgegriffen worden ist, eine systemsprengende Wirkung gegeben. Vereinzelt wurde an diesem Tage auch die Beseitigung der Mauer wie in Leipzig: «*Die Mauer muß weg!*» (seit dem 23. Oktober, Sprechchor und seitdem immer massiver auch in anderen Städten) gefordert.

Deutschland einig Vaterland!

«*Krenz, mach die Grenzen auf!*», forderten Demonstranten im grenznahen Plauen am 21. Oktober. Ein Transparent gab die Richtung an: DDR (der erste und der letzte Buchstabe waren durchgestrichen). Schon am 7. Oktober war in Plauen die Forderung nach der deutschen Einheit durchgebrochen, als ein Jugendlicher im Schutz der Menge eine zum 40. Staatsfeiertag gehisste DDR-Fahne vom Mast holte, das Emblem mit Hammer, Sichel, Ährenkranz herausschnitt und das schwarz-rot-goldene Fahnentuch «mit Loch», also ohne das Staatssymbol, wieder aufzog. Als Stasileute ihn zu ergreifen suchten, setzten sich die Demonstranten zur Wehr. Das MfS registrierte im Umfeld der Demonstration 102 PKW aus 12 Bezirken der DDR. Auf dem Höhepunkt des Demonstrationsgeschehens zählte Plauen fast so viele Demonstranten, als es Einwohner (etwa 75 000) hatte, darunter Fahrgemeinschaften aus dem ganzen Vogtland.

Der Sprechchor «*Deutschland einig Vaterland!*» (ein Zitat aus dem nicht mehr gesungenen Text der DDR-Hymne, die Johannes R. Becher 1949 gedichtet und Hanns Eisler vertont hatte) ging am 13. November von Leipzig aus, und zwar von der ersten Montagsdemonstration nach Öffnung der Berliner Mauer. Damit war ein binnen kurzem selbst bis in entlegene Orte der DDR durchdringendes, vielen vertrautes nationales Signal gegeben. Es wurde immer eindeutiger mit dem Ruf nach Wiedervereinigung beantwortet.

Die Demonstrationen wurden nun von veränderten Mehrheiten getragen. Neben die jungen Leute, von denen sich nicht wenige enttäuscht zurückzogen, als die Massenbereitschaft, die DDR aufzugeben, sichtbar wurde, traten die Älteren, darunter viele, denen der blutige 17. Juni vor Augen stand, als im September und Oktober 1989 zuerst meist junge Leute ziemlich furchtlos auf die Straßen gingen. Das Schillerwort aus dem «Tell» *Wir sind ein Volk!* erschien in Leipzig erst im Dezember auf Transparenten sowie auf kleinen Handzetteln einer großen Parteizentrale. In Auerbach, einer grenznahen vogtländischen Kreisstadt, sind *Wir sind ein Volk!*-Plakate schon für den 27. Oktober nachgewiesen. Sprechchor, wie immer wieder behauptet wird, war *Wir sind ein Volk!* in Leipzig nicht. Es tauchte zuerst am 9. Oktober in einem *Appell* (Flugblatt) Leipziger Bürgerrechtler auf und war an die bewaffnete Macht gerichtet, die Waffen gegen das eigene Volk, das der DDR, nicht einzusetzen: «Wir sind ein Volk. Gewalt unter uns hinterläßt ewig blutende Wunden. Partei und Regierung müssen vor allem für die entstandene ernste Situation verantwortlich gemacht werden. Aber heute ist es an uns, eine weitere Eskalation der Gewalt zu verhindern, davon hängt unsere Zukunft ab.» Erst im Umfeld der Bürgerbewegung erhielt *Wir sind ein Volk!* einen auf Überwindung der deutschen Zweistaatlichkeit gerichteten Inhalt.

Die Ereignisgeschichte der friedlichen Revolution zeigt strukturell das Ineinandergreifen zweier Bewegungen und wohl auch Generationen, einer mehrheitlich auf den Gestaltwandel der DDR-Gesellschaft gerichteten Bürgerrechtsbewegung, die eine rasch anschwellende Bürgerbewegung anstieß und von dieser zeitweilig verstärkt wurde, bis die deutschlandpolitische Ausdifferenzierung eintrat. Das weitete die akute Staats- und Parteikrise zur Zerfallskrise von Staat und Gesellschaft der DDR aus, als sich herausstellte, daß die DDR-Erneuerer in der Minderheit blieben, während sich die übergroße Mehrheit der Demonstranten unter den Farben schwarz-rot-gold zusammenfand und immer nachdrücklicher die rasche Wiedervereinigung forderte. Die Ereignisse in den sächsischen Bezirken leiteten zuerst zur friedlichen Demokratiebewegung der Hunderttausende über, gegen die die schwer bewaffnete Staatsmacht in der gegebenen Situation von weltpolitischer Entspannung und vierzig Jahren DDR kein Gegenmittel fand. Sie kam aus der täglich größer werdenden Defensive nicht heraus.

Das Demonstrationsgeschehen nahm nach Öffnung der Berliner Mauer spät am Abend des 9. November 1989 den Charakter einer demokratischen und nationalen Wiedervereinigungsrevolution an. Verschiedenste Schritte zur Beseitigung der Mauer in der ganzen Ausdehnung des DDR-Grenzbefestigungssystems folgten. Sie waren von Grenzöffnungs- und Grenzüberschreitungsfesten begleitet: zuerst am 11. November in Katharinenberg, Kreis Mühlhausen, an der F 249, in Großtöpfer, Wahlhausen und Hohensandern an der F 80, Kreis Heiligenstadt. Auf dem katholischen Eichsfeld, wo am Montag, wenn in Leipzig die Demonstration begann, die Kirchenglocken geläutet wurden, hatten die Demonstranten erstmals am 30. Oktober 1989 (das Beispiel Heiligenstadt, zehntausend Teilnehmer) gefordert, das gesamte Sperr- und Schutzstreifengebiet entlang der deutsch-deutschen Grenze abzuschaffen.

Der Verlust der DDR, der sich für die Sowjetunion seit der zweiten Novemberwoche des Jahres '89 zunehmend deutlicher abzeichnete, bedeutete «den Tod des Warschauer Paktes» (François Mitterand am 2. Oktober. Zit. nach Zwahr: Vertragsgemeinschaft, in: John/Matzerath, 710), das Ende der deutschen Zweistaatlichkeit und in der Konsequenz auch der Spaltung Europas. Historisch herausragend war für Mitteleuropa, zuerst in Ostdeutschland, dann in der Tschechoslowakei, «der Sieg des Verzichts auf Gewalt über Gewalt, der Sieg der Dialoge und Verträge über Macht und Gewalt, zugleich aber auch der Sieg der Arbeiterklasse über die «Diktatur der Arbeiterklasse.» Lange bevor am 9. November die Nachricht von der Öffnung der Berliner Mauer Warschau erreichte, hatten Solidarność-Politiker erkannt, daß mit der deutsch-deutschen Vereinigung Deutschland und damit auch sein Nachbar Polen zum Westen gehören werden.

Die friedliche Revolution, die zum Untergang der DDR führte, hatte eine ost- und eine südostwärts verlaufende Kettenreaktion zur Folge und leitete so zu weiteren Umbrüchen in dem in der Rückschau das Ende einer Epoche markierenden Jahr 1989 über.

Ergebnis

Es hat eine politische Revolution stattgefunden, die allein durch ihren friedlichen Verlauf und die Wirkungsmacht des politischen Handelns christlicher, vorwiegend protestantischer Gemeinschaften sowie einer Vielzahl von Menschen, Einzelnen, Paaren, Familien, Arbeitskollegen aus säkularisierten, überwiegend städtischen Lebenszusammenhängen historisch neuartig war. In ihr vollzog sich, wieder zuerst in den ostdeutschen Stadtlandschaften Sachsens, der Übergang von der Bürgerrechtsbewegung der alternativen Gruppen mit den im ökumenischen Prozeß stehenden Kirchen als wichtigstem, aber nicht konfliktfreiem Schutzraum zur breiten, das ganze Land erfassenden Bürgerbewegung; erst diese hat den Parteiführungswechsel von Honecker zu Krenz am 18. Oktober 1989, den Staatsführungwechsel von Honecker zu Krenz am 24. Oktober sowie den Regierungswechsel von Stoph als Vorsitzendem des DDR-Ministerrats zu Modrow am 13. November zur Zerfallskrise von Staat und Staatspartei gesteigert. Die Serie der Amtsenthebungen bzw. der Rücktritte von Verantwortungsträgern, die am 18. Oktober mit Honecker, Günter Mittag und dem Sekretär für Agitation und Propaganda, Joachim Herrmann, begonnen hatte, setzte sich beschleunigt fort. Am 23. November kam es zum Parteiausschluß des ZK-Sekretärs für Wirtschaft, Günter Mittag, am 29. November zum Gewerkschaftsausschluß des FDGB-Vorsitzenden Tisch wegen Amtsmißbrauchs, um zwei damals spektakuläre Tagesinformationen zu nennen. Am 1. Dezember strich die DDR-Volkskammer in Artikel 1 der Verfassung der DDR den Halbsatz, mit dem die «Führung der Arbeiterklasse und ihrer marxistisch-leninistischen Partei» seit der Verfassungsänderung im April 1968 Verfassungsgrundsatz gewesen war. Am 3. Dezember traten das Politbüro und das ZK der SED zurück. Reformpolitiker bildeten einen Ausschuß, der einen außerordentlichen Parteitag vorbereitete, aus dem eine neue SED-Parteiführung hervorging, die die Partei später zur PDS (Partei des Demokratischen Sozialismus) umformte. In den Bezirks- und Kreisstädten, aber auch anderswo, häuften sich die Rücktritte führender Kommunalpolitiker; ja ganze Stadträte und Stadtverordnetenversammlungen wurden von der Bürgerbewegung zum Rücktritt gezwungen. In diese Vakanz traten die sich in größerer Zahl bildenden Runden Tische ein, nachdem sich am 7. Dezember 1989 auf Einladung des Bundes der Evangelischen Kirchen und der Berliner Bischofskonferenz der zentrale «Runde Tisch» in Ost-Berlin konstituiert hatte. Zu den Teilnehmern zählten je drei Vertreter der vier ehemaligen Blockparteien, CDU, LDP, NDP, DBD, und der Oppositionsgruppe Neues Forum (gegründet am 9. September 1989 in Grünheide bei Berlin), je zwei Vertreter der SED, des Demokratischen Aufbruchs (gegründet am 1. Oktober 1989 in Ostberlin), der Grünen Partei (gegründet am 24. November 1989 durch Ausgliederung aus dem Neuen Forum in Ostberlin), der Initiative Frieden und Menschenrechte (gegründet 1985 in Berlin), der SPD (gegründet als SDP am 7. Oktober in Schwante bei Potsdam), der Vereinigten Linken, des FDGB (aufgelöst am 30. September 1990) und des Unabhängigen Frauenverbandes (gegründet am 3. Dezember 1989 in Ostberlin). Der Runde Tisch beschloß die Ausarbeitung einer neuen Verfassung der DDR, die durch das Wiedervereinigungsgeschehen infolge des Beitritts der DDR zur Bundesrepublik Deutschland im Ergebnis der ersten freien, allgemeinen, gleichen, direkten und geheimen Wahlen vom 18. März 1990 am Ende ein Entwurf blieb. Allen voran die Bürgerrechtler am zentralen Runden Tisch haben die Modrow-Regierung aufgefordert, das Amt für Nationale Sicherheit, in das die Staatssicherheit der DDR (Stasi) in einem durchaus dramatischen Machterhaltungsgeschehen transformiert worden war, unter ziviler Kontrolle aufzulösen. Dies ist nach enormen Anstrengungen in einem sowohl organisierten wie spontanen Zusammengehen von Stasi-Auflösern aus den zentralen wie den örtlichen Komitees und der Demonstrationsbewegung gegen alle Widerstände der in die Defensive gedrängten Partei- und Staatsmacht gelungen. Daß das MfS und seine Nachfolgeorganisation als Machtorgan einer Diktatur restlos beseitigt wurde, macht ein Kerngeschehen der ostdeutschen Selbstbefreiung aus. Es gehört als Leistung zuerst und vor allem der Bürgerrechtsbewegung zu den herausragenden Erscheinungen der neueren deutschen Geschichte. Die Bürgerbewegung hat den Übergang zu den ersten freien Wahlen in der Geschichte der DDR vom 18. März 1990 gesichert, sie hat den Systemwechsel vorbereitet, indem sie die Überwindung der deutschen Teilung durch umgehende Wiedervereinigung immer ungeduldiger forderte. Damit hat sie zum Ende des status quo in Europa übergeleitet. Ohne diese Bürgerbewegung wäre die deutsche Vereinigung vor der europäischen Einigung nicht zustandegekommen, wäre die Politik der Mächte nicht auf das Unerhörte, das die Straße forderte, eingeschwenkt.

Nichts verdeutlichte die Zerstörungsbereitschaft und das Gewaltpotential des Forderns klarer und eindringlicher als die gegen die Partei- und Staatsmacht gerichteten Sprechchöre und Massengesänge, Spruchband- und Schrifttafeltexte der zuerst im Städteverbund Leipzig/Dresden/Plauen in Permanenz über Wochen, ja die Herbstmonate hindurch Demonstrierenden.

Sprechchor- und Transparentforderungen der ostdeutschen Bürgerbewegung, 4. September bis 17. November 1989[1] (Auswahl).

Freiheit!	–	zuerst am 4. September: *Leipzig*, Sprechchor.
Neues Forum zulassen!	–	zuerst am 25. September: *Leipzig*, Sprechchor.
Freiheit, Gleichheit, Brüderlichkeit!	–	zuerst am 25. September: *Leipzig*, Sprechchor.

[1] Erfaßt werden Zeitpunkt und Ort des Erstnachweises, soweit Quellen vorliegen.

Demokratie, jetzt oder nie!	–	zuerst am 2. Oktober: *Leipzig*, Sprechchor.
Gorbi, Gorbi!	–	zuerst am 2. Oktober: *Leipzig*, Sprechchor.
Stasi weg!	–	zuerst am 2. Oktober: *Leipzig*, Sprechchor.
Keine Gewalt!	–	zuerst am 7. Oktober: *Dresden*, Sprechchor.
SED, das tut weh!	–	zuerst am 7. Oktober: *Plauen*, Sprechchor.
Deutschland!	–	zuerst am 7. Oktober: *Plauen*, Sprechchor.
Freie Wahlen!	–	zuerst am 9. Oktober: *Leipzig*, *Dresden*, Sprechchor.
Wir sind das Volk!	–	zuerst am 9. Oktober: *Leipzig*, Sprechchor.
~~*DDR*~~	–	zuerst am 21. Oktober: *Plauen*, Transparent.
Die Mauer muß weg!	–	zuerst am 23. Oktober: *Leipzig*, Sprechchor.
Freiheit für die ČSSR	–	zuerst am 30. Oktober: *Leipzig*, Transparent.
Gebt die Macht dem Volk!	–	zuerst am 6. November: *Heiligenstadt*, Sprechchor.
Grenze öffnen!	–	zuerst am 6. November: *Leipzig*, Sprechchor.

Ohne SED!	–	zuerst am 6. November: *Leipzig*, Sprechchor.
Jagen wir die SED endlich davon!	–	zuerst am 6. November: *Leipzig*, Transparent.
SED – Sand im deutschen Getriebe!	–	zuerst am 10. November: *Auerbach*, Transparent.
Es wird weiter demonstriert, bis die Partei die Macht verliert.	–	zuerst am 11. November: *Plauen*, Sprechchor.
S – So *E – Endet* *D – Diese Republik*	–	zuerst am 11. November: *Plauen*, Transparent.
Deutschland einig Vaterland!	–	zuerst am 13. November: *Leipzig*, Sprechchor.
Schwarz-rot-gold. Sachsen Freistaat. Freies Europa.	–	zuerst am 13. November: *Leipzig*, Transparent.
Nieder mit der SED!	–	zuerst am 17. November: *Auerbach*, Sprechchor.
Volkskammer weg!	–	zuerst am 17. November: *Auerbach*, Sprechchor.[2]
Vogtland unsere Heimat, Deutschland unser Vaterland, Europa unsere Zukunft.	–	zuerst am 17. November: *Auerbach*, Transparent.

In der DDR hat sich eine friedliche, aber keine gewaltfreie Revolution ereignet. Unstrittig dabei ist, daß die Demokratiebewegung, die 1989 die ganze DDR erfaßte, durch die internationale politische Konstellation begünstigt worden ist. Sowohl Glasnost- und Perestroika-Aufbruch, die

[2] Antwort auf die Regierungserklärung von Ministerpräsident Modrow vom 17. November vor der Volkskammer, mit der Bundesrepublik Deutschland eine Vertragsgemeinschaft herzustellen.

Erosion in der Sowjetunion als auch die sowjetisch-amerikanische Annäherung erzeugten in Mitteleuropa Rahmenbedingungen, unter denen sich, zuerst in der DDR, trotz der akuten Gefahr einer militärischen, einer «chinesischen» Lösung die Ächtung und die Demontage der Macht wie der Machtzerfall friedlich vollzogen. Die Handelnden, ob auf der Straße oder in den Zentralen der Macht, haben ihre Entscheidungen zunehmend in die Perspektive grundstürzender Veränderungen gestellt. Die programmatischen Ziele der Macht- wie der Systemdemontage sind aus den Straßendemonstrationen hervorgegangen. Das Phänomen einer Massenhegemonie angesichts noch kaum vorhandener und dann wenig gefestigter Organisationen und Institutionen von Gegenöffentlichkeit war die eigentliche historische Innovation dieser demokratischen Revolution, die durch Wiedervereinigung im Systemwechsel endete.

Die Vereinigung war, bevor sie international Vertragsgestalt annahm und politische Realität wurde, die nationalpolitisch zentrale Forderung der Straßendemonstrationen. Gemessen daran waren das Angebot der Regierung Modrow vom 17. November 1989 an die Bundesrepublik, eine Vertragsgemeinschaft herzustellen, sowie das «Zehn-Punkte-Programm» der Regierung Kohl an die DDR vom 28. November 1989, zur Überwindung der Teilung Deutschlands und Europas «noch einen Schritt weiter zu gehen, nämlich konföderative Strukturen zwischen beiden Staaten in Deutschland zu entwickeln mit dem Ziel, eine Föderation, das heißt eine bundesstaatliche Ordnung in Deutschland zu schaffen» (Jäger, 66), als Ziele deutscher Regierungspolitik historisch bereits zum Zeitpunkt der Bekanntgabe in der DDR-Volkskammer bzw. im Deutschen Bundestag überholt. Die Akteure, die eine Erneuerung der DDR durch Revolution versuchten, haben sich an den «Runden Tischen» der Staats- und Parteidemontage vor laufender Kamera, umgeben auch von Inoffiziellen Mitarbeitern (IM) des MfS, als Vertreter der Gegenöffentlichkeit behauptet. Gegen das Wiedervereinigungsgebot der Straße, das sie als Demokraten schließlich auch akzeptiert haben, konnten sie sich nicht durchsetzen. Sie haben den Zeitgenossen weder ein praktikables Modell von Herrschaft und freier Arbeit anbieten können, noch die Macht übernommen. Aber sind sie deshalb gescheitert? Die veränderte Bundesrepublik sieht nicht wenige von ihnen in politischer und sozialer Verantwortung für ein neues Deutschland. So führte die Revolution in der DDR *politisch* zu einer demokratischen Ordnung, *staatlich* zur Vereinigung der Deutschen sowie zur Wiederherstellung der ostdeutschen Länder; ökonomisch führte sie ins Kapitalverhältnis zurück. In allem war sie beispiellos und neuartig. Das Ergebnis liegt vor aller Augen.

Literatur

Einleitung

Hannah Arendt, Über die Revolution, 1963.

Crane Brinton, The Anatomy of Revolution, 3. Aufl. 1963; dt.: Die Revolution und ihre Gesetze, 1959.

Jacob Burckhardt, Weltgeschichtliche Betrachtungen, 1963.

Karl Griewank, Der neuzeitliche Revolutionsbegriff, 1969, 1973.

Eric Hobsbawm, The Age of Revolution, 1789–1848, 1962; dt.: Europäische Revolutionen, 1978, 1983.

Chalmers Johnson, Revolutionary Change, 1966; dt.: Revolutionstheorie, 1971.

Reinhart Koselleck u. a., Artikel: Revolution, Rebellion, Aufruhr, Bürgerkrieg, in: Geschichtliche Grundbegriffe, Historisches Lexikon zur politisch-sozialen Sprache in Deutschland, Bd. 5, 1984.

Kurt Lenk (Hg.), Theorien der Revolution, 1973.

Robert Palmer, The Age of Democratic Revolution, 2 Bde. 1959,1964; dt.: Das Zeitalter der demokratischen Revolution, 1970.

Helmut Reinalter (Hg.), Revolution und Gesellschaft, 1980.

Theodor Schieder (Hg.), Revolution und Gesellschaft – Theorie und Praxis der Systemveränderung, 1973.

Ferdinand Seibt, Revolution in Europa, 1984.

Alexis de Tocqueville, Der Alte Staat und die Revolution, 1959.

Hans Wassmund, Revolutionstheorien, 1978.

*Altorientalische Revolution oder «primitive Demokratie» versus «primitive Monarchie»?**

J. A Brinkman, Mesopotamian Chronology of the Historical Period, in: A. Leo Oppenheim, Ancient Mesopotamia. Portrait of a Dead Civilization, rev. ed. Chicago 1977, 335 ff.

J. A. van Dijk, Les contacts ethniques dans la Mésopotamie et les syncrétismes de la religion sumérienne, in: S. S. Hartman (Hrsg.), Syncretism (= Scripta Instituti Donneriani Aboensis, vol. III), Stockholm 1966/69, 171 ff.

B. R. Foster, Before the Muses – An anthology of Akkadian literature, vol. I: Archaic, Classical, Mature, Bethesda 1993.

S. Franke, Königsinschriften und Königsideologie: Die Könige von Akkade zwischen Tradition und Neuerung, Munster 1995.

* Die hier zusammengestellte Literatur ist in keinem Falle erschöpfend für das Thema. Unter weitgehendem Verzicht auf philologische Spezialliteratur wurden eher Überblicksdarstellungen und Lexikonartikel aufgenommen, die ihrerseits reichhaltige Literatur zur vertiefenden Lektüre bieten.

I. J. Gelb/B. Kienast, Die altakkadischen Königsinschriften des dritten Jahrtausends v. Chr. (= Freiburger Altorientalische Studien, 7), Stuttgart 1990.

J. Goodnick Westenholz, Legends of the Kings of Akkade (= Mesopotamian Civilizations, 7), Winona Lake 1997.

A. K. Grayson, Babylonian Historical-Literary Texts, Toronto 1975.

V. Haas, Eine hethitische Weltreichsidee. Betrachtungen zum historischen Bewußtsein und politischen Denken in althethitischer Zeit, in: K. Raaflaub (Hrsg.), Anfänge politischen Denkens in der Antike (= Schriften des Historischen Kollegs, Kolloquien 24), München 1993, 135 ff.

W. W. Hallo/J. A. van Dijk, The Exaltation of Inanna, New Haven/London 1968.

K. Hecker, Untersuchungen zur akkadischen Epik (= Alter Orient und Altes Testament, Sonderreihe 8), Neukirchen-Vluyn 1974.

K. Hecker, Kleinere Schöpfungserzählungen, in: O. Kaiser (Hrsg.), Texte aus der Umwelt des Alten Testamentes. Weisheitstexte, Mythen und Epen II, Band III, Lieferung 4, Gütersloh 1994, 603 ff.

Th. Jacobsen, Early Political Development in Mesopotamia, Zeitschrift für Assyriologie 52, 1957, 91 ff.

J. Klein, Shulgi of Ur: King of a Neo-Sumerian Empire, in: J. M. Sasson (Hrsg.), Civilizations of the Ancient Near East, New York 1995, vol. II, 843 ff.

W. G. Lambert, Enuma Elisch, in: O. Kaiser (Hrsg.), Texte aus der Umwelt des Alten Testamentes. Weisheitstexte, Mythen und Epen II, Band III, Lieferung 4, Gütersloh 1994, 565 ff.

ders., Myth and Mythmaking in Sumer and Akkad, in: J. M. Sasson (Hrsg.), Civilizations of the Ancient Near East, New York 1995, vol. III, 1825 ff.

R. Lehmann, Friedrich Delitzsch und der Babel-Bibel-Streit (= Orbis Biblicus et Orientalis, 133), Freiburg 1994.

D. E. McCown/R. C. Haines (eds.), Nippur I. Temple of Enlil, Scribal Quarter, and Soundings (= Oriental Institute Publications, 78), Chicago 1967.

W. H. Ph. Römer, Die Sumerologie. Versuch einer Einführung in den Forschungsstand nebst einer Bibliographie in Auswahl (= Nimwegener Sumerologische Studien, 2 = Alter Orient und Altes Testament, 238), Neukirchen-Vluyn 1994.

H. W. F. Saggs, The Might that was Assyria, London 1984.

B. Schmidt, Flood Narratives of Ancient Western Asia, in: J. M. Sasson (Hrsg.), Civilizations of the Ancient Near East, New York 1995, vol. IV, 2337 ff.

W. von Soden, Konflikte und ihre Bewältigung in babylonischen Schöpfungs- und Fluterzählungen, Mitteilungen der Deutschen Orientgesellschaft 111, 1979, 1 ff.

ders., Der altbabylonische Atramchasis-Mythos, in: O. Kaiser (Hrsg.), Texte aus der Umwelt des Alten Testamentes. Weisheitstexte, Mythen und Epen II, Band III, Lieferung 4, Gütersloh 1994, 612 ff.

W. Sommerfeld, Der Aufstieg Marduks (= Alter Orient und Altes Testament, 213), Neukirchen-Vluyn 1982.

Cl. Wilcke, Politische Opposition nach sumerischen Quellen, in: A. Finet (Hrsg.), La Voix de l'Opposition en Mésopotamie (= Institut des Hautes Études de Belgique), Bruxelles 1974, 37 ff.

ders., Sumerische Königsliste und erzählte Vergangenheit, in: J. von Ungern-Sternberg/H. Reinau (Hrsg.), Vergangenheit in mündlicher Überlieferung (= Colloquium Rauricum 1), Stuttgart 1988, 113 ff.

ders., Politik und Literatur im älteren Babylonien, in: K. Raaflaub (Hrsg.), Anfänge politischen Denkens in der Antike (= Schriften des Historischen Kollegs, Kolloquien 24), München 1993, 29ff.

Die Revolution der Gracchen

Im Rahmen von Gesamtdarstellungen der römischen Geschichte orientieren über die Gracchen und die einschlägige Forschung:

J. Bleicken, Geschichte der Römischen Republik, München – Wien 1999 (5. Aufl.).

A. Heuß, Römische Geschichte, Braunschweig 1960, jetzt wieder greifbar in 6. Aufl., Paderborn – München – Wien 1998: Die Ergänzung zum Forschungsteil enthält auch einen kritischen Überblick über die wichtigste neueste Literatur zur Gracchenproblematik aus der Feder von H.-J. Gehrke.

Th. Mommsen, Römische Geschichte II/III, 6. Aufl., Berlin 1874/75.

Aus der Überfülle der Arbeiten zu den Gracchen sei verwiesen auf:

E. Badian, Tiberius Gracchus and the Beginning of the Roman Revolution, in: Aufstieg und Niedergang der römischen Welt I 1, Berlin – New York 1972, 668–731.

J. Molthagen, Die Durchführung der gracchischen Agrarreform, Historia 22, 1973, 423–458.

D. Stockton, The Gracchi, Oxford 1979.

Das diesem Beitrag zugrunde liegende kritische Urteil über die Agrarreform des Tiberius Gracchus hat der Verfasser in zwei Beiträgen begründet:

K. Bringmann, Die Agrarreform des Tiberius Gracchus. Legende und Wirklichkeit, Frankfurter Historische Vorträge 10, Stuttgart 1985.

ders., Das ‹Licinisch-Sextische› Ackergesetz und die gracchische Agrarreform, in: Symposium für Alfred Heuß, Frankfurter Althistorische Studien 12, Kallmünz 1986, 51–66.

Das Revolutionsproblem in der Geschichte der Römischen Republik ist neu gestellt worden von:

A. Heuß, Der Untergang der Römischen Republik und das Problem der Revolution, Historische Zeitschrift 182, 1956, 1–28.

ders., Das Revolutionsproblem im Spiegel der antiken Geschichte, Historische Zeitschrift 216, 1973, 1–72, speziell 47ff.

Die sich anschließende ausufernde Debatte über die Anwendung des Revolutions- oder Krisenbegriffs auf die Geschichte der späten Republik hat nicht zu einem allgemein akzeptierten Ergebnis geführt. Der Verfasser hat seine eigene Auffassung zu dieser Frage in einem Diskussionsbeitrag publiziert:

K. Bringmann, Das Problem einer «Römischen Revolution», Geschichte in Wissenschaft und Unterricht 31, 1980, 354–377.

Der Bauernkrieg

Die beste Quellensammlung bietet Günther Franz, Quellen zur Geschichte des Bauernkrieges, Darmstadt 1963.

Peter Blickle, Die Revolution von 1525 [1975], München ^{3}1993.

Peter Blickle, Der Bauernkrieg. Die Revolution von 1525, München 1998.

Peter Burgard, Tagebuch einer Revolte. Ein städtischer Aufstand während des Bauernkrieges 1525, Frankfurt/New York 1998.

Günther Franz, Der deutsche Bauernkrieg [1933], Darmstadt ^{12}1984.

David Warren Sabean, Landbesitz und Gesellschaft am Vorabend des Bauernkriegs, Stuttgart 1972.

Günter Vogler, Die Gewalt soll gegeben werden dem gemeinen Volk [1975], Berlin ^{2}1983.

Die Englische Revolution 1640–1660

Kaspar von Greyerz, England im Jahrhundert der Revolutionen 1603–1714, 1994.

John Morrill, The Nature of the English Revolution, 1993.

Hans-Christoph Schröder, Die Revolutionen Englands im 17. Jahrhundert, 1986.

Conrad Russell, The Causes of the English Civil War, 1990.

Lawrence Stone, The Causes of the English Revolution 1529–1642, 1972; dt.: Die Ursachen der Englischen Revolution, 1983.

Peter Wende, Probleme der Englischen Revolution, 1980.

Die Glorreiche Revolution 1688/89

Gute Gesamtdarstellungen der Glorreichen Revolution sind: W. A. Speck, Reluctant Revolutionaries. Englishmen and the Revolution of 1688 (1988); J. R. Jones, The Revolution of 1688 in England (1972); J. R. Western. Monarchy and Revolution. The English State in the 1680s (1972).

Neben diesen Gesamtdarstellungen gibt es eine Reihe vorzüglicher Sammelbände. Zu nennen sind hier vor allem: R. Beddard (Hrsg.), The Revolution of 1688 (1991); O. Grell, J. Israel, N. Tyacke (Hrsg.), From Persecution to Toleration. The Glorious Revolution in England (1991); J. Israel (Hrsg.), The Anglo-Dutch Moment. Essays on the Glorious Revolution and its World Impact (1991); J. R. Jones (Hrsg.), Liberty Secured? Britain before and after 1688 (1992); L. Schwoerer (Hrsg.), The Revolution of 1688–89. Changing Perspectives (1991).

Einige scharfsinnige Reflexionen zu Kontext und Charakter der Glorreichen Revolution finden sich bei Hans-Christoph Schröder, Die Revolutionen Englands im 17. Jahrhundert (1986).

Eine gute Darstellung der Politik von Krone und Parlament ist Henry Horwitz, Parliament, Policy and Politics in the Reign of William III (1977).

Zur *Declaration of Rights* grundlegend L. Schwoerer, The *Declaration of Rights* (1981).

Gute Gesamtüberblicke über die Zeit nach 1660 bieten mit weiterführender Literatur T. Harris, Politics under the Later Stuarts. Party Conflict in a Divided Society

1660–1715 (1993); L. K. J. Glassey (Hrsg.), The Reigns of Charles II and James VII & II (1997).

Zur Glorreichen Revolution in Irland und Schottland s. u. a. W. A. Maquire (Hrsg.), Kings in Conflict. The Revolutionary War in Ireland and its Aftermath, 1689–1750 (1990); W. Ferguson, Scotland: 1689 to the Present (1968).

Zur Zeit unmittelbar nach der Glorreichen Revolution s. C. Rose, England in the 1690s. Revolution, Religion and War (1999).

Die wichtigsten Positionen in der Forschung zur Glorreichen Revolution beschreibt knapp und treffend H. T. Dickinson, How Revolutionary was the «Glorious Revolution» of 1688?, in: British Journal of Eighteenth-Century Studies 11 (1988), 125–146. Die diesen Beitrag einleitende Passage über die Rezeption der Glorreichen Revolution im 18. Jahrhundert basiert auf K. Wilson, Inventing Revolution: 1688 and Eighteenth-Century Politics, in: Journal of British Studies 28 (1989), 349–386 und H. T. Dickinson, The Eighteenth-Century Debate on the «Glorious Revolution», in: History 61 (1976), 28–45.

Die Amerikanische Revolution

Die Literatur zur Epoche der Amerikanischen Revolution ist riesig. Einen ersten und höchst kenntnisreichen Einstieg vermittelt Erich Angermann, *Die Amerikanische Revolution im Spiegel der Geschichte, in:* Ders. (Hrsg.), *Revolution und Bewahrung. Untersuchungen zum Spannungsgefüge von revolutionärem Selbstverständnis und politischer Praxis in den Vereinigten Staaten von Amerika* (= Historische Zeitschrift, *Beiheft 5, N. F.*), München 1979, 13–89.

Für den deutschen Leser sind die wichtigsten Quellen zur revolutionären Epoche zusammengestellt und ediert von Angela und Willi Paul Adams, (Hrsg.), *Die Entstehung der Vereinigten Staaten und ihrer Verfassung. Dokumente 1754–1791* (= Periplus Texte, Bd.2), Münster 1995; dies. (Hrsg.), *Hamilton/Madison/Jay: Die Federalist Artikel, Politische Theorie und Verfassungskommentar der amerikanischen Gründungsväter. Mit dem englischen und deutschen Text der Verfassung der USA*, Paderborn 1994. Wichtigste Quelle zur Situation der indianischen Stämme während der revolutionären Epoche im heftig umkämpften Ohioraum ist *Herrnhuter Indianermission in der Amerikanischen Revolution. Die Tagebücher von David Zeisberger 1772–1781*, hrsg. Hermann Wellenreuther, Carola Wessel (= Selbstzeugnisse der Neuzeit, Bd. 3), Berlin 1995.

Die umfänglichste neuere amerikanische Darstellung stammt von Robert Middelkauff, *The Glorious Cause. The American Revolution, 1763–1789*, New York 1982; die Radikalität revolutionären Gedankenguts betont stärker Edward Countryman, *The American Revolution*, New York 1985; unter den deutschen Darstellungen scheint mir jene von Hans-Christoph Schröder, *Die Amerikanische Revolution. Eine Einführung* (= Beck'sche Elementarbücher), München 1982, noch immer die lesbarste. Den Krieg aus amerikanischer Sicht schildert Don Higginbotham, *The War of American Independence. Military Attitudes, Policies, and Practice, 1763–1789*, Bloomington, IN 1971, und aus englischer Jeremy Black, *War for America. The Fight for Independence, 1775–1783*, London 1991.

Die englische Außenpolitik dieser Zeit ist Gegenstand von H. M. Scott, *British Foreign Policy in the Age of the American Revolution*, Oxford 1990; aus amerikanischer Sicht wird sie etwas weniger überzeugend beschrieben von Jonathan R. Dull, *A Diplomatic History of the American Revolution,* New Haven, CT 1985.

Zu den Wurzeln politischen Gedankenguts der revolutionären Zeit noch immer Bernard Bailyn, *The Ideological Origins of the American Revolution,* Cambridge, MA 1967; Gordon S. Wood, *The Creation of the American Republic, 1776–1787,* Chapel Hill, NC 1969, und Morton White, *The Philosophy of the American Revolution,* New York 1978. Zum Problem des Republikanismus ist unverzichtbar Gerald Stourzh, *Alexander Hamilton and the Idea of Republican Government,* Stanford, CA 1970.

Die Entstehung der Verfassungen der Einzelstaaten hat untersucht Willi Paul Adams, *Republikanische Verfassung und bürgerliche Freiheit. Die Verfassungen und politischen Ideen der amerikanischen Revolution,* Darmstadt 1973.

Die Diskussion um die Bundesverfassung und ihre Ratifizierung ist eindrucksvoll analysiert bei Jürgen Heideking, *Die Verfassung vor dem Richterstuhl. Vorgeschichte und Ratifizierung der amerikanischen Verfassung 1787–1791,* Berlin 1988. Für das Verständnis der inneramerikanischen Entwicklung sind die Arbeiten von Jackson Turner Main [*The Social Structure of Revolutionary America,* Princeton, NJ 1965; *The Sovereign States, 1775–1783,* New York 1973; *Political Parties Before the Constitution,* Chapel Hill, NC 1973; *The Anti-Federalists. Critics of the Constitution, 1781–1788,* Chapel Hill, NC 1961] unverzichtbar.

Zur Genese des amerikanischen Selbstbewußtseins jetzt T. H. Breen, *Ideology and Nationalism on the Eve of the American Revolution: Revisions Once More in Need of Revising,* in: *German and American Nationalism. A Comparative Perspective,* hrsg. Hartmut Lehmann, Hermann Wellenreuther (= Germany and the United States of America. The Krefeld Historical Symposia), Oxford 1999, 33–71, mit weiteren wichtigen Beiträgen zur Herausbildung von Nationalismen in Europa und Amerika im 19. und 20. Jahrhundert. Hermann Wellenreuther, Claudia Schnurmann, (Hrsg.), *Die Amerikanische Verfassung und Deutsch-Amerikanisches Verfassungsdenken. Ein Rückblick über 200 Jahre* (= Krefelder Historische Symposien. Deutschland und Amerika, Bd. 1), New York 1991 behandeln die Rezeption und Wirkung der Amerikanischen Revolution im deutschen Raum.

Die Französische Revolution

Blanning, T. C. W.: The French Revolutionary Wars 1787–1802. New York u. a. 1996.

Doyle, William: Origins of the French Revolution. Oxford, 3. Aufl. 1999.

Furet, François/Ozouf, Mona (Hrsg.): Kritisches Wörterbuch der Französischen Revolution. 2 Bde. Frankfurt/Main 1996.

Jones, Colin: The Longman Companion to the French Revolution. London–New York 1988.

Markov, Walter: Revolution im Zeugenstand. Frankreich 1789–1799. 2 Bde. Leipzig 1982 (Frankfurt/Main 1987).

Reichardt, Rolf: Das Blut der Freiheit. Französische Revolution und demokratische Kultur. Frankfurt/Main 1998.

Reichardt, Rolf (Hrsg.): Ploetz. Die Französische Revolution. Freiburg–Würzburg 1988.

Schulin, Ernst: Die Französische Revolution. München 1988.

Sutherland, D. M. G.: France 1789–1815. Revolution and Counterrevolution. London 1985.

Die Julirevolution von 1830: Frankreich und Europa

Marie-Thérèse Bitsch, Histoire de la Belgique. Paris, 1992.
Norman Davies, God's Playground. A History of Poland. Vol. II: 1795 to the Present. Oxford, 1981.
J. S. Fishman, Diplomacy and Revolution: The London Conference of 1830 and the Belgian Revolt. Amsterdam, 1988.
Werner Giesselmann, Die Manie der Revolte. Protest unter der französischen Julimonarchie (1830–1848). 2 Bde. München, 1993.
Heinz-Gerhard Haupt, Nationalismus und Demokratie. Zur Geschichte der Bourgeoisie im Frankreich der Restauration. Frankfurt/M., 1974.
Heinrich Heine, «Gemäldeausstellung in Paris 1831», in: Hugo von Hofmannsthal, Deutsches Lesebuch. Eine Auswahl deutscher Prosa aus dem Jahrhundert 1750–1850 (1922). Frankfurt/M., 1977.
Eric J. Hobsbawm, The Age of Revolution. 1789–1848. London, 1962.
André Jardin/A.-J. Tudesq, La France des notables (2 Bde.), Paris 1973.
Theo Luykx, Politieke Geschiedenis van België van 1789 tot 1944. Antwerpen, 1985.
John M. Merriman, (Hrsg.), 1830 in France. New York, 1975
Thomas Nipperdey, Deutsche Geschichte 1800–1866. Bürgerwelt und starker Staat. München, 1983.
David H. Pikney, The French Revolution of 1830. Princeton, 1972.
Ulla Pruss-Kaddatz, Wortergreifung. Zur Entstehung einer Arbeiterkultur in Frankreich. Frankfurt/M., 1982.
Charles, Louise, Richard Tilly, The Rebellious Century. 1830–1930. London, 1975.
Stuart J. Woolf, Il Risorgimento Italiano. Vol. II: Dalla Restaurazione all'Unità. Torino, 1981.

Die deutsche Revolution 1848/49

Christof Dipper/Ulrich Speck (Hrsg.), 1848. Revolution in Deutschland. Frankfurt am Main/Leipzig 1998.
Dieter Dowe/Heinz-Gerhart Haupt/Dieter Langewiesche (Hrsg.), Europa 1848 – Revolution und Reform. Bonn 1998.
Dieter Hein, Die Revolution von 1848/49. 2., durchges. Aufl. München 1999.
Thomas Nipperdey, Deutsche Geschichte 1800–1866. Bürgerwelt und starker Staat. München 1983.
Wolfram Siemann, Die deutsche Revolution von 1848/49. Frankfurt am Main 1985.
Veit Valentin, Geschichte der deutschen Revolution von 1848–49. 2 Bde. ND Weinheim 1998.

Die Pariser Kommune

Gaillard, Jeanne: Communes de province, Commune de Paris 1870–1871, Paris 1971.
Gould, Roger V.: Insurgent Identities. Class, Community and Protest in Paris from 1848 to the Commune, Chicago/London 1995.

Haupt, Heinz-Gerhard und Hausen, Karin: Die Pariser Kommune. Erfolg und Scheitern einer Revolution, Frankfurt a. M./New York 1979.

Lissagaray, Prosper-Olivier: Histoire de la Commune de 1871, Paris 1996 (Erstaufl. 1876).

Rihs, Charles: La Commune de Paris, sa structure et ses doctrines, Paris 1973 (1. Aufl. Genf 1955).

Rougerie, Jacques: Paris libre 1871, Paris 1971.

Schrenk, Klaus (Hrsg.): Auf den Barrikaden von Paris. Alltag der Pariser Kommune, Berlin/Hamburg 1978.

Die bolschewistische Revolution 1917–1921

Bernd Bonwetsch, Die russische Revolution 1917, Darmstadt 1991.

Manfred Hildermeier, Die russische Revolution 1905–1921, Frankfurt/M. 1989.

ders., Geschichte der Sowjetunion 1917–1991, München 1998.

Richard Pipes, The Russian Revolution 1899–1919, London 1990 (deutsch: Die russische Revolution, Bd. 1–2, Berlin 1992).

Orlando Figes, A People's Tragedy. The Russian Revolution 1891–1924, London 1996 (deutsch: Die Tragödie eines Volkes. Die Epoche der russischen Revolution 1891–1924, Berlin 1998).

Helmut Altrichter, Rußland 1917. Ein Land auf der Suche nach sich selbst, Paderborn 1997.

Dietrich Beyrau, Petrograd. 25. Oktober 1917. Die russische Revolution und der Aufstieg des Kommunismus, München 2000.

Die Revolution von 1918/19 in Deutschland

Francis L. Carsten, Revolution in Mitteleuropa 1918–1919, Köln 1973.

Ulrich Kluge, Die deutsche Revolution 1918/19. Staat, Politik und Gesellschaft zwischen Weltkrieg und Kapp-Putsch, Frankfurt am Main 1985.

Rudolf König/Hartmut Soell/Hermann Weber (Hrsg.), Friedrich Ebert und seine Zeit. Bilanz und Perspektiven der Forschung, München 1991.

Eberhard Kolb (Hrsg.), Vom Kaiserreich zur Weimarer Republik, Köln 1972.

Reinhard Rürup, Die Revolution von 1918/19 in der deutschen Geschichte, Bonn 1993.

Klaus Schönhoven, Reformismus und Radikalismus. Gespaltene Arbeiterbewegung im Weimarer Sozialstaat, München 1989.

Heinrich August Winkler, Von der Revolution zur Stabilisierung. Arbeiter und Arbeiterbewegung in der Weimarer Republik 1918 bis 1924, Berlin 1984.

Die mexikanische Revolution

Friedrich Katz, The Secret War in Mexico: Europe, United States and the Mexican Revolution, Chicago–London 1981.

ders., The Life and Times of Pancho Villa, Stanford 1998.
Manfred Mols, Hans Werner Tobler, Die institutionalisierte Revolution, Köln – Wien 1976.
Manfred Mols, Mexiko im 20. Jahrhundert. Politisches System, Regierungsprozeß und politische Partizipation, Paderborn 1981.
Hans Werner Tobler, Die mexikanische Revolution. Gesellschaftlicher Wandel und politischer Umbruch, 1876–1940, Frankfurt/Main 1984.
John Womack Jr., Sterben für die Indios. Zapata und die mexikanische Revolution, Zürich 1972.

Die chinesische Revolution

John K. Fairbank, Geschichte des modernen China 1800–1985, München 1989.
Sepp Linhart/Erich Pilz (Hrsg.), Ostasien. Geschichte und Gesellschaft im 19. und 20. Jahrhundert, Wien 1999.
Jürgen Osterhammel, China und die Weltgesellschaft. Vom 18. Jahrhundert bis in unsere Zeit, München 1989.
ders., Shanghai, 30. Mai 1925. Die chinesische Revolution, München 1997.
Theda Skocpol, States and Social Revolutions. Comparative Analysis of France, Russia and China, Cambridge 1979.
Jonathan Spence, Chinas Weg in die Moderne, München 1995.

Die ägyptische Revolution

Joel Gordon, Nasser's Blessed Movement: Egypt's Free Officers and the July Revolution, New York 1992.
Robert Stephens, Nasser, London 1971.
Afaf Lutfi Al-Sayyid Marsot, A Short History of Modern Egypt, Cambridge 1985.
Gamal Abdul Nasser, The Philosophy of the Revolution, Cairo, Ministry of National Guidance 1955.
Elizabeth Monroe, Britain's Moment in the Middle East, London 1963.
Anwar Sadat, Revolt on the Nile, London 1957.

Die kubanische Revolution 1958/59

Jon Lee Anderson, Che. Die Biographie, München [2]1999.
Antonio Annino, Kuba, in: Walther L. Bernecker u. a. (Hrsg.), Handbuch der Geschichte Lateinamerikas, Bd. 3, Stuttgart 1996, 483–566.
Peter G. Bourne, Fidel Castro, München 1990.
Fidel Castro, Die Geschichte wird mich freisprechen, in: Angel Rama (Hrsg.), Der lange Kampf Lateinamerikas, Frankfurt/M. 1982, 317–334.
Ernesto (Che) Guevara, Der Mensch und der Sozialismus in Kuba, in: Rama, a. a. O., 335–353.
Boris Goldenberg, Lateinamerika und die kubanische Revolution, Köln 1963.
Jürgen Hell, Geschichte Kubas, Berlin 1989.

Raimund Krämer, Der alte Mann und die Insel, Berlin 1998.
Lee Lockwood, Castro's Cuba, Cuba's Fidel, Boulder [3]1990.
Günter Maschke, Politik und Guerilla in der cubanischen Revolution, in: Ders., Das bewaffnete Wort: Aufsätze von 1973–1993, Wien; Leipzig 1997, S. 9–38.
Rafael Sevilla/Clemens Rode (Hrsg.), Kuba. Die isolierte Revolution? Unkel 1993.
Hugh Thomas, Cuba or The Pursuit of Fredom, New York 1998 (Paperback Ausgabe des Buches von 1971).

Wenhua da Geming: Die «Große Proletarische Kulturrevolution» – modernes Trauma Chinas

Barbara Barnouin/Changgen Yu, Ten Years of Turbulence. The Chinese Cultural Revolution, London, New York 1993.
Wolfgang Bauer, China und die Hoffnung auf Glück, München 1974.
Jung Chang, Wilde Schwäne. Die Geschichte einer Familie, München 1991.
Monika Gänßbauer, Trauma der Vergangenheit. Die Rezeption der Kulturrevolution und der Schriftsteller Feng Jicai, Dortmund 1996.
Thomas Heberer (Hrsg.), Mao Zedong. Der unsterbliche Revolutionär? Versuch einer kritischen Neubewertung anläßlich des 100. Geburtstages, Hamburg 1995.
Rainer Hoffmann, Der Kampf der zwei Linien, Stuttgart 1978.
Günther Roth, Politische Herrschaft und persönliche Freiheit, Frankfurt/M. 1987.
Bundeszentrale für Politische Bildung (Hrsg.), VR China im Wandel, Bonn 1988.
William A. Joseph/Christine P. W. Wong/David Zweig (Hrsg.), New Perspectives on the Cultural Revolution, Cambridge/Mass., London 1991.
Worte des Vorsitzenden Mao Tse-Tung, Peking 1968.
Jiaqi Yan/Gao Gao, Turbulent Decade. A History of the Cultural Revolution, Honolulu 1996.

Die 68er Revolution

Wolfgang Kraushaar, 1968: Das Jahr, das alles verändert hat, Piper Verlag, München 1998 – in der Form eines Tagebuchs der Ereignisse, mit einer guten analytischen Zusammenfassung.
Wolfgang Ruppert (Hrsg.), Um 1968; Die Repräsentation der Dinge, Marburg 1998 – die einzelnen Aufsätze enthalten glänzende Analysen der materiellen Kultur des Jahres 1968 bzw., wie gar nicht anders denkbar, der späten Sechziger.
Den besten Überblick bieten Klaus Hildebrand, Von Erhard zur großen Koalition, 1963–1969, Bd. 4 der Geschichte der Bundesrepublik Deutschland, Stuttgart 1984; Karl Dietrich Bracher, Wolfgang Jäger und Werner Link, Republik im Wandel, 1969–1974, Die Ära Brandt, Bd 5/1 der Geschichte der Bundesrepublik Deutschland, Stuttgart 1986.
Uta G. Poiger, «Rock 'n'Roll, Female Sexuality, and the Cold War Battle over German Identities», Journal of Modern History, 68, September 1996, 577–616 – informiert gut über Rock/Pop und die Emanzipation der Frau.
Dotson Rader, I Ain't Marching Any More!, New York 1969.

Ingrid Gilcher-Holtey (Hrsg.), 1968: Vom Ereignis zum Gegenstand der Geschichtswissenschaft, Göttingen 1998 – beschäftigt sich mit Frankreich, Italien, Amerika sowie Deutschland, mit einem ausgezeichneten Beitrag über den Mai in Frankreich von der Herausgeberin; im übrigen enttäuschend wegen des sozialwissenschaftlichen Ansatzes und der zu ausführlichen Behandlung von unterschiedlichen marxistischen Ansätzen.

Die neueste Sammlung von Aufsätzen in Englisch mit Betonung der internationalen Dimension ist 1998 erschienen: Carole Fink, Philipp Gassert und Detlef Junker (Hrsg.), 1968: The World Transformed, Cambridge 1998.

Arthur Marwick, The Sixties: Cultural Revolution in Britain, France, Italy and the United States, 1958–1974, Oxford 1998 – argumentiert, daß die Kulturrevolution der gesamten Sechziger von größerer Bedeutung ist als das eine Jahr 68.

Zu 1967 in Westdeutschland drei Veröffentlichungen: Peter Mosler, Was wir wollten, was wir wurden, Reinbek 1977; Tilman Fichter und Siegward Lönnendonker, Kleine Geschichte des SDS, West Berlin 1977; Frank Wolff und Eberhard Windaus (Hrsg.), Studentenbewegung 67–69, Frankfurt/Main 1977.

Eine fragwürdige These vertreten Etienne François, Matthias Middel, Emmanuel Terray und Dorothee Wierling in: 1968 – ein europäisches Jahr?, Leipzig 1977.

Die islamische Revolution 1979

Aus Politik und Zeitgeschichte. Beilage zur Wochenzeitung Das Parlament. Bd. 19/99, 7. Mai 1999.

Said Amir Arjomand, The Islamic Revolution in Iran, New York/Oxford 1988.

Shaul Bakhash, The Reign of the Ayatollahs. Iran and the Islamic Revolution, London 1985.

Houchang E. Chehabi, Iranian Politics and Religious Modernism: The Liberation Movement of Iran Under the Shah and Khomeini, London 1990.

Ajatollah Chomeini, Der islamische Staat, Berlin.

Die Islamische Republik Iran, hrsg. v. Günter Bartel, Berlin 1987.

Baqer Moin, Khomeini. The Life of the Ayatollah, London 1999.

Mehdi Naficy, Klerus, Basar und die iranische Revolution, Hamburg 1993.

Mohsen M. Milani, The Making of Iran's Islamic Revolution. From Monarchy to Islamic Republic, Boulder/London 1988.

Bassam Tibi, Die fundamentalistische Herausforderung: Der Islam und die Weltpolitik, München 1992.

Die 89er Revolution in der DDR

Stefan Bollinger: 1989 – eine abgebrochene Revolution. Verbaute Wege nicht nur zu einer besseren DDR? Berlin 1999.

Christian Dietrich/Uwe Schwabe (Hrsg.): Freunde und Feinde. Friedensgebete in Leipzig zwischen 1981 und dem 9. Oktober 1989, Leipzig 1994.

Hans-Hermann Hertle: Der Fall der Mauer. Die unbeabsichtigte Selbstauflösung des SED-Staates, Opladen 1996.

Hans-Hermann Hertle/Gerd-Rüdiger Stephan (Hrsg.): Das Ende der SED. Die letzten Tage des Zentralkomitees, 2. Aufl., Berlin 1997.

Wolfgang Jäger: Die Überwindung der Teilung. Der innerdeutsche Prozeß der Vereinigung 1989/90, Stuttgart 1998.

Erhard Neubert: Geschichte der Opposition in der DDR 1949–1989, 2. Aufl., Berlin 1998.

Charles S. Maier: Das Verschwinden der DDR und der Untergang des Kommunismus, Frankfurt/M. 1999 (amerikanische Ausgabe 1997).

Curt Röder (Hrsg.): Zivilcourage. Die friedliche Revolution in Plauen anhand von Stasi-Akten sowie Rückblicke auf die Ereignisse im Herbst 1989, Plauen 1998.

Walter Süß: Staatssicherheit am Ende. Warum es den Mächtigen nicht gelang, 1989 eine Revolution zu verhindern, Berlin 1999.

Hartmut Zwahr: Die Revolution in der DDR, in: Manfred Hettling (Hrsg.): Revolution in Deutschland? 1789–1989. Sieben Beiträge, Göttingen 1991, S. 122–143.

ders.: Ende einer Selbstzerstörung. Leipzig und die Revolution in der DDR, Göttingen 1993[2].

ders.: Die Revolution in der DDR 1989/90 – eine Zwischenbilanz, in: Alexander Fischer/Günther Heydemann (Hrsg.): Die politische «Wende» 1989/90 in Sachsen, Weimar 1995, S. 205–252.

ders.: Vertragsgemeinschaft, Konföderation oder Vereinigung?, in: Uwe John/Josef Matzerath (Hrsg.): Landesgeschichte als Herausforderung und Programm. Karlheinz Blaschke zum 70. Geburtstag, Stuttgart 1997, S. 709–729.

Zu den Autoren

DIETRICH BEYRAU, geb. 1942 in Haselberg/Ostpreußen; seit 1994 Leiter des Instituts für Osteuropäische Geschichte und Landeskunde der Universität Tübingen; Schwerpunkte der Forschung sind russische und sowjetische Geschichte 18. bis 20. Jahrhundert; polnische Geschichte 19. /20. Jahrhundert.
Ausgewählte Veröffentlichungen:
Militär und Gesellschaft im vorrevolutionären Rußland, Köln 1984; Intelligenz und Dissens. Die russischen Bildungsschichten in der Sowjetunion 1917–1985, Göttingen 1993; Petrograd 25. Oktober 1917. Die russische Revolution und der Aufstieg des Kommunismus, München 2000; (Hrsg.), Im Dschungel der Macht. Intellektuelle Professionen unter Hitler und Stalin, Göttingen 2000.

PETER BLICKLE, geb. 1938 in Berlin; Promotion 1964 in München; Professor für Neuere Geschichte und Landesgeschichte an der Universität des Saarlandes von 1972–1980; seitdem Ordentlicher Professor für Neuere Geschichte an der Universität Bern; Gastdozent an der Freien Universität Berlin und der University of California, Berkeley. Forschungsschwerpunkte: Verfassungsgeschichte mit Schwerpunkt auf frühen Formen des Parlamentarismus, Geschichte der Bauern, Reformationsgeschichte.
Auswahl an Publikationen:
Landschaften im Alten Reich. Die staatliche Funktion des gemeinen Mannes in Oberdeutschland, München 1973; Die Revolution von 1525 [1975], 3. Aufl., München 1993 [engl., ital., japan.]; Deutsche Untertanen. Ein Widerspruch, München 1981 [japan., amerik.]; Gemeindereformation, München 1985 [amerik.]; Die Reformation im Reich [1982], 2. Aufl., Stuttgart 1991 [japan.].

BEATRIX BOUVIER, Professorin an der TU Darmstadt und Wissenschaftlerin im Institut für Sozialgeschichte e.V. Braunschweig-Bonn in Bonn; Generalsekretärin des «Deutsch-Französischen Komitees für die Erforschung der deutschen und französischen Geschichte des 19. und 20. Jahrhunderts»; Schriftleiterin und Redaktionsmitglied des Jahrbuchs «Archiv für Sozialgeschichte».
Zahlreiche Veröffentlichungen zur Geschichte des 19. und 20. Jahrhunderts, darunter u. a.: Französische Revolution und deutsche Arbeiterbewegung. Die Rezeption des revolutionären Frankreich in der deutschen sozialistischen Arbeiterbewegung von den 1830er Jahren bis 1905, Bonn 1982; Zwischen Godesberg und Großer Koalition. Der Weg der SPD in die Regierungsverantwortung, Bonn 1990; ‹... die SPD aber aufgehört hat zu existieren.› Sozialdemokraten unter sowjetischer Besatzung, Bonn 1991; Ausgeschaltet! Sozialdemokraten in der Sowjetischen Besatzungszone und in der DDR 1945–1953, Bonn 1996.

KLAUS BRINGMANN, geb. 1936, Professor für Alte Geschichte an der Johann Wolfgang Goethe-Universität, Frankfurt am Main.
Veröffentlichungen:
Zahlreiche Aufsätze und Essays zur griechischen und römischen Geschichte. Selbständige Schriften: Studien zu den politischen Ideen des Isokrates (1965); Untersuchungen zum späten Cicero (1970); Hellenistische Reform und Religionsverfolgung in Judäa (1983); Römische Geschichte von den Anfängen bis zur Spätantike (1995; ^{4}1998; ital. 1998); Schenkungen hellenistischer Herrscher an griech. Städte und Heiligtümer I. Zeugnisse und Kommentare (1995: Mitherausgeber und Mitautor); Geben und Nehmen. Monarchische Selbstdarstellung und Wohltätigkeit im Zeitalter des Hellenismus (2000).

THOMAS HEBERER, geb. 1947 in Offenbach/M. 1991–92 Professor für Wirtschaftssinologie an der Hochschule Bremen; 1992–98 Professor für Politikwissenschaft mit dem Schwerpunkt Ostasien an der Universität Trier; seit 1998 Professor für Politikwissenschaft mit dem Schwerpunkt Ostasien an der Gerhard-Mercator-Universität Duisburg und Direktor des Instituts für Ostasienwissenschaften.
Publikationen u. a.:
Unternehmer als strategische Gruppe. Zur sozialen und politischen Funktion von Unternehmern in China und Vietnam, Hamburg 2000 (im Druck); Chinas ländliche Gesellschaft im Umbruch. Urbanisierung und sozio-ökonomischer Wandel auf dem Lande (mit W. Taubmann), Opladen 1998; (Hg.), Mao Zedong – Der unsterbliche Revolutionär? Versuch einer kritischen Neubewertung anläßlich des 100. Geburtstages, Hamburg 1995; Transformation des chinesischen Systems oder sozialer Wandel? Eine Untersuchung zum Verhältnis von ökonomischen, gesellschaftlichen und politischen Wandlungsprozessen, Köln 1993; Korruption in China. Analyse eines politischen, ökonomischen und sozialen Problems, Opladen 1991; Wenn der Drache sich erhebt. China zwischen Gestern und Heute, Baden-Baden 1988.

DIETER HEIN, geb. 1951, Promotion 1983, Habilitation 1995, lehrt Neuere Geschichte als Privatdozent an der Johann Wolfgang Goethe-Universität Frankfurt am Main.
Wichtigste Veröffentlichungen:
Zwischen liberaler Milieupartei und nationaler Sammlungsbewegung. Gründung, Entwicklung und Struktur der Freien Demokratischen Partei 1945–1949, Düsseldorf 1985; Stadt und Bürgertum in Baden, Karlsruhe und Mannheim vom Ancien Régime bis zur Revolution 1848/49, Habil.schr. Frankfurt am Main 1995; Die Revolution von 1848/49, 2. durchges. Aufl., München 1999; (Hrsg., zus. m. Andreas Schulz), Bürgerkultur im 19. Jahrhundert. Bildung, Kunst und Lebenswelt, München 1996.

ECKHART HELLMUTH ist Professor für Neuere Geschichte an der Universität München. Von 1983 bis 1993 arbeitete er am Deutschen Historischen Institut London. Unlängst war er Fowler-Hamilton-Fellow am Christ Church College (Oxford). Er beschäftigt sich vorrangig mit der deutschen und englischen Geschichte des 17. und 18. Jahrhunderts.
Zu seinen jüngeren Publikationen zählt zusammen mit John Brewer (Hrsg.), Rethinking Leviathan. The Eighteenth Century State in Britain and Germany (Oxford, 1999) und zusammen mit Reinhard Stauber (Hrsg.), Nationalismus vor dem Nationalismus?

(Hamburg, 1998). Demnächst erscheint: The Liberty of the Press. Zur Geschichte einer Idee im England der Frühmoderne.

JÖRG KLINGER, geboren 1960, ist promovierter Hethitologe und Altorientalist und war Wissenschaftlicher Assistent am Sprachwissenschaftlichen Institut der Ruhr-Universität Bochum, arbeitet zur Zeit am Lehrstuhl für Orientalische Philologie der Julius-Maximilians-Universität Würzburg. Forschungsschwerpunkte: Philologische Erschließung des inschriftlichen Materials, Formen und Geschichte der Überlieferung, Geschichte und Kultur Anatoliens und Nordsyriens im 2. vorchristlichen Jahrtausend.
Wichtige Veröffentlichung:
Studien zur Rekonstruktion der hattischen Kultschicht (Wiesbaden 1996).

AXEL KÖRNER, geb. 1967; Studium der Geschichte und Musikwissenschaft in Bonn, Berlin und Lyon; Promotion am Europäischen Hochschulinstitut in Florenz; seit 1996 Lecturer in Modern European History am University College London.
Zahlreiche Publikationen zur europäischen Kultur- und Sozialgeschichte, u.a.: Das Lied von einer anderen Welt. Kulturelle Praxis im französischen und deutschen Arbeitermilieu 1840–1890 (Frankfurt/M. 1997); zusammen mit Christian Gerbel u.a., Urbane Eliten und kultureller Wandel. Bologna, Leipzig, Linz, Ljubljana (Wien 1996); 1848 – A European Revolution? International Ideas and National Memories of 1848 (London 2000).

J. PAUL LUFT ist Senior Lecturer am Centre for Middle Eastern and Islamic Studies an der Universität Durham in Großbritannien, Spezialist in Geschichte des Mittleren Ostens, besonders Iran und Zentralasien.
Ausgewählte Veröffentlichungen:
«The Persian Railway Syndicate and British railway policy in Iran», in: The Gulf in the early 20th century, hrsg. von R. I. Lawless, Durham 1986, S. 158–214. Islam, absolute Monarchie und höfische Gesellschaft: Iran unter der Herrschaft der Safaviden Dynastie, Hagen 1995. «British policy in eastern Iran during World War I», in: La Perse et la Grande Guerre, hrsg. von O. Bast, Teheran-Paris, 2000, S. 1–34.

ARTHUR MARWICK ist Professor an der Open University, Milton Keynes, U. K.
Auswahl an Publikationen:
The Deluge: British Society and the First World War (1965, 2. Aufl., London 1991); War and Social Change in the Twentieth Century (London 1974); Beauty in History: Society, Politics and Personal Appearance c.1500 to the present (London 1988), The Nature of History (3. Aufl., London 1989); Class: Image and Reality in Britain, France, and the United States Since 1930 (2. Aufl., London 1989); The Sixties: Cultural Revolution in Britain, France, Italy, and the United States c.1958–c.1974 (Oxford 1998); A History of the Modern British Isles, 1914–1999: Circumstances, Events and Outcomes (Oxford 2000).

JÜRGEN OSTERHAMMEL, Jg. 1952, Professor für Neuere und Neueste Geschichte an der Universität Konstanz.
Veröffentlichungen u. a.:
Britischer Imperialismus im Fernen Osten (1983); China und die Weltgesellschaft

(1989); Kolonialismus (1995); Shanghai, 30. Mai 1925: Die chinesische Revolution (1997); Die Entzauberung Asiens. Europa und die asiatischen Reiche im 18. Jahrhundert (1998).

HORST PIETSCHMANN, geb. 1940 in Bremen, seit 1985 Professor für Geschichte Lateinamerikas, Universität Hamburg; 1993–1996 Präsident der Vereinigung Europäischer Lateinamerika-Historiker. Forschungsschwerpunkte: Geschichte des frühneuzeitlichen Spanien und der spanischen Kolonialgeschichte; Geschichte der Historiographie zu Lateinamerika; Geschichte des lateinamerikanischen Entwicklungsprozesses im 19. und 20. Jahrhundert.
Publikationen:
Initiator und Mithg., Handbuch der Geschichte Lateinamerikas. 3 Bde., Stuttgart 1992–1996; gemeinsam mit Walther L. Bernecker, Geschichte Spaniens. 2. überarbeitete u. ergänzte Aufl. Stuttgart 1997; Staat und staatliche Entwicklung am Beginn der spanischen Kolonisation Amerikas. Münster 1980 (span. Übersetzung: Mexico 1988); Die staatliche Organisation des kolonialen Iberoamerika. Stuttgart 1980; Die Einführung des Intendantensystems in Neu-Spanien im Rahmen der allgemeinen Verwaltungsreform der spanischen Monarchie im 18. Jahrhundert. Köln-Wien 1972 (span. Übersetzung: Mexico 1996); Mithg. und Schriftleiter des «Jahrbuch der Geschichte Lateinamerikas» (Köln–Weimar–Wien).

KLAUS SCHÖNHOVEN, geb. 1942, Studium der Geschichte, Politischen Wissenschaft und Germanistik in Würzburg und München; 1971 Promotion und 1979 Habilitation in Würzburg; von 1979 bis 1984 Heisenberg-Stipendiat und Vertreter von Lehrstühlen in Trier und Göttingen; seit 1984 Professor für Politische Wissenschaft und Zeitgeschichte an der Universität Mannheim.
Auswahl an Publikationen:
Die Bayerische Volkspartei 1924–1932, Düsseldorf 1972; Expansion und Konzentration. Die Freien Gewerkschaften im Wilhelminischen Deutschland, Stuttgart 1980; Die deutschen Gewerkschaften, Frankfurt 1987; Reformismus und Radikalismus, München 1989; (Hrsg.), Sozialismus und Kommunismus im Wandel, Köln 1993; Frühe Warnungen vor dem Nationalsozialismus, Bonn 1998. Zahlreiche Aufsätze zur Sozial- und Parteiengeschichte.

MICHAEL THORNHILL ist Research Co-ordinator für das *New Dictionary of National Biography* und Mitglied der Modern History Fakultät an der Universität von Oxford. Er ist Autor des in Kürze erscheinenden Bandes *Britain and the Egyptian Question.*

MICHAEL WAGNER, geb. 1955, Studium der Geschichte u. Anglistik, seit 1995 Privatdozent an der Universität Gießen. Forschungsschwerpunkte: Geschichte Frankreichs u. Englands in der Frühen Neuzeit, Französische Revolution.
Publikationen u. a.:
England und die Französische Gegenrevolution 1789–1802. München 1994; Der Prozeß und die Hinrichtung Ludwigs XVI. Eine Studie zur politischen Rezeption der Französischen Revolution in Frankreich, Deutschland und Großbritannien (im Druck), zahlreiche Aufsätze.

HERMANN WELLENREUTHER, Habilitation 1979, Inhaber des Lehrstuhls für Mittlere und Neuere Geschichte an der Universität Göttingen.
Veröffentlichungen (u. a.):
Glaube und Politik in Pennsylvania 1681–1776, Köln 1972; Repräsentation und Großgrundbesitz in England, 1730–1770, Stuttgart 1979; Göttingen 1690–1775. Studien zur Sozialgeschichte einer Stadt (Göttinger Universitätsschriften Bd. 9), Göttingen 1988; Herrnhuter Indianermission in der Amerikanischen Revolution. Die Tagebücher von David Zeisberger 1772–1781 (Hrsg. zusammen mit Carola Wessel), Berlin 1995; Vom Niedergang und Aufstieg (Geschichte Nordamerikas in atlantischer Perspektive von den Anfängen bis zur Gegenwart. Eine Darstellung in sieben Bänden, hrsg. v. N. Finzsch, U. Lehmkuhl, H. Wellenreuther, Bd. 1), Münster 2000.

PETER WENDE, geb. 1936; 1972–1994 Professor für neuere Geschichte an der Universität Frankfurt a. M.; seit 1994 Direktor des Deutschen Historischen Instituts in London.
Veröffentlichungen (u. a.):
Probleme der Englischen Revolution, Darmstadt 1980; Geschichte Englands, 2. Aufl. Stuttgart 1996; Englische Könige und Königinnen (Hrsg.), München 1998.

NIKOLAUS WERZ, geb. 1952, mehrjährige Studien- und Forschungsaufenthalte in Lateinamerika, seit 1994 Professor für Politikwissenschaft an der Universität Rostock.
Veröffentlichungen (u. a.):
Das neuere politische und sozialwissenschaftliche Denken in Lateinamerika, Freiburg ²1992 (spanische Ausgabe 1995). Handbuch der deutschsprachigen Lateinamerikakunde (Hrsg.), Freiburg 1992.

HARTMUT ZWAHR, geb. 1936 in Bautzen, Professur für Sozial- und Wirtschaftsgeschichte am Historischen Seminar der Universität Leipzig; studierte von 1955 bis 1960 an der Karl-Marx-Universität Leipzig Geschichte und Germanistik, Forschungen zur Urbanisierung, zur Klassenbildung und Arbeiterbewegung im 19. Jahrhundert, zur Bürgertums-, Messe- und Buchhandelsgeschichte sowie zur Minderheitengeschichte der Lausitzer Sorben.
Veröffentlichungen (u. a.):
Bauernwiderstand und sorbische Volksbewegung in der Oberlausitz 1900–1918, Bautzen 1966; Zur Konstituierung des Proletariats als Klasse. Strukturuntersuchung über das Leipziger Proletariat während der industriellen Revolution, Berlin (Ost) 1978, München 1981; Meine Landsleute. Die Sorben und die Lausitz im Zeugnis deutscher Zeitgenossen von Spener und Lessing bis Pieck, Bautzen 1984, 1990; Herr und Knecht. Figurenpaare in der Geschichte, Leipzig, Jena, Berlin 1990; Ende einer Selbstzerstörung. Leipzig und die Revolution in der DDR, 2. Aufl., Göttingen 1993; Revolutionen in Sachsen; Beiträge zur Sozial- und Kulturgeschichte, Weimar 1996; (Hrsg.): Leipzigs Messen 1497–1997. Gestaltwandel – Umbrüche – Neubeginn, Teil 1: 1497–1914; Teil 2: 1914–1997, Weimar 1999.